KAUKASUS

Reisen und Forschungen im kaukasischen Hochgebirge

VON

MORIZ VON DÉCHY

IN DREI BÄNDEN

BAND III

BEARBEITUNG DER GESAMMELTEN MATERIALIEN

VON

FERDINAND FILARSZKY, ERNÖ CSIKI, KARL PAPP,
FRANZ SCHAFARZIK UND MORIZ VON DÉCHY

MIT SECHSUNDDREISSIG LICHTDRUCKTAFELN

BERLIN 1907
DIETRICH REIMER (ERNST VOHSEN)

Druck von Otto Elsner, Berlin S.42.

Vorwort zum dritten Bande.

In den vorhergehenden zwei Bänden dieses Werkes war ich bemüht, als Ergebnis wiederholter Forschungsreisen das geomorphologische Bild des Kaukasischen Hochgebirges in seiner ganzen gewaltigen Ausdehnung zu entwerfen. Im Vorwort zu Band I habe ich die Form begründet, welche ich diesen beiden Bänden meines Reisewerkes gegeben habe, in welchen die hauptsächlichsten wissenschaftlichen Resultate meiner Forschungsreisen schon verarbeitet erscheinen. Insbesondere war dies der Fall in betreff aller Beobachtungen rein geographischer Natur, denen sich noch Beobachtungen angliedern, die sich notwendigerweise auch auf andere Erscheinungsformen erstreckten, denen ich begegnete. Bild und Karte ergänzten die so gewonnene, auf Grund der Verarbeitung der gemachten Beobachtungen und der gesammelten Materialien entstandene Darstellung der physischen Verhältnisse des Kaukasischen Hochgebirges. Wenn es mir gelungen ist, der Lösung dieser Aufgabe mich auch nur zu nähern, so gestehe ich, dass ich hierin vom Standpunkte des Physiogeographen das wissenschaftlich wertvollste Ergebnis meiner Reisen erblicke.

Der vorliegende dritte Band enthält die Bearbeitung der von meinen Reisegefährten und von mir angelegten naturwissenschaftlichen Sammlungen. Hieran schliessen sich Abhandlungen über Bau und Oberflächengestaltung des Kaukasus, eine systematische Zusammenfassung von Forschungsergebnissen, die sich auf die Beobachtung des während der Reisen tatsächlich in die Erscheinung Getretenen und auf die Verarbeitung des gesammelten Materiales stützen.

Nach jahrelang fortgesetzten Reisen und Arbeiten hat — immer geleitet vom Ernst wissenschaftlicher Forschung — dieses Werk seinen Abschluss gefunden. Das Ergebnis mag vielleicht gering erscheinen im Verhältnis zu den aufgewandten Mitteln an Arbeit, Mühen und materiellen Opfern, aber dies ist bei Reisen in schwer zugänglichen, eine grössere

Summe von Kraft, Ausdauer und Zeit erfordernden Hochgebirgen immer der Fall. Mit Recht hebt Prof. Hans Meyer in seinem soeben erschienenen Andenwerke hervor, dass »Forschungsreisen im Hochgebirge vom Publikum der Laien und vieler Geographen gemeinhin nicht anders eingeschätzt werden, als Reisen im Mittelgebirge oder im Flachland, ja, dass man in den gleichen Kreisen allzu leicht geneigt ist, in der sportlichen Seite, ohne die es kein erfolgreiches Reisen im Hochgebirge gibt, das Wesentliche bei solchen Reisen zu sehen und das für den Zweck zu halten, was nur das Mittel zum Zweck wissenschaftlicher Gebirgsforschung ist. Nur, wer sich selbst mit Ernst der Hochgebirgsforschung gewidmet hat, weiss, ein wie viel grösserer Einsatz und Aufwand von Kräften und Energie erforderlich ist, um eine wissenschaftliche Hochgebirgsreise erfolgreich zu machen, als eine die gleiche Summe von Beobachtungen und neuer Erkenntnis einbringende Reise im Mittelgebirge oder Flachlande . . .« »Eine Forschungsexpedition«, schliesst Prof. Meyer »in den afrikanischen Steppen und Wäldern, so mühsam sie im einzelnen oft sein mag, ist, wie ich aus langer Erfahrung weiss, meist ein Kinderspiel, gegenüber einer die Lösung wissenschaftlicher Probleme erstrebenden Hochgebirgsreise.«

Es erübrigt mir noch, meiner Mitarbeiter zu gedenken, welche sich der mühevollen Bearbeitung der gesammelten Materialien unterzogen haben. Herr Dr. Ferdinand Filarszky, Direktor der botanischen Abteilung am Ungarischen National-Museum, hat die Güte gehabt, die botanischen Ergebnisse zusammenzufassen. In die Bestimmung der botanischen Sammlungen teilten sich die Herren Ed. Wainio in Helsingfors (Flechten), Dr. A. Zahlbrückner, Direktor am k. k. Hofmuseum in Wien (Flechten), Prof. S. Sommier in Florenz (Phanerogamen), Dr. E. Lévier in Florenz (Phanerogamen), Prof. Dr. Ladislaus Hollós (Pilze), Herr M. Péterfi in Déva (Moose), Kustos Dr. J. B. Kümmerle in Budapest (Gefässkryptogamen), Dr. Ferdinand Filarszky in Budapest (Samenpflanzen), Herr Ernö Csiki, Kustos der zoologischen Abteilung des Ungarischen National-Museums, hatte die Güte, eine kleine Sammlung Käfer zu bestimmen. Die Beschreibung makrokephaler Schädel verdanke ich dem Anthropologischen Museum der Universität in Budapest. Herr Dr. Karl Papp, Geologe an der Königlich Ungarischen geologischen Reichsanstalt, lieferte die Beschreibung der gesammelten Versteinerungen. Herr Dr. Franz Schafarzik, k. ung. Bergrat und Professor am Polytechnikum in Budapest bearbeitete die gesammelten zusammengesetzten kristallinischen Gesteine. Chemische quantitative Analysen einer Anzahl typischer Gesteine haben die Herren Universitätsassistenten in Budapest, Dr. Géza Doby und E. v. Maros ausgeführt. Endlich verdanke ich die photographische Aufnahme einiger Dünnschliffe Herrn Dr. Zoltán Toborffy, Universitätsassistent in Budapest. Allen diesen Herren sage ich an dieser Stelle innigsten Dank.

In der Zeit, in welcher ich mich mit der Drucklegung dieses Werkes beschäftigte, war auch Kaukasien, gleichwie das Russische Reich, der Schauplatz beklagenswerter innerer Wirren. Wenn in den vorliegenden Bänden so oft weite Teile des Kaukasischen Hochgebirges als terra incognita bezeichnet wurden, so zeigte es sich, dass man in Westeuropa die Kaukasischen Ländergebiete und insbesondere die dort herrschenden Verhältnisse gleichfalls nur ungenau kennt und insbesondere den zivilisatorischen Einfluss der russischen Regierung und die kulturelle Wirksamkeit der Landesverwaltung nicht gebührend würdigt. — Der Schauplatz dieses Werkes sind die erhabenen Höhen des Kaukasus —; wie die reinen Sphären der Wissenschaft, sind sie entrückt den Irrungen und Leidenschaften der Menschen; aber wenn wir auf diese herabblicken, so können wir uns eines wehmütigen Gefühles nicht erwehren, und ich kann dieses Werk nicht besser als mit dem Wunsche schliessen: dass den Völkern dieser herrlichen Länder bald wieder die Segnungen der Ruhe und eines Aufschwunges durch friedliche, beglückende menschliche Tätigkeit zuteil werden möchten.

Budapest, 18. April 1907.

Moriz von Déchy.

Abkürzungen.

m = Meter
km = Kilometer
qkm = Quadratkilometer.

Zur Orthographie der Fremdnamen.

Bei der Wiedergabe kaukasischer Namen wurden, ohne zu konventionellen Zeichen Zuflucht zu nehmen, die Buchstaben des deutschen Alphabets benutzt. Bei Wiedergabe der Namen wie sie nur auf russischen Karten entgegentreten, wurde das russische с in den allermeisten Fällen, insbesondere vor Selbstlauten, mit ss, з mit ś, ц mit z, ж mit dsch, ы mit y und ü (je nachdem der Laut von den Eingeborenen mehr als i beziehungsweise als ü ausgesprochen wird) ю mit ju, я mit ja ausgedrückt. (Siehe auch über die Schreibweise kaukasischer Namen Band I, Seite X, und Band II, Seite 394.)

Inhaltsverzeichnis des dritten Bandes.

VI. Physiogeographie.

Die Karte des Kaukasischen Hochgebirges im Massstabe von 1 : 400 000 in zwei Blättern befindet sich am Schluss des zweiten Bandes dieses Werkes.

DR. FERD. FILARSZKY

Botanische Ergebnisse der Forschungsreisen von M. v. Déchy im Kaukasus

MIT 25 TAFELN

Unter den von v. Déchy durchgeführten Forschungsreisen in den Kaukasus-Ländern sind die zweite, fünfte, sechste und siebente Reise als solche zu verzeichnen, auf welchen auch botanisches Material zusammengetragen wurde.

Auf der zweiten Reise (1885) war es Prof. Hugo Lojka, der weitbekannte ungarische Lichenologe, der als Botaniker v. Déchy begleitete und auf der ganzen Reise mit ausserordentlichem Fleisse nicht nur seine Lieblingspflanzen, Flechten, sammelte, sondern im Vereine mit dem Leiter der Expedition auch grosse Aufmerksamkeit den Samenpflanzen schenkte. Eine reiche Kollektion beiderlei Gewächse gaben Zeugnis von der Emsigkeit und dem Fachverständnisse dieses Mannes. Die ganze Sammlung bildete laut Uebereinkommen, mit Ausnahme der Duplikate, den Besitz v. Déchys, der die Sammlung wieder, schon im vorhinein, der botanischen Abteilung des Ungarischen National-Museums zusicherte. Lojka hat seine lichenologischen Sammlungen selbst bestimmt, doch nicht vollständig, denn schwere Krankheit gebot Einhalt in seiner Arbeit, und sein früh erfolgter Tod machte ihr ein jähes Ende. In der Sonderung des gesammelten Materials ging Lojka nicht sehr gewissenhaft vor, denn trotz des Uebereinkommens mit v. Déchy gelangte nur der mindere Teil der Sammlungen in den Besitz v. Déchys und durch diesen als Geschenk in den Besitz des Ungarischen National-Museums; vieles, ja, das wertvollste Material, kam auf ungerechte Weise durch Lojka, vielleicht auch später noch irrtümlicherweise in andere Hände. — Die kaukasischen Sammlungen Lojkas wurden von der botanischen Abteilung des Ungarischen National-Museums zur Revision und gründlichen Bearbeitung teils nach Helsingfors Herrn Wainio, dem grossen Flechtenkenner, teils nach Firenze, den Floristikern Herrn S. Sommier und E. Lévier zugeschickt. Die Bearbeitung der Flechten erschien im Jahre 1899 in der ungarischen Zeitschrift »Természetrajzi Füzetek«; die Bearbeitung der Samenpflanzen aber, welche schon V. Janka, damaliger

1*

Kustos der botanischen Abteilung des Ungarischen National-Museums bestimmt hatte, wurde zum Teil in kleineren Fragmenten zuerst in italienischen und russischen Zeitschriften, endlich vollständig, jedoch verschmolzen mit der Bearbeitung der eigenen kaukasischen Aufsammlungen, vom Jahre 1890 der Bearbeiter und noch anderer kaukasischen Aufsammlungen im Jahre 1900 in der russischen Zeitschrift »Acta Horti Petropolitani« publiziert.

Auf der fünften Reise (1897) v. Déchys brachte v. Déchy selbst eine kleinere, doch höchst wertvolle Kollektion von Blütenpflanzen aus der Hochregion der chewssurischen Alpen zusammen; dieselbe gelangte auf geradem Wege und deshalb unversehrt in den Besitz des Ungarischen National-Museums. Auch diese Sammlung haben die Herren S. Sommier und E. Lévier bearbeitet und in der italienischen Zeitschrift »Bullettino della Società Botanica Italiana« besonders veröffentlicht.

Auf der sechsten Reise (1898) hatte v. Déchy abermals einen Botaniker, diesmal einen Mykologen zum Begleiter, es war Prof. Dr. L. Hollós. Hollós sammelte alles: Pilze, Flechten, Moose, Gefässkryptogamen und Samenpflanzen; selbstverständlich war aber sein Hauptaugenmerk doch nur auf die Pilze gerichtet, trotzdem aber erreichte seine Kollektion Samenpflanzen die höchste Zahl. Hollós' Sammlungen gelangten mit Ausnahme der Pilze gleich nach Beendigung der Reise ebenfalls als hochherzige Spende v. Déchys in die bot. Abteilung des Ungarischen National-Museums. Die Pilz-Kollektion behielt Hollós noch zurück, um sie selbst aufzuarbeiten, was auch in kurzer Zeit geschah; die Arbeit wurde schon 1899 in der ungarischen Zeitschrift »Pótfüzetek a Természettudományi Közlönyhöz« veröffentlicht. — Die Flechten wurden von meinem lieben Freunde, Herrn Dr. A. Zahlbruckner in Wien, bestimmt. Die Moose erhielt Herr Lehrer M. Péterfi in Déva zur Bearbeitung; die kurze Abhandlung hierüber erschien 1904 in den Annalen des Ungarischen National-Museums, und ebenfalls hier veröffentlichte Dr. J. B. Kümmerle die Gefässkryptogamen, welche diesem Herrn, als bewährtem Fachmanne zur Bearbeitung anvertraut wurden. Die Bestimmung der Samenpflanzen schliesslich behielt ich mir selbst vor; die auf diese sich beziehenden Angaben werden an diesem Orte hier zuerst publiziert.

Auf der siebenten Reise (1902) wurde nur wenig botanisches Material zusammengebracht; dasselbe sammelte v. Déchy und sein Begleiter, der Geologe Laczkó. Dieses letztere Material gelangte ebenfalls als Geschenk v. Déchys in den Besitz des Ungarischen National-Museums — leider nicht im besten Zustande — die Pflanzen, lauter Blütenpflanzen, waren schlecht konserviert; nichtsdestoweniger enthält auch diese kleine Kollektion einige recht wertvolle Belege zur herrlichen Flora des Kaukasus. Die Bestimmung dieses Materials habe ich ebenfalls selbst vorgenommen, wobei mich auch die Beamten der botanischen Abteilung, Herr Dr. J. B. Kümmerle und S. Jávorka, unterstützten.

Die botanischen Ergebnisse der kaukasischen Forschungsreisen v. Déchys habe ich hier in folgendem lediglich nur in Form einer mir am passendsten und natürlichsten scheinenden systematischen Aufzählung zusammengestellt. Die zum Teil ungenügenden Angaben der Fund- und Standorte, sowie der Mangel jedweder botanischen Notizen lassen trotz der nicht geringen Anzahl der Daten eine allgemeine Schilderung der Flora des durch v. Déchy und seine Gefährten bereisten kaukasischen Gebietes weder in pflanzengeographischer noch in ökologischer Beziehung zu. Die bloss von v. Déchy nach dieser Richtung hin gemachten Notizen und Aufzeichnungen fanden jedoch schon in den vorhergehenden Abteilungen dieses Reisewerkes entsprechende, angepasste Verwendung.

Besonderen Wert verleiht diesen Sammlungen der Umstand, dass zum grössten Teil solche Gebiete des Hochgebirges bereist wurden, welche bis dahin von Botanikern, ja selbst von Reisenden überhaupt unbetreten waren. In pflanzengeographischer Beziehung enthalten sie manch wertvolle Angaben, da die Reiserouten sich auch in der hochalpinen (glazialen) Zone in Höhen von 3000 bis 3500 m und höher bewegten. Insbesondere enthalten solche Beiträge die Sammlungen von den Gletscherpässen des Dschiper, Asau und Twiber von v. Déchy und Lojka, jene von dem westlichen vergletschertem Gebiete der Chewssurischen Alpen von v. Déchy und die Sammlung von Hollós aus den Bogos-Alpen.

In vorliegender Enumeration sind die Novitäten, die lediglich auf den Reisen v. Déchys entdeckt wurden, durch fetten Druck gekennzeichnet; es sind im ganzen sechs Pilze, zwanzig Flechten und sechsundzwanzig Blütenpflanzen-Spezies resp. Varietäten und Formen. Diese sind zum grössten Teile auch in möglichst getreuen Abbildungen auf Tafeln der Enumeration beigeschlossen und die dazu gehörigen, doch anderswo schon veröffentlichten Diagnosen hier ebenfalls wiedergegeben. Die Zahl der Tafeln wurde auch mit einigen solchen noch vermehrt, auf denen schon früher teils durch Sommier und Levier als neu publizierte Arten, teils seltenere oder neu geglaubte Spezies abgebildet wurden, die aber auf den Reisen von Déchys viel früher aufgefunden und eingesammelt wurden und welche, da dieses Material zur Zeit der Veröffentlichungen den Herren Sommier und Levier ebenfalls zu Gebote gestanden, gleichfalls zur Aufstellung der betreffenden Diagnosen gedient haben möchten. Alle diese letzteren auf den Reisen v. Déchys viel früher als auf der kaukasischen Reise von Sommier und Lévier gesammelten und von Sommier und Lévier als neu publizierte Arten und Varietäten sind in der Aufzählung der Blütenpflanzen mit einem vorgestellten Sternchen gekennzeichnet. Es sind dies im ganzen 21 Blütenpflanzen, mit welchen sich die Anzahl der auf den Reisen v. Déchys gesammelten Novitäten auf 47 erhöht.

Ein beigefügtes Literaturverzeichnis führt zuerst alle jene bisher erschienenen Arbeiten auf, in denen botanisches Material von den Reisen v. Déchys mit Anführung derselben veröffentlicht wurde, dann aber auch im Anschlusse jene Werke, die bei der Bearbeitung des bisher noch nicht publizierten Materials benutzt wurden. In der Aufzählung ist die übliche Anführung dieser letzteren Werke in Erachtung überflüssiger Anhängsel einfach weggeblieben.

I. Divisio Sporophyta.

I. subdivisio Thallophyta.

1. Classis Fungi.

Die Pilze hat fast alle mit wenigen Ausnahmen Dr. L. Hollós auf der sechsten kaukasischen Reise v. Déchys gesammelt (1898); nur einige Arten stammen aus den Aufsammlungen H. Lojkas von v. Déchys zweiter kaukasischen Reise (1885). Hollós hat seine eigenen Aufsammlungen selbst bearbeitet und nur bei Bestimmung einiger Arten war ihm J A. Bäumler (Pozsony) behilflich, der zehn Arten von Sphaeriaceen untersuchte, und Dr. V. Borbás, der den grössten Teil der Wirtpflanzen bestimmte. Hollós bespricht seine Aufsammlungen in zwei beziehungsweise drei kurzen Abhandlungen (s. Literatur-Verzeichnis Hollós I, II, u. III); dieselben werden in folgender Aufzählung überall an entsprechender Stelle pünktlich angeführt. Die von Lojka gesammelten Pilze hat Wainio bestimmt und in einer grösseren Arbeit über die von Lojka im Kaukasus gesammelten Flechten veröffentlicht (s. Wainio). Einige Pilzarten, die noch nachträglich in der phanerogamischen Aufsammlung Hollós' sich vorfanden, wurden in vorliegende Aufzählung ebenfalls aufgenommen. Der ganzen Enumeration liegen die oben erwähnten Arbeiten und die durch v. Déchy der botanischen Abteilung des Ungarischen National-Museums in Budapest geschenkte und hier aufbewahrte Pilzsammlung zu Grunde.

subcl. Myxomycetes.

Ordo Myxogasteres.

subo. Endosporeae.

Familie Trichiaceae.

Arcyria nutans Rostaf. Mon. p. 277. Massee Mon. p. 159 Fig. 140—141. Auf morschen Stämmen im Nachar-Tale; Makali-Hütten, Tal des Andischen Koissu. (Hollós II. p. 154).

Lycogala epidendron Rostaf. Mon. p. 85 Fig. 1, 7—12. Auf morschen Stämmen zwischen Achmeti und Tioneti (Kachetien); Kamenoi-most, (Kuban-Tal;)* Nachar-Tal (Hollós II. p. 154).

Trichia fallax Pers. Obs. III. Tab. 4, 5. Auf morschen Stämmen im Klytsch-Tal (Hollós II. p. 154).

Trichia ovalispora Hollós Adatok a Kaukasus usw. p. 154. »Peridio gregariis, astipitatis, sessilibus, globosis, flavo-fuscis, laevibus. Elateribus simplicibus, flavis, taeniolis spiralibus leviter prominentibus, aequaliter attenuatis, 4 μ crassis. Sporis flavidulis, laevibus, ovalis, apice attenuatis, 8—10 μ diametr., 16 μ longis, at sporis ovatis omnibus speciebus cognatis distincta est.« Hollós teilte mir brieflich mit, dass die Sporen bei 1000facher Vergrösserung schwach warzig erscheinen und an ihnen ein Längsriff zu sehen ist, die Art unterscheidet sich von allen bisher bekannten Myxogastern. (Taf. I. Fig. A.) Auf morschen Hölzern im Dombai-ulgen-Tal.

Trichia varia Rostaf. Mon. p. 251. Fig. 191, 202, 208, 212, 218, 237. Auf faulendem Holze im Dombai-ulgen-Tal (Hollós II. p. 154).

F. Reticulariaceae.

Reticularia lycoperdon Rostaf. Mon. p. 240, Fig. 3, 4, 6, 13. Auf morschen Stämmen bei Newinnomysk (Hollós II. p. 154).

F. Stemonitaceae.

Stemonitis ferruginea Rostaf. Mon. p. 196, Fig. 31—39, 41—44, 50. Auf morschen Balken und Stämmen bei Grosny, Weden, im Dombai-ulgen-Tal (Hollós II. p. 154).

Stemonitis fusca Rostaf. Mon. p. 193, Fig. 40. Auf morschen Stämmen im Klytsch-Tal, bei Kamenoi-most (Kuban-Tal), Newinnomysk (Hollós II. p. 154 und III. p. 13).

F. Didymiaceae.

Didymium farinaceum Schrad., Rostaf. Mon. p. 154, Fig. 128, 171, 174. Auf morschen Balken bei Grosny (Hollós II. p. 155).

F. Physaraceae.

Fuligo varians Rostaf. Mon. p. 134. Massee Mon. p. 340, Fig. 190—192. Gemein auf morschen Stämmen bei Newinnomysk, Klytsch-Tal, Achmeti

*) Der Fundort liegt in der Umgebung der steinernen Brücke beim Zusammenflusse der Teberda mit dem aus dem Osten kommenden Hauptquellbache des Kuban; er wird auch in der Folge als Kamenoi-most (Kuban-Tal) bezeichnet werden.

und Tioneti, Dombai ulgen-Tal (Hollós II. p. 155 und Hollós III. p. 13 unter Aethalium septicum).

subcl. Phycomycetes.

O. Oomycetes.

subo. Conidiae.

F. Cystopodinaceae.

Cystopus Bliti Lév., Winter Pilze IV. p. 422. Auf den Blättern von Amarantus viridis, Grosny, Batalpaschinsk, Ssabui, Newinnomysk, Sewastopol (Hollós II. p. 154).

Cystopus candidus (Pers.) Lév., Winter Pilze IV. p. 418. Auf den Blättern von Capsella bursa pastoris L., Dombai-ulgen-Tal, Chumara (Kuban-Tal), (Hollós II. p. 154).

F. Peronosporaceae.

Peronospora viticola de By. Ann. d. sc. nat. ser. IV, XX, p. 125. Auf den Blättern von Vitis vinifera L., Ssabui (Hollós II. p. 154).

subcl. Mesomycetes.

Cohors Pseudobasidiales.

O. Ustilagineae.

F. Ustilaginaceae.

Ustilago segetum (Bull.) Pers., Winter Pilze I. p. 90. In den Aehren von Triticum vulgare Vill. beim See Esen-am (Hollós II. p. 147).

O. Aecidiomycetes.

F. Melampsoraceae.

Melampsora Salicis caprae (Pers.), Winter Pilze I. p. 239. Auf den Blättern von Salix caprea L. am Kodor-Pass (Hollós II. p. 148).

F. Pucciniaceae.

Aecidium Allii ursini Pers., Winter Pilze I. p. 268. Auf den Blättern von Allium victoriale L. im Klytsch-Tale (Hollós II. p. 148).

Aecidium Berberidis Gmel., Winter Pilze I. p. 217. Auf den Blättern von Berberis vulgaris L. bei Utschkulan (Kuban) (Hollós II. p. 148).

Aecidium Ranunculacearum DC., Winter Pilze I. p. 268. Auf den Blättern von Ranunculus oreophilus M. Bieb. im Klytsch-Tale (Hollós II. p. 148).

Gymnosporangium juniperinum (L.) Winter Pilze I. p. 234. Aecidium (Roestelia) auf den Blättern von Sorbus aucuparia L., am Kodor-Pass; auf Blättern von Aronia rotundifolia Pers. und auf Blättern von Cotoneaster nummulariaefolia bei Etscheda (Tal des Andischen-Koissu) (Hollós II. p. 148).

Phragmidium Potentillae (Pers.) Winter Pilze I. p. 229. Auf Blättern von Potentilla argentea L. Nevinnomysk (Hollós II. p. 148).

Phragmidium Rubi Idaei (Pers.) Winter Pilze I. p. 231. Auf Blättern von Rubus Idaeus L. im Klytsch-Tale (Hollós II. p. 148).

Phragmidium subcorticum (Schrank) Winter Pilze I. p. 228. Auf Blättern von Rosa centifolia L. in Gärten bei Ssabui (Hollós II. p. 148).

Puccinia flosculosorum (Alb. et Schwein.) Winter Pilze I. p. 206. Auf Blättern von Senecio sp. im Kluchor-Tale (Hollós II. p. 148).

Puccinia Gentianae (Strauss) Winter Pilze I. p. 205. Auf Blättern von Gentiana septemfida Pall. im Tschetowatl-Tälchen bei Kwarschi (Hollós II. p. 148).

Puccinia Polygoni (Alb. et Schwein.) Winter Pilze I. p. 185. Auf Blättern von Polygonum sp. im Tschirykol-Tale (Hollós II. p. 147).

Uromyces Alchemillae (Pers.) Winter Pilze I. p. 146. Auf Blättern von Alchemilla sp. im Klytsch-Tale (Hollós II. p. 147).

Uromyces falcatae (DC.) Winter Pilze I. p. 159. Auf Blättern von Medicago glutinosa M. Bieb. See Esen-am (Hollós II. p. 147).

Uromyces verruculosus Schroet., Winter Pilze I. p. 148. Auf Blättern von Lychnis vespertina Sibth. Nevinnomysk., (Hollós II. p. 147).

Cohors Deuteromycetes (Fungi imperfecti).

O. Hyphomycetes.

F. Dematiaceae.

Macrosporium cladosporioides Desm., Saccardo Syll. Fung. IV. p. 524. Auf den Blättern von Alyssum rostratum Stev. Botlich 7. August. (Hollós).

Torula fructigena Pers. Obs. I. p. 25. Auf abgefallenen wilden Aepfeln zwischen Achmeti und Tioneti; auf dem Hymenophorum von Polyporus betulinus (Bull.) Dombai-ulgen-Tal (Hollós II. p. 154).

O. Melanconieae.

F. Melanconiaceae.

Libertella faginea Desm. Zrszenoj (Hollós II. p. 153).

Marssonia Veratri Ell. et. Ev. Proc. Ac. Phil. 1894. p. 373, forma **Veratri albi** Bäumler, in Hollós Adatok a Kaukazus usw. p. 154. »Fruchthäufchen zahlreich in ausgebleichten braungesäumten Flecken. Sporen 18—24 μ lang, 3 – 3,5 μ breit, hyalin, in der Mitte einmal geteilt, schön gekrümmt, sichelförmig, am obern Ende abgerundet, gegen das untere Ende in eine feine Spitze ausgezogen. Die Sporen entwickeln sich aus dem parenchymatischen Grundgewebe des Fruchthäufchens, sind keulenförmig und nehmen erst bei voller Entwicklung die sichelförmige Gestalt an; immer bildet die feine Spitze die Basis.« (Taf. I. Fig. B.) Auf Blättern von Veratrum album. Tschirykol-Tal 21. Juli 1898.

F. Spaerioidaceae.

Phyllosticta Alyssae Hollós n. sp. »Maculis circularibus, ochraceis; peritheciis globosis, nigris minimis 40—50 μ diam.; sporulis hyalinis, ellipticis, biguttalutis, 6—6,5 μ longis, 2,5—3 μ latis.« (Hollós in litt. oct. 1905). Auf Blättern von Alyssum rostratum Stev. Botlich 7. Aug.; Hollós. (Taf. I. Fig. C.)

Septoria Alyssicola Hollós n. sp. »Maculis circularibus, ochraceis; peritheciis globosis, nigris, minimis; sporulis hyalinis, falci similibus, 10 — 15 septatis; 50—80 μ longis; 2—3,5 μ latis.« (Hollós in litt. oct. 1905.) Auf Blättern von Alyssum rostratum Stev. Botlich 7. Aug. Hollós. (Taf. I. Fig. D.)

subcl. Mycomycetes.

Cohors Ascomycetes.

O. Protodisceae.

F. Exoascaceae.

Exoascus flavus Sadebeck, Winter Pilze II. p. 8. Auf Blättern von Alnus sp. im Klytsch-Tal (Hollós II. p. 153).

O. Carpoasceae.

subo. Discocarpeae (Pezizineae).

F. Pezizaceae.

Peziza (Cupulares) *cupularis* L.; Patouillard Tab. an. No. 165; Winter Pilze III. p. 972. Auf Waldboden, Kuban-Tal (Hollós II. p. 153).

Peziza (Sarcoscypha) *scutellata* L., Cooke Mycogr. Pl. 34, Fig. 131. Winter Pilze III. p. 1063. Auf morschem Holze, Dombai-ulgen-Tal, Klytsch-Tal (Hollós II. p. 153).

Peziza (Sarcoscypha) *umbrorum* Fckl., Cooke Mycogr. Pl. 35, Fig. 138. Winter Pilze III. p. 1060. Auf Sand an Ueberschwemmungsstellen im Teberda-Tale; Kluchor-Tal (Hollós II. p. 153).

Peziza sp. Chumara-Utschkulan (Hollós III. p. 17).

F. Helotiaceae.

Lachnum bicolor (Bull.) Karst., Winter Pilze III. p. 870. Auf Zweigen von Rhododendron caucasicum Pall., Tschirykol-Tal (Hollós II. p. 153).

F. Celidiaceae.

Phacopsis vulpina Tul. Auf Pinus silvestris, Asau-Gletscher und auf Letharia vulpina im Adyl-ssu-Tale ges. von Lojka (Wainio p. 277).

F. Patellariaceae.

Abrothallus buellianus de Not. in Giorn. Bot. Ital 1846 p. 193.

f. Peyritschii Stein Flecht. p. 211. Auf Cetraria pinastri in der Nähe des Zei-Gletschers ges. von Lojka (Wainio I. p. 305).

Abrothallus tegularum (Arn.) Wain. Arn. Lich. Exs. (1890) n. 1512. Ebendaselbst ges. von Lojka auf sterilen Cetraria Thallusen (Wainio p. 305).

subo. Caliciocarpeae.

F. Protocaliciaceae.

Mycocalicium parietinum (Ach.) Wain. Etud. Brés. II. p. 182.

var. *major* (Nyl.) Wainio Nyl. in Norre. Bidr. Syd. Tav. Fl. (1870) p. 173. Auf einem Stamme von Pinus, Zei-Gletscher, ges. von Lojka (Wainio I. p. 336).

var. *minutella* (Ach.) Wain. Etud. Brés. II. p. 182. Auf Stämmen von Ulmus, Zei-Gletscher, ges. von Lojka (Wainio p. 336).

subo. Schizocarpeae (Phacidineae).

F. Phacidiaceae.

Naevia punctiformis (Ach.) Wain. Etud. Brés. II. p. 151. Auf der Rinde von Celtis australis in der Nähe der Burgruinen von Issar bei Jalta (taurische Halbinsel) ges. von Lojka (Wainio p. 334).

Naevia varians (Dav.) Wain., Dav. in Trans. Linn. Soc. II. p. 284, pr. p. Auf den Apothecien von Lecanora sordida, am Mamisson-Pass, ges. von Lojka (Wainio I. p. 335).

Rhytisma acerinum (Pers.) Fr. Syst. myc. II. p. 569. Auf den Blättern von Acer campestre L., Ssagada, ges. von Hollós am 16. Aug. 1898.

subo. Pyrenocarpeae (Pyrenomycetineae).

F. Hypocreaceae.

Nectria Peziza (Tode) Fries., Winter Pilze II. p. 124. Auf morschen Stämmen, Newinnomysk (Hollós II. p. 153).

F. Lophiostomataceae.

Lophiostoma caulinum (Fr.) de Not. Sferiacei Ital. Tab. 70. Winter Pilze II. Abt. p. 300. Auf Stengeln von Astragalus microcephalus Willd. Utschkulan, 19. Juli, Hollós.

F. Pleosporaceae.

Didymella fallax (Nyl.) Wain., Nyl. Bot. Not. 1852 p. 78. Auf der Rinde von Betula in der Nähe des Zei-Gletschers ges. von Lojka (Wainio p. 342).

Didymella subfallax Wain. Adj. Lich. Lapp. II. p. 191. Auf der Rinde von Betula, Tersskol-Tal, ges. von Lojka (Wainio p. 342).

Leptosphaeria Doliolum (Pers.) de Not., Winter Pilze II. p. 460. Berlese Icones I. p. 62. Tab. 48, Fig. 1, 2. Tab. 47, Fig. 6. Auf morschen Zweigen, Mitrada (Hollós II. p. 153).

Metasphaeria juglandis (Mass.) Wain., Mass. Symm. Lich. (1855) p. 113. Auf der Rinde von Celtis australis in der Nähe der Burgruinen von Issar bei Jalta (taurische Halbinsel) ges. von Lojka (Wainio p. 341).

Ophiobolus acuminatus (Sow.) Duby., Winter Pilze II. p. 527. Auf morschen Aesten, Mitrada (Hollós II. p. 153).

F. Mycosphaerellaceae.

Laestadia Solorinae Wainio Lichen in Caucas. et in Taur. Természetrajzi Füzet. XX. 1899 p. 343. »Perithecium fuligineum, immersum aut semiimmersum, globosum, aequaliter incrassatum aut basi tenue, latit. circ. 0,1 millim., vertice convexo. Nucleus circ. 0,07 millim. latus, jodo dilute violascens. Paraphyses haud evolutae. Asci oblongo-clavati. Sporae 8:nae, decolores, simplices, ovoideae, altero apice rotundato, altero acuto, long. 0,007—0,009, crass. 0,0025—0,003 millim.« Auf Solorina bispora Thallusen, Gurschewi, ges. von Lojka.

Pharcidia Peltideae Wainio. Ebendaselbst p. 342. »Perithecium semiimmersum, fuscum, vertice crassius et fuscofuligineum, integrum, globosum, latitudine circ. 0,065 millim. Nucleus jodo non reagens. Paraphyses haud evolutae. Asci-ovoideo-ventricosi aut variabiles, long. circ. 0,040, crass. circ. 0,013 millim. Sporae 8:nae, decolores, ovoideo-oblongae aut oblongae, rectae, 1-septatae, septa in medio aut cellula angustiore paullo longiore, medio leviter constrictae, long. 0,010—0,012, crass. 0,0035 millim.« »Sporis minoribus et apothecis crebris, fuscis, plagas latas supra thallum lichenis formans, differt a Pharcidia lichenum Arn. Lich. Tirol. VIII. p. 302, XXI. p. 153.« Bei Kosch-Asau (Bakssan-Tal) im Walde auf Peltigera aphtosa ges. von Lojka.

Sphaerulina lepidiotae (Anzi) Wain., Anzi Anal. Lich. Rar. (1868) p. 27, bei Kosch-Asau (Bakssan-Tal) im Walde auf Pannaria pezizoides ges. von Lojka (Wainio p. 342).

Tichothecium pygmaeum Koerb. Sert. Sudet. (1853) p. 6. Auf Apothecien von Placodium erythrellum bei St. Nicolai (Ardon-Tal) ges. von Lojka (Wainio p. 342)

F. Valsaceae.

Anthostoma gastrinum (Fr.) Saccardo, Winter, Pilze II. p. 758. Auf trockenen Aesten, Achmeti, Tioneti (Hollós II. p. 153).

F. Melanconidaceae.

Melanconis stilbostoma (Fr.) Tul., Winter Pilze II. p. 777. Spermogoniumform auf Libertella faginea Desm. an Holzrinden, Zrszenoj (Hollós II. p. 153).

F. Diatrypaceae.

Diatrype Stigma (Hoffm.) de Not., Winter Pilze II. p. 838. Auf morschen Aesten, Etscheda (Hollós II. p. 153).

F. Melogrammataceae.

Melogramma Bulliardi Tul. Sel. Fung. Carp. II. p. 81. Tab. XI, Fig. 1—9. Winter Pilze II. p. 807 et p. 799, Fig. 1—4. Auf Holzstöcken, Weden (Hollós II. p. 153).

F. Xylariaceae.

Daldinia concentrica (Bolt.) Ces. et de Not., Winter Pilze II. p. 866. Auf Aesten und Holzstöcken, Weden, Zrszenoj (Hollós II. p. 153).

Hypoxylon coccineum Bull., Winter Pilze II. p. 865. Auf Buchenstämmen, zwischen Achmeti und Tioneti, Weden, Zrszenoj (Hollós II. p. 153).

Nummularia nummularia (Bull.) Schroet. Pilze Schles. II. p. 458. Auf trockenen Aesten zwischen Achmeti und Tioneti (Hollós II. p. 153).

Poronia punctata Fr. Syst. Myc. II. p. 330. Winter Pilze II. p. 870 und 845, Fig. 1—4. Auf Pferdemist an Bergabhängen, Utschkulan (Hollós II. p. 153).

F. Erysibaceae.

Erysiphe communis (Wallr.) Fr., Winter Pilze II. p. 32. Auf Blättern von Cucurbita Pepo L. Ssabui (Hollós II. p. 153).

Erysiphe Galeopsidis DC., Winter Pilze II. p. 33. Auf Blättern von Phlomis tuberosa L., Kamenoi-most (Kuban-Tal) (Hollós II. p. 153).

Erysiphe Hyoscyami Schulz; Hazslinszky Magyarhon üszökgombái és ragyái p. 187. Auf Blättern von Hyoscyamus niger L., Kamenoi-most (Kuban-Tal), Etscheda, Nevinnomysk (Hollós II. p. 153).

Erysiphe Martii Lév., Winter Pilze II. p. 31. Auf Blättern von Calystegia sp., Ssabui (Hollós II. p. 153).

Microsphaera Lonicerae (DC.), Winter Pilze II. p. 36. Auf Blättern von Lonicera spec., Etscheda (Hollós II. p. 153).

Phyllactina suffulta (Rabenh.) Winter Pilze II. p. 42. Auf Blättern von Corylus colurna L. Ssabui (Hollós II. p. 153).

Sphaerotheca pannosa (Wallr.) Lév., Winter Pilze II. p. 26. Oidium-Stadium auf Blättern von Rosa centifolia L., Grosny (Hollós II. p. 153).

subo. Sphaerocarpeae.

F. Onygenaceae.

Onygena equina (Willd.) Pers. Obs. Myc. II. p. 71. Tab. 6, Fig. 3. Winter Pilze V. p. 103, p. 102, Fig. 2—5. Auf faulenden Widderhörnern um eine Schäferhütte im Klytsch-Tale (Hollós II. p. 154 u. III. p. 28).

Cohors Basidiomycetes.

O. Protobasidiomycetes.

subo. Phragmobasidieae.

F. Auriculariaceae.

Auricularia mesenterica (Dicks.) Fr. Hymen. europ. p. 646. Auf Holzklötzen zwischen Achmeti und Tioneti, Nevinnomysk (Hollós II. p. 148).

Hirneola auricula Iudae (L.) Fr. Hymen. europ. p. 695. Auf Sambucus nigra L. und Eichen, Kamenoi-most, am Fusse des Kodor-Passes (Hollós II. p. 148).

subo. Schizobasidieae.

F. Tremellaceae.

Exidia glandulosa (Bull.) Fr. Hymen. europ. p. 694. Auf Eichen und Buchen, Klytsch, Kamenoi-most, Achmeti, Tioneti (Hollós II. p. 148).

O. Autobasidiomycetes.

subo. Dacryomycetes.

F. Dacryomycetaceae.

Calocera viscosa (Pers.) Fries Hymen. europ. p. 680. Schaeffer Icon. Tab. 174. Auf morschen Stämmen, Klytsch-Tal (Hollós II. p. 148).

subo. Hymenomycetes.

a) **Gymnocarpae.**

F. Telephoraceae.

Cyphella villosa (Pers.) Karst., Winter Pilze I. Abt. p. 323. Auf trockenen Aesten von Syringa vulgaris, Grosny (Hollós II. p. 150, als Solenia fasciculata Pers. angeführt; rect. von Hollós, Okt. 1905).

Stereum ferrugineum Fr. Hymen. europ. p. 640. Auf morschen Aesten, Dombai-ulgen-Tal (Hollós II. p. 148).

Stereum hirsutum Fr. Hymen. europ. p. 639. Gemein auf abgestorbenen Aesten verschiedener Bäume, Klytsch-Tal Achmeti, Tioneti, Weden, Kamenoi-most, Grosny (Hollós II. p. 148).

Stereum luteo-badium Fr., Kalchbrenner Icon. p. 60. Tab. XXXIII, Fig. 2. Auf Holzklötzen, Kamenoi-most, Achmeti, Tioneti (Hollós II. p. 148).

Stereum pini Fr. Hymen. europ. p. 643. Auf Pinus silvestris L., Achmeti, Tioneti (Hollós II. p. 148).

F. Hydnaceae.

Hydnum ochraceum Fr. Hymen. europ. p. 612. Auf Holzstöcken, Weden (Hollós II. p. 148).

Irpex lacteus Fr. Hymen. europ. p. 621. Patouillard, Tab. an No. 455. Auf Buchenstämmen, Kamenoi-most, Zrszenoj (Hollós II. p. 148).

Radulum orbiculare Fr. Hymen. europ. p. 623. Auf Holzstöcken, Weden (Hollós II. p. 148).

F. Polyporaceae.

Boletus edulis Bull., Fr. Hymen. europ. p. 497 et Sverig. Svamp. Tab. 22. Waldboden, Kamenoi-most (Hollós II. p. 149), Chumara-Utschkulan (Hollós III. p. 17).

Boletus eriophorus Rostkov. in Sturm, Deutschl. Fl., III. Abt. p. 75, Tab. 20. Waldboden, Klytsch-Tal (Hollós II. p. 149).

Boletus luteus L., Fr. Hymen. europ. p. 497 et Sverig. Svamp., Tab. 22. Waldboden, Kamenoi-most (Hollós II. p. 148).

Boletus scaber Fr. Hymen. europ. p. 515. Fr. Sverig. Svamp., Tab. 14. Waldboden, Klytsch-Tal (Hollós II. p. 149).

Daedalea quercina Fr. Hymen. europ. p. 586. Berkeley Outlin. p. 254, Tab. 19, Fig. 5. Auf Eichen, Klytsch-Tal, Achmeti, Tioneti (Hollós II. p. 150).

Fistulina hepatica (Huds.) Fr. Hymen. europ. p. 522. Fries Sverig. Svamp., Tab. 25. Auf Eichen, Klytsch-Tal, Kamenoi-most (Hollós II. p. 149). Chumara-Utschkulan (Hollós III. p. 17).

Lenzites abietina Fr. Hymen. europ. p. 495. Cooke Illustr. Pl. 1146. B. Auf Brettern und Nadelholzstöcken, Klytsch-Tal, Weden, Dombai-ulgen-Tal (Hollós II. p. 151).

Lenzites sepiaria Fr. Hymen. europ. p. 404. Cooke Illustr. Pl. 1146. A. Auf Baumstöcken, Klytsch-Tal (Hollós II. p. 151).

Lenzites trabea Fr. Hymen. europ. p. 494. Auf Baumstöcken, Achmeti, Tioneti (Hollós II. p. 151).

Polyporus abietinus (Dicks) Fr. Hymen. europ. p. 579. Auf Nadelholzstöcken, Klytsch-Tal, Dombai-ulgen-Tal (Hollós II. p. 149).

Polyporus adustus (Willd.) Fr. Hymen. europ. p. 549. Rostkovius, in Sturm Deutschl. Fl., III. Abt., 16. H. p. 79, Tab. 38. Auf Holzstöcken zwischen Achmeti und Tioneti (Hollós II. p. 149).

Polyporus applanatus (Pers.) Fr. Hymen. europ. p. 557. Batsch Elench. II. Fig. 130 Auf Holzstöcken, Klytsch-Tal, Achmeti, Tioneti (Hollós II. p. 149).

Polyporus betulinus (Bull.) Fr. Hymen. europ. p. 555. Rostkovius Tab. 22. Auf Birkenstöcken, Schauri (Quellgebiet des Andischen Koissu), Dombai-ulgen-Tal (Hollós II. p. 149).

Polyporus brumalis (Pers.) Fr. Hymen. europ. p. 526. Patouillard Tab. an No. 135. Auf morschen Aesten, Klytsch-Tal, Nachar-Tal (Hollós II. p. 149).

Polyporus cinnamomeus Trog., Fries Hymen. europ. p. 561. Auf abgestorbenen Bäumen, Klytsch-Tal, Dombai-ulgen-Tal (Hollós II. p. 149).

Polyporus cuticularis (Bull.) Fr. Hymen. europ. p. 551. Auf Holzstöcken zwischen Achmeti und Tioneti (Hollós II. p. 149).

Polyporus dichrous Fr. Hymen. europ. p. 550. Rostkovius Tab. 39. Auf Holzstöcken, Klytsch-Tal (Hollós II. p. 149).

Polyporus fomentarius (L.) Fr. Hymen. europ. p. 558. Fries Sverig. Svamp., Tab. 62 (Hollós II. p. 149).

Polyporus fragilis Fr. Hymen. europ. p. 546. Auf Holzstöcken, Klytsch-Tal, Dombai-ulgen-Tal (Hollós II. p 149).

Polyporus hirsutus (Schrad.) Fr. Hymen. europ. p. 567. Gemein auf Holzstöcken, Klytsch-Tal, Achmeti, Tioneti, Nachar-Tal, Kamenoi-most (Kuban-Tal) (Hollós II. p. 149).

Polyporus igniarius (L.) Fr. Hymen. europ. p. 559. Auf Obstbäumen, Zrszenoj (Hollós II. p. 149).

Polyporus leprodes Rostk. Tab. 15. Fries Hymen. europ. p. 535. Auf Holzstöcken, Klytsch-Tal (Hollós II. p. 149).

Polyporus marginatus Fr. Hymen. europ. p. 561. Auf Buchenstöcken, Dombai-ulgen-Tal (Hollós II. p. 149).

Polyporus nigricans Fr. Hymen. europ. p. 558 et Icon., Tab. 184. Auf Holzstöcken, Klytsch-Tal (Hollós II. p. 149).

Polyporus perennis (L.) Fr. Hymen europ. p. 531. Waldboden, Kwarschi, Klytsch-Tal (Hollós II. p. 149).

Polyporus picipes Fr. Hymen. europ. p. 534. Auf morschem Holze, Dombai-ulgen-Tal (Hollós II. p. 149).

Polyporus pinicola (Sw.) Fr. Hymen. europ. p. 561. Reichlich auf Nadelholzstöcken, Klytsch-Tal, Achmeti, Tioneti (Hollós II. p. 149).

Polyporus pubescens (Schum.) Fr. Hymen. europ. p. 553. Rostkovius Tab. 21 (Hollós II. p. 149).

Polyporus squamosus (Huds.) Fr. Hymen. europ. p. 532. Rostkovius in Sturm Deutschl. Fl. III. Abt. 5. H. p. 7. Tab. 2. Auf Buchen, Klytsch-Tal, Achmeti, Tioneti (Hollós II. p. 149).

Polyporus sulphureus (Bull.) Fr. Hymen. europ. p. 542 et Sverig. Svamp., Tab. 88 Auf Laubhölzern, Achmeti, Tioneti (Hollós II. p. 149).

Polyporus vaporarius Fr. Hymen. europ. p. 579. Auf Holzstöcken, Weden (Hollós II. p. 149).

Polyporus versicolor (L.) Fr. Hymen. europ. p. 568. Bolton Tab. 81. Auf Holzstöcken, Klytsch-Tal, Achmeti, Tioneti, Kamenoi-most (Kuban-Tal) (Hollós II. p. 149).

Polyporus vulpinus Fr. Hymen. europ. p. 565. Auf Holzstöcken, Achmeti, Tioneti (Hollós II. p. 149).

Polyporus sp. Grosny im Hofe eines Hauses am 4. Aug. 1898 ges. von Hollós.

Trametes cinnabarina Jacqu., Fr. Hymen. europ. p. 583. Auf morschen Holzstöcken. Klytsch-Tal, Nachar-Tal, Dombai-ulgen-Tal (Hollós II. p. 149).

Trametes gibbosa (Pers.) Fr. Hymen. europ p. 583. Auf Holzstöcken, Dombai-ulgen-Tal, Klytsch-Tal (Hollós II. p. 150.)

Trametes protracta Fr. Hymen. europ. p. 583 et Icon., Tab. 191, Fig. 3. Auf Brettern, Zrszenoj (Hollós II. p. 149).

Trametes serialis Fr. Hymen. europ. p. 585. Auf Holzstöcken, Achmeti, Tioneti, Newinnomysk (Hollós II. p. 150). Weden am 5. Aug. 1898 ges. von Hollós unter Polyporus serialis Fries.

Trametes suaveolens (L.) Fr. Hymen. europ. p. 584. Krombh. Schwämme, Tab. 4, Fig. 25. Auf Holzstämmen, Klytsch-Tal (Hollós II. p. 150). Newinnomysk (Hollós III. p. 13).

Trametes Trogii Berk., Fries Hymen. europ. p. 583. Auf Holzstöcken, Newinnomysk (Hollós II. p. 149).

b) Hemiangiocarpae.

F. Cantharellaceae.

Cantharellus aurantiacus Fr. Hymen. europ. p. 455. Cooke Illustr. Pl. 1104. Waldboden, Klytsch-Tal (Hollós II. p. 151).

F. Agaricaceae.

Amanita vaginatus Bull. Champ. Tab. 98, 512. Fries Hymen. europ. p. 27. Cooke Illustr. Pl. 12. In Laubwäldern, Klytsch-Tal (Hollós II. p. 150).

Armillaria melleus Vahl., Fries Hymen. europ. p. 44. Cooke Illustr. Pl. 32. Auf Holzstöcken, Klytsch-Tal (Hollós II. p. 150).

Clitopilus prunulus Scop., Fries Hymen. europ. p. 197. Cooke Illustr. Pl. 322. Waldboden in Nadelholzwäldern. Dombai-ulgen-Tal (Hollós II. p. 150).

Collybia radicatus Relh., Fries Hymen. europ. p. 109. Cooke Illustr. Pl. 140. Waldboden, Kamenoi-most (Kuban-Tal), Klytsch-Tal (Hollós II. p. 150).

Coprinus domesticus Fr. Hymen. europ. p. 330. Cooke Illustr. Pl. 684. Bjelomesetskaja in einem Hofe auf Dünger (Hollós II. p. 151).

Coprinus stercorarius Fr. Hymen. europ. p. 330. Cooke Illustr. Pl. 685 A. Nevinnomysk auf Dünger (Hollós II. p. 151).

Cortinarius (Telamonia) *triformis* Fr. Hymen. europ. p. 382. Cooke Illustr. Pl. 790.

var. *Schaefferi* Fries Mon. Hymen. II. 73. Cooke l. c. Waldboden Kamenoi-most (Kuban-Tal) (Hollós II. p. 151).

Galera tener Schaeff. Icon. Tab. 70, Fig. 6—8. Fries Hymen. europ. p. 267. Cooke Illustr. Pl. 461. Nevinnomysk (Hollós II. p. 150 und III. p. 13).

Hypholoma fascicularis Huds., Fries Hymen. europ. p. 222. Cooke Illustr. Pl. 561. Auf Holzstöcken, Klytsch-Tal, Kamenoi-most (Kuban-Tal) (Hollós II. p. 150).

Lactarius (Piperites) *pubescens* Schrad., Fries Hymen. europ. p. 424. Cooke Illustr. Pl. 974. Waldboden, Klytsch-Tal (Hollós II. p. 151).

Lactarius (Russularia) *seriflnus* DC., Fries Hymen. europ. p. 436. Cooke Illustr. Pl. 1012. Waldboden, Dombai-ulgen-Tal (Hollós II. p. 151).

Lentinus cochleatus Pers., Fries Hymen. europ. p. 484. Cooke Illustr. Pl. 1142. A. Auf morschen Holzstöcken, Kamenoi-most (Kuban-Tal) (Hollós II. p. 151).

Lentinus degener Kalchbr. Icones p. 46, Tab. XXIX, Fig. 1. Auf Populus-Stöcken, Nevinnomysk (Hollós II. p. 151 und III. p. 13).

Lentinus lepideus Fr. Hymen. europ. p. 481. Cooke Illustr. Pl. 1140. Auf Nadelholzstöcken, Nachar-Tal, Klytsch-Tal, Schauri (Hollós II. p. 151).

Lentinus sitaneus Fr. Hymen. europ. p. 482. Auf Holzstöcken, Klytsch-Tal (Hollós II. p. 151).

Lentinus sp. Klytsch-Tal am 27. Juli 1898, ges. von Hollós.

Marasmius (Tergini) *archyropus* Fr. Hymen. europ. p. 471. Cooke Illustr. Pl. 1122. B. Schauri (Hollós II. p. 151).

Marasmius (Collybia) *Oreades* Fr. Hymen. europ. p. 467. Cooke Illustr. Pl. 1118. Bei Utschkulan auf steiniger Bergweide (Hollós II. p. 151).

Marasmius (Calopodes) *ramealis* Bull. Champ., Tab. 326. Fries Hymen. europ. p. 474. Auf Aesten, Klytsch-Tal, Dombai-ulgen-Tal (Hollós II. p. 151).

Marasmius (Apus) *spodoleucus* B. et Br., Fries Hymen. europ. p. 480. Cooke Illustr. Pl. 1137. Grosny, auf Brettern im Hofe eines Hauses (Hollós II. p. 151).

Mycena alcalinus Fr. Hymen. europ. p. 141. Cooke Illustr. Pl. 225. Auf Holzstöcken, Dombai-ulgen-Tal (Hollós II. p. 150).

Naucoria cerodes Fr. Hymen europ. p. 257. Cooke Illustr. Pl 489, Fig. B. Auf Hutweiden, Utschkulan, Klytsch-Tal, Newinnomysk (Hollós II. p 150).

Naucoria cidaris Fr. Hymen. europ. p. 253. Cooke Illustr. Pl. 451. Auf Holzstöcken, Dombai-ulgen-Tal (Hollós II. p. 150).

Panaeolus phalenarum Bull., Fries Hymen. europ. p. 310. Cooke Illustr. Pl. 626. Auf Dünger im Nachar-Tale (Hollós II. p. 150).

Panaeolus sphinctrinus Fr. Hymen. europ. p 311. Cooke Illustr. Pl. 628. Nevinnomysk auf Dünger (Hollós II. p. 150).

Panus rudis Fr. Hymen. europ. p. 489. Auf Holzstöcken, Kamenoi-most (Kuban-Tal), Klytsch-Tal, Kwarschi (Hollós II. p. 151), Chumara-Utschkulan (Hollós III. p. 17).

Panus stipticus Fr. Hymen. europ. p. 489. Cooke Illustr. Pl. 1144. Auf morschen Stöcken im Nachar-Tale (Hollós II. p. 151).

Pleurotus craspedius Fr. Hymen europ. p. 169 et Icones, Tab. 86, Fig. 2. Cooke Illustr. Pl. 256. Auf Holzstöcken, Klytsch-Tal (Hollós II. p. 150).

Pleurotus Ostreatus Jacqu., Fries Hymen. europ. p. 173 et Sverig Svamp, Tab. 46. Cooke Illustr. Pl. 195. Auf Laubhölzern, Klytsch-Tal (Hollós II. p. 150).

Pleurotus sapidus Schulz, Kalchbrenner Icon., Tab. VIII, Fig. 1. Cooke Illustr. Pl. 954. Auf Baumstöcken, Klytsch-Tal (Hollós II. p. 150).

Pluteus cervinus Schaeff. Icon., Tab. 10. Fries Hymen. europ. p. 185. Cooke Illustr. Pl. 301. Auf morschen Baumstöcken, Klytsch-Tal (Hollós II. p. 150).

Psalliota campestris L., Fries Hymen. europ. p. 279. Cooke Illustr. Pl. 526. Auf Hutweiden, Klytsch-Tal, Makali-Hütten (Hollós II. p. 150).

Psathyrella hyascens Fr. Hymen. europ. p. 314. Cooke Illustr. Pl. 635. Waldboden, Nevinnomysk (Hollós II. p. 151).

Russula (Fragiles) *alutacea* Fr. Hymen. europ. p. 453. Cooke Illustr. Pl. 1096. Waldboden, Klytsch-Tal (Hollós II. p. 151).

Russula (Heterophyllae) *consobrina* Fr. Hymen. europ. p. 447. Cooke Illustr. Pl. 1055. Waldboden, Klytsch-Tal (Hollós II. p. 151).

Russula (Fragiles) *lutea* Huds., Fries Hymen. europ. p. 454. Cooke Illustr. Pl. 1082. Waldboden, Klytsch-Tal (Hollós II. p. 151).

Russula (Heterophyllae) *vesca* Fr. Hymen. europ. p. 446. Cooke Illustr. Pl. 1075. Waldboden, Klytsch-Tal (Hollós II. p. 151).

Schizophyllum commune Fr. Hymen europ. p. 492. Cooke Illustr. Pl. 1114. Auf Baumstöcken, Nevinnomysk, Achmeti, Tioneti, Weden, Zrszenoj, Kamenoi-most, Kuban-Tal (Hollós II p. 151), Chumara-Utschkulan (Hollós III. p. 17).

Stropharia stercorarius Fr. Hymen. europ p. 287. Cooke Illustr. Pl. 538. Klytsch-Tal (Hollós II. p 150).

Tricholoma panaeolus Fr. Hymen. europ. p. 73. Cooke Illustr. Pl. 97. Auf Bergweiden, Utschkulan (Hollós II. p. 150).

Tricholoma putidus Fr. Hymen. europ. p. 77. Cooke Illustr. Pl. 172. Waldboden, Klytsch-Tal (Hollós II. p. 150).

subo. Gasteromycetes.

Angiocarpae.

Lycoperdineae.

F. Lycoperdaceae.

Bovista nigrescens Pers. Disp. p. 6. Rostkov. in Sturm Deutschl. Flora, III, Tab. 15. Zerstreut auf Berghutweiden und in den Tälern und vielen andern Orten: Nachar-Tal, Klytsch-Tal, Kamenoi-most (Kuban-Tal), Zobagodor, Tschetowatl-Tal, Angida, Aknada, Dombai-ulgen-Tal (Hollós I. p. 96, II. p. 152 und VI. p. 111).

Bovista plumbea Pers. Synops. p. 137. Rostkov. in Sturm Deutschl. Fl., III, Tab. 16. Auf dem 3000 m hohen Passe zwischen Tindi und Kwarschi; auf dem 2400 m hohen Bergkamme des Kodor-Passes; im Nachar-Tale, in der Umgebung der Kasarma im Klytsch-Tale, Agwali, Angida, Aknada, Tschetowatl-Tal, Zobagodor, Kwarschi, Dombai-ulgen, in frischen Exemplaren, reichlich Mitte August (Hollós I. p. 95. p. 96 aber auch unter Bovista tunicata Fr. noch besonders angeführt; Hollós II. p. 152. Hollós III. p. 50 und 59. Hollós VI. p. 109).

Calvatia candida (Rostkov.) Hollós Gasteromycetákra vonatkozó helyesb. Természetr. Füz. 1902, XXV, p. 112. Auf Feldern, Kwarschi (Hollós II. p. 152 und VI. p. 79).

Calvatia coelata (Bull.) Morg. N. Americ. Fungi in Journ. Cincinnati Soc. Nat. Hist. XII. p. 169. In frischen Exemplaren im Nachar-Tale und um Schauri am 17. und 24. Aug. (Hollós I. p. 96, auch unter Lycoperdon caelatum Bull. und Lycoperdon favosum (Rostk.) Saccardo; Hollós II. p. 152 und VI. p. 73).

Calvatia cyathiformis (Bosc.) Morg. N. Americ. Fungi in Journ. Cincinnati Soc. Nat. Hist. XII. p. 168. In frischen, schneeweissen, unreifen, doch auch in reifen Exemplaren am Wege in das Tschetowatl-Tal am 13. Aug.; auf Berghutweiden bei Utschkulan schon am 18. Juli. (Hollós I. p. 96 noch unter Lycoperdon pseudo-lilacinum Speger. Hollós II. p. 152; Hollós III. p. 19 und VI. p. 75).

Disciseda debreczeniensis (Hazsl.) Hollós Gasteromyc. vonatkozó helyesb. Természetrajzi Füz. 1902, XXV, p. 102. Auf steinigen Weideplätzen an mehreren Orten in der Umgebung von Utschkulan in einer Höhe von ungefähr 1200 m (Hollós I. p. 96 unter Bovista Debreczeniensis (Hazsl.) De Toni. Hollós II. p. 152, III. p. 19 und VI. p. 106).

Lycoperdon hyemale Bull. Champ. p. 148, Pl. 72 und 475 E. Auf Feldern bei Kwarschi, in der Umgebung von Angida und Aknada, im Klytsch-Tale (Hollós I. p. 96, auch unter Lycoperdon depressum Bon.; Hollós II. p. 152, Hollós VI. p. 98).

Lycoperdon pusillum Batsch Elenchus Fung. III, p. 124, Tab. 41, Fig. 228 (1789). In frischen Exemplaren am 9. Aug. Agwali (Hollós II. p. 153 und unter Bovista pusilla (Fr.) De Toni, Hollós I. p. 96).

Lycoperdon pyriforme Schaeff. Icon., Tab. 189. Auf morschen Nadelholzstöcken, Kamenoi-most (Kuban-Tal), Tschirykol-Tal, Klytsch-Tal (Hollós I. p. 96, II. p. 153).

F. Geastraceae.

Astraeus stellatus (Scop.) Fisch. in Engler Natürl. Pflanzenfam. I, p. 341, Fig. 178. Auf steinigen Bergwegen, in Laubwäldern, an mehreren Orten im Klytsch-Tal (Hollós I. p. 95 unter Geaster hygrometricus Pers.; Hollós II. p. 152, Hollós VI. p. 69).

Geaster asper Mich. Nov. gen. plant, p. 220, Tab. 100, Fig. 2. Bei Utschkulan auf steinigen, sandigen Berghutweiden (Hollós I. p. 95 unter Geaster striatus DC.; Hollós II. p. 152. Hollós III. p. 19).

Geaster Drummondii Berk. Decades of Fungi n. 58, Tab. I, Fig. 4. Auf Bergweiden, Utschkulan (Hollós II. p. 152).

Geaster fimbriatus Fr. Syst. Myc. III, p. 16. In Nadelholzwäldern zwischen abgefallenen Nadelblättern im Dombai-ulgen-Tale (Hollós I. p. 95, II. p. 152 und VI. p. 61).

Geaster floriformis Vitt. Monogr. Lycoperd., p. 167, Tab. 1, Fig. V. Auf steinigen Bergweideplätzen bei Utschkulan (Hollós I. p. 95 unter Geaster pusillus Fr.; Hollós II. p. 152. III. p. 19 und VI. p. 60).

Geaster hungaricus Hollós Uj. Gasteromyc. Magy. Math. és Term. Értesitö XIX, 1901, p. 506. Auf steinigen Weideplätzen bei Utschkulan (Hollós II. p. 152 und VI. p. 57. Noch als Geaster minimus Sw. Saccardo Syll. Fung. VII, 222 angeführt in Hollós I. p. 95 und Hollós III. p. 19).

Geaster nanus Pers. Mémoir. in Journ. Bot. II. 1809. G. Schmideli, Vitt. Monogr. Lycoperd., p. 157, Tab. I, Fig. 7. An vielen Orten in der Umgebung von Utschkulan (Hollós I. p. 95 unter Geaster Schmideli Vitt.; Hollós II. p. 152, III. p. 19 und VI. p. 49).

Geaster umbilicatus Fries Syst. Myc. III. p. 14. Auf steinigen Bergweiden, Utschkulan (Hollós I. p. 95 unter Geaster striatus DC.; Hollós II. p. 152).

Sclerodermineae.

F. Sclerodermataceae.

Mycenastrum Corium Desv. in Ann. des Scienc. Nat. 1842, p. 147. Auf steinigen Bergweideplätzen bei Utschkulan (Hollós I. p. 96 unter Scleroderma Corium (Quers.) Grev.; Hollós II. p. 153, III. p. 19 und VI, p. 114).

F. Tulostomaceae.

Tylostoma granulosum Lév. in Demidoff Voy., p. 120, Tab. IV, Fig. 1. Auf steinigen, unfruchtbaren Weideplätzen in der Gegend von Utschkulan (Hollós I. p. 95 unter Tylostoma fimbriatum Fr.; Hollós II. p. 152 und VI. p. 38).

2. Classis Lichenes.

Flechten wurden während der kaukasischen Reisen v. Déchys zweimal gesammelt, nämlich 1885 auf der zweiten Reise v. Déchys von dem berühmten ungarischen Lichenologen H. Lojka und von v. Déchy selbst und 1898 auf der sechsten Reise v. Déchys von L. Hollós. Die erstere, grossartigere, wirklich reiche Aufsammlung hat E. A. Wainio (Helsingsfors) schon nach dem Tode Lojkas veröffentlicht. Lojka hat den grössten Teil seines kaukasischen Materials noch selbst bestimmt, so dass die Veröffentlichung desselben durch Wainio mehr nur als einfache Revision, als Ergänzung der Arbeit Lojkas zu betrachten ist. Vorliegende Enumeration der kaukasischen Flechten ist sowohl nach dieser Abhandlung Wainios (s. Literaturverzeichnis Wainio), als auf Grund der durch v. Déchy der botanischen Abteilung des Ungarischen National-Museums geschenkten Originalsammlung Lojkas zusammengestellt. Die kleinere Aufsammlung Hollós' (im ganzen 54 Nummern) hat auf die entgegenkommendste Weise mein Freund, Dr. A. Zahlbruckner in Wien übernommen und in der kürzesten Zeit fertiggestellt, wofür ich ihm auch an dieser Stelle meinen besten Dank sage.

subcl. Ascolichenes.

Ordo Discolichenes s. Discocarpeae.

subo. Cyclocarpineae.

A) Homoeomerici.

a) Gelatinosae.

F. Collemaceae.

Collema aggregatum (Ach.) Nyl. Etud. Alg. (1854), p 318. Auf der Rinde von Hainbuchen (Carpinus) bei Laschrasch im swanetischen Ingur-Hochtale; auf der Rinde von Erlen (Alnus) in der Nähe des Zei-Gletschers (Wainio p. 310).

Collema Laureri Flot. Collem. (1850), p. 161. Auf Kalkfelsen der Burgruine Issar in der Nähe von Jalta auf der taur. Halbinsel (Wainio p. 310).

Collema multipartitum Sm. Engl. Bot. (1814), Tab. 2582. Auf Ockerfelsen im Ardon-Tale und auf Kalkfelsen der Burgruine Issar in der Nähe von Jalta auf der taur. Halbinsel (Wainio p. 310).

Collema nigrescens (Leers) Wain. Etud. Lich. Brés. I. p. 235. Auf Felsen auf Leptogium saturnium bei St. Nicolai (Ardon-Tal) (Wainio p. 310).

Collema pulposum (Bernh.) Ach. Auf feuchter Erde, Utschkulan, 19. Juli 1898. Hollós.

Collema rupestre (L.) Wain. Rev. Lich. Linn. p. 5. Auf Moos an Granitfelsen in der Nähe des Zei-Gletschers (Wainio p. 310).

Collema Vámbéryi Wainio Lichenes in Caucaso et in Taur. Természetr. Füzet. XX, 1899, p. 311. »Thallus polyphyllus, e squammis 3—1.5 mm longis latisque formatus, margine vulgo subintegro aut late lobato aut demum squamulis isidioideis in margine et superficie instructis, in crustam saepe confertis, circ. 0.2 mm crassis, plumbeis aut nigricantibus, inferne sat glabris, strato corticali destitutis. Apothecia demum adpressa, 1—2 mm lata, margine thallino integro aut demum isidioideo-squamuloso, disco vulgo plano, fusco aut fusco-rufescente, nudo. Excipulum basin versus (hand in margine) strato corticali e serie simplice dupliceve cellularum formato obductum et rhizinis increbris instructum. Hypothecium tenuissimum, perithecio proprio parenchymatico tenui evanescenteve impositum. Hymenium jodo intense persistenterque caerulescens. Paraphyses haud ramosae. Asci cylindrici aut clavati. Sporae 8 : nae, monostichae aut distichae, simplices, long. 0.016—0.014 mm, crass. 0.011—0.007 mm, ellipsoideae.«

»Comparabile cum *C. conferta* (Ach.) Hue Addend. p. 20, quod autem apotheciis arceolatis, sporis majoribus et thallo nigro secund. specim. in herb. Ach. a planta nostra differt. Sect. *Lepidora* a sect. *Collemodiopside* (Wain., Etud. Lich. Brés. I. p. 235) sporis simplicibus differt. Ambarum apothecia strato corticali parenchymatico instructa sunt.« (Taf. I, Fig. E). Auf der Erde und Kalkfelsen bei Nikita auf der taur. Halbinsel.

Collema vespertilio (Lightf.) Wain. Etud. Lichen. Brés. I. p. 235. Auf der Rinde von Eschen (Fraxinus) bei Mulach (Swanetien) (Wainio p. 310).

Collema sp., genau nicht bestimmbar, See Esen-am, 5. Aug. 1898. Hollós.

Leptogonium caesium (Ach.) Wain. Etud. Lich. Brés. p. 225. Auf Moos an Felsen bei Betscho (Swanetien) (Wainio p. 309).

Leptogonium plicatile (Ach.) Nyl. in Journ. of Bot. 1874, p. 336. Auf Kalkfelsen der Burgruine Issar in der Nähe von Jalta auf der taur. Halbinsel (Wainio p. 309).

Leptogonium saturninum (Dicks.) Nyl. Syn. Lich. p. 127. Auf Felsen bei St. Nicolai (Wainio p. 309).

Leptogonium tenuissimum (Dicks.) Koerb. System. Germ. p. 419. Auf humusreichem Boden und faulenden Pflanzen unterhalb des Mamisson-Passes (Wainio p. 310).

F. Lichinaceae.

Lichinella stipatula Nyl. Obs. Lich. Pyr. Or. (1873), p. 47. Mit Lecanora vitellina auf Sandsteinfelsen bei Cienkowski in der Nähe von Jalta, auf der taurischen Halbinsel (Wainio p. 313).

Pygmaea confinis (Müll.) O. Kuntze Rev. Gen. p. 876. Müller in Fl. Danica (1872), Tab. 879, Fig. 2. Auf Dioritfelsen bei Cilupka auf der taurischen Halbinsel (Wainio p. 313).

F. Pyrenopsidaceae.

Omphalaria pulvinata (Schaer.) Nyl. Syn. Lichen. p. 99. Auf Kalkfelsen der Burgruine Issar in der Nähe von Jalta auf der taurischen Halbinsel (Wainio p. 312).

Phylliscum Demangeonii (Mont. et Moug.) Forssell Beitr. Gloeolich. p. 62. Auf Granitfelsen zwischen Aul Zei und Rekom mit Lecanora caesio-cinerea (Wainio p. 313).

Psorotrichia Taurica (Nyl.) Wain. Auf sonnigen Sandsteinfelsen bei Jalta auf der taurischen Halbinsel und im Ardon-Tale auf Ockerfelsen und Steingerölle (Wainio p. 312).

Pterygium subradiatum Nyl. Disp. Psor. p. 295. Auf Kalkfelsen der Burgruine Issar in der Nähe von Jalta auf der taurischen Halbinsel (Wainio p. 311).

Pyrenopsis sphaerospora Wainio Lichenes in Caucaso et in Taur. Természetr. Füz. XX, 1899, p. 312. »Thallus tenuis, areolatus, areolis minutis (circ. 0,2--0,5 mm latis), difformibus, angulosis, contiguis, planis, opacis, fuligineis. Apothecia facie pyrenodea, verruculas parum elevatas formantia, solitaria, disco punctiformi, impresso. Hymenium jodo persistenter caerulescens, epithecio pallido. Paraphyses haud ramosae, parum constrictae. Asci clavati. Sporae 8: nae, distichae, globosae aut subglobosae, long. 0,008—0,007 mm, crass. 0,007—0,005 mm. Gonidia tegumento rubescente, cavitate circ. 0,008—0,010 mm longa. Affinis est *P. fuliginoidi* Rehm (Forssell, Beitr. Gloeol. p. 51), quae secund. descriptionem thallo furfuraceo et ascis pyriformibus ab ea differt.« (Taf. I, Fig. F). Auf Sandsteinfelsen bei der Villa Glagoljeff in der Nähe von Jalta auf der taurischen Halbinsel.

b) Byssaceae.

F. Ephebaceae.

Ephebe lanata (L.) Wain. Rev. Lich. Linn. p. 9. Auf Granitfelsen zwischen Rekom und Aul Zei (Wainio p. 314).

Spilonema paradoxum Born. in Mém., Soc. Cherb. IV (1856), p 226. Auf Sandsteinfelsen bei Cienkowski in der Umgebung von Jalta auf der taurischen Halbinsel (Wainio p. 314).

B) Heteromerici.

a) Crustaceae.

F. Lecideaceae.

Lecidea aenea Duf. in Fr. Lich. Eur. Ref. p. 108. Auf Granitfelsen im Adisch-Tale und am Mamisson-Pass (Wainio p. 323).

Lecidea albohyalina (Nyl.) Th. Fr. Lich. Scand. p. 431. Auf Polyporus bei der Mündung des Adyl-ssu-Tales (Bakssan) (Wainio p. 321).

Lecidea armeniaca (DC.) Fr. Syst. Orb. Veg. (1825), p. 286. Auf Granitfelsen bei Dschiper im Nenskra-Tale (Wainio p. 323).

Lecidea atrobrunnea (Ram.) Schaer. Auf Granitfelsen am Mamisson-Pass, auf Gneisfelsen Kosch-Asau, im Tersskol-Tale auf Ockerfelsen und Steingerölle, im Tschegem-Tale, auf Gneisfelsen unterhalb des Asau-Gletschers (Wainio p. 324).

f. *expallens* Wain. Auf Felsen, Gurschewi (Wainio p. 324).

Lecidea atrosanquinea (Schaer.) Wain. Adj. Lichen. Lapp. II. p. 16.

var. *separabilis* (Nyl.) Wain. l. c., p. 18. Auf Buchenrinde bei Ischuat (Nakra-Tal); ein Exemplar, ges. auf Abiesrinde, bildet einen Uebergang zu var. brachytera, Th. Fr. Lich. Scand. p. 356 (Wainio p. 316).

Lecidea auriculata Th. Fr. Lich. Arct. (1860), p. 213.

var. *diducens* (Nyl.) Th. Fr. Lich. Scand. p. 499. Auf Sandsteinfelsen im Gebiete des Mamisson-Passes; auf Granitfelsen im Zeja-Tale (Wainio p. 328).

Lecidea bacillifera Nyl. Lych. Scand. p. 210.

var. *abbrevians* Nyl. Fl. 1869, p. 413. Auf der Rinde von Ulmen, Zeja-Tal (Wainio p. 316).

Lecidea badioatra Floerk.

f. *vulgaris* Koerb. Syst. Germ. p. 223. Auf Granitfelsen im Gebiete des Mamisson-Passes und auf Gneisfelsen im Walde bei Kosch-Asau (Wainio p. 320).

Lecidea byssacea (Zwackh.) Wain.

var. *sordidescens* (Nyl.) Wain. Auf den Stämmen von Pinus Taurica, beim Wodopad (Wasserfall) bei Jalta auf der taurischen Halbinsel (Wainio p. 320).

Lecidea candida (Web.) Ach. Lich. Univ. Auf Kalkfelsen der Burgruinen Issar bei Jalta auf der taurischen Halbinsel (Wainio p. 317).

Lecidea concreta (Ach.) Wain. Lich. Sibir. Merid. p. 18.

f. *geminata* (Flot.). Auf Granitfelsen, im Zeja-Tal und am Mamisson-Pass, auf Gneisfelsen, im Tersskol-Tale (Wainio p. 319).

f. *confervoides* (Mass.) Auf Granitfelsen, im Zeja-Tal, bei Urussbieh im Bakssan-Tale (Wainio p. 319).

Lecidea conglomerata Ach. Lich. Univ. p. 201. In Felsenspalten in der Nähe des Dschiper-Gletschers (Wainio p. 317).

Lecidea denigrata (Fr.) Nyl. Lich. Lapp. Or. p. 149. Auf Buchenrinden Ischuat (Nakra-Tal) (Wainio p. 320).

Lecidea distincta (Th. Fr.) Stizenb. Lich. Hyperb. p. 47. Auf Gneisfelsen im Walde bei Kosch-Asau, auf Sandsteinfelsen bei Cienkowski in der Nähe von Jalta auf der taurischen Halbinsel (Wainio p. 319).

Lecidea epimelas (Stizenb.) Wain. Auf der Rinde von Juniperus, Burgruinen Issar, in der Nähe von Jalta, auf der taurischen Halbinsel (Wainio p. 317).

Lecidea exornans (Arn.) Nyl. Fl. 1872, p. 358. Auf Kalkfelsen unterhalb des Mamisson-Passes (Wainio p. 327).

Lecidea Freshfieldi Wainio Lichenes in Caucaso et in Taur. Természetrajz. Füz. XX, 1899, p. 318. »Thallus crastaceus, sat tenuis, crassitudine circ. 0,3 mm aut tenuior, verrucosus areolatusve, verrucis areolisque minutis. circ. 0,1—0,3 mm latis, contiguis, fuscescenti-cinereis, opacis, esorediatis, hypothallo parum evoluto, albido. Apothecia 0,5—1 mm lata, adpressa, disco demum convexo aut depresso-convexo, opaco, nigro aut tenuissime cinereo-pruinoso, margine tenui atro demum excluso. Excipulum fuligineum, basi albidum, ex hyphis radiantibus conglutinatis formatum, lumine cellularum angusto. Hypothecium album. Hymenium 0,060 mm crassum, jodo levissime caerulescens, dein vinose rubens. Epithecium fuligineum, HNO_3 violascens, KHO non reagens (fusco-fuligineum). Paraphyses sat arcte cohaerentes, crassae, apice fuligineo-clavatae. Sporae 8: nae, oblongae, decolores, 1—, 2— aut 3— septatae, pro majore parte 1— septatae, long. 0,008—0,012 (raro — 0,016), crass. 0,003—0,004 mm, apicibus vulgo rotundatis. Affinis est *L. coprodi* (Koerb.), a qua hypothecio albo differt.« (Taf. I, Fig. G). Auf Ockerfelsen im Ardon-Tale.

Lecidea fusca (Schaer.) Th. Fr. Lich. Scand. p. 435.
var. *persistens* (Nyl.) Th. Fr. l. c., p. 437. Auf Moosen im Walde auf der Erde bei Kosch-Asau (Wainio p. 321).

Lecidea fuscoatra (L.) Ach. Auf Sandsteinfelsen bei Cienkowski in der Nähe von Jalta auf der taurischen Halbinsel (Wainio p. 324).

Lecidea fuscorubens Nyl. Auf Kalkfelsen im Ardon-Tale (Wainio p. 321).

Lecidea geographica (L.) Fr. Lichen. Scand. p. 622. An zahlreichen Orten, auf Granitfelsen, Zeja-Tal auf Granit- und Sandsteinfelsen, Mamisson, auf Ockerfelsen, Pendiko, in der Umgebung von Jalta auf der taurischen Halbinsel (Wainio p. 318). Zobagodor (Kilia-Tal, Bogos-Gruppe) 12. Aug. 1898. Hollós.

Lecidea glomerulosa (DC.) Nyl. Fl. 1872, p. 356;
f. *achrista* (Sommerf.) Wain. Adj. Lich. Lapp. II. p. 93.

Auf der Rinde und dem Holze von Wacholder (Juniperus) bei Urussbieh auf Buchenrinden (Fagus), Ischuat, auf der Rinde von Populus, Pendiko, in der Gegend von Jalta auf der taur. Halbinsel (Wainio p. 325).

f. *Laureri* (Hepp.) Wain. Adj. Lich. Lapp. II. p. 93. Auf der Rinde von Acer Trautvetteri, Ischuat; auf Azalea Pontica, Pari (Swanetien); auf der Rinde von Populus, Pendiko, in der Umgebung Jaltas auf der taur. Halbinsel (Wainio p. 325).

f. *Wulfenii* (Hepp.) Wain., Hepp. Flecht. Europ. (1853), n. 5. Auf faulenden Pflanzen, Kosch-Ismael (am Asau-Gletscher) (Wainio p. 326).

Lecidea goniophila Floerk. Berl. Magaz. 1809, p. 311.

var. *incongrua* (Nyl.) Wain. Adj. Lich. Lapp. II. p. 91.

f. *spathea* (Ach.) Wain. l. c. Auf Gneisfelsen im Walde bei Kosch-Asau, (Bakssan-Tal) auf Ockerfelsen im Ardon-Tale (Wainio p. 325).

f. *granulosa* Arn. Lichen. Tirol IV. (1869) p. 644. Auf Gneisfelsen im Walde bei Kosch-Asau (Wainio p. 325).

f. *diasemoides* (Nyl.) Wain. Adj. Lich. Lapp. II. p. 91. Auf Ockerfelsen im Ardon-Tale, auf Sandsteinfelsen im Gebiete des Mamisson-Passes, auf vulkanischen Felsen im Walde bei Kosch-Asau (Wainio p. 325).

Lecidea grandis (Floerck) Wain.

f. *petraeiza* (Nyl.) Wain. Auf vulkanischen Felsen im Walde bei Kosch-Asau (Wainio p. 319).

Lecidea granulosa (Ehrh.) Ach. Auf Pinus-Stämmen im Walde bei Kosch-Asau (Wainio p. 321).

Lecidea humosa (Ehrh.) Wain. Adj. Lichen. Lapp. II. p. 42.

f. *argillacea* Krempelh. Auf humusreichem Boden im Walde bei Kosch-Asau (Wainio p. 322).

Lecidea lactea Flk. Zobagodor, 12. Aug. 1898. Hollós.

Lecidea lapicida (Ach.) Wain. Adj. Lich. Lapp. II. p. 54.

var. *declinans* Nyl. Lich. Scand. p. 226. Auf Felsengerölle, Gurschewi, auf Sandsteinfelsen Mamisson, auf Steingeröll, Tschegem (Wainio p. 327).

f. *ochromela* Ach. Weinio Adj. Lich. Lapp. II. p. 55. Auf Sandsteinfelsen, Mamisson (Wainio p. 327).

f. *verrucifera* Wainio l. c. Auf Sandsteinfelsen, Mamisson (Wainio p. 327).

var. *cyanea* Ach. Wain. l. c., p. 56. Auf Granitfelsen, Urussbieh, auf Sandsteinfelsen bei Friedheim in der Nähe von Jalta auf der taur. Halbinsel (Wainio p. 328).

Lecidea latypea Ach. Zobagodor, 12. August 1898. Hollós.

Lecidea latypiza Nyl. Fl. 1873, p. 201. Auf Trachytfelsen und Granitfelsen bei Urussbieh, auf Granitfelsen, Mamisson, auf Sandsteinfelsen bei Cienkowski in der Gegend von Jalta auf der taur. Halbinsel (Wainio p. 325).

Lecidea lignaria (Koerb.) Wain. Auf der Rinde von Rhododendron, Zei-Gletscher (Wainio p. 322).

Lecidea lurida (Sw.) Ach. Auf Kalkfelsen der Burgruine Issar bei Jalta auf der taur. Halbinsel (Wainio p. 320).

Lecidea macrocarpa (DC.) Th. Fr. Lich. Scand. p. 505.

f. *contigua* (Fr.) Wain. Adj. Lich. Lapp. II. p. 66. Auf vulkanischen Felsen im Walde bei Kosch-Asau (Wainio p. 328).

Lecidea marginata Schaer. Lich. Helv. Exs. (1828), p. 189. Lich. Helv. Spic. (1898), p. 146, 199 usw. Auf Sandsteinfelsen, Mamisson (Wainio p. 323).

Lecidea melancheima Tuck Syn. Lichen. New Engl. p. 68. Auf Nadelhölzern im Walde bei Kosch-Asau (Wainio p. 326).

Lecidea mesenteriforme (Vill.) Wain. Auf Kalksteinen der Burgruinen Issar bei Jalta auf der taur. Halbinsel (Wainio p. 316).

Lecidea neglecta Nyl. Lich. Scand. p. 244. Auf Moosen der Felsen, Mamisson, und in der Nähe des Dschiper-Gletschers (Wainio p. 326).

Lecidea obscurata (Ach.) Schaer.

var. *lavata* (Ach.) Wain. Adj. Lichen. Lapp. II. p. 138. Auf Felsen, Nenskra-Gletscher (Wainio p. 320).

Lecidea olivacea (Hoffm.) Mass. Ric. p. 71.

f. *limitata* (Ach.) Wain. Adj. Lichen. Lapp. II. p. 94. Auf der Rinde von Celtis australis, Burgruinen Issar bei Jalta auf der taur. Halbinsel (Wainio p. 326).

f. *euphoreoides* Wain. l. c. p. 95. Auf Polyporus, Adyl-ssu (Wainio p. 326).

Lecidea ostreata (Hoffm.) Schaer. Auf der Rinde von Pinus, Wodopad bei Jalta auf der taur. Halbinsel (Wainio p. 320).

Lecidea pantherina (Ach.) Th. Fr. Lich. Scand. p. 491.

var. *Achariana* Wain. Adj. Lich. Lapp. II. p. 56. Auf Granitfelsen Zeja-Tal, auf Steingerölle Gurschewi; auf Sandsteinfelsen Mamisson; auf vulkanischen Felsen im Walde bei Kosch-Asau (Wainio p. 327).

Lecidea Rhaetica Hepp. in Arn. Lich. Exs. n. 117, 359. Auf Sandsteinfelsen, Mamisson (Wainio p. 328).

Lecidea rupestris (Scop.) Ach.

var. *irrubata* Ach. Lich. Univ. (1810), p. 206. Auf Kalkfelsen im Ardon-Tale (Wainio p. 321).

Lecidea speirea Ach. Lich. Suec. Prodr. p. 59.

f. *pruinosa* Wain. Auf Syenitfelsen, Nenskra-Gletscher (Wainio p. 326).

Lecidea squarrosa (Ach.) Wain. Auf Moosen an Felsen, Mamisson (Wainio p. 315).

Lecidea stenospora (Hepp.) Nyl. Fl. 1869, p. 413.

f. *planior* Wain. Adj. Lich. Lapp. II. p. 21. Auf der Rinde von Ulmen, Zeja-Tal (Wainio p. 316).

Lecidea sulphurea (Hoffm.) Ach. Syn. Lich. p. 37. Auf Sandsteinfelsen bei Cienkowski in der Nähe von Jalta auf der taur. Halbinsel (Wainio p. 323).

Lecidea sylvicola Flot. Auf Granitfelsen in der Nähe des Zei-Gletschers (Wainio p. 326).

Lecidea symmicta Ach. (em.)

f. *symmictera* (Nyl.) Wain. Adj. Lichen. Lapp. p. 160. Auf der Rinde von Rhododendrum, Zei-Gletscher (Wainio p. 322).

Lecidea syntrophica Wainio Lichenes in Caucaso et in Taur. Természetrajzi Füz. XX, 1899, p. 317. »Thallus evanescens indistinctusque. Apothecia 1.2—0.8 mm lata, adpressa, convexa, immarginata, disco nigro, nudo, opaco. Excipulum in margine extus eganescens, HNO_3 violascens, ceterum albidum, ex hyphis radiantibus conglutinatis formatum, membranis leviter incrassatis, cellulis oblongis sat angustis. Hypothecium album. Hymenium superne fuscescenti-fuligineum aut sordide violascenti-fuscescens, jodo dilute coerulescens, dein pulchre vinose rubens, hypothecium parte superiore persistenter caerulescens. Paraphyses sat laxe aut sat arcte cohaerentes, crassitudine mediocres, gelatinam percurrentes, apice clavatae erebriusque septatae, ceterum increbre septatae, simplices aut ramosae, haud connexae. Sporae 8 : nae, ovoideo-fusiformes aut oblongae, 3—2-septatae, long. 0.012 — 0.015 mm, crass. 0.004—0.005 mm apicibus obtusis.«

»Thallus albidus, minute areolatus, KHO lutescens ad *L. synthrophicam* pertinere facile crederetur, sed apothecia *L. goniophilae* passim profert. Anne *L. synthrophica* parasitica, ad genus *Probilimbiae* Wain. (*Mycobilimbiae* Rehm.) pertinens, aut epiphytica sit, thallo gonidiifero instructa, ex hoc specimine observare nequimus. Nullam syntrophiam (in sensu Minksiano) in natura existere facile intelligitur.« Taf. I, Fig. H). Auf Lecidea goniophila f. diasemoides auf vulkanischen Felsen im Walde bei Kosch-Asau.

Lecidea tenebrosa Flott. in Zw. Lich. Exs. (1852) n. 134. Auf Granitfelsen, Mamisson (Wainio p. 324).

Lecidea Tornoënsis Nyl. Lich. Scand., p. 465. Auf morschen Nadelhölzern im Walde bei Kosch-Asau (Wainio p. 322).

Lecidea triplicans (Nyl.) Wain. Adj. Lichen. Lapp. II. p. 7.

f. *obscurata* Stizenb. Lec. sab., p. 33. Auf Moosen an Felsen, Gurschewi (Wainio p. 317).

f. *rhypara* Wain. Adj. Lich. Lapp. II. p. 8. Auf Polyporus, Adyl-ssu (Wainio p. 317).

Lecidea turgidula Fr.

f. *typica* Th. Fr. Lich. Scand., p. 470 (em); Wain. Adj. Lich. Lapp. II. p. 48. Auf Nadelholz, beim Wodopad (Wasserfall) bei Jalta (Wainio p. 322).

f. *pityophila* Sommerf. Auf Nadelhölzern im Walde, Asau (Wainio p. 322).

Lecidea uliginosa (Ach.) Nyl., Th. Fr. Lich. Scand., p. 455 pr. p.

Lecidea umbrina Ach., Lich. Univ., p. 183.

var. *psotina* (Fr.) Th. Fr. Lich. Scand. p. 365. Auf Felsen, Nenskra-Gletscher (Wainio p. 316).

F. Acarosporaceae.

Acarospora badiofusca (Nyl.) Th. Fr. Lich. Arct. p. 90.

var. *lepidioides* Wain. Mit Placodium elegans auf Granitfelsen, Urussbieh (Wainio p. 329).

Acarospora chlorophana (Wahlenb.) Mass. Auf Ockerfelsen im Ardon-Tale (Wainio p. 329).

Acarospora discreta (Ach.) Th. Fr. Lich. Scand. p. 217. Auf Granitfelsen im Walde, Asau (Wainio p. 330).

Acarospora fuscata (Schrad.) Arn. Lichen. Jur. p. 101.

var. *smaragdula* (Wahlenb.) Wainio. Auf Granitfelsen zwischen Zei und Rekom, auf Trachytfelsen, Urussbieh (Wainio p. 330).

Acarospora glaucocarpa (Wahlenb.) Koerb. Auf Kalkfelsen bei Issar in der Nähe von Jalta auf der taur. Halbinsel (Wainio p. 329).

Acarospora impressula Th. Fr. Lich. Scand. p. 214. Auf Sandsteinfelsen bei der Villa Glagoljeff in der Nähe von Jalta auf der taur. Halbinsel (Wainio p. 330).

Acarospora Lapponica (Ach.) Th. Fr. Lich. Scand. p. 218. Auf Sandsteinfelsen in Gesellschaft von Lecanora glaucoma v. bicincta, L. polychroma und Lecidea marginata, Mamisson (Wainio p. 330).

Acarospora oligospora (Nyl.) Arn. Lich. Jur. p. 101. Auf Sandsteinfelsen bei Friedheim in der Nähe von Jalta (Wainio p. 329).

Acarospora testudinea (Ach.) Wain. Lich. Sibir. Merid. p. 12.
var. *pallens* (Mont.) Th. Fr. Lich. Scand. p. 403. Auf Granitfelsen bei Dschiper (Nenskra-Tal) und im Tale Tschegem (Wainio p. 329).

Sarcogyne eucarpoides Wainio Lichenes in Caucaso et in Taur. Természetrajz. Füz. XX, 1899, p. 330. »Habitu omnino similis *S. clavo* (DC.) Arn. at hypotecio albido pallidove ab ea differens. Thallus solum infra apothecia distinctus, gonidia globosa continens. Apothecia vulgo aggregata, circ. 1.5—2 mm lata, elevata, basi constricta, primum concava, demum disco planiusculo, ambitu demum saepe flexuoso aut lobato, margine atro, crasso, rugoso rimosove, disco rufo, nudo. Excipulum exterius sive amphithecium apothecia inferne obducens extus fusco-fuligineum, intus albidum, ex hyphis tenuibus leptodermaticis, in parte exteriore excipuli conglutinatis, in cellulas rotundatas divisis, in parte interiore magis irregulariter creberrime contextis, aërem parce inter hyphas continens, granulis flavis parcis, quae facile pro gonidiis habentur, et materiis aliis granulosis albidis instructum. Perithecium proprium marginem proprium apothecii formans, ex hyphis radiantibus conglutinatis formatum, in hypothecium transiens, in margine sat late fusco-fuligineum, ceterum albidum vel passim pallescens. Hypothecium albidum vel pallidum. Epithecium dilute rufescens, strato gelatinoso amorpho decolore obductum. Paraphyses in KHO sat facile disjunctae, increbre septatae, haud ramoso-connexae. Hymenium et hypothecium subhymeniale jodo persistenter caerulescentia. Sporae numerosissimae, ellipsoideae aut oblongae, long. 0.003—0.004 mm, crass. 0.0015—0.0017 mm.« (Taf. I, Fig. J.) Auf Granitfelsen, Zei-Tal.

Sarcogyne privigna Koerb. Syst. Germ. p. 266. Auf Kalkfelsen in der Nähe der Burgruinen Issar bei Jalta (Wainio p. 331).

Sarcogyne simplex (Dav.) Nyl. Etud. Lich. Alg. (1854) p. 337. Auf Granitfelsen zwischen Aul Zei und Rekom (Wainio p. 331).

Thelocarpon epibolum Nyl. Fl. 1866, p. 420. Auf Peltigera aphtosa im Walde bei Asau (Bakssan-Tal) (Wainio p. 331).

F. Gyalectaceae.

Gyalecta cupularis (Ehrh.) Th. Fr. Lich. Arct. p. 140. Auf faulenden Pflanzen, Tschegem (Wainio p. 332).

Gyalecta foveolaris (Ach.) Koerb. Syst. Germ. p. 172.
var. **Caucasica** Wain. Lichenes in Caucaso et in Taur. Természetrajzi Füz. XX, 1899, p. 332. »Sporae 3-septatae, raro nonnullae demum septa una longitudinali. Habitu omnino *G. foveolari* similis. Sporae long. 0.015—0.022 mm, crass. 0.006—0.009 mm. Gonidia chroolepoidea, cellulis 0.012—0.016 mm crassis, membrana sat crassa.« Auf modernden Moosen, Mamisson.

F. Diploschistaceae.

Diploschistes ocellatus (Vill.) Norm. Magaz. for Naturvidensk. VII. (1853) p. 232. Auf Kalkfelsen bei den Burgruinen Issar in der Nähe von Jalta (Wainio p. 332).

Diploschistes scruposus (L.) Norm. l. c. Auf Felsen in der Nähe der Nenskra-Gletscher; bei Cienkowski in der Gegend von Jalta auf Sandsteinfelsen (Wainio p. 332).

F. Pertusariaceae.

Leproloma membranaceum (Dicks.) Wain. Dicks. Crypt. II (1790) p. 21, tab. 6, f. 1. Auf Moosen an Felsen, Gurschewi (Quellgebiet des Rion) (Wainio p. 293).

Ochrolechia pallescens (L.) Koerb. Syst. Germ. p. 149.
var. *parella* (L.) Koerb. Auf Birkenrinden, Zei-Tal; auf Stämmen von Abies Nordmanniana, Gurschewi; auf Stämmen von Pinus silvestris im Walde, Asau; auf Birkenrinden, Mulach (Wainio p. 293).

Pertusaria communis DC. Fl. Fr. II (1805) p. 320.
f. *rupestris* DC. l. c. Adyl-ssu auf Quarzfelsen; auf Granitfelsen zwischen Zei-Gletscher und Aul Zei; auf Felsengerölle, Gurschewi (Wainio p. 293).

Pertusaria lactea (L.) Nyl. Fl. 1881 p. 539. Auf Sandsteinfelsen bei Cienkowski in der Nähe von Jalta (Wainio p. 294).

F. Lecanoraceae.

Haematomma ventosum (L.) Mass. Ric. p. 33. Auf Granitfelsen in der Nähe Aul Zei (Wainio p. 283). Zobagodor, 12. Aug. 1898. Hollós.

Lecanora albella Ach. (L. angulosa [Ach.] Wain. Adj. Lichen. Lapp. I. p. 158). Auf Celtis australis bei den Burgruinen Issar in der Nähe von Jalta (Wainio p. 290).

Lecanora alphoplaca (Wahlenb.) Ach. Auf Granitfelsen bei Rekom mit Rinodina milvina und Physcia obscura var. lithotodis (Wainio p. 386).

Zobagodor (oberstes Kilia-Tal, Andischer Koissu), 12. Aug. 1898. Hollós.

Lecanora alpina Sommerf.

f. *nuda* Wain. Auf Granitfelsen, Mamisson (Wainio p. 292).

f. *pruinosa* Wain. Auf vulkanischen Felsen im Walde, Asau (Wainio p. 292).

Lecanora atra (Huds.) Ach. Auf Kalkfelsen bei Issar und Sandsteinfelsen bei Cienkowski in der Nähe von Jalta (Wainio p. 290). Zobagodor, 12. Aug. 1898. Hollós.

Lecanora badia (Pers.) Ach. Auf Granit- und Sandsteinfelsen, Mamisson; auf Gneisfelsen im Walde, Asau (Wainio p. 291). Zobagodor, 12. Aug. 1898. Hollós.

Lecanora caesiocinerea Nyl. Fl. 1872 p. 364. Auf Granitfelsen zwischen Aul Zei und Rekom (Wainio p. 291).

Lecanora calcarea (L.) Sommerf.

var. *contorta* (Hoffm.) Hepp. Flecht. Europ. n. 629. Auf Ockerfelsen im Ardon-Tale; auf Felsgerölle bei St. Nicolai; auf Sandsteinfelsen, Friedheim bei Jalta (Wainio p. 291).

var. *Hoffmanni* (Reh.) Sommerf. Suppl. Lich. Lapp. p. 102. Auf alten Knochen bei St. Nicolai; auf Sandsteinfelsen bei Glagoljeff und Jalta (Wainio p. 291).

Lecanora castanea (Hepp.) Th. Fr. Lich. Scand. p. 272. Auf Moosen und andern faulenden Pflanzen, Mamisson (Wainio p. 290).

Lecanora cenisea (Ach.) Wain. Ach. Lich. Univ. (1810) p. 361 (secundum herb. Ach.) Auf vulkanischen Felsen im Walde, Asau, und auf Gneisfelsen bei Kosch-Asau (Wainio p. 290).

Lecanora ceracea (Arn.) Zwackh. Lich. Exs. n. 114, 391, 940. Auf vulkanischen Felsen im Walde, Asau (Wainio p. 292).

Lecanora cerinella Floerk Secund. specim. orig. in mus. Berol. Steud. et Hochst. Enum. Plant. Germ. (1826) p. 204. Auf Trachytfelsen, Uruss-bieh (Wainio p. 284).

Lecanora cinerea (L.) Sommerf. Auf vulkanischen Felsen im Walde, Asau; auf Sandsteinfelsen bei Jalta (Wainio p. 291). Zobagodor, 12. Aug. 1898. Hollós.

Lecanora cinereorufescens (Ach.) Th. Fr. Lich. Scand. p. 284. Auf Gneisfelsen im Walde, Asau; auf Granitfelsen zwischen Aul Zei und Rekom (Wainio p. 292).

Lecanora crenulata (Dicks.) Wain.

var. *albescens* (Hoffm.) Wain. Auf Dachziegeln, Kertsch auf der taur. Halbinsel (Wainio p. 289).

Lecanora cretacea (Müll. Arg.) Wain. Lich. Sibir. Merid. p. 10. Auf Kalkfelsen bei Issar und Jalta (Wainio p. 285).

Lecanora cupreoatra Nyl. Fl. 1866 p. 417. Auf Dioritfelsen, beim Nenskra-Gletscher; auf Granitfelsen, Tschegem; auf Gneisfelsen, Asau; auf Sandsteinfelsen bei Cienkowski in der Nähe von Jalta (Wainio p. 292).

Lecanora cyrtella (Ach.) Th. Fr. Lichen. Scand. p. 294. Auf der Rinde von Azalea pontica, Rekom, und auf der Rinde von Abies Nordmanniana, Gurschewi (Wainio p. 283).

Lecanora detractula Nyl. Fl. 1875 p. 444. (Fl. 1881 p. 538). Auf Kalkfelsen der Burgruinen Issar in der Nähe von Jalta, in Gemeinschaft mit Lecanora Rabenhorstii (Heep.) Wain. (Wainio p. 283).

Lecanora dispersa (Pers.) Wain. Auf Steingerölle, Gurschewi (Wainio p. 289).

Lecanora effusa (Pers.) Ach.

var. *sarcopis* (Wahlenb.) Th. Fr. Lichen. Scand. p. 263. Auf Stämmen von Pinus silvestris im Walde, Asau (Wainio p. 288).

Lecanora erysibe (Ach.) Nyl. Auf Kalkfelsen bei den Burgruinen Issar in der Nähe von Jalta auf der taurischen Halbinsel (Wainio p. 283).

Lecanora frustulosa (Dicks.) Schaer.

var. *Ludwigii* (Ach.) Th. Fr. Lichen. Scand. p. 255. Auf Granitfelsen im Zeja-Tale; auf Sandsteinfelsen bei Jalta (Wainio p. 386).

Lecanora fulgens (Sw.) Ach. Auf Kalkfelsen bei Issar in der Nähe von Jalta (Wainio p. 284).

Lecanora gibbosa (Ach.) Nyl. Utschkulan, 19. Juli. Hollós.

var. *subdepressa* (Nyl.) Wain. Adj. Lich. Lapp. I. p. 168. Auf Granitfelsen, Mamisson; auf vulkanischen Felsen im Walde, Asau (Wainio p. 291).

var. *zonata* (Ach.) Wain. Adj. Lich. Lapp. I. p. 168. Auf vulkanischen Felsen im Walde, Asau (Wainio p. 291).

Lecanora granulata (Schaer.) Wain. Auf Kalkfelsen bei Kertsch auf der taurischen Halbinsel (Wainio p. 283).

Lecanora hypopta (Th. Fr.) Wain. Adj. Lichen. Lapp. I. p. 162.

var. homocheila Wain. Lichenes in Caucaso et in Taur. Természetrajzi Füz. XX. 1899 p. 288. »Subsimilis *L. metabolizae* Nyl. (Wain. Adj. Lich. Lapp. I. p. 165), at apotheciis habitu lecideinis et sporis minoribus ab ea differens. A var. *paroploide* (Nyl.) Wain. Adj. Lich. Lapp. I. p. 163, praesertim sporis ellipsoideis differt. Thallus evanescens. Apothecia 0.6—0.3 mm lata, disco testaceo-rufescente aut testaceo-fuscescente, opaco, haud distincte pruinoso, plano aut demum depresso-convexo, margine tenui, integro, persistente et discum aequante aut rarius demum excluso, disco concolore aut raro primo pallidiore, habitu lecideino et gonidiis destituto. Excipulum basin versus gonidia continens. Hymenium 0.050 mm crassum, jodo persistenter caerulescens. Hypothecium albidum, partim sat grosse cellulosum, jodo persistenter caerulescens. Epithecium pallidum, granulosum. Paraphyses in KHO visae gelatina separatae, simplices aut raro furcatae. Sporae ellipsoideae, long. 0.008—0.0035 mm, crass. 0.004—0.0025 mm. Pycnoconidia oblonga, leviter curvata, long. 0.005—0.004 mm, crass. 0.0015 mm apicibus rotundatis.« (Taf. II, Fig. A). Auf den Stämmen von Pinus silvestris im Walde, Asau.

Lecanora incusa (Flot.) Wain., Flot. Die merkw. Flecht. Hirschb. (1839) p. 6. Auf Sandsteinfelsen bei Jalta (Wainio p. 386).

Lecanora Lóczyi Wain. Lichenes in Caucaso et in Taur. Természetrajzi Füzet. XX. 1899. p. 287. »Subsimilis est *L. piniperdae* Koerb., at sporis pro parte majoribus. Thallus evanescens. Apothecia 0.2—0.15 mm lata, margine thallode albido, persistente aut raro demum exluso, integro aut rarius leviter crenulato, tenuissimo, discum vulgo aequante, disco carneo-pallido vel testaceo-pallido, subpruinoso, plano aut raro demum convexo. Paraphyses parcae, mediocres. Hymenium 0.035—0.040 mm crassum, jodo persistenter caerulescens. Asci clavati. Sporae 8: nae, decolores, simplices, rectae, oblongae, apicibus obtusis, long. 0.020—0.009, crass. 0.007—0.004 mm. Gonidia cystococcoidea.« (Taf. II, Fig. B). Auf Polyporus zwischen Besingi und Naltschik.

Lecanora Lojkae Wain. Lichenes in Caucaso et in Taur. Természetrajzi Füzet. XX. 1899 p. 287. »Subsimilis est *L. subsulphureae* Nyl. (Fl. 1874 p. 308, Lojka Lich. Hung. n. 37), at apotheciis tenuiter pruinosis, Ca Cl_2 O_2 rubescentibus. Thallus evanescens. Apothecia 1—0.5 mm lata, margine albido-pallescente, integro aut rarius leviter crenulato, crassitudine mediocri, discum aequante, persistente, tenuiter pruinoso, Ca Cl_2 O_2 rubescente, KHO haud reagente, disco planiusculo aut depresso-convexo, testaceo-lurido, tenuiter pruinoso aut interdum demum denudato, Ca Cl_2 O_2 rubescente. Excipulum gonidia etiam in margine et infra hypothecium continens. Hymenium jodo persistenter caerulescens. Paraphyses arcte cohaerentes (in KHO laxae). Asci clavati. Sporae 8: nae, distichae, simplices, decolores, oblongae, apicibus rotundatis, long. 0.009—0.012 mm, crass. 0.004—0.005 mm.« (Taf. II, Fig. C). In Gesellschaft mit Lecanora incusa (Flot.) auf Sandsteinfelsen bei Jalta und bei Cienkowski auf der taurischen Halbinsel.

Lecanora melanophthalma Ram. Auf Felsen im Adisch-Tale; auf vulkanischen Felsen, Tersskol; auf Felsengerölle, Tschegem (Wainio p. 285).

Lecanora muralis (Schreb.) Schaer., Schreb. Spic. Fl. Lips. (1771) p. 130.

var. *saxicola* (Poll.) Schaer. Enum. Lichen. Europ. p. 66. Auf Felsen, Adisch, mit Lecanora melanophthalma; auf Trachitfelsen, Urussbieh; auf Sandsteinfelsen bei Jalta (Wainio p. 285).

var. *Garovaglii* (Koerb.) Wain. Lich. Sib. Merid. p. 10. Auf Trachytfelsen, Urussbieh (Wainio p. 285).

Lecanora obscurella (Sommerf.) Hedl. Krit. Bem. Lecan. p. 50. Auf Stämmen von Pinus Taurica, am Wasserfall bei Jalta (Wainio p. 288).

Lecanora orbicularis (Schaer.) Wain., Schaer. Enum. Lich. Eur. p. 81. Auf Gneisfelsen beim Dschiper-Gletscher (Wainio p. 286).

Lecanora pavimentans Nyl. Fl. 1874 p. 310. Auf Kalkfelsen bei Issar im Tale von Jalta (Wainio p. 292).

Lecanora polychroma (Anzi) Wain., Anzi Cat. Sondr. (1860) p. 59.

f. *candida* (Anzi) Wain., Anzi l. c. Auf Sandsteinfelsen, Mamisson, Wainio p. 292.

Lecanora polytropa (Ehrh.) Th. Fr. Lich. Arct. p. 110. Zobagodor, 12. Aug. 1898. Hollós.

var. *vulgaris* Flot. Auf Felsengerölle, Tschegem; auf Sandsteinfelsen, Mamisson (Wainio p. 286).

var. *polytropella* (Nyl.) Wain. Auf Sandsteinfelsen, Mamisson; auf Gneisfelsen und vulkanischen Felsen im Walde, Asau (Wainio p. 286).

var. *intricata* (Schrad.) Th. Fr. Auf Gneisfelsen im Walde, Asau (Wainio p. 286).

Lecanora recedens (Tayl.) Nyl. Fl. 1879 p. 361.

var. **Taurica** Wain. Lichenes in Caucaso et in Taur. Természetrajzi Füz. XX. 1899, p. 291. »Apothecia demum elevata, margine thallode bene evoluto, basi constricto. Thallus areolatus, cinerascens. Hypothecium jodo caerulescens. Paraphyses in KHO visae increbre ramoso-connexae, gelatinam abundantem percurrentes, crebre constricte articulatae. Sporae 8: nae, ellipsoideae aut subglobosae, long. 0.012—0.010, crass. 0.009—0.006 mm. Apothecia nigricantia, nuda, margine thallo concolore.« (Taf. II, Fig. D.) Auf Kalkfelsen der Burgruinen Issar bei Jalta (Wainio p. 291).

Lecanora rubina (Vill.) Wain., Vill. Hist. Plant. Dauph. III. (1789) p. 977.

var. *chrysoleuca* (Sm.) Wain. Auf Gneisfelsen unterhalb des Zei-Gletschers im Ardon-Tale; auf Granitfelsen, Mamisson; auf Gneisfelsen, Tersskol-Tal; auf Felsen, Uzchuat (Nakra-Tal) (Wainio p. 284). Zobagodor, 12. Aug. 1898. Hollós.

var. **erythrophthalma** Wain. Lichenes in Caucaso et in Taur. Természetrajz. Füz. XX. 1899 p. 284. »Habitu subsimilis est *L. cartilagineae*, a qua thallo crassiore, disco carneo-rubricoso, pruinoso et reactione differt, et magis affinis *L. rubinae v. chrysoleucae*, a qua thallo duplo crassiore, inferne pallido, magis adscendente imbricatoque distinguitur. — Thallus foliaceo-squamosus, stramineus, opacus, haud rimulosus, subtus pallidus aut passim nigricanti-maculatus, laciniis irregularibus, saepe dilatatis, crassis, lobatis, imbricatis et flexuoso-complicatis, adscendentibus. Apothecia circ. 1—5 mm lata, planiuscula, saepe demum flexuosa, disco carneo-rubescente aut pallido-rubescente, pallido-pruinoso, hypochlorite calcico, addito hydrate kalico, intense lutescente. Hypothecium fulvescens. Hymenium 0.070 mm crassum, lutescens aut parte superiore albidum, jodo intense caerulescens. Epithecium crasse granulosum. Paraphyses sat laxe cohaerentes, apice clavatae. Asci clavati. Sporae 8 : nae, distichae, simplices, decolores, ellipsoideae aut oblongae, long. 0.008—0.014, crass. 0.003—0.005 mm. In var. *erythrophthalmate* sicut etiam in var. *chrysoleuca* et *L. cartilaginea* thallus neque KHO nec $CaCl_2O_2$ reagens, sed his reagentiis unitis lutescens.« (Taf. II, Fig. E.) Auf Felsen, Adisch-Tal; auf Granitfelsen mit der var. chrysoleuca, Mamisson (Wainio p. 284).

var. *opaca* Ach. Zobagodor, 12. Aug. 1898. Hollós.

Lecanora rugosa (Pers.) Wain., Pers. in Ach. Lich. Univ. (1810) p. 394 (secund. herb. Ach.). Auf Stämmen von Populus tremula im Walde, Pendico in der Nähe von Jalta (Wainio p. 289).

Lecanora sordida (Pers.) Th. Fr. Lich. Scand. p. 246.

var. *glaucoma* (Hoffm.) Th. Fr. l. c. Auf Granitfelsen, Mamisson; auf vulkanischen Felsen im Walde, Asau; auf Gneisfelsen, Tersskol; auf Sandsteinfelsen bei Jalta (Wainio p. 290). Zobagodor, 12. Aug. 1898. Hollós.

var. *bicincta* (Ram.) Th. Fr. l. c. Auf Granitfelsen und Sandsteinfelsen,

Mamisson; auf Gneisfelsen im Walde, Asau; aui Felsen, Adisch-Tal (Wainio p. 290).

var. *subradiosa* (Nyl.) Wain. Nyl. Obs. Pyr. Or. p. 20.

f. *caesionigricans* Wain. Auf Gneisfelsen, Dschiper-Gletscher (Wainio p. 290).

var. *subcarnea* (Sw.) Th. Fr. Auf Sandsteinfelsen, Mamisson (Wainio p. 290).

Lecanora subcircinata Nyl. Fl. 1873 p. 18. Auf Kalkfelsen bei Issar im Tale in der Nähe von Jalta und Friedheim auf der taur. Halbinsel (Wainio p. 386).

Lecanora subfusca (L.) Ach.

var. *allophana* Ach. Auf Polyporus, Adyl-ssu; auf Stämmen von Populus-Arten, Pendiko, bei Jalta (Wainio p. 289).

var. *campestris* Schaer. Enum. Lich. Eur. p. 75 pr. p. (secund. herb. Schaer.) Auf Gneisfelsen bei St. Nicolai (Wainio p. 289).

var. *chlarona* Ach. Syn. Lich. p. 158. Auf Celtis australis bei Jalta (Wainio p. 289).

Lecanora Széchenyi Wain. Lichen. in Caucaso et in Taur. Természetrajz. Füz. XX. 1899, p. 293. »Thallus areolatus, areolis demum toruloso-elevatis, inflatis fistulosisque, confertis intricatisque, apice globosis aut intestiniformi-plicatis, circ. 0.5 mm latis, 1—1.5 mm elevatis, cinereis aut albidis, apicem versus albo-pruinosis, esorediatis, neque KHO, nec $Ca\ Cl_2\ O_2$ reagens, hypothallo indistincto. Affinis est *L. acceptandae* Nyl. et *L. Bockii* (Rodig.) a quibus tamen facile distinquitur. Solum sterilis lecta. Thallus primum sat tenuis, rimoso-areolatus, habitu fere sicut in L. calearea, ad ambitum hypothallo cerascente.« (Taf. III, Fig. A.) Auf Granitfelsen in Gesellschaft mit Placodium elegans, Physcia tribacia, Acarospora fuscata v. smaragdula und Lecanora rubina, Mamisson.

Lecanora umbrina (Ehrh.) Mass. Ric. p. 10.

var. *umbrinofusca* (Hoffm.) Wain., Hoffm. Deutschl. Fl. II. (1796) p. 181. Auf alten Knochen bei St. Nicolai und Urussbieh; auf Baumwurzeln im Ardon-Tale (Wainio p. 289).

Lecanora varia (Ehrh.) Ach.

f. *amylacea* Wain. Adj. Lich. Lapp. I. p. 161. Auf Stämmen von Pinus silvestris, Asau (Kosch), mit Acolius tigillaris (Wainio p. 287).

Lecanora vitellina (Ehrh.) Ach. Auf Sandsteinfelsen, Mamisson; auf Trachytfelsen, Urussbieh; auf Granitfelsen auf Grimmien, Tersskol-Tal; auf

Sandsteinfelsen bei Jalta auf der taur. Halbinsel und an vielen andern Orten (Wainio p. 284).

Lecanora xanthostigma (Ach.) Wain. Adj. Lich. Lapp. I. p. 150. Auf der Rinde von Abies Nordmanniana, Gurschewi; auf Azalea Pontica, Pari (Ingur-Tal, Swanetien) (Wainio p. 284).

Rinodina Budensis (Nyl.) Wain. Auf Kalkfelsen der Burgruinen Issar bei Jalta (Wainio p. 302).

Rinodina colletica (Floerk.) Arn. in Nyl. Lich. Pyr. Or. (1891) p. 43. Auf Granitfelsen zwischen Aul Zei und Rekom; auf Gneisfelsen, Asau (Wainio p. 303).

Rinodina colombina (Ach.) Th. Fr. Lich. Scand. p. 205. Auf der Rinde von Apfelbäumen bei Muschal (Mulchara-Tal, Swanetien) (Wainio p. 302).

Rinodina confragosa (Ach.) Koerb. Syst. Germ. p. 125. Auf Granitfelsen, Mamisson (Wainio p. 303).

Rinodina Hulana Wain. Auf Granitfelsen bei Mamisson und Urussbieh (Wainio I p. 301).

Rinodina milvina (Wahlenb.) Th. Fr. Lich. Arct. p. 124. Auf Granitfelsen, Rekom, Zeja-Tal, Aul Zei; auf Dioritfelsen, Nenskra-Gletscher; auf Felsengerölle, Adisch-Tal; auf vulkanischen Felsen im Walde, Asau (Wainio p. 303).

Rinodina mniaraea (Ach.) Th. Fr. Lich. Scand. p. 194.

var. *normalis* Th. Fr. l. c. Auf faulenden Moosen an Granitfelsen, Zei-Gletscher, Mamisson (Wainio p. 302).

Rinodina ocellata (Ach.) Th. Fr. Lich. Scand. p. 204. Auf Kalkfelsen bei Issar und auf Sandsteinfelsen bei Cienkowski in der Nähe von Jalta (Wainio p. 302).

Rinodina orcina (Ach.) Wain. Auf Granitfelsen bei Mamisson; im Ardon-Tale auf Ockerfelsen (Wainio p. 301).

Rinodina phaeocarpa (Floerk.) Wain. Auf der Erde, Gurschewi, Kosch-Ismael (Asau-Gletscher) (Wainio p. 301).

Rinodina sophodes (Ach.) Th. Fr.

var. *genuina* Th. Fr. Lich. Scand. p. 199. Auf Birkenrinden, Zei-Gletscher; auf Celtis australis bei Issar in der Nähe von Jalta (Wainio p. 302).

var. *cinereovirens* Wain. Lich. Viburg. p. 56. Auf Azalea Pontica in der Nähe von Rekom; auf den Zweigen von Abies Nordmanniana, Gurschewi (Wainio p. 303).

var. *laevigata* (Nyl.) Nyl. Fl. 1878 p. 248 und 345. Auf Polyporus, Adyl-ssu (Baksan-Tal) (Wainio p. 303).

F. Buelliaceae.

Buellia alboatra (Hoffm.) Th. Fr. Lichen. Scand. p. 607.

var. *epipolia* (Ach.) Th. Fr. l. c. p. 609. Auf Kalkfelsen bei den Burgruinen von Issar in der Nähe von Jalta (Wainio p. 304).

var. *porphyrica* (Arn.) Wain. Arn. Lich. Tirol VIII (1872) p. 300. Auf Kalkfelsen der Burgruine Issar bei Jalta (Wainio p. 304).

var. *acrustacea* Hepp. Flecht. Eur. (1857) p. 310. Auf Rinden von Wacholder (Juniperus) bei Orianda auf der taurischen Halbinsel (Wainio p. 304).

Buellia disciformis (Fr.) Br. et Rostr.

var. *minor* Fr. Wain. Adj. Lich. Lapp. II. p. III. Auf Buchenrinde, Uzchuat, und auf Azalea Pontica bei Pari; auf Bäumen bei Gurschewi und im Walde, Asau (Wainio p. 304).

Buellia punctiformis (Hoffm.) Mass. Ric. Lich. (1852) p. 82.

f. *stigmatea* (Koerb). Wain. Adj. Lichen. Lapp. II p. 114. Auf faulenden Moosen, Mamisson (Wainio p. 305).

f. *chloropolia* Koerb. Auf Pinus-Stämmen im Walde, Asau (Wainio p. 305).

Buellia stellulata (Tayl.) Br. et Rostr. Auf Sandsteinfelsen, Mamisson (Wainio p. 305).

b) Foliaceae.

F. Cladoniaceae.

Cladonia alpestris (L.) Rbh. Tschirykol-Tal (östl. Quellgebiet des Kuban), 2. Juli 1898.

Cladonia amaurocraea (Floerk.) Schaer.

f. *celotea* Ach. Auf Moosen an Granitfelsen, Zeja-Tal (Wainio p. 314).

Cladonia botrytes (Hag.) Willd. Auf Pinus-Stämmen, Zeja-Tal, und im Walde, Asau (Wainio p. 315).

Cladonia carneola Fr. Auf der Erde im Walde, Asau (Wainio p. 315).

Cladonia cenotea (Ach.) Schaer. Auf morschen Nadelholzstämmen im Walde, Asau (Wainio 314).

Cladonia coccifera (L.) Willd.

var. *stemmatina* Ach. Auf Moosen an Granitfelsen, Zeja-Tal; auf Felsen im Walde, Asau (Wainio p. 314).

Cladonia cornuta (L.) Schaer. Auf Moosen an Felsen im Walde, Asau (Wainio p. 315).

Cladonia degenerans (Floerk.) Spreng.

f. *phyllophora* (Ehrh.) Flot. Auf der Erde im Walde, Asau (Wainio p. 315).

Cladonia fimbriata (L.) Fr.

var. *coniocraea* (Floerk.) Wain. Mon. Clad. II. p. 308. Auf faulenden Moosen und Hölzern im Walde, Asau (Wainio p. 315).

Cladonia Floerkeana (Fr.) Sommerf. (Cl. bacillaris Nyl.). Auf faulenden Nadelholzstämmen im Walde, Asau (Wainio p. 314).

Cladonia foliacea (Huds.) Schaer.

var. *convoluta* (Lam.) Wain. Mon. Clad. II. p. 394. Auf der Erde an der Küste bei Nikita auf der taurischen Halbinsel (Wainio p. 315).

Cladonia gracilis (L.) Willd.

var. *dilatata* (Hoffm.) Wain. Tschirykol-Tal, 21. Juli 1898. Hollós.

var. *elongata* (Jacq.) Floerk. Auf der Erde im Walde, Asau (Wainio p. 315).

f. *laontera* (Del.) Arn. Auf der Erde im Walde, Asau (Wainio p. 315).

Cladonia pyxidata (L.) Fr. Esen-am (Nordfuss des Daghestan), 5. Aug. 1898. Hollós.

var. *neglecta* (Floerk.) Mass. Auf Moosen an Felsen, Zeja-Tal; im Walde, Asau (Wainio p. 315).

Cladonia rangiferina (L.) Web. Auf Moosen an Granitfelsen, Zeja-Tal (Wainio p. 314).

Cladonia rangiformis Hoffm.

var. *pungens* (Ach.) Wain. Mon. Clad. I. p. 361. Auf der Erde an der Küste bei Nikita auf der taurischen Halbinsel (Wainio p. 314).

Cladonia sylvatica (L.) Rabenh. Mit Cladonia rangiferina auf Granitfelsen, Zeja-Tal (Wainio p. 314). Zobagodor, 12. Aug. 1898. Hollós.

Cladonia sp. (wahrscheinlich deformis), Tschirykol-Tal, 21. Juli 1898. Hollós.

Stereocaulon alpinum Laur. in Fr. Lich. Eur. Ref. p. 204. Auf sandigem Boden in der Nähe des Zei-Gletschers und Asau (Wainio p. 282). Tschirykol, 21. Juli 1898. Hollós; Zobagodor, 12. Aug. 1898. Hollós.

Stereocaulon pileatum Ach. Lich. Univ. p. 582. Auf Granitfelsen zwischen Aul Zei und Rekom (Wainio p. 282).

F. Pannariaceae.

Pannaria caeruleobadia (Schleich.) Mass. Ric. p. 111. Auf Birkenrinden; auf Granitfelsen und an denselben Felsen auf alten Flechten-Thallusen, Zeja-Tal (Wainio p. 308).

Pannaria pezizoides (Web.) Leight. Ann. Lichen. Jur. p. 73. Auf Moosen im Walde, Asau (Wainio p. 308).

Parmeliella corallinoides (Hoffm.) Wain. Auf Felsen, Uzchuat (Wainio p. 308).

Parmeliella lepidiota (Sommerf.) Wain.

f. *imbricata* (Wain. Adj. Lich. Lapp. I. p. 140). Auf Moosen an Granitfelsen, Zei-Gletscher; auf Moosen an Felsen im Walde, Asau; bei Gurschewi (Wainio p. 309).

Parmeliella nigra (Huds.) Wain. Auf Kalkfelsen der Burgruinen Issar in der Nähe von Jalta (Wainio p. 308).

F. Parmeliaceae.

Parmelia acetabulum (Neck.) Dub., Th. Fr. Lich. Scand. p. 121. Auf Populus-Stämmen bei Pendiko in der Nähe von Jalta (Wainio p. 280).

Parmelia ambiqua (Wulf.) Ach. Auf Birkenstämmen, unterhalb des Zei-Gletschers; auf Stämmen von Abies Nordmanniana bei Gurschewi; auf Pinus-Hölzern im Walde, Asau; auf Buchenstämmen im Walde, Uzchuat (Wainio p. 280).

Parmelia cetrarioides (Del.) Nyl. Fl. 1869 p. 290. Auf bemoosten Granitfelsen, Zeja-Tal und Adyl-ssu; auf Birkenstämmen, Mulach (Wainio p. 279).

Parmelia conspersa (Ehrh.) Ach. Zobagodor, 12. Aug. 1898. Hollós.

f. *polita* Flot. Lich. Fl. Siles. II. p. 20. Auf Felsen bei Adyl-ssu; auf Sandsteinfelsen, Felsengerölle, Mamisson (Wainio p. 280).

f. *molliuscula* (Ach.) Wain., Ach. Lich. Univ. p. 492. Auf sandigem Boden bei Osrokowa (Bakssan-Tal) (Wainio p. 280).

f. *coralloidea* Flot. Lich. Fl. Schles. II. p. 20. Auf Sandsteinfelsen bei Jalta (Wainio p. 280).

var. *hypoclista* Nyl. Utschkulan, 19. Juli 1898. Hollós; Zobagodor, 12. Aug. 1898. Hollós.

Parmelia cylisphora (Ach.) Wain. Lich. Sibir. Merid. p. 7. Auf Gneisfelsen bei St. Nicolai; auf Birkenstämmen, Mulach (Wainio p. 279).

Parmelia duplicata (Sm.) Ach. Meth. Lich. p. 252. Auf Granitfelsen, Zei-Gletscher (Wainio p. 281).

var. *hypotrypanea* (Nyl.) Wain. Adj. Lich. Lapp. I. p. 126. Auf Birkenstämmen bei Mulach (Wainio p. 282).

Parmelia fraudans Nyl. Auf Granitfelsen, Zeja-Tal (Wainio p. 279).

Parmelia fuliginosa (Fr.) Nyl.

f. *laetevirens* (Flott.) Nyl. Obs. Lich. Pyr. (1872) p. 18. Auf Birkenrinden, Zeja-Tal, in der Nähe des Gletschers (Wainio p. 280).

Parmelia glabra Nyl. emend. Auf der Rinde von Kirschenbäumen bei Betscho; auf der Rinde von Sorbus, Zeja-Tal, in der Nähe des Gletschers; auf Polyporus im Adyl-ssu-Tal (Wainio p. 281).

Parmelia hyperopta Ach. Syn. Lich. (1814) p. 208. Auf Pinus-Stämmen im Walde bei Kosch-Asau (Bakssan-Tal); auf der Rinde von Fagus bei Uzchuat (Wainio p. 280).

Parmelia intestiniformis (Vill.) Ach., Vill. Dauph. III. (1789) p. 497.

f. *encausta* (Sm.) Wain. Auf Sandsteinfelsen, Mamisson-Tal; auf Gneisfelsen, Tersskol-Tal bei Tschegem (Wainio p. 282).

f. *textilis* (Ach.) Wain. Auf Granitfelsen, Mamisson-Tal (Wainio p. 282).

Parmelia olivacea (L.) Nyl. Auf Celtis australis bei Issar in der Nähe von Jalta (Wainio p. 281).

Parmelia papulosa (Anzi) Wain. Not. Syn. Lich. p. 22. Auf den Aesten von Abies Nordmanniana, Gurschewi; auf der Rinde von Betula, Adisch-Tal; auf Ockerfelsen im Ardon-Tale (Wainio p. 281).

Parmelia physodes (L.) Ach. Utschkulan, 19. Juli 1898. Hollós. Zobagodor, 12. Aug. 1898. Hollós.

f. *labrosa* Ach. Auf Stämmen von Abies Nordmanniana, Gurschewi; auf Stämmen von Pinus silvestris, in der Nähe des Asau-Gletschers; auf Pinus Taurica, beim Wodopad (Wasserfall) bei Jalta (Wainio p. 281).

Parmelia prolixa (Ach.) Nyl. Auf Sandsteinfelsen bei Jalta; auf Granitfelsen bei Rekom und im Mamisson-Tal; auf Gneisfelsen, Tersskol-Tal (Wainio p. 281).

Parmelia pubescens (L.) Wain. Not. Syn. Lichen. p. 22. Auf Felsen, Adisch-Tal, Dschiper (Nenskra-Tal) (Wainio p. 281).

Parmelia quercina (Willd.) Wain., Willd. Prodr. Fl. Berol. (1787) p. 350. Auf Zweigen von Celtis australis um die Burgruinen Issar in der Nähe von Jalta (Wainio p. 279).

Parmelia saxatilis (L.) Ach. Auf Granitfelsen, Mamisson-Tal; auf den Stämmen von Abies Nordmanniana, Gurschewi (Wainio p. 279).

Parmelia sorediata (Ach.) Th. Fr. Lich. Scand. p. 123. Auf Granitfelsen, Tersskol-Tal; auf Gneisfelsen im Walde, bei Kosch-Asau (Wainio p. 281).

Parmelia stygia (L.) Ach. Auf Gneisfelsen, Tersskol-Tal und Quarzfelsen, Adisch-Tal (Wainio p. 281).

Parmelia subaurifera Nyl. Fl. 1873 p. 22. Auf Polyporus, Adyl-ssu-Tal (Wainio p. 280).

Parmelia sulcata Tayl. Auf Stämmen von Abies Nordmanniana, Gurschewi; auf Buchenstämmen (Fagus sylvatica), Uzchuat (Nakra-Tal); auf Felsen, Adyl-ssu-Tal (Wainio p. 279).

Parmelia tiliacea (Hoffm.) Wain., Hoffm. Enum. (1784) p. 96. Tab XVI. Fig. 2. Auf Birkenstämmen bei Mulach mit Parmelia cetrarioides (Wainio p. 279).

F. Peltigeraceae.

Nephroma parile (Ach.) Wain. Adj. Lich. Lapp. I. p. 128. Auf Moosen an Granitfelsen und auf Rhododendron am Rande des Zei-Gletschers; auf Moosen an Felsen, Betscho; auf Buchenrinden bei Uzchuat (Wainio p. 306).
f. *endoxantha* Wain. Auf Moosen an Felsen, Uzchuat (Wainio p. 307.)

Nephroma resupinatum (L.) Flot. Auf Moosen an Granitfelsen (Wainio p. 306).
f. *Helvetica* (Ach.) Fr. Lich. Eur. Ref. p. 43. Auf Moosen an Felsen, Uzchuat (Wainio p. 306).

Peltigera aphthosa (L.) Hoffm. Auf Moosen im Walde, Asau (Wainio p. 305). — Tschirykol, 21. Jul. 1898. Hollós.

Peltigera canina (L.) Hoffm. Tschirykol-Tal, 21. Jul. 1898. Hollós.
f. *rufescens* (Neck.) Auf sandigem Boden in der Nähe des Zei-Gletschers; im Walde, Asau (Wainio p. 306).

Peltigera erumpens (Tayl.) Wain. Etud. Lich. Brésil I. p. 182. Auf Moosen an Felsen, Uzchuat (Wainio p. 306).

Peltigera horizontalis (L.) DC. Auf Moosen an Felsen, Uzchuat (Wainio p. 305). — Klytsch-Tal, 27. Jul. 1898. Hollós.

Peltigera malacea (Ach.) Fr. Auf Moosen an Felsen, Zeja-Tal, und im Walde, Asau (Wainio p. 306).

Peltigera praetextata (Floerk) Wain., Floerk in Sommerf. Suppl. Fl. Lapp. (1826) p. 123. Auf Birkenstämmen, Zeja-Tal (Wainio p. 306).

Peltigera scabrosa Th. Fr. Lich. Arct. p. 45. Auf Moosen an Felsen beim Zei-Gletscher (Wainio p. 306).

Peltigera spuria DC. Tschirykol-Tal, 21. Jul. 1898. Hollós, Esen-am, 5. Aug. 1898. Hollós.

Peltigera sp. Angida, Aknada, 11. Aug. 1898. Hollós.

Solorina bispora Nyl. Syn. Lich. p. 331. Auf Felsengerölle, Gurschewi (Wainio p. 307).

Solorina crocea (L.) Ach. Auf Moosen, Erdboden und Felsen am Rande des Dschiper-Gletschers und im Tschegem-Tale (Wainio p. 307).

Solorina octospora Ach Lich. Tirol. XIV. p. 496. Auf Moosen (Trichostomum) an Felsen, Gurschewi (Wainio p. 307).

F. Heppiaceae.

Heppia Guepini (Moug.) Nyl. Obs. Pyr. Or. (1873) p. 56. Auf Gneisfelsen im Ardon-Tale (Wainio p. 309).

F. Stictaceae.

Lobaria laciniata (Huds.) Wain., Huds. Fl. Angl. (1762) p. 449. Auf Erlenrinden, Zeja-Tal (Wainio p. 307).

Lobaria pulmonaria (L.) Hoffm. Klytsch-Tal, 27. Jul. 1898. Hollós.

Lobaria scrobiculata (Scop.) DC. Fl. Fr. ed. 3. II. (1805) p. 402. Auf bemoosten Gneisfelsen, Adyl-ssu-Tal (Bakssan) (Wainio p. 308).

Sticta sylvatica (L.) Ach. Lich. Suec. Prodr. p. 156. Auf Granitfelsen, Zeja-Tal (Wainio p. 307).

F. Gyrophoraceae.

Umbilicaria corrugata (Ach.) Nyl. Lich. Scand. p. 119. Auf Gneisfelsen, Tersskol-Tal (Wainio p. 274).

f. **subcoriacea** Wainio Lichen. in Caucaso et in Taur. Természetrajzi Füzet XX, 1899 p. 275. »Thallus superne plus minusve pruinosus. Una cum forma nuda. Sterilis Tersskol« (Taf. III. Fig. B.).

Umbilicaria cylindrica (L.) Dub. Auf Gneisfelsen, Tersskol-Tal; auf Felsen, Adisch-Tal (Wainio p. 274).

Umbilicaria depressa (Ach.) Wain., Ach. Lich. Univ. p. 673. Auf Gneisfelsen im Ardon-Tale und Tersskol-Tale; auf Felsen Adyl-ssu-Tal und Uzchuat (Wainio p. 274). — Ssagada, 16. Aug. 1898. Hollós.

Umbilicaria discolor (Th. Fr. Lich. Spitzb. [1867] p. 31). Auf Felsengerölle, Tschegem-Tal (Wainio p. 273).

Umbilicaria flocculosa (Wulf.) Hoffm. Im Walde auf Gneisfelsen und vulkanischen Felsen, Asau (Wainio p. 274).

Umbilicaria Pennsylvanica Hoffm. Pl. Lich. t. LXIX.

var. *Caucasica* (Lojka) Wain., Lojka Lich. Univ. (1885) n. 13. Auf Gneis-Felsen im Zeja-Tal bei Rekom; auf Granitfelsen, Urussbieh; auı Gneisfelsen, Tersskol-Tal (Wainio p. 273).

Umbilicaria polyphylla (L.) Hoffm.

var. *cinerascens* (Ach.) Wain. Auf Felsen, Adisch-Tal (Wainio p. 274). — Klytsch-Tal, 27. Jul. 1898. Hollós.

Umbilicaria tornata (Ach.) Wain., Ach. Lich. Univ. p. 222. Auf Granit- und Sandsteinfelsen, Mamisson-Tal (Wainio p. 274). Zobagodor, 12. Aug. 1898. Hollós.

f. *microphylla* Anz. Zobagodor, 12. Aug. 1898. Hollós.

Umbilicaria vellerea (Ach.) Nyl. Lich. Nov. Zel. 1888 p. 144. Im Ardon-Tale auf Granit- und Ockerfelsen; am Rande des Zei-Gletschers und bei Uzchuat (Wainio p. 274); bei Kamenoi-most (Kuban-Tal), stellenweise häufig auf Felsen, 17. Jul. 1898. Hollós.

F. Telochistaceae.

Candelaria concolor (Dicks.) Wain. Etud. Lich. Brés. I. p. 70. Auf der Rinde von Apfelbäumen bei Mulach in Swanetien, auf Felsen, Adylssu-Tal (Wainio p. 282).

Candelaria vitellina Ach. Zobagodor, 12. Aug. 1898. Hollós.

Placodium aurantiacum (Lightf.) Hepp. Auf Stämmen von Populus-Arten bei Pendiko in der Nähe von Jalta (Wainio p. 296).

Placodium aurantium (Pers.) Wain., Pers. in Ust. Ann. II. (1794) p. 14. Auf Kalkfelsen bei Kertsch und Issar in der Nähe von Jalta (Wainio p. 295).

Placodium cerinellum (Nyl.) Wain., Nyl Lich. Luxemb. (1866) p. 370. Auf der Rinde von Juniperus, Burgruinen von Issar in der Nähe von Jalta (Wainio p. 296).

Placodium cerinum (Ehrh.) Wain. Etud. Brés. I. p. 122. Auf freiliegenden Wurzeln im Ardon-Tale (Wainio p. 296).
var. **Azaleae** Wain. »Thallus sordide albicans, verruculoso-inaequalis, Apothecia 0.3—0.6 mm lata, disco minus laete colorato, subfulvo, margine tenuissimo, integro, albido. Sporae typicae, septa incrassata, poro distincto.« — »Habitu sicut *Pl. gilvum* var. *stillicidiorum* parvulum, at in *Lecan. pyraceam* Ach. transit et margine albido ab ea distinquitur.« Auf Azalea Pontica-Rinde bei Pari (Wainio p. 296).

Placodium cirrochroum (Ach.) Hepp. Flecht. Europ. (1857) n. 398. Auf Kalkfelsen bei Issar in der Nähe von Jalta (Wainio p. 295).
f. *obliterans* (Nyl.) Wain. Adj. Lich. Lapp. I. p. 144 Auf Kalkfelsen bei Issar in der Nähe von Jalta (Wainio p. 296).

Placodium citrinum (Hoffm.) Hepp. Flecht. Eur. (1857) n. 394. Auf Kalkfelsen bei Issar in der Nähe von Jalta (Wainio p. 296).

Placodium conversum (Krempelh.) Anzi Manip. (1862) p. 139. Auf Sandsteinfelsen bei der Villa Glagoljeff in der Nähe von Jalta (Wainio p. 299).

Placodium elegans (Link.) Ach. Lich. Suec. Prodr. (1798) p. 102. Auf alten Knochen bei St. Nicolai (Ardon-Tal); auf Granitfelsen, Mamisson-Tal; auf Granitfelsen und alten Knochen, Urussbieh (Wainio p. 294). Utschkulan, 19. Juli 1898, Hollós; Zobagodor, 12. Aug. 1898, Hollós, und Achmeti, Tioneti, 19. Aug. Hollós.

Placodium ferrugineum (Huds.) Hepp.

var. *genuina* (Koerb.) Th. Fr. Lich. Scand. p. 182. Auf der Rinde von Abies Nordmanniana, Gurschewi; auf Populusrinden bei Pendiko in der Nähe von Jalta (Wainio p. 298).

var. *lamprocheila* (DC.) Wain., DC. Fl. Fr. 3 ed. II. (1805) p. 357. Auf Sandsteinfelsen in der Nähe Jaltas (Wainio p. 298).

var. *Turneriana* (Ach.) Wain. Adj. Lich. Lapp. I. p. 145. Auf Sandsteinfelsen bei Friedheim in der Nähe von Jalta (Wainio p. 298).

var. *percrocata* (Arn.) Wain., Arn. Lich. Exs. (1882) n. 924. Auf Granitfelsen zwischen Aul Zei und Rekom (Wainio p. 298).

var. *caesiorufa* (Nyl.) Wain. Auf Granitfelsen zwischen Dorf Zei und Rekom; auf Felsengerölle bei Gurschewi; auf Sandsteinfelsen bei Jalta (Wainio p. 298).

Placodium flavovirescens (Wulf.) Wainio.

var. *erythrella* (Ach.) Wain. Auf Gneisfelsen bei St. Nicolai; auf Kalkfelsen bei Kertsch und bei Issar in der Nähe von Jalta (Wainiop. 296).

var. *inalpina* (Schleich.) Wain. Auf Kalkfelsen bei Issar in der Nähe von Jalta (Wainio p. 296).

Placodium gilvum (Hoffm.) Wain. Etud. Brés. I. p. 122.

var. *Ehrhartii* (Schaer.) Th. Fr. Lich. Scand. p. 173. Auf der Rinde von Abies Nordmanniana und Laubhölzern bei Gurschewi; auf der Rinde von Juniperus in der Nähe der Burgruinen von Issar bei Jalta (Wainio p. 297).

f. *cyanolepra* (Fr.) Th. Fr. l. c. Auf der Rinde von Acer Trautvetteri bei Uzchuat (Wainio p. 297).

Placodium Grimmiae Wain. Auf Grimmien in Gneisfelsenspalten in der Mündung des Tersskol-Tales; auf Lecanora vitellina; auf Trachytfelsen, Urussbieh (Wainio p. 297).

Placodium haematites (Chaub.) Wain., Chaubard in St. Amand Fl. d'Agen (1821) p. 492. Auf dem Holze von Juniperus, Urussbieh; auf Zweigen von Celtis australis bei Issar in der Nähe von Jalta (Wainio p. 297).

Placodium Heppianum (Müll. Arg.) Wain., Müll. Arg. Princ. Classif. (1862) p. 39. Auf den Kalkfelsen der Burgruinen Issar bei Jalta (Wainio p. 295).

Placodium Jungermanniae (Wahl.) Wain.

var. *subolivacea* Th. Fr. Lich. Scand. p. 180. Auf der Erde und faulenden Pflanzen, Mamisson-Tal; auf Grimmien auf Granitfelsen im Tersskol-Tale (Wainio p. 298).

Placodium murorum (Hoffm.) DC., Hoffm. Enum. Lichen. (1784) p. 63. Auf Kalkfelsen bei Kertsch (Wainio p. 295).

Placodium papilliferum Wain. Lichen. in Caucaso et in Taur. Természetrajzi Füz. XX. 1899, p. 294. »Thallo centrum versus isidioso a *Pl. elegante* differt. Thallus adpressus aut ambitu libero, laciniis circ. 1.5—1 mm latis, inaequaliter planiusculis, fulvo-miniatus, centrum versus verrucis et isidiis cylindricis tenuibus instructus, esorediosus. Apothecia margine crenulato. Thallo isidioso, nec soredioso, a *Pl. granuloso* (Schaer.) Wain. Lich. Sibir. Merid. p. 12 differt et analogum *Pl. isidioso* Wain. (Etud. Brés. I. p. 118) quod autem affine est *Placodio murorum*.« (Taf. III, Fig. C.) Auf Kalkfelsen bei Kertsch.

Placodium subgranulosum Wain. Lich. Sibir. Merid. (1896) p. 13. Auf Kalkfelsen in der Nähe von Jalta (Wainio p. 295).

Placodium tegulare (Ehrh.) Wain., Ehrh. Pl. Crypt. (1793) n. 304. Auf Kalkfelsen bei Kertsch (Wainio p. 295).

Placodium variabile (Pers.) Ach. Lich. Suec. Prodr. p. 106. Auf Kalkfelsen in der Nähe von Jalta (Wainio p. 299).

Xanthoria parietina (L.) Th. Fr. Lichen. Scand. p. 145. Auf Celtis australis bei Issar in der Nähe von Jalta (Wainio p. 294).

Xanthoria substellaris (Ach.) Wain. Etud. Brés. I. p. 71. Auf Felsengerölle bei St. Nicolai (Ardon-Tal) (Wainio p. 294).

F. Physciaceae.

Anaptychia ciliaris (L.) Koerb. in Mass. Mem. Lichen. (1853) p. 35. Auf Pappelbäumen beim Wodopad (Wasserfall) bei Jalta (Wainio p. 299).

f. melanosticta (Ach.) Th. Fr. Lich. Scand. p. 133. Auf Moosen an Granitfelsen, am Rande des Zei-Gletschers (Wainio p. 299).

Anaptychia palmulata (Michx.) Wain., Michx. Fl. Bor. Am. II. (1803) p. 321. var. *Caucasica* Wain. Auf Moosen an Granitfelsen, beim Zei-Gletscher (Wainio p. 299).

Anaptychia speciosa (Wulf.) Wain. Etud. Brés. I. p. 135. Auf Granitfelsen und auf Moosen an denselben Felsen bei St. Nicolai (Ardon-Tal); an Birkenstämmen, Zeja-Tal, und auf Granitfelsen beim Zei-Gletscher; auf Moosen, Betscho (Wainio p. 300).

Physcia aipolia (Ach.) Nyl. Fl. 1870 p. 38. Auf Felsengerölle bei St. Nicolai (Ardon-Tal); auf Azalea Pontica Rekom; auf Juniperus, Urussbieh; auf Kirschenbäumen, Betscho (Wainio p. 300).

Physcia caesia (Hoffm.) Nyl. Auf Granitfelsen, Rekom und Urussbieh; auf Gneisfelsen im Tersskol-Tale und bei St. Nicolai (Wainio p. 300).

f. *esorediata* Wain. Auf Granitfelsen Rekom (Wainio p. 300).

f. *minor* Wain. Auf Trachyt- und Granitfelsen, Urussbieh (Wainio p. 300).

Physcia intermedia Wain. Lich. Viburg. (1878) p. 51. In Gesellschaft von Physcia caesia und Lecanora calcarea auf Felsengerölle bei St. Nicolai (Wainio p. 301).

Physcia obscura (Ehrh.) Th. Fr. Lich. Scand. p. 141.

var. *ciliata* (Hoffm.) Wain. Hoffm. Enum. Lich. (1784) p. 69. Auf Polyporus, Adyl-ssu (Wainio p. 301).

var. *lithotodes* Nyl. Fl. 1875 p. 360. Auf Granitfelsen, Rekom; auf Felsengerölle, Gurschewi; auf Felsen, Moosen, Mamisson-Tal; auf Felsengerölle, Nenskra-Gletscher (Wainio p. 301).

var. *endococcina* (Koerb.) Th. Fr. Lich. Scand. p. 143. Auf Gneisfelsen in der Nähe des Zei-Gletschers (Wainio p. 301).

Physcia pulverulenta (Schreb.) Wain. Adj. Lich. Lapp. I. p. 131. Auf der Rinde von Sorbus und Alnus in der Nähe des Zei-Gletschers; auf der Rinde von Kirschenbäumen, Betscho; auf Birkenrinden bei Mulach (Wainio p. 301).

var. *angustata* (Hoffm.) Dombai-u'gen-Tal, 29. Juli 1898. Hollós.

Physcia stellaris (L.) Nyl. Auf Birkenrinden bei Adisch; auf Celtis australis bei den Burgruinen Issar bei Jalta (Wainio p. 300).

var. *hispida* (Schreb.) Wain. Schreb. Spic. Fl. Lips. (1771) p. 126. Auf den Zweigen von Abies Nordmanniana, Gurschewi; auf Pappelrinden bei Pendiko und auf Celtis australis bei Issar in der Nähe von Jalta (Wainio p. 300).

Physcia tribacia (Ach.) Wain. Adj. Lich. Lapp. I. p. 135. Auf Granitfelsen im Mamisson-Tal (Wainio p. 300).

c) Ramosae.

F. Ramalinaceae.

Alectoria bicolor (Ehrh.) Nyl. Pr. 43. Auf Moosen an Granitfelsen, Zeja-Tal (Wainio p. 277).

4°

Alectoria chalybeiformis (L.) Wainio Adj. Lich Lapp. I. p. 115.

f. *prolixa* (Ach.) Wain. Rev. Lich. Linn. p. 9. Auf Pinus silvestris im Quelltale des Bakssan unter dem Asau-Gletscher, Zeja-Tal und Adyl-ssu; auf Birkenstämmen bei Mulach (Wainio p. 276).

f. *intricans* Wain. Mit Parmelia pubescens auf Felsen bei Adisch (Wainio p 276).

Alectoria implexa (Hoffm.) Wain. Lich. Sibir. Merid. p. 5. Auf Pinus silvestris Adyl-ssu- und Zeja-Tal; auf Felsen Adyl-ssu-Tal (Wainio p. 276).

Cetraria aleurites (Ach.) Th. Fr. Lich. Scand. p. 109. Auf Stämmen von Pinus silvestris im Walde, Asau (Bakssan-Tal) (Wainio p. 278).

Cetraria chlorophylla (Humb.) Wain. Lich. Sibir. Merid. p. 7. Auf Abies Nordmanniana, Gurschewi; auf Pinus silvestris, in der Nähe des Asau-Gletschers (Wainio p. 278).

Cetraria complicata Laur. in Fr. Lich. Eur. Ref. p. 459. Auf Birkenstämmen bei Mulach (Wainio p. 278).

Cetraria glauca (L.) Ach. Auf Buchenrinden, Uzchuat (Nakra-Tal); auf Pinus silvestris, Zeja-Tal; auf Pinus Taurica, bei Jalta (Wainio p. 278).

Cetraria hepatizon (Ach.) Wain., Ach. Lich. Suec. Prodr. (1798) p. 110. Auf Granitfelsen, Mamisson-Tal (Wainio p. 278).

Cetraria Islandica (L.) Ach. Auf der Erde und auf Moosen an Granitfelsen, Zeja-Tal; im Walde bei Asau; im Tersskol-Tale (Wainio p. 278).

Cetraria juniperina (L.) Fr. Auf Birkenstämmen im oberen Zeja-Tale und im Tersskol-Tale; auf Felsen im Walde bei Asau (Wainio p. 278).

Cetraria saepincola (Ehrh.) Ach. (em.) Auf Birkenstämmen im oberen Zeja-Tale (Wainio p. 278).

Dufourea madreporiformis (Schleich.) Ach. Lich. Univ. p. 525. Auf der Erde bei Kosch-Ismael (am Asau-Gletscher) (Wainio p. 277).

Evernia divaricata (L.) Ach. Auf Pinus silvestris, Zeja-Tal und Kosch-Asau; auf Abies Nordmanniana, Gurschewi (Wainio p. 277). Tschirykol-Tal, 21. Juli. Hollós.

Evernia furfuracea (L.) Mann. Auf Pinus silvestris, Zeja-Tal, in der Nähe des Asau-Gletschers und bei Uzchuat; auf Pinus Taurica in der Nähe von Jalta (Wainio p. 277).

Letharia vulpina (L.) Wain. Auf Pinus silvestris, unterhalb des Asau-Gletschers und im Adyl-ssu-Tale (Wainio p. 277).

Ramalina calicaris (L.) Fr. Lich. Eur. Ref. p. 30. Auf der Rinde von Erlen, Zeja-Tal; auf Buchenrinden bei Betscho, in der Umgebung von Jalta (Wainio p. 277).

Ramalina capitata (Ach.) Nyl. Auf Granitfelsen, Mamisson-Tal (Wainio p. 277).

Ramalina populina (Ehrh.) Wain. Not. Syn. Lich. p. 21. Auf Baumrinden bei Jalta (Wainio p. 277).

Ramalina thrausta (Ach.) Nyl. Recogn. Mon. Ram. p. 18. Auf den Aesten von Abies orientalis bei Uzchuat (Wainio p. 277).

F. Usneaceae.

Usnea barbata Hoffm.

f. *dasypoga* Ach. Auf Pinus silvestris, Zeja-Tal (Wainio p. 275).

Usnea Caucasica Wain. Lichenes in Caucaso et in Taur. Természetrajzi Füz. XX. 1899 p. 275. »Differt a *U. barbata* Hoffm. f. *dasypoga* Wain. strato myelohyphico laxissime contexto, KHO non reagente. — Thallus pendulus, elongatus, sat mollis aut rigidiusculus, flavescenti-stramineus, sympodialiter et dichotome ramosus, sympodiis circ. 1.5—0.5 mm crassis, crebre minute cartilagineo-verruculosis, ramulis adventitiis brevibus passim abundanter evolutis, ramis omnibus teretibus, verruculis sorediosis parvulis paucisque. Stratum myelohyphicum laxissime contextum, KHO non reagens. Axis chondroideus tenuissimus, jodo non reagens. Apothecia parce evoluta, circ. 5 mm lata, subtus laevigata, margine spinuloso-radiato, disco pallido, tenuissime pruinoso.« (Taf. IV, Fig. A.) Auf den Aesten von Pinus silvestris, Zeja-Tal, und auf Abies orientalis, Uzchuat (Nakra-Tal).

Usnea florida (L.) Wain. Klytsch Tal, 27. Juli, Hollós, und Kwarschi-Tschetowatl-Tal, 13. Aug. 1898. Hollós.

var. *comosa* (Ach.) Wain. Lich. Sibir. p. 3. Auf der Rinde von Laubbäumen, Zeja-Tal (Wainio p. 276).

var. *hirta* (Hoffm.) Fr. Auf Birkenbäumen bei Mulach (Wainio p. 276).

var. *glabrescens* (Nyl.) Wain. Fl. Tav. p. 46. Auf Pinus silvestris, Adyl-ssu-Tal (Wainio p. 276).

var. *mollis* (Stirt.) Wain. Etud. Brés. I. p. 4. Auf Pinus silvestris, Zeja-Tal (Wainio p. 276).

Usnea longissima Ach. Auf den Aesten von Acer pseudoplatanus und Fagus zwischen Besingi und Naltschik, Zeja-Tal (Wainio p. 276).

Usnea microcarpa Arn. Lich. Tirol. XIV. p 464, XXI. p. 113.

var. **microcarpoides** Wainio Lichen. in Caucaso et in Taur. Természetrajzi Füz. XX. 1899 p. 276 »Ab *U. microcarpa* differt medulla KHO rubescente. — Thallus pendulus, elongatus, sat mollis, flavescenti-stramineus, dichotome et sympodialiter ramosus, sympodiis circ. 0.5—

0.2 mm crassis, subangulosus, impresso-lacunosus et elevato-reticulatus, verruculis nullis, esorediosus, ramulis adventitiis nullis. Stratum myelohyphicum crebre contextum, KHO lutescens et demum rubescens. Axis chondroideus mediocris jodo non reagens.« (Taf. IV, Fig B.) Auf Pinus silvestris Zeja-Tal.

Usnea reticulata Wainio Lichen. in Caucaso et in Taur. Természetrajzi Füz. XX. 1899 p. 275. »Ab *U. barbata* Hoffm. *f. dasypoga* Wain. differt thallo partim reticulato-rugoso et strato medullari KHO haud rubescente. — Thallus pendulus, elongatus, sat rigidus, flavescenti-stramineus, praesertim sympodialiter ramosus, sympodiis circ. 1.2—0.6 mm crassis, increbre aut passim crebre minute cartilagineo-verruculosis, passim demum elevato-reticulatis, ramulis adventitiis brevibus passim sat numerosis, ramis omnibus teretibus, verruculis parvulis sorediosis passim numerosis crebrisque. Stratum myelohyphicum crebre contextum, hydrate kalico lutescens aut non reagens. Axis chondroideus crassitudine mediocris, jodo non reagens.« (Taf. IV, Fig. C.) Auf den Aesten der Bäume im Zeja-Tal.

II. subo. Graphidineae.

Crustaceae.

F. Arthoniaceae.

Arthonia exilis (Floerk.) Wain. Adj. Lich. Lapp. II. p. 160.

var. *dispuncta* (Nyl.) Wain. l. c. Auf Abies Nordmanniana, Gurschewi (Wainio p. 334).

var. *tenellula* (Nyl.) Wain. l. c. p. 161. Auf der Rinde von Celtis australis, Issar bei Jalta (Wainio p. 334).

Arthonia mediella Nyl. Lich. Scand. p. 259. Auf der Rinde von Ulmen, Zeja-Tal (Wainio p. 334).

F. Graphidaceae.

Graphis scripta (L.) Ach. Lich. Univ. p. 265. Auf der Rinde von Acer pseudoplatanus zwischen Besingi und Naltschik (Wainio p. 333).

Opegrapha pulicaris (Lightf.) Wain. Auf der Rinde von Juniperus, Issar bei Jalta (Wainio p. 333).

Opegrapha subsiderella Nyl. in Hue Addend. p. 252. Auf Eichenrinden in der Nähe der Burgruinen von Issar bei Jalta (Wainio p. 333).

F. Xylographaceae.

Xylographa minutula Koerb. Parerg. p. 276. Auf Nadelhölzern im Walde, Kosch-Asau, und im Zeja-Tal (Wainio p. 334).

Xylographa parallela (Ach.) Th. Fr. Lich. Scand. p. 638. Auf Pinusstämmen im Walde bei Kosch-Asau (Wainio p. 334).

F. Chiodectonaceae.

Chiodecton subrimatum (Nyl.) Wain., Nyl. in Lojka Lich. Univ. (1885) n. 88. Auf der Rinde alter Juniperusstämme, Issar bei Jalta (Wainio p. 333).

III. subo. Coniocarpinae.

F. Calicaceae.

Calicium chrysocephalum Ach. Auf der Rinde von Pinus Taurica bei Jalta (Wainio p. 336).

Calicium cinereum Pers. Ic. Descr. Fung. (1799) p. 38.
var. *Schaereri* (De Not.) Wain., De Not. Framm. Lich. (1846) p. 19. Auf der Rinde von Abies Nordmanniana bei Uzchuat (Nakra-Tal); auf der Rinde von Pinus Taurica bei Jalta (Wainio p. 336).

Calicium glaucellum Ach. Meth. Lichen. (1803) p. 97.
var. *denigrata* Wain. Adj. Lich. Lapp. I. p. 95. Auf Pinusstämmen beim Wodopad in der Nähe von Jalta (Wainio p. 336).

Calicium stemoneum Ach. Auf der Rinde von Abies Nordmanniana bei Uzchuat (Wainio p. 336).

Calicium trabinellum Ach. Auf Pinusstämmen im Walde bei Asau im Zeja-Tal (Wainio p. 335).

Calicium viride Pers. in Ust. Ann. Bot. 7 St. (1704) p. 20. Auf der Rinde von Pinus Taurica bei Jalta (Wainio p. 335).

F. Cypheliaceae.

Acolium viridescens (Liljeblad) Wain., Liljeblad Utkast Sverig. Fl. (1792) teste Ach. Lich. Suec. Prodr. p. 67. Auf Pinusstämmen Asau (Wainio p. 335).

2. Ordo Pyrenolichenes s. Pyrenocarpeae.

Heteromerici.

a) Crustaceae.

F. Verrucariaceae.

Staurothele caesia (Arn.) Th. Fr. Polybl. Scand. p. 5. Auf Kalkfelsen, Issar bei Jalta (Wainio p. 340).

Staurothele clopima (Ach.) Th. Fr. Lich. Arct. p. 263. Auf Granitfelsen, Zeja-Tal (Wainio p. 339).
f. *grisea* Wain. l. c. (Wainio p. 339).

Thelenella muscorum (Fr.) Wain., Fr. Syst. Orb. Veget. (1825) p. 287. Auf Moosen, Adyl-ssu-Tal (Wainio p. 340).

Thelidium papullare (Fr.) Arn. Lich. Jur. p. 258. Auf Kalkfelsen im Tale des Ardon-Flusses (Wainio p. 340).

Verrucaria acrotella Ach. Meth. Lich. p. 123. Auf Dachziegeln in Kertsch (Wainio p. 338).

Verrucaria aethiobola Ach. Meth. Lich. Suppl. (1803) p. 17.
var. *cataleptoides* (Nyl.) Wain. Adj. Lich. Lapp. II. p. 176. Auf Kalkfelsen, Issar in der Nähe von Jalta (Wainio p. 337).
var. *lepidioides* Wain. Auf Gneisfelsen im Ardon-Tale (Wainio p. 338).
var. *petrosa* Ach. Lich. Univ. p. 292. Auf Granitfelsen in einem Bache im Mamisson-Tale (Wainio p. 338).

Verrucaria calciseda DC. Fl. Fr. ed. 3 II (1805) p. 317. Auf Kalkfelsen im Ardon-Tale (Wainio p. 339).
var. *marmorea* (Scop.) Arn. Zur Erinner. Wulf. (1882) p. 147. Auf Kalkfelsen, Issar bei Jalta (Wainio p. 339).

Verrucaria Déchyi Wain. Lichen. in Caucaso et in Taur. Természetrajzi Füz. XX. 1899 p. 339. »Subsimilis *V. cinctae* Hepp. (Flecht. Eur. n. 687) et *V. tristi* Krempelh. f. *depauperatae* Mass., at sporis majoribus. Thallus nigricans, laevigatus, evanescens aut passim parce evolutus. Apothecia hemisphaerica, circ. 0.7—0.5 mm lata, atra, elevata, vertice convexo, haud impresso. Perithecium fuligineum, integrum, basi in maculam fuligineam dilatatum. Nucleus hemisphaericus, circ. 0.300 mm latus, jodo violascenti-vinose rubens, hypothecium jodo dilute caerulescens. Paraphyses haud evolutae. Asci ventricosi, membrana tenui. Sporae 8:nae, decolores, distichae, simplices, ellipsoideae, long. 0.018—

0.030 mm, Crass. 0.012—0.018 mm.« (Taf. III, Fig. D.) Auf Gneisfelsen im Ardon-Tale.

Verrucaria fusca Pers. in Ach. Lich. Univ. p. 291. Auf Dachziegeln in Kertsch (Wainio p. 338).

Verrucaria fuscula Nyl. Collect. Lich. (1852) p. 12. Auf Kalkfelsen, Issar bei Jalta (Wainio p. 337).

Verrucaria lecideoides (Mass.) Hepp. Flecht. Eur. (1860) n. 682.

f. *hypothallina* Wain. Auf Kalkfelsen, Issar bei Jalta (Wainio p. 337).

Verrucaria viridula (Schrad.) Ach. Lich. Univ. p. 675. Auf Dachziegeln in Kertsch (Wainio p. 338.)

F. Pyrenulaceae.

Porina schizospora Wain. Lichen. in Caucaso et in Taur. Természetrajzi Füz. XX. 1899 p. 340. »Planta insignis, sporis bilocularibus, septa demum fissa, duas sporas separatas simplices demum formantibus, ab omnibus lichenibus cognitis differt. — Thallus evanescens, gonidia chroolepoidea, cellulis circ. 0.012—0.010 mm crassis, continens. Apothecia crebre disposita, verrucas 0.3—0.2 mm latas, nigras, nudas, vertice convexas formantia. Perithecium hemisphaericum, fuligineum, dimidiatum, basi deficiens. Gelatina hymenialis jodo non reagens. Paraphyses numerosae, simplices aut furcatae, haud connexae. Asci oblongo-fusiformes. Sporae 8:nae, polystichae, decolores, 1—septatae, fusiformi-oblongae, demum in duas sporas separatas, ovoideas, altero apice rotundatas, altero apice obtuse attenuatas, simplices divisae. Pycnides verrucas 0.1—0.2 mm latas, nigras, nudas, vertice convexas formantia. Stylosporae decolores, oblongae, apicibus rotundatis, 1—septatae, long. 0.012—0.008, crass. 0.003 mm, basidiis brevibus, pauciarticulatis affixae.« (Taf. III, Fig. E.) Auf der Rinde von alten Juniperusstämmen mit Chiodecton subrimatum und Opegrapha pulicaris, um die Burgruinen von Issar, Jalta (Wainio p. 341).

Pyrenula nitida (Weig.) Ach. Syn. Lich. p. 125. Auf der Rinde von Fagus bei Uzchuat (Nakra-Tal) (Wainio p. 341).

b) Foliaceae.

F. Dermatocarpaceae.

Dermatocarpon miniatum (L.) Th. Fr. Lich. Arct. p. 253. Auf Ockerfelsen im Ardon-Tale; auf Kalkfelsen zwischen Besingi und Naltschik (Wainio p. 336).

Dermatocarpon monstrosum (Schaer.) Wain., Schaer. Lich. Helv. Spic. (1833) p. 349. Auf Kalkfelsen, Issar bei Jalta (Wainio p. 337).

Dermatocarpon trachyticum (Hazsl.) Wain., Hazsl. in Rabenh. Lich. Eur. (1861) n. 541. Auf Gneisfelsen im Ardon-Tale (Wainio p. 337).

c) Racemosae.

F. Thamnoliaceae.

Thamnolia vermicularis (L.) Ach. Zobagodor, (oberstes Kilia-Tal, Andischer Koissu), 12. Aug. 1898. Hollós.

8. Classis Algae.

Algen wurden auf den kaukasischen Reisen v. Déchys nicht gesammelt. Unter den kaukasischen Pflanzenkollektionen, die v. Déchy der botanischen Abteilung des ungarischen National-Museums geschenkt, fanden sich jedoch drei, von Hollós gesammelte Nummern vor, welche Algen enthalten, und zwar die zu den Cyanophyceen, in die Familie der Nostocaceae gehörende überall verbreitete Art:

Nostoc commune Vauch. Conf. p. 225 T. XVI. f. 1. Bei Newinnomysk am 14. Juli 1898; auf steinigem Boden bei Utschkulan, am 19. Juli, und am See Esen-am, am 5. Aug. 1898.

II. subdiv. Bryophyta.

Die Moose hat Dr. L. Hollós auf der 6. kaukasischen Reise v. Déchys (1898) gesammelt. Die kleine, aus 12 Nummern bestehende Kollektion wurde von Herrn M. Péterfi (Déva) aufgearbeitet und unter »Néhány adat a Kaukazus mohflórájához« (Einige Beiträge zur Moos-Flora des Kaukasus) in Annales Musei Nation. Hungarici II. 1904 p. 396 veröffentlicht. Vorliegende Enumeration ist bloss die verkürzte Wiedergabe dieser Arbeit Péterfis.

1. Classis Hepaticae.

O. Marchantiae.

F. Marchantiaceae.

Conocephalus conicus (L.) Dumort. Klytsch-Tal (Péterfi p. 396).

Marchantia polymorpha (L.) Raddi. Im Klytsch-Tale (Péterfi p. 396).

2. Classis Musci frondosi.

Coh. Bryales.

O. Stegocarpae.

I. subo. Acrocarpi.

F. Dicranaceae.

Dicranum scoparium (L.) Hedw. Fund. musc. II. 92 (1872). In typischer Form im Tschirykol-Tale (Péterfi p. 396).

F. Bryaceae.

Bryum capillare L. Sp. pl. 1856 (1753). Eine alpine Form im Klytsch-Tale (Péterfi p. 397).

Webera nutans (Schreb.) Hedw. Descr. I. 9. (1787).

var. *strangulata* (Nees.) Schimp. Coroll. 66 (1856) Im Klytsch-Tale (Péterfi p. 397).

F. Mniaceae.

Mnium medium Br. eur. fasc. 5. 32 (1838). Im Kluchor-Tale (Péterfi p. 397).

F. Bartramiaceae.

Bartramia ithyphylla (Haller) Brid. Muscol. rec. II. 3. 132 (1803). Im Klytsch-Tale (Péterfi p. 397).

F. Polytrichaceae.

Pogonatum urnigerum (L.) P. Beauv. Prodr. 84 (1805). Im Klytsch-Tale (Péterfi p. 397).

Polytrichum formosum Hedw. Sp. musc. 92. (1801). Im Klytsch-Tale (Péterfi p. 398).

Polytrichum juniperinum Willd. Fl. berol. prodr. 305 (1787). Im Tschirykol-Tale (Péterfi p. 398).

II. subo. Pleurocarpi.

F. Hypnaceae.

Brachythecium salebrosum (Hoffm.) Br. eur. fasc. 50—54 (1853). Wahrscheinlich die var. Thomasii (Brid.) Br. eur. Im Tschirykol-Tale (Péterfi p. 398).

II. Div. Embryophyta.

I. subdiv. Pteridophyta.

Die Pteridophyten oder Gefässbündelkryptogamen hat gleichfalls Dr. L. Hollós auf der sechsten kaukasischen Reise v. Déchys (1898) gesammelt. Die kleine, aus 23 Nummern bestehende Kollektion wurde von Herrn Dr J. B. Kümmerle bearbeitet und in »Annales Musei Nation. Hung. II.« 1904, p. 570 veröffentlicht (s. Literaturverzeichn. Kümmerle). Vorliegende Enumeration ist mit wenigen Ergänzungen die verkürzte Wiedergabe der Arbeit Kümmerles.

1. Classis Filicinae.

subcl. Planithallosae.

O. Filices leptosporangiatae.

F. Polypodiaceae.

Aspidium dryopteris (L.) Baumg. Enumerat. Transsilv. IV. p. 28. (1846). Tschirykol-Tal (Kümmerle p. 571).

Aspidium phegopteris (L.) Baumg. Enum. Transsilv. IV. p. 28 (1846). Klytsch-Tal (Kümmerle p. 571).

Asplenium ruta muraria L. Spec. plant. II. p. 1081 (1753). Etscheda (Kümmerle p. 572).

var. *heterophyllum* Wallr. Flora Crypt. Germaniae I. p. 22 (1831). Etscheda (Kümmerle p. 572).

Asplenium septentrionale (L.) Hoffm. Deutschl. Flora II. p. 12 (1795). Tschirykol-Tal (Kümmerle p. 572).

Asplenium trichomanes L. Spec. plant. II. p. 1080 (1753). Esen-am, Etscheda, Werchne-Nikolajewskaja, Klytsch-Tal (Kümmerle p. 572).

Athyrium filix femina (L.) Roth Tentamen Florae germ. III. p. 65 (1800). Klytsch-Tal, Nachar-Tal (Kümmerle p. 571).

Ceterach officinarum W. Species Plant (1810) V. p. 136 (*Asplenium Ceterach* L. Spec. Plant, II [1753] p. 1080). Etscheda (Kümmerle p. 572 sub Ceterach ceterach [L.] Karst.)

Cryptogramme crispa (L.) R. Br. in Franklin Journey p. 767 (1823). Klytsch-Tal (Kümmerle p. 572).

Cystopteris fragilis (L.) Bernh. in Schrader Neues Journ. für Botanik I. 2. p. 26 (1806). Esen-am (Kümmerle p. 570) und im Klytsch-Tal am 27. Juli 1898 (Herb. Mus. nat. Hung. bei Kümmerle nicht angeführt).
var. *anthriscifolia* (Hoffm.) Luerss. Farnpflanzen p. 456 (1889). Esen-am, Mitrada (Kümmerle p. 571).

Notochlaena Marantae (L.) R. Br. Prodromus Florae Novae Hollandiae p. 145 (1810). Etscheda (Kümmerle p. 572).

Polypodium vulgare L. Spec. plant. II. p. 1085 (1753). Klytsch-Tal, Tschirykol-Tal (Kümmerle p. 573).

Polystichum Braunii (Spenn.) Fée Genera Filicum p. 278 (1850—1852). Klytsch-Tal (Kümmerle p. 571).

Polystichum lonchitis (L.) Roth Tentamen Florae germ. III. p. 71 (1800). Klytsch-Tal (Kümmerle p. 571).

Pteridium aquilinum (L.) Kuhn in V. D. Deckens Reisen III. 3. Botan. v. Ostafrika p. II. (1879). Kodor-Pass (Kümmerle p. 572).
var. *brevipes* (Tausch.) Luerss. Farnpflanzen p. 107 (1889). Tschirykol-Tal (Kümmerle p. 573).

Scolopendrium vulgare Sm. in Mém. Acad. Turin V (1793) p. 421 t. 9. f. 2. (*Asplenium Scolopendrium* L. Spec. Plant, II [1753] p. 1079). Klytsch-Tal (Kümmerle p. 571, sub Scolopendrium scolopendrium (L.) Karst).

Struthiopteris germanica Willd. Spec. plant. V. p. 288 (1810). Esen-am, steril (Kümmerle p. 571). Im Kluchor-Tal in fertilen Exemplaren am 27. Juli 1898. (Herb. Mus. nat. Hung. bei Kümmerle ist letztere Angabe nicht angeführt).

Woodsia fragilis (Trevir.) Moore Index Filicum p. 108 (1857). Esen-am (Kümmerle p. 570).

2. Classis Equisetinae.

F. Equisetaceae.

Equisetum maximum Lam. Flore Française I. p. 7 (1778). Kamenoi-most (Kuban-Tal) (Kümmerle p. 573).

Equisetum pratense Ehrh. Hannöv. Magazin IX. p. 138 (1784). Kamenoi most (Kuban-Tal) (Kümmerle p. 573).

3. Classis Lycopodinae.

Coh. Eligulatae.

O. Lycopodieae.

F. Lycopodiaceae.

Lycopodium selago L. Spec. plant. II. p. 1102 (1753). Zobagodor (Kümmerle p. 573. Hollós III. p. 49).

II. subdiv. Spermaphyta.

Spermaphyten, Samenpflanzen, wurden auf der zweiten, fünften, sechsten und siebenten kaukasischen Reise v. Déchys gesammelt. Das erste Material, welches H. Lojka auf der zweiten Reise v. Déchys gesammelt, und welches schon V. Janka zum grössten Teile bestimmt hatte (im ganzen 303 Arten und Var. von 368 Standorten), haben Sommier und Levier (Firenze) revidiert resp. bestimmt und mit ihren eigenen kaukasischen Sammlungen aus dem Jahre 1890 schon 1900 veröffentlicht (s. Literaturverzeichnis Sommier et Levier II); Lojkas Sammlung gelangte nicht in ihrem ganzen Umfange in den Besitz der botanischen Abteilung des Ung. National-Museums; manches fehlt, was von dieser Reise publiziert wurde, und von sehr vielen, gerade wertvolleren Sachen sind nur Bruchstücke vorhanden. — Die zweite, kleine Aufsammlung (im ganzen 49 Arten und Var. von 67 Standorten) stammt von v. Déchy selbst, von seiner fünften kaukasischen Reise; auch dieses Material haben Sommier und Levier bearbeitet und veröffentlicht (s. Literaturverzeichnis Somm. et Lev. I). — Das meiste Material von Samenpflanzen (im ganzen 500 Arten und Var. von 623 Standorten) hat Dr. L. Hollós auf der sechsten Reise v. Déchys zusammengetragen und dieses, wie auch die letzte, nur aus wenigen Nummern (im ganzen 42 Arten von 45 Standorten) bestehende Sammlung, welche wieder v. Déchy und zum Teil auch der Geologe Laczkó auf der siebenten Reise v. Déchys gesammelt haben, wurde mit Unterstützung der Beamten der botanischen Abteilung des Ung. Nationalmuseums, der Herren Dr. J. B. Kümmerle und S. Jávorka, vom Verfasser vorliegender Enumeration selbst bearbeitet. Bei der Bestimmung einiger Gramineen hat auch Herr L. Thaisz, der Mitarbeiter des rühmlichst bekannten Exsiccaten-Werkes »Magyar füvek gyüjteménye«, bereitwilligst mitgeholfen. Mehrere Samenpflanzen nennt wohl auch schon Hollós in seinen »Reisenotizen« (s. Literaturverzeichnis Hollós III); in der Sammlung selbst fand sich aber gar kein determiniertes Material vor. — In vorliegender Enumeration sind die Daten Sommiers und Leviers, soweit sie sich auf Lojkasches Material beziehen, mit grösster Genauigkeit angeführt; ferner wurden die Daten aus Hollós' Reisenotizen auch aufgenommen und die bei den Pilzen schon erwähnten und von Borbás determinierten Wirtspflanzen ebenfalls berücksichtigt; den wertvollsten Teil der ganzen Enumeration aber bildet die Aufzählung der phanerog. Ergebnisse der sechsten und siebenten Reise v. Déchys, als die Enumeration solcher Daten, welche bisher noch nicht veröffentlicht wurden.

1. Classis Gymnospermae.

subcl. Coniferinae.

O. Coniferae.

F. Taxaceae.

Taxus baccata L. Zwischen Besingi und Naltschik, Lojka (Somm. et Lev. II. p. 462).

F. Pinaceae.

Abies Nordmanniana Stev. Gurschewi, Lojka (Somm. et Lev. II. p. 461).

Picea orientalis (L.) Carr. Uzchuat, Lojka (Somm. et Lev. p. 461). Kluchor-Tal und Klytsch-Tal, steril, 27. Juli 1898. Hollós.

Pinus silvestris L. Zeja-Tal, Lojka (Somm. et Lev. II. p. 461). Zwischen Achmeti und Tioneti (Hollós II. p. 148); Kluchor-Tal, Hollós. Fruchtend, 27. Juli 1898.

Juniperus communis L. Vor Angida (Hollós III. p. 96); Angida, Aknada, fruchtend, 11. Aug. 1898, und Etscheda, steril, 15. Aug. Hollós.

var. *depressa* (Stev.) Boiss. Zeja-Tal, Lojka (Somm. et Levier II. p. 462).

Juniperus Sabina L. Zeja-Tal und Urussbieh, Lojka (Somm. et Lev. II. p. 462). Vor Angida (Hollós III. p. 45); Angida, Aknada, fruchtend, 11. Aug., und Etscheda, fruchtend, 15. Aug. Hollós.

(Nadelhölzer im allgemeinen erwähnt Hollós II. p. 149: zwischen Achmeti und Tioneti, Klytsch-Tal, Dombai-ulgen-Tal; p. 151: Nachar-Tal, Klytsch-Tal, Sauri, Weden, Dombai-ulgen-Tal; p. 153: Tschirykol-Tal, Kamenoi-most (Kuban-Tal), Klytsch-Tal. Hollós III. p. 24: im Tschirykol-Tale; p. 29: Klytsch-Tal; p. 31: Kluchor-Tal und p. 55: vor dem Dorfe Mitrada. — Wacholder im allgemeinen erwähnt Hollós III. p. 45: vor Tindi; p. 46: Angida, und p. 53: vor dem Dorfe Etscheda auf Berglehnen. — Cupressus, bei Jalta. Hollós III. p. 11).

subcl. Gnetinae.

O. Gnetae.

F. Gnetaceae.

Ephedra distachya L. Sewastopol Chersones, fruchtend, 10. Juli. Hollós.

Ephedra Nebrodensis Tin. Urussbieh, Lojka (Somm. et Lev. II. p. 462). Etscheda, steril, 15. Aug. Hollós (auch Hollós III. p. 53).

2. Classis Angiospermae.

I. subcl. Dicotyledones.

I. Coh. Archichlamydae.

subcoh. Unisporae.

O. Amentiflorae.

I. subo. Salices.

F. Salicaceae.

Salix amygdalina L.

f. *discolor* Koch, Etscheda, steril, 15. Aug. 1898. Hollós.

Salix arbuscula L. Zeja-Tal, Lojka (Somm. et Lev. II. p. 415). Tschirykol-Tal, fruchtend, 21. Juli. Hollós.

Salix caprea L. unterhalb des Kodor-Passes (Südseite) (Hollós II. p. 148).

(Im allgemeinen erwähnt Weiden Hollós III. p. 17: zwischen Chumara und Utschkulan; p. 31: unteres Kluchor-Tal.)

Populus tremula L. Kluchor-Tal, steril, 27. Juli, und Ssagada, steril, 16. Aug., Hollós. Ausserdem erwähnt vor dem Dorfe Mitrada (Hollós III. p. 55).

(Im allgemeinen Pappelbäume, Hollós II. p. 151: Newinnomysk; Hollós III. p. 17: Chumara-Utschkulan, und p. 31: Kluchor-Tal).

II. subo. Drupaeae.

F. Juglandaceae.

Juglans regia L. Agwali bis zum Dorfe Kuanada (Hollós III. p. 43); Jalta (Hollós III. p. 11).

III. subo. Cupuliferae.

F. Betulaceae.

Alnus incana Willd. Kluchor-Tal, steril, 27. Juli. Hollós.

Alnus sp. Klytsch-Tal (Hollós II. p. 153) und Kluchor-Tal (Hollós III. p. 31).

Betula alba L. Kluchor-Tal, fruchtend, 27. Juli, Hollós, Tindi, steril, 10. Aug., und Ssagada, steril, 16. Aug., Hollós.

(Im allgemeinen erwähnt Birken Hollós II. p. 149: Dombai-ulgen-Tal: Hollós III. p. 17: Chumara-Utschkulan; p. 24: Tschirykol-Tal; p. 31: Kluchor-Tal; p. 45: vor Tindi, und p. 55: vor dem Dorfe Mitrada.)

F. Fagaceae.

Carpinus Betulus L. Zwischen Chumara und Utschkulan (Hollós III. p. 17); unterhalb des Kodor-Passes (Südseite), fruchtend, 18. Aug. (Hollós III. p. 59).

Castanea vulgaris Lam. Klytsch-Tal, blühend, 27. Juli, Hollós (auch Hollós III. p. 29 erwähnt).

Corylus Avellana L. Klytsch-Tal, steril; Kluchor-Tal, fruchtend, 27. Juli, Hollós. (Von letzterem Orte auch bei Hollós III. p. 31 erwähnt.)

Corylus Colurna L. Ssabui (Hollós II. p. 153).

(Im allgemeinen erwähnt Haselnüsse Hollós III. p. 11: Jalta; p. 17: Chumara-Utschkulan; p. 59: unterhalb des Kodor-Passes.)

Fagus orientalis Lipsky Acta H. P. XIV. 1897 p. 300. Klytsch-Tal, fruchtend, 27. Juli, Hollós.

Fagus silvatica L. Betscho, Lojka (Somm. et Lev. II. p. 412).

(Im allgemeinen erwähnt Buchen Hollós II. p. 148: Kamenoi-most (Kuban-Tal), Achmeti, Tioneti, Zrszenoj; p. 149: Klytsch-Tal, Achmeti, Tioneti, Dombai-ulgen-Tal; p. 153: Weden, Zrszenoj, Achmeti, Tioneti. Hollós III. p. 11: Jalta; p. 17, 29 u. 60 die schon angeführten Orte.)

Quercus pedunculata Ehrh. Naltschik, Lojka (Sommier u. Lev. II. p. 412). Etscheda, steril, 15. Aug., Hollós.

Quercus pubescens Willd. Pari, Lojka (Somm. et Lev. II. p. 412 sub. *Qu. sessiliflora* Sm.), Schauri, steril, 17. Aug., Hollós.

(Im allgemeinen erwähnt Eichen Hollós II. p. 148—150: Kamenoi-most [Kuban-Tal], unterhalb des Kodor-Passes, Klytsch-Tal, Achmeti, Tioneti. Hollós III. p. 11: Jalta, und p. 17: Chumara, Utschkulan.)

O. Urticae.

F. Ulmaceae.

Celtis Tournefortii Lam. Etscheda, steril, 15. Aug. 1898, Hollós.

Ulmus campestris L. Mekali, steril, 16. Aug., Hollós.

Ulmus elliptica C. Koch. (Dippel Handb. d. Laubholzk. II. 31. f. 9.) unterhalb (Südseite) des Kodor-Passes, steril, 18. Aug., Hollós.

F. Moraceae.

Ficus Carica L. Ssabui, Garten (Hollós III. p. 10); Jalta (Hollós III. p. 11).

(Im allgemeinen erwähnt Maulbeerbäume Hollós III. p. 60: Achmeti, Tioneti.)

F. Urticaceae.

Parietaria Judaica L. Urussbieh, Lojka. (In Somm. et Lev. II nicht erwähnt.)

O. Santalinae.

F. Santalaceae.

Thesium alpinum L. Adisch-Tal, Lojka (Somm. et Lev. II. p. 407).

Thesium procumbens C. A. M. Kosch-Ismael (Asau-Gletscher), Lojka (Somm. et. Lev. II. p. 407).

O. Centrospermae.

subo. Polygonae.

F. Polygonaceae.

Oxyria digyna (L.) Campd. Zobagodor, blühend und fruchtend, 12. Aug., und Klytsch-Tal, blühend, 27. Juli, Hollós

Polygonum alpinum All. Asau (Bakssan-Tal), Zeja-Tal Lojka (Somm. et Lev II. p. 404). Kluchor-Tal, blühend, 27. Juli, und Ssagada, blühend, 16. Aug. Hollós.

Polygonum amphibium L. Esen-am, blühend, 5. Aug., Hollós.

Polygonum aviculare L. Sewastopol, blühend, 10. Juli, und Kamenoi-most (Kuban-Tal), steril, 17. Juli, Hollós.

Polygonum Bistorta L. Kalotanis-gele, Inkwari-gele, Déchy (Somm. et Lev. I. p. 133). Tschirykol-Tal, blühend, 21. Juli, Nachar-Tal, blühend, 25. Juli, und Zobagodor, blühend, 12. Aug., Hollós. Quelltal der Grossen Laba, unterhalb des Zagerker-Passes (Kuban) und im Quellgebiete des Djulty-tschai unterhalb des Artschi-Chudun-Passes (Daghestan), blühend, Déchy 1902.

Polygonum dumetorum L. Newinnomysk, blühend, 14. Juli, Hollós.

(Im allgemeinen erwähnt Polygonum Hollós II. p. 147: Tschirykol-Tal; Hollós III. p. 27: jenseits des Passes, Nachar-Tal; p. 47: Aknada, und p. 49: südlich von Zobagodor.)

Rumex crispus L. Angida, Aknada, fruchtend, 11. Aug. 1898, Hollós.

Rumex obtusifolius L. Unterhalb des Kodor-Passes, blühend, 18. Aug., Hollós.

subo. Chenopodiae.

F. Chenopodiaceae.

Atriplex incisa MB. Sewastopol (Chersones), blühend, 10. Juli 1898. Hóllos.

Atriplex littoralis L. Newinnomysk, blühend, 14. Juli 1898. Hóllos.

* *Axyris Caucasica* Lipsky. Kosch-Asau (Bakssan-Tal), Lojka (Somm. et Lev. Plant. Caucasi nov. manipulus tertius in Acta Hort. Petrop. XIII. 1894 p. 197 sub *Axyris sphaerosperma* F. et M. var. *Caucasica* Somm. et Lev.; auch in Somm. et Lev. II. p. 400. Fehlt in der von v. Déchy dem Ungarischen National-Museum geschenkten Lojkaschen kaukasischen Sammlung). (Taf. V.)

Blitum virgatum L. Im Ardon-Tale und bei Uzchuat, Lojka (Somm. et Lev. p. 398). Utschkulan, fruchtend, 19. Juli. Hollós.

Chenopodium Botrys L. Etscheda, blühend, 15. August. Hollós.

Chenopodium vulvaria L. Sewastopol, blühend, 10. Juli. Hollós.

(Im allgemeinen erwähnt Chenopodium Hollós III. p. 10: Sewastopol.)

F. Amarantaceae.

Amarantus viridis L.? Grosny, Batalpaschinsk, Ssabui, Newinnomysk, Sewastopol (Hollós II. p. 154 det. Borbás).

subo. Caryophylleae.

F. Caryophyllaceae.

Scleranthus annuus L. Newinnomysk, blühend, 14. Juli. Hollós.

Herniaria incana L. Urussbieh, Lojka (Somm. et Lev. II. p. 92).

Paronychia Kurdica Boiss. Sewastopol, blühend, 10. Juli. Hollós.

Alsine aizoides Boiss. Kalotanis-gele, Inkwari-gele. Déchy (Somm. et Lev. I. p. 128). Tschirykol-Tal, blühend, 21. Juli, und Zobagodor, blühend, 12. August. Hollós.

Alsine imbricata (MB.) Boiss. Dschiper (Nenskra-Tal), Zeja-Tal, auf dem Twiber-Pass, Kosch-Ismael (Asau-Gletscher), Lojka (Somm. et Lev. II. p. 80).

f. **stenopetala** Somm. et Lev. Pugillus plantarum Cauc. centr. in Bullet. d. Soc. Bot. Ital. 1898 p. 128. »Nana, dense pulvinaris, foliis abbreviatis dense imbricatis etiam dorso pilis rigidiusculis conspersis, floribus parvis solitariis subsessilibus, calycibus hirsutis, petalis linearibus angustis. Forma insignis a Ruprecht non descripta, inter alpinam et hirsutam ejusdem auctoris ambiqua.« Kalotanis-gele, Déchy. 1897 (Somm. et Lev. I. p. 128).

Alsine recurva Wahlbg. Kalotanis-gele, Déchy (Somm. et Lev. I. p. 129).

Arenaria lychnidea MB. Dombai-ulgen-Tal, blühend und fruchtend, 29. Juli. Hollós, Zobagodor, blühend, 12. August. Hollós.

Arenaria rotundifolia MB. Kosch-Ismael (Asau-Gletscher), Lojka (Somm. et Lev. II. p. 83).

Cerastium Chewsuricum Somm. et Lev. Pugillus plant. Cauc. centr. in Bullet. d. Soc. Bot. Ital. 1898 p. 129. »Caudiculis hypogaeis longis tenuibus ramosis, epigaeis adsurgentibus brevibus pilis articulatis pubescentibus, foliis hypogaeis squamiformibus, caeteris omnibus subrotundo spathulatis in petiolum laminam subaequantem contractis, superioribus approximatis majoribus, bracteis foliaceis, pedicellis sub anthesi erectis, defloratis refractis calyce subduplo longioribus, sepalis viridibus subpurpurascentibus ovatis obtusiusculis anguste scarioso-marginatis pilosulis, petalis obcordatis calyce duplo longioribus ima basi ciliatis, staminibus 5, filamentis glabris, stylis 5, capsula . . .« »Caudiculorum

5*

pars aërea 5—6 cm, folia majora cum petiolo 12 mm longa, lamina 4—5 lata, sepala 6 mm, petala 12—13 mm longa.« (Taf. VI. Fig. A.)*) Kalotanis-gele, Anatoris-gele, Déchy (Somm. et Lev. I. p. 129).

Cerastium manticum L. Kluchor-Tal, blühend, 27. Juli. Hollós.

Cerastium multiflorum C. A. M. Kwarschi-Tschetowatl-Tal, blühend, 13. August. Hollós.

Cerastium ovatum Hoppe (C Corinthiacum West.).

var. *elegans* Somm. et Lev. Kalotanis-gele, Déchy (Somm. et Lev. I. p. 129).

Cerastium purpurascens Adams. Mamisson-Tal, Adisch-Tal, Lojka (Somm. et Lev. II. p. 88). Kalotanis-gele, Inkwari-gele, Déchy (Somm. et Lev. I. p. 129).

Cerastium trigynum Vill. Quelltal der Grossen Laba, unterhalb des Zagerker-Passes (Kuban), blühend, Déchy 1902.

Cerastium undulatifolium Somm. et Lev. Act. Hort. Petr. XIII p. 41. Tschirykol-Tal, blühend, 21. Juli. Hollós. Südabhang des Artschi-Passes (Daghestan), blühend, Déchy 1902.

Dianthus Carthusianorum L. Tschirykol-Tal, blühend, 21. Juli. Hollós.

β *Caucasicus* Rupr. Fl. Cauc. p. 174 Ardon-Tal, Rekom, Zeja-Tal, Lojka (Somm. et Lev. II. p. 66).

Dianthus fragrans MB. Esen-am, blühend, 5. Aug. 1898. Hollós.

Dianthus Liboschitzianus Ser. in DC. Prodr. I. p. 360. Kosch-Asau (Bakssan-Tal), Adisch-Tal, Lojka (Somm. et Lev. II. p. 64). Esen-am, blühend, 5. Aug. Hollós.

β *integerrimus* (Bge. pr. sp.) Boiss. Flor. Orient. I. p. 487. Kwarschi-Tschetowatl-Tal, blühend, 13. Aug. Hollós.

γ *multicaulis* Boiss. Ssagada, blühend, 16. Aug. Hollós.

Dianthus montanus MB. Gurschewi, Lojka (Somm. et Lev. II. p. 64). Zobagodor, blühend, 12. Aug., und Kwarschi-Tschetowatl-Tal, blühend, 13. Aug. Hollós.

*var. *laxiflorus S. et L.* im Ardon-Tale, Naltschik, Besingi, Bakssan-Tal, Lojka (Somm. et Lev. II. p. 64). Angida, Aknada, blühend, 11. Aug. Hollós.

Githago segetum Desf. Ssagada, fruchtend, 16. Aug. Hollós.

Gypsophila elegans MB. Asau, Lojka (Somm. et Lev. II. p. 68).

*) Im II. Bande dieses Werkes p. 89 befindet sich statt der Abbildung des Cerastium Chewsuricum durch Verwechslung der Klichées das Bild von Artemisia Chewsurica, während das Bild des Cerast. Chews. irrtümlicherweise auf p. 98 gebracht wurde.

Gypsophila glandulosa Boiss. Flor. Or. I. p. 529. Uzchuat, Lojka (Somm. et Lev. II. p. 67).

Gypsophila muralis L. Newinnomysk, blühend, 14. Juli. Hollós.

Gypsophila repens L. Esen-am, blühend, 5. Aug. Hollós.

Gypsophila tenuifolia MB. Ssagada, blühend, 16. Aug. Hollós.

Melandrium album (Mill.) Garcke. Asau, Lojka (Somm. et Lev. II. p. 77 sub. *M. pratense* Roehl). Newinnomysk (Hollós II. p. 147 sub *Lychnis vespertina* Sibth.).

Silene caespitosa Stev. Mamisson-Pass, Lojka (Somm. et Lev. II. p. 77).

Silene chloraefolia Smith. Tindi, blühend und fruchtend, 10. Aug. Hollós.

Silene compacta Horn. Gurschewi, Zeja-Tal, Lojka (Somm. et Lev. II. p. 68). Klytsch-Tal, blühend, 27. Juli. Hollós.

Silene fimbriata (MB.) Boiss. Flor. Or. I. p. 629. Gurschewi, Lojka (Somm. et Lev. II. p. 74). Ssagada, blühend, 16. Aug. Hollós.
*β *glandulosa* Som. et Lev. Gurschewi, Lojka (Somm. et Lev. II. p. 74).

Silene inflata Sm. Nachar-Tal, blühend, 25. Juli. Hollós.

Silene infracta WK., blühend, Zobagodor, 12. Aug. 1898. Hollós.

Silene saxatilis Sims. Asau, Adisch-Tal, Mulach, Zeja-Tal, Lojka (Somm. et Lev. II. p. 75).
var. **stenophylla** Somm. et Lev. Enumeratio plant. in Cauc. lect. in Acta Horti Petrop. Vol. XVI. 1900 p 76. »Varietas eximia ultra 60 cm alta densissime caespitosa, caulibus inferne nodosis et pubescentibus, surculis foliis emortuis crebre tectis, foliis fere omnibus linearibus graminiformibus margine scabris basi longiuscule ciliatis, floribus densius fasciculatis, calyce pedicellum aequante vel duplo longiore infra capsulam constricto, nervis calycinis vix anastomosantibus, capsulis tertia parte e calyce rupto exsertis carpophorum bis-ter excedentibus.« »Varietas inter *S. saxatilem* Sims. et *S. Marschallii* C. A. Mey. intermedia.« (Taf. VII.) Kosch-Asau, Lojka (Somm. et Lev. II. p. 76).

Silene pygmaea Adams. Zeja-Tal, Lojka (Somm. et Lev. II. p. 73 sub *S. spathulata* MB).

Tunica prolifera Scop. Im Ardon-Tale, Lojka (Somm. et Lev. II. p. 66).

(*Caryophyllaceen* im allgemeinen erwähnt Hollós III. p. 49 südlich von Zobagodor.)

O. Polycarpicae.

subo. Ranunculineae.

F. Ranunculaceae.

Aconitum Anthora L. Kwarschi-Tschetowatl-Tal, blühend, 13. Aug. Hollós.

Aconitum nasutum Fisch; Kosch-Asau, Lojka (Somm. et Lev. II. p. 29); Kluchor-Tal, blühend, 27. Juli. Hollós.

Aconitum orientale (Tournef.) Mill. Gurschewi, Lojka (Somm. et Lev. II. p. 29). Dombai-ulgen-Tal, blühend, 29. Juli. Hollós.

Aconitum variegatum L. Esen-am, blühend, 5. Aug. Hollós.

Anemone alpina L.

var. *aurea* Somm. et Lev. Enumer. plant. in Cauc. lectar. Acta Hort. Petr. XVI. 1900 p. 2. Nachar-Tal, blühend, 25. Juli. Hollós.

Anemone narcissiflora L. Kalotanis-gele, Déchy 1897 (Somm. et Lev. I. p. 128). Nachar-Tal, blühend, 25. Juli. Hollós.

β monantha DC. Dombai-ulgen-Tal, blühend, 29. Juli. Hollós.

Anemone speciosa Rupr. Mamisson-Tal, Lojka (Somm. et Lev. II. p. 3), und ebenfalls von Lojka auf dem Passe Mamisson ges. Exemplare von Somm. et Lev. als *A. narcissiflora* L. *β monantha* DC. bestimmt (l. c.). Nachar-Tal, blühend, 25. Juli, und Zobagodor, blühend, 12. Aug. Hollós.

Aquilegia Olympica Boiss. Flor. Or. I. p. 71. Tersskol, Tschegem-Tal und reichlich im Zeja-Tal, Lojka (Somm. et Lev. II. p. 25). Klytsch-Tal, blühend, 27. Juli. Hollós.

Delphinium bracteosum Somm. et Lev. Plantarum Caucasi novarum vel minus cognitarum manipulus secundus Act Hort. Petr. XIII. 1893 p. 25. »Elatum laete viride pilis longis patulis raris obsitum, caule fistuloso modice angulato superne glabro, foliis palmati — 5 partitis, sinubus angustis acutis, segmentis latis inferioribus divergentibus incisis, laciniis obtusiusculis, nervis validis subtus prominentibus, foliis supremis tripartitis, petiolis basi non dilatatis foliorum caulinorum mediorum lamina subaequilongis, superiorum sensim abbreviatis, tandem nullis; inflorescentia paniculato-pyramidata apice interdum racemosa; pedunculis glabris, inferioribus calcare longioribus bi-tribracteatis; bracteis late ellipticis vel lanceolatis, interdum quasi spathulatis, villosis, supremis basi floris approximatis sed non contiguis, saepe petaloideis plus minus intense cyaneis; floribus mediocribus, sepalis intense coeruleis longe ciliatis caeterum glabris, calcare horizontali recto laminam paulo superante, petalis calyce brevioribus atris, superioribus margine pilis aureis paucis ciliatis vel glabris, calcaribus lamina longioribus calcar sepalinum quasi aequantibus, inferiorum lamina bifida centro pilis longis aureis barbata margine ciliata, unque facie externa linea pilorum pallidiorum notato; ovario glanduloso, seminibus (in specimine Balansae) transverse lamellato-cristatis.« (Taf. VIII.) Zeja-Tal, Lojka (Somm. et Lev. II. p. 27).

var. **macranthum** Somm. et Lev. (l. c. p. 26). »Paniculae rami pluriflori, flores quam in typo quasi duplo majores; sepalum quintum cum calcare 4 cm longum; carpella hirtella glandulosa 16—18 mm longa.« (Taf. IX.) Gurschewi, Lojka (Somm. et Lev. II. p. 27).

Delphinium Caucasicum C. A. M. Zeja-Tal, Lojka (Somm. et Lev. II. p. 28).

Delphinium Consolida L. Sewastopol, blühend, 10. Juli. Hollós.

Delphinium dasycarpum Stev. Quellgebiet der Grossen Laba (Kuban), blühend, Déchy 1902.

Delphinium fissum W.K. Mokokl, blühend und fruchtend, 17. Aug. Hollós.

Delphinium flexuosum MB.

γ crispulum Rupr. Flora Caucasi in Mém. l'Ac. Imp. des sc. de St. Petersbourg VII sér. XV. p. 34. Unterhalb des Kodor-Passes, blühend, 18. Aug. Hollós.

Delphinium speciosum MB. Am Ufer des Esen-am-Sees, blühend und fruchtend, 5. Aug. Hollós. (Auch von Hollós III. p. 38 erwähnt.)

Ranunculus arachnoideus C. A. M. Quellgebiet des Djulty-tschai, unterhalb (Südseite) des Artschi-Chudun-Passes (Daghestan), blühend, Déchy 1902.

Ranunculus Ledebouri Lipsky (R. ampelophyllus Somm. et Lev. Nuov. Giorn. Bot. Ital. 1894 p. 9). Tschirykol-Tal, blühend, 21. Juli. Hollós.

Ranunculus Lojkae Somm. et Lev. Piante nuove del Caucaso in Bull. della Soc. Bot. Ital. 1893 p. 525, dann Somm. et Lev. Plant. Caucasi novarum manipulus tertius »Acta Horti Petrop.« XIII. 1894 p. 185, und Somm. et Lev. Enum. plant. in Cauc. lect. »Acta Horti Petrop.« Vol. XVI. 1900 p. 22 t. V. »Subacaulis pumilus obscure viridis uniflorus, rhizomate crassiusculo horizontali fibras radicales elongatas tenues edente vaginis foliorum emortuorum fuscis albo-pilosis vix in fibras solutis obtecto; foliis radicalibus glabris parvis ambitu pentagono-rotundatis fere ad basin trisectis, segmento intermedio trifido, lateralibus bisectis, segmentis omnibus profunde inciso-dentatis, dentibus obtusiusculis, petiolis lamina subduplo longioribus profunde canaliculatis basi in vaginam latam margine scariosam dilatatis; pedunculo plerumque radicali vel e caule brevissimo unifolio sulcato hirto prodeunte; folio caulino (in specimine caulescente unico) radicalibus omnino conformi breviter petiolato, vagina amplexicauli; pedunculo sub anthesi superficialiter sulcato patenter piloso ad medium bracteato, rarius bractea secunda simplici parum infra florem instructo, bractea lineari brevi integra vel bi-tripartita; calyce reflexo a petalis valde remoto pedunculo tamen non adpresso, longe sed non dente piloso, petalis 5 aureis splendentibus latis emarginatis vel bilobis, squama foveae nectariferae lingulata angusta; germinibus glabris in rostrum eorum dimidiam longitudinem superans fere rectum vel apice parum curvatum abeuntibus; carpellis . . .; axe piloso ♃. (Ad specimina florentia 5 descriptus.)« »Pedunculus 3½—6 cm altus: folia radicalia maxima 16 mm lata 14 longa, eorum petioli ad summum 25 mm longi 1 mm lati; caulis (in specimine caulescente) 1 cm longus; folii caulini lamina 13 mm lata et longa, petiolus cum vagina 5 mm longus; petala 1 cm longa 9 mm lata. — Ab omnibus *Euranunculis* Florae Orientalis axe piloso, calyce reflexo et pedunculo sulcato praeditis, notis expositis distinctissimus.« (Taf. X.) Mamisson-Tal, entdeckt von Lojka (l. c. II p. 23). Nachar-Tal, blühend, 25. Juli. Hollós.

Ranunculus oreophilus MB. Mamisson-Tal, Lojka (Somm. et Lev. II. p. 20 sub *Ranunc. Baidarae* Rupr.). Inkwari-gele, Déchy (Somm. et Lev. I. p. 128). Zobagodor, blühend, 12. Aug. Hollós. Klytsch-Tal (Hollós II. p. 148).

Ranunculus Suaneticus Rupr. Nachar-Tal, blühend, 25. Juli 1898. Hollós.

Thalictrum elatum Murr. Werchne-Nikolajewskaja, blühend, 17. Juli, und Tindi, blühend, 10. Aug Hollós.

Thalictrum flavum L. Newinnomysk, blühend, 14. Juli, und Esen-am, blühend, 5. Aug. Hollós.

Thalictrum foetidum L. Zeja-Tal, Lojka (Somm. et Lev. II. p. 1 . Tschirykol-Tal, blühend, 21. Juli. Hollós.

Trollius patulus Salisb. Mamisson-Tal, Lojka (Somm. et Lev. II. p. 24).

(Ranunculaceen erwähnt im allgemeinen Hollós III. p. 27, jenseits (Südgehänge) des Passes Nachar.)

F. Berberidaceae.

Berberis densiflora Boiss. et Bge. Agwali, steril, 9. Aug. Hollós

Berberis vulgaris L. Utschkulan (Hollós II. p. 148); zwischen Chumara und Utschkulan (Hollós III. p 17); Agwali-Kuanada (Hollós III. p. 43): vor Tindi (Hollós III. p. 45): vor Angida (Hollós III. p. 46): vor dem Dorfe Etscheda an der Berglehne (Hollós III. p. 53) und unterhalb (Südseite) des Kodor-Passes. (Hollós III. p. 59).

subo. Magnoliaceae.

F. Lauraceae.

Laurus nobilis L. Jalta (Hollós III. p. 11).

O. Rhoeadinae.

subo. Rhoeadeae.

F. Papaveraceae.

Papaver Caucasicum MB. Kwarschi-Tschetowatl-Tal, blühend, 13. Aug. Hollós.

Papaver lateritium C. Koch. Zeja-Tal, Lojka (Somm. et Lev. II. p. 30).

F. Fumariaceae.

Corydalis conorhiza Ledeb. Flor. Ross. I. 99. Nachar-Tal, blühend, 25. Juli 1898. Hollós. (Corydalis auch bei Hollós III. p. 27 erwähnt.)

Corydalis Emanueli C. A. M. Zeja-Tal, Lojka (Somm. et Lev. II. p. 31 sub *Coryd. pauciflora* [Steph.] Pers.)

Corydalis glareosa Somm. et Lev. Act. Hort. Petrop. XIII. 1893 p. 27 és XVI. p. 31. T. VI. Hoher Daghestan, blühend, Déchy 1902.

Fumaria Schleicheri Soyer-Will. Tersskol, Zeja-Tal, Lojka (Somm. et Lev. II. p. 34).

Fumaria Vaillanti Lois. Esen-am, blühend und fruchtend, 5. Aug., und Etscheda, blühend und fruchtend, 15. Aug. Hollós.

subo. Capparideae.

F. Capparidaceae.

Capparis spinosa L. Botlich, blühend, 7. Aug. Hollós. (Bei Hollós III. p. 42, erwähnt unter *C. vulgaris* L. zwischen Agwali und Kuanada).

Cleome ornithopodioides L. Etscheda, blühend und fruchtend, 15. Aug. Hollós.

F. Cruciferae

Alyssum murale W. K. Ssagada, blühend und fruchtend, 16. Aug.; Südseite des Kodor-Passes, blühend und fruchtend, 18. Aug. Hollós.

Alyssum obtusifolium Stev. Quellgebiet des Ssamur (Daghestan), blühend, Déchy 1902.

Alyssum rostratum Stev. Esen-am, blühend und fruchtend, 5. Aug. Hollós, Botlich, 7. Aug. Hollós det. Borbás.

Alyssum serpyllifolium Desf. M. B. Fl. Taur. Cauc. II. p. 103. Unterhalb des Artschi-Chudun-Passes (Quellgebiet des Ssamur, Daghestan), blühend, Déchy 1902.

Arabis arenosa Scop. Tschirykol-Tal, blühend und fruchtend, 21. Juli, Klytsch-Tal, blühend und fruchtend, 27. Juli Hollós.

Arabis sp. St. Nicolai, Lojka.

Bunias orientalis L. Kosch-Asau, Lojka (Somm. et Lev. II. p. 61).

Capsella Bursa pastoris (L.) Moench. Werchne-Nikolajewskaja, fruchtend, 17. Juli. Hollós im Dombai-ulgen-Tal und Chumara (Hollós II. p. 154).

Cardamine pectinata Pall. Im Ardon-Tale, Lojka (Somm. et Lev. II. p. 34).

Cardamine uliginosa MB. Tschirykol-Tal, blühend und fruchtend, 21. Juli. Hollós.

Diplotaxis muralis DC. Sewastopol, blühend und fruchtend, 10. Juli. Hollós.

Draba bruniaefolia Stev. Unterhalb (W.) des Guntuza-Passes (Daghestan), blühend zwischen *Saxifraga muscoides* Wulf. Déchy 1902.

Draba incana L. Asau-Gletscher, Lojka (Somm. et Lev. II. p. 55).

Draba incompta Stev. Ardon-Tal, Lojka (bei Somm. et Lev. nicht erwähnt).

Draba longisiliqua Schmalh. Naltschik, Lojka (Somm. et Lev. II. p. 52).

Draba nemorosa L. Kosch-Asau, Lojka (Somm. et Lev. II. p. 59).

**Draba Ossetica* (Rupr.) Somm. et Lev. Plant. Cauc. nov. manipulus secundus Act. Hort. Petr. Vol. XIII. p 30. Im Ardon-Tale in typ. Form, Lojka (Somm. et Lev. II. p. 49).

var. **columnaris** Somm. et Lev. IV. p. 31. »Compacte pulvinaris surculis scapisque brevioribus, illis confertioribus erectis nec repentibus; caudiculi nervis foliorum emortuorum persistentibus subspinosis exasperati; folia quam in typo minora approximata dense imbricata. Semina 8—12 in quoque loculo.« (Taf. XI, Fig. A.) Im Ardon-Tale mit der typ. Form, Lojka (Somm. et Lev. II. p. 49).

Draba rigida Willd. Schibu-gele, Kalotanis-gele, Déchy (Somm. et Lev. I. p. 128); Angida-Aknada, fruchtend, 11. Aug. Hollós.

var. *imbricata* (C. A. M.) Rupr. Tschegem, Lojka (Somm. et Lev. II. p. 48). Kalotanis-gele, Déchy (Somm. et Lev. I. p. 128). Zobagodor, blühend, 12. Aug. Hollós.

Draba scabra C. A. M. Südhang des Artschi-Passes und Westseite des Guntuza-Passes (Daghestan), blühend, Déchy 1902.

Draba siliquosa MB. Mamisson-Tal, Kosch-Ismael (Asau-Gletscher), Lojka (Somm. et Lev. II. p. 54). Kalotanis-gele, Inkwari-gele, Déchy (Somm. et Lev. I. p. 128).

f. *minor*. Kosch-Ismael (Asau-Gletscher), Lojka (wird von Somm. et Lev. in angeführter Arbeit nicht besonders erwähnt).

Draba tridentata DC. Mamisson-Tal, Lojka (Somm. et Lev. II. p. 53). Tschirykol-Tal, blühend und fruchtend, 21. Juli, Hollós, und an den Südhängen des Artschi-Passes (Daghestan), blühend und fruchtend, Déchy 1902.

Erysimum cuspidatum (MB.) DC. Sewastopol, blühend und fruchtend, 10. Juli. Hollós.

Erysimum odoratum Ehrh. Esen-am, blühend und fruchtend, 5. August. Hollós.

Erysimum repandum L. Fruchtend bei Newinnomysk, 14. Juli 1898. Hollós.

Hesperis matronalis L. Unterhalb des Asau-Gletscher, Lojka (Somm. et Lev. II. p. 42).

Hesperis runcinata WK. Esen-am, blühend, 5. August. Hollós.

Lepidium latifolium L. Newinnomysk, blühend, 14. Juli 1898. Hollós.

Lepidium perfoliatum L. Sewastopol, fruchtend, 10. Juli. Hollós.

Lepidium ruderale L. Sewastopol, blühend und fruchtend, 10. Juli, und Newinnomysk, fruchtend, 14. Juli. Hollós.
(Lepidium von Sewastopol führt an Hollós III. p. 10.)

Pseudovesicaria digitata (C. A. Mey.) Rupr. Anatoris-gele, Déchy (Somm. et Lev. I. p. 128). Zobagodor, fruchtend, 12. August, Hollós. Am Südabhange des Artschi-Passes (Daghestan), blühend und in schön fruchtenden Exemplaren, Déchy 1902.

Sisymbrium Huetii Boiss.

* var *elatum* Somm. et Lev. Kosch Ismael (Asau-Gletscher), Lojka (Somm. et Lev. II. p. 41).

Thlaspi arvense L. Kosch-Asau, Lojka (Somm. et Lev. II. p. 59). Mekali, fruchtend, 16. August. Hollós.

Thlaspi pumilum Stev. Mamisson-Tal, Lojka (Somm. et Lev. II. p. 59).

subo. Resedeae.

F. Resedaceae.

Reseda lutea L. Sewastopol, blühend und fruchtend, 10. Juli. Hollós.
(Von hier auch bei Hollós III. p. 10 erwähnt.)

O. Rosiflorae.

subo. Saxifragineae.

F. Crassulaceae.

Sedum acre L. Utschkulan, steril, 19. Juli 1898. Hollós.

Sedum glaucum WK. Tschirykol, blühend, 21. Juli. Hollós.
var. *eriocarpum* Boiss. Kosch-Asau, Lojka (Somm. et Lev. II. p. 165).

Sedum involucratum MB. Besingi, Lojka (Somm. et Lev. II. p. 164).

Sedum maximum Suter. Kosch-Asau, Lojka (Somm. et Lev. II. p. 164). Ssagada, blühend, 16. August. Hollós.

Sedum spurium MB. Kosch-Asau, Lojka (Somm. et Lev. II. p. 164). Utschkulan, blühend, 19. Juli, und Tindi, blühend, 10. August. Hollós.

Sedum tenellum MB. Gurschewi, St. Nicolai, Mamisson-Tal, Lojka (Somm. et Lev. II. p. 165). Kalotanis-gele und Inkwari-gele Déchy (Somm. et Lev. I. p. 130). Tschirykol-Tal, blühend, 21. Juli; Zobagodor, blühend, 12. August. Hollós.

f. *condensata nana* Kosch Ismael, (Asau-Gletscher), Lojka (Somm. et Lev. II. p. 165).

Sedum sp. nur Bruchstücke. Kalotanis-gele, Déchy 1897.

Sempervivum Caucasicum Ruprecht. Tindi, blühend, 10. August 1898. Hollós.

Sempervivum pumilum MB. Tersskol-Tal, Lojka (Somm. et Lev. II. p. 166). Muzo, Déchy (Somm. et Lev. I. p. 130).

(Crassulaceen erwähnt Hollós III. p. 49 im allgemeinen südlich von Zobagodor.)

F. Saxifragaceae.

Chrysosplenium sp. südlich von Zobagodor, wird bloss erwähnt von Hollós III. p. 49.

Parnassia palustris L. Ssagada, blühend, 16. August. Hollós.

Ribes orientale Poir. Urussbieh, Lojka (Somm. et Lev. II. p. 176).

Ribes sp. im Teberda-Tale, wird bloss erwähnt von Hollós III. p. 32.

Saxifraga cartilaginea Willd. Zeja-Tal, Lojka (Somm. et Lev. II. p. 167). Tschirykol-Tal, blühend, 21. Juli. Hollós.

β *minor* Boiss. Flor. Or. II. p. 800. Mamisson-Tal, Lojka (Somm. et Lev. II. p. 167). Zobagodor, blühend, 12. August 1898. Hollós.

Saxifraga columnaris Schmalh. Naltschik, Lojka (Somm. et Lev. II. p. 173, fehlt in der von v. Déchy dem Ungarischen National-Museum geschenkten kaukasischen Sammlung).

Saxifraga cymbalaria L. Mulach, Tschegem, Lojka (Somm. et Lev. II. p. 175).

Saxifraga Dinniki Schmalh. Naltschik, Lojka (Somm. et Lev. II. p. 172, fehlt in der von v. Déchy geschenkten kaukasischen Sammlung im Ungarischen National-Museum).

Saxifraga exarata Vill. Mamisson-Tal, Tersskol-Tal, Lojka (Somm. et Lev. II. p. 173); Tschirykol-Tal, blühend, 21. Juli. Hollós.

var. *intricata* (Lap. pro specie). Zeja-Tal, Lojka (Somm. et Lev. II. p. 173).

Saxifraga flagellaris Willd. Mamisson-Tal, Dschiper, Lojka (Somm. et Lev. II. p. 174).

Saxifraga juniperifolia Adams. Zeja-Tal, Lojka (Somm. et Lev. II. p. 170).

Saxifraga laevis MB. Mamisson-Tal, Lojka (Somm. et Lev. II. p. 167).

Saxifraga moschata Wulf. Zobagodor, blühend, 12. August. Hollós. Quellgebiet des Ssamur unterhalb (W.) des Guntuza-Passes (Daghestan), Déchy, blühend, 1902.

f. *laxa* Engler. Zeja-Tal, Lojka (Somm. et Lev. II. p. 174).

f. *compacta* Engler. Dschiper-Pass, Lojka (Somm. et Lev. II. p. 174). Unterhalb des Guntuza-Passes (Daghestan), Déchy, blühend, 1902.

Saxifraga rotundifolia L. Klytsch-Tal, blühend, 27. Juli 1898. Hollós.

* *Saxifraga scleropoda* Somm. et Lev. Plante nuove del Caucaso »Bull. della Soc. Bot. It.«, 1893 p. 526. Kosch-Ismael (Asau-Gletscher), Lojka (Somm. et Lev. V. p. 526, bei Somm. et Lev. II. aber nicht mehr erwähnt). Angida-Aknada, blühend, 11. August. Hollós.

* var. *nivalis* Somm. et Lev. Plant. Cauc. nov. manipulus tertius in Acta Hort. Petrop. XIII. 1894 p. 187. Kosch-Ismael (Asau-Gletscher), Tersskol-Tal, Lojka (Somm. et Lev. II. p. 171, Taf. XIII. Fig. A).

Saxifraga Sibirica L. Kosch-Ismael (Asau-Gletscher), Zeja-Tal, Lojka (Somm. et Lev. II. p. 174). Tschirykol-Tal, blühend, 21. Juli; Klytsch-Tal, blühend, 27. Juli; Zobagodor, blühend, 12. August. Hollós. Südgehänge des Artschi-Passes (Daghestan), Déchy, blühend, 1902.

subo. Roseae.

F. Rosaceae.

Agrimonia Eupatoria L. Esen-am, blühend, 5. August, Hollós; Grusinische Heerstrasse, Terek-Tal (Hollós III. p. 62).

Alchemilla alpina L. Esen-am, blühend und fruchtend, 5. Aug. Hollós.

Alchemilla Caucasica Buser. Inkwari-gele, Déchy (Somm. et Lev. I. p. 129). Tschirykol-Tal, blühend, 21. Juli. Hollós.

Alchemilla fissa Schum. Westseite des Guntuza-Passes (Daghestan), Déchy blühend, 1902.

Alchemilla pubescens MB. Naltschik, Lojka (Somm. et Lev. II. p. 161).

Alchemilla sericea Willd. Mamisson-Tal, Zeja-Tal, Lojka (Somm. et Lev. II. p. 161). Kalotanis-gele, Déchy (Somm. et Lev. I. p. 129). Tschirykol-Tal, blühend, 21. Juli, und Zobagodor, blühend, 12. Aug. Hollós.

Alchemilla vulgaris L. Zeja-Tal, Lojka (Somm. et Lev. II. p. 160). Tschirykol-Tal, blühend, 21. Juli, und Zobagodor, blühend, 12 Aug. Hollós.

Alchemilla sp. Klytsch-Tal (Hollós II. p. 147).

Aruncus silvester Kostel (Spiraea Aruncus L.). Klytsch-Tal, blühend, 27. Juli. Hollós.

Cotoneaster nummularia F. et M. Etscheda (Hollós II. p. 148 auch sub *Aronia rotundifolia* Pers. und Hollós III. p. 53).

Cotoneaster pyracantha (L.) Spach. Achmeti, fruchtend, 19. Aug. 1898. Hollós.

Cotoneaster vulgaris Lindl. Adyl-ssu-Tal Lojka (Somm. et Lev. II. p. 135).

Crataegus melanocarpa MB. Naltschik, Lojka (Somm. et Lev. II. p. 134).

Dryas octopetala L. Mamisson-Tal, Lojka (Somm. et Lev. II. p. 144).

Filipendula Ulmaria Maxim. Newinnomysk, blühend, 14. Juli. Hollós.

Fragaria sp. Teberda-Tal (Hollós III. p. 32).

Geum urbanum L.

β Ibericum (Besser pr. sp.) Boiss. Klytsch-Tal, fruchtend, 27. Juli. Hollós.

Malus communis Desf. Ssabui, Garten, steril, 18. Aug. Hollós; Agwali, Kuanada (Hollós III. p. 43); unterhalb (Südseite) des Kodor-Passes (Hollós III. p. 59) und Achmeti-Tioneti (l. c. p. 60).

Mespilus Germanica L. Naltschik, Lojka (Somm. et Lev. II. p. 134). Unterhalb (Südseite) des Kodor-Passes, fruchtend, 18. Aug. Hollós.

Potentilla approximata Bge. Kwarschi-Tschetowatl-Tal, blühend, 13. Aug Hollós.

Potentilla argentea L. Newinnomysk, blühend, 14. Juli. Hollós (auch bei Hollós II. p. 148 erwähnt).

Potentilla bifurca L. Osrokowa (Bakssan-Tal), Lojka (Somm. et Lev. II. p. 149).

Potentilla brachypetala F. et M. Tersskol-Tal, Lojka (Somm. et Lev. II. p. 146).

Potentilla elatior Schlecht. Gurschewi, Uzchuat (Nakra-Tal), Lojka (Somm. et Lev. II. p. 157). Nachar-Tal, blühend, 25. Juli. Hollós.

Potentilla Owerininana Rupr. Tersskol-Tal, Lojka (Somm. et Lev. II. p. 147).

Potentilla pimpinelloides L. Tschirykol-Tal, blühend, 21. Juli 1898. Hollós.

Potentilla recta L. Indisch, blühend und fruchtend, 17. Juli 1898, Hollós; Nevinnomysk, blühend, 14. Juli, Hollós, und Esen-am, blühend, 5. Aug. 1898. Hollós (pilis glandulosis destitutis!)

Potentilla Ruprechti Boiss. Mamisson-Tal, Lojka (Somm. et Lev. II. p. 154).

Potentilla ternata Koch. Kalotanis-gele, Déchy (Somm. et Lev. I. p. 129).

Prunus divaricata Ledeb. Naltschik, Lojka (ist in Somm. et Lev. II. p. 132 sub Cerasus avium Mnch. var. Juliana [DC. pr. sp.] angeführt).

Prunus Laurocerasus L. Uzchuat (Nakra-Tal), Lojka (Somm. et Lev. II. p. 133 sub *Cerasus Laurocerasus* Boiss.). Klytsch, fruchtend, 27. Juli. Hollós.

Prunus Padus L. Angida, Aknada, fruchtend, 11. Aug. Hollós.

Prunus sp. Unterhalb (Südseite) des Kodor-Passes (Hollós III. p. 59).

Pyrus sp. Unterhalb (Südseite) des Kodor-Passes (Hollós III. p. 59).

Rosa Boissieri Crépin, Uzchuat (Nakra-Tal), Lojka (wird von Somm. et Lev. II. nicht erwähnt).

Rosa canina L. Botlich, fruchtend, 7. Aug. 1898. Hollós.

Rosa centifolia L. Ssabui, Garten (Hollós II. p. 148); Grosny (Hollós II. p. 153).

Rosa coriifolia Fr.

β *Boissieri* Crep. Ssagada, blühend, 16. Aug. 1898. Hollós.

Rosa glauca Vill. (calycis foliolis vix fissis) Kwarschi-Tschetowatl-Tal, abgeblüht, 13. Aug. 1898. Hollós.

Rosa glutinosa Sibth. et Sm. Rekom, Lojka (von Somm. et Lev. II. nicht angeführt). Kluchor-Tal, blühend, 27. Juli 1898. Hollós (foliolis acuminatis!)

Rosa oxyodon Boiss. (?) Zeja-Tal, Tersskol-Tal, Lojka (von Somm. et Lev. II. nicht angeführt). Muzo, Déchy 1897.

Rosa pimpinellifolia L. Tschirykol-Tal, blühend, 21. Juli 1898. Hollós.

Rosa sp. Chewssuria, Déchy (Somm. et Lev. I. p. 134). Tindi (Hollós III. p. 45); Angida (Hollós III. p. 46).

Rubus Idaeus L. Klytsch-Tal (Hollós II. p. 148); Teberda-Tal (Hollós III. p. 32).

Rubus sp. Grusinische Heerstrasse, bei Stepan-zminda (Hollós III. p. 62).

**Sibbaldia parviflora* Willd. Mamisson-Tal, Lojka (Somm. et Lev. II. p. 159 sub *S. procumbens* L. var. *orientalis* Somm. et Lev.). Tschirykol-Tal, fruchtend, 21. Juli, und Nachar, blühend, 25. Juli. Hollós.

Sorbus Aria Crantz. Unterhalb des Kodor-Passes, steril, 18. Aug. Hollós.

Sorbus aucuparia L. Unterhalb des Kodor-Passes, (Hollós II. p. 148).

(Im allgemeinen erwähnt Sorbus in den Wäldern vor Ssabui unterhalb des Kodor-Passes Hollós III. p. 59).

Spiraea crenifolia C. A. M. Urussbieh, Lojka (wird von Somm. et Lev. II. nicht angeführt.)

Spiraea hypericifolia L. Tindi, steril, 10. Aug. Hollós.
var. *heterophylla* Somm. et Lev. Enum. plant. Cauc. in Acta Hort. Petr. XVI. 1900 p. 143. Agwali, fruchtend, 9. Aug. Hollós.
Spiraea sp. Vor dem Dorfe Etscheda, Berglehne (Hollós III. p. 53).

O. Leguminosae.

F. Papilionaceae.

Anthyllis vulneraria L. Tersskol-Tal, Lojka (Somm. et Lev. II. p. 113 sub *Anth. vuln.* L. *a. vulgaris* Koch.). Zobagodor, blühend, 12. Aug. Hollós.
Astragalus alpinus L. Zeja-Tal, Lojka (Sommier et Levier II. p. 119).
Astragalus falcatus Lam. Urussbieh, Lojka (Somm. et Lev. II. p. 124, fehlt in der von v. Déchy dem Ungarischen National-Museum geschenkten kaukasischen Sammlung).
Astragalus galegiformis L. Urussbieh, Lojka (Somm. et Lev. II. p. 120). Tindi, blühend und fruchtend, 10. Aug. Hollós.
**Astragalus Levieri* Freyn in litt. Somm. et Lev. Bull. Soc. Bot. Ital. 1893 p. 526. Kosch-Ismael (Asau-Gletscher), Lojka (Somm. et Lev. II. p. 124). (Taf. XII.)
Astragalus microcephalus Willd. Saramag, Lojka (Somm. et Lev. II. p. 120). Mitrada, blühend, 16. Aug. Hollós; Utschkulan, blühend, 19. Juli. Hollós.
Astragalus oreades C. A. M. Tschirykol-Tal, fruchtend, 21. Juli. Hollós.
var. **stipularis** Somm. et Lev. Altre piante nuove del Caucaso in Bull. Soc. Bot. Ital. 1894 p. 27. »A typo e descriptione Boissieriana (Fl. Or. II. p. 249) differt pube patente, stipulis in unam obovatam vel suborbiculatam coalitis, floribus subpersistentibus, leguminis albo-hirsuti (pilis nigris paucis intermixtis) mucrone cum stylo incurvo, dimidium legumen superante.« (Taf. XI. Fig. B.) Kosch-Ismael (Asau-Gletscher), Lojka (Somm. et Lev. II. p. 115).
Astragalus Ruprechti Bge. Esen-am, blühend, 5. Aug. 1898. Hollós.
Coronilla Cappadocica Willd. Adisch-Tal, Lojka (Somm. et Lev. II. p. 114). Nachar-Tal, blühend, 25. Juli 1898. Hollós.
β Balansae Boiss. Mamisson-Tal, Lojka (Somm. et Lev. II. p. 114).
Coronilla varia L. Esen-am, blühend, 5. Aug. Hollós.
Galega orientalis Lam. Gurschewi, Lojka (Somm. et Lev. II. p. 115).
Hedysarum obscurum L.
var. *neglectum* (Ledeb. pro sp.) Somm. et Lev. Gurschewi, Zeja-Tal, Lojka (Somm. et Lev. II. p. 128). Tschirykol, blühend, 21. Juli. Hollós.

Lathyrus pratensis L. Klytsch-Tal, blühend, 27. Juli. Hollós.

Lathyrus roseus Stev. Kluchor-Tal. blühend, 27. Juli 1898. Hollós.

Lotus corniculatus L. Adisch-Tal, Lojka (Somm. et Lev. II. p. 114).

Medicago falcata L. Newinnomysk, blühend, 14. Juli, und Werchne Nikolajewskaja, blühend, 17. Juli. Hollós.

Medicago glutinosa MB. Esen-am (Hollós II. p. 147).

Medicago lupulina L. Newinnomysk, blühend und fruchtend, 14. Juli. Hollós. Angida, Aknada, blühend, 11. Aug. Hollós.

Medicago sativa L. Esen-am, blühend, 5. Aug. Hollós.

Melilotus officinalis Desv. Newinnomysk, blühend, 14. Juli; Esen-am, blühend, 5. Aug. Hollós. Grusinische Heerstrasse, bei Stepan-zminda (Hollós III. p. 62).

Onobrychis petraea MB. Esen-am, blühend, 5. Aug. 1898. Hollós.

Onobrychis radiata MB. Kamenoi-most (Kuban-Tal), blühend und fruchtend, 17. Juli, und Tindi, blühend und fruchtend, 10. Aug. Hollós.

Onobrychis viciaefolia Scop. Esen-am, blühend, 5. Aug. Hollós.

Oxytropis Samurensis Bunge.

var. subsericea Somm. et Lev. Altre piante nuove de Caucaso in Bull. Soc. Bot. Ital. 1894 p. 27. »Subacaulis adpresse subsericeo-pubescens, caudiculis numerosis stipulis persistentibus imbricatim tectis, stipulis triente superiore excepto petiolo adnatis antice breviter connatis chartaceis lanceolatis glabris apice ciliatis subuninerviis; foliolis explanatis sub 12 jugis apice subpenicillatis; glandulis interfoliolaribus parvis aggregatis petiolulo ipso superne incrassato-glanduloso; scapis debilibus folia plus minus superantibus; capitulis sub anthesi fere globosis deinde parum elongatis laxiusculis; bracteis lanceolato-linearibus eglandulosis pilosis pedicellum brevem vix superantibus, longioribus tubum calycinum dimidium vix aequantibus; calycis campanulati nigro et albohirsuti dentibus inferioribus tubum dimidium subaequantibus; corolla violacea calyce 2—2½ plo longiore, vexilli lamina suborbiculata emarginato-biloba, alis latis subspathulatis oblique bilobis basi longe auriculatis vexillo brevioribus, carinae alis brevioris mucrone longiusculo e basi lata subulato plus minus hamato; ovario albo-puberulo stipiti longo glabro insidente 10—12 ovulato, stylo glabro hamato; legumine . . . ♃.«

f. *longifolia* Somm. et Lev. »Multicaulis dense caespitosa; stipularum pars libera anguste lanceolata; folia 12—15 cm longa, foliola remotiuscula late ovata vel elliptica acutiuscula, majora 7 mm longa, 5 lata;

capitula 8—10 flora; scapi cum racemo 18 cm usque longi; bracteae 2½—4 mm longae; pedicelli 2 mm, calyx cum dentibus 6—7 mm longus; vexilli 15 mm longi, lamina 10 mm longa, 9 lata; carinae non explanatae lamina 3 mm lata, macro 1½ mm; ovarii stipes 5 mm longus.« (Tafel XIII. Fig. B.) Zeja-Tal, Lojka (Somm. et Lev. II. p. 127).

f. *brevifolia* Somm. et Lev. »Caudiculi pauciores remotiusculi longiores (3—4 cm); stipulae latiores; folia multo breviora, ad summum 4½ cm longa; foliola margine subrevoluta minus sericea confertiora, majora 6 mm longa, 4 lata; scapi cum racemo 6—9 cm longi; capitula pauci- (3—7) flora; bracteae paulo longiores (usque ad 5 mm); flores ut in antecedente.« (Tafel XIII. Fig. C.) Mamisson-Tal, Lojka (Somm. et Lev. II. p. 128). Zobagodor, blühend, 12. Aug. Hollós. Südliche Abdachung des Artschi-Chudun-Passes (Daghestan), Déchy blühend 1902.

Psoralea acaulis Stev. Pari, Lojka (Somm. et Lev. II. p. 115). Klytsch-Tal, blühend, 27. Juli. Hollós.

Robinia sp. Bjelometschetskaja, 15. Juli, Hollós; Batalpaschinsk (Hollós III. p. 16).

Trifolium alpestre L. Asau, Lojka, (Somm. et Lev. II. p. 111). Tschirykol, blühend, 21. Juli. Hollós.

Trifolium ambiguum MB. Adisch-Tal Lojka (Somm. et Lev. II. p. 112).

Trifolium arvense L. Newinnomysk, blühend, 14. Juli, und Tindi, blühend, 10. Aug. Hollós.

Trifolium canescens Willd. Adisch-Tal, Zeja-Tal, Lojka (Somm. et Lev. II. p. 112). Dombai-ulgen-Tal, blühend, 29. Juli 1898. Hollós.

Trifolium diffusum Ehrh. Newinnomysk, blühend, 14. Juli 1898. Hollós.

Trifolium fragiferum L. (?) Esen-am 5 Aug. Hollós, nur Bruchstücke best. von Borbás.

Trifolium ochroleucum L. Zobagodor, blühend 12. Aug. Hollós.

Trifolium parviflorum Ehrh. Newinnomysk, blühend und fruchtend, 14. Juli 1898. Hollós.

Trifolium polyphyllum C. A. Mey. Tschirykol-Tal, blühend, 21. Juli, und Nachar-Tal, blühend, 25. Juli. Hollós.

var. *ochroleucum* Somm. et Lev. apud Belli Riv. crit. delle sp. di Trif. etc. Torino 1893 p. 55. Tersskol-Tal, Lojka (Sommier et Lev. II. p. 113).

Trifolium procumbens L. Ssagada, blühend, 16. Aug. Hollós.

Trifolium rytidosemium Boiss. Adisch-Tal, Lojka (Somm. et Lev. II. p. 113).

Trifolium vesiculosum Savi. Newinnomysk, blühend (humilior, corolla flavescente); 14. Juli 1898. Hollós.

Vicia alpestris Stev. Quellgebiet des Djulty-tschai unterhalb des Artschi-Chudun-Passes (Daghestan), Déchy, blühend, 1902.

Vicia Balansae Boiss. Klytsch-Tal, blühend und fruchtend, 27. Juli. Hollós.

Vicia variegata Willd. Kosch-Asau, Lojka (Somm. et Lev. II. p. 131).

Vicia villosa Roth var.? Klytsch-Tal, blühend, 27. Juli. Hollós.

O. Gruinales.

subo. Geranieae.

F. Geraniaceae.

Erodium serotinum Stev. Esen-am, blühend, 5. Aug., und Botlich, blühend, 7. Aug. Hollós.

Erodium sp. Sewastopol (Hollós III p. 10).

Geranium gymnocaulon DC. Mamisson-Tal, Lojka (Somm. et Lev. II. p. 98). Inkwari-gele, Déchy (Somm. et Lev. I. p. 129). Quellgebiet der Grossen Laba, unterhalb des Zagerker-Passes (Kuban), Déchy, blühend und fruchtend, 1902.

Geranium Ibericum Cavan. Tschirykol-Tal, blühend und fruchtend, 21. Juli. Hollós.

Geranium platypetalum F. et Mey. Tersskol-Tal, Zeja-Tal, Lojka (Somm. et Lev. II. p. 99).

Geranium pratense L. Kosch-Asau, Lojka (Somm. et Lev. II. p. 98). Tschirykol-Tal, blühend und fruchtend, 21. Juli. Hollós.

Geranium Pyrenaicum L.

var. **depilatum** Somm. et Lev. Enum plant in Cauc. lect. in Acta Horti Petrop, vol. XVI. 1900 p. 102. »Tota planta pilis longis fere omnino destituta, pilis minutissimis glandulosis densius quam in typo vestita.« (Taf. XIV.) Rekom, Lojka (Somm. et Lev. II. p. 102).

Geranium Renardi Trautv. Mamisson-Tal, Tersskol-Tal. Lojka (Somm. et Lev. II. p. 99).

Geranium Robertianum L. Schauri, blühend und fruchtend, 17. Aug. Hollós.

Geranium Sibiricum L. Newinnomysk, blühend und fruchtend, 14. Juli 1898. Hollós.

Geranium silvaticum L. Zeja-Tal, Lojka (Somm. et Lev. II. p. 98).

(Geranium im allgemeinen erwähnt Hollós III. p. 46: Aknada und p. 27: Nachar-Pass).

6*

F. Linaceae.

Linum Austriacum L. Naltschik, Lojka (Somm. et Lev. II. p. 97). Sewastopol, blühend, 10. Juli. Hollós.

Linum hypericifolium Salisb. Gurschewi, Lojka (Somm. et Lev. II. p. 96).

Linum hirsutum L. Esen-am, blühend und fruchtend, 5. Aug. Hollós.

Linum Tauricum Willd. Esen-am, blühend, 5. Aug. Hollós.

F. Zygophyllaceae.

Peganum Harmala L. Sewastopol, blühend, 10. Juli. Hollós (wird auch in Hollós III. p. 10 erwähnt), und Bottlich, blühend und fruchtend, 7. Aug. Hollós (wird von hier auch in Hollós III p. 39 erwähnt).

Tribulus terrestris L. Agwali, blühend und fruchtend, 9. August, Hollós (wird auch in Hollós III p. 42 erwähnt).

Zygophyllum Fabago L. Sewastopol, blühend, 10. Juli. Hollós.

F. Rutaceae.

Haplophyllum villosum Andr. Juss.

β. Caucasicum Rupr. Utschkulan, blühend, 19. Juli. Hollós.

subo. Polygaleae.

F. Polygalaceae.

Polygala major Jacq. Tschirykol-Tal, blühend, 21. Juli, und Esen-am, blühend, 5. August. Hollós.

Polygala vulgaris L. Mamisson-Tal, Naltschik, Lojka (Somm. et Lev. II. p. 63). Tschirykol-Tal, blühend, 21. Juli, und Kwarschi-Tschetowatl-Tal, blühend, 13. August. Hollós.

O. Tricoccae.

F. Euphorbiaceae.

Euphorbia Chamaesyce L. Etscheda, fruchtend, 15. August. Hollós.

Euphorbia macroceras F. et Mey. Kosch-Asau, Lojka (Somm. et Lev. II. p. 410).

Euphorbia rumicifolia Boiss. Nachar-Tal, blühend und fruchtend, 25. Juli 1898. Hollós.

Euphorbia sp. Sewastopol (Hollós III. p. 10).

O. Sapindinae.

subo. Empetrineae.

F. Empetraceae.

Empetrum nigrum L. Kosch-Asau, Lojka (Somm. et Lev. II. p. 410).

subo. Anacardiineae.

F. Anacardiaceae.

Rhus Cotinus L. Etscheda, steril, 15. August. Hollós. (Auf den Berglehnen vor dem Dorfe Etscheda erwähnt ihn auch Hollós III. p. 53).

subo. Celastrineae.

F. Aquifoliaceae.

Ilex Aquifolium L. Klytsch-Tal, steril, 27. Juli 1898. Hollós.

subo. Sapindineae.

F. Aceraceae.

Acer campestre L. Ssagada, steril, 16. August 1898. Hollós.

Acer lactum C. A. M. Betscho, Lojka (Somm. et Lev. II. p. 104).

Acer pseudoplatanus L. Kluchor-Tal, fruchtend, 27. Juli, und unterhalb des Kodor-Passes, fruchtend, 18. August. Hollós.
(Ahornbäume erwähnt im allgemeinen Hollós III. p. 31, Kluchor-Tal.)

subo. Balsamiineae.

F. Balsaminaceae.

Impatiens noli tangere L. Klytsch-Tal, blühend, 27. Juli. Hollós.

O. Frangulinae.

F. Rhamnaceae.

Paliurus australis Gärtn. Agwali, fruchtend, 9. August, Hollós, und Sewastopol, fruchtend, 10. Juli, Hollós. (Wird auch erwähnt von Hollós III, p. 43 zwischen Agwali und Kuanada, und Hollós III p. 53 auf der Berglehne vor dem Dorfe Etscheda.

Rhamnus Pallasii F. et Mey. Urussbieh, Lojka (Somm. et Lev. II. p. 106 Tab. XIV sub Rh. tortuosa S. et L. Altre piante nuove del Caucaso in »Bull. d. Soc. Bot. Ital.« 1893 p. 26).

Rhamnus sp. erwähnt Hollós III p. 46 vor Angida.

F. Vitaceae.

Vitis vinifera L. Ssabui (Hollós II p. 154 und III. p. 10), Agwali, Kuanada (Hollós III p. 43).

O. Columniferae.

subo. Malvineae.

F. Tiliaceae.

Tilia intermedia DC.
var. *lasiocarpa* Rupr. Chupro, fruchtend, 17. August. Hollós.

Tilia microphylla Vent. Kamenoi-most (Kuban-Tal), blühend und fruchtend, 17. Juli. Hollós.
(Im allgemeinen erwähnt Linden Hollós III. p. 17 Chumara-Utschkulan).

F. Malvaceae.

Alcea ficifolia L. Naltschik, Lojka (Somm. et Lev. II. p. 95), Werchne Nikolajewskaja, blühend, 17. Juli. Hollós.
Malva silvestris L. Sewastopol, blühend und fruchtend, 10. Juli. Hollós

O. Cistiflorae.

subo. Theineae.

F. Hypericaceae.

Hypericum Androsaemum L. Klytsch-Tal, fruchtend, 27. Juli. Hollós.
Hypericum hirsutum L. Rekom, Lojka (Somm. et Lev. II. p. 94).
Hypericum nummularioides Trautv. Uzchuat, Lojka (Somm. et Lev. II. p. 93). Klytsch-Tal, blühend, 27. Juli. Hollós.
Hypericum orientale L. Pari, Lojka (Somm. et Lev. II. p. 94).
var. *ptarmicaefolium* (Spach pr. sp.) Boiss. Flor. Or. I. p. 795. Dombai-ulgen-Tal, blühend, 29. Juli. Hollós.
Hypericum perforatum L. Newinnomysk, blühend, 14. Juli, Angida-Aknada, blühend und fruchtend, 11. August, und Etscheda blühend und fruchtend, 15. August. Hollós.
Hypericum Richeri Vill. Klytsch-Tal, blühend, 27. Juli. Hollós.

subo. Tamaricineae.

F. Tamaricaceae.

Myricaria Germanica (L.). Desv. Agwali, blühend und fruchtend, 9. Aug. Hollós (wird von hier auch in Hollós III. p. 42 erwähnt).

subo. Cistineae.

F. Cistaceae.

Fumana procumbens (Dunal) Spach. Sewastopol, blühend, 10. Juli. Hollós.
Helianthemum Oelandicum (L.) DC.
α. *alpestre* (Rchb.) Boiss. Flor. Or. I. p. 443. Pari, Lojka (Somm. et Lev. II. p. 62).
Helianthemum vulgare Gärtn.
γ. *grandiflorum* (DC.) Boiss. Fl. Or. I. p. 446, blühend, Esen-am, 5. Aug. Hollós.

subo. Flacourtiineae.

F. Violaceae.

Viola Altaica Pall. Quellgebiet des Djulty-tschai unterhalb des Artschi-Chudun-Passes (Daghestan), Déchy, blühend, 1902.

Viola purpurea Stev. Naltschik, Lojka (Somm. et Lev. II. p. 62).

Viola tricolor L.

β. *arvensis* Koch. Ssagada, blühend und fruchtend, 16. Aug. Hollós.

O. Thymelaeinae.

F. Thymelaceae.

Daphne Caucasica Pall. Mamisson, Lojka (ist in Somm. et Lev. II. nicht angeführt).

Daphne glomerata Lam. Asau-Gletscher, Lojka (Somm. et Lev. II. p. 405). Dombai-ulgen-Tal, blühend, 29. Juli. Hollós.

Daphne Mezereum L. Dombai-ulgen-Tal, fruchtend, 29. Juli. Hollós.

Daphne Pontica L. Westseite des Guntuza-Passes (Daghestan), Déchy, blühend, 1902.

F. Elaeagnaceae.

Hippophäe rhamnoides L. Agwali, fruchtend, 9. Aug. Hollós (wird von hier und von Bottlich auch in Hollós III. p. 42 erwähnt).

O. Myrtiflorae.

F. Lythraceae.

Lythrum Salicaria L.

γ. *tomentosum* (Mill. pr. sp.) DC. Newinnomysk, blühend, 14. Juli. Hollós.

Lythrum sp. erwähnt Hollós III. p. 62; Grusinische Heerstrasse bei Stepanzminda.

F. Punicaceae.

Punica granatum L. Ssabui, Garten, kult., blühend 18. Aug. Hollós (von hier auch bei Hollós III. p. 10 und p. 59 erwähnt; ferner von Jalta p. 11).

F. Oenotheraceae.

Circaea alpina L. Klytsch-Tal, blühend, 27 Juli, Schauri, blühend, 17. Aug. Hollós.

Epilobium algidum MB. Ohne Angabe des Fundortes. Lojka (Somm. et Lev. II. p. 163). Tschirykol-Tal (Asau-Gletscher), blühend, 21. Juli. Hollós.

Epilobium anagallidifolium Lam. Kosch-Ismael, Lojka (Somm. et Lev. II. p. 163).

Epilobium angustifolium L. Klytsch-Tal, blühend, 27. Juli, Schauri, blühend und fruchtend, 17. Aug. Hollós.

Epilobium Dodonaei Vill. Mitrada, blühend und fruchtend, 16. Aug. Hollós. var. *Caucasicum* Hauskn. Monogr. p. 51, Kosch-Asau, Urussbieh, Lojka (Somm. et Lev. II. p. 162). Klytsch-Tal, blühend, 27. Juli, und Ssagada, blühend und fruchtend, 16. Aug. Hollós.

Epilobium montanum L. Klytsch-Tal, fruchtend, 27. Juli. Hollós.

(Im allgemeinen erwähnt Epilobium Hollós III. p. 47: Aknada, und p. 62: Terek-Tal bei Stepan-zminda.)

Oenothera biennis L. Newinnomysk, blühend, 14. Juli 1898. Hollós.

F. Halorrhagidaceae.

Myriophyllum sp. nur Bruchstücke von Esen-am, steril, 5. Aug. Hollós.

O. Umbelliflorae.

F. Araliaceae.

Hedera Colchica C. Koch. Klytsch-Tal, steril, 27. Juli. Hollós.

F. Cornaceae.

Cornus Mas L. Achmeti, Tioneti (Hollós III. p. 60) und an der Südseite des Kodor-Passes (Hollós III. p. 59).

F. Umbelliferae.

Astrantia Biebersteinii Trautv. Esen-am, blühend, 5. Aug. Hollós.

Astrantia helleborifolia Salisb. Tersskol-Tal, Lojka (Somm. et Lev. II. p. 176). Nachar-Tal, blühend, 25. Juli; Klytsch-Tal und Kluchor-Tal, blühend, 27. Juli. Hollós.

Bupleurum falcatum L. Kluchor-Tal, blühend, 27. Juli. Hollós.

Bupleurum Gerardi Jacq. Mokokl, blühend, 17. Aug. Hollós.

Carum Caucasicum (MB.) Boiss. Dschiper (Nakra-Tal), Lojka (Somm. et Lev. II. p. 179). Inkwari-gele, Déchy (Somm. et Lev. I. p. 130).

Caucalis daucoides L. Angida, Aknada, fruchtend, 11. Aug. Hollós.

Chaerophyllum aureum L. Kosch-Asau, Lojka (Somm. et Lev. II. p. 181).

Chaerophyllum bulbosum L. Kosch-Asau, Lojka (Somm. et Lev. II. p. 181).

Chaerophyllum millefolium DC. Zobagodor, blühend, 12. Aug. Hollós.

Chamaesciadium acaule (MB.) Boiss. Flor. Or. II. p. 860. Quellgebiet des Ssamur (Daghestan), Déchy, blühend, 1902. Esen-am, fruchtend, 5. Aug. 1898, Hollós. Zobagodor; blühend und fruchtend, 12. Aug. Hollós.

f. *caulescens* mit kurzem, oberirdischem Stengel, Tschirykol-Tal, blühend, 21. Juli. Hollós.

Daucus Carota L. erwähnt in Hollós III. p. 62: Terek-Tal bei Stepan-zminda.

Daucus pulcherrimus (W.) Koch. Esen-am, blühend und fruchtend, 5. Aug., Hollós; Tindi, blühend und fruchtend, 10. Aug., Hollós, und Etscheda, blühend und fruchtend, 15. Aug. 1898. Hollós.

Eryngium campestre L. Sewastopol (Chersones), blühend, 10. Juli. Hollós. (Von hier auch bei Hollós III. p. 10 erwähnt und ausserdem Terek-Tal bei Stepan-zminda. Hollós III. p. 62.)

Eryngium planum L. Newinnomysk, blühend, 14. Juli.

**Heracleum Freynianum* Somm. et Lev. Decas, Umbellif. nov. Cauc. in Nuov. Giorn. bot. ital. Vol. II. p. 81. Kosch-Asau, Lojka (Somm. et Lev. X. p. 81, und Somm. et Lev. II. p. 195).

Heracleum incanum Boiss. et Huet. Tschirykol-Tal, blühend, 21. Juli. Hollós.

Heracleum villosum Fisch. Asau, Mamisson, Dschiper (Nakra-Tal), Lojka (Somm. et Lev. II. p. 192).

Heracleum sp. Azunta-Pass, Déchy 1897 (Somm. et Lev. I. p. 134).

Tomasinia purpurascens Lallem. Uzchuat, St. Nicolai, Lojka (Somm. et Lev. II. p. 191).

(Umbelliferen erwähnt im allgemeinen Hollós III. p. 31 im Kluchor-Tale).

II. Coh. Metachlamydeae.

subcoh. Pentacyclicae.

O. Ericinae.

F. Pirolaceae.

Pyrola media Sw. Klytsch-Tal, blühend, 27. Juli. Hollós.

Pyrola minor L. Tschirykol-Tal, blühend, 21. Juli. Hollós.

F. Ericaceae.

Azalea Pontica L. Betscho, Pari, Rekom, Zeja-Tal, Lojka (Somm. et Lev. II. p. 328 sub *Rhododendron flavum* Don.)

Rhododendron Caucasicum Pall. Azunta-Pass, Kalotanis-gele, Déchy (Somm. et Lev. I. p. 131). Zeja-Tal, Lojka (Somm. et Lev. II. p. 328). Tschirykol-Tal, fruchtend, 21. Juli, Hollós (auch bei Hollós II. p. 153 erwähnt). Unterhalb (Ostseite) des Sakan-Passes (Kuban), Déchy, blühend, 1902.

Rhododendron Ponticum L. Klytsch-Tal, blühend, 27. Juli 1898. Hollós.

Vaccinium Arctostaphylos L. Gurschewi, Lojka (Somm. et Lev. II. p. 327).

Vaccinium Myrtillus L. Schibu-gele, Déchy (Somm. et Lev. I. p. 131). Klytsch-Tal, blühend, 27. Juli, Nachar-Tal, fruchtend, 25. Juli. Hollós.

Vaccinium Vitis Idaea L. Kosch-Asau, Lojka (Somm. et Lev. II. p. 328).

O. Primulinae.

F. Primulaceae.

Androsace Albana Stev. Mamisson-Tal, Lojka (Somm. et Lev. II. p. 332).

Androsace Chamaejasme Host. Kalotanis-gele und Schibu-gele, Déchy (Somm. et Lev. I. p. 131); unterhalb (Westseite) des Guntuza-Passes (Daghestan), Déchy, blühend, 1902.

Androsace maxima L. Utschkulan, Hollós, fruchtend, 19. Juli.

Lysimachia punctata Jacq. Klytsch-Tal, blühend, 27. Juli. Hollós.

Primula algida Adams. Mamisson-Tal, Lojka (Somm. et Lev. II. p. 336).
f. *longipedicellata* Somm. et Lev. in Act. Hort. Petrop. XVI. 1900, p. 336. Tschirykol-Tal, blühend, 21. Juli. Hollós.

Primula amoena MB. Zeja-Tal, Lojka (Somm. et Lev. II. p. 333). Nachar-Tal, blühend, 25. Juli. Hollós (von hier auch bei Hollós III. p. 27 erwähnt.)

Primula auriculata Lam. Adisch-Tal, Gurschewi, Mamisson, Lojka (Somm. et Lev. II. p. 334). Tschirykol-Tal, blühend, 21. Juli, und Nachar-Tal, blühend, 25. Juli, Hollós (von letzterem Orte auch bei Hollós III. p. 27 erwähnt.)

var. **macrantha** Somm. et Lev. in Act. Hort. Petrop. XVI 1900 p. 335. »Caulis sub umbella albo-farinosus, folia elongata parum excedens, umbella laxa pauciflora (in specimine Lojkano 6 flora), phylla involucri anguste linearia 14 mm usque longa, pedicelli calyce longiores (12 mm usque longi), corollae multo majoris tubus superne ampliatus calyce duplo longior (16 mm), laciniae late obovatae et subcordatae crenulatae marginibus sese tegentes 10 mm longae, flos explanatus in sicco 25 mm latus. Caetera ut in typo; an tamen species propria?« (Taf. XV.) Gurschewi, Lojka (Somm. et Lev. II. p. 335).

Primula Columnae Ten. Kosch-Asau, Lojka (Somm. et Lev. II. p. 332).

Primula Pallasi Lehm.

var. **ovalifolia** Somm. et Lev. in Act. Hort. Petrop. XVI 1900 p. 332 sub *Pr. cordifolia* Rupr. var. *ovalifolia*. »Folia late ovata basi nunquam cordata in petiolum lamina breviorem contracta; scapi humiliores, ad max. 12 cm longi; umbellae 2—4 florae; limbus corollae explanatae major, ejus radius 16 mm usque longus. Lamina foliorum 5—11 cm longa, 3—6 lata; petiolus 3—4 cm longus. Flores in sicco immutati pallide ochroleuci vel vix viridescentes.« (Taf. XVI.) Zeja, Mamisson, Lojka (Somm. et Lev. II. p. 332). Exemplare von dem Standorte Mamisson-Tal fehlen in der von v. Déchy dem Ung. Nat.-Museum geschenkten kauk. Sammlung.

Primula elatior Jacq. Zobagodor, fruchtend, 12. Aug., Hollós (wahrscheinlich meint unter »Primulae« Hollós III. p. 49 diese Art).

Primula nivalis Pall.

var. *Bayerni* Regel. Zeja-Tal, Lojka (Somm. et Lev. II. p. 334 sub var. *farinosa* Schrenk).

F. Plumbaginaceae.

Goniolimon Tataricum (L.) Boiss. Osrokova, Lojka (in Somm. et Lev. II. nicht angeführt). Newinnomysk, blühend, 14. Juli; Utschkulan, blühend, 19. Juli, und Tindi, blühend, 10. Aug. Hollós.

subcoh. Tetracyclicae.

O. Contortae.

F. Oleaceae.

Fraxinus excelsior L. Ssagada, steril, 16. Aug. Hollós.

(Im allgemeinen erwähnt Eschen Hollós III. p. 17 zwischen Chumara und Utschkulan und ebendaselbst p. 55 vor dem Dorfe Mitrada.)

Syringa vulgaris L. Grosny cult. (Hollós II. p. 150).

F. Gentianaceae.

Erythraea Centaurium Pers. Naltschik, Lojka (Somm. et Lev. II. p. 339).

Erythraea ramosissima Pers. Newinnomysk, blühend, 14. Juli. Hollós.

Gentiana Caucasica MB. Tersskol-Tal, Kosch-Asau, Besingi, Zeja, Kosch-Ismael (Asau-Gletscher), Lojka (Somm. et Lev. II. p. 339). Zobagodor, blühend, 12. Aug. 1898. Hollós.

f. *parvula*, Kosch-Ismael (Asau-Gletscher), Lojka (Somm. et Lev. II. p. 339).

Gentiana cruciata L. Esen-am, blühend, 5. Aug. Hollós.

Gentiana humulis Stev. Kosch-Ismael, Lojka (Somm. et Lev. II. p. 340).

Gentiana obtusifolia Willd. Tersskol-Tal, Lojka (Somm. et Lev. II. p. 339). Esen-am, blühend, 5. Aug. Hollós.

Gentiana Pyrenaica L. Mamisson-Tal, Kosch-Ismaël, Lojka (Somm. et Lev. II. p. 340). Anatoris-gele, Schibu-gele, Déchy (Somm. et Lev. I. p. 131). Tschirykol-Tal, blühend, 21. Juli; Nachar, blühend, 25. Juli; Zobagodor, blühend, 12. Aug., Hollós (wahrscheinlich ist diese Art auch bei Hollós III. p. 49 gemeint).

Gentiana septemfida Pall. Kosch-Asau, Adyl-ssu-Tal, Lojka (Somm. et Lev. II. p. 341). Kwarschi-Tschetowatl-Tal, blühend, 13. Aug. Hollós (von letzterem Orte auch bei Hollós II. p. 148 angeführt).
var. *procumbens* Boiss. Flor. Or. IV. p. 75. Asau, Lojka (Somm et Lev. II. p. 341). Bottlich, blühend, 7. Aug. Hollós.

Gentiana verna L. Mamisson-Tal, Lojka (Somm. et Lev. II. p. 340).
var. *alata* Griseb. Mamisson-Tal, Kosch-Ismael, Lojka (Somm. et Lev. II. p. 340). Nachar-Tal, blühend, 25. Juli, Hollós (wahrscheinlich meint Hollós III. p. 27 diese Art an der Südseite des Nachar-Passes).

Pleurogyne Carinthiaca Griseb. Kosch-Ismael, Besingi, Lojka (Somm. et Lev. II. p. 342).

Swertia punctata Baumg. Adisch - Tal, Kosch-Asau (Bakssan-Tal), Lojka (Somm. et Lev. II. p. 343).

F. Apocynaceae.

Apocynum venetum L. Agwali, blühend, 9. Aug. Holóls.

F. Asclepiadaceae.

Vincetoxicum medium Decn. Betscho, Pari, Urussbieh, Lojka (Somm. et Lev. II. p. 338). Utschkulan, blühend und fruchtend, 19. Juli; Angida, Aknada, fruchtend, 11. Aug. Hollós.

O. Tubiflorae.

subo. Convolvulineae.

F. Convolvulaceae.

Calystegia sp. Ssabui (Hollós II. p. 153); Kuban (Hollós III. p. 15, wahrscheinlich *Calyst. sepium* RBr).

Convolvulus arvensis L. Newinnomysk, blühend, 14. Juli, und Esen-am, blühend, 5. Aug., Hollós (auch Terek-Tal bei Stepan-zminda, bei Hollos III. p. 62).

Convolvulus holosericus MB. Sewastopol, blühend, 10. Juli. Hollós.

Cuscuta monogyna Vahl. Etscheda auf Rhus Cotinus L., blühend, 15. Aug. Hollós.

F. Polemoniaceae.

Polemonium coeruleum L. Rekom, Lojka (Somm. et Lev. II. p. 343).

subo. Boragineae.

F. Boraginaceae.

Anchusa officinalis L. Esen-am, blühend und fruchtend, 5. Aug. Hollós.

Borrago officinalis L. Newinnomysk, blühend und fruchtend, 14. Juli. Hollós.

Echinospermum Lappula (L). Lehm. Esen-am, blühend und fruchtend, 5. Aug. Hollós.

Echium rubrum Jacq. Aul Zei, Lojka (Somm. et Lev. II. p. 348). Esen-am, blühend, 5. Aug. Hollós. Westseite des Guntuza Passes (Daghestan), Déchy, blühend, 1902.

Echium vulgare L. notiert Hollós III. p. 62 vom Terek-Tal, Stepan-zminda.

Heliotropium europaeum L. Sewastopol, blühend, 10. Juli. Hollós.

Heliotropium suaveolens MB. Agwali, blühend, 9. Aug.; Tindi, blühend, 10. Aug. Hollós.

Macrotomia echioides (L) Boiss. Mamisson-Tal, Tersskol-Tal, Lojka (Somm. et Lev. II. p. 349).

Myosotis alpestris Schum. Mamisson, Zeja, Lojka (Somm. et Lev. II. p. 349). Inkwari-gele, Schibu-gele. Déchy (Somm. et Lev. I. p. 132). Tschirykol-Tal, blühend, 21. Juli. Hollós. Westseite des Guntuza-Passes (Daghestan), Déchy, blühend, 1902.

γ *pumila* Albow, am Rande des Asau-Gletschers, Lojka (Somm. et Lev. II. p. 349 sub forma pumila, sericea deflorata.)

Myosotis sylvatica Hoffm. Dombai-ulgen-Tal, fruchtend, 29. Juli. Hollós.

Myosotis sp. südlich von Zobagodor erwähnt bei Hollós III. p. 49.

Nonnea intermedia Ledeb. Tersskol-Tal, Lojka (Somm. et Lev. II. p. 345). Nachar, blühend, 25. Juli, und Esen-am, blühend, 5. Aug. Hollós.

*var. *viscida* Somm. et Lev. Gurschewi, Lojka (Somm. et Lev. II. p. 345).

Nonnea rosea (MB) F. et Mey. Aul Zei und Rekom, Lojka (Somm. et Lev. II. p. 345).

Omphalodes Wittmanniana Stev. Observ. in Asper. Taur. Cauc. in Bull. Mosc. 1851 p. 607. Uzchuat, Lojka (Somm. et Lev. III. p. 157 und Somm. et Lev. II. p. 352, Tab. XXXV, sub. *Omphal. Lojkae* Somm. et Lev.). Klytsch-Tal, blühend, 27. Juli. Hollós.

Onosma sericeum Willd. Etscheda, blühend, 15. Aug. Hollós.

Onosma stellulatum W. R. Tschirykol-Tal, blühend, 21. Juli, und Esen-am, blühend, 5. Aug. Hollós.

γ *angustifolium* (Lehm.) Boiss. Sewastopol, blühend, 10. Juli 1898. Hollós.

Symphytum asperrimum Sims. Asau, St. Nicolai (Ardon-Tal) Lojka, (Somm. et Lev. II. p. 346). Klytsch-Tal, blühend, 27. Juli. Hollós.

subo. Verbenineae.

F. Labiatae.

Ajuga orientalis L. Mamisson-Tal, Lojka (Somm. et Lev. II. p. 396).

Betonica grandiflora Willd. Adisch-Tal, Zeja, Lojka (Somm. et Lev. II. p. 395). Indisch (Kuban-Tal), blühend, 17. Juli; Tschirykol-Tal, blühend, 21. Juli; Esen-am, blühend, 5. Aug., Hollós; Tal der kl. Laba vor Ssatischje (Kuban), Déchy, blühend, 1902.

Betonica nivea Stev. Angida-Aknada, blühend, 11. Aug. 1898, Hollós; Kwarschi-Tschetowatl-Tal, 13. Aug., blühend, Hollós; Tal des Chultaitschai (Daghestan), Déchy, blühend, 1902.

Brunella vulgaris L. Newinnomysk, blühend, 14. Juli. Hollós.

**Calamintha Caucasica* Somm. et Lev. Plant. nov. Cauc. Manipulus alter in Nuovo. Giorn. bot. Ital. nuov. ser. Vol. IV. p. 207. Besingi, Lojka (Somm. et Lev. l. c. p. 208 und Somm. et Lev. II. p. 386). (Taf. XVII.)

Calamintha grandiflora Mönch. Klytsch-Tal, blühend, 27. Juli. Hollós.

Dracocephalum austriacum L. Esen-am, blühend, 5. Aug. 1898. Hollós.

Dracocephalum Ruyschianum L. Tersskol-Tal, Lojka (Somm. et Lev. II. p. 391).

Galeobdolon luteum Huds. Werchne Nikolajewsk, blühend und fruchtend, 17. Juli. Hollós.

Galeopsis acuminata Rchb. Ssagada, blühend, 16. Aug. Hollós.

Lamium album L. Zobagodor, blühend, 12. Aug. Hollós. Westseite des Guntuza-Passes (Daghestan), Déchy, blühend, 1902.

Lamium maculatum L. Zeja-Tal, Lojka (Somm. et Lev. II. p. 395).

Lamium tomentosum Willd. Asau-Gletscher, Lojka (Somm. et Lev. II. p. 395). Kalotanis-gele, Déchy (Somm. et Lev. I. p. 133).

Leonurus Cardiaca L. Tindi, blühend, 10. Aug. Hollós.

Marubium catariaefolium Desv. Sewastopol, blühend, 10. Juli, und Etscheda, blühend, 15. Aug. Hollós.

Marubium peregrinum L. Sewastopol, blühend, 10. Juli. Hollós.

Marubium propinquum F. et Mey. Werchne Nikolajewsk, blühend, 17. Juli 1898, Hollós, und Esen-am, blühend, 5. Aug. 1898. Hollós.

Marubium sp. erwähnt Hollós III. p. 15: Kuban-Tal.

Mentha silvestris L. Esen-am, blühend, 5. Aug., und Ssagada, blühend, 16. Aug. Hollós.

Nepeta cyanea Stev. Utschkulan, blühend, 19. Juli, und Ssagada, blühend, 16. Aug. Hollós.

Nepeta grandiflora MB. Kosch-Asau (Bakssan-Tal), Lojka (Somm. et Lev. II. p. 390). Esen-am, blühend, 5. Aug., und Ssagada, blühend, 16. Aug. Hollós.

Nepeta nuda L. Kosch-Asau (Bakssan-Tal), Lojka (Somm. et Lev. II. p. 391).

Nepeta supina Stev. Zeja-Tal, Lojka (Somm. et Lev. Plant. nov. Cauc. Manip. alter in Nuov. Giorn. Bot. Ital. nuov. Ser. vol. IV. 1897 p. 209 et Somm. et Lev. II. p. 390 Tab. XLI, sub *Nepeta Caucasica* Somm. et Lev. Kalotanis-gele und Schibu-gele, Déchy (Somm. et Lev. I. p. 133). Zobagodor, blühend, 12. Aug., Hollós. Quellgebiet des Djulty-tschai (Daghestan), Déchy, blühend, 1902.

Origanum vulgare L. Esen-am, blühend, 5. Aug. Hollós.

Phlomis discolor Ledeb. Newinnomysk, blühend, 14. Juli. Hollós.

Phlomis Herba-Venti L.

α. typica Boiss. Werchne Nikolajewsk, 17. Juli, blühend, Hollós.

Phlomis tuberosa L. Werchne Nikolajewsk, blühend, 17. Juli, Hollós; Kamenoi-most (Kuban-Tal) (Hollós II. p. 153).

Salvia Aethiopis L. Sewastopol, fruchtend, 10. Juli, Hollós (auch bei Hollós III. p. 10 von hier erwähnt); Kuban (Hollós III. p. 15).

Salvia canescens C. A. M. Naltschik, Lojka (Somm. et Lev. II. p. 388). Agwali, steril, 9. Aug. Hollós.

Salvia glutinosa L. Esen-am, blühend, 5. Aug. Hollós.

Salvia nemorosa L. Newinnomysk, blühend, 14. Juli, und Werchne Nikolajewsk, blühend, 17. Juli, Hollós (wahrscheinlich gehört auch die bei Hollós III. p. 16 erwähnte *S. silvestris* L. Kuban hierher).

Salvia officinalis L. Tindi (bei Hollós III. p. 45 erwähnt).

Salvia Sclarea L. Tindi (bei Hollós III. p. 45 erwähnt).

Salvia verticillata L. Werchne Nikolajewsk, blühend, 17. Juli; Esen-am, blühend, 5. Aug., und Tindi, blühend, 10. Aug., Hollós (von letzterem Standorte auch bei Hollós III. p. 62 erwähnt; ausserdem im Terek-Tal, längs der Grusinischen Heerstrasse. Hollós III. p. 62).

Satureja hortensis L. Etscheda, blühend und fruchtend, 15. Aug. Hollós.

Satureja montana L. Etscheda, blühend, 15. Aug. 1898. Hollós.

Scutellaria orientalis L. Werchne Nikolajewsk und Kamenoi-most, (Kuban-Tal) blühend, 17. Juli; Utschkulan, blühend, 19. Juli; Esen-am, blühend, 5. Aug. Hollós.

Sideritis montana L. Newinnomysk, blühend, 14. Juli, Utschkulan, blühend, 19. Juli, und Agwali, 9. Aug. Hollós.

Stachys alpina L. Südseite des Kodor-Passes, blühend, 18. Aug. Hollós.

Stachys Germanica L., entlang der Grusinischen Heerstrasse im Terek-Tal, erwähnt Hollós III. p. 62. (Wahrscheinlich *St. lanata* Jacqu.)

Stachys lanata Jacqu. Sewastopol, blühend und fruchtend, 10. und 14. Juli. Hollós.

Stachys recta L. Esen-am, blühend und fruchtend, 5. Aug. Hollós.

Stachys silvatica L. Klytsch-Tal, blühend, 27. Juli. Hollós.

Teucrium Chamaedrys L. Pari, Lojka (bei Somm. et Lev. II. nicht erwähnt). Tindi, blühend, 10. Aug. Hollós.

Teucrium orientale L. Zeja, Rekom, Lojka (Somm. et Lev. II. p. 396 im Herb. d. Ung. Nat. Museums, von Lojka nur von letzterem Standorte). Tindi, blühend, 10. Aug.; Ssagada, blühend, und Mitrada, blühend und fruchtend, 16. Aug. Hollós.

Thymus odoratissimus MB. Utschkulan, blühend, 19. Aug. Hollós.

Thymus Serpyllum L.

var. *latifolius* Boiss.? Tindi, blühend, 10. Aug. Hollós.

var. *nummularius* (MB.) Boiss. Zeja, Lojka (bei Somm. et Lev. II. nicht angeführt). Kalotanis-gele, Déchy (Somm. et Lev. I. p. 133). Tschiry-kol-Tal, blühend, 21. Juli, Hollós. Quellgebiet des Ssamur (Daghestan), Déchy, blühend, 1902.

Zizyphora clinopodioides MB.

var. *serpyllacea* Boiss. Tiflis, Lojka (bei Somm. et Lev. II. nicht angeführt).

subo. Solanineae.

F. Solanaceae.

Datura Stramonium L. In der Umgebung von Newinnomysk (Hollós III. p. 13).

Hyoscyamus niger L. Kamenoi-most (Kuban-Tal), Etscheda, Newinnomysk (Hollós II. p. 153, von letzterem Standorte auch in Hollós III. p. 13 erwähnt); entlang der Grusinischen Heerstrasse (Hollós III. p. 62).

Lycium sp., wahrscheinlich *Lyc. Ruthenicum* Murr., erwähnt Hollós III. p. 10 von Sewastopol.

Solanum Dulcamare L. Etscheda, blühend und fruchtend, 15. Aug. Hollós.

F. Scrophulariaceae.

Celsia atroviolacea Somm. et Lev. in Nuovo Giorn. Bot. Ital. 1897 p. 201. »Viridis sesquipedalis, caule simplici erecto pubescente folioso fere a basi in racemum multiflorum inferne confertiusculum superne laxiorem glandulosum violascentem abeunte, foliis alternis glabris parce et breviter glanduloso-ciliolulatis parce denticulatis, caulinis inferioribus confertis, infimis oblongo-lanceolatis in petiolum lamina breviorem attenuatis, caeteris triangulari-ovatis vel hastatis acutis, petiolo brevi, floralibus inferioribus subsessilibus hastato-triangularibus pedicellos superantibus, superioribus sensim diminutis, summis parvis bracteiformibus lineari-lanceolatis pedicello pluries brevioribus, pedicellis erecto-patentibus glanduloso-pubescentibus calyce longioribus, calycis ad basin quinquepartiti laciniis elliptico-oblongis obtusiusculis margine glandulis pedicellatis obsitis demum accretis et subinaequalibus, corollae parvae glabrae atro-violaceae (in sicco) tubo flavo-viridi, filamentis purpureolanatis, stylo elongato clavato, capsula glabra ovata residuo styli mucronata calycem subaequante, seminibus olivaceis ovatis profunde lacunoso-rugulosis. Biennis videtur.«

»Specimen unicum 50 cm altum, caulis basi 3 mm crassus, racemus 43 cm longus fere 100 florus, folia caulina majora 2 1/2 cm longa, 1 lata, pedicelli inferiores 12 mm calycis accreti laciniae 6—7 mm longae, majores 3 1/2 mm latae.« »Differt ab omnibus Celsiis Florae Orientalis imprimis colore florum etiam in sicco intense atro-violaceo. Propter caulem simplicem basi crebre foliosum et racemum longissimum prope *Celsiam Suwarowianum* C. Koch collocanda, a qua recedit foliis omnibus integris etc«. (Taf. XVIII). Im Ardon-Tale bei St. Nicolai entdeckt von Lojka. (Somm. et Lev. l. c. p. 202 und II. p. 358. Fehlt in der von v. Déchy dem Ungarischen National-Museum geschenkten kaukasischen Sammlung, befindet sich aber im Herb. v. Degen's!)

Digitalis ciliata Trautv. Betscho, Lojka (Somm. et Lev. II. p. 369). Utschkulan, blühend, 19. Juli. Hollós.

Digitalis ferruginea L. Betscho, Uzchuat, Lojka (Somm. et Lev. II. p. 369).

Euphrasia petiolaris Wettst. Uzchuat, Kosch-Ismael, Lojka (Somm. et Lev. II. p. 380). Tschirykol-Tal, blühend, 21. Juli. Hollós.

Euphrasia stricta Hort. Wettst. Monogr. d. Gatt. Euphr. p. 93, Ssagada, blühend, 16. Aug. Hollós.

Euphrasia tenuis Brenner. Wettstein l. c. p. 114. Esen-am, blühend, 5. Aug. Hollós.

Linaria genistaefolia (L.) Mill.

β linifolia Boiss. Asau, Lojka (Somm. et Lev. II. p. 360).

Melampyrum arvense L. Tschirykol-Tal, blühend und fruchtend, 21. Juli. Hollós.

Pedicularis atropurpurea Nordm. Gurschewi, Südseite des Mamisson-Passes, Lojka (Somm. et Lev. II. p. 381). Klytsch-Tal, blühend, 27. Juli, und Nachar-Tal, blühend, 25. Juli, Hollós; Quellgebiet der Grossen Laba (Kuban), Déchy, blühend und fruchtend, 1902.

Pedicularis comosa L. Nachar-Tal, blühend, 25. Juli, und Tschirykol-Tal, blühend, 21. Juli. Hollós.

Pedicularis condensata MB. Zei-Gletscher, Mamisson, Lojka (Somm. et Lev. II. p. 382). Tschirykol-Tal, blühend, 21. Juli, Hollós. Kalotanis-gele, Inkwari-gele, Déchy (Somm. et Lev. I. p. 133).

Pedicularis crassirostris Bge.

var. **lanigera** Somm. et Lev. Enum. plant. in Cauc. lect. in Acta Horti Petrop. Vol. XVI. 1900 p. 382. »Bracteae minus divisae et calyces dense albolanati. Caetera ut in typo.« Mamisson-Pass und Zei-Gletscher, Lojka (Somm. et Lev. II. p. 382, fehlt in der von v. Déchy dem Ung. National-Museum geschenkten kauk. Sammlung).

Pedicularis Nordmanniana Bge. Mamisson-Pass, Lojka (Somm. et Lev. II. p. 382, fehlt in der von v. Déchy dem Ungarischen National-Museum geschenkten kaukasischen Sammlung). Inkwari-gele, Kalotanis-gele und Schibu-gele, Déchy (Somm. et Lev. I. p. 133). Tschirykol-Tal, blühend, 21. Juli, Nachar-Tal, blühend, 25. Juli, und Zobagodor, blühend, 12. Aug., Hollós. Quellgebiet der Grossen Laba (Kuban), Déchy, blühend, 1902.

Rhinanthus minor Ehrh. Dorf Zei, Lojka (Somm. et Lev. II. p. 381). Kluchor-Tal, blühend und fruchtend, 27. Juli; Dombai-ulgen-Tal, blühend, 29. Juli, und Esen-am, blühend und fruchtend, 5. Aug. Hollós.

Rhynchocoris orientalis (L.) Benth. Zeja-Tal, Lojka (Somm. et Lev. II. p. 381). Dombai-ulgen-Tal, blühend, 29. Juli; Esen-am, blühend, 5. Aug., und Ssagada, blühend, 16. Aug. Hollós.

Rhynchocoris stricta Koch. Tschirykol-Tal, blühend, 21. Juli, und Nachar-Tal, blühend, 25. Juli. Hollós.

Scrophularia laterifolia Trautv. Mokokl, fruchtend, 17. Aug. Hollós.

Scrophularia minima MB. Anatoris-gele, Schibu-gele, Déchy (Somm. et Lev. I. p. 132); Artschi-Chudun-Pass (Daghestan), Déchy, blühend, 1902.

Scrophularia nodosa L. Klytsch-Tal, blühend, 27. Juli 1898. Hollós.

Scrophularia Olympica Boiss. Dorf Zei, Lojka (Somm. et Lev. II. p. 365). Tschirykol-Tal, blühend, 21. Juli. Hollós.

Scrophularia variegata MB. Bakssan-Tal, Lojka (Somm. et Lev. II. p. 367).

β cinerascens Boiss. Utschkulan, blühend, 19. Juli. Hollós.

Verbascum Déchyanum Somm. et Lev. Plant. nov. Cauc. manipulus alter in »Nuov. Giorn. Bot. Ital.« Nuov. Ser. vol. IV. 1897. p. 200. »Subbipedale griseo-tomentellum, caule foliato striato atroviolaceo basi praesertim flocculoso a medio in paniculam subpyramidatam abeunte, foliis rugulosis, caulinis inferioribus amplis longiuscule petiolatis ovatis obtusiusculis basi truncatis subcordatisve grosse duplicato-crenatis vel lobulatis inferne sublobatis subtus praesertim secus nervos tomentellis supra fere glabratis, superioribus subsessilibus e basi cordata late ovatis abrupte acuminatis etiam in sicco laete viridibus, ramis paniculae erecto-patentibus racemo terminali brevioribus, floribus pedicello calycem subaequante suffultis 2—5 fasciculatis raro solitariis, fasciculis inferioribus remotiusculis, bracteis submembranaceis lanceolatis acuminatis pedicellos excedentibus, calycis majusculi ad $^{3}/_{4}$ secti laciniis tomentosis ovato-oblongis breviter acutatis apice purpurascentibus, corolla lutea ampla extus tomentella, staminibus conformibus, antheris reniformibus aequalibus, filamentis lana purpurea obtectis, capsula . . . — Duratio ignota.«

»Foliorum inferiorum lamina 20 cm longa, 12 lata, petiolus 6—8 cm longus; panicula 25—30 cm, ejus rami inferiores 8—10 cm longi; pedicelli longiores 10 mm; calyx 6—7 mm longus, ejus laciniae 2—3 mm latae; corolla explanata 3 cm lata.« (Taf. XIX.) Adisch-Tal, Lojka (Somm. et Lev. l. c. p. 200, und Somm. et Lev. II. p. 356); an den Südhängen des Kodor-Passes, blühend, 18. Aug. Hollós.

Verbascum laxum Filarszky et Jávorka n. sp. Bienne? caule elato, superne angulato virescente flocculoso in racemum elongatum simplicem abeunti; foliis radicalibus? . . . caulinis superioribus rugulosis, siccis cyanescentibus, petiolatis ovatis vel ovato-oblongis, acutis vel acuminatis, basi rotundatis, in superioribus angustatis, supremis sensim in bracteas floriferas abeuntibus, grosse inaequaliter crenatis, supra virentibus glabris vel glabriusculis, subtus pallidioribus, praesertim secus nervos tomentellis; florum fasciculis laxis, 3—6 floris, inferioribus remotis; bracteis foliaceis, flores multoties superantibus, inferioribus lanceolatis breviter petiolatis, longe acuminatis, 5—7 nerviis, reticulato venosis, superioribus lineari-lanceolatis, longissime acuminatis trinerviis, supremis lineari-subulatis, pedicellos vix superantibus; florum pedicellis inaequalibus, calycem aequantibus vel saepius duplo, triplove superantibus, cum calyce in lacinias lanceolato-subulatus fere ad basin partito cano

7*

tomentosis; corolla parva, lutea; filamentis omnibus violaceo barbatis; capsula ovato-globosa calyce subbreviore.

Foliorum superiorum lamina 8—9 cm longa, 2—3 cm lata; racemus 36 cm longus; bracteae inferiores 4—5 cm, superiores 1—2 cm longae; pedicelli fasciculorum inferiorum 4—12 mm superiorum 2--6 mm longi, calyx florifer 3—4 mm, fructifer 5—6 mm longus; corolla explanata 12—15 mm lata.

Specimen unicum *V. nigro* L. affinis, a quo maxime bracteis foliaceis, inferioribus florum fasciculos multoties superantibus, necnon caule virescente differt. (Tab. XX.) Detexit Hollós ad Esen-am 5. Aug. 1898.

Verbascum thapsiforme Schrad. Kluchor-Tal, blühend, 27. Juli 1898. Hollós.

Veronica Beccabunga L. Mamisson-Tal, Lojka (Somm. et Lev. II. p. 371).

Veronica gentianoides Vahl. Mamisson, Lojka (Somm. et Lev. II. p. 376). Inkwari-gele, Anatoris-gele, Kalotanis-gele, Déchy (Somm. et Lev. I. p. 132). Tschirykol-Tal, blühend und fruchtend, 21. Juli; Esen-am, blühend, 5. Aug. und Zobagodor, blühend, 12. Aug., Hollós. Westseite des Guntuza-Passes (Daghestan), Déchy, blühend, 1902.

var. *latifolia* Boiss. Dorf Zei, Kosch-Asau (Bakssan-Tal), Mamisson-Tal, Lojka (Somm. et Lev. II. p. 376).

* *Veronica glareosa* Somm. et Lev. Plant. nov. Caucas. manipulus alter in »Nuov. Giorn. Bot. Ital.« Nuov. serie vol. IV. 1897 p. 207. Tschegem, Lojka (Somm. et Lev. l. c. p. 207 und Somm. et. Lev. II. p. 377. Tab. XXXIX A). Kalotanis-gele, Anatoris-gele, Schibu-gele, Déchy (Somm. et Lev. I. p. 133). Tschirykol-Tal, blühend, 21. Juli, Hollós. Quellgebiet des Djulty-tschai (Daghestan), Déchy, blühend, 1902. (Taf. XXI Fig. A).

Veronica peduncularis MB. Klytsch-Tal, blühend und fruchtend, 27. Juli. Hollós.

var. *dissecta* Somm. et Lev. Enum. plant. anno 1890 in Cauc. lect. in Act. Hort. Petrop. vol. XVI. 1900 p. 372. Klytsch-Tal, blühend, 27. Juli. Hollós.

Veronica sp. Chewssurische Alpen, Déchy (Somm. et Lev I. p. 134).

O. Plantagineae.

F. Plantaginaceae.

Plantago lanceolata L. Newinnomysk, fruchtend, 14. Juli. Hollós.

Plantago major L.

β *minor* Boiss. Esen-am, blühend, 5. Aug. Hollós.

Plantago saxatilis MB. Kosch-Asau (Bakssan-Tal), Mamisson-Tal, Lojka (Somm. et Lev. II. p. 397). Esen-am, fruchtend, 5. Aug. Hollós.

O. Rubiinae.

F. Rubiaceae.

Asperula arvensis B. Esen-am, blühend, 5. Aug. Hollós.

Asperula cynanchica L. Esen-am, blühend, 5. Aug. Hollós.

*var. *cristata* Somm. et Lev. Zeja-Tal, Lojka (Somm. et Lev. II. p. 204).

Asperula humifusa MB. Urussbieh, Lojka (Somm. et Lev. II. p. 205).

Asperula molluginoides (MB. sub Crucianella) Boiss. Zeja-Tal, Lojka (Somm. et Lev. II. p. 203). Esen-am, blühend, 5. Aug. Hollós.

Asperula Taurina L. Gurschewi, Lojka (Somm. et Lev. II. p. 205).

Galium boreale L. Esen-am, blühend und fruchtend, 5. Aug. Hollós.

Galium brachyphyllum Schult. Bottlich, blühend und fruchtend, 7. Aug. 1898. Hollós. Tindi, blühend und fruchtend, 10. Aug. Hollós.

Galium coronatum Sibth. et Sm. Tschirykol-Tal, blühend, Hollós, 21. Juli. Anatoris-gele, Déchy (Somm. et Lev. I. p. 130).

var. *isophyllum* Boiss. Asau-Gletscher, Lojka (Somm. et Lev. II. p. 211).

Galium Molugo L. Sewastopol, blühend, 10. Juli 1898.

Galium ochroleucum Kit. in Schult. Oestr. Fl. ed. II. 1. p. 305. Esen-am, blühend, 5. Aug. Hollós.

Galium rubioides L. Kosch-Asau (Bakssan-Tal), Lojka (Somm. et Lev. II. p. 206).

Galium valantioides MB. Naltschik, Lojka (Somm. et Lev. II. p. 206). Esen-am, blühend, Hollós, 5. Aug. 1898.

Galium verum L. Werchne Nikolajewsk, blühend, 17. Juli. Hollós.

F. Caprifoliaceae.

Linnaea borealis Gronov. Zeja-Tal, Lojka (Somm. et Lev. II. p. 203).

Lonicera Caucasica Pall. Unterhalb (Südseite) des Kodor-Passes, fruchtend, 18. Aug. 1898. Hollós.

Lonicera coerulea L. Adyl-ssu-Tal, Lojka (bei Somm. et Lev. II. nicht erwähnt).

Lonicera Iberica MB. Etscheda, fruchtend, 15. Aug. Hollós.

Lonicera Xylosteum L. Südseite des Kodor-Passes, fruchtend, 8. Aug. Hollós.

Lonicera sp. Etscheda (Hollós II. p. 153 und Hollós III. p. 53 wahrscheinlich *L. Iberica* MB).

Sambucus Ebulus L. Südseite des Kodor-Passes, blühend, 18. Juli, Hollós (auch bei Hollós III. p. 59 erwähnt und entlang der Grusinischen Heerstrasse, Terek-Tal. Hollós III. p. 62).

Sambucus nigra L. Kamenoi-most (Kuban-Tal) und am Fusse (Süd) des Kodor-Passes (Hollós II. p. 148).

Viburnum Lantana L.

β glabratum Somm. et Lev. Act. Hort. Petrop. XIII. 1893 p. 45. Angida, Aknada, fruchtend, 11. Aug., Hollós (auch bei Hollós III. p. 46 erwähnt).

Viburnum orientale Pall. Klytsch-Tal, blühend, 27. Juli 1898. Hollós.

F. Valerianaceae.

Valeriana alliariaefolia Vahl. Adisch-Tal, Gurschewi, Lojka (Somm. et Lev. II. p. 212). Chewssurseite des Azunta-Passes, Déchy (Somm. Lev. I. p. 130). Klytsch-Tal, blühend, 27. Juli, und Südseite des Kodor-Passes, blühend und fruchtend, 18. Aug. Hollós.

Valeriana alpestris Stev. Tersskol, Lojka (Somm. et Lev. II. p. 213). Zobagodor, blühend und fruchtend, 12. Aug. Hollós.

β dentata Boiss. Tschirykol-Tal, blühend, 21. Juli 1898. Hollós.

Valeriana Phu L. Dombai-ulgen-Tal, blühend, 29. Juli. Hollós.

Valeriana saxicola C. A. Mey. Mamisson-Tal, Lojka (Somm. et Lev. II. p. 213).

Valeriana tripteris L. Westseite des Guntuza-Passes (Daghestan), Déchy, blühend, 1902.

O. Campanulinae.

F. Cucurbitaceae.

Bryonia alba L. Werchne Nikolajewsk, blühend, 17. Juli. Hollós.

Cucurbita Pepo L. Ssabui (Hollós II. p. 153).

F. Campanulaceae.

Campanula alliariaefolia Willd. Im Ardon-Tale, Lojka (Somm. et Lev. II. p. 316).

Campanula Aucheri DC. Schibu-gele, Déchy (Somm. et Lev. I. p. 131). Tschirykol-Tal, blühend, 21. Juli, Hollós. Westseite des Guntuza-Passes und am Südgehänge des Schach-Dagh (Daghestan), Déchy, blühend, 1902.

Campanula bellidifolia Adams. Zobagodor, blühend, 12. Aug. Hollós.

Campanula Bononiensis L. Newinnomysk, blühend, 14. Juli, und Werchne Nikolajewsk, blühend, 17. Juli. Hollós.

Campanula collina MB. Kosch-Asau, Bakssan-Tal, Lojka (Somm. et Lev. II. p. 317). Tschirykol-Tal, blühend, 21. Juli, und Zobagodor, blühend, 12. Aug., Hollós. Im Quellgebiete des Djulty-tschai (Daghestan), Déchy, blühend, 1902.

Campanula glomerata L. am Südgehänge des Schach-Dagh (Daghestan), Déchy, blühend, 1902.

var. *Caucasica* Trautv. Quellgebiet des Djulty-tschai (Daghestan), Déchy, blühend, 1902.

var. *symphytifolia* Albow. Bottlich, blühend, 7. Aug., und Zobagodor, blühend, 12. Aug. Hollós.

Campanula lactiflora MB. Uzchuat, Lojka (Somm. et Lev. II. p. 326). Dombai-ulgen-Tal, blühend, 29. Juli, und Südseite des Kodor-Passes, blühend, 18. Aug. Hollós.

Campanula latifolia L. Gurschewi, Lojka (Somm. et Lev. II. p. 325). Tschirykol-Tal, blühend, 21. Juli. Hollós.

var. *grandiflora*. Klytsch-Tal, blühend, 27. Juli. Hollós.

Campanula petrophila Rupr. Zobagodor, blühend, 12. Aug. Hollós.

var. **exappendiculata** Somm. et Lev. Enum pl. Cauc. Acta Hort. Petrop. vol. XVI. 1900 p. 320. »Dense caespitosa; caules omnes uniflori; folia ciliata caeterum glabra, caulina inferiora et media petiolo eis fere aequilongo suffulta; calycis tomentelli omnino exappendiculati laciniae triangulari-lanceolatae corollae tertiam vel dimidiam partem aequantes; corolla obconico-campanulata ad nervos pubescens ore longe lanato-barbato late aperto.«

»Foliorum radicalium majorum lamina 12—13 mm longa, 5—6 lata, petiolus 20 mm; calycis laciniae 8 mm longae, basi 3—4 mm latae; corolla 20 mm longa.« (Tafel XXII, Fig. A.) Kosch-Ismael (am Asau-Gletscher), Lojka (Somm. et Lev. l. c. p. 320).

Campanula Sibirica L.

var. *Hohenackeri* (F. et Mey pro sp.) Somm. et Lev. Enum. pl. Cauc. Acta Hort. Petrop. vol. XVI. 1900. p. 314. Werchne Nikolajewsk, blühend, 17. Juli, und Esen-am, blühend, 5. Aug. Hollós.

Campanula tridentata Schreb. Mamisson-Tal, Lojka (Somm. et Lev. II. p. 318). Inkwari-gele und Schibu-gele, Déchy (Somm. et Lev. I. p. 131). Tschirykol-Tal, 21. Juli, und Nachar-Tal, blühend, 25. Juli. Hollós.

var. *rupestris* Trautv. Enum. pl. Radd. in Acta Hort. Petr. II. p. 561 (foliis angustis edentatis!). Tschirykol-Tal, blühend, 21. Juli. Hollós.

(Im allgemeinen erwähnt Campanula Hollós III. p. 27 jenseits des Nachar-Passes und p. 49 südlich von Zobagodor.)

Podanthum campanuloides (MB.) Boiss. Fl. Or. III. p. 949. Kosch-Asau (Bakssan-Tal), Gurschewi, Lojka (Somm. et Lev. II. p. 327). Tal des Chultai-tschai (Ssamur, Daghestan), Déchy, blühend, 1902.

Symphyandra Ossetica (MB.) DC. Ardon-Tal, Lojka (Somm. et Lev. II. p. 313).

Symphyandra pendula (MB.) DC. Aslambeg (Käserei im Bakssan-Tal), Lojka (Somm. et Lev. II. p. 313).

O. Aggregatae.

F. Dipsacaceae.

Cephalaria Tatarica Schrad. Kosch-Asau (Bakssan-Tal), Gurschewi, Lojka (Somm. et Lev. II. p. 215). Muzo, Déchy (Somm. et Lev. I. p. 130). Esen-am, blühend, 5. Aug., und Kwarschi-Tschetowatl-Tal, blühend, 13. Aug. Hollós.

* var. *brevipalea* Somm. et Lev. in Acta Hort. Petrop. XIII. 1893 p. 45. Gurschewi, Lojka (Somm. et Lev. II. p. 215).

Scabiosa Caucasica MB. Mamisson-Tal, Tersskol, Lojka (Somm. et Lev. II. p. 219). Esen-am, blühend, 5. Aug., und Zobagodor, 12. Aug., blühend. Hollós.

f. *integerrima*. Kwarschi-Tschetowatl-Tal, 13. Aug., blühend. Hollós.

Scabiosa Gumbetica Boiss. Tindi, blühend und fruchtend, 10. Aug. 1898. Hollós.

F. Compositae.

Achillea grandiflora MB. Esen-am, blühend, 5. Aug. Hollós. Westseite des Guntuza-Passes (Daghestan), Déchy, blühend, 1902.

Achillea Millefolium L. Grusinische Heerstrasse bei Stepan-zminda (Hollós III. p. 62).

Achillea nobilis L. Sewastopol, blühend, 10. Juli, und Newinnomysk, blühend, 14. Juli. Hollós.

var. *ochroleuca* (Ehr. pro sp.) Boiss. Fl. Or. III. p. 257. Newinnomysk, blühend, 14. Juli. Hollós.

Achillea odorata L. Südseite des Kodor-Passes, blühend, 18. Aug. Hollós.

Achillea setacea W. K. Newinnomysk, blühend, 14. Juli. Hollós.

(Im allgemeinen erwähnt Achillea Hollós III. p. 10: Sewastopol).

Aetheopappus pulcherrimus (Willd. sub Centaurea) DC.

var. *foliosus* Somm. et Lev. Enum. plant. in Cauc. lect. Act. Hort. Petrop. vol. XVI. 1900 p. 272.

*a. *tomentellus* Somm. et Lev. l. c. Tersskol, Lojka (Somm. et Lev. II. p. 272).

b. *glabratus* Somm. et Lev. l. c. 273. Zeja-Tal, Lojka (Somm. et Lev. II. p. 273). (Taf. XXIII.)

var. *peduncularis* Somm. et Lev. l. c. p. 273. Kwarschi-Tschetowatl-Tal, blühend, 13. Aug. Hollós.

Antennaria dioica (L.) Gärtn. Schibu-gele, Déchy (Somm. et Lev. I. p. 130).

Anthemis Biebersteiniana (Adams) Boiss. Flor. Or. III. 286. Mamisson-Tal, Zeja-Tal, Lojka (Somm. et Lev. II. p. 232). Schibu-gele, Inkwari-gele, Kalotanis-gele, Déchy (Somm. et Lev. I. p. 130). Nachar-Tal, blühend, 25. Juli, Hollós. Quellgebiet der Grossen Laba (Kuban), Westseite des Guntuza-Passes (Daghestan), Déchy, blühend, 1902.

var. *Marschalliana* (Willd.) Boiss. Flor. Or. III. 287. Tschirykol-Tal, blühend, 21. Juli. Hollós.

var. *Rudolphiana* (Adams) C. A. Mey. Mamisson-Tal, Kosch-Ismael (am Asau-Gletscher), Lojka (Somm. et Lev. II. p. 232).

Anthemis Iberica MB. Inkwari-gele, Déchy (Somm. et Lev. I. p. 130). Unterhalb (südlich) des Artschi-Chudun-Passes (Daghestan), Déchy, blühend, 1902.

**Anthemis macroglossa* Somm. et Lev. Decas Composit. nov. in Nuov. Giorn. Bot. Ital. 1895 p. 85. Adisch-Tal, Lojka (Somm. et Lev. XI p. 86 und Somm. et Lev. II. p. 231, fehlt in der von v. Déchy dem Ung. National-Museum geschenkten Kauk. Sammlung). Kluchor-Tal und Klytsch-Tal, blühend, 27. Juli, Hollós; Esen-am, blühend, 5. Aug., Hollós. Von letzterem Orte ein Exemplar mit ungefähr von der Mitte sich in gleich lange einköpfige Zweige teilend.

Anthemis rigescens Willd. Adisch, Rekom, Lojka (bei Somm. et Lev. II. nicht angeführt).

Anthemis tinctoria L. Sewastopol, blühend, 10. Juli. Hollós.

Artemisia Absinthium L. Mitrada, blühend, 16. Aug. 1898. Hollós

Artemisia chamaemelifolia Vill. Urussbieh, Lojka (Somm. et Lev. II. p. 237). Esen-am, blühend, 5. Aug. Hollós.

Artemisia chewsurica Somm. et Lev. Pugillus plant. Cauc. centr. lect. Bullet. Soc. Bot. Ital. 1898 p. 130. »Tota adpresse sericeo-argentea, caespitosa, caulibus ascendenti-erctis flexuosis simplicibus a medio in racemum laxum abeuntibus, foliis radicalibus ambitu ovatis longe petiolatis fere palmatim bipinnatisectis laciniis elongatis anguste linearibus acutis, caulinis sensim diminutis erectopatentibus sat longe petiolatis, floralibus conformibus, summis tantum indivisis linearibus, pedunculis axillaribus, inferioribus elongatis plerumque monocephalis rarius

2—3 cephalis, summis brevioribus, capitulis magnis hemisphaericis sub nutantibus, involucri longe sericeo-hirsuti phyllis ovato-oblongis obtusis late scarioso- et fuscomarginatis, exterioribus apice erosulis, intimis angustioribus hyalinis nervo viridi percursis, corollis radii femineis glabris, disci hermaphroditis apice penicillatim pilosis, receptaculo longe piloso, acheniis (juvenibus) glabris . ♃«

»Plantae 20 25 cm altae, foliorum radicalium petiolus ad 4 cm, lamina 2—3 cm, laciniae usque ad 12 mm longae, petiolus foliorum caulinorum inferiorum 1½ cm, pedunculi inferiores usque ad 5 cm longi, capitula 8—9 mm in diametro.«

»Species distinctissima, a proxima *Artemisia splendente* Willd. primo intuitu differt statura elatiore, foliis omnibus sat longe petiolatis laciniis plus duplo longioribus, capitulis longe pedunculatis et multo majoribus. — *Artemisia Caucasica* Willd. longius distat inflorescentia saepius paniculata, involucro pallido capitulis etiam minoribus angustioribusque.« (Tafel VI, Fig. B.) Inkwari-gele, Schibu-gele, detexit Déchy (Somm. et Lev. l. c. p. 130).*)

Artemisia maritima L. Sewastopol, steril, 10. Juli 1898. Hollós.

Artemisia vulgaris L. Längs der Grusinischen Heerstrasse im Norden des Kreuzpasses. (Hollós III. p. 62).

(Im allgemeinen erwähnt Artemisia Hollós III. p. 15 im Kuban-Tal).

Aster alpinus L. Zeja-Tal, Lojka (Somm. et Lev. II. p. 220).

Aster Caucasicus Willd. Gurschewi, Lojka (Somm. et Lev. II. p. 221). Nachar-Tal, blühend, 25. Juli. Hollós.

Carduus adpressus C. A. Mey. Kosch-Asau (Bakssan-Tal), Lojka (bei Somm. et Lev. II. nicht angeführt).

Carduus onopordioides Fisch. Sewastopol, blühend, 10. Juli 1898. Hollós.

(Im allgemeinen wird Carduus erwähnt bei Hollós III. p. 10: Sewastopol; p. 15: Kuban; p. 62: entlang der Grusinischen Heerstrasse nördlich vom Kreuz-Pass.)

Carthamus lanatus L. Sewastopol, blühend, 10. Juli. Hollós.

Centaurea calcitrapa L. Erwähnt Hollós III. p. 36: Weden und p. 62: Grusinische Heerstrasse, Terek-Tal.

Centaurea montana L. Klytsch-Tal, blühend, 27. Juli. Hollós.

---

*) Im II. Bande dieses Werkes p. 98 befindet sich infolge Verwechslung der Klischees statt der Abbildung von Artemisia chewsurica S. et L. das Bild von Cerastium chewsuricum S. et L., während das Bild von Art. chews. irrtümlicherweise auf p 89 gedruckt wurde.

Centaurea ochroleuca Willd. Tersskol, Zeja-Tal, Lojka (Somm. et Lev. II. p. 285). Tschirykol-Tal, blühend, 21. Juli. Hollós.

Centaurea orientalis L. Kamenoi-most (Kuban-Tal) und Werchne Nikolajewsk, blühend, 17. Juli. Hollós.

Centaurea Ossica (C. Koch) Boiss. Gurschewi, Lojka (Somm. et Lev. II. p. 284. — Bei Somm. et Lev. III. p. 156 noch unter den Namen *Centaurea Tuba* Somm. et Lev. — Decas plant. nov. Cauc. in »Acta Hort. Petrop.« XII. 1892 p. 156 — als n. spec. aufgestellt; in Somm. et Lev. II., wo p. 282 *C. Tuba* als n. sp. ebenfalls beschrieben auf Tab. XXIX auch abgebildet ist, wird Lojkas Fundort nicht mehr erwähnt).

Centaurea phrygia L. Mekali, blühend, 16. Aug. Hollós.

Centaurea solstitialis L. Sewastopol, blühend, 10. Juli, und Newinnomysk, blühend, 14. Juli. Hollós. Ausserdem erwähnt von Hollós III. p. 36: Weden, und p. 62: Grusinische Heerstrasse, Terek-Tal.

Centaurea stenolepis erwähnt bei Hollós III. p. 62: Grusinische Heerstrasse, nördlich vom Kreuz-Pass.

Chamaemelum Caucasicum (Willd.) Boiss. Adisch-Tal, Zeja-Tal, Tschegem, Lojka (Somm. et Lev. II. p. 233). Inkwari-gele, Déchy (Somm. et Lev. I. p. 130).

Chamaemelum rupestre Somm. et Lev. Decas Compos. nov. Cauc. Nuov. Giorn. Bot. Ital. 1895 p. 86. Zobagodor, blühend, 12. Aug., Hollós. Quellgebiet der Grossen Laba (Kuban), blühend, Déchy, 1902.

Cichorium Intybus L. Esen-am, blühend, 5. Aug. Hollós. Ausserdem erwähnt bei Hollós III. p. 13 aus der Umgebung von Newinnomysk; p. 15: Kuban-Tal, und p. 62: Terek-Tal, nördlich des Kreuz-Passes.

Cirsium chlorocomos Somm. et Lev. Klytsch-Tal, blühend, 27. Juli 1898. Hollós.

Cirsium ciliatum MB. Esen-am, blühend, 5. Aug. Hollós.

Cirsium Kusnezowianum Somm. et Lev.

β. polycephalum Albow. Klytsch-Tal, blühend, 27. Juli 1898. Hollós.

Cirsium Lojkae Somm. et Lev. I Cirsium del Caucaso. Nuov. Giorn. Bot. Ital. Nuov. ser. vol. II. 1895 p. 15. »Parce puberulum pallide virens, radice descendente e collo fibras cylindricas tenues edente; caulibus erectis jam infra medium corymboso-ramosis ramis foliosis 1—2 cephalis; foliis lanceolatis supra glabratis subtus sub bute adpressissime araneoso-tomentellis in lobos ovato-triangulares tenuiter dentato-spinosos pinnatifidis, caulinis basi auriculatis amplexicaulibus longius spinosis, summis ad rachidem angustam longe pinnatifido-spinosam reductis capitulum involucrantibus et parum superantibus; capitulis mediocribus ovato-campanulatis, involucri phyllis viridibus, inferioribus apice breviter pectinatim scariosociliatis in spinam brevem excurrentibus, interioribus in appendicem scariosam triangulari-ovatam erosulam subinermem parum dilatatis, flosculis flavis, limbo inaequaliter quinquefido tubum superante, filamentis puberulis, pappo albo basi pallide rufescente.«

»Caulis circa 40 cm altus, folia medii caulis 7—8 cm longa cum spinis 3 lata, spinae longiores fere 1 cm, flosculi 17—19 mm longi.« (Taf. XXIV.) Zeja-Tal, Lojka (Somm. et Lev. l. c. p. 15 und Somm. et Lev. II. p. 259, Tab. XXVI).

Cirsium munitum MB. Adisch-Tal, Lojka (Somm. et Lev. IX. p. 15 und Somm. et Lev. II. p. 256).

Cirsium obvallatum (MB.) DC. Adisch-Tal, Lojka (Somm. et Lev. II. p. 260). Tschirykol-Tal, blühend, 2. Juli. Hollós.

Cirsium scleranthum MB. Tindi, blühend und fruchtend, 10. Aug. Hollós.

Cirsium Tricholoma F. et Mey.

var. *aciculare* Somm. et Lev. Nuov. Giorn. Bot. Ital. 1895 p. 11. Südseite des Kodor-Passes, blühend, 18. Aug. Hollós.

Cladochaeta candidissima (MB.) DC. Naltschik, Lojka. (Somm. et Lev. II. p. 228).

Crepis sonchifolia MB. Esen-am, blühend, 5. Aug. 1898. Hollós.

Crepis tectorum L. Tschirykol-Tal, blühend, 21. Juli. Hollós.

Doronicum oblongifolium DC. Inkwari-gele, Déchy (Somm. et Lev. I. p. 130).

Echinops sphaerocephalus L. Schauri, blühend, 17. Aug. Hollós.

Echinops sp. notiert Hollós III. p. 62: Terek-Tal, nördlich vom Kreuz-Pass.

Erigeron acre L. Esen-am, blühend, 5. Aug., Hollós. Asau, Lojka (Somm. et Lev. II. p. 225).

Erigeron alpinum L. Zobagodor, blühend, 12. Aug., Hollós. Quellgebiet des Djulty-tschai (Daghestan), Déchy, blühend, 1902.

f. *macrocephala* Koch. Nachar-Tal, blühend, 25. Juli. Hollós.

Erigeron amphibolum Ledeb. Zeja-Tal, Lojka (Somm. et Lev. II. p. 223, fehlt in der von v. Déchy dem Ung. National-Museum geschenkten kauk. Sammlung).

Erigeron Canadense L. Grusinische Heerstrasse, Terek-Tal. Hollós III. p. 62.

Erigeron Caucasicum Stev. Zeja-Tal, Lojka (bei Somm. et Lev. II. nicht angeführt).

Erigeron pulchellum (Willd.) DC. Zeja-Tal, Mamisson-Tal, Lojka (Somm. et Lev. II. p. 222). Kalotanis-gele, Schibu-gele, Déchy (Somm. et Lev. I. p. 130). Tschirykol-Tal, blühend, 21. Juli. Hollós.

*var. *polycephalum* S. et Lev. Adisch-Tal, Lojka (Somm. et Lev. II.p. 222).

Eupatorium cannabinum L. Etscheda, blühend, 15. Aug. Hollós. (Ausserdem erwähnt bei Hollós III. p. 62, Terek-Tal, nördlich vom Kreuz-Pass).

Filago arvensis L. Ssagada, blühend, 16. Aug. Hollós.

Gnaphalium silvaticum L. Klytsch-Tal, blühend, 27. Juli. Hollós.

Gnaphalium supinum L. Inkwari-gele, Déchy (Somm. et Lev. I. p. 130). Tschirykol-Tal, blühend, 21. Juli, und Zobagodor, blühend und fruchtend, 12. Aug. Hollós.

Inula Britanica L. Newinnomysk, blühend, 14. Juli. Hollós.

Inula glandulosa Willd. Esen-am, blühend, 5. Aug., und Zobagodor, blühend, 12. Aug. Hollós.

Inula grandiflora Willd. Gurschewi, Lojka (Somm. et Lev. II. p. 226). Klytsch-Tal, blühend, 27. Juli, und Nachar-Tal, blühend, 25. Juli. Hollós.

Jurinea alata Desf. Werchne Nikolajewsk, blühend und fruchtend, 17. Juli 1898. Hollós.

Jurinea arachroidea Bge. Esen-am, blühend, 5. Aug. Hollós.

Jurinea depressa (Stev.) C. A. M. Kwarschi-Tschetowatl-Tal, fruchtend, 13. Aug., Hollós. Quelltal des Schach-nabat (Daghestan), Déchy, blühend, 1902.

Lappa Palladini Marcowicz in Allg. Bot. Zeitschr. 1900 p. 220. Angida, Aknada, blühend, 11. Aug. Hollós.

Leontodon hastilis L.

β. hispidus (L.) Boiss. Zobagador, blühend, 12. Aug. 1898. Hollós.

Ligularia Sibirica (L.) DC. Naltschik, Lojka (Somm. et Lev. II. p. 238).

Matricaria Chamomilla L. Sewastopol (Chersones), blühend, 10. Juli 1898. Hollós.

Matricaria inodora L. Newinnomysk, blühend, 14. Juli. Hollós.

Mulgedium Albanum DC. Zeja-Tal, Lojka (Somm. et Lev. II. p. 296). Klytsch-Tal, blühend, 27. Juli. Hollós.

Mulgedium macrophyllum (Willd.) DC. Gurschewi, Lojka (Somm. et Lev. II. p. 296).

Petasites albus Gärtn. Dombai-ulgen-Tal, blühend, 29. Juli. Hollós.

Psephellus Kacheticus Rehm.

var. **erectus** Somm. et Lev. Enum. plant Cauc. lect. Acta Hort. Petrop. vol. XVI. 1900 p. 278. »Caules simplices vel basi ramo unico aucti, remote foliosi, erectiusculi; folia tenera subtus albo-tomentosa supra griseo-virentia, radicalia sub anthesi emarcida longe petiolata oblongo-lanceolata basi attenuata integra, caulina 4—5 sursum sensim decrescentia et brevius petiolata lamina late ovata obtusa mucronulata basi truncata vel subcordata; capitula ovata subglobosa interdum folio caeteris conformi suffulta mediocria araneoso-villosula; involucri phylla apice parum constricta, intermedia lineari-oblonga appendice sua longiora; appendices omnium fuscae fimbriatae inter se remotiusculae phylla non occultantes, area appendicis ovato-triangularis glabra phyllo latior, fimbriae fuscae approximatae latitudinem areae subaequantes ciliolulatae basi saepius dente uno alterove elongato auctae, terminalis caeteris parum major patenti-arcuata; flosculi rosei radiantes.«

»Caules in speciminibus Lojkanis 20—30 cm alti; foliorum radicalium petiolus 4—6 cm, lamina 6—7 cm longa, 2—3 lata, caulinorum inferiorum petiolus 2—3 cm, lamina 4 cm longa, 3 lata; involucrum 15 mm, capitulum cum flosculis 25—30 mm altum; phyllorum intermediorum appendix basi 2¼ mm lata, fimbriae 2½ mm longae.«

»A typo, e descriptione, differt caulibus non decumbentibus simplicibus vel ramo unico auctis, appendice glabra, fimbriis basi dentibus longis praeditis ciliolulatis.« (Taf. XXI, Fig. B.) Zeja-Tal, Lojka (Somm. et Lev. l. c. p. 279).

Psephellus leucophyllus (MB.) Boiss. Kluchor-Tal, blühend, 27. Juli, und Esen-am, blühend, 5. Aug. Hollós.

Psephellus dealbatus (Willd.) Boiss. Flor. Or. III. p. 608. Unterhalb des Kodor-Passes, blühend, 18. Aug. Hollós.

Pyrethrum achilleaefolium MB. Esen-am, blühend, 5. Aug. 1898. Hollós.

Pyrethrum glanduliferum Somm. et Lev. Decas Compos. nov. Cauc. in »Nuovo Giorn. Bot. Ital.« Vol. II. 1895 p. 87. »Saturate viride glaberrimum, superne minute aureo-glandulosum; caule (in unico specimine; — an ramo inferiore?) pedali gracili leviter striato 4 cephalo; foliis inferioribus longe petiolatis, omnium lamina, praesertim superiorum, crebre punctato-glandulosa, ambitu ovata pinnatisecta, segmentis utrinque 2 ellipticis remotis decurrentibus, ab inferioribus ad terminale auctis, grosse et inaequaliter paucidentatis, dentibus obtusiusculis mucronulatis; pedunculis elongatis monocephalis 1—3 bracteatis, bracteis inferioribus pinnatim 3—5 sectis, superiore, medio pedunculo inserta, parva lineari integra; capitulis mediocribus; phyllis involucri incurvis carinatis pallide viridibus glaberrimis glandulis aureo-nitentibus conspersis; exterioribus triangulari-lanceolatis acutiusculis, interioribus longioribus lineari-oblongis margine vix albo-scariosis, obtusiusculis, apice parce erosulis vel dentatis; ligulis albis lineari-ellipticis disco multo longioribus apice obtuso tridentatis, tubo flosculorum omnium aureo-glanduloso; receptaculo nudo; acheniis parvis pallide fuscis obconicis profunde 8 costatis inter costas minutissime et crebre glandulosis, omnibus brevissime coronatis, coronula crenato-dentata. Duratio ignota.«

»Petiolus folii inferioris $3^1/_2$ cm, foliorum mediorum 1 cm, lamina 4 cm longa, 3 lata, segmentum terminale $2^1/_2$ cm longum, $^1/_2$ latum; disci diameter sine ligulis 9 mm, ligulae 13 mm longae fere 5 latae; achenia radii fere 2 mm longa.« (Taf. XXV.) Muschal, Swanetien, entdeckt von Lojka (Somm. et Lev. l. c. p. 88 und Somm. et Lev. II. p. 236).

Pyrethrum macrophyllum Willd. Gurschewi, Lojka (Somm. et Lev. II. p. 236). Südseite des Kodor-Passes, blühend, 18. Aug. Hollós.

Pyrethrum parthenifolium Willd. Zeja-Tal, Lojka (Somm. et Lev. II. p. 235). Klytsch-Tal, blühend, 27. Juli, und Südseite des Kodor-Passes, blühend, 18. Aug. Hollós.

Pyrethrum roseum MB. Gurschewi, Lojka (Somm. et Lev. II. p. 235). Klytsch-Tal, blühend, 27. Juli, und Esen-am, 5. Aug., Zobagodor, blühend, 12. Aug. Hollós.

Scolymus Hispanicus L. Sewastopol, blühend, 10. Juli. Hollós.

Scorzonera hispanica L. Esen-am, blühend und fruchtend, 5. Aug. 1898. Hollós.

Senecio amphibolus C. Koch. Nachar-Tal, blühend, 25. Juli 1898. Hollós.

Senecio Jacobaea L. Sewastopol, blühend, 10. Juli. Hollós.

Senecio nemorensis L. Gurschewi, Lojka (Somm. et Lev. II. p. 242). Kodor-Pass (Südseite), blühend, 18. Aug. Hollós.

Senecio Othonnae MB. Muschal, Lojka (Somm. et Lev. II. p. 243). Kodor-Pass (Südseite), blühend, 18. Aug. Hollós.

Senecio platyphyllus DC. Zwischen Muschal und Tschegem, Lojka (Somm. et Lev. II. p. 243). Kluchor-Tal, blühend, 27. Juli. Hollós.

Senecio renifolius (C. A. M.) Boiss. Ssagada, blühend, 16. Aug. Hollós.

Senecio stenocephalus Boiss. Gurschewi, Lojka (Somm. et Lev. II. p. 242).

Senecio taraxacifolius MB. Zobagodor, blühend, 12. Aug., und Tschirykol-Tal, 21. Juli, blühend. Hollós.

Senecio vernalis W. K. Mitrada, blühend, 16. Aug., und Kodor-Pass (Südseite), blühend, 18. Aug., Hollós. Quellgebiet des Djulty-tschai (Daghestan), Déchy, blühend, 1902.

var. *nanus* Boiss. Asau-Gletscher, Lojka (Somm. et Lev. II. p. 239).

Taraxacum crepidiforme DC. Zeja-Tal, Kosch-Ismael (Asau-Gletscher), Lojka (Somm. et Lev. II. p. 294). Inkwari-gele, Déchy (Somm. et Lev. I. p. 131). Tschirykol-Tal, blühend, 21. Juli. Hollós.

Taraxacum officinale Wigg. Schibu-gele, Déchy (bei Somm. et Lev. I nicht erwähnt).

* *Taraxacum tenuisetum* Somm. et Lev. Enum. plant. Cauc. lect. in Act. Hort. Petr. vol. XVI. 1900 p. 294. Kosch-Ismael (Asau-Gletscher), Lojka (Somm. et Lev. l. c. p. 295).

Taraxacum sp. Kalotanis-gele, Déchy (Somm. et Lev. I. p. 134).

Telekia speciosa Baumg. Gurschewi, Lojka (Somm. et Lev. II. 226). Dombai-ulgen-Tal, blühend, 29. Juli. Hollós.

Tragopogon filifolius Rehm.

*var. *macrorhizus* Somm. et Lev. Enum. plant. Cauc. lect. in Acta Hort. Petrop. vol. XVI. 1900 p. 291. Zeja-Tal, Lojka (Somm. et Lev II. p. 292).

Tragopogon orientalis L. Tschirykol-Tal, blühend, 21. Juli. Hollós.

Tragopogon reticulatus Boiss. et Huet, Diagn. Ser. II. 3. p. 90. Quellgebiet des Djulty-tschai (Daghestan), Déchy, blühend, 1902.

Tussilago Farfara L. Klytsch-Tal, steril, 27. Juli 1898. Hollós. (Auch entlang der Grusinischen Heerstrasse, Terek-Tal, Hollós III. p. 62 erwähnt.)

Xanthium spinosum L. erwähnt Hollós III. p. 13: Newinnomysk; p. 15: Kuban; p. 43: Agwali-Kuanada, und p. 62: Grusinische Heerstrasse, Stepan-zminda.

Xanthium strumarium L. erwähnt Hollós III. p. 13: Newinnomysk, und p. 15: Kuban.

Xeranthemum squarrosum Boiss. Sewastopol, blühend, 10. Juli. Hollós (auch bei Hollós III. p. 10 von hier erwähnt).

II. subcl. Monocotyledones.

O. Microspermae.

subo. Gynandrae.

F. Orchidaceae.

Coeloglossum viride Hartm. Nachar-Tal, blühend, 25. Juli. Hollós.

Gymnadenia conopsea (L). RBr. Esen-am, blühend und fruchtend, 5. Aug. Hollós.

Herminium monorchis RBr. Esen-am, blühend, 5. Aug. Hollós.

Neottia Nidus avis (L.) Rich. Kluchor-Tal, blühend, 27. Juli. Hollós.

Orchis latifolia L. Gurschewi, Lojka (Somm. et Lev. II. p. 418). Nachar-Tal, blühend. 25. Juli. Hollós.

Orchis mascula L. Nachar-Tal, blühend, 25. Juli. Hollós.

O. Liliiflorae.

subo. Iridineae.

F. Iridaceae.

Crocus Scharojani Rupr. Adisch-Tal, Kosch-Ismael (Asau-Gletscher), Uzchuat, (Nakra-Tal) Lojka (Somm. et Lev. II. p. 420).

var. *ochroleucus* Somm. et Lev. Enum. plant. Cauc. lect. in Act. Hort Petrop. vol. XVI. 1900 p. 420. Tschegem, Lojka (Somm. et Lev. l. c.

subo. Liliineae.

F. Amaryllidaceae.

Galanthus latifolius Rupr. Mamisson-Tal, Lojka (Somm. et Lev. II. p. 422)

F. Liliaceae.

Allium ammophilum Heuff. Enum. plant. Banat. N. 1765. Utschkulan, blühend, 19. Juli. Hollós.

Allium atroviolaceum Boiss. Diagn. ser. I fasc. VII. p. 112. Werchne Nikolajewsk, blühend, 17. Juli. Hollós.

Allium globosum MB. Tindi, blühend, 10. Aug. 1898. Hollós.

Allium lepidum Kunth. Besingi, Lojka (Somm. et. Lev. II. p. 429). Mokokl, blühend, 17. Aug. Hollós.

Allium paniculatum L. Ssagada, blühend und fruchtend, 16. Aug. Hollós.

Allium rotundum L. Etscheda, blühend und fruchtend, 15. Aug. Hollós.

Allium Victoriale L. Gurschewi Lojka, (Somm. et Lev. II. p. 429). Klytsch-Tal (Hollós II. p. 148).

Asparagus verticillatus L. Urussbieh, Lojka (Somm. et Lev. II. p. 431).

Colchicum speciosum Stev. Uzchuat, Lojka (Somm. et Lev. II. p. 422).

Fritillaria latifolia Willd. Kluchor-Tal, blühend, 27. Juli. Hollós.

Fritillaria tenella MB. Dschiper-Pass, Lojka (bei Somm. et Lev. II nicht angeführt).

Lilium monadelphum MB. Gurschewi, Lojka (Somm. et Lev. II. p. 423). Klytsch-Tal, blühend, 27. Juli. Hollós.

Lloydia serotina L. Kosch-Ismael (Asau-Gletscher), Lojka (Somm. et Lev. II. p. 423).

Ornithogalum Narbonense L. Newinnomysk, blühend, 14. Juli 1898. Hollós.

Ornithogalum oligophyllum Clarke. Mamisson-Tal, Lojka, und
var. *stenophyllum* Boiss. Flor. Or. V. p. 221. Mamisson-Tal, Lojka (bei Somm. et Lev. II. p. 424).

Veratrum album L. Zeja-Tal, Lojka (Somm. et Lev. II. führt es nicht an). Tschirykol-Tal (Hollós II. p. 154).

subo. Juncineae.

F. Juncaceae.

Juncus alpinus Vill. Adisch-Tal, Lojka (Somm. et Lev. II. p. 432).

Juncus effusus L. Klytsch-Tal, blühend, 27. Juli 1898. Hollós.

Luzula multiflora (Ehrh.) Lej. Kosch-Asau (Bakssan-Tal), Lojka (Somm. et Lev. II. p. 432).

β congesta Lej. Tschirykol-Tal, blühend, 21. Juli 1898.

Luzula spicata (L.) Kth. Tschirykol-Tal, blühend, 21. Juli 1898. Hollós.

O. Helobiae.

subo. Potamogetonineae.

F. Potamogetonaceae.

Potamogeton lucens L. Oberfläche des Esen-am-Sees, steril, 5. Aug. 1898. Hollós.

Potamogeton perfoliatus L. Esen-am, steril, 5. Aug. 1898. Hollós. (Im allgemeinen erwähnt *Potamogeton* vom Esen-am Hollós III. p. 38.)

O. Glumiflorae.

F. Cyperaceae.

Blysmus compressus (L.) Panz. Lojka, Fundort nicht angegeben (Somm. et Lev. II. p. 433).

Carex atrata L. Tersskol, Kosch-Ismael (Asau-Gletscher), Lojka (Somm. et Lev. II. p. 436). Nachar-Tal, blühend, 25. Juli. Hollós.

β nigra (All.) Boiss. Tschirykol-Tal, blühend, 21. Juli. Hollós.

Carex incurva Lightf. Kosch-Ismael (Asau-Gletscher), Lojka (bei Somm. et Lev. II. nicht angeführt).

Carex tristis MB. Gurschewi, Lojka (bei Somm. et Lev. II. nicht angeführt).

Carex sp. Schibu-gele, Déchy 1897.

Elyna spicata Schrad. Adisch-Tal, Lojka (bei Somm. et Lev. II. nicht angeführt.)

F. Gramineae.

Aegilops ovata L.
var. *triaristata* Coss. Sewastopol, blühend, 10. Juli. Hollós.

Aegilops triuncialis L. Newinnomysk, blühend, 14. Juli. Hollós.

Agropyrum repens (L.) PB. Esen-am, blühend, 5. Aug. 1898, Hollós, und Etscheda, blühend 15. Aug. 1898. Hollós.

Alopecurus sericeus Albow. Tschirykol-Tal, blühend, 21. Juli. Hollós.

Alopecurus vaginatus Pall. Kosch-Ismael (Asau-Gletscher), Lojka (Somm. et Lev. II. p. 439). Zobagodor, blühend, 12. Aug. Hollós.
var. *unipalaceus* Boiss. Mamisson-Pass und Twiber-Passhöhe, Lojka (Somm. et Lev. II. p. 439).

Andropogon Ischaemum L. Agwali, blühend, 9. Aug. Hollós.

Anthoxanthum odoratum L.
var. *montanum* Asch. et Graeb. Tschirykol-Tal, blühend, 21. Juli. Hollós.

Atropis distans Grisb. Sewastopol (Chersones) blühend, 10. Juli. Hollós.

Bromus erectus Huds. Esen-am, blühend, 5. Aug., Tindi, blühend, 10. Aug. Hollós. Asau, Lojka (Somm. et Lev. II. p. 460 fehlt in der von v. Déchy dem Ung. National-Museum geschenkten Lojkaschen kauk. Sammlung).

Bromus mollis L. Newinnomysk, blühend, 14. Juli. Hollós.

Bromus patulus Mert. et Koch. Kosch-Asau, Lojka (Somm, et Lev. II. p. 460).

Bromus sterilis L. Sewastopol, fruchtend, 10. Juli. Hollós (wahrscheinlich bezieht sich die Angabe von hier bei Hollós III p. 10 auf diese Art).

Bromus variegatus MB. Kosch-Asau (Asau-Gletscher), Lojka (bei Somm. et Lev. II nicht angeführt).

Calamagrostis littorea (Schrad.) DC. Asau-Gletscher, Lojka (Somm. et Lev. II. p. 442).

Catabrosa versicolor (Stev.) Boiss. Kalatonis-gele, Déchy (Somm. et Lev. I. p. 133).
var. **stenantha** Somm. et Lev. Pugillus plant. Cauc. in »Bullet. Soc. Bot. Ital.« 1898, p. 133. »Pumila caespitosa, radice fibrosa, foliis brevibus linearibus acutis apicem versus angustatis conduplicatis, radicalibus paucis, vaginis superioribus subinflatis, ligula longiuscula truncato — erosula, paniculae ramis 2—4is capillaribus levibus pauci-spiculatis, spiculis unifloris angustis fere linearibus, glumis subaequilongis flosculum subaequantibus viridibus vel parum purpureo-suffusis, inferiore lineari-oblonga acuta carinata uninervi, superiore latiore trinervi, glumella oblonga obtusissima erosula nervis 3 viridibus notata,

palea parum angustiore bicarinata biloba, utraque dorso apice excepto pubescente, caryopside . . . . . ♃.«

»Tota planta (juvenis) 5—6 cm, inflorescentia 4 cm alta, spiculae 3 mm, ligula 2 mm longa.«

»A typo differt statura nana, foliis abbreviatis, panicula vix colorata et praesertim spiculis angustioribus, linearibus nec ovatis, glumis longioribus angustioribus florem subaequantibus.« (Taf. VI. Fig. C.) Kalotanis-gele, Déchy (Somm. et Lev. l. c.).

Dactylis glomerata L. Klytsch-Tal, blühend, 27. Juli, und Sewastopol, blühend, 10. Juli, Hollós (von letzterem Orte auch bei Hollós III, p. 10 erwähnt).

Eragrostis poaeoides Pal de Beauv. Osrokowa (Bakssan-Tal), Lojka (Somm. et Lev. II. p. 448).

Festuca ovina L. Tschirykol-Tal, blühend, 21. Juli; Esen-am, blühend, 5. Aug., und Zobagodor, blühend, 12. Aug. Hollós.

Hordeum murinum L. Sewastopol, blühend, 10. Juli. Hollós.

Hordeum violaceum Boiss. et Huet. Beim Asau-Gletscher, Lojka (Somm. et Lev. II. p. 460). Esen-am, blühend, 5. Aug. Hollós.

Melica ciliata L. Tindi, blühend, 10. Aug. Hollós.

Phleum alpinum L. Adisch, Lojka (Somm. et Lev. II. p. 438).

var. *commutatum* Gaud. Tschirykol-Tal, blühend, 21. Juli. Hollós.

Phleum pratense L.

var. *nodosum* (L.) Schreb. Newinnomysk, blühend, 14. Juli. Hollós.

Phleum subulatum (Savi) Asch. et Graeb. Sewastopol, blühend, 10. Juli. Hollós.

Poa alpina L. Mamisson-Tal, Lojka (Somm. et Lev. II. p. 452). Tschirykol-Tal, blühend, 21. Juli, Hollós; Zobagodor, blühend, 12. Aug. Hollós.

var. **glacialis** Somm. et Lev. Enum. plant. Cauc. lect. in Acta Hort. Petrop. Vol. XVI. 1900 p. 452. »Pollicaris vel sesqui pollicaris dense caespitosa, folia manifestius serrulato-scabra rigida, vaginae totum culmum occultantes, ligula elongata, panicula depauperata, spiculae subtriflorae.« (Taf. XXII. Fig. B.) Kosch-Ismael (Asau-Gletscher), Lojka (Somm. et Lev. l. c.).

Poa Imeretica Somm. et Lev. Nuov. Giorn. Bot. Ital. 1897 p. 210.

var. **nana** Somm. et Lev. Plant. nov. Cauc. manip. alter in »Nuovo Giornale Bot. Ital.« Nuov. ser. vol. IV. 1897 p. 211 et Somm. et Lev. Enum. plant. Cauc. lect. in Acta Hort. Petrop. Vol. XVI. 1900 p. 452. »Planta vix sesqui pollicaris dense caespitosa, folia abbreviata vaginis nodos tegentibus, panicula depauperata 1—1½ cm longa, spiculae subbiflorae.« Kosch-Ismael Lojka (Somm. et Lev. an angeführten Orten; fehlt in der von v. Déchy dem Ung. National-Museum geschenkten Lojkaschen kauk. Sammlung).

Poa nemoralis L. Zeja-Tal, Lojka (Somm. et Lev. II. p. 453).

Poa sp. erwähnt Hollós III p. 10 von Sewastopol.

Setaria viridis P. B. Etscheda, blühend, 15. Aug. Hollós.

Sphenopus divaricatus Rchb. Kwarschi-Tschetowatl-Tal, blühend, 13. Aug. Hollós.

Stipa capillata L. Kamenoi-most, blühend, 17. Juli. Hollós.

Stipa pennata L. Bei dem Dorfe Choi, in Hollós III. p. 39 erwähnt.

Triticum cristatum Schreb. Sewastopol, blühend, 10. Juli, und Newinnomysk, blühend, 14. Juli. Hollós.

Triticum vulgare Vill. Chupro, fruchtend, 17. Aug. 1898. Hollós. (Auch erwähnt von Esen-am. Hollós II. p. 147).

Zea Mays L. Weden, bei Hollós III. p. 36 erwähnt.

Literatur-Verzeichnis.

Bis jetzt erschienene Publikationen botanischen Inhalts über die botanischen Sammlungen auf den Forschungsreisen von M. v. Déchy im Kaukasus.

Hollós I. = Hollós László. Gombák a Kaukázusból. (Pótfüzetek a Természettud. Közlönyhöz L. 1899 p. 95).

Hollós II. = Hollós László. Adatok a Kaukázus gombáinak ismeretéhez (Növénytani Közlemények 1902. I. k. p. 147).

Hollós III. = Hollós László. Uti jegyzetek a Kaukázusból. (A »Kecskemét« XXVII évf. 16 és következö számaiból különlenyomat). Kecskemét 1899.

Hollós IV. = Hollós László. Uj Gasteromyceta fajok Magyarországból (Math. és Természettud. Értesitö XIX k. 1901 p. 504).

Hollós V. = Hollós László Gasteromycetákra vonatkozó helyesbitések (Természetrajzi Füzetek 1902. XXV. p. 91).

Hollós VI. = Hollós László. Magyarország Gasteromycetái (Gasteromycetes Hungariae), Budapest 1903.

Kümmerle = Dr. Kümmerle B. Jenö. Adatok a Kaukázus edényes virágtalan növényeinek ismeretéhez. Beiträge zur Kenntnis der Pteridophyten des Kaukasus. (Annales Musei Nationalis Hungarici. T. II. 1904 p. 570).

Péterfi = Péterfi Márton. Nehány adat a Kaukázus mohflórájához. Einige Beiträge zur Moos-Flora des Kaukasus. (Annales Musei Nationalis Hungarici. T. II. 1904 p. 396).

Somm. et Lev I. = Sommier et Levier. Pugillus plantarum Caucasi centralis a cl. M. de Déchy julio 1897 in excelsioribus Chewsuriae lectarum; determinaverunt S. Sommier et E. Levier. (Bulletino della Societa Bot. Italiana 1898 p. 127).

Somm. et Lev. II. = Sommier et Levier. Enumeratio plantarum anno 1890 in Caucaso lectarum, additis nonnulis speciebus a claris viris H. Lojka, G. Radde, N. de Seidlitz et fratr. Brotherus in eadem ditione lectis. (Acta Horti Petropolitani vol. XVI. 1900).

Somm. et Lev. III. = Sommier et Levier. Decas plantarum novarum Caucasi. (Manipulus primus) (Acta Horti Petropolitani vol. XII. 1892 p. 151).

Somm. et Lev. IV. = Sommier et Levier. Plantarum Caucasi novarum vel minus cognitarum manipulus secundus. (Acta Horti Petropolitani vol. XIII. 1893 p. 25).

Somm. et Lev. V. = Sommier et Levier. Piante nuove del Caucaso. (Bulletino della Societa Bot. Italiana. Adunanza della sede di Firenze del 12. Novembre 1893 p. 522.)

Somm. et Lev. VI. = Sommier et Levier. Ranunculi Caucasici dichotomice dispositi (Nuovo Giornale Bot. Ital. Nuov. serie vol. I. Gennaio 1894 p. 7).

Somm. et Lev. VII. = Sommier et Levier. Altre piante nuove del Caucaso. (Bulletino della Societa Bot. Italiana. Adunanza della sede di Firenze del 10. Dicembre 1893 p. 26.) (Firenze 1894/5.)

Somm. et Lev. VIII. = Sommier et Levier. Plantarum Caucasi novarum manipulus tertius. (Acta Horti Petropolitani vol. XIII. 1894. p. 181.)

Somm. et Lev. IX. = Sommier et Levier. I Cirsium del Caucaso. (Nuovo Giornale Bot. Ital. nuov. serie vol. II. Gennaio 1895 p. 5.)

Somm. et Lev. X. = Sommier et Levier. Decas Umbelliferarum novarum Caucaso. (Nuovo Giornale Bot. Ital. Nuov. serie vol. II. Aprile 1895 p. 73.)

Somm. et Lev. XI. = Sommier et Levier. Decas Compositarum novarum et duae Campanulae Caucasi novae. (Nuovo Giornale Bot. Ital. Nuov. serie vol. II. Aprile 1895 p. 85.)

Somm. et Lev. XII. = Sommier et Levier. Plantarum novarum Caucasi manipulus alter. (Nuovo Giornale Bot. Italiana. Nuov. serie vol. IV. 1897 p. 199).

Wainio = Wainio E. A. Lichenes in Caucaso et in peninsula Taurica annis 1884/85 ab H. Lojka et M. a Déchy collecti (Természetrajzi Füzetek XXII k. 1899 p. 269).

Literatur, welche bei Bearbeitung des noch nicht publizierten botanischen Materials der Forschungsreisen M. v. Déchys benutzt wurde.

Albow N. Contributions à la flore de la Transcaucasie. (Bullet. de l'Herb. Boissier I. 1893 und III. 1895).

Albow N. Campanulae novae Caucasicae. (Ebendaselbst II. 1894.)

Albow N. La flore alpine des calcaires de la Transcaucasie occidentale. (Ebendaselbst III. 1895.)

Albow N. Enumeratio plantarum Transcaucasiae orientalis (Trudi Tifliskawo botanitscheskawo ssada I. 1895).

Ascherson-Graebner. Synopsis der mitteleuropäischen Flora.

Boissier E. Flora Orientalis, Genf-Basel 1867—1888.

Bunge A. Plantas Abichianas in itineribus per Caucasum regionesque transcaucasicas collectas enum. (Mém. de l'Acad. d. sc. de St. Pétersbourg VI. sér. VII. 1858—59).

Bunge A. Generis Astragali species gerontogeae. (Ebendaselbst VII. sér. XI. 1868 und XV. 1869).

Bunge A. Species generis Oxytropis DC. (Ebendaselbst VII. sér. XXII. 1877).

Bunge A. Pflanzengeographische Betrachtungen über die Familie der Chenopodiaceen. (Ebendaselbst VII. sér. XXVII. 1880).

Fritsch K. Excursionsflora für Oesterreich. Wien 1897.

Ledebour C. Flora Rossica seu enumeratio etc. Stuttgart 1842—1853.

Ledebour C. Icones plantarum novarum etc. Paris 1829—1834.

Lipsky W. Florae caucasicae imprimis colchicae novitates. (Acta Hort. Petrop. XIV. 1897).

Lipsky W. Flora Kawkasa (Trudi Tifliskawo botanitscheskawo ssada IV. 1899 und VI. l. 1902).

Marschall a Bieberstein Fr. Flora taurico-caucasica, Charkow 1808—1819.

Meyer C. A. Kleinere Beiträge zur näheren Kenntnis der Flora Russlands. (Mém. de l'Acad. d. sc. de St. Pétersbourg VI. sér. VII. 1855).

Meyer C. A. Versuch einer Monographie der Gattung Ephedra. (Ebendaselbst VI. sér. V. 1849).

Pallas P. S. Flora rossica seu stirpium etc. Petrop. 1784—1788.

Pallas P. S. Species Astragalorum descriptae et iconibus illustratae Lipsiae 1800.

Radde G. Grundzüge der Pflanzenverbreitung in den Kaukasusländern (Engler-Drude, Die Vegetation der Erde III.), Leipzig 1899.

Regel E. Conspectus specierum generis Aconiti, quae in Flora rossica etc. (Ann. des scienc. nat. IV. sér. Bot. XVI).

Regel E. Uebersicht der Arten der Gattung Thalictrum, welche im russischen Reiche etc. (Bullet. de la soc. d. nat. de Moscou 1861 I).

Regel E. Alliorum adhuc cognitorum monographia. (Acta Hort. bot. Petrop. III. 2. 1875).

Ruprecht F. Flora Caucasi. (Mém. de l'Acad. d. sc. de St. Petersbourg VII. sér. XV).

Sagorski E. et Schneider G. Flora Carpatorum Centralium. Leipzig 1891.
Schmalhausen J. Neue Pflanzenarten aus dem Kaukasus. (Ber. d. deutsch. bot. Gesellsch. Berlin X).
Simonkai L. Erdély Edényes növényei. (Enumeratio florae Transsilvaniae vasculosae critica), Budapest 1886.
Steven Chr. Observationes in Asperifolias taurico-caucasicas. (Bullet. de la soc. d. nat. de Moscou 1851 II.).
Trautvetter R. Elenchus stirpium anno 1880 in isthmo. Caucasico lectarum. (Act. hort. bot. Petrop. VII. II. 1880).
Trautvetter R. Catalogus Campanulacearum rossicarum. (Act. hort. bot. Petrop. VI. I. 1879).
Trautvetter R. Contributionem ad floram Daghestaniae ex herbario Raddeano anni 1885 eruit. (Ebendaselbst X. I).

Verzeichnis der Fundorte,

welche in der vorstehenden Enumeration vorkommen.

Von M. v. Déchy

W. K. = Westlicher Kaukasus. Z. K. = Zentraler Kaukasus. Oe. K. = Oestlicher Kaukasus.
S. = Südseite. N. = Nordseite. m = Meter.

Achmeti, Ortschaft am Südfuss des östlichen Kaukasus, Tal des Alasan, Kachetien.

Adisch-Tal (Z. K., S), östliches Quelltal des Ingur, Dorf Adisch, 2040 m, Ende des Adisch-Gletschers, 2280 m (Swanetien).

Adylssu-Tal (Z. K., N), Seitental des Bakssan, oberhalb Urussbieh.

Agwali (Oe. K., N.), 1195 m, Dorf im Tale des Andischen Koissu (Daghestan).

Aknada (Oe. K., N.), 1650 m, Dorf im oberen Kilia-Tale (Quelltal des Andischen Koissu), Daghestan.

Anatoris-gele (Oe. K.), 2600 m, Pass vom Tale des Kistanis-Chewi (Seitental des östl. Quellzweiges des Argun), oberhalb Schatil, nach Ukanchadu (Quell-Landschaft der Chewssurischen Aragwa), Chewssurische Alpen.

Angida (Oe. K., N.), 1650 m, Dorf im oberen Kilia-Tale (Quelltal des Andischen Koissu), Daghestan.

Ardon-Tal (Z. K., N.), mundet hinter Alagir (625 m) in den Terek, St. Nicolai, 1142 m (Einmündung der Zeja), das westliche Quellgebiet liegt unterhalb des Mamisson-Passes.

Artschi-Chudun-Pass (Oe. K.), 3361 m, Uebergang über die Djulty-Dagh-Kette, aus dem Chatar-Tale (Quelltal des Kara-Koissu) in das Quellgebiet des Ssamur.

Asau (Z. K., N.), Kosch (Sennhütten), 2100 m, Quellgebiet des Bakssan, in der Nähe des **Asau-Gletschers** (Ende der Zunge bei 2330 m).

Azunta-Pass (Oe. K.), 3570 m, Scharte im Meridionalzuge der Tebulos-Gruppe, Uebergang aus dem Tale des Pirikitelischen Alasan in das Quellgebiet (Andakis-zchali) des Argun.

Bakssan-Tal (Z K., N.), südöstl. vom Elbruss-Massiv, vom Bakssan, Nebenfluss des Terek, durchströmt.

Batalpaschinsk (W. K., N.), 547 m, Kreisortschaft im Kuban-Tal.

Besingi, auch Tubenel (Z. K., N.), 1457 m, Dorf im gleichnamigen Tal, vom Besingi-Bach (auch Urwan genannt), dem westl. Arm des Tscherek, durchströmt (Tereksystem).

Betscho (Z. K., N.), Dorf, 1325 m, in einem nördlichen Seitentale des Ingur (Swanetien).

Bjelometschetskaja (W. K., N.), Dorf am Kuban, nördlich von Batalpaschinsk.

Bottlich (Oe. K., N.), 968 m, Kreisort im Tale des Andischen Koissu (Nordfuss des Daghestan).

Chultai-tschai-Tal (Oe. K.), östl. Quelltal des Ssamur (Daghestan).

Choi (Oe. K, N.), Dorf, südlich vom See Esen-am (Nordfuss des Daghestan).

Chumara (W. K., N.), Dorf, 837 m, im Kuban-Tale.

Chupro (Oe. K, N.), 1617 m, Dorf, im Tale des Or-zchali (Quellfluss des Andischen Koissu), Daghestan.

Dom (W. K., N.), das Wegräumerhaus in 1922 m auf der Nordseite des Kluchor-Passes.

Dombai-ulgen-Tal (W. K., N.), mündet bei 1566 m vom O. in das Amanaus-Tal (Seitental der Teberda).

Dschiper (Z. K., S.), obere Talstufe (2000—2400 m) des Nenskra-Tales (Seitental des Ingur).

Dschiper-Pass (Z. K.), 3267 m, Pass vom Asau-Gletscher in das Nenskra-Tal (Ingursystem).

Esen-am (Oe. K., N.), 1868 m, See, Nordfuss des Daghestan.

Etscheda (Oe. K., N.), 1351 m, Dorf im Tale des Andischen Koissu (Daghestan).

Grosny, Stadt mit Naphtha-Quellen im Ssundscha-Tale (Tereksystem), im Norden des Oe. K.

Grusinische Heerstrasse (Z. K.), fahrbare Strasse zwischen Wladikawkas und Tiflis, überschreitet die wasserscheidende Hauptkette am Kreuz-Pass (2379 m).

Guntuza-Pass (Oe. K.), 3198 m, Uebergang vom Djulty-tschai zum Chultai-tschai, beide Quelltäler des Ssamur.

Gurschewi (Z. K, S.), Dorf, 1928 m, am Tschantschachi-Bach, östl. Quellfluss des Rion, Südseite des Mamisson-Passes.

Indisch (W. K., N.), Bergwerk im Kuban-Tal, oberhalb Chumara.

Inkwari-gele (Oe. K.), 3401 m, Pass, aus dem Schan-Tale nach dem Dschuta-Tale (Quellfluss der Schwarzen Aragwa), Chewssurische Alpen.

Ischuat siehe Uzchuat.

Ismaels Kosch (Z. K., N.), Felswände, welche bei 2839 m den Asau-Gletscher umranden.

Kalotanis-gele (Oe. K.), 2850 m, Pass aus dem Quellgebiet der Chewssurischen Aragwa in das Tal des Kalotanis-zchali (Quellfluss des Archotis-zchali), Chewssurische Alpen.

Kamenoi-most (W. K., N.), steinerne Brücke im Kuban-Tal, oberhalb Chumara, in der Nähe der Einmündung der Teberda.

Kluchor-Pass (W. K.), Einsenkung im wasserscheidenden Hauptkamm bei 2816 m, Uebergang (imeritinische Heerstrasse) aus dem Kuban-Gebiete (Teberda) in das Flusssystem des Kodor (nach Ssuchum-Kale).

Kluchor-Tal (W. K., N.), Quelltal der Teberda, Nordseite des Kluchor-Passes (Kasarma, 1922 m); der Kluchor-Bach vereinigt sich bei 1427 m mit dem Amanaus-Bache.

Klytsch-Tal (W. K., S.), Quelltal des Kodor, an der Südseite des Kluchor-Passes; Einmündung des Nachartälchens bei 2112 m, Wegräumerhaus in der Nähe der Einmündung des Gwandra-Tales, 1041 m.

Kodor-Pass (Oe. K.), 2392 m, Pass über die Hauptkette aus dem Quellgebiete des Andischen Koissu nach Telaw im Alasan-Tale (Kachetien).

Kosch-Ismael siehe Ismaels Kosch.

Kosch-Asau siehe Asau-Kosch.

Kwarschi (Oe. K., N.), 1840 m, Dorf im obersten Jcho-Tale (Seitental des Andischen Koissu), nahe der Oeffnung der Quellschlucht des Tschetowatl-Baches (Daghestan).

Laba, Grosse (W. K., N.), Fluss, entspringt am Hauptkamm und mündet in den Kuban. (Kleine Laba, Nebenfluss der ersteren).

Laschrasch (Z. K., S.), ca. 1650 m. Dorf im Ingur-Hochtale (Dadischkilianisches Swanetien).

Mamisson-Pass (Z. K.), Einsenkung im Hauptkamm, 2825 m (ossetische Heerstrasse), Scheide zwischen Ardon (Tereksystem) und dem östlichen Quellgebiet des Rion.

Mamisson-Tal (Z. K., N.), westl. Quellfluss des Ardon, Dorf Tib in 1820 m, Ostseite des Mamisson-Passes.

Mekali-Hütten (Oe. K., N.), 1125 m, in der Nahe des Dorfes Tljassuda, Tal des Andischen Koissu (Daghestan).

Metrada (Oe. K., N.), 1816 m, Dorf, nahe der Vereinigung des Alasan mit dem Andischen Koissu (Daghestan).

Mukoki (Oe. K., N.), Dorf im Tale des Sabakunis-chewi (Quellgebiet des Andischen Koissu), Daghestan.

Mulach (Z. K., S.), Dorf im Mulchara-Tale (Quellfluss des Ingur), Swanetien.

Muschal (Z. K., S.), 1623 m, Dorf im Mulchara-Tal, nördl. Quelltal des Ingur (Swanetien).

Muzo (Oe. K., N), 1579 m, Dorf im Tale des Kchonis-zchali (westl. Quellgebiet des Argun), Chewssurisches Alpenland.

Nachar-Tal (Z. K., S.), an der Südseite des Nachar-Passes, mündet bei 2112 m in das Klytsch-Tal (Kodor).

Naltschik, Kreisortschaft am Fusse der nördlichen Vorberge des zentralen Kaukasus

Nenskra-Gletscher (Z. K., S.), im Nenskra-Tale (Seitental des Ingur), Zungenende 2569 m.

Newinnomysk (Kuban-Gebiet), Station an der Bahnlinie, die vom Norden nach der Station für die Mineralbäder und nach Wladikawkas führt.

Osrokowa (Z. K., N.), Dorf im Bakssan-Tale, etwas unterhalb Korchoschan (1380 m).

Pari (Z. K., S.), Dorf, 1400 m, im Ingur-Tale (Westl. Swanetien).

Rekom (Z. K., N.), Platz mit ossetischer Kapelle (ca. 1800 m) im Zeja-Tal (Seitental des Ardon).

Saramag (Z. K., N.), 1665 m, Dorf im oberen Ardon-Tal.

Schach-Dagh (Oe. K.), dolomitisches Bergmassiv nördlich vom wasserscheidenden Hauptkamm.

Schauri (Oe. K., N.), Dorf im Tale des Sabakunis-chewi (Quellgebiet des Andischen Koissu), Daghestan.

Schibu-gele (Oe. K., N.), Pass, 3447 m, aus dem Tale des Tschimgis-zchali (Quellfluss des Archotis-zchali) nach dem Schan-Tale (Chewssurische Alpen).

Ssabui (Oe. K., S.), 569 m, Dorf im Inzobi-Tale (Quellfluss des Alasan).

Ssagada (Oe. K, N.), 1583 m, Dorf im Tale des Andischen Koissu, bei der Einmündung des Quellflusses Sabakunis-chewi (Daghestan).

St. Nicolai (Z. K., N.), 1142 m, Kronsgebäude im Ardon-Tale, oberhalb der Nusalschlucht.

Terek-Tal, der Fundort Stepan-zminda 1740 m bei der Station Kasbek.

Teberda-Tal (W. K, N.), Quelltal des Kuban.

Tersskol (Z. K., N.), Talschlucht im Quellgebiet des Bakssan, mündet bei etwa 2050 m; Ende des Tersskol-Gletschers 2625 m.

Tindi (Oe. K., N.), 1560 m, Dorf im Kilia-Tale (Seitental des Andischen Koissu), Daghestan.

Tioneti (1121 m), Kreisortschaft im Jora-Tale, am Südfusse des Oe. K. (Kachetien).

Tschegem-Tal (Z. K., N.), Tereksystem; Dorf Tschegem, 1387 m; im östlichen Talzweig des Kara-Ssu: der Kulak-Gletscher (Ende 2296 m), unterhalb des Twiber-Passes (3601 m).

Tschirykol-Tal (Z. K., N.), Quellfluss des Ullukam (Kubansystem); unser Lager 2250 m; im östl. Talzweig der Taly-tschchan-Gletscher (Ende 2530 m).

Twiber-Pass (Z. K.) 3601 m. Gletscherpass, Uebergang zwischen dem Mulchara-Tale (Ingur) und Karassuzweige des Tschegem-Tales.

Weden (Oe. K, N.), 750 m, befestigter Punkt im Tale des Chulchulai (Nordfuss des Daghestan).

Werchne - Nikolajewskaja, (W. K., N.), Dorf im unteren Kuban-Tale, zwischen Batalpaschinsk (547 m) und Chumara (837 m).

Urussbieh (Z. K., N.), 1506 m, Dorf im mittleren Bakssan-Tal.

Utschkulan (W. K., N.), Dorf, 1427 m, am gleichnamigen Quellbach des Kuban (Karatschai-Gau).

Uzchuat (Z. K., S.), Talstufe 1800—1950 m, im Nakra-Tale (Quellfluss des Ingur), unterhalb und östl. des Bassa-Passes (Swanetien).

Zagerker-Pass (W. K.), 2325 m, Pass über die Hauptkette aus dem Tale der Grossen Laba (Kuban) in das Bsyb-Tal.

Zei (Z. K., N.), 1700 m, Aul (Dorf) im Zeja-Tal, Seitental des Ardon.

Zei-Gletscher (Z. K., N.), im Zeja-Tal, Zungenende 2060 m.

Zrszenoj richtig Eresnoi (Oe. K., N.), Dorf nördl. von Weden.

Zeja-Tal (Z. K., N.), Quelltal des Ardon; die Zeja mündet bei St. Nicolai (1142 m) in den Ardon; Dorf Zei, 1700 m.

Zobagodor-Hütten (Oe. K., N.), 2148 m, im Quellrayon des Kilia-Tales (Seitental des Andischen Koissu), Daghestan.

Fundorte auf der **taurischen Halbinsel** waren **Jalta** und Umgebungen **(Cilupka, Nikita, Orianda) Ssewastopol** und **Kertsch**.

Tafeln nebst Erklärungen

zu

Filarszky, Botanische Ergebnisse.

Erklärung zu Tafel I.

Fig. A. **Trichia ovalispora** Hollós. 1. Sporen, 1000 mal vergrössert; 2. Capillitium, 1000 mal vergrössert.

Fig. B. *Marssonia Veratri* Ell. et Ev. f. **Veratri albi** Bäumler, Sporen, 750 mal vergrössert.

Fig. C. **Phyllosticta Alyssae** Hollós, Sporen, 750 mal vergrössert.

Fig. D. **Septoria Alyssicola** Hollós, Sporen, 480 mal vergrössert.

Fig. E. **Collema Vámbéryi** Wain. 1. Thallus mit Apothecien in natürlicher Grösse; 2. Apothecien und Thallus, ungefähr 30 mal vergrössert.

Fig. F. **Pyrenopsis sphaerospora** Wain. 1. Thallus mit Apothecien in natürlicher Grösse; 2. Thallusteil, ungefähr 30 mal vergrössert.

Fig. G. **Lecidea Freshfieldi** Wain. 1. Thallus in natürlicher Grösse; 2. Teil desselben, ungefähr 30 mal vergrössert.

Fig. H. **Lecidea syntrophica** Wain. 1. Thallus mit Apothecien in natürlicher Grösse; 2. Thallusteil, ungefähr 30 mal vergrössert.

Fig. J. **Sarcogyne excarpoides** Wain. 1. Thallus mit Apothecien in natürlicher Grösse; 2. Apothecien, ungefähr 30 mal vergrössert.

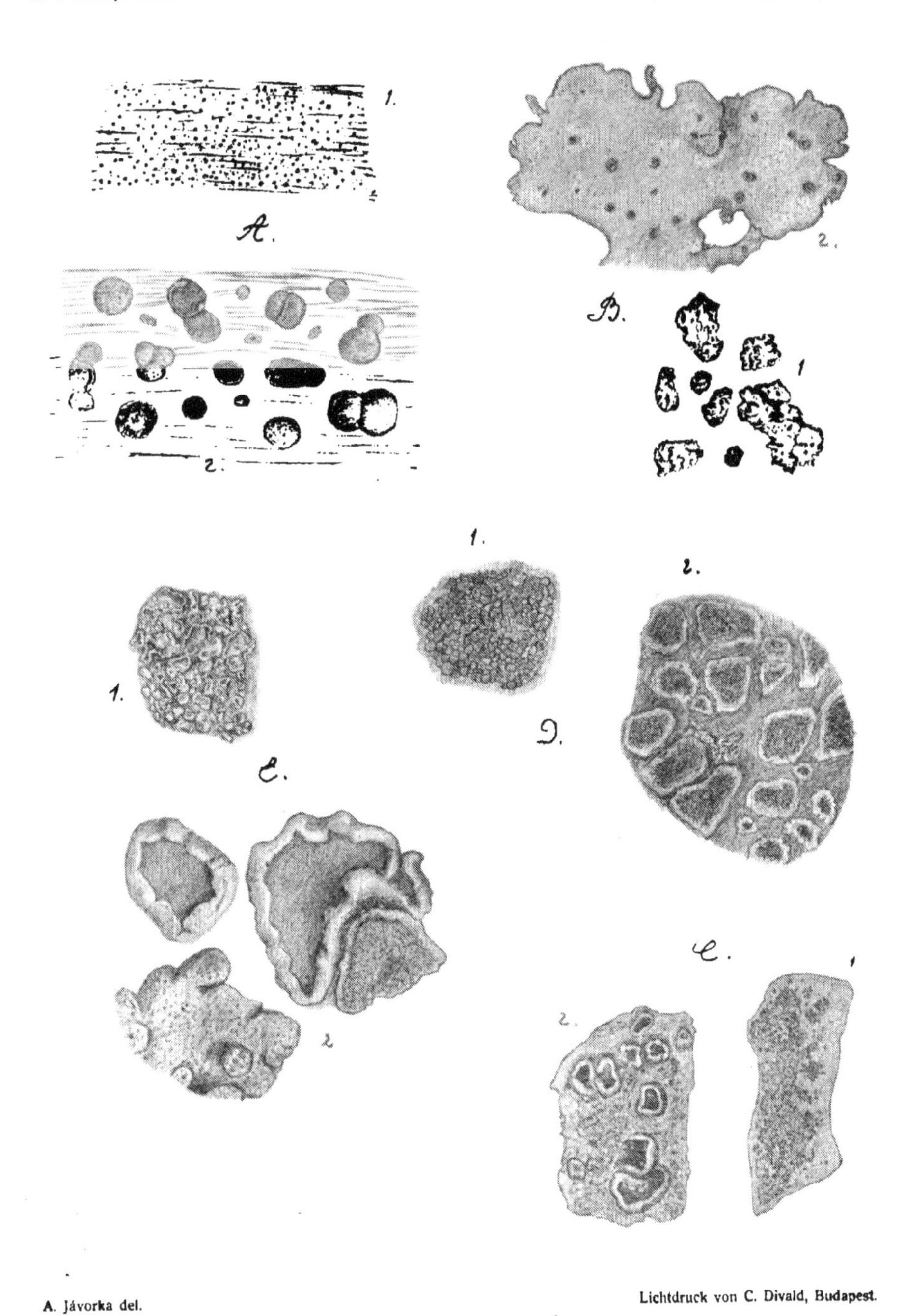

A. Jávorka del. Lichtdruck von C. Divald, Budapest.

Flechten.

Erklärung zu Tafel III.

Fig. A. **Lecanora Széchenyi** Wain. 1. Thallus in natürlicher Grösse; 2. ungefahr 30 mal vergrössert.

Fig. B. *Umbilicaria corrugata* (Ach) Nyl. f. **subcoriacea** Wain. 1. Thallus in natürlicher Grösse; 2. ungefahr 30 mal vergrössert.

Fig. C. **Placodium papilliferum** Wain. 1. Thallus in natürlicher Grösse; 2. ungefähr 30 mal vergrössert.

Fig. D. **Verrucaria Déchyi** Wain. 1. Apothecien in natürlicher Grösse; 2. ungefähr 30 mal vergrössert.

Fig. E. **Porina schizospora** Wain. 1. Apothecien in natürlicher Grösse; 2. ungefähr 30 mal vergrössert.

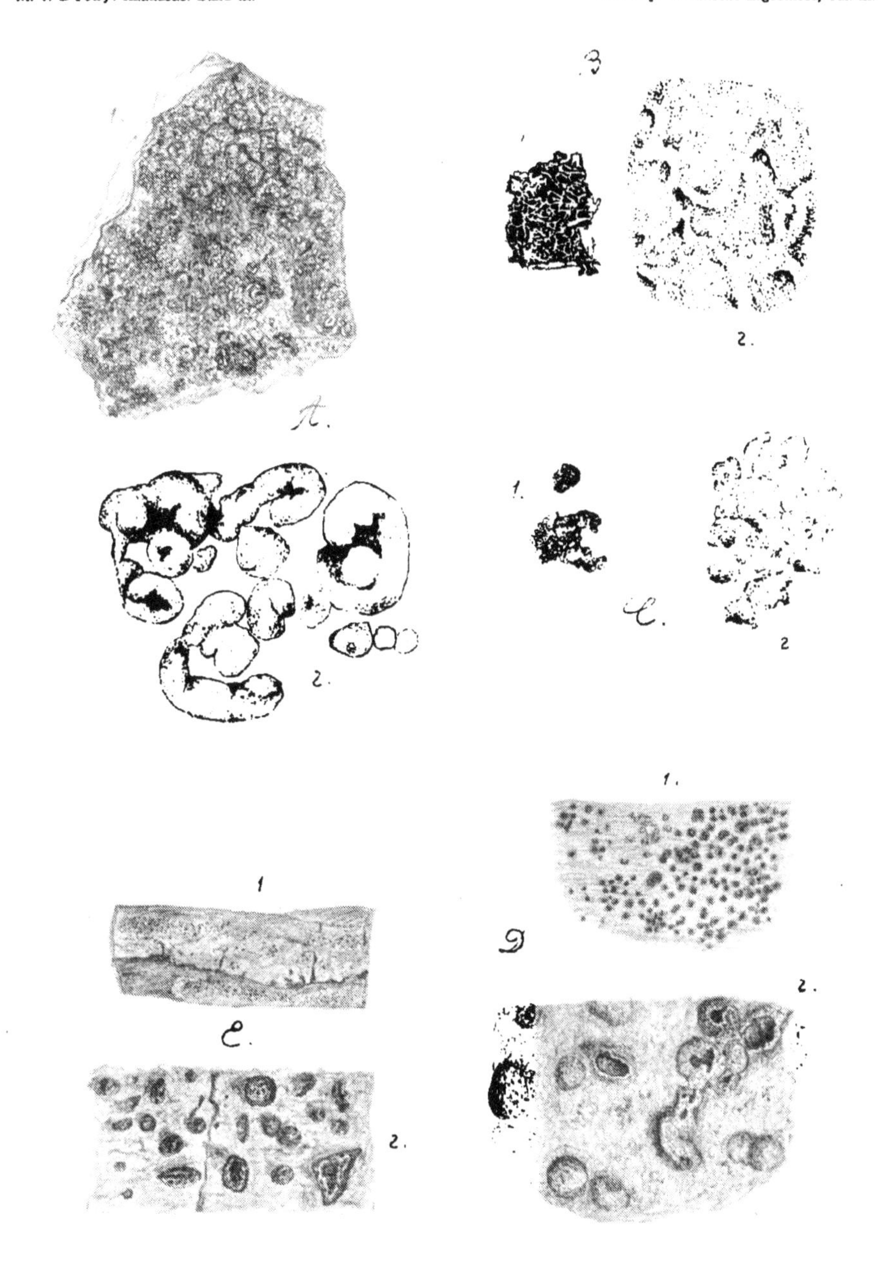

A. Jávorka del. Lichtdruck von C. Divald, Budapest.

Flechten.

Erklärung zu Tafel IV.

Fig. A. **Usnea Caucasica** Wain. 1. Thallus in naturlicher Grösse; 2. Thallusteil, ungefähr 30 mal vergrössert.

Fig. B. *Usnea microcarpa* Wain. var. **microcarpoides** Wain. 1. Thallus in natürlicher Grösse; 2. Thallusteil, ungefähr 30 mal vergrössert.

Fig C. **Usnea reticulata** Wain. 1. Thallus in natürlicher Grösse; 2. Teil desselben, ungefähr 30 mal vergrössert.

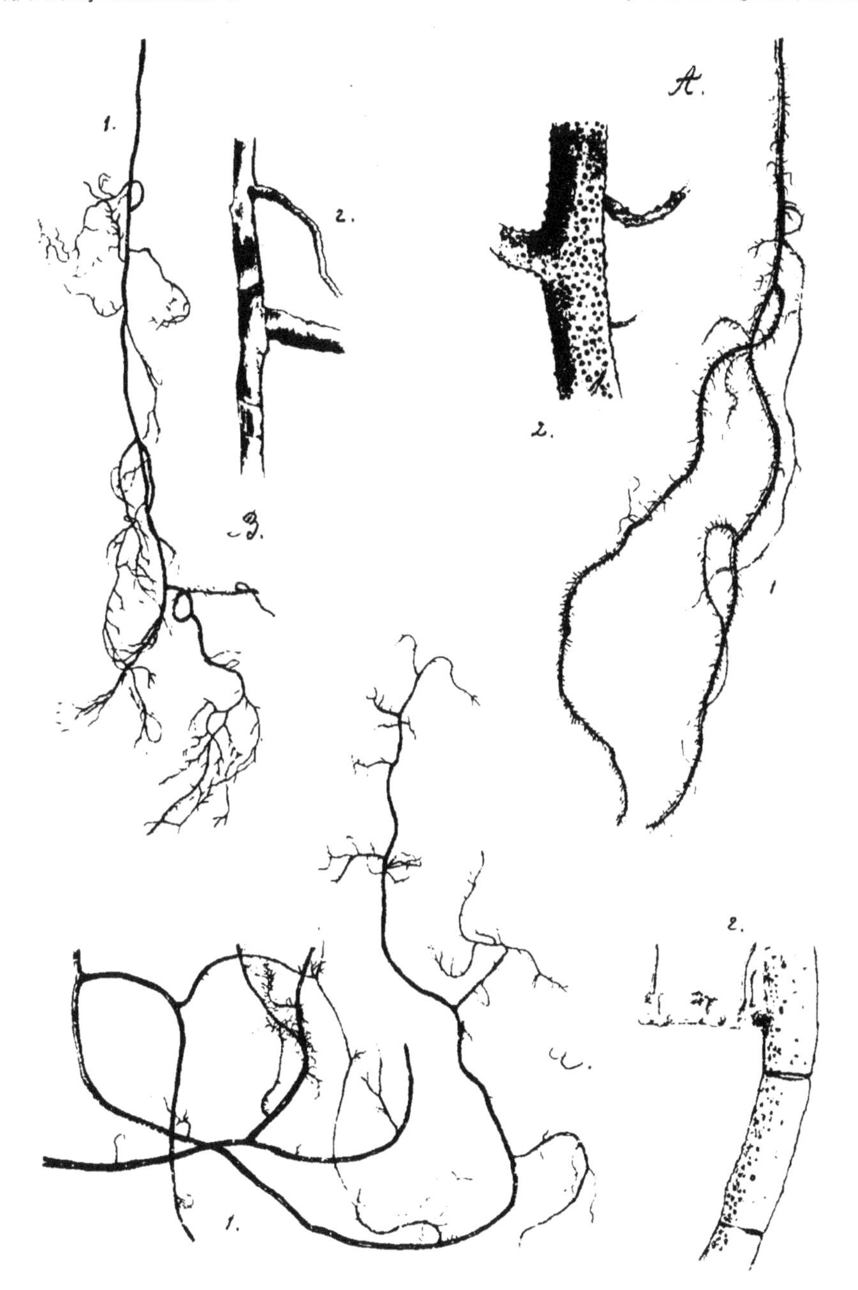

A. Jávorka del.

Lichtdruck von C. Divald, Budapest.

Flechten.

Erklärung zu Tafel V.

Axyris Caucasica Lipsky (= Axyris phaeosperma Fisch. et Mey. var. Caucasica. Somm. et Lev.)

1., 2. Pflanze in natürlicher Grösse; 3. Zweigende, 4 mal vergrössert; 4. oberer Teil eines Perigonblattes der männlichen Blüte, 32 mal vergrössert; 5. Staubfäden, 22 mal vergrössert; 6. Pollen, 200 mal vergrössert; 7. Perigonium der weiblichen Blüte, 6 mal vergrössert; 8. Perigonblatt einer weibl. Blüte, von innen gesehen, 8 mal vergrössert; 9. dasselbe, von aussen gesehen, 8 mal vergrössert; 10. dasselbe, mit dem Griffel, 6 mal vergrössert; 11. junge und noch unreife Frucht, 6 mal vergrössert; 12. reife Frucht, 6 mal vergrossert; 13. Samen, 6 mal vergrössert; 14. derselbe, von der Seite gesehen, 6 mal vergrössert; 15. derselbe, quer durchschnitten, 6 mal vergrössert; 16. Embryo mit Albumen nach Entfernung der Testa, 6 mal vergrössert; 17. Spitze des Stylus, 32 mal vergrössert; 18. Trichome der Blätter, 20 mal vergrössert; 19. Trichom, von der Basis aus gesehen, 50 mal vergrössert; 20. Trichom des Perigons, 50 mal vergrössert.

E. Levier del. Lichtdruck von C. Divald, Budapest.

Axyris Caucasica Lipsky.

Erklärung zu Tafel VI.

Fig. A. **Cerastium Chewsuricum** Somm. et Lev. 1. Pflanze in natürlicher Grösse; 2. Blüte in natürlicher Grösse.

Fig. B. **Artemisia Chewsurica** Somm. et Lev. 1. Pflanze in natürlicher Grösse; 2. Blatt in natürlicher Grösse; 3. Hüllblättchen, etwa 8 mal vergrössert; 4. Blüte, etwa 6 mal vergrössert; 5. Pistill, ungefähr 20 mal vergrössert.

Fig. C. *Catabrosa versicolor* (Stev) Boiss. var. **stenantha** Somm. et Lev., in natürlicher Grösse.

K. Czógler del. Lichtdruck von C. Divald, Budapest.

A. Cerasticum Chewssuricum Somm. et. Lev.
B. Artemisia Chewsurica Somm. et Lev.
C. Catabrosa versicolor (Stev.) Boiss. var. stenanta Somm. et Lev.

Erklärung zu Tafel VII.

Silene saxatilis Sims. var. **stenophylla** Somm. et Lev. Pflanze in natürlicher Grösse.

A. Javorka del Lichtdruck von C. Divald, Budapest.

Silene saxatilis Sims. var. stenophylla Somm. et Lev.

Erklärung zu Tafel VIII.

Delphinium bracteosum Somm. et Lev. 1. Blütenstand und 2. Stengelteil unter demselben, in natürlicher Grösse; 3. einzelne Blute, schwach vergrössert; 4. oberes gesporntes Blumenblatt, schwach vergrössert; 5. unteres Blumenblatt, 2 mal vergrössert; 6. junge Frucht, 2 mal vergrössert.

A. Jávorka del.

Lichtdruck von C. Divald, Budapest.

Delphinium bracteosum Somm. et Lev.

Erklärung zu Tafel IX.

Delphinium bracteosum Somm. et Lev. var. **macranthum** Somm. et Lev.

1. Blütenstand der Pflanze in natürlicher Grösse; 2. oberes gesporntes Blumenblatt, 2 mal vergrössert; 3. unteres Blumenblatt, 2 mal vergrössert.

A. Jávorka del. Lichtdruck von C. Divald, Budapest.

Delphinium bracteosum Somm. et Lev. var. macrantum Somm. et Lev.

Erklärung zu Tafel X.

Ranunculus Lojkae Somm. et Lev. 1., 2. und 3. Blühende Pflänzchen in natürlicher Grösse; 4. Blumenkronenblätter mit Nektarien, von innen gesehen, 2 mal vergrössert; 5. Staubgefässe und Pistille, $6^1/_2$ mal vergrössert; 6. junge Früchtchen, $7^1/_2$ mal vergrössert.

E. Levier del. Lichtdruck von C. Divald, Budapest.

Ranunculus Lojkae. Somm. et Lev.

Erklärung zu Tafel XI.

Fig. A. *Draba Ossetica* (Rupr.) Somm. et Lev. var. **columnaris** Somm. et Lev. 1. und 2. Fruktifizierende Pflanzchen in natürlicher Grösse; 3. Schötchen, 5 mal vergrössert.

Fig. B. *Astragalus oreades* C. A. Mey. var. **stipularis** Somm. et Lev. 1. Fruktifizierende Pflanze in natürlicher Grösse; 2. Samen, 4 1/2 mal vergrössert.

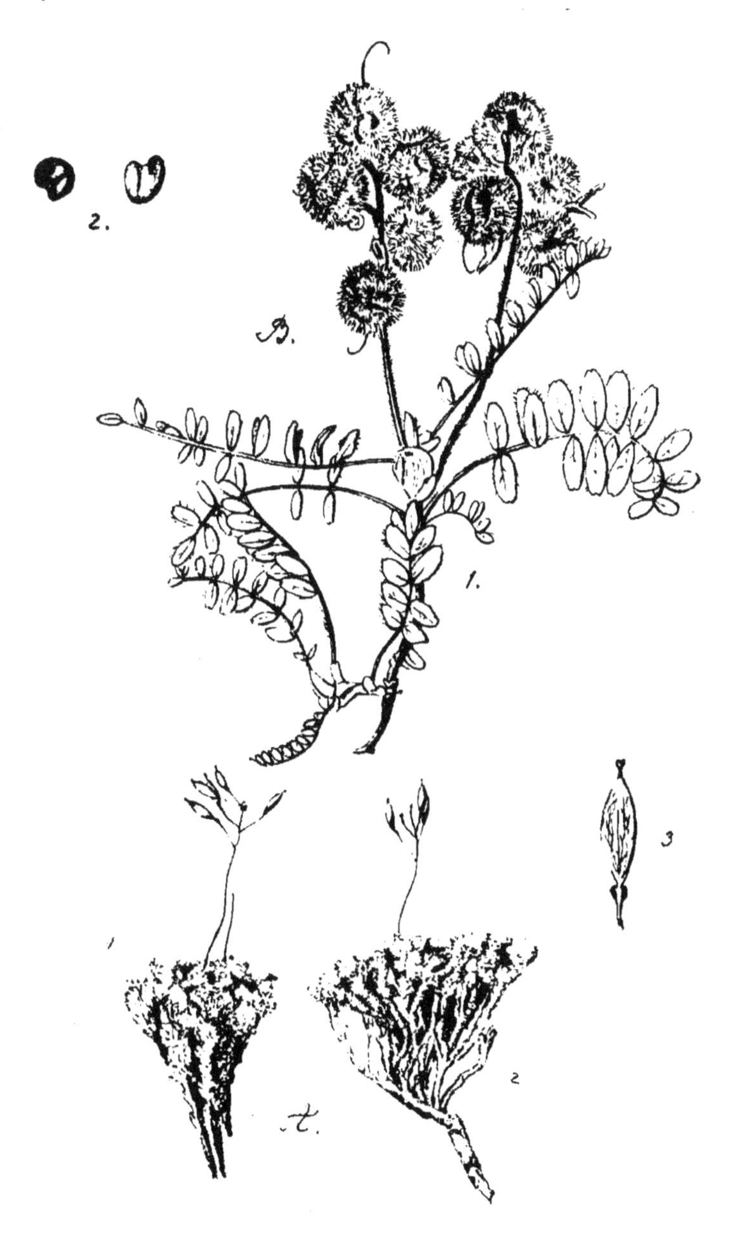

A Jávorka del

Lichtdruck von C. Divald, Budapest.

A. Draba Ossetica (Rupr.) Somm. et Lev. var. columnaris Somm. et Lev.
B. Astragalus Oreades C. A. Mey. var. stipularis Somm. et Lev.

Erklärung zu Tafel XII.

Astragalus Lerieri Freyn. 1. Pflanze in natürlicher Grösse; 2. Basis des Blattstieles und Nebenblätter, 2 mal vergrössert; 3. einzelne Blüte, 2 mal vergrössert; 4. Kelch nach Entfernung der Blütenkrone, 2 mal vergrössert; 5. Fahne (vexillum), 2 mal vergrössert; 6. Kahn (carina), 2 mal vergrössert; 7. Flügel (ala), 2 mal vergrössert; 8. Staubgefässe (androeceum), 2 mal vergrössert; 9. Stempel (pistillum), 2 mal vergrössert; 10. Hulse (legumen), 2 mal vergrössert; 11. dieselbe im Querschnitt, 4 mal vergrössert; 12. Samen, 4 mal vergrössert; 13. Trichome des Kelches, 50 mal vergrössert.

Ch. Cuisin del. Lichtdruck von C. Divald, Budapest.

Astragalus Levieri Freyn.

Erklärung zu Tafel XIII.

Fig. A. *Saxifraga scleropoda* Somm. et Lev. var. nivalis Somm. et Lev. 1. Pflanze in natürlicher Grösse; 2. Blattrosette, 3mal vergrössert.

Fig. B. *Oxytropis Samurensis* Bunge var. **subsericea** Somm. et Lev. f. **longifolia** Somm. et Lev. 1. Pflanze in natürlicher Grösse; 2. Kelchzähne, ungefähr 3mal vergrössert; 3. Fahne, ungefähr 3mal vergrössert; 4. Flügel, ungefähr 3mal vergrössert; 5. Kahn, ungefähr 3mal vergrössert.

Fig. C. *Oxytropis Samurensis* Bunge var. **subsericea** Somm. et Lev. f. **brevifolia** Somm. et Lev. 1. Pflanze in natürlicher Grösse; 2. Kelch, 3. Fahne, 4. Flügel, 5. Kahn, 6. Androeceum, alles ungefähr 3mal vergrössert.

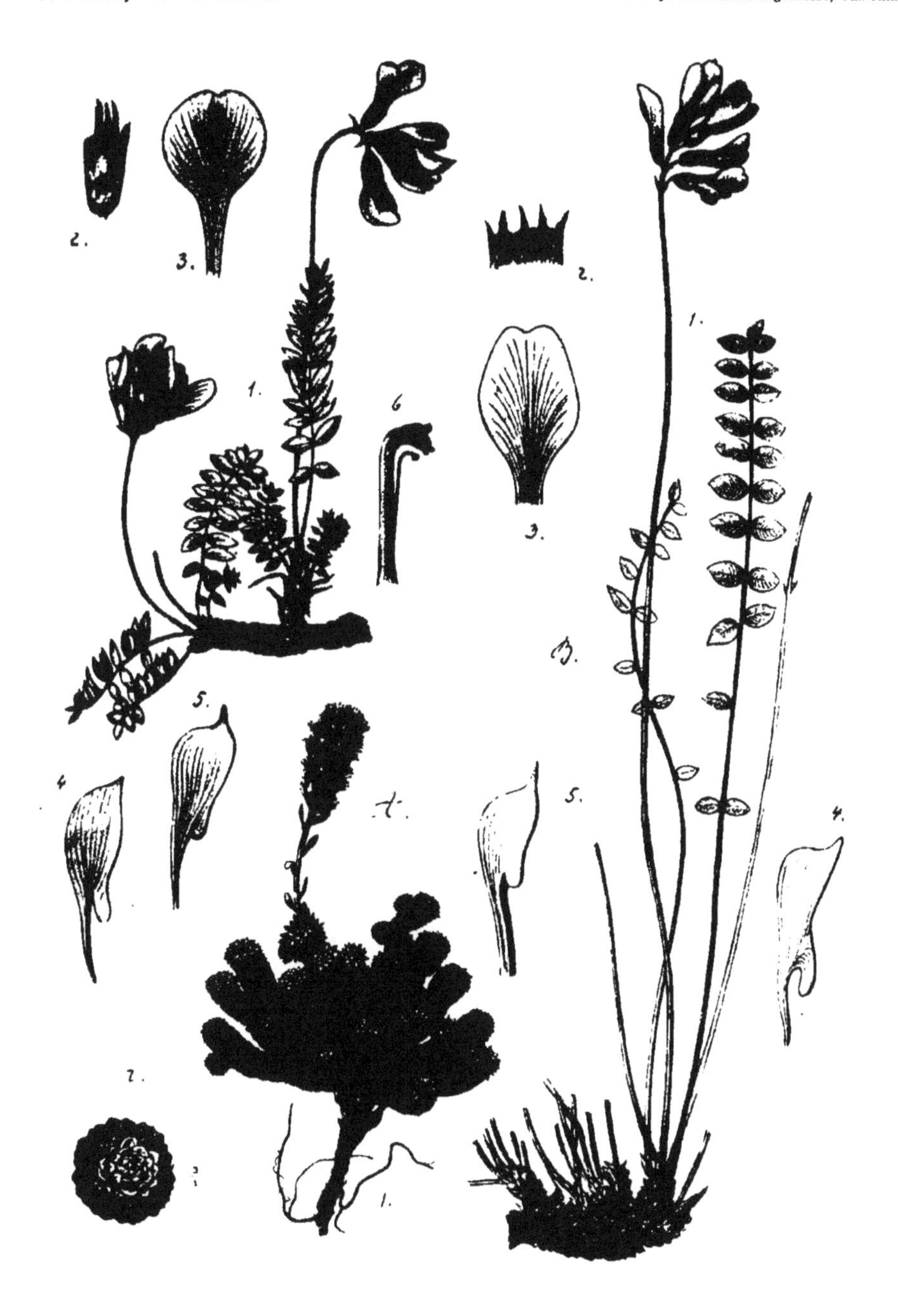

A. Levier del B—C. Jávorka del.

Lichtdruck von C. Divald, Budapest.

A. Saxifraga scleropoda Somm. et Lev. var. nivalis Somm. et Lev.
B. Oxytropis Samurensis Bunge var. subsericea Somm. et Lev.
f. longifolia Somm. et Lev.

Erklärung zu Tafel XIV.

Geranium Pyrenaicum L. var. **depilatum** Somm. et Lev. 1. Pflanze in natürlicher Grösse; 2. Teil eines oberen Blattes, ungefähr 3mal vergrössert; 3. Kelch, 5mal vergrössert.

A. Jávorka del. Lichtdruck von C. Divald, Budapest.

Geranium Pyrenaicum L.
var. depilatum Somm. et Lev.

Erklärung zu Tafel XV.

Primula auriculata Lam. var. **macrantha** Somm. et Lev. Pflanze in naturlicher Grösse.

A. Jávorka del Lichtdruck von C. Divald, Budapest.

Primula auriculata Lam. var. macrantha Somm. et Lev.

Erklärung zu Tafel XVI.

Primula Pallasi Lehm. var. **ovalifolia** Somm. et Lev. Pflanze in natürlicher Grösse.

A. Jávorka del. Lichtdruck von C. Divald, Budapest

Primula Pallasi Lehm. var. ovalifolia Somm. et Lev.

Erklärung zu Tafel XVII.

Calamintha Caucasica Somm. et Lev. 1. Pflanze in natürlicher Grösse; 2. Blute, 4 mal vergrössert; 3. aufgeschnittene und ausgebreitete Blumenkrone, 7 mal vergrössert; 4. Pistill, 7 mal vergrössert; 5. Narbe, 35 mal vergrössert; 6. Anthera, 35 mal vergrössert; 7. Kelch, fertil, 4 mal vergrössert; 8. Samen, 7 mal vergrössert.

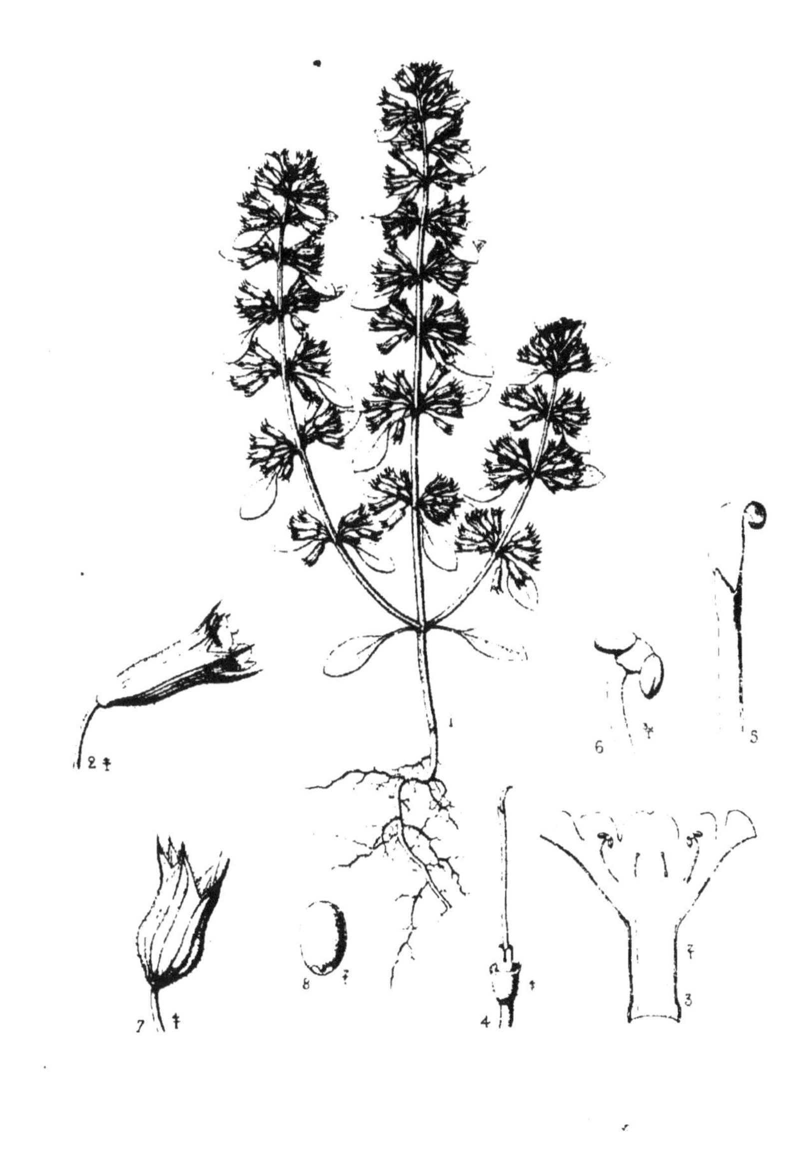

Ch. Cuisin del. Lichtdruck von C. Divald, Budapest.

Calamintha Caucasica. Somm. et Lev.

Erklärung zu Tafel XVIII.

Celsia atroviolacea Somm. et Lev. 1. Pflanze in natürlicher Grösse (einziges Exemplar aus der kaukasischen Sammlung v. Déchys im Herb. v. Degens); 2. Blumenkrone, ungefähr 3 mal vergrössert; 3. Kelch, 4 mal vergrössert; 4. Frucht, $3^1/_2$ mal vergrössert; 5. Samen, ungefähr 15 mal vergrössert.

A. Jávorka del. Lichtdruck von C. Divald, Budapest.

Celsia atroviolacea Somm. et Lev.

Erklärung zu Tafel XIX.

Verbascum Déchyanum Somm. et Lev. 1. Blütenstand in natürlicher Grösse; 2. mittlerer und 3. unterer Stengelteil in natürlicher Grösse; 4. Kelch mit Pistill, ungefähr 3 mal vergrössert; 5. Blumenkrone mit Staubgefässen, ungefähr 2 mal vergrössert; 6. Pistill und 7. Staubgefäss, ungefähr 4 mal vergrössert; 8. Anthere, ungefähr 6 mal vergrössert.

K. Czógler del. Lichtdruck von C. Divald, Budapest.

Verbascum Dechyanum Somm. et Lev.

Erklärung zu Tafel XX.

Verbascum laxum n. sp. 1. Blütenstand in natürlicher Grösse; 2. mittlerer Stengelteil in natürlicher Grösse; 3. Blüte mit Staubgefässen, 3 mal vergrössert; 4. Kelch mit Frucht, $3^1/_2$ mal vergrössert.

3.

1.

2

4

A. Jávorka del. Lichtdruck von C. Divald, Budapest.

Verbascum laxum. n. sp.

Erklärung zu Tafel XXI.

Fig. A. *Veronica glareosa* Somm et Lev. 1. Blühende Pflanze in natürlicher Grösse; 2. fruktifizierender Zweig in natürlicher Grösse; 3. Blatt, 4mal vergrössert; 4. Blumenkrone, 4mal vergrössert; 5. Kelch und Frucht, 4mal vergrössert; 6. Samen, von der Ventralseite gesehen, 4mal vergrössert; 7. Samen, von der Dorsalseite gesehen, 4mal vergrössert.

Fig. B. *Psephellus Kacheticus* Rehm. var. **erectus** Somm. et Lev. 1. Pflanze in natürlicher Grösse; 2. Blütenköpfchen in natürlicher Grösse; 3. Hüllblättchen, 5mal vergrössert.

A. Ch. Cuisin del. B. Jávorka del. Lichtdruck von C. Divald, Budapest.

A. 1—7. Veronica glareosa Somm. et Lev.
B. Psephellus Kacheticus Rehm. var. erectus Somm. et Lev.

Erklärung zu Tafel XXII.

Fig. A. *Campanula petrophila* Rupr. var. **exappendiculata** Somm. et Lev. 1. Blühende Pflanze in natürlicher Grösse; 2. junger Griffel, 2mal vergrössert; 3. junges Staubgefäss, 2mal vergrössert.

Fig. B. *Poa alpina* L. var. **glacialis** Somm. et Lev. 1. und 2. Pflanzchen in natürlicher Grösse; 3. Aehrchen, etwa 5mal vergrössert.

A. Jávorka del. Lichtdruck von C. Divald, Budapest.

A. Campanula petrophila. Rupr. var. exappendiculata Somm. et Lev.
B. Poa alpina L. var. glacialis Somm. et Lev.

Erklärung zu Tafel XXIII.

Aetheopappus pulcherrimus (Willd.) DC. f. **glabratus** Somm. et Lev. 1. Unterer Teil der Pflanze in natürlicher Grösse; 2. oberer Teil mit Blütenköpfchen in natürlicher Grösse; 3. einzelne Röhrenblüte, ungefähr 5 mal vergrössert.

A. Javorka del. Lichtdruck von C. Divald, Budapest.

Aethéopappus pulcherrimus (Willd) Dc. f. glabratus Somm. et Lev.

Erklärung zu Tafel XXIV.

Cirsium Lojkae Somm. et Lev. 1. Unterer Teil, 2. oberer Teil der Pflanze in natürlicher Grösse; 3., 4., 5., 6. und 7. Hullblättchen, 2 mal vergrössert; 8. einzelne Blüte, 2 mal vergrössert; 9. Blüte, längs durchschnitten und ausgebreitet, 2 mal vergrössert; 10. Androeceumröhrchen, aufgeschnitten und ausgebreitet, 4 mal vergrössert; 11., 12. und 13. Pappushaare, 15 mal vergrössert.

Ch. Cuisin del. Lichtdruck von C. Divald, Budapest.

Cirsium Lojkae. Somm. et Lev.

Erklärung zu Tafel XXV.

Pyrethrum glanduliferum Somm. et Lev. 1. Oberer Teil, 2. mittlerer Teil der Pflanze in natürlicher Grosse; 3. Teil eines oberen Blattes, ungefähr 4mal vergrössert; 4. Röhrenblute, 11mal vergrössert; 5. Zungenblüte, ungefähr $2\frac{1}{2}$mal vergrössert.

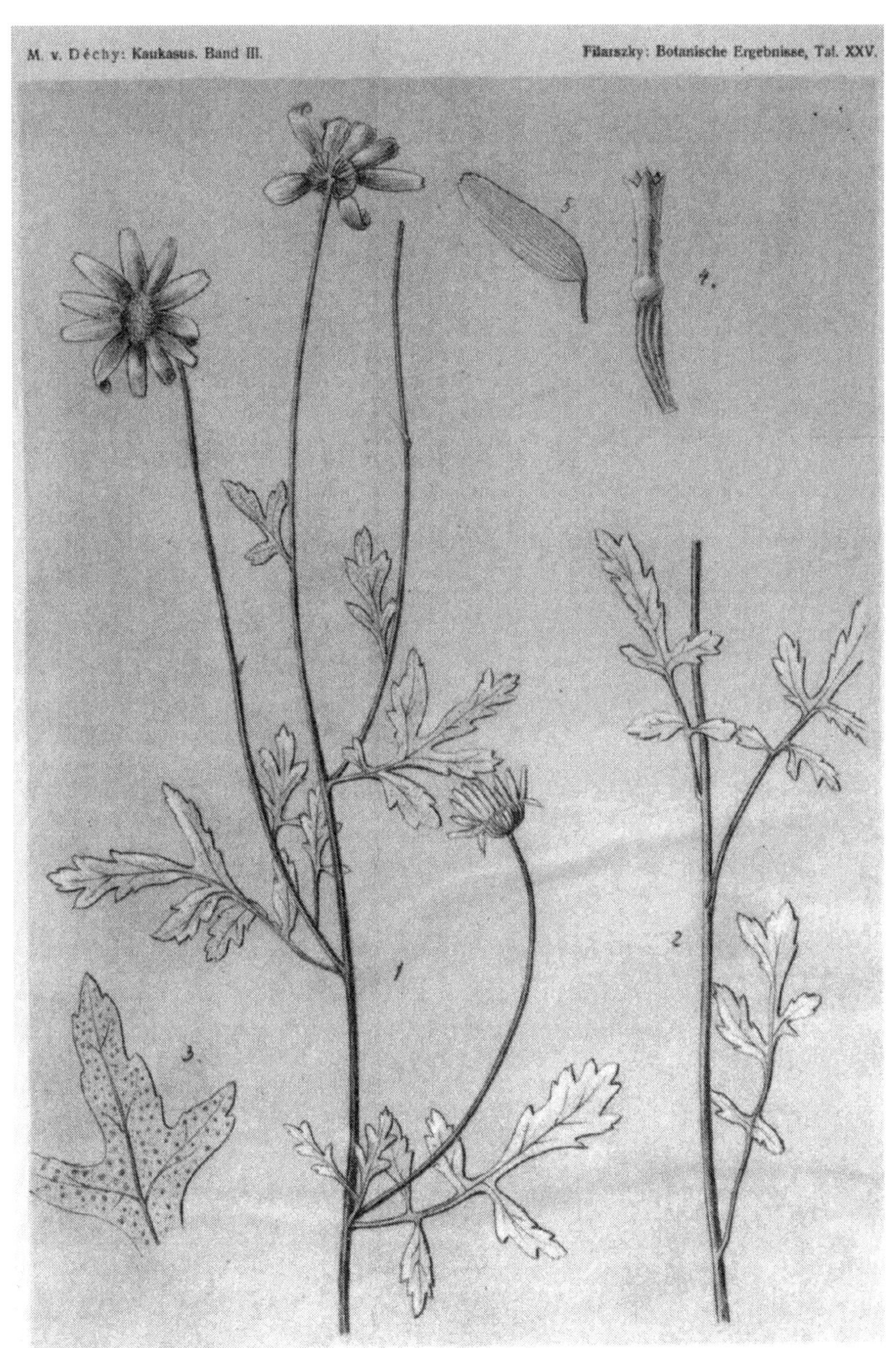

A. Jávorka del. Lichtdruck von C. Divald, Budapest

Pyrethrum glanduliferum Somm. et Lev.

ERNÖ CSIKI

Verzeichnis der während der Forschungsreisen M. v. Déchys im Kaukasus gesammelten Käfer

Auf den Forschungsreisen des Herrn M. v. Déchy im Kaukasus wurden auch einige Käfer gesammelt, die Herr v. Déchy dem ungarischen National-Museum als Geschenk überwies. Die Ausbeute ist sehr gering, da die Sammler andere Zwecke, geographische, geologische und botanische, verfolgten. Herr M. v. Déchy ersuchte mich, die Liste der Käfer zusammenzustellen, diese wird zum Teil einige neue Fundorte, bei einigen auch andere ökologische Bemerkungen enthalten. Bei einigen Arten wurde der nähere Fundort nicht notiert, bei diesen musste ich den allgemeinen Fundort aufführen. Die Sammlung aus dem Jahre 1886 verdanken wir Herrn Dr. Franz Schafarzik, die aus dem Jahre 1898 Herrn Dr. Ladislaus Hollós.

Die gesammelten Arten sind folgende:

1. *Cicindela hybrida* Linn. var. *riparia* Dej.
   Karagom-Tal (1886). (Zentraler Kaukasus, Nordabhang.)
2. *Cicindela campestris* Linn. var. *desertorum* Dej.
   Kaukasus.
3. *Carabus* (Tribax) *planipennis* Chd.
   Karagom-Tal (1886).
4. *Carabus* (Tribax) *Biebersteini* Mén. var. *suramensis* Kr.
   Kaukasus.
5. *Carabus* (Plectes) *Plasoni* Ganglb.
   Teberda-Tal (1886). (Westlicher Kaukasus, Nordseite.)
6. *Pterostichus* (Myosodus) *obtusangulus* Reitt.
   Kaukasus.
7. *Oxytelus piceus* Linn.
   Kaukasus.

8. *Silpha obscura* Linn.
Kaukasus.

9. *Triplax aenea* Schall.
Klytsch-Tal (westlicher Kaukasus, Südseite) (1898 VII. 27. — Aus *Pleurotus ostreatus* Jacqu.)

10. *Dacne bipustulata* Thunbg.
Unteres Teberda-Tal (westlicher Kaukasus, Kuban-Gebiet). (1898. VII. 7. — Aus *Panus* sp.); Unteres Teberda-Tal (1898. VII. 17. — Aus *Polyporus hirsutus* Schrad.); Nachar-Tal (Seitental des Klytsch (Kodor), westlicher Kaukasus, Südabhang.) (1898. VII. 23. — Aus *Leutinus lepideus* Fr.); Klytsch-Tal (1898. VII. 27. — Aus *Pleurotus ostreatus* Jacqu.).

11. *Geotrupes stercorarius* Linn.
Teberda-Tal (1886).

12. *Chalcophora mariana* Lap.
Zei-Tal (1886). (Zentraler Kaukasus, Nordseite.)

13. *Ludius purpureus* Poda.
Karagom-Tal (1886).

14. *Lampyris noctiluca* Linn.
Kaukasus.

15. *Cis boleti* Fabr.
Unteres Teberda-Tal (1898. VII. 17. — Aus *Polyporus hirsutus* Schrad.); Klytsch-Tal (1898. VII. 27. — Aus *Polyporus versicolor* L., Fr.); Achmeti (1898. VIII. 19. — Aus *Polyporus versicolor* L., Fr.). (Alasan-Tal, östlicher Kaukasus, Südseite.)

16. *Cis setiger* Mell.
Achmeti (1898. VIII. 19. — Aus *Polyporus versicolor* L., Fr.).

17. *Diaperis boleti* Linn.
Newinnomysk (Kuban-Geb.) (1898. VII. 14. — Aus *Leutinus degener Kalchbr.)*

18. *Zonabris variabilis* Pall.
Westlicher Kaukasus.

19. *Lydus Halbhuberi* Escherich.
Westlicher Kaukasus.

20. *Chlorophanus viridis* Linn.
Westlicher Kaukasus.

21. *Chlorophanus vittatus* Schönh.
Westlicher Kaukasus.

22. *Cleonus candidatus* Pall.
Westlicher Kaukasus.

23. *Leptura tesserula* Charp.
Westlicher Kaukasus.

24. *Chrysochus pretiosus* Fabr.
Westlicher Kaukasus.

25. *Chrysomela goettingensis* Linn.
Westlicher Kaukasus.

26. *Gastroidea viridula* De Geer.
Westlicher Kaukasus.

27. *Melasoma popoli* Linn.
Westlicher Kaukasus.

Beschreibung makrokephaler Schädel aus dem Kaukasus

Die Schädel,*) welche hier beschrieben werden sollen, wurden im Jahre 1885 im Bakssan-Tale, an der Nordseite des zentralen Kaukasus gesammelt.**)

No. 1. ♂ Hirnschädel vorhanden, der ganze Gesichtsschädel fehlt. Der Hirnschädel ist ebenfalls defekt, namentlich der vordere untere Teil der Schläfengegend links und hinten der Teil hinter dem Zitzenfortsatz, sowie mit Ausnahme der zwei Felsenbeine auch der ganze basale Teil. Die Farbe des Schädels ist grau-gelb, hie und da mit bräunlichen Flecken. Sehr auffallend ist die Form. Die Stirn ist nämlich etwas schräg aufwärts gerichtet; unten ausgebaucht, in der Mitte eingedrückt und oben vor dem Bregma zeigt sie abermals eine bogenförmige Bauchung. Hinter dem Bregma zeigt sich ein kleinerer Eindruck, nach welchem das Schädeldach bald die höchste Erhebung erreicht. Das Schädeldach steigt hinten anfänglich steil herab und zwar bis zum Lambda, wo die Hinterhauptschuppe eine nach hinten vorspringende Bauchung zeigt (also die Form eines sogenannten bothrokephalen [stiegenförmigen] Schädels aufweist). Im oberen Zweidrittel der Hinterhauptschuppe befident sich eine vertikale Abplattung.

Die Konstitution der Knochen zeigt kein vorgeschrittenes Lebensalter, obzwar sich sämtliche Nähte mit Ausnahme der Naht der Schläfen-

*) Die Schädel wurden während der Reise im Jahre 1885 gesammelt und von mir dem Anthropologischen Museum der Universität in Budapest als Geschenk überwiesen. Der Direktor des Museums, Herr Prof. Dr. Aurel von Török hatte vor Drucklegung dieses Werkes eine ausführliche wissenschaftliche Beschreibung zugesagt, sich jedoch später veranlasst gesehen, eine solche abzulehnen. Herr Prof. von Török hat aber auch die Herausgabe der Schädel behufs Bearbeitung des Materials von anderer fachmännischer Seite verweigert, ja selbst photographische Aufnahmen derselben nicht gestattet. Ueber Aufforderung des k. ungarischen Ministeriums für Kultus und Unterricht hat dann Herr Prof. von Török eine von ihm als »amtlich inventariell« bezeichnete Beschreibung der Schädel hohen Ortes übergeben, welche mir gütigst zur Verfügung gestellt wurde und die hier im Abdruck erscheint. Déchy.

**) Die Schädelsammlung entstammt alten Grabstätten in der Nähe und oberhalb des Dorfes Urussbieh im Bakssan-Tale, von deren Existenz die jetzigen Bewohner keine Kenntnis hatten. Diese gehören einem tatarischen Stamme mohammedanischen Glaubens an, welcher im zentralen Kaukasus, in den nördlichen Quertälern des Tscherek, Urwan, Tschegem und Bakssan seine Wohnsitze hat. (Siehe Bd. I, S. 75, 76, 95, 102; über ihre Stammesverwandten im Karatschai S. 272). Déchy.

schuppe mehr oder weniger im vorgerückten Stadium der Verwachsung befinden. Interessant ist es, dass die Sutura metopica nicht im Kindesalter, sondern ungefähr erst dann verwachsen ist, als die zwei Seitenteile der Kronennaht, das hintere Zweidrittel der Pfeilnaht, sowie auch fast die ganze Lambdanaht verwachsen sind. Ebenso wie die Spuren des Verlaufs dieser Nähte, sind auch die Spuren des Verlaufs der Sutura metopica durchwegs ganz gut wahrnehmbar. An der Innenfläche des Schädels treten sehr deutlich die längsverlaufende Venengrube und die zwei Seitengruben mit der Sigmakrümmung hervor; eine rechte und linke Fovea granulationum Pacchioni hinter dem Bregma und in nächster Nähe der längsverlaufenden Venengrube. Auffallend sind die baumförmigen Verzweigungen der mittleren Schlagadern der harten Hirnrinde, welche gegen die Schädelwölbung ein feines dichtes Netz aufweisen. Die Schädelknochen sind bloss an einzelnen Stellen: in der Gegend der Kleinhirngruben, sowie an der rechten Schläfenschuppe bis zum Durchscheinen dünn, sonst weichen sie nur wenig von der gewöhnlichen Dicke ab.

Die künstliche Deformation dieser Schädelform beweisen: der Eindruck am Stirnbein, die Abplattung des mittleren Teiles der Hinterhauptschuppe, sowie der Eindruck am Schädeldach hinter dem Bregma.

Diese Schädelform gehört in die Gruppe der aufgerichteten makrokephalen Deformation.

Kraniometrische Bezeichnung: 1. mesokephal; 2. hypsikephal; 3. stenokephal.

No. 2. ♂ Unterkieferschädel. Obere und untere Zahnalveolen vollständig resorbiert, Zähne vor dem Tod längst ausgefallen. Dieser Zerstörung gemäss hätte der Betreffende wahrlich greisenhaft sein müssen, während die Nähte im Gegensatz grösstenteils noch vollständig offen sind, was besonders die Sutura metopica betrifft. Ihrer Konstitution nach zeigen die Schädelknochen keine Spur eines vorgerückten Alters; was auch das ansehnliche Gewicht = 690 g dieses Schädels beweist.

Die Farbe des Schädels ist gelblich-weiss, besitzt sonach die sogenannte Knochenfarbe. Die Stirn weicht von der vertikalen Richtung nur wenig ab, sie ist sehr hoch; in der Gegend des Bregma befindet sich eine kaum merkliche, seichte Vertiefung; die Spitze des Schädeldaches befindet sich fast 4 cm hinter dem Bregma; die Schädelwölbung ist hinten fast vertikal nach unten gebogen. Auffallend ist die Abplattung der Hinterhauptschuppe vom Inion aufwärts. Die Schädelwölbung weist in der Richtung der Kronennaht beiderseits von oben nach unten eine schwache, grubenförmige Vertiefung auf, was man zwar kaum sehen kann, mit den Fingern aber ganz genau fühlt. Wichtig ist bei diesem Schädel, dass die noch offene Sutura metopica eine kammförmige Erhöhung bildet, welche ungefähr in der Höhe der beiden Stirnhügel beginnt und durchwegs bis zum Bregma anhält. Am Anfang der Pfeilnaht, ungefähr bis zum mittleren Teil, ist noch eine leistenförmige Erhöhung fühlbar, während in der hinteren Hälfte, vom Obelion anfangend, gerade im Gegensatz dazu, eine schmale, grubenförmige Vertiefung fühlbar ist.

Diese Schädelform ist ebenfalls künstlich deformiert. Die Abplattung der Hinterhauptschuppe, sowie die beiderseitigen Eindrücke der aufwärts gerichteten Stirn — welche man nur fühlen, aber nicht sehen kann — und endlich die grubenartige Vertiefung hinter der Kronennaht der Schädelwölbung, treten als Spuren der künstlichen Einwirkung auf. Auch diese Schädelform gehört in die Gruppe der aufgerichteten makrokephalen Deformation.

Kraniometrische Bezeichnung: 1. mesokephal; 2. hypsikephal; 3. stenokephal.

No. 3. ♂ Ohne Unterkiefer. Die hinteren Zahnalveolen beiderseits vollständig resorbiert. Aus der linksseitigen Zahnreihe ist nicht ein einziger Zahn erhalten, die zwei Schneidezähne und der Eckzahn sind erst nach dem Tod herausgefallen; rechts ist der innere Schneide- und der vordere kleine Backenzahn vorhanden. Die Schädelnähte sind mit der Sutura metopica zusammen noch gänzlich offen.

Die Stirn ist ziemlich schräg von vorn nach hinten und aufwärts gerichtet. Die Stirnfläche zeigt bloss oben unmittelbar oberhalb der Oberaugenbögen in der Querrichtung eine Abplattung. Der Eindruck hinter dem Bregma ist im mittleren Teil der Kronennaht fühlbar. Die Sutura metopica zeigt bloss an einer Stelle in der Höhe der Stirnhügel eine leistenförmige Erhöhung. Die Schädelwölbung ist hinten steil herabgebogen. In der oberen Hälfte der Hinterhauptschuppe zeigt sich eine entschiedene Abplattung.

Diese Schädelform gehört in die Gruppe der aufgerichteten makrokephalen Deformation, obwohl die Aufrichtung des Schädels selbst nicht dermassen auffällt, wie dies bei den vorhergehenden beiden Schädeln der Fall war.

Kraniometrische Bezeichnung: 1. brachykephal; 2. hypsikephal; 3. stenokephal.

No. 4. ♂ Ohne Unterkiefer. Gesichtsschädel vorhanden, die rechte Hälfte des Hirnschädels ist aber oben (in der Gegend des Scheitelhöckers) und unten in der Gegend des Hinterhauptes und der Schläfenschuppe ausgebrochen. Nicht ein einziger Zahn ist erhalten, jedoch sind die Zahnalveolen grösstenteils vorhanden, was bedeutet, dass die Zähne grösstenteils erst nach dem Tod herausgefallen sind. Die Stirn ist ziemlich steil, im oberen Drittel ein wenig quer eingedrückt; hinter dem Bregma befindet sich beiderseits ein leichter Eindruck. In der Richtung der mittleren Stirnlinie zeigt sich bloss an jener Stelle eine leichtere leistenförmige Erhebung, wo sich die beiden seitlichen Eindrücke befinden. Interessant ist es, dass bei diesem Schädel die Kronennaht und rechts die Naht der Schläfenschuppe (sutura squamae s. mendosa) schon verwachsen sind; die Pfeilnaht sowie auch die Lambdanaht zeigen nur hie und da den Anfang einer Verwachsung. Die Schädelwölbung ist hinten steil herabgebogen, namentlich in der Partie der eingedrückten Hinterhauptschuppe. Dieser auffallend hohe Schädel gehört in die Gruppe der aufgerichteten makrokephalen Deformation.

Kraniometrische Bezeichnung: 1. mesokephal; 2. hypsikephal; 3. meseurykephal; **plagiokephal**.

No. 5. ♂ Ohne Unterkiefer. Mit Ausnahme des Gaumenteiles ist die Schädelbasis vollständig ausgebrochen, die Innenwand der Augenhöhlen ist stark verletzt. Die Stirn ist bedeutend schräger, jener Teil unter den Stirnhügeln ist quer eingedrückt; der Eindruck hinter dem Bregma fehlt gänzlich; die Schädelwölbung ist im oberen Teil der Hinterhauptschuppe steil nach unten gebogen. Die Schädelnähte sind grösstenteils noch offen. Vorgeschrittene Verwachsungen findet man nur in der hinteren Hälfte der Pfeilnaht, sowie in der oberen Hälfte der Lambdanaht. Von der Zahnreihe sind rechts die Eckzähne und ein Bruchteil des hinteren kleinen Backenzahnes, links nur ein Bruchteil des hinteren kleinen Backenzahnes erhalten; die Alveolen der grossen Backenzähne sind mehr oder weniger resorbiert, jene der Schneide- und Eckzähne, sowie die Alveolen der kleinen Backenzähne noch erhalten, diese Zähne sind somit erst nach dem Tod herausgefallen. An der Innenfläche des Schädels fällt die schwache Verästelung im zweiten und dritten Verzweigungssystem der mittleren Schlagader (A. men. media) der harten Hirnrinde auf. Auffallend ist weiter die schwache Entwicklung der längsverlaufenden Venengrube, die bloss im Bereiche der Pfeilnaht in Form einer ausgehöhlten Grube auftritt. Dieser Schädel gehört ebenfalls in die Gruppe der aufgerichteten makrokephalen Deformation, doch ist seine Form schon nicht mehr so steil.

Kraniometrische Bezeichnung: 1. brachykephal; 2. hypsikephal; 3. stenokephal.

Bei den aufgezählten fünf künstlich deformierten makrokephalen Schädeln kann man einerseits die sogenannte zuckerhutförmige (oxykephale), anderseits die wallförmig sich emporhebende (akrokephale) Form beobachten, zwischen beiden Formen findet man auch Uebergangsformen. Diese Fälle legen also davon Zeugnis ab, dass die von irgendeinem ethnischen Gebiete stammenden künstlichen Schädeldeformationen nicht ausschliesslich nur ein und dieselbe Form aufweisen; die Ursache hiervon kann teils auf die Verschiedenheit des Verfahrens zurückgeführt werden, teils aber auch auf die Verschiedenheit der ursprünglichen Schädelform und auf die der künstlichen Deformation entgegenwirkende Widerstandsfähigkeit des Schädels.

DR. KARL PAPP

Beschreibung der während der Forschungsreisen M. v. Déchys im Kaukasus gesammelten Versteinerungen

MIT 10 TAFELN

Auf seinen Forschungsreisen im kaukasischen Hochgebirge hat Herr Moriz von Déchy auch auf die paläontologischen Sammlungen grosses Gewicht gelegt. Auf drei Expeditionen haben ihn Geologen begleitet, und obgleich gerade in den Hochregionen des Kaukasus sich wenig Gelegenheit zu paläontologischen Sammlungen bietet, so haben doch, soweit es möglich war, sowohl Herr v. Déchy als seine Reisegefährten auch Versteinerungen gesammelt.

Diese Sammlung von Versteinerungen befindet sich als Geschenk des Herrn v. Déchy im Museum der königl. ungar. geologischen Reichsanstalt zu Budapest.

Bei der Aufsammlung des paläontologischen Materials haben sich ausser Herrn v. Déchy die Herren Dr. Franz Schafarzik, k. u. Bergrat und Professor am Polytechnikum, Prof. Desiderius Laczkó und der Schreiber dieser Zeilen bemüht. Den Grundstock der paläontologischen Suiten bilden die Sammlungen von Schafarzik und Laczkó.*)

In Folgendem führe ich zuerst in stratigraphischer Reihenfolge die Liste der Arten an, sodann gebe ich die Beschreibung der neuen Arten und Varietäten.

I. Liste der Versteinerungen.

Palaeozoikum.

Aus den paläozoischen Ablagerungen des Kaukasus befinden sich nur zweifelhafte Reste in der Sammlung des Herrn v. Déchy.

Nach den Aufzeichnungen von Dr. Franz Schafarzik, 1886 No. 29, sind im Flusssysteme des Uruch, im Quellgebiete des Ssonguta-Baches und im Abstiege vom Kamunta-Pass an der Westseite gegen das Dorf Kamunta im dunkelbraunen Tonschiefer organische Reste vorhanden. Diese sind jedoch unbestimmbare Bruchstücke von Muscheln und Brachiopoden.

*) Herrn Dr. Emerich Lörenthey, a. o. Universitäts-Professor, verdanke ich die Bereicherung der Sammlung mit einigen Versteinerungen, welche er gelegentlich einer Fahrt über die Grusinische Heerstrasse von Tiflis nach Wladikawkas sammelte.

Desiderius Laczkó hat 1902 (sub I No. 74) auf einem über den wasserscheidenden Hauptkamm zwischen den Gipfeln des Basardjusi und Tfan führenden Pass im seidenglänzenden schwarzen Schiefer ein an Lepidodendron erinnerndes, ziemlich grosses Bruchstück gefunden. Dieses Stück habe ich behufs Bestimmung Prof. Dr. Moriz Staub, dem bekannten Phytopaläontologen übergeben, nach dessen unerwartetem Tode es verloren ging und bis heute nicht aufgefunden werden konnte.

Lias.

1902. I., 50. leg. D. Laczkó. Im braunen Sandstein-Schiefer (Mittlerer (?) Lias) vom Guntuza-Pass (Ssamur-Gebiet):
Gervillia cf. *crenatula* Quenstedt.

1902. I., 53. leg. D. Laczkó. Ssamur-Tal, zwischen Achty und Kachta, im dunkeln Kalk:
Pentacrinus sp. ind.

1902. I., 48. leg. D. Laczkó. Chatar-Tal, südlich (8 Werst) von Artschi (Oberer Lias) in dunkelm Schiefer:
Mytilus sp. ind.
Modiola sp. ind.
Avicula Delia d'Orbigny
Harpoceras lympharum Dumortier

1902. 83. leg. D. Laczkó. Aus dem Gerölle des Terek folgende, im Pyrit umgewandelte Ammoniten:
Lytoceras incertum sp.
Rhacophyllites Ssemenowi n. sp.

1902. leg. Dr. E. Lörenthey am westlichen Ufer der Weissen Aragwa, südlich vom Dorfe Passanaur, im dunkeln Schiefer:
Inoceramus dubius Sowerby.

Dogger.

1902. II., 6. leg. D. Laczkó. Südlich von Psschu im Bsyb-Tale, von der Höhe des Dou-Passes, im dunkeln Schiefer (Bajocien):
Sphaeroceras Brongniarti Sowerby.

1885. leg. M. von Déchy. Aus dem Gerölle des Fiagdon im dunkeln Schiefer (Mittlerer Dogger):
Stephanoceras Liechtensteinii n. sp.

1886. 205a. leg. F. Schafarzik. Gunib-Berg, unter dunkeln Schiefern:
Parkinsonia Parkinsoni Sowerby

1886. 205a. *Parkinsonia ferruginea* Oppel
Parkinsonia Ujbányaense Böckh
Parkinsonia Schloenbachi Schlippe
Lytoceras Linneanum d'Orb.
Stephanoceras linquiferus d'Orb.
Perisphinctes sp. aff. *Martiusii* d'Orb.
Perisphinctes Lóczyi n. sp.
Perisphinctes daghestanicus n. sp.

1886. 6. leg. F. Schafarzik. Ardon-Tal, Westseite, unterhalb Dorf Bis, aus den Felswänden der südlich folgenden Enge, Kalkgestein:
Rhynchonella lacunosa multiplicata Quenst.
Rhynchonella Wrightii Dav. var. *declivis* Redlich.

Callovien.

1902. I., 92. leg. D. Laczkó. In der Nähe von Psebai, Laba-Tal (Kuban-Gebiet):
Macrocephalites macrocephalus Schloth.
Ceromya excentrica Ag. var. *nov.*
Pleuromya varians Agassiz

1902. I., 83. Bei Balta, aus dem Geröll des Terek:
Pleuromia Merzbacheri n. sp.
Reineckia anceps Reinecke.

Callovien und Malm.

1886. 205b. leg. F. Schafarzik, Gunib, aus der oberen Kalksteinetage:
Pholadomya Schafarziki n. sp.
Pholadomya cf. *asiatica* Redlich
Myacites sp.
Ceromya excentrica Agassiz
Pecten cf. *Laurae* Etallon
Pseudodiadema cf. *subpentagona* Laube
Terebratula cf. *Phillipsii* Morris et Davids
Rhynchonella cf. *Royeriana* d'Orb.

1902. I., 33. leg. D. Laczkó. Am Fusse des Gunib-Berges. Grauer, sandiger Kalkmergel:
Pholadomya paucicosta Roemer

1902. I., 33. *Modiola* cf. *caucasica* Redlich
Vola sp. ind.
Pecten inaequicostatus Phill.
Ceromya excentrica Agassiz var. nov.
Ammonites Chauvinianus d'Orb.
Ammonites calloviensis Sowerby
Peltoceras Athleta Phillips
Peltoceras Arduennensis d'Orb.
Cosmoceras Jason Reinecke
Perisphinctes Abichi Neumayr
Reineckia anceps Reinecke

1886. 190. leg. F. Schafarzik. Karadagh am Wege nach Gunib, Sandstein (Malm):
Collyrites cf. *Desoriana* Cotteau
Pholadomya hemicardia Roemer

1886. 202. leg. F. Schafarzik. Oberhalb Gunib, neben der eisernen Brücke im Sandstein (Malm):
Turbo crispicans Loriol
Alectryonia hastellata (Schl.) Qust.
Alectryonia solitaria Sowerby

1886. 203. leg. F. Schafarzik. Eiserne Brücke bei Gunib, im Sandstein:
Holectypus cf. *oblongus* Wright
Pleurotomaria semiornata Stol.
Heteropora conifera Lamx.

1886. 204. leg. F. Schafarzik. Eiserne Brücke bei Gunib, in den untersten Schichten (Callovien):
Terebratula subcanaliculata Oppel
Terebratula cf. *Fleischeri* Oppel
Rhynchonella spathica Lamck.
Anisocardia sp. ind.

1886. 132. leg. M. v. Déchy. Bakssan-Tal, unterhalb Osrokova, Alabaster (Malm):
Rhabdocidaris caucasica n. sp.

1902. I., 61. leg. M. v. Déchy. Im Geröll des Kussar-tschai, in rotem sandsteinartigen Kalk (Corallien):
Cyathophora Déchyi n. sp.

1898. 32. leg. M. v. Déchy. Südlich von Batalpaschinsk, Kuban-Tal, Geröll im rötlichen, sandsteinartigen Kalk (oberer Jura oder untere Kreide):

Nerinea (Ptygmatis) Kubanensis n. sp.

Montlivaultia Széchenyii n. sp.

Untere Kreide.

1898. 35a. leg. K. Papp. Unterhalb des Dorfes Chorotschoi (Daghestan) im braunen Kalk (Neokom):

Rhynchonella multiformis Roemer

1898. 41. leg. K. Papp. Zwischen Tando und Bottlich, im Sandstein:

Alectryonia rectangularis Roemer

Aetostreon latissimum Lamck.

Trigonia cf. *aliformis* Park.

Hinnites Leymerii Desh.

Exogyra aquila d'Orb.

Eriphyla Grigoriewi n. sp.

1898. 42. leg. K. Papp. Oberhalb des Dorfes Miarssa (Bottlich, Daghestan), im Sandstein:

Panopaea irregularis d'Orb.

Lima aubersonensis Pictet de Campiche

1886. 165. leg. F. Schafarzik. Südöstlich von Weden. Von den Höhen oberhalb des Chulchulai-Baches:

Pecten Cottaldinus d'Orb.

Alectryonia rectangularis Roemer

1886. 168. leg. F. Schafarzik. Oestlich, fünf Werst von Bottlich:

Ostrea Cotteaui Coquand

Exogyra Couloni d'Orb.

Pecten Carteroni d'Orb.

Rhynchonella gibbsiana Dav.

1902. I., 45. leg. D. Laczkó. Am Wege nach Gunib:

Exogyra Couloni d'Orb.

Vola sp. ind.

Myopsis arcuata Agassiz

Pholadomya elongata Mstr.

1886. 61. leg. F. Schafarzik. Oestlich von Kislowodsk. Roter Sandstein (oberes Neokom):

Thetis cf. *major* Sowerby. *Helicoceras* sp.

1886. 61. *Ostrea Sanctae Crucis* Pict et Camp.
Cardiaster Benstedi Forbes
Crioceras Cornuelianum d'Orb.

1902. I., 86. leg. D. Laczkó. Von den westlichen Talwänden bei Psebai, im gelblich braunen Sandstein:
Sphaera corrugata Sowerby
Rhynchonella cf. *globulosa* Pictet.

1902. I., 89. leg. D. Laczkó. Westlich von Psebai. Grauer Mergel (Aptien):
Phylloceras cf. *Guettardi* Rasp.
Terebratula Dutemplei d'Orb.
Terebratula depressa Lamck.

1902. I., 91. leg. D. Laczkó. Im Geröll der westlichen Berglehnen bei Psebai (Gault):
Terebratula Dzirulensis Anthula
Rhynchonella sulcata Davids.
Pinna Robinaldina d'Orb.
Belemnites cf. *minimus* List.
Pentacrinus cretaceus Leym.

1886. 62a. leg. F. Schafarzik. Südöstlich von Kislowodsk (Aptien):
Astarte trapezoidea Anthula
Hoplites Deshayesi Leymerie var. *consobrinus* d'Orb.

1886. 62b. leg. F. Schafarzik. Oestlich von Kislowodsk, 3. Stufe:
Thetis minor Sowerby
Cucullaea glabra Park.

1886. 63. leg. F. Schafarzik. Oestlich von Kislowodsk 4. Stufe:
Rhynchonella sulcata (Park) Davidson.
Cucullaea sp. (cf. *Arca Gabrielis* d'Orb.)
Panopaea sp. aff. *neocomensis* d'Orb.
Thetis caucasica Eichwald

1886. 53 (5.) leg. F. Schafarzik. Uruch-Tal, südwestlich von Mahomedansk in piritischem Ton (Aptien, unterer Gault):
Parahoplites Treffryanus Karsten.

1886. 178. leg. F. Schafarzik. Oestlich vom Dorf Charaki, zwischen Bottlich und Chunsach (Daghestan):
Parahoplites Uhligi Anthula
Thetis caucasica Eichwald

1886. 209. leg. F. Schafarzik. Bei Chodschal, zwischen Gunib und Lewaschi, im dunkeln Tonschiefer (Aptien):
Acanthoceras Waageni Anthula var. n.

1886. 65 (4.) leg. F. Schafarzik. Von einem Sattel im NO. bei Kislowodsk:
Parahoplites Sjögreni Anthula
Parahoplites Abichi Anthula
Acanthoceras Martini d'Orb. var. *caucasica* Anthula.
Thetis minor Sowerby
Panopaea acutisulcata Desh.

1886. 53 (5.) leg. F. Schafarzik. Uruch-Tal, südwestlich von Mahomedansk, im roten Sandstein (unterer Gault):
Hoplites Nolani Seunes
Parahoplites Bigoti Seunes

1902. leg. D. Laczkó. Bei Lewaschi, am Wege nach Gunib, im dunkeln Sandstein (Aptien):
Parahoplites Uhligi Anthula
Parahoplites Aschiltaensis Anthula
Parahoplites Déchyi n. sp.

Obere Kreide.

1886. 64b. leg. F. Schafarzik. Oestlich von Kislowodsk, am Ostufer des Baches, im Sandstein (Turon):
Panopaea regularis d'Orb.

1886. 64. leg. F. Schafarzik. Oestlich von Kislowodsk, Mergel:
Inoceramus cf. *Cuvieri* Sowerby

1886. 167. leg. F. Schafarzik. Vom Passe zwischen Andi und Bottlich, im grünlichen Mergel:
Inoceramus sp. aff. *orbicularis* Münst.

1886. 207. leg. F. Schafarzik. An der östlichen Abdachung des Passes zwischen Chodschal und Ssaltinka (nordöstlich von Gunib).
Inoceramus Brongniarti Sowerby: (Turon).

1898. 31. leg. K. Papp. Werchne Nikolajewsk (Kuban-Tal), graue Kalkmergel:
Holaster aff. *laevis* (De Luc) Agassiz

1902. I., 32. leg. D. Laczkó. Von der Passhöhe zwischen Kisiljar und Urma, (nördl. Daghestan) weisse Senon-Mergel:
Inoceramus Cripsii Mantell

1898. 37. leg. K. Papp. Westufer des Esen-am (See im nördlichen Daghestan):
Inoceramus Cuvieri Sowerby
Stegaster caucasicus Dru

1898. 38. leg. K. Papp. Vom SO.-Ufer des Sees Esen-am, weisse Mergel (Senon):
Echynocorys vulgaris Breynius
Echinoconus abbreviatus Desor
Inaceramus Cuvieri Sowerby
Inoceramus sp. aff. *latus* Mantell
Inoceramus cuneiformis d'Orb.
Inoceramus Cripsii Mantell und Varietäten:
Inoceramus var. *typica* Zittel, var. *decipiens* Zittel
und var. *alaeformis* Zekeli.

1898. 39. leg. K. Papp. Oestlich vom Dorfe Choi (nördlich. Daghestan). Mergel (Senon):
Inoceramus Cripsii Mantell var. *regularis* d'Orb.
Pachydiscus aff. *neubergicus* Hauer emend. Grossouvre
Echynocorys vulgaris Breynius var. *conica* Agassiz

1898. 40. leg. K. Papp. Zwischen Choi und Tando (nördlich. Daghestan), im weissen Senon-Mergel:
Echynocorys vulgaris Breynius (typischer *Ananchytes ovatus* Lamck).
Stegaster caucasicus Dru
Cardiaster aff. *pilula* Lamck.
Rhynchonella rionensis Anthula

Tertiär.

1898. 34a. leg. K. Papp. Vom Kuban-Ufer bei Batalpaschinsk, in schiefrigem Ton (Eocen):
Clupea sp., *Meletta* sp. Fischschuppen.

II. Beschreibung der neuen Formen.

Anthozoa.

Cyathophora Déchyi n. sp.*)

Taf. I, Fig. 1, 1a, 1b.

Die Korallengattung *Cyathophora* pflegt man in neuerer Zeit in die Familie *Stylinidae* der Haeckelschen Hexacorallier zu stellen, also eben dorthin, wo auch die Gattungen *Stylina*, *Diplocoenia*, *Heliocoenia*, *Cryptocoenia* hingehören. Die Gattung *Cyathophora* wurde durch Michelin für Formen mit massiven Stöcken aufgestellt, deren Kelche durch Costae und Traversen verbunden sind. Ihre Septa sind kurz und zumeist als Leisten ausgebildet, die Columellen fehlen, die Traversen sind flach, bodenartig. Die Visceralhöhle durch Böden abgeschlossen; infolge dieser Eigentümlichkeit wurden diese Formen durch d'Archiardi zu den *Tabulaten* eingereiht. Aus den neueren Forschungen, namentlich aus den Untersuchungen von Dr. Marie Ogilvie ergab sich jedoch, dass diese, einen paläozoischen Habitus zur Schau tragenden Korallen in Wirklichkeit den *Stylinidae* angehören.

Die kaukasische Art ist ein Stock von Faustgrösse, der aus radial angeordneten Röhren zusammengesetzt ist, wie dies Fig. 1 auf Taf. I erkennen lässt. Einige Kelche des Korallenstockes sind in Fig. 1b von oben gesehen abgebildet. Die Kelche sind kreisförmig oder elliptisch, ihr Durchmesser schwankt zwischen 3—5 mm. Ihre Septen sind in drei Hauptzyklen angeordnet; die sechs Septen des ersten Zyklus reichen ziemlich tief in den Kelch hinein, die des zweiten sind kurz, die des dritten aber rudimentär. Die Zahl der Costae ist 42 und wird durch dieselben die Aussenwand der Röhren in ziemlich scharfe Kerben zerlegt. Die Böden stehen, wie Fig. 1a zeigt, horizontal und ziemlich dicht; der Abstand derselben voneinander beträgt im Durchschnitt 1 mm.

Der neuen Art nächst verwandt ist *Cyathophora Claudiensis* Étallon, die aber nach Ogilvies Beschreibung (»Die Korallen der Stramberger Schichten«, von Dr. Sc. Maria M. Ogilvie, London. Palaeontographica, Supplement II. Stuttgart 1897. pag. 176, Taf. XVI, Fig. 11, 12) bedeutend grössere Röhren besitzt, bei welcher die Zahl der Costae 48 ist und wo im visceralen Raume auf je 1 mm zwei Böden entfallen. *Cyathophora Thurmanni* (Koby, »Monographie des polypiers jurassiques de la Suisse«, 2e partie. Mémoires de la Société Paléontologique Suisse, Basel und Genf 1881,

*) Zu Ehren des Herrn M. v. Déchy, Vizepräsidenten der Ungarischen Geographischen Gesellschaft.

Vol. VIII, pag. 96—97, pl. XXVI, Fig. 4—7) wurde durch Ogilvie mit der vorhergehenden Art vereinigt; dieselbe besitzt nach Koby 48—60 Costae. Die oberjurassische *Cyathophora Bourgeti* Defr. (Ogilvie l. c. pag. 176—177, Koby l. c. pag. 99, pl. XXVI, Fig. 1—3) besitzt weitaus gröbere Costae und reichen bei derselben bloss sechs Septen tief in den Kelch hinein; ausserdem ist auch die Zahl der Costae bedeutend geringer (24—30) als bei der kaukasischen Art. *Cyathophora Gresslyi* (Koby l. c. pag. 98, pl. XXVI, Fig. 8, pl. XXIX, Fig. 6) mit 48—60, und *Cyathophora faveolata* (Koby l. c. pag. 100, pl. XXV, Fig. 6, 7) mit 24—30 Rippen sind ebenfalls abweichende Arten; *Cyathophora tithonica* (Ogilvie l. c. pag. 177, Taf. XVI, Fig. 13) besitzt Kelche von unregelmässig polygonaler Form, und *Cyathophora globosa* (Ogilvie l. c. pag. 178, Taf. XVI, Fig. 14) ausserordentlich spärliche Septen; die Costae wurden überhaupt nicht observiert.

Von den Kreideformen weicht *Cyathophora regularis* From. (Koby, »Monographie des polypiers crétacés de la Suisse«, Mémoires de la Société Paléontologique Suisse, Vol. XXIII, 1896, pag. 29, pl. IX, Fig. 5) mit ihren kleinen Kelchen und zwölf Septen, sowie *Cyathophora neocomiensis* (d'Orbigny) de Fromentel (Mémoires de la Soc. Pal. Suisse, Vol. XXII, 1895, pag. 28, pl. IV, Fig. 6) mit ihren 24 Costae ebenfalls scharf von unserer Art ab.

Fundort: Geschiebe des Kussur-tschai (Daghestan), wo sie Herr M. v. Déchy am 25. Juli 1902 gesammelt hat. Die Versteinerung ist in den Aufzeichnungen des Herrn D. Laczkó mit I. 61 bezeichnet.

Alter: Aller Wahrscheinlichkeit nach Corallien des oberen Jura.

Montlivaultia Széchenyii n. sp.*)

Taf. I, Fig. 2, 2a, 2b.

Die Einzelkoralle ist feigenförmig, unten mit dünnem Stil, aus welchem sie nach oben allmählich dicker wird. Dieselbe ist sehr abgerieben, doch ist ein Rest der dicken und runzeligen Epithek deutlich zu erkennen, welche bis zum Kelchrande hinaufreichte. Ausserdem wird das allmähliche Wachstum des einst kleinen Polyps durch Zuwachsstreifen angedeutet. Der Kelch ist oval, etwas eingesenkt. In demselben sind 24 stärker hervortretende Septen sichtbar, die etwa bis zur Mitte des Kelches reichen, einander jedoch nicht berühren und so keine Columella bilden, sondern eine lange Spalte frei lassen. Inzwischen reihen sich dünnere und kürzere Septen aneinander, welche den Zyklus bilden; ihre Zahl ist jener der vorhergehen-

*) Zu Ehren des Herrn Grafen Béla Széchenyi, ungarischer Kronhüter.

den gleich. Zwischen diesen sind dann 40 noch kürzere Septen vorhanden. Die Art besitzt zusammen 90 Septen, die in etwa fünf Zyklen angeordnet sind. An den Septen lassen sich mit Gewissheit die Zeichen einer Zähnelung in der Serie der Granulationen auf den Trabekeln erkennen. An den Aussenseiten sind die costalen Enden der Septen unter der losgelösten und abgebrochenen Epithek scharf sichtbar.

Dimensionen: Höhe 40 mm, Länge des Kelches 44 mm, Breite desselben 30 mm.

Die Einzelkoralle kann vermöge dieser aufgezählten Eigenschaften am besten zur Gattung *Montlivaultia* Lamouroux gestellt werden, obzwar ihr Aeusseres der turonischen *Trochosmilia aspera* E. de Fromentel (Paléontologie Française, Terrain crétacé, Zoophytes, pag. 276, pl. 33, Fig. 2a und 2b). Anfangs hielt ich sie auch für dieselbe, die eingehendere Untersuchung belehrte mich jedoch, dass sie keine *Trochosmilia* sein kann. Anderseits vermag ich sie mit keiner der bekannten *Montlivaultien* zu identifizieren. Von den oberjurassischen Arten nähert sie sich am meisten der aus dem Corallien bekannten *Montlivaultia Champlittensis* E. de Fromentel (Paléontologie Française, Terrain jurassique, Zoophytes, pl. 60, Fig. 1, 1a, 1b), mit welcher sie jedoch wegen der abweichenden Anordnung ihrer Septen nicht identifiziert werden kann.

Die Form der bekannteren kretazeischen *Montlivaultien*, wie z. B. der *Montlivaultia Kaufmanni* (Koby, »Monographie des polypiers crétacés de la Suisse«, pl. III., Fig. 7, 7a), ist eine völlig andere. Doch stimmt die Art dem allgemeinen Habitus nach mit jenen neokomen Formen überein, die in der Coquandschen Sammlung der kgl. ungarischen Geologischen Anstalt unter den Namen *Montlivaultia diversiformis, Barroti* und *Brossardi* H. Coquand vorhanden sind.

Fundort: Kuban-Tal, etwa 22 km südlich von Batalpaschinsk.

Alter: wahrscheinlich Unterkretazeisch.

Echinozoa.

Rhabdocidaris caucasica n. sp.

Taf. II.

Die ursprünglich kreisförmige Schale infolge Druckes etwas flachgedrückt; oben flach, unten eingesenkt. Weder das Scheitelschild, noch das Peristom erhalten.

Die Ambulacralfelder verhältnismässig schmal, wellig, an den Rändern mit je einer grösseren und innen mit ebenfalls einer, hie und da mit zwei kleinen Körnern. Die Porenzonen breit, bedeutend breiter als die Ambulacra. Jedes Porenpaar durch eine Furche verbunden, die Poren daher gejocht, wodurch unsere Art in die Gattung *Rhabdocidaris* Desor (1858) verwiesen wird (ῥαβδοτος = gefurcht).

In je einer Ambulacralreihe finden sich 110 schmale Täfelchen und ebensoviele Poren vor. Die Zahl der Interambulacraltäfelchen ist in jeder Reihe 10—11 mit ebensovielen Tuberculen. Die an das Scheitelschild anstossenden Warzen brachen beim Präparieren grösstenteils ab, doch sind in jeder Reihe zehn Tuberculen sichtbar. Die Areola ist auf sämtlichen Interambulacraltäfelchen oval oder elliptisch und eingesenkt, mit einem etwas erhöhten Ring von Körnchenwarzen (cercle scrobiculaire) umgeben; die Zahl der grösseren Körnchenwarzen unmittelbar am Rande 18—20. Auf dem der Porenzone zugekehrten schmalen Teile befinden sich einige kleinere Warzen, dagegen sind gegen die Berührungspartien der Interambulacraltäfelchen zu in mehreren Reihen zahlreiche Warzen sichtbar, die gegen die Nähte hin allmählich kleiner werden. Die Warzenköpfe erhöht und mit einem zentralen Grübchen versehen, also durchbohrt. Die Stacheln abgebrochen.

Dimensionen. Durchmesser in der zusammengedrückten Richtung 70 mm, Höhe 60 mm.

Dieser neuen Art am nächsten verwandt ist *Rhabdocidaris Orbignyana* (Agassiz) Desor; die hauptsächlichere Literatur dieser ansserordentlich verbreiteten Art ist folgende:

1840. *Cidaris Orbignyana* Agassiz: Catal. syst. Ectyp. Echin. Mus. Neoc., p. 10.

1858. *Rhabdocidaris Orbignyana* Desor E.: Synopsis des Echinides fossiles, Paris. Pag. 40, Tab. I, Fig. 3, Tab. VIII, Fig. 7—9.

1875. *Rh. O.* Cotteau G.: Paléontologie Française. Terrain jurassique, tome X, pag. 299—308, pl. 223—226 et pag. 448, pl. 262, Fig. 4—7.

1890. *Rh. O.* Loriol: Embranchement des échinodermes. Description de la faune jurassique du Portugal, Lisbonne 1890. Pag. 34—36, pl. VI, Fig. 5—17.

Dieselbe ist namentlich aus dem Corallien, Kimmeridgien, Sequanien, Pterocerien des oberen Jura und aus dem Kelheimer Diceraskalk bekannt.

Bei *Rhabdocidaris Orbignyana* ist die Zahl der Interambulacraltäfelchen 7—8, bei unserer Art, wie erwähnt, 10—11; ausser diesem wesentlichen Unterschiede sind die scrobicularen Ringe der erwähnten Art kreisförmig und hie und da elliptisch, während sie bei unserer Art ausnahmslos eine elliptische Form besitzen.

Eine zweite ähnliche Form, *Rhabdocidaris major* Cotteau (1878, Paléontologie Française, terrain jurassique, X[e] tome, 1e partie, pag. 254 bis 257, pl. 206, Fig. 8—10, pl. 207 et pl. 208) aus dem oberen Lias, besitzt ebenfalls etwas weniger Interambulacralwarzen (8—9) als unsere Art und weist sowohl auf den Ambulacra, als auch auf den Interambulacra bedeutend mehr Warzen auf wie unsere Art. Die kaukasische Form steht in mehrfacher Hinsicht zwischen diesen beiden Arten, weicht aber von beiden durch die grössere Anzahl ihrer Interambulacralwarzen ab.

Die neue kaukasische Art ist charakterisiert durch die hohe Gestalt, die elf Interambulacraltäfelchen, die elliptische Form der die Interambulacralwarzen umgebenden Areola, schliesslich den bänderförmige Verlauf der Ambulacralfelder.

Fundort: Osrokowa, Bakssan-Tal.

In den Aufzeichnungen Dr. Franz Schafarziks vom Jahre 1886 mit 132 (1) bezeichnet.

Alter: Oberer Jura (Kimmeridge—Corallien).

Lamellibranchiata.

Pholadomya Schafarziki n. sp.*)

Taf. III, Fig. 1, 1a, 1b.

Die etwas schiefgedrückte Form stark gewölbt und aufgeblasen; die Proportionszahlen der Dicke, Höhe und Länge 6 : 7 : 8. In der Seitenansicht (Fig. 1) abgerundet dreieckig, in der Vorderansicht (Fig. 1a) sehr breit, kartenherzförmig, stark klaffend; das Klaffen in der oberen hinteren Ansicht (Fig. 1b) infolge der nachträglichen Zusammendrückung nicht besonders auffallend.

Vom Wirbel gehen sechs Rippen aus, worunter die erste auf dem Vorderteil, die zweite auf der Wölbung der Schale herabläuft; letztere ist die Hauptrippe. Die von derselben nach hinten folgenden vier Rippen sind allmählich verwischt, reichen jedoch sämtlich bis zum Unterrand. Wo die Zuwachsstreifen die Rippen verqueren, entstehen höckerartige Erhebungen. Die Zuwachsstreifen auf der ganzen Oberfläche scharf, am

*) Zu Ehren des Herrn Dr. Franz Schafarzik, Professor am Polytechnikum Budapest, zweiter Präsident der Ungarischen Geologischen Gesellschaft.

schärfsten auf der Vorderseite. Am Wirbel ziehen noch zwei verwischte Rippen gegen den Hinterteil, die jedoch alsbald verschwinden.

Dimensionen: Dicke 65 mm, Höhe 72 mm, Länge 82 mm.

Verwandte Formen: *Pholadomya deltoidea* (Sowerby: The Mineral Conchology of Great Britain, London 1818, vol. II, pag. 220, Tab. 197, Fig. 4; Moesch: Monographie der Pholadomyen, 1874, Mémoires de la Société Paléontologique Suisse, vol. I, pag. 39, Tab. XII, Fig. 2, 3, Tab. XIII, Fig. 1—2, Tab. XV, Fig. 1—4) aus dem Dogger, die ebenso hoch als lang ist und 7—8 Rippen besitzt; ferner *Pholadomya Murchisoni* (Sowerby: l. c. vol. III, Tab. 297, Fig. 4, et vol. VI, Tab. 545; Moesch: l. c. pag. 44, Tab. XVII, Fig. 6—9, Tab. XVIII, Tab. XIX) aus dem Callovien, die hinten breiter abgerundet ist und 7—8 Rippen aufweist.

Pholadomya crassa (Agassiz: Études critiques sur les mollusques fossiles, Neuchatel 1840, pag. 81, Tab. 6[d], Fig. 1—3) aus dem Bath und Callovien ist mit unserer kaukasischen Art am nächsten verwandt, doch befindet sich hinter ihrer Hauptrippe eine tiefe Furche, welche sich abwärts ausweitet. Ferner sind die Zwischenräume der folgenden Rippen breiter, die Rippen unten kräftiger als oben und die dritte und vierte Rippe zumeist nur mehr auf der Basis sichtbar, oben dagegen verwischt. Bei unserer Form hingegen sind die Rippen in ihrem ganzen Verlaufe scharf, die letzten rudimentären Rippen sogar umgekehrt nur in der Wirbelgegend sichtbar und abwärts verwischt. *Pholadomya paucicosta* (Roemer, Fr. Ad.: Die Versteinerungen des norddeutschen Oolithengebirges, Hannover 1836, Tab. XVI, Fig. 1; Moesch: l. c. pag. 76, Tab. XXV, Fig. 18, Tab. XXVI, Fig. 6—7, Tab. XXVII—XXIX) aus dem Malm ist von gleicher Breite und Höhe und trägt bloss 2—4 Rippen.

Fundort: Gunib, obere Kalkstufe.

In den Aufzeichnungen Dr. F. Schafarziks aus dem Jahre 1886 mit No. 205[b] versehen.

Alter: Oberer Jura (Callovien—Oxford).

Pholadomya cf. **asiatica** Redlich.

Taf. III, Fig. 2, 2a.

1894. Redlich, Karl, Der Jura der Umgebung von Alt-Achtala. Beitr. z. Pal. Oesterr.-Ung. u. des Orients. Bd. IX, p. 74, Taf. XII, Fig. 9.

Eine abgeriebene kleine Pholadomye, kann zwar nicht genau bestimmt werden, stimmt aber in ihren Umrissen mit der Doggerart Redlichs überein. Sie ist insofern beachtenswert, als diese Art vom Parkinsonia-Horizont bis zu den oberjurassischen Schichten von Gunib hinanreicht.

Fundort: Gunib, unter der Festung, wo sie im sandigen Kalke von D. Laczkó am 11. Juli 1902 gesammelt wurde; in seinen Aufzeichnungen mit I. 33 bezeichnet.

Alter: Oberer Jura.

Ceromya excentrica (Voltz) Agassiz var. nov.

Taf. IV, Fig. 1, 1a.

Isocardia excentrica Voltz, in Mus. Argentor.

— 1836. Roemer: Ool. Geb. pag. 106, Tab 7, Fig. 4a—c. — Bronn: Leth. I, p. 373, Tab. 20, Fig. 11.

— 1840. *Ceromva excentrica,* Ls. Agassiz: Études critiques sur les mollusques fossiles, Neuchatel, pag. 28, Tab. 8a—c.

1892. Neumayr-Uhlig: Ueber die von H. Abich im Kaukasus gesammelten Jurafossilien. Denkschriften d. Kais. Akad. d. Wiss. Math.-naturw. Kl. Bd. 59, pag. 19.

Agassiz unterscheidet drei Varietäten dieser sehr verbreiteten und charakteristischen Kimmeridgeart, und zwar 1. variété *allongée,* 2. *subcarrce* und 3. *écrasée.*

Unser abgebildetes kaukasisches Exemplar repräsentiert eine vierte Varietät, deren Skulptur vom Agassizschen Typus abweicht. Eine derartig abweichend skulpturierte Form wird von Neumayr-Uhlig (l. c. pag. 19) vom Wege nach Kamendelimost, am Kuban (vielleicht identisch mit dem an der Vereinigung der Flüsse Kuban und Teberda gelegenen Kamenamost) erwähnt und die abweichende Verzierung dem ungünstigen Erhaltungszustande zugeschrieben. Die Skulptur des Steinkernes unserer kaukasischen Form ist der von *Ceromya plicata* (Agassiz: Étud. crit. pag. 32, Tab. 8[d]; syn. *Cardita* V-costata Buckmann: Geol. Chelt. 2[d] edit., pag. 97; Morris-Lycett: A monograph of the mollusca from the great-oolite, London 1854, pag. 107, Tab. X, Fig. 1a, 1b, 2) aus dem Dogger ähnlich, von welcher er jedoch durch seinen Umriss scharf abweicht. Nachdem ich diese in gebrochenen Linien bestehende Skulptur konstant beobachten konnte, und zwar sowohl bei den gedrungeneren, als auch bei den schlanken Formen, trenne ich sie als Varietät vom Typus ab.

Fundort: Das abgebildete Exemplar wurde von D. Laczkó am 12. August 1902 gefunden, und ist auf seiner mit I. 92 bezeichneten Etikette als Fundort Psebai, Tal der kleinen Laba, angegeben. Diese Varietät habe ich auch in Dr. F. Schafarziks Sammlung aus dem Jahre 1886, No. 205b, aus dem oberen Kalk von Gunib stammend, sowie in D. Laczkós Sammlung vom 11. Juli 1902 (mit I. 33 bezeichnet) im grauen Sandmergel von Gunib, unter der Festung, vorgefunden.

Alter: Oberer Jura der Exemplare von Gunib; des abgebildeten Exemplars Callovien.

Pleuromya Merzbacheri n. sp.*)

Taf. IV, Fig. 2, 2a—c.

Es liegt der ziemlich wohlerhaltene Steinkern einer gedrungenen Pleuromya vor. Die Vorderseite ist steil abgestutzt, die hintere klaffend und abgerundet. Der Wirbel vorgeschoben, etwa am vorderen Drittel der Schalenlänge gelegen, während sich derselbe bei den meisten bekannten Arten am vorderen Viertel der Schalenlänge befindet. Der Wirbel stark eingewunden; die rechte Klappe — wie Fig. 2c zeigt — auf die linke übergreifend, infolgedessen der rechte Wirbel höher steht als der linke. Die Skulptur aus parallelen Zuwachsfalten bestehend, welche kräftige Furchen bilden; ober oder unter den meisten Hauptfalten sind auch dünne Nebenfältchen zu beobachten. Die Zahl der Hauptfalten bezw. Furchen ist 32, die am Wirbel sehr dicht stehen. An der Wirbelbasis zeigt sich beiderseits eine starke Einschnürung, unter welcher die konzentrischen Falten in etwas grösseren Abständen aufeinander folgen. Von den 32 Falten befinden sich unter der Einschnürung 18. In der Seitenansicht (Fig. 2) zieht vor dem Vorderrand eine seichte Grube vom Wirbel herab, was besonders für *Pleuromya donacina* Agass. charakteristisch ist. Die Schale hinten klaffend (2a, b), am vorderen Teile ist das Klaffen derselben bloss von unten (2b) sichtbar.

Dieser Form steht *Pleuromya varians* (Agassiz L.: Études critiques sur les mollusques fossiles, Neuchatel 1840, pag. 247, Tab. 25) aus dem Oxfordien am nächsten, die jedoch bedeutend schlanker ist, wie dies auch aus dem Vergleiche mit dem auf Taf. IV, Fig. 3, abgebildeten Exemplar aus Gunib hervorgeht. Ausserdem berühren sich bei dieser die beiden

*) Zu Ehren des Herrn Dr. Gottfried Merzbacher.

Wirbel, während sie bei unserer Art durch einen ziemlich breiten Abstand getrennt sind; im Zusammenhang damit erscheint die Schale von *Pleuromya varians* mehr klaffend. Als eine andere verwandte Form kann *Pleuromya Alduini* (Agassiz l. c. pag. 242, Tab. 22, Fig. 10—12) aus dem Dogger genannt werden, deren Hinterteil jedoch bedeutend mehr verbreitert, die vordere Seite aber abgerundeter, nicht so abgestutzt ist wie bei unserer Art. Die oberjurassische *Pleuromya donacina* Voltz (Agassiz l. c. pag. 248, Tab. 23, Tab. 29, Fig. 16—18) besitzt bedeutend eckigere Umrisse. Es sind dies Unterschiede, welche bloss die Abtrennung als Varietät gerechtfertigt erscheinen liessen; jedoch besteht der Hauptunterschied darin, dass bei all diesen Arten der Wirbel am vorderen Viertel, bei unserer Spezies dagegen dem Zentrum mehr genähert, am vorderen Drittel der Schalenlänge zu liegen kommt.

Dimensionen: Länge 48 mm, Höhe 36 mm, Dicke (Breite der beiden Klappen) 31 mm.

Fundort: Psebai, Kuban-Gebiet; gesammelt durch D. Laczkó am 12. August 1902; in seinen Aufzeichnungen I. 92.

Alter: Callovien.

Thetis caucasica Eichwald.

Taf. V, Fig. 2, 2a—d.

1868. *Thetis caucasica,* Eichwald: Lethaea rossica IIb, pag. 709, Taf. 26, Fig. 7.

1899. *Thetis caucasica,* Anthula: Ueber die Kreidefossilien des Kaukasus. Beiträge z. Pal. Öst.-Ung. u. d. Orients. Bd. XII, 1899, pag. 90, Taf. IV, Fig. 6a—6c.

Diese Art, welche 1868 durch Eichwald aufgestellt und 1899 durch Dim. J. Anthula emendiert und aufs neue beschrieben wurde, ist in der Sammlung Herrn M. v. Déchys sehr häufig. Das abgebildete Exemplar repräsentiert eine extreme Form der in Rede stehenden Art, da sie in den Umrissen am meisten an *Thetis major* Sow. erinnert. Jedoch ist — wie Anthula l. c. nachweist — bei der Unterscheidung der Arten der Mantelausschnitt ausschlaggebend. Es mögen hier diese wichtigen Zeilen Anthulas wörtlich wiedergegeben sein. »*Thetis minor* Sowerby: Der Mantelausschnitt reicht bis nahe an die Spitze des Schnabels, zeigt auf den Flanken eine ziemlich tiefe Ausbuchtung und nahe dem Schnabel einen stumpfen Winkel. *Thetis major* Sowerby: Der Mantelausschnitt zieht sich nicht hoch hinauf, was im allgemeinen der Hauptunterschied gegen *Thetis minor* ist; ausserdem bildet es keine Ausbuchtung in der Mitte der Flanken, sondern beschreibt nur einen einfachen, aufsteigenden Bogen. *Thetis caucasica* Eichwald: Der Mantelausschnitt ist verhältnismässig weit von der Spitze des Wirbels entfernt und bildet über der Mitte der Flanken eine unregelmässige Ausbuchtung.«

Unsere Form muss also dieser letzten Art zugezählt werden, nachdem ihr Mantelausschnitt vom Wirbel entfernt und — wie Fig. 2a zeigt — mit einer sehr prägnanten Ausbuchtung versehen ist.

Dimensionen: Länge 31 mm, Höhe 29 mm, Dicke 22 mm.

Fundort: Oestlich von Kislowodsk (rötlicher Sandstein des ersten Plateaus), gesammelt von Dr. F. Schafarzik (61—1886); von Kislowodsk östlich, 4. Etage, ges. von Dr. F. Schafarzik (63—1886); östlich von Charaki, zwischen Bottlich und Chunsach, ges. von Dr. F. Schafarzik (178, 179—1886). Der letzteren Sammlung gehört auch das abgebildete Exemplar an.

Alter: Gault.

Eriphyla Grigoriewi n. sp.*)

Taf. V, Fig. 1, 1a—b.

Die Klappen sehr dickschalig, mässig gewölbt, die rechte etwas grösser als die linke Klappe. Von der Seite betrachtet mit abgerundetem Umrisse, gegen hinten stark verlängert, so dass der Wirbel auf das vordere Viertel zu stehen kommt. Der Wirbel sehr klein, nach vorn geneigt, der linke etwas mehr nach aussen reichend. Die Skulptur aus konzentrischen Streifen bestehend, die in der Wirbelgegend dichter, aber schwächer sind, gegen den Unterrand zu hingegen kräftige Falten bilden. Zwischen den Zuwachsstreifen befinden sich im allgemeinen breite Furchen.

Das Schloss konnte nicht freigelegt werden, infolgedessen die Form nur bedingungsweise zur Gattung *Eriphyla* gestellt werden kann. Dem Aeusseren nach offenbart sich auch eine Aehnlichkeit mit *Gresslya*, die jedoch bekanntermassen dünnschalig, unsere Form dagegen sehr dickschalig ist. Dieselbe zeigt auch mit *Cyprina* einige Aehnlichkeit, doch erscheint es am

*) Zu Ehren des Herrn Professor Alexander Grigoriew, langjährigen Sekretärs der kais. russ. geographischen Gesellschaft und Förderers asiatischer Forschungsreisen.

wahrscheinlichsten, dass sie der Familie *Astartidae*, und zwar dem Genus *Eriphyla* angehöre.

Sie trägt nämlich sehr viel Aehnlichkeit mit *Eriphyla transversa* Leym. zur Schau, die aus dem unteren und mittleren Neokom Frankreichs und der Schweiz, sowie aus dem mittleren Neokom Ostafrikas*) bekannt ist, doch ist unsere Form bedeutend mehr verlängert als diese.

Dimensionen: Länge 60 mm, Höhe auf der linken Klappe 45 mm, Dicke der beiden Klappen 28 mm.

Fundort: Daghestan, zwischen Tando und Bottlich, wo ich sie aus dem Sandstein gesammelt habe (No. 41).

Alter: Neokom.

Gastropoda.

Ptygmatis kubanensis n. sp.

Taf. VI, Fig, 1, 1a, 1b.

Innerhalb der Gruppe *Nerinea* Defrance (1825) besteht die charakteristische Eigentümlichkeit der Untergattung *Ptygmatis* Sharpe nebst der wenig verzierten Schale in der komplizierten Faltung.

Die zahlreichen glatten Umgänge unserer Art sind sattelartig vertieft und in der Nähe der Naht aufgetrieben. Auf dieser aufgetriebenen Zone befindet sich die Naht. Die Oberfläche des Gehäuses ist zwar abgerieben, doch weisen alle Zeichen auf eine glatte, alle Verzierung entbehrende Oberfläche hin. Von den fünf komplizierten Falten befinden sich zwei auf der Spindel, eine auf der Innenlippe und zwei auf der Aussenlippe, wo noch die Spur einer sechsten Falte beobachtet werden kann. Sowohl die Mündung, als auch die Spitze sind abgebrochen.

Dimensionen des Bruchstückes: Länge 55 mm, Durchmesser des vorhandenen letzten Umganges 22 mm.

Die nächstverwandten Formen sind: *Nerinea (Ptygmatis) pseudo-Bruntrutana* (Gemmellaro: 1865. Nerinee della Ciacca dei dintorni di Palermo, pag. 6, Tab. I, Fig. 4—7; K. A. v. Zittel: Die Gastropoden der Stramberger Schichten, Cassel 1873, pag. 233; Taf. 41, Fig. 23—25; Herbich: Paläontologische Studien über die Kalkklippen des siebenbürgischen Erzgebirges; Mitteilungen aus dem Jahrbuche der kgl. ungarischen Geologischen Anstalt, Bd. VIII, pag. 40, Taf. V, Fig. 6—8), doch ist diese untertithonische Art viel spitziger, konischer und besitzt mehr abgerundete

*) Gottfried Müller: Versteinerungen des Jura und der Kreide. Deutsch-Ostafrika. Bd. VII, Berlin 1900, pag. 553, Taf. XXI, Fig. 5—6.

Umgänge, während das Gehäuse unserer Art lang ist und einen abweichenden Scheitelwinkel besitzt. Die oberjurassische, treppenförmig aufgebaute *Ptygmatis carpathica* (Zeuschner: Geognostische Beschreibung des Nerineenkalkes von Inwald und Roczyny, Naturwissenschaftliche Abhandlungen von Haidinger, Bd. III, pag. 137, Taf. XVII, Fig. 1—4) ist viel zugespitzter kegelförmig.

Fundort: Tal des Kuban, südlich von Batalpaschinsk.

Alter: Oberer Jura oder untere Kreide.

Cephalopoda.

Lytoceras incertum

Taf. VI, Fig. 2, 2a.

Es liegt das Bruchstück eines in Schwefelkies umgewandelten kleinen Ammoniten mit weitem Nabel vor. Die Skulptur besteht aus leicht gebogenen, fein gekerbten Linien und auch Einschnürungen sind zu beobachten. Der Durchschnitt ist nahezu kreisrund. Nach Absprengung der patinaartigen Schale gelang es mir, die Spuren des Sutur zu entdecken. Der Siphonallobus ist durch einen kleinen Sattel symmetrisch entzwei geteilt. Der erste Laterallobus an der Basis in zwei symmetrische Hälften geteilt. Die Sättel tief geschlitzt. Dieses Fragment ist dem als *Ammonites lineatus* Quenstedt Friedrich August Quenstedt: Der Jura, Tübingen 1858, pag. 133, Tab. 16, Fig. 13) beschriebenen *Litoceras* am meisten ähnlich, der aus dem Lias Obergamma (also aus dem mittleren Lias) bekannt ist. Auch mit dem *Ammonites rubescens* (Eug. Dumortier: Études paléontologiques sur les dépots jurassiques du Bassin du Rhône, Paris 1874. Lias supér. pag. 114, pl. XXIX, Fig. 4—5), der aus der *Ammonites bifrons*-Zone bekannt ist, weist es eine Aehnlichkeit auf.

Fundort: Nicht genau bekannt; aus dem Geschiebe des Terek gesammelt von D. Laczkó (No. 83).

Alter: Wahrscheinlich oberer Lias.

Rhacophyllites Ssemenowi n. sp.*)

Taf. VI, Fig. 3, 3a, 3b.

Ein kleines, in Schwefelkies umgewandeltes, weitgenabeltes, scheibenförmiges Ammonitenfragment mit abgeflachtem Umgang und abgerundetem Externteil, auf dessen Oberfläche schief vorgezogene Linien mit in regel-

*) Zu Ehren des Herrn Senators Peter von Ssemenow, Vizepräsidenten der kais. Russ. Geogr. Gesellschaft.

mässigen Abständen folgenden Einschnürungen sichtbar sind. Es gelang mir, die Naht teilweise freizulegen, deren Loben und Sättel — wie Fig. 3b zeigt -- diese Form in die Gattung *Rhacophyllites* Zittel verweisten. Die Sättel endigen in zwei Hauptblättern (diphyllisch). Der tiefe Einschnitt des Laterallobus reicht etwas unter die Lobennormale.

Am ähnlichsten ist *Ammonites Mimatensis* d'Orbigny (Paléontologie Française, Terrains jurassiques, Cephalopodes, Paris 1842—1849, pag. 344, pl. 110, Fig. 4—6) aus dem oberen Lias, doch wird der Siphonallobus desselben durch ein bedeutend breiteres und niedrigeres Externsättelchen entzwei geteilt, als bei unserer Art. Ausserdem ist die kaukasische Form bedeutend gedrungener als die französische Spezies.

Fundort: Nicht genau bekannt, gesammelt aus dem Geschiebe des Terek durch D. Laczkó (No. 83).

Alter: Wahrscheinlich oberer Lias.

Stephanoceras Liechtensteinii n. sp.*)

Taf. VI, Fig. 4.

Diese schön erhaltene Form zeigt sich schon beim ersten Anblick dem *Stephanoceras Bayleanum* Oppel (sp. 1856) verwandt. Oppel trennte bekanntermassen die unter dem Namen *Ammonites Humphriesianus* beschriebenen d'Orbignyschen Formen ab und führte die in der Paléontologie Française, Terrains jurassiques, tome I, pl. 133, abgebildeten, sehr weit genabelten, extrem evoluten Formen unter dem Namen *Stephanoceras Bayleanum* in die Literatur ein. Bei genauerer Untersuchung der in Rede stehenden kaukasischen Art fällt es auf, dass sich die Knoten unmittelbar über dem Nabelrand befinden, von wo sie jäh zur Nabelnaht herabfallen. Dem entspricht auch der Querbruch, welcher zeigt, dass die grösste Breite der Wölbung in der Richtung des Aussenrandes der folgenden Windung liegt; der Querschnitt ist demnach aufwärts verschmälert, abgerundet viereckig. Am Halbdurchmesser der Aussenwindung befinden sich 17 Knoten und ebensoviele sehr kurze und verwischte umbonale Rippen; die Zahl der Externrippen ist 60. Auf der Hälfte der darunter folgenden Windung entsprechen den 15 Umbonalrippen bezw. ebensovielen Knoten gleichfalls 60 Externrippen. Auf einer ganzen Innenwindung zählte ich bloss 23 Knoten. Die Zahl der Knoten nimmt also gegen die inneren Umgänge zu ab, während die Zahl der gegabelten Rippen konstant erscheint. Die

*) Zu Ehren des Prinzen Franz Liechtenstein, s. Z. k. u. k. österr.-ungar. Botschafter am Kais. russischen Hofe.

11*

Rippen gabeln sich auf den Knoten im allgemeinen in drei Aeste, jedoch nicht immer, da zahlreiche eingeschobene Rippen vorhanden sind, die frei enden; dies erfolgt jedoch nur an der einen Seite, während sie an der andern in Knoten endigen. An der linken Seite ist eine Rippe mehr vorhanden als auf der rechten, wodurch an der Externseite die regelmässige Bogenstellung gestört wird. Die Rippen sind, von den Knoten angefangen, stark nach vorn, nach Erreichen des Externteiles jedoch in kleinem Bogen nach hinten gekrümmt. Die sämtlichen Rippen sind von links nach rechts schief nach hinten gerichtet, und zwar meist mit zwei Rippenbreiten, so dass die Rippen des rechten Knotens nicht auf die entsprechenden rechten, sondern auf den folgenden, hinten stehenden Knoten treffen. Durch die linksseitige eingeschobene Rippe wird diese Schiefheit wieder einigermassen ausgeglichen. Von den Knoten auswärts bis zur Biegung sind die Zwischenräume breiter als die Rippen, während auf dem Externteil die Dicke der Rippen mit der Breite der Zwischenräume beiläufig gleich ist. Auf einer der inneren Windungen ist die Suturlinie schön sichtbar, die dem Wesen nach mit jener von *Ammonites Humphriesianus* (d'Orbigny, Terr. jurass., pl. 133) übereinstimmt. Der Hauptunterschied ist der, dass bei der kaukasischen Art der Adventivlobus des Externsattels bedeutend tiefer herabreicht als bei d'Orbignys Form.

Das Ende des ersten Laterallobus erreicht gerade das Ende der Lobennormale und reicht nicht tiefer wie bei d'Orbignys Art; der zweite Laterallobus erreicht ebenfalls die Lobennormale.

Der Oppelschen *Stephanoceras Bayleanum* sp. gehören in der Münchener Sammlung der Originalexemplare sehr verschieden gestaltete Formen an, doch konnte ich die kaukasische Art mit keiner derselben identifizieren. Die Gestalt unserer Art ist im allgemeinen gedrungener als die des typischen *Bayleanum.*

Verwandt ist ferner auch *Stephanoceras Freycinetti* Bayle (Explication de la carte géologique de la France. Tome quatrième, Paris 1878. Atlas, pl. 41, Fig. 1), doch stehen die Knoten dieser Art bedeutend dichter, auf einem Umgang 48, und gleichzeitig auch in grösserer Entfernung von der Nabelnaht; ferner sind hier die Rippen gerade und vertikal.

Dimensionen der neuen Art: Durchmesser 120 mm, Nabelweite 70 mm, Breite des Durchschnitts der Schlusswindung 28 mm, Höhe in der Windungsebene 22 mm, von der Naht bis zum Externteil 28 mm.

Die Oppelsche Art *Bayleanum* kommt namentlich in Bayeux (Calvados) und in der Zone des *Ammonites Sauzei* vor, also etwas tiefer als *Stephanoceras Humphriesianus* Sow.; der Fundort von *Stephanoceras Freycinetti* Bayle ist Oolithe inférieure ferrugineuse, Saint Vigor, près de Bayeux.

Nach diesen Analogien ist das Alter der neuen kaukasischen Art wahrscheinlich der untere Horizont des mittleren Dogger.

Fundort: Westlich von Wladikawkas, Geschiebe des Fiagdonbaches; in einem dunkeln, eisenhaltigen Kalkgerölle gesammelt durch M. v. Déchy.

Perisphinctes Lóczyi n. sp.*)

Taf. VII, Fig. 1, 2, 2a, 2b.

Eine sehr weit genabelte Form mit rundlich ovalem Durchschnitt, deren Flanken jedoch stark gewölbt sind; der Externteil abgerundet. Die Rippen dicht stehend und in halber Höhe gegabelt.

Bei der grösseren Form (Fig. 1) entsprechen 25 inneren Rippen 45 Externrippen; die Rippen sind im allgemeinen nach vorn gerichtet. Auch zwei Einschnürungen sind auf derselben zu beobachten, vor und hinter welcher die Rippen stark anschwellen und sehr stark nach vorn biegen. Von Parabelknoten ist keine Spur sichtbar.**) Der Externteil des Umganges breit gewölbt, seitlich jedoch abgeflacht und sodann plötzlich zur Umbonalnaht herabfallend, jedoch keine Nabelkante bildend.

Auf dem kleineren Stücke (Fig. 2, 2a, 2b), welches etwas weniger als die Hälfte der Schlusswindung darstellt, entfallen auf 23 primäre Rippen des Nabelteiles 38 Externrippen. Es ist auf demselben eine starke Einschnürung sichtbar, die sich in der Form eines tiefen Grabens durch den Externteil erstreckt und seitlich, gegen die Naht zu, allmählich schmäler wird. In der Einschnürung setzen sich die Rippen ungestört fort, und unter der abgebrochenen Schale nimmt der Externlobus in demselben Platz.

Der Verlauf der Suturlinie ist folgender: Der Externlobus wird durch einen hoch (8 mm) hervorspringenden, sekundären Sattel in zwei symmetrische Hälften geteilt. Der erste Laterallobus reicht beinahe bis zur Lobennormale herab, ist sehr schmal und endigt unten in drei Haupt-

*) Zu Ehren des Herrn Prof. Dr. Ludwig v. Lóczy, Präsidenten der ung. geogr. Gesellschaft.

**) L. Teisseyre führt aus: »Der Umstand ist . . . nicht gleichgültig, dass Einschnürungen an parabeltragenden Formen sehr selten sind, und anderseits jene Formen beständig mit Einschnürungen versehen sind, welche gewöhnlich keine Parabelknoten tragen.« Schliesslich spricht er den Erfahrungssatz aus, »dass die Hauptentwicklung der Parabelknoten und ihre Umbildung zu wahrhaftigen Knoten auf hochmündige Arten der vorliegenden Formengruppe (die des *Perisphinctes Martiusii*) beschränkt wird, während Einschnürungen nur an Formen mit rundlichem Windungsquerschnitte auftreten.« (Beitrag zur Kenntnis der Cephalopodenfauna der Ornatentone im Rjäsan, Russland; Sitzb. d. k. Akad. d. Wissensch., Wien, Bd. 88, Abt. I, 1883, pag. 619, 620.)

ästen. Der zweite Laterallobus überschreitet die Lobennormale und schneidet hierbei tief gegen den ersten Laterallobus ein. Der erste Auxiliarlobus ist ebenfalls sehr tief.

Der Externsattel ist breit und endigt 17 mm von der Lobennormale*) entfernt in zwei Hauptästen; derselbe wird durch einen nicht gerade tiefen Sekundärlobus entzwei geteilt. Der äussere Ast ist grösser und teilt sich abermals in zwei Teile. Der erste Lateralsattel besteht ebenfalls aus zwei durch einen ausserordentlich tiefen Sekundärlobus getrennten Hauptteilen.

Der äussere Hauptast, welcher aus zwei gleichen Aestchen besteht, liegt nahezu in derselben Höhe (16 mm) über der Lobennormale wie der Externsattel, während der innere Hauptast plötzlich herabfällt; das obere Ende dieses internen Hauptastes fällt in jene schräg nach hinten ziehende Linie, in welche auch die oberen Enden des zweiten Lateralsattels und der Auxiliarsättel zu liegen kommen. Dasselbe Bild bieten auch die Suturlinien der inneren Windungen in einfacherer Form. — Sämtliche Sättel sind breiter als die Loben.

Dimensionen. Durchmesser des grösseren, zusammengeklebten Exemplars 95 mm, die Nabelweite 45 mm. Der Durchmesser des kleineren dürfte bei 90 mm lang gewesen sein, die Nabelweite 42 mm. Höhe der Schlusswindung in der Medianebene 23 mm, von der Naht bis zum Externteil 28 mm, Breite 26 mm. Die Breite der Mündung ist also grösser als die eigentliche Höhe.

Die nächstverwandte Form der neuen Art ist *Perisphinctes Martiusii* (d'Orbigny: Pal. Franç. T. jurass. 1842—1849; pag. 381, pl. 125; 1856 Oppel. Die Juraformation, pag. 80; 1881; Böckh, G. A. Mecsekhegység jurakorbeli lerakódásai, pag. 80) aus dem mittleren Dogger, von welcher sich unsere Art jedoch durch ihren nahezu runden Durchschnitt und die bedeutend gedrungenere Gestalt sowie durch ihre etwas abweichende Suturlinie unterscheidet.

Fundort: Die unteren dunkeln Schiefer des Gunibberges im Daghestan; in den Aufzeichnungen von Dr. F. Schafarzik No. 205a.

Alter: Mittlerer Dogger.

Perisphinctes daghestanicus n. sp.

Taf. VII, Fig. 3, 3a.

Es liegt mir ein überaus zartes, kleines *Perisphinctes*-Fragment mit vollständiger innerer Windung vor. Eine sehr weit genabelte Form, deren

*) Lobennormale = Radius vom Spiralenanfang zum tiefsten Punkt eines Externlobus.

Umgänge einander nur wenig decken. Der Durchschnitt derselben nahezu kreisförmig. Die dicht stehenden Rippen gabeln sich in der Mitte. Auf der Innenwindung ist auch eine Einschnürung sichtbar. Diese Art weist viel Aehnlichkeit mit der vorher beschriebenen Form und einige Aehnlichkeit auch mit *Ammonites convolutus dilalatus* (Duenstedt: Amm. d. schwäb. Jura, Taf. 81) aus dem Ornatenton auf, kann aber mit keiner derselben identifiziert werden.

Fundort: Die unteren dunkeln Schiefer am Gunibberg (Schafarzik, No. 205a).

Alter: Dogger.

Parkinsonia ferruginea Oppel.

Taf. VIII, Fig. 1.

1857. Oppel, Juraformation, pag. 476.

1888. Schlippe, Die Fauna des Bathonien im oberrheinischen Tieflande, pag. 211, Taf. VI, Fig. 2, 3.

1892. Neumayr-Uhlig, Jurafossilien des Kaukasus, pag. 53.

Diese Art liegt in zahlreichen Exemplaren aus den unteren dunkeln Schiefern des Gunibberges vor. Das abgebildete Exemplar ist eine mässig involute, flache Form mit stark nach vorn gebogenen Rippen, auf welchen an der Stelle der Gabelung keine Knoten vorhanden sind. Die Externfurche sehr scharf. Die *Parkinsonia ferruginea*, welche in West- und Mitteleuropa die Basis der Bathstufe angibt, ist aus den dunkeln Schiefern des Gunib bereits seit längerer Zeit bekannt. Nachdem aber von dieser Lokalität durch die Expedition M. v. Déchys schon vor zwanzig Jahren *Parkinsonien* mitgebracht wurden, führe ich eine derselben auch in Abbildung vor.

Fundort: Untere dunkle Schiefer bei Gunib, wo sie durch Dr. F. Schafarzik 1886 gesammelt wurde (No. 205a).

Alter: Mittlerer Jura (Bathonien).

Reineckia anceps Rein.

Taf. VIII, Fig. 2, 2a.

1818. *Nautilus anceps* Reinecke, Maris protogaei Nautilos et Argentos delinervit, Tab. VII, Fig. 61, p. 82, No. 29.

1842. *Ammonites anceps* d'Orbigny, Paléontologie Française, Terrains jurassiques, pag. 462, pl. 167.

1846. *Ammonites Parkinsoni coronatus* Quenstedt, Cephalopoden, pag. 147, Taf. XI, Fig. 8.

1878. *Reineckia anceps* Bayle, Explication de la carte géologique de la France, planche LVI.

1892. *Reineckia anceps* Neumayr-Uhlig, Jurafossilien des Kaukasus, pag. 52.

Ein schönes Exemplar dieser sehr mannigfaltigen Art führe ich auch in Abbildung vor. Das einen Durchmesser von 60 mm besitzende, kleine, gedrungene Exemplar ist etwas abgerieben, doch sind auf demselben die bezeichnenden Charaktere trotzdem gut erkennbar. *Reineckia anceps* ist in Frankreich bekanntermassen ein Leitfossil des Callovien, in Schwaben aber kommt dieselbe im braunen Jura (Quenstedt ζ), im unteren Ornatentone, häufig vor. Aus dem Kaukasus war sie bisher aus dem kiesreichen grauen Mergel des Gunib und vom Passe Balkar-Digorien bekannt. Das einschliessende Material des abgebildeten Exemplares ist eisenhaltiger Mergel.

Fundort: Dieses Exemplar stammt aus dem Geschiebe des Terek, bei Balta, wo es durch D. Laczkó (1902 No. 1—83) gesammelt wurde.

Alter: Callovien.

Cosmoceras Jason Reinecke.

Taf. VIII, Fig. 3, 3a.

1818. *Nautilus Jason* Reinecke, Naut. et Arg. pag. 62, No. 8, pl. III, fig. 15—17.

1842. *Ammonites Jason* d'Orbigny, Paléontologie française, Terrains jurassiques, pag. 446, planche 159.

1878. *Cosmoceras Jason* Zieten. Bayle, Explication de la carte géologique, de la France, planche LVII.

1892. *Cosmoceras Jason* Rein. Neumayr-Uhlig, Jurafossilien des Kaukasus, pag. 53.

Das abgebildete Fragment, welches einen Durchmesser von 90 mm besitzt, stimmt ziemlich gut mit der oben zitierten Abbildung Bayles, ein anderes Exemplar dagegen mit der in d'Orbignys zitierter Arbeit auf Taf. 160 abgebildeten stacheltragenden Art überein, bezüglich der es jedoch zweifelhaft ist, ob sie mit dem echten typischen *Jason* vereinigt werden könne.

Die Art ist im Callovien Frankreichs und im unteren Ornatentone der Stufe des schwäbischen Jura häufig. Bei Neumayr-Uhlig wird dieselbe aus dem zentralen Kaukasus vom Passe zwischen Balkar und Digorien erwähnt. Unser Exemplar ist in einem graulichgrünen, mergeligen Sandstein eingeschlossen.

Fundort: Gunib, unter der Festung; gesammelt durch D. Laczkó, 1902, No. 1—33.

Alter: Callovien.

Acanthoceras Waageni Anthula var. n.

Taf. X, Fig. 1, 1a.

1899. Anthula, *Pachydiscus* (?) *Waageni* n. sp.

In seiner grundlegenden Arbeit »Ueber die Kreidefossilien des Kaukasus« (Beiträge zur Paläontologie Oesterreich-Ungarns und des Orients, Bd. XII, 1899, Wien, pag. 106, Taf. IX, Fig. 1a, b, c) beschrieb Dr. Dimitriu Anthula aus dem dunkeln Tonmergel des Aptien von Aschilta, Daghestan, einen sehr schönen Ammoniten, den er unter Fragezeichen zur Gattung *Pachydiscus* gestellt hat. Herr Professor J. F. Pompeckj war so gütig mich aufmerksam zu machen, dass diese Form kein *Pachydiscus*, sondern ein typischer *Acanthoceras* sei. Dieselbe Art oder vielleicht eine nur wenig abweichende Varietät fand ich auch in der Sammlung M. v. Déchys vor.

Auf der Schlusswindung dieses wohlerhaltenen Exemplares fehlt die Wohnkammer, ihre Spur ist jedoch vorhanden; dieselbe war grösser als der halbe Umgang. Das Gehäuse besteht aus abgerundeten, rasch zunehmenden Umgängen, die nicht ganz ein Drittel der Höhe umfassen. Die zugerundete Nabelwand fällt steil zum Nabel herab. An der äusseren, abgeriebenen Oberfläche erscheinen die Rippen glatt, an den Rippen der inneren Windungen sind jedoch die mittelmässig starken Knoten gut sichtbar, und zwar einesteils auf dem gegen den Nabel zu befindlichen Teile der Rippen, unmittelbar auf der abgerundeten Nabelseite, anderseits in der Mitte der Flanken, sehr nahe zur Naht. Die Rippen sind an der Nabelwand stark nach hinten gezogen; nachdem sie aber die Nabelkante erreicht haben, ziehen sie über die Flanken wie über den Externteil in gerader Linie und sind am Siphonalteil sogar um einen Gedanken vorgezogen. 32 Nabelknoten entsprechen auf einem Umgange 65 Rippen des Siphonalteiles. Die Bifurkation der Rippen erfolgt diesseits der Flankenmitte, gegen den Nabelrand zu, meist in der Gegend der Knoten.

Die allgemeine Form ist stark aufgeblasen und erinnert somit an *Pachydiscus*, doch weist auch *Acanthoceras* solche Vertreter auf, wie z. B. *Acanthoceras naviculare* (Mantell 1822, Geology of Sussex, London, pag. 198, Tab. XXII, Fig. 5; d'Orbigny 1840, Paléont. Franç., Terr. crét. p. 340, pl. 103; Choffat 1898, Faune crétacique du Portugal, pag. 72, pl. VI) aus dem Cenoman. Die in Rede stehende kaukasische Art kann vermöge ihrer Suturlinie nicht zu *Pachydiscus* gezählt werden. Ein wesentlicher Charakter der Gattung *Pachydiscus* Zittel (emend. A. de Grossouvre: Les ammonites de la craie supérieure, Mém. pour servir à l'explication de la carte géologique détaille de la France. Minist. des travaux publics. Deuxième partie, Paris 1894, pag. 176) besteht ausser der aufgeblasenen Form in ihrer, den *Desmoceratiden* nahestehenden Suturlinie, deren Typus, *Ammonites Neubergicus* Hauer, mit tiefgeschlitzten schmalen Sätteln und Loben sowie mit beiläufig in einer Höhe liegenden Sattelenden ist. Ein Blick auf die Suturlinie unserer kaukasischen Art belehrt, dass dieselbe der Familie *Desmoceratidae* Zittel (*Ligati* d'Orb.) und somit der Gattung *Pachydiscus* nicht angehören könne; die Suturlinie verweist sie vielmehr in die Gattung *Acanthoceras* Neumayr. Die Suturlinie von *Acanthoceras* ist ziemlich einfach. Ausser den beiden Lateralloben sind bloss 1—3 kleine Auxiliarloben an den Flanken vorhanden. Die Körper der Loben und Sättel sind plump und breit, die Sättel breiter als die Loben. Die Loben bloss gezähnt, nicht verzweigt. All diese *Acanthoceras*-Charaktere treffen bei unserer kaukasischen Art zu. Es muss jedoch der auffallend breite Externsattel erwähnt werden, der an seiner Basis zumindest so breit ist wie die übrigen zusammen, während er oben beinahe um die Hälfte schmäler wird.

Die einzige Abweichung unserer Art von der als *Pachydiscus? Waageni* Anthula beschriebenen Form besteht in der tiefer herabreichenden Nabelkante, so dass unsere Form unten am breitesten ist, nicht in der Mitte, wie dies aus dem Vergleiche meiner auf Taf. X abgebildeten Form mit Fig. 1b des zitierten Werkes von Anthula hervorgeht. Dieser Unterschied erklärt sich zum Teil aus dem entwickelteren Alter und den abgeriebenen Flanken meiner Form. Meiner Ansicht nach kann dies nicht als artlicher Unterschied betrachtet werden, man könnte höchstens an die Abtrennung einer Varietät denken.

Dimensionen: Durchmesser 170 mm, Nabelweite 55 mm, Breite der Schlusswindung 86 mm, Höhe in der Medianebene 61 mm, vom Nabel bis zum Externteil 75 mm.

Fundort: Chodschal (Nordfuss des Daghestan), aus dem dunkeln Tonschiefer gesammelt durch Dr. F. Schafarzik 1886 (No. 209).

Alter: Aptien.

Parahoplites Déchyi, n sp.*)

Taf. IX, Fig. 1—5.

Die Gattung *Parahoplites* wurde 1899 von Anthula für Arten aufgestellt, durch welche die Gattungen *Hoplites* und *Acanthoceras* überbrückt werden. Von *Hoplites* Neum. weichen dieselben namentlich durch ihre eigenartigen, sichelförmigen, am Externteil kräftiger werdenden Rippen sowie durch ihre einfachen Suturlinien ab, welche im Vergleiche zu der von *Hoplites* eine Rückbildung aufweisen und sich mehr dem *Acanthoceras* nähern. Vom *Acanthoceras* Neum. unterscheiden sie sich hauptsächlich darin, dass ihre Rippen beinahe niemals Knoten tragen. Diese Gattung ist besonders in der unteren Kreide häufig.

Die Schale unserer Form wird von rasch zunehmenden Umgängen gebildet, die einander bis beinahe zur halben Höhe umfassen und so einen mässig weiten Wirbel bilden. Die Flanken nahezu flach, wenig gewölbt, gegen die Nabelnaht mit steiler Nabelwand herabfallend; die Nabelkante abgerundet. Der Durchschnitt der Windungen stets bedeutend höher als breit. Von den Jugendexemplaren zu den älteren zeigt sich die folgende Proportion zwischen der Höhe und Breite in Millimetern 5 : 9, 5·5 : 8·5, 9·5 : 13, 13 : 21, 14 : 23, 17 ; 30. Es liegen auch Exemplare vor, die doppelt so hoch als breit sind, diese wurden jedoch wahrscheinlich nachträglich flachgedrückt. In diesem ihrem Durchschnitte weicht unsere Art von den nahe verwandten Formen ab. Die Umgänge von *Parahoplites Melchioris* Anthula: Ueber die Kreidefossilien des Kaukasus, Beiträge zur Paläontologie Oesterreich-Ungarns und des Orients, Bd. XII, Wien 1899, pag. 112, Taf. VIII, Fig. 4a—4c, 5a, 5b) sind nämlich nur etwas höher als breit, bei manchen aufgeblähten Exemplaren sogar breiter als hoch. Auch *Parahoplites versicostatus* Michelin (d'Orbigny: Paléont. Franç., Terrains crétaces, pag. 273, pl. 81, Fig. 1—3) weist einen nur um etwas höheren als breiten Durchschnitt auf.

Die Umgänge unserer Art sind mit kräftigen Rippen bedeckt, worunter die Hauptrippen am Nabelteile in der Form starker Wülste entspringen, an den Flanken sich sichelförmig krümmen und am Externteil stark nach vorn neigen. Zwischen diese Hauptrippen sind Nebenrippen eingekeilt, die oberhalb der Nabelkante bedeutend höher beginnen und teils freie, also eingeschobene Rippen sind, teils aber sich mit den

*) Zu Ehren des Herrn M. v. Déchy, Vizepräsident der Ungarischen Geographischen Gesellschaft.

Hauptrippen berühren. Hie und da folgen auf eine Hauptrippe auch zwei kurze Nebenrippen, namentlich bei grösseren Exemplaren. Am Externteil werden sämtliche Rippen gleichförmig. Auf dem kleinsten Exemplar (Durchmesser 1·8 cm) entfallen auf 22 Nabelrippen 36 Externrippen. Dieses Verhältnis ist übrigens aus folgender Zusammenstellung ersichtlich:

Bei einem Durchmesser von:	Nabelrippen:	Externrippen:
1·8 cm	22	44
2·0 cm	20	42
2·3 cm	22	36
3·0 cm	22	36
4·0 cm	24	42
5·5 cm	25	46
6·5 cm	24	48

Bei den erwähnten nächst verwandten Formen, und zwar bei *Parahoplites Melchioris*, mit einem Durchmesser von 6·8 cm, entfallen auf 16 Nabelrippen 34 und bei *Parahoplites versicostatus* mit einem Durchmesser von 2·4 cm auf 16 Nabelrippen 30 Externrippen. Die Rippen unserer Art sind am Externteil bedeutend mehr nach vorn geneigt und übergehen vermittelst eines tieferen Bogens von einer Seite auf die andere, als bei den erwähnten Arten. Die Suturlinie besteht aus einem Externlobus, zwei Lateralloben, einem Externauxiliarlobus, einem inneren Hilfslobus, einem Innenlobus, ferner einem Externsattel, zwei Lateralsätteln und einem Innensattel. Die Körper der Loben und Sättel sind breit, plump und zugerundet. Der Körper des Externlobus ist etwas schlanker als der des ersten Laterallobus und durch einen ziemlich breiten Medialsattel entzwei geteilt. Der erste Laterallobus sehr breit, dreiteilig; der mittlere Zweig reicht unter die Lobennormale, ihm folgt der Grösse nach der äussere Seitenzweig, während der innere am kleinsten ist. Der zweite Laterallobus bleibt über der Lobennormale, ist bedeutend schmäler als der vorhergehende und infolge seines stark entwickelten externen Seitenzweiges unsymmetrisch. Der äussere Hilfslobus ist schmal und befindet sich etwas näher zur Nabelnaht als zum zweiten Laterallobus. Dieser Hilfslobus ist nicht verzweigt, sondern besitzt bloss symmetrische Seitenzacken. Innerhalb der Nabelnaht ist der innere Hilfslobus von derselben Form wie der äussere, jedoch etwas tiefer und breiter. Der Innenlobus ist schmal und tief, reicht aber nicht unter die Lobennormale, also nicht so tief als der erste Laterallobus, sondern bloss bis zur Linie des Externlobus. Der Innenlobus ist dreiteilig und vollkommen symmetrisch.

Die Sättel sind im allgemeinen breiter als die Loben. Der Externsattel steht kaum um etwas weniges höher als der erste Lateralsattel.

Fundort: Lewaschi (Nordfuss des Daghestan); gesammelt durch D. Laczkó, am 9. Juli 1902.

Alter: Untere Kreide, Aptien.

Tafeln nebst Erklärungen

zu

Papp, Versteinerungen.

Erklärung zu Tafel II.

Rhabdocidaris caucasica n. sp.

Unterhalb Osrokowa, Bakssan-Tal; Malmalabaster.

Fig. 1 von der Seite, Fig. 2 von unten gesehen; natürliche Grösse.

Fig. 3, 4. Teil des Ambulacralfeldes aus der mittleren Region und von unten gesehen; vergrössert.

Fig. 5. Interambulacraltafel von oben, Fig. 6 interambulacrales Tuberculum, im Profil gesehen; vergrössert.

Das Original im Museum der Kgl. ungarischen Geologischen Reichsanstalt, Budapest.

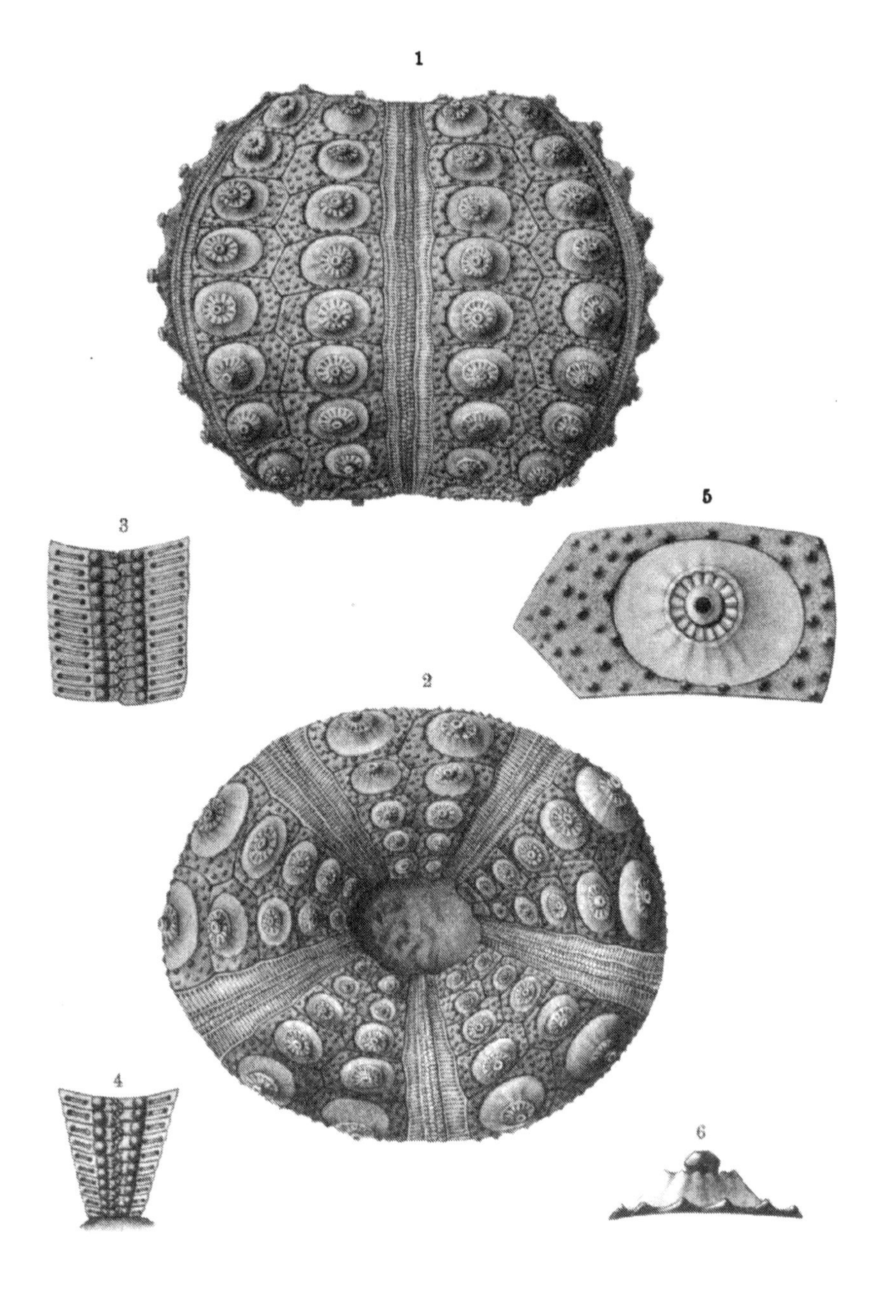

ez. v. Th. Pitter.

Rhabdocidaris caucasica n. sp.

Erklärung zu Tafel III.

Fig. 1, 1a, 1b. **Pholadomya Schafarziki** n. sp.
Gunib; obere Kalkstufe, Callovien-Malm.
1 von der Seite, 1a von vorne, 1b von oben gesehen; naturliche Grösse.

Fig. 2, 2a. **Pholadomya** cf. **asiatica** Redlich.
Am Fusse von Gunib; Callovien-Malm.

Die Originalexemplare im Museum der Kgl. ungarischen Geologischen Reichsanstalt, Budapest.

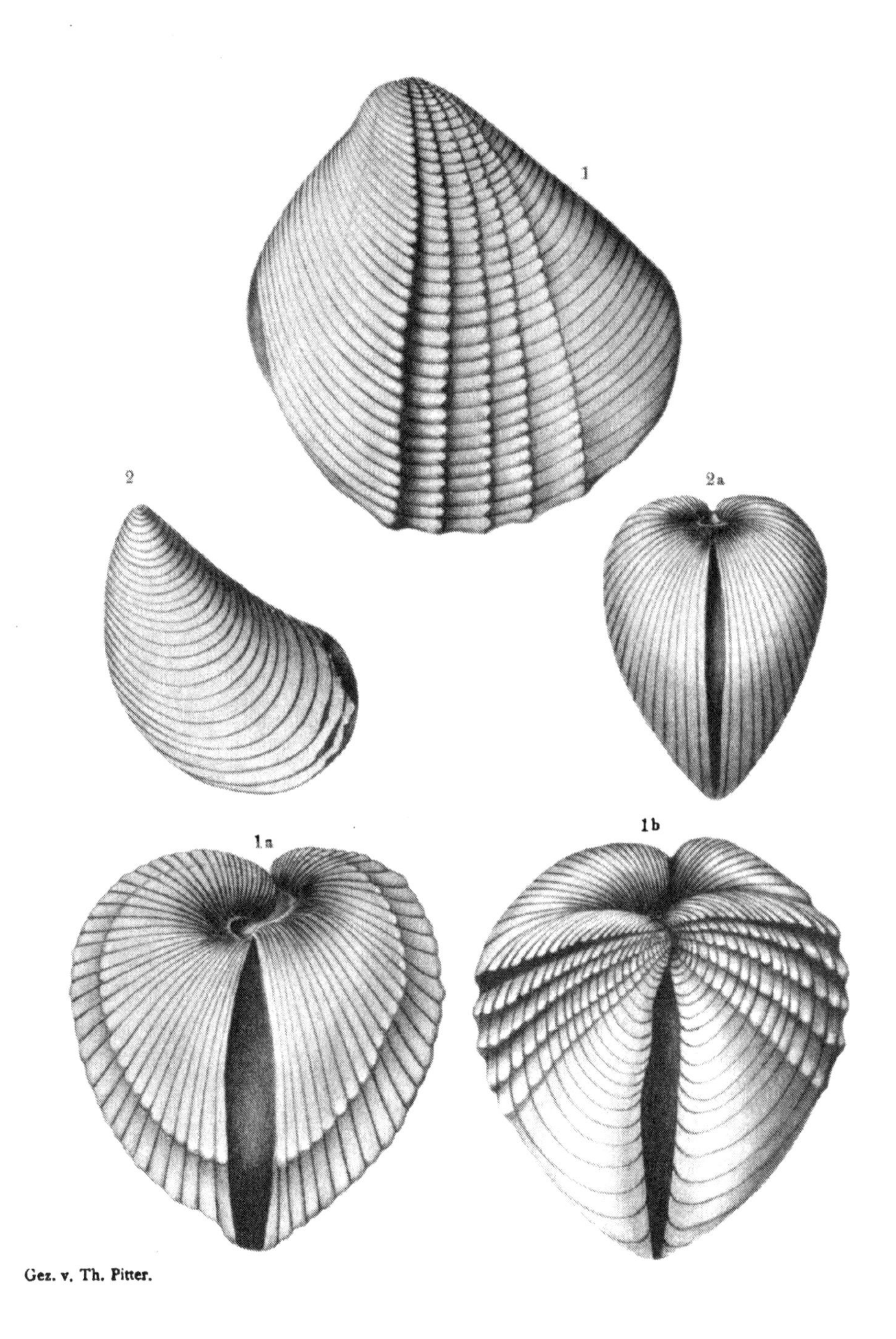

Figur 1, 1a—b Pholadomya Schafarziki n. sp.
„ 2, 2a Pholadomya cf. asiatica Redlich.

Erklärung zu Tafel IV.

Fig. 1, 1a. **Ceromya excentrica** (Voltz) Agassiz var. nov.
Psebai (Kuban-Gebiet); Callovien.
Von der Seite und von vorne gesehen.

Fig. 2, 2a—2c. **Pleuromya Merzbacheri** nov. sp.
Psebai (Kuban-Gebiet); Callovien.
2 am linken Klappenteil von der Seite, 2a von oben, 2b von unten,
2c von vorne gesehen.

Fig. 3. *Pleuromya varians* Agassiz.
Gunib (Daghestan); Oxfordien.

Die Originalexemplare im Museum der Kgl. ungarischen Geologischen Reichsanstalt, Budapest.

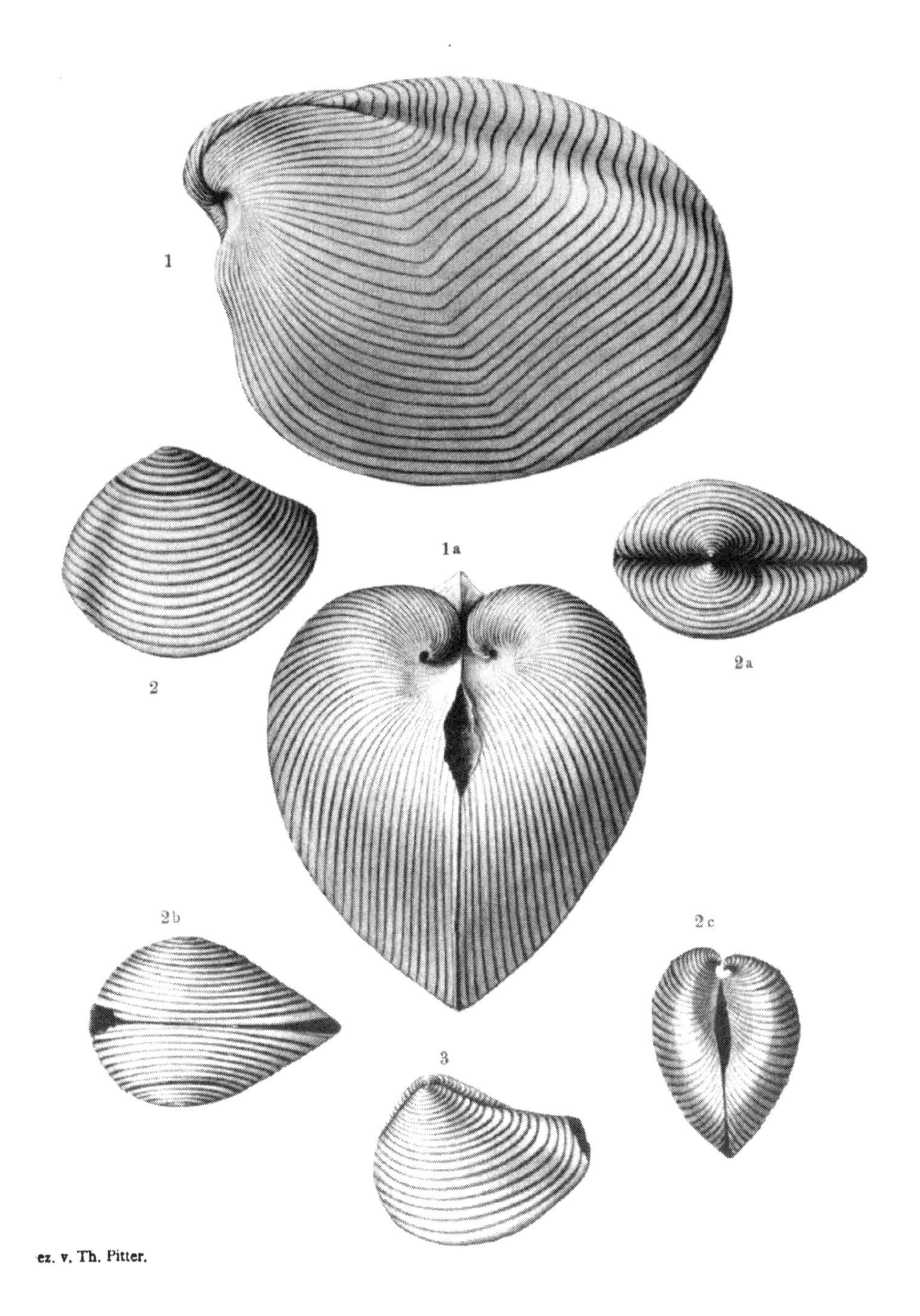

Figur 1, 1a Ceromya excentrica Agassiz, var. n.
„ 2, 2a—c Pleuromya Merzbacheri n. sp.
„ 3 Pleuromya varians Agassiz.

Erklärung zu Tafel V.

Fig. 1, 1a, 1b. **Eriphyla Grigoriewi** n. sp.

Zwischen Tando und Bottlich (Daghestan); neokomer Sandstein.

1 Seitenansicht der linken Klappe, 1a Unterrand, 1b Oberrand (Schlossrand).

Fig. 2, 2a—2d. *Thetis caucasica* Eichwald.

Oestlich von Charaki, zwischen Bottlich und Chunsach (Daghestan); Gault, Sandstein.

Fig. 2 zeigt den ausgebuchteten Mantelausschnitt.

Sämtliche in natürlicher Grösse.

Die Originalexemplare im Museum der Kgl. ungarischen Geologischen Reichsanstalt. Budapest.

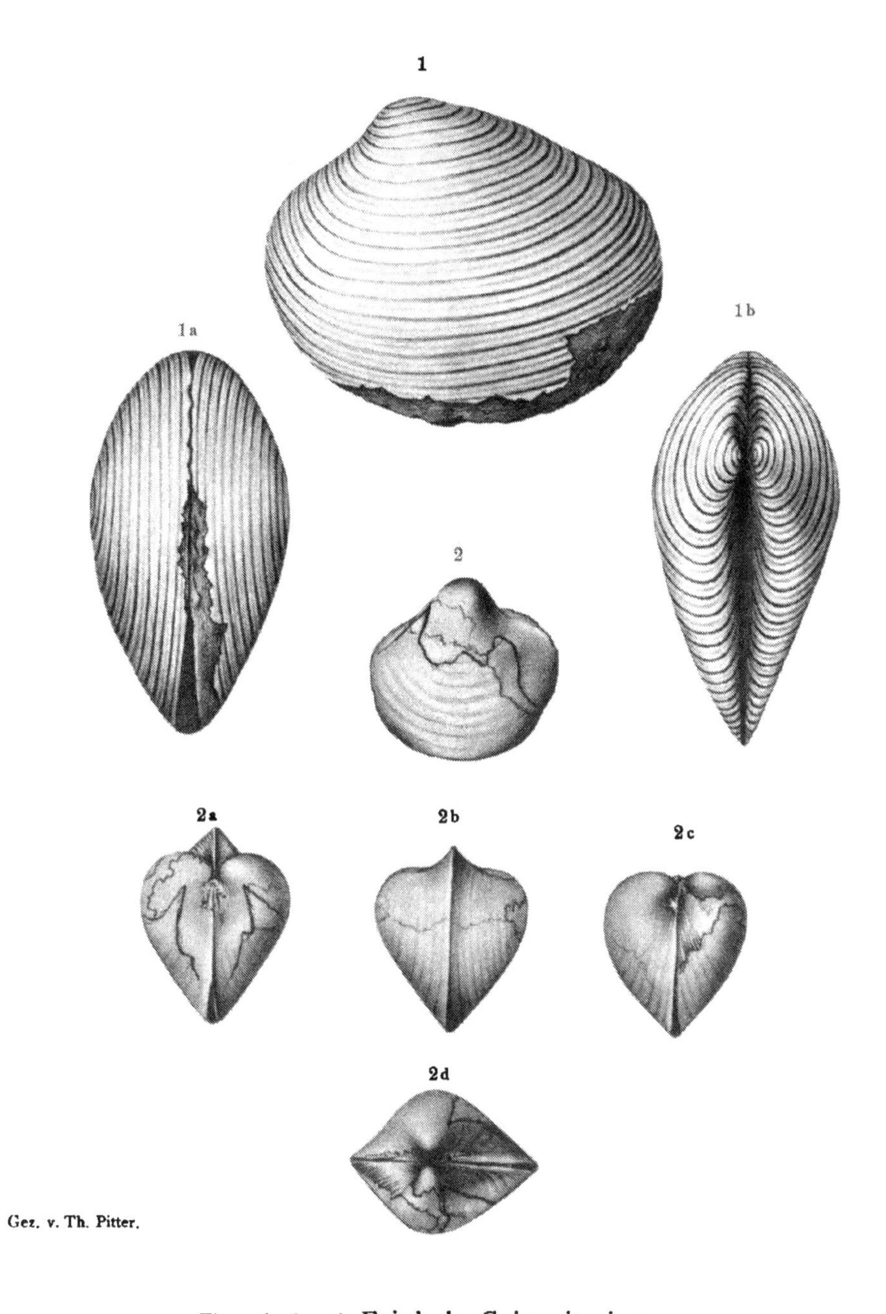

Figur 1, 1a—b Eriphyla Grigoriewi n. sp.
„ 2, 2a—2d Thetis caucasica Eichw.

Erklärung zu Tafel VI.

Fig. 1, 1a, 1b. **Ptygmatis kubanensis** n. sp.
Kuban-Tal; oberer Jura oder untere Kreide.
1 von hinten gesehen; 1a durchschnitten; natürliche Grösse; 1b die komplizierten Falten vergrössert.

Fig. 2, 2a. **Lytoceras incertum.**
Fragment, in Pyrit umgewandelt; aus dem Geschiebe des Terek; oberer Lias.

Fig. 3, 3a, 3b. **Rhacophyllites Ssemenowi** n. sp.
In Pyrit umgewandelt; aus dem Geschiebe des Terek; oberer Lias.
3 von der Externseite, 3a von der Seite gesehen; natürliche Grösse; 3b Lobenlinie.

Fig. 4 **Stephanoceras Lichtensteinii** n. sp.
Fiagdonbach, dunkler eisenhaltiger Kalk; mittlerer Dogger.
Natürliche Grösse.

Die Originalexemplare im Museum der Kgl. ungarischen Geologischen Reichsanstalt, Budapest.

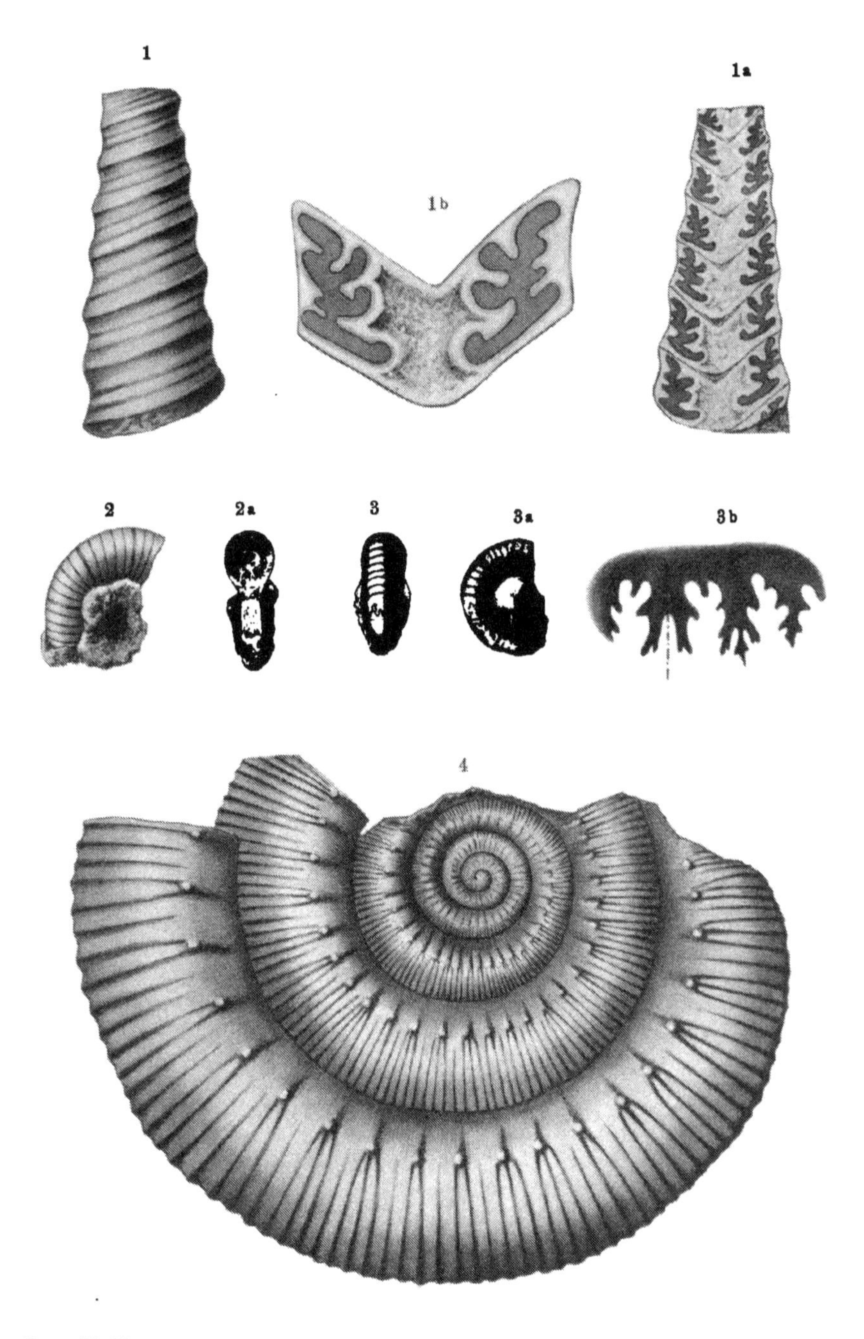

Gez. v. Th. Pitter.

Figur 1, 1a—b Ptygmatis kubanensis n. sp.
„ 2, 2a Lytoceras incertum.
„ 3a—b Rhacophyllites Ssemenowi n. sp.
„ 4 Stephanoceras Liechtensteinii n. sp.

Erklärung zu Tafel VII.

Fig. 1, 2a, 2b. **Perisphinctes Lóczyi** n. sp.

Gunib, untere dunkle Schiefer, mittlerer Dogger.

1 grösseres, 2 kleineres Exemplar im Durchschnitt, 2a von der Seite gesehen; natürliche Grösse; 2b Lobenlinie.

Fig. 3, 3a. **Perisphinctes daghestanicus** n. sp.

Gunib, untere dunkle Schiefer; mittlerer Dogger.

Von der Seite und im Durchschnitt gesehen.

Die Originalexemplare im Museum der Kgl. ungarischen Geologischen Reichsanstalt, Budapest.

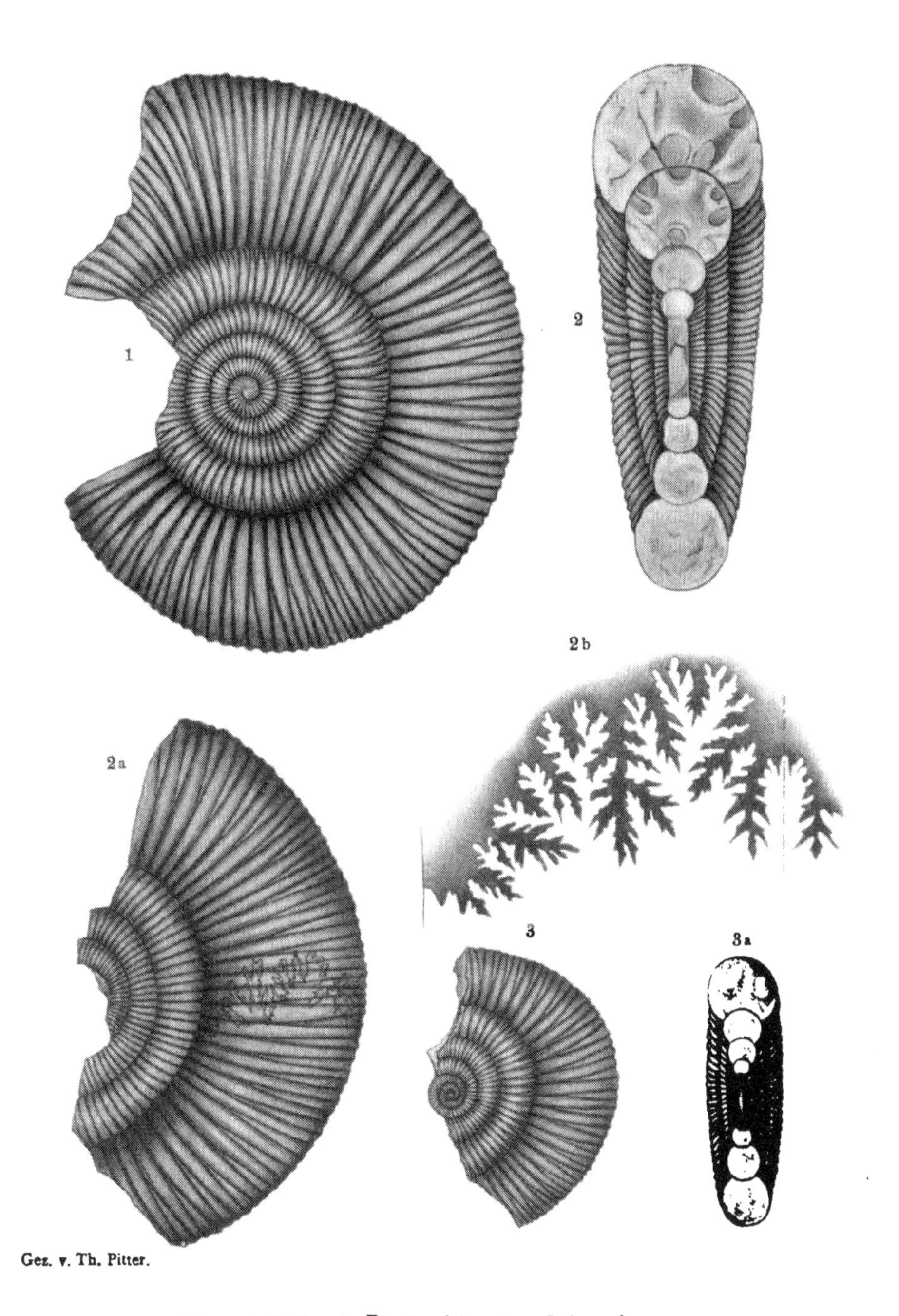

Figur 1, 2, 2a—b Perisphinctes Lóczyi n. sp.
„ 3, 3a Per isphinctes daghestanicus n. sp.

Erklärung zu Tafel VIII.

Fig. 1. *Parkinsonia ferruginea* Oppel.

Gunib; dunkle Schiefer des mittleren Jura (Bathonien)

Fig. 2, 2a. *Reineckia anceps* Reinecke.

Geschiebe des Terek, bei Balta; Callovien.

Fig. 3, 3a. *Cosmoceras Jason* Reinecke.

Gunib; Callovien, grauer Sandstein.

Sämtliche in natürlicher Grösse.

Die Originalexemplare im Museum der Kgl. ungarischen Geologischen Reichsanstalt, Budapest.

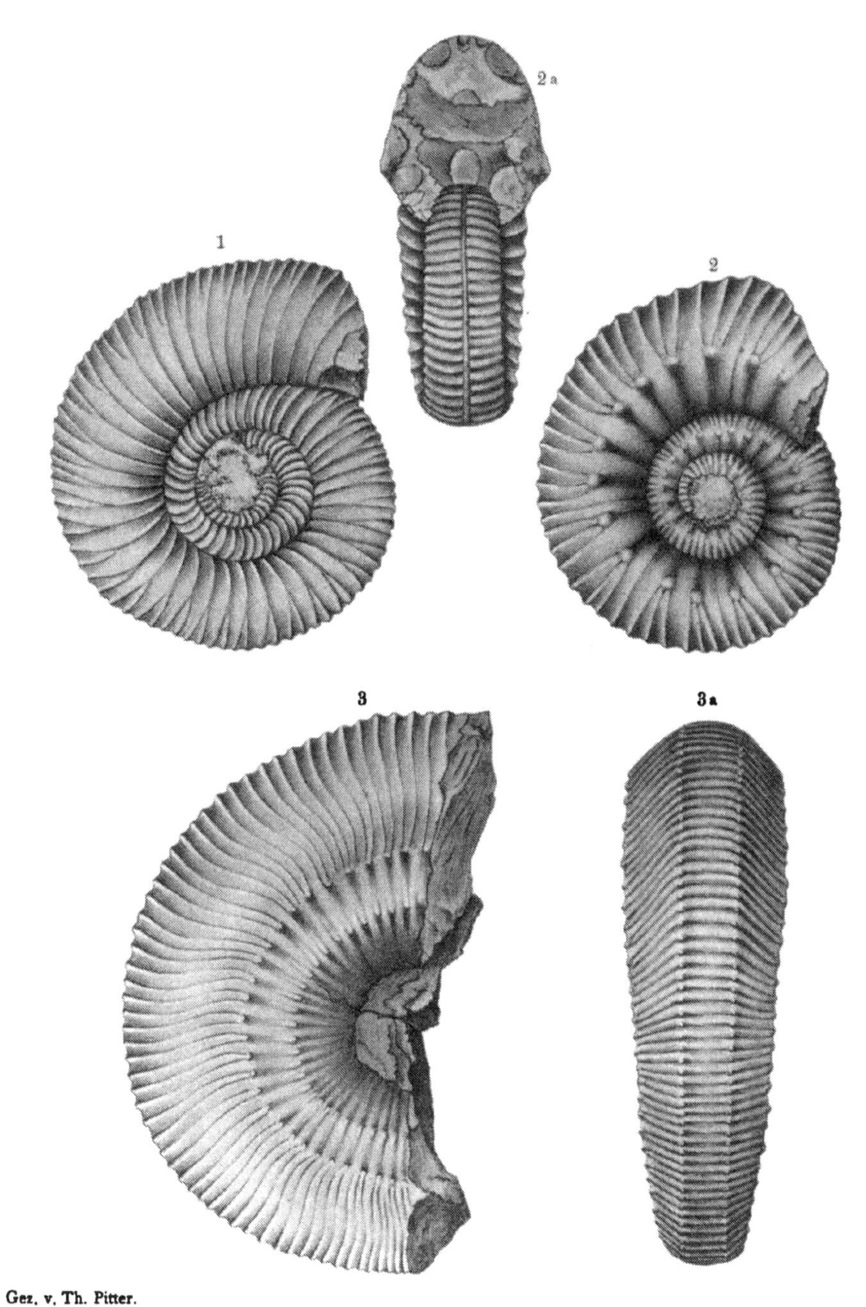

Gez. v. Th. Pitter.

Figur 1 Parkinsonia ferruginea Oppel.
„ 2, 2a Reineckia anceps Reinecke.
„ 3, 3a Cosmoceras Jason Reinecke.

Erklärung zu Tafel IX.

Parahoplites Déchyi n. sp.

Lewaschi, Nordfuss des Daghestan; untere Kreide (Aptien).

Mehrere kleinere und grössere Exemplare in natürlicher Grösse.

Die Originalexemplare im Museum der Kgl. ungarischen Geologischen Reichsanstalt, Budapest.

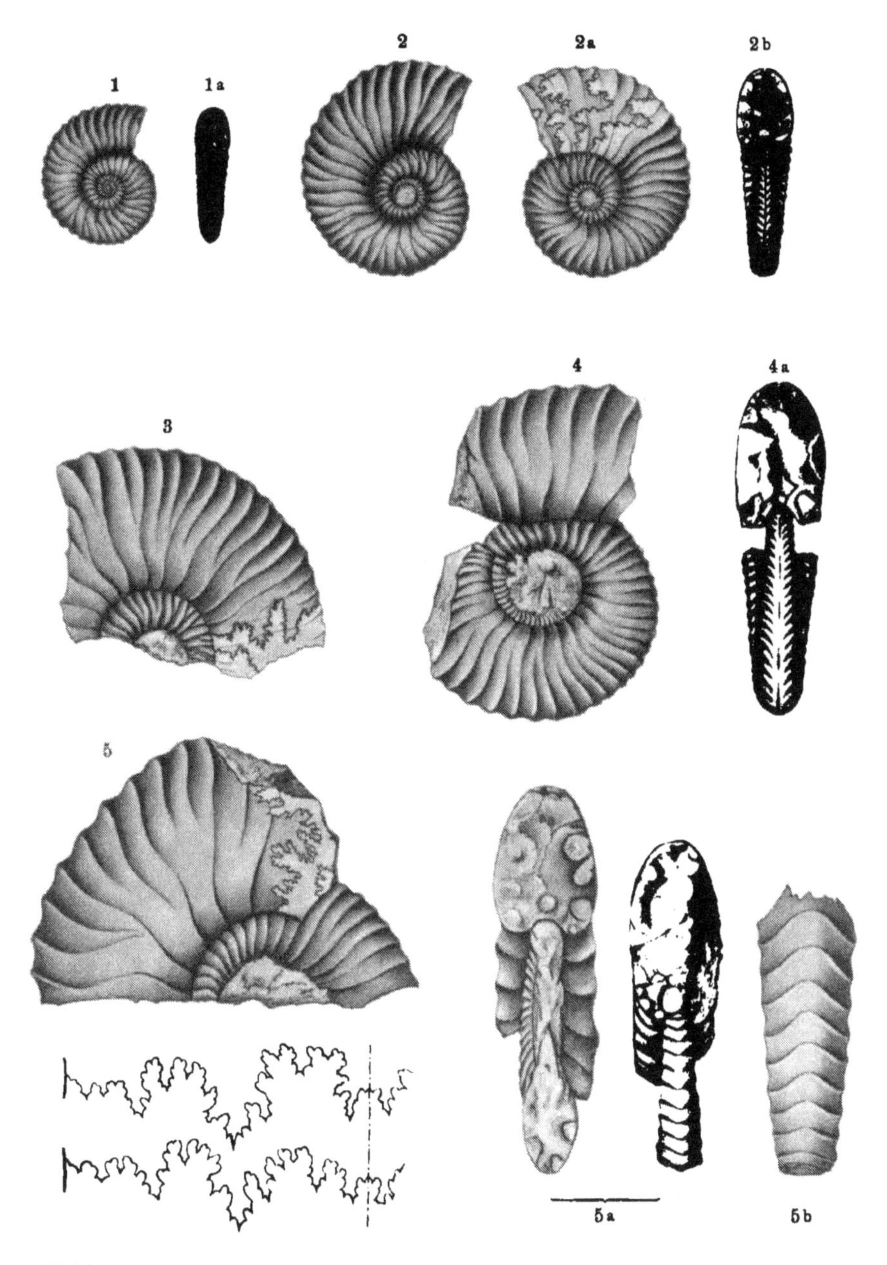

Gez. v. Th. Pitter.

Parahoplites Déchyi n. sp.

Erklärung zu Tafel X.

Acanthoceras Waageni Anthula var. nov.

Chodschal, nördlich von Gunib; dunkler Tonschiefer; untere Kreide (Aptien)

Fig. 1. Vorderansicht, natürliche Grösse.

Fig. 1a. Die Lobenlinie desselben.

EL = Externlobus, LL_1 = erster Laterallobus, LL_2 = zweiter Laterallobus, A_1, A_2 = Auxiliarloben, ES = Externsattel, Nn = Nabelnaht.

Fig. 2. Kopie des bei Anthula unter dem Namen Pachydiscus (?) Waageni beschriebenen und in den »Beitragen zur Paläontologie Oesterreich-Ungarns und des Orients«, Bd. XII, Taf. IX, Fig. 1c, abgebildeten Lobenlinie.

Das Originalexemplar im Museum der Kgl. ungarischen Geologischen Reichsanstalt, Budapest.

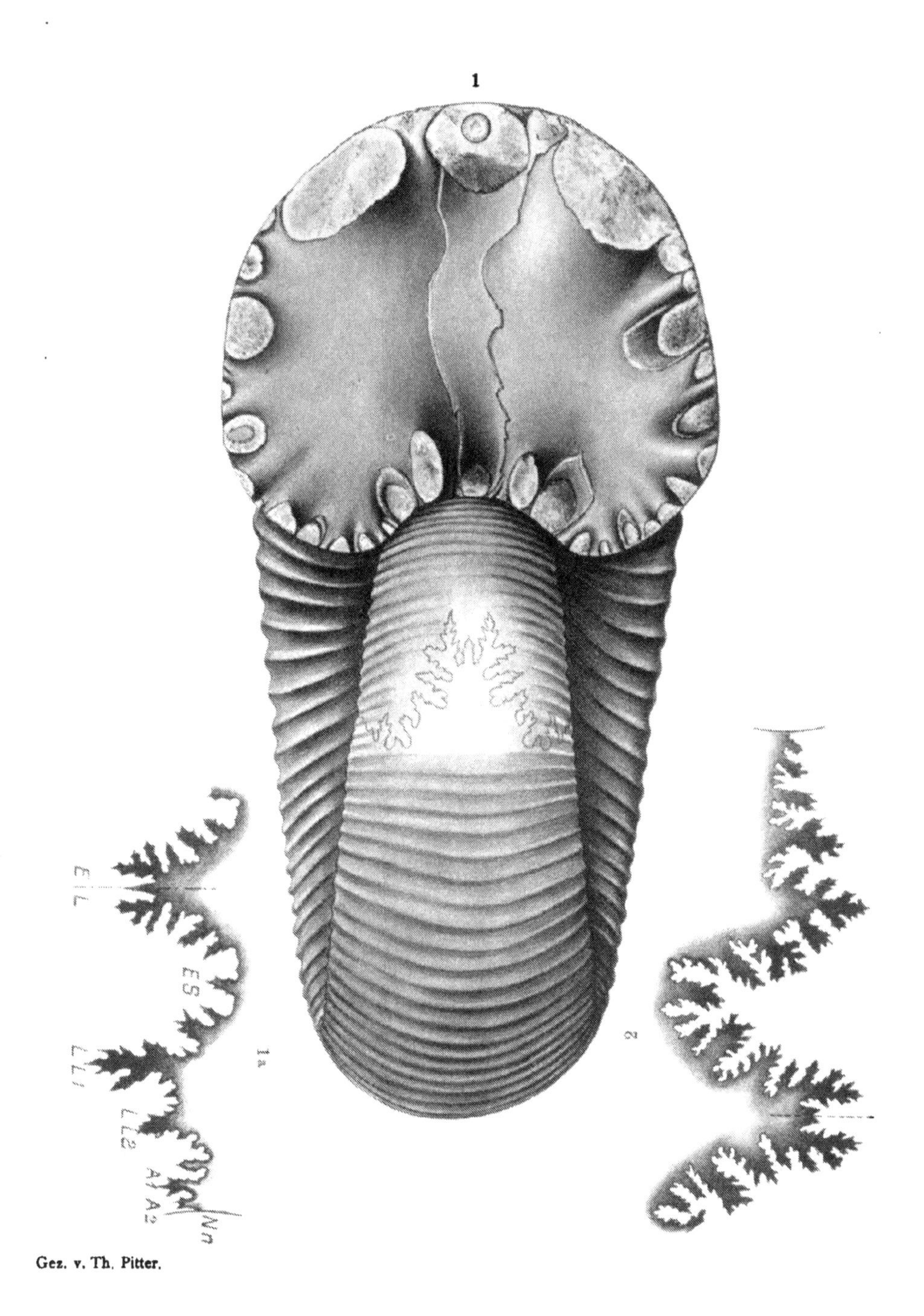

Gez. v. Th. Pitter.

Acanthoceras Waageni Anthula, var. nov.

Dr. FRANZ SCHAFARZIK

Petrographische Ergebnisse der während der Forschungsreisen M. v. Déchys im Kaukasus gesammelten zusammengesetzten kristallinischen Gesteine.

MIT 1 TAFEL

Die nachstehende Arbeit ist in erster Linie bestimmt, eine Uebersicht der von mir auf der von Herrn Moriz v. Déchy im Sommer des Jahres 1886 veranstalteten Kaukasus-Expedition gesammelten Gesteine zu bieten. Das in diesem Jahre eingebrachte Gesteinsmaterial bildet sozusagen den Stock*) der Budapester petrographischen Sammlung aus dem Kaukasus, wozu sich die Gelegenheit dadurch ergeben hat, dass sich die Expedition im Jahre 1886 vorwiegend in der kristallinischen Hauptkette des Zentral-Kaukasus bewegt hatte.**) Ausserdem wurden aber auch noch alle übrigen einschlägigen Aufsammlungen während der Forschungsreisen M. v. Déchys in späteren Jahren, die sich sowohl ergänzend auf den Zentral-Kaukasus, als auch auf die früher nicht bereisten Gebiete des westlichen und östlichen Kaukasus beziehen, berücksichtigt und einer mikroskopischen Prüfung unterworfen.***)

Bei der ausserordentlichen Seltenheit quantitativ analytischer Angaben über Kaukasus-Gesteine, dürften ferner auch die im Auftrage des Herrn v. Déchy, von Herrn Dr. Géza Doby, Universitätsassistenten zu Budapest, ausgeführten quantitativen Analysen von einigen der typischeren Gesteine in Fachkreisen Interesse erwecken.

Der Uebersichtlichkeit halber fasse ich die im folgenden zu besprechenden Gesteine in drei Gruppen zusammen.

---

*) Alle nachstehend besprochenen Gesteine, bei denen kein anderer Name angegeben ist, wurden vom Verfasser dieser Zeilen persönlich gesammelt.

**) Dieselben bilden vor allem eine Ergänzung der von mir über diese Reise abgefassten »Reisenotizen aus dem Kaukasus« (Jahresbericht d. ung. geol. Anstalt für 1886, Budapest 1888). Die paläontologischen Funde, die aufzulesen mir in dem der kristallinischen Hauptkette vorgelagerten Mesozoikum, sowie am Nordfusse des Daghestan vergönnt war, wurden zusammen mit dem auf den späteren Expeditionen v. Déchys aufgesammelten paläontologischen Material durch Dr. Carl Papp aufgearbeitet und an anderer Stelle dieses Werkes veröffentlicht.

***) Daneben konnte für die vorliegende Abhandlung auch noch eine kleine Anzahl der von Herrn Prof. L. von Lóczy und Herrn Dr. Julius v. Szádeczky auf einer Fahrt über die grusinische Heerstrasse zwischen Tiflis und Wladikawkas gesammelten Gesteinsstücke verwertet werden.

A. Aeltere Massengesteine:
- a) Granite.
- b) Diabase.
- c) Diorite.
- d) Quarzporphyre und Porphyre.

B. Jüngere Massengesteine:
- a) Dacite.
- b) Andesite (teilweise Olivinandesite).
- c) Liparite.
- d) Basalt.

C. Kristallinische Schiefergesteine:

Gneis, Glimmerschiefer, Dioritschiefer, Serpentin, Kontaktschiefer, Phyllit, Quarzit.

A. Aeltere Massengesteine.

Granit.

In jedem der von uns im Sommer 1886 besuchten Täler an der Nordseite des zentralen Kaukasus sind wir auf Granite gestossen, die die eigentliche Hauptmasse der Zentralkette bilden. Jeder vom Hauptkamme herabziehende Gletscher bringt eine Unmasse dieses Gesteines herab.

Zumeist sind es frische Gesteine mit wenig Glimmer. Selten sind wir in der Lage, eines der gesehenen oder gesammelten Exemplare als glimmerreich zu bezeichnen.

Was den Glimmer anbelangt, so ist derselbe in erster Linie Biotit, daneben kommt jedoch meistens auch Muskovit vor, so dass daher auch eigentliche Zweiglimmergranite vorliegen.

Selten findet man im Kaukasus andere Granittypen, wie dies z. B. am Zei-Gletscher der Fall ist, wo Plagioklas-Amphibol-Granite in grösserer Ausdehnung vorzukommen scheinen. Die mikroskopische Untersuchung der Zei-Gesteine lässt uns die Wahl zwischen einem amphibolführenden Plagioklas-Granitit und Quarz-Biotit-Amphibol-Diorit offen. Die Beziehungen dieses Gesteines zu den Granitmassen der Hauptkette sind mir jedoch nicht bekannt, so dass ich in dieser Richtung kein Urteil abzugeben wage. Möglicherweise handelt es sich bloss um eine basische Region im Bereiche der Granitmassen des zentralen Kaukasus.

Die Struktur der Kaukasus-Granite ist körnig, mitunter granitoporphyrisch und stets massig. Auswalzungen, Kataklaserscheinungen werden in der Regel vermisst, und selbst bei mikroskopischer Prüfung finden wir bloss hie und da deren schwache Andeutungen vor. Ebenso ist die Chloritisierung des braunen Glimmers eine mehr sporadische und keineswegs durchgreifende Erscheinung, so dass man an ein protogynartiges Aussehen nur in einzelnen Fällen erinnert wird. Im ganzen muss ich daher die von Ludwig von Ammon gemachten Aeusserungen*) bestätigen.

Eine eigentümliche Bewandtnis hat es nun mit den Graniten des Ssadon-Tales. Dieselben wurden von Prof. Dr. Franz Loewinson-Lessing als ein neuer Typus der Plagioklasgranite beschrieben.**) Es sind dies nach Loewinson-Lessing granitische Gesteine, deren wesentliche Bestandteile aus Orthoklas, Oligoklas, Quarz, Chlorit und etwas Apatit bestehen. Der Chlorit ist mit schwarzen Flecken und Körnern besät, die sich bei stärkerer Vergrösserung als tonige Ausscheidungen erweisen. Der Chlorit wird als primärer Gemengteil betrachtet, und nachdem die Bauschanalyse des Gesteines bloss 60·56% SiO_2 ergab, wird das Gestein selbst als ein neuer Typus der Plagioklasgranite, nämlich als Chloritbanatit in die Petrographie eingeführt. Der Punkt, auf welchen sich das vorstehende Resultat und die Analyse beziehen soll, wird von Prof. Loewinson-Lessing nicht angegeben, sondern wird dasselbe im allgemeinen dem ganzen Intrusiv-Massiv von Ssadon zugeeignet.

Ich selbst sammelte an fünf Stellen im Bereiche des erwähnten Ssadon-Massivs, und zwar an zwei Stellen unterhalb der Bleigrube, in der Grube selbst und an zwei Stellen oberhalb derselben im oberen Ssadon-Tale. Die letzteren, die unter No. 25 und 28 angeführt werden, sind Muskovitgranite und von den ersteren petrographisch verschieden.

Die zwischen der Ausmündung des Ssadon-Baches in den Ardon und dem Bergorte selbst gesammelten Handstücke dagegen sind Protogyngranite, die sich allenfalls flüchtig auf Grund ihres Chloritgehaltes mit dem Chlorit-Banatite Loewinson-Lessings vergleichen liessen.

Bei der näheren Untersuchung meiner drei Handstücke ergaben sich jedoch verschiedene und zum Teil recht bedeutende Unterschiede von der Loewinson-Lessingschen Diagnose, so dass es mir nicht möglich war, dieselbe auch auf meine drei Handstücke als gültig zu erachten.

Ausser den von Loewinson-Lessing erwähnten Orthoklas- und Oligoklas Feldspaten habe ich besonders in No. 8 auch Mikroklin in ziemlich

*) In G. Merzbacher, Kaukasus II, p. 725.

**) F. Loewinson-Lessing, Petrographische Untersuchungen im zentralen Kaukasus (Digorien und Balkarien); Verhandl. der Kais. russ. miner. Gesellsch., Bd. XLII, Lief. 2, pag. 243 ff.

häufig auftretenden allotriomorphen Körnern gefunden. Der partielle Idiomorphismus der Feldspate, besonders des Plagioklases, ist wohl hie und da in meinen Gesteinen schwach angedeutet, doch nicht markierter, als überhaupt in plagioklasführenden Graniten anderer Gebirge. Was den Chlorit anbelangt, so habe ich wohl ebenfalls dunkle Einschlüsse in demselben recht zahlreich gefunden, bei näherer Betrachtung und in dünneren Schnitten gelingt es jedoch, dieselben als gelbliche Epidotausscheidungen zu erkennen. Ausserdem befinden sich noch in den Chloriten bräunliche Reste, die an noch nicht umgewandelte Biotite gemahnen. Alles in allem halte ich die Chlorite in den mir vorliegenden drei Gesteinen für umgewandelte Biotite.

Auch fand ich in meinen Handstücken, dass der Gehalt an Quarz und Orthoklas ein dominierender, derjenige des Plagioklases und des Chlorites ein untergeordneter sei, was mich veranlasste, Kieselsäurebestimmungen an den erwähnten Gesteinen vornehmen zu lassen. Dieselben bestätigen denn auch vollauf die granitische Natur meiner drei Handstücke. Die sub No. 8, 21 und 23 angeführten SiO_2 Mengen der erwähnten drei Gesteine belaufen sich auf 71·84—72·76%. Auf Grund dieser Befunde ist es wohl klar, dass meine Gesteinsproben und der von Prof. Loewinson-Lessing beschriebene Chloritbanatit unmöglich identisch sein können. Ebensowenig können meine drei Ssadoner Granite mit unsern südungarischen »Banatiten« verglichen werden.

Es liegt mir jedoch nichts ferner, als etwa die Richtigkeit des petrographischen Befundes Prof. Loewinson-Lessings anzweifeln zu wollen. Ich glaube eher der Vermutung Ausdruck verleihen zu sollen, dass es sich bezüglich des Chloritbanatites vielleicht um einen von mir übersehenen Gang oder sonst um eine lokale Anreicherung des Granites mit basischeren Komponenten handeln dürfte.

Derartige basischere Partien im Bereiche granitischer Gebiete kommen ja selbst im Kaukasus vor (vide sub No. 34).

(No. 8.) *Protogyn-Granitit*, Ardon-Tal, aus dem Liegenden der Jurakette, unweit unterhalb der Einmündung des Ssadon-Baches in den Ardon, Zentral-Kaukasus.

Ein sehr grobkörniger, feldspatreicher Granitit, mit chloritisch verändertem Glimmer, wodurch das Gestein ein protogynartiges Aussehen gewinnt.

Die Komponenten dieses Gesteines erweisen sich unter dem Mikroskop als Orthoklas, Mikroklin, teilweise Plagioklaskörner umschliessend;

Plagioklas, dicht gestreift und mit geringen, an Oligoklas gemahnenden Auslöschungswerten. Die Menge des letzteren ist geringer, als die der Kalifeldspate. Quarz ziemlich viel in zum Teil undulös auslöschenden Körnern; seltener myrmekitisch in Oligoklas.

Der farbige Gemengteil, der Biotit, ist grösstenteils zu grünem Chlorit umgewandelt, $\mathfrak{a}$ = grünlich gelb, $\mathfrak{b}$ = grün, $\mathfrak{c}$ = grün. In den grünen Chloritlappen findet man jedoch noch stets einzelne braune Streifen mit dem dem Biotit zukommenden Pleochroismus, $\mathfrak{a}$ = bräunlich gelb, $\mathfrak{b}$ = braun, $\mathfrak{c}$ = braun. Dieselben heben sich besonders gut zwischen gekreuzten Nikols, durch die sie charakterisierenden, bräunlich goldgelben, etwas irisierenden Polarisationsfarben, von dem sie umschliessenden indigoblauen Chlorit ab. Ferner sei erwähnt, dass sich im Chlorite gelbe Ausscheidungen befinden, die als, in chloritischen Biotiten so häufig auftretende, Epidotanhäufungen zu erkennen sind.

Ausser dem chloritisierten Biotit kommen hin und wieder auch Muskovitblätter vor, die sich entschieden den einstigen Biotiten zugesellen oder gar mit ihnen parallel verwachsen sind. Als sekundäres Produkt tritt ferner noch Serizit auf Kosten der Feldspate auf, von denen manche davon wie übersät erscheinen.

Akzessorisch Apatitsäulen und Hexagone im Chlorit und im Quarz, und schliesslich Zirkon in einzelnen bräunlichen Kriställchen.

Um mich wenigstens einigermassen über die chemische Beschaffenheit dieses Gesteines zu orientieren, ersuchte ich Herrn Assistenten E. v. Maros, eine Kieselsäurebestimmung auszuführen, die die nicht unbeträchtliche Menge von 71·84 % SiO_2 ergab.

(No. 21.) *Protogyngranit* aus der Bleigrube von Ssadon.

Schon makroskopisch gewährt dieses Gestein, in welchem die silberhaltigen Bleigänge enthalten sind, den Anblick eines gequetschten Granites, das mit seinen, besonders um die Muskovite herum, grünlich gefärbten Stellen ein protogynartiges Aussehen gewinnt. Mit freiem Auge erkennen wir darin eine überwiegende Menge fettglänzenden Quarzes, ferner ungestreiften Feldspat und wenig und in kleinen verbogenen Blättchen zwischengeklemmten Muskovit.

Unter dem Mikroskop sieht man, dass der zahlreich vorhandene Quarz teils Aggregate grösserer, gepresster und undulös auslöschender Körner, teils aber ganze *Quetschzonen* bildet. Dazwischen befinden sich dichte, weisse, serizitische Massen, in denen noch frische Reste und auch grössere Partien von Orthoklas enthalten sind.

Der in grösseren, stark gequetschten Blättchen auftretende Glimmer ist Muskovit, und es ist auffallend, dass in einigen derselben gelbliche Epidotkörnchen ausgeschieden sind. Dieser Umstand lässt vermuten, dass ein Teil dieser Muskovite eventuell bloss gebleichte Biotite darstellen.

Akzessorisch wurde Zirkon in einigen schlanken bräunlichen Kriställchen beobachtet.

Makroskopisch dagegen gewahrt man kleine Pyritkriställchen in demselben.

Gegen den Erzgang zu tritt ein kaolinisch zersetztes Salband dieses Granites auf.

Eine von Herrn E. v. Maros ausgeführte partielle chemische quantitative Analyse ergab 72·77 % SiO_2.

(No. 23.) *Protogyn-Granit* von der Strecke zwischen der Ssadon-Bachmündung im Ardontale und der Grube Ssadon; vom rechten Ufer des Baches.

Das vorliegende Gestein ist ein weisser, feldspatreicher Granit von mittelkörniger Struktur und bloss mit einem spärlichen Chlorit-Gehalte.

Unter dem Mikroskop sieht man den zahlreich auftretenden Quarz, zumeist zu Aggregaten vereint. Die Auslöschung der Körner ist häufig eine undulöse. Seltener stellt sich eine Zersplitterung des Quarzes ein.

Der Feldspat ist teils ungestreifter Orthoklas, teils sehr dicht und geringe Extinktionswerte zeigender Oligoklas. Besonders ist der letztere durch Serizitschüppchen übersät. Der, grössere Lappen bildende, auffallend allotriomorphe Glimmer ist zum Teil Muskovit, zum Teil jedoch Chlorit. Auch hier kommt es vor, dass teils in, teils um diese Muskovitblättchen gelbliche Epidotkörner ausgeschieden sind. Dieser Umstand lässt um so mehr auf gebleichte Biotite schliessen, als an andern Punkten dieser Gegend der Biotit auch tatsächlich noch erhalten geblieben ist. Chlorit mit bedeutendem Pleochroismus und lavendelblauer Polarisationsfarbe bildet ebenfalls grössere Lappen, jedoch auch radialschuppige Aggregate jüngerer Entstehung.

Schliesslich sei noch erwähnt, dass die Quarze sehr reich an Flüssigkeitseinschüssen mit beweglicher Libelle und sehr dünnen Rutilnadeln sind. Akzessorisch wurde Zirkon in einigen Kriställchen beobachtet.

Die von Herrn E. v. Maros ausgeführte Kieselsäurebestimmung dieses Granites ergab 72·62 % SiO_2.

(No. 25.) *Muskovit-Granit* aus dem oberen Ssadon-Tale.

Ein mittelkörniger, weisser, muskovitreicher Granit.

Unter dem Mikroskop erkennen wir neben ungestreiften Feldspaten viel dicht gestreiften Plagioklas mit zumeist oligoklasartiger, seltener labradoritartiger Auslöschung. Dieselben bilden ein allotriomorphes Gemenge mit Quarz, weniger Mikroklin und ziemlich viel gut individualisiertem, weissen Glimmer. Diese Muskovite sind einschlussfrei; Epidotausscheidungen wie in den Protogynen des unteren Ssadon-Tales sind hier nicht zu verzeichnen.

Dieser Granit ist ziemlich frisch und nicht gepresst.

Ein zweites, ebenfalls im oberen Ssadon-Tale unter No. 25 gesammelter Muskovitgranit weicht von ersterem hauptsächlich durch seine bräunliche, rostige Farbe ab. Unter dem Mikroskop ist die mineralische Zusammensetzung die gleiche, wie im früheren Falle, doch treten akzessorisch zahlreiche braune wolkige Putzen, von Eisenrost stammend, auf. Es mag die Einwanderung dieses sekundären Produktes mit der Zerklüftung des Gesteines zusammenhängen. Es ziehen nämlich durch den Dünnschliff mehrere Quetsch- und Gleitzonen, die durch zertrümmerten Quarz und kleinere gewellte Muskovitblättchen gekennzeichnet sind. Diese Linien sind besonders durch Eisenrost braun gefärbt.

Akzessorisch Zirkon in einigen Kriställchen.

Ein ähnliches Gestein findet man schliesslich vom Aul Sgid aufwärts gegen die Passhöhe von Pamunta (No. 28).

(No. 13.) *Granit.* Wassergebiet des Ardon zwei Werst westlich vom Aul Zei, Zentral-Kaukasus.

Ein normal struierter, mittelkörniger Zweiglimmer-Granit, welcher wegen seines geringen Glimmergehaltes von ziemlich heller Farbe ist.

Unter dem Mikroskop erweist sich dieses Gestein als ein körniges Gemenge von Orthoklas, dessen Zwillinge nach dem Karlsbader Gesetz, bloss hie und da auch noch eine mikroklinartige Gitterstruktur erkennen lassen. Dicht gestreifter Oligoklas, ferner unregelmässige Quarzkörner, brauner und weisser Glimmer. Letzterer hie und da regelmässig dem Spaltensysteme der Feldspate entsprechend, demselben in einzelnen parallel liegenden Leisten eingewachsen. Ausserdem ist derselbe in geringer Menge als sekundäres Umwandlungsprodukt in den Feldspaten zu erblicken. Biotit in hellbraunen Aggregaten, teilweise zu grünem Chlorit umgewandelt.

Hin und wieder Partien von Quarz vermiculé, namentlich in Orthoklas.

In den grösseren Quarzen Flüssigkeitseinschlüsse mit beweglicher Libelle ziemlich häufig.

(No. 11.) Weiter oben im Ardon-Tale, südlich von St. Nicolai, kommen *granito-porphyrische,* biotitreiche Varietäten, mit bis zollgrossen Orthoklas-Zwillingen nach dem Karlsbader Typus vor.

Unter dem Mikroskop stellt sich dieser Granitit als ungemein feldspatreich dar. Vor allem ist der Oligoklas zu erwähnen, welcher zwar an Zahl und Grösse untergeordnet ist, jedoch durch seinen ziemlich ausgesprochenen Idiomorphismus auffällt. Derselbe steckt zumeist eingeschlossen in den Kalifeldspaten. Derselbe ist nach dem Albitgesetze dicht gestreift, ausserdem jedoch auch noch nach dem Karlsbader und dem Periklin-Gesetze verwachsen. Die Hauptrolle fällt den grossen, trüben Orthoklasen und den ebenso grossen Mikroklinen zu, zwischen denen der braune Glimmer eingezwängt vorkommt. Der letztere neigt zur Chloritisierung und wird dabei von einer sparsamen Epidotbildung begleitet. Unter den Feldspaten ist es der Oligoklas, welcher am häufigsten mit Serizitschüppchen übersät ist. Quarz erscheint im Dünnschliffe ganz untergeordnet, in Form von feinkörnigen, zwischen den grossen Feldspatkörnern Platz greifenden Partien, die sich wie Schnüre durch das Gestein ziehen.

(No. 14). *Plagioklasamphibolgranitit,* lose Stücke im Schutt der Stirnmoräne des Zei-Gletschers.

Der diesen Granit charakterisierende Amphibol hat einen Stich ins Grünliche. Unter dem Mikroskop erkennen wir Plagioklas, Biotit und Quarz als die Hauptkomponenten des Gesteines. Der Plagioklas ist durchwegs idiomorph und weist sogar in vielen Fällen eine zonale Struktur mit basischerem Kerne auf. Das Innere dieser zumeist mittlere, auf Labradorit deutende Auslöschungswerte aufweisenden Plagioklase ist in den meisten Fällen durch Serizit- und Zoizit-Ausscheidungen saussuritisiert. Zwillingsverwachsungen sind in erster Reihe nach dem Albit-, ferner dem Karlsbader und auch nach dem Periklin-Gesetze zu verzeichnen. Neben diesem Hauptgemengteile kommen als spärlicher beteiligte Gemengteile brauner Glimmer und wenig grüne Hornblende vor. Der Glimmer ist zumeist etwas geknickt und lamellenweise zu grünem Chlorit umgewandelt. Der letzte der vorhandenen Gesteinskomponenten, der Quarz kommt in wasserhellen, allotriomorphen Körnern vor. Dieselben sind das Produkt der zuletzt erfolgten Konsolidation des Magmas. Ihre allgemein zersprungene Beschaffenheit und undulöse Auslöschung deutet auf eine einstige Pressung des Gesteines.

Orthoklas fehlt diesem Gesteine.

Auf Grund dieses mikroskopischen Befundes kann man dieses Gestein, dessen Beziehungen zu den umgebenden Graniten mir nicht bekannt sind, mit vollem Rechte auch als einen Quarz-Biotit-Amphibol-Diorit erklären.

(No. 19.) In der Stirnmoräne des am linken Gehänge des Zei befindlichen kleinen Seitengletschers sieht man ebenfalls viel amphibolführenden *Plagioklasgranitit*. Es befinden sich in diesem Gesteine ausgezeichnet scharfe, honiggelbe Kriställchen von Titanit. Diese in ihrem Auftreten ziemlich vereinzelte facielle Ausbildung des Kaukasus-Granites dürfte sich vielleicht durch magmatische Einschmelzungen von Kalkgesteinen erklären lassen.

Unter dem Mikroskop fällt auch in diesem Falle dem labradoritartigen Plagioklase die Hauptrolle zu. Derselbe ist ebenfalls den übrigen Gemengteilen gegenüber idiomorph. Saussuritisierung ist auch in diesem Gesteine, wenn auch nicht so allgemein, an den Plagioklasen zu konstatieren, doch beobachtet man in einzelnen Fällen die Ausbildung von auffallend grossen Zoizitkörnern, neben Serizitschüppchen auf Kosten des Labradorites. Von den farbigen Gemengteilen ist die grüne Hornblende ($\mathfrak{a}$ = gelb, $\mathfrak{b}$ = grün, $\mathfrak{c}$ = gelblich-grün) zahlreicher vorhanden als der braune Glimmer. Obwohl beide frisch erscheinen, können wir doch in Kontakt mit derselben gelben körnigen Epidot bemerken. Quarz wenig und allotriomorph, stellenweise körnig angehäuft und zumeist mit undulöser Auslöschung.

Uebergemengteile Apatitkriställchen, namentlich in der grünen Hornblende eingeschlossen, und bräunlicher Titanit.

Dieses Gestein kann ebenfalls mit Recht auch als Quarz-Biotit-Amphibol-Diorit angesprochen werden.

(No. 15). Am linken Talgehänge des Gletschers findet man diesen *amphibolführenden Plagioklasgranitit* auch anstehend vor. Von diesem wäre nur zu bemerken, dass in demselben der Amphibol den schwarzen Glimmer überwiegt und sich unter den Feldspaten ziemlich viel deutlicher Plagioklas befindet. Unter dem Mikroskop erhalten wir im Dünnschliffe dasselbe Bild, wie in den vorher angeführten Fällen. Vorwiegender labradoritartiger Plagioklas in idiomorphen, polysynthetischen Zwillingen, häufig mit zonaler Struktur und basischerem Kerne. Die Saussuritisierung desselben ist bloss eine mässige. Grüne Hornblende durchspickt von Apatitnädelchen und begleitet von Epidotkörnchen, ferner brauner Glimmer, zum Teil zu grünem Chlorit umgewandelt. Quarz weniger und in durchaus allotriomorphen Körnern.

Als Uebergemengteil erblicken wir ausser dem bereits erwähnten Apatit auch noch Titanitkriställchen.

Dieses Gestein befindet sich daher in voller Uebereinstimmung mit den früheren (No. 14, 19) und kann eventuell ebenfalls als Quarz-Biotit-Amphibol-Diorit angesprochen werden.

(No. 32.) *Pegmatit.* Wassergebiet des Uruch, zwischen der Gabelung des Uruch-Flusses und Machtschek. Zentral-Kaukasus.

Grobkörniges Gemenge von Feldspat, Quarz und spärlichem weissen Glimmer, als Grundgebirge der jurassischen Ablagerungen.

(No. 33). *Pegmatit.* Vom Zusammenflusse des Ssonguta-Baches und des Uruch.

Grobkörniger, bereits ziemlich angegriffener Muskovit-Granit, respektive Pegmatit. Feldspate zumeist gelblich verwittert.

(No. 34.) *Plagioklas-Granitit.* Wassergebiet des oberen Uruch, westlich von Styr-Digor, von der linken Wand des Tanagletschertales. Zentral-Kaukasus.

Ein dunkler, grobkörniger Granitit, von ziemlich dunkler allgemeiner Färbung. Schwarzer Glimmer nesterweise angehäuft, dazwischen hie und da grüne Epidot - Ausscheidungen. Zwischen den weissen Feldspaten und Quarzkörnern liegen auch einige bräunliche Titanit-Kristalle.

Unter dem Mikroskop sieht man, dass unter den Feldspaten dicht zwillingsgestreifter Plagioklas mit kleinsten Auslöschungsschiefen (oligoklasartig) vorherrscht. Obwohl derselbe nicht besonders gut umrandet ist, muss er doch den übrigen Gemengteilen gegenüber gewissermassen als idiomorph bezeichnet werden. Zonale Struktur ist keine vorhanden und trotzdem ist häufig bloss das Innere der Plagioklase durch Serizit und Zoisit-Ausscheidungen saussuritisiert. Einige andere, stark von Serizit erfüllte, keine Zwillingsbildung aufweisende Feldspate dürften wohl dem Orthoklas angehört haben. Prächtige Verwachsungen von braunem Glimmer und Chlorit. Der in starken Anhäufungen vorkommende Glimmer ist häufig verbogen. Neben Chlorit hat sich auch Epidot ausgeschieden. Undulös auslöschender Quarz in unregelmässig begrenzten und landkartenartig ineinandergreifenden Körnern, in ziemlich bedeutender Menge. Akzessorisch Apatit und Zirkon in idiomorphen Kriställchen, sowie auch noch sporadisch ein grösseres Titanitkorn.

Die quantitative Analyse dieses glimmerreichen Plagioklas-Granites ergab folgende, ziemlich basische Zusammensetzung:

SiO_2	60·2185
TiO_2	0·7522
Al_2O_3	19·5891
Fe_2O_3	1·9568
FeO	3·0631
MnO	—
CaO	5·5647
MgO	1·6647
Na_2O	5·2904
K_2O	1·6465
H_2O	0·1150
Zusammen .	99·8610

(No. 37.) *Pegmatit,* Quellgebiet des Uruch, oberhalb von Digor, etwas westlich vom Taimasivcek-Zirkus, am Wege ins obere Uruch-Tal (Charwess-Bach).

Ein weisses, bloss durch Infiltration von Eisenverbindungen stellenweise leicht gebräuntes Gestein, welches vorwiegend aus weissem Orthoklas und nur untergeordnet aus kleineren Muskovit-Blättchen besteht.

(No. 39.) *Granit.* Wassergebiet des Uruch, oberhalb Styr-Digor, linkes Ufer des Styr-Digor-Baches, gegenüber der Einmündung des Tana-Baches.

Ein leicht rötliches Granitgestein, mit gebleichtem kleinen Biotit- und ebenfalls kleinen, spärlichen Muskovit-Schüppchen. Während die Hauptmasse desselben durch ein mittelkörniges Gemenge von Quarz und Feldspat gebildet wird, verleihen dem Gesteine einzelne, bis 1 cm grosse Orthoklas-Kristalle einen porphyrischen Habitus.

(No. 41.) *Granitit* vom Karagom-Gletscher. Zentral-Kaukasus.

Grobkörniger Granitit und, infolge zollgrosser Orthoklas-Kristalle, von ausgesprochen prophyrischem Habitus. Die graue Farbe dieses Granites stammt nicht so sehr von dem nur in mässiger Menge vertretenen schwarzen Glimmer her, sondern von der rauchgrauen Farbe des Quarzes. Dieser Typus ist unter den glazialen Trümmern am meisten verbreitet und scheint der Hauptvertreter der Granite der Karagomgegend zu sein.

Unter dem Mikroskop stellt dieses Gestein ein grobkörniges Gemenge von Orthoklas, Mikroklin, Plagioklas (Oligoklas), Quarz und braunem Glimmer dar. Alle diese Komponenten sind ziemlich frisch, und bloss in den Feldspaten kann man eine beginnende Serizitisierung konstatieren.

Akzessorisch Apatit und weniger Zirkon.

(No. 43.) *Granitit.* Karagomgletscher, von der rechtsseitigen Felsenwand.

Ein lichter, äusserst frischer, mässig grobkörniger Biotitgranit mit lichtem, wasserhellem Quarz; Biotite in mässiger Menge und gleichmässiger Verteilung. Feldspate zumeist grösser als die Quarzkörner.

Unter dem Mikroskop erblicken wir ein grobkörniges Gemenge von zweierlei Feldspat, Glimmer und Quarz. Der Plagioklas, dessen Körner hie und da an idiomorphe Formen erinnern, scheint der zuerst ausgeschiedene farblose Gemengteil zu sein. Seine Individuen sind dicht nach dem Albitgesetze gestreifte Oligoklase. Derselbe enthält hin und wieder als Einschlüsse Quarzeier und neigt derselbe zur Serizitisierung. Neben demselben können wir ziemlich frischen ungestreiften Orthoklas verzeichnen.

Quarz in unregelmässig zwischen die übrigen Gemengteile greifenden Körnern in ziemlicher Menge. — Biotit verhältnismässig wenig und teilweise chloritisiert.

Akzessorisch Apatit und Zirkon.

Die nachstehende Analyse kommt derjenigen normaler Granitite ziemlich nahe.

$Si O_2$	65·2542
$Ti O_2$	0·3988
$Al_2 O_3$	21·6450
$Fe_2 O_3$	1·0799
$Fe O$	1·9802
$Mn O$	—
$Ca O$	2·8215
$Mg O$	0·5712
$Na_2 O$	3·6487
$K_2 O$	1·9956
$H_2 O$	0·0750
Zusammen	99·4701

(No. 84.) *Pegmatit.* Teberda-Tal, beim See Tumanly-Gel. Westgrenze des Zentral-Kaukasus.

Ein weisses, grobkörniges, beinahe ausschliessliches Gemenge von fettglänzendem lichtgrauen Quarz und weissen Orthoklas-Körnern.

Weisser Glimmer nur einzeln, in kleineren Schüppchen.

Ein weiteres Gestein ist ein mittelkörniger *Zweiglimmergranit* mit lichtgrauem Quarz, weissem Feldspat, Biotit und Muskovit, welches stellenweise in einen dunkeln, biotitreichen Granit mit sehr wenig weissem Glimmer übergeht.

(N. . 85.) *Granit.* Teberda-Tal, Tumanly-Gel, in der Nähe des Sees.

Der Hauptsache nach ein weisser, mittelkörniger Granit von pegmatitischem Charakter; schwarzer Glimmer und rote Granatkörner fleckenweise eingesprengt, wodurch das Gestein eine beinahe forellenähnliche Farbensprenkelung erhält. In dem weissen Feldspatgemenge eines zweiten Handstückes fehlt der rote Granat und wird die Sprenkelung des Gesteins bloss durch schwarzen Glimmer verursacht. Weisser Glimmer, häufig mit dem schwarzen verwachsen, nur untergeordnet.

Im Dünnschliffe finden wir neben typischem Orthoklas in geringerer Menge auch noch Mikroklin, ausserdem dicht gestreiften Oligoklas. Quarz am Kontakte mit den Feldspaten mitunter als Quarz vermiculé ausgebildet. Glimmer zweierlei, Biotit und Muskovit. Ersterer stellenweise gebleicht und dann von Rutilnädelchen erfüllt.

(No. 88.) *Gneis-Granit.* Teberda-Tal.

Ein kleinkörniges Gemenge von lagenförmig angeordnetem Zweiglimmer-Granit, in welchem hie und da einzelne grössere Quarzlinsen aus geschieden sind.

Unter dem Mikroskop finden wir ausser Orthoklas- und einigen Mikroklin-Körnern auch Plagioklase von oligoklasartiger Beschaffenheit. Quarz sehr zahlreich und bloss hie und da undulös auslöschend. Biotit teils frisch, teils zu grünem Chlorit umgewandelt und gar nicht verbogen. Muskovit frisch. Serizit als sekundäre Ausscheidung namentlich in manchen Orthoklasen. Uebergemengteile Apatit und Zirkon.

(No. 86.) *Granitit.* Teberda, oberer Teil des Tales.

Mässig grobkörniger, biotitreicher Granit.

(No. 90.) *Granitit.* Aus dem Teberda-Tale, nahe der Einmündung des Amanaus-Baches.

Grobkörniger Granitit, in welchem die grösseren Orthoklas-Zwillinge so ziemlich nach einer Richtung gelagert sind. Auch zeigt die Anordnung der kleinen Biotit-Schüppchen eine annähernd lineare Richtung. Muskovit ganz untergeordnet. Das Gestein ist sehr frisch und den sogenannten Glasgraniten ähnlich.

Unter dem Mikroskop erblickt man neben viel und grossen Orthoklaskörnern noch Mikroklin und ziemlich viel Oligoklas. Letzterer häufig als Einschluss in ersterem. Quarz, in normaler Ausbildung, sporadisch auch myrmekitisch. Glimmer wenig, teilweise zersetzter Biotit und frischer

Muskovit. Dass letzterer wahrscheinlich überhaupt jüngerer Entstehung ist, geht wohl auch aus dem Umstande hervor, dass auf den Spaltrissen der Orthoklase Muskovitblätter zur Ausbildung gekommen sind.

(No. 93.) *Granit.* Vom Eis-See, unterhalb des Kluchor-Passes.

Aeusserst frische, grobkörnige weisse Granite mit dominierenden, mitunter zollgrossen Orthoklas-Kristallen. Quarz licht rauchgrau, Biotit und Muskovit in geringerer Menge. Muskovit bildet sich in feinen, lang gestreckten Blättchen auch sekundär auf den Spaltungsflächen der Orthoklase.

Unter dem Mikroskop erweist sich der Feldspat dieses frischen Gesteines teils als Orthoklas, teils aus Mikroklin und Oligoklas bestehend. Die dicht gestreiften und beinahe gerade auslöschenden Individuen des letzteren kommen häufig auch als Einschlüsse in ersteren vor. Quarz in ziemlich reichlicher Menge, erfüllt von Gas und Flüssigkeitseinschlüssen mit beweglicher Libelle; ebenso erblicken wir schöne Zirkonkriställchen in denselben.

Der Glimmer ist spärlich vorhanden und zumeist Muskovit. Der einstige Biotit ist grösstenteils zu Chlorit umgewandelt.

Die Analyse dieses Gesteines ergab folgende Resultate.

$Si\,O_2$	64·911
$Ti\,O_2$	0·0899
$Al_2\,O_3$	23·2572
$Fe_2\,O_3$	1·3902
$Fe\,O$	0·0701
$Mn\,O$	—
$Ca\,O$	1·2992
$Mg\,O$	0·3781
$Na_2\,O$	3·1925
$K_2\,O$	5·7374
$H_2\,O$	0·0540
Zusammen	100·3796

(No. 94.) Am unteren Rande des Firnfeldes am Kluchor-Pass befindet sich ein von Diabas-Gängen durchbrochener, sehr feinkörniger, ***biotitreicher Granitit*** von dunkler Farbe.

(No. 95.) Am Firnplateau des Kluchor-Passes erblickt man eine Felswand von gepresstem *Granit,* in welchem der Glimmer schlierenartige Streifen bildet.

Unter dem Mikroskop erweisen sich diese Glimmerschiefer-Lagen als hauptsächlich aus Biotit, ferner aus diesem entstandenen Chlorit und aus

Muskovit bestehend. Zwischen den Chloritblättern sieht man ziemlich reichlich Epidotausscheidungen. Diese Glimmerlagen sind sehr gefaltet; auch kann man Biegungen am isoliert im Granite auftretenden Glimmer beobachten, besonders am Biotit. Die übrigen Gemengteile des Granites sind Orthoklas, Plagioklas (Oligoklas) und Quarz, und von diesen ist es namentlich der letztere, welcher undulöse Auslöschung zur Schau trägt. In den Feldspaten sind, schütter verstreut, Serizitschuppen zu beobachten.

(No. 27 a.) *Granit.* Vom kleineren See am Kluchor-Pass. Westgrenze des Zentral-Kaukasus. (Lgt. C. Papp.)

Ein grobkörniges, bereits protogynartiges Gestein, in dem ausser dem Quarz-Feldspat-Gemenge grünlicher Chlorit den auffallendsten Gemengteil darstellt.

Unter dem Mikroskop finden wir ausser ungestreiftem, meist durch Serizitausscheidungen getrübten Orthoklas ziemlich viel oligoklas-andesinartigen, dicht gestreiften Plagioklas, neben dem jedoch auch einige zufolge ihrer bedeutenden Auslöschung bereits an Labradorit gemahnende Individuen vorkommen. Letztere sind ausser nach dem Albit- auch noch nach dem Periklingesetze verzwillingt. Quarz viel und zumeist in undulös auslöschenden Körnern.

Der Glimmer ist zweierlei, weisser Muskovit und der bereits zu Chlorit umgewandelte Biotit. Frischer Biotit ist nicht mehr anzutreffen. Ausser Chlorit kam hin und wieder auch Epidot zur Ausbildung, zumeist in kleineren Körnern, mitunter aber auch in Form grösserer Individuen. Zwischen den Chloritbüscheln erblicken wir sodann noch opake Erzausscheidungen und in einigen Fällen auch Sagenitgewebe.

Zirkon als akzessorischer Gemengteil ziemlich häufig.

(No. 21 a.) *Pegmatit.* SO-Seite des Kluchor-Passes, an der Grenze zwischen dem zentralen und dem westlichen Kaukasus. (Lgt. C. Papp.)

Weisse Pegmatitlinsen zwischen glimmerreichen Schiefern. Das grobkörnige Gestein wird aus Orthoklas, dicht gestreiftem Oligoklas, Mikroklin, Quarz, weissem und braunem Glimmer zusammengesetzt. Es stellt dasselbe pneumatolitisch injizierte Körper vor.

(No. 97.) *Granit.* Uebergang aus dem Teberda-Tale nach Dout (Eptschik-Pass). Westgrenze des Zentral-Kaukasus.

Im oberen Teile dieses Seitentales stösst man auf einen sehr feinkörnigen biotitreichen Granit, welcher zufolge des reichlichen Biotitgehaltes stellenweise eine dunkle Färbung besitzt. Neben dem Biotit ist auch Muskovit in genügender Menge vorhanden.

(No. 12.) *Granit.* Tschirykol-Tal, in der Nähe von Chursuk, westlich vom Elbruss. (Lgt. C. Papp.)

Ein weisses, mittelkörniges Gestein mit beiderlei Glimmer.

Unter dem Mikroskop erkennen wir ausser dem ungestreiften, häufig fleckenweise getrübten Orthoklas noch ziemlich viel gestreiften Plagioklas mit geringen, an Oligoklas-Andesin erinnernden, mitunter jedoch auch an die Labradoritreihe gemahnenden Auslöschungswerten. Quarz ziemlich viel; hin und wieder auch myrmekitisch in Orthoklas. Unter den Glimmern ist der braune vorherrschend. Derselbe ist zumeist ganz frisch und trägt den gewöhnlich auftretenden kräftigen Pleochroismus ($\mathfrak{a}$ = gelb, $\mathfrak{b}$ = schwarzbraun, $\mathfrak{c}$ = dunkelbraun) zur Schau. Nur selten bemerkt man auch ein grünes chloritisches Blättchen. Der weisse Glimmer ist entschieden untergeordnet. Akzessorisch tritt Zirkon in zahlreichen, zumeist schlanken Kriställchen auf, die vorwiegend in Quarz eingeschlossen erscheinen. Ausserdem kommen im Quarz auch noch weitere, selbst bei stärksten Vergrösserungen noch immer geradlinienförmige, schütter, doch wirr durcheinander gelagerte nadelförmige Einschlüsse vor, die ich geneigt wäre für sehr dünne Rutilnadeln zu halten.

(No. 13.) *Granit.* Von Chursuk, westlich vom Elbruss. (Lgt. C. Papp.)

Ein schwach fleischfarbenes, bereits gröber mittelkörnig zu bezeichnendes Gestein mit zweierlei Glimmer. Unter dem Mikroskop bietet dieses Gestein wenig Abwechslung. Orthoklas, Oligoklas, Mikroklin bilden die Feldspatkomponenten und Quarz, Biotit und weniger Muskovit ergänzen die Reihe derselben. Zwischen einzelnen Glimmergruppen erkennen wir Büschel und quer gegliederte Fasern von Sillimanit. Akzessorisch Zirkon.

(No. 11.) *Pegmatit.* Vom südl. Ende des Tschirykol-Gletschers bei Chursuk, westlich vom Elbruss. (Lgt. C. Papp.)

Ein sehr grobkörniger Muskovitpegmatit. Ein davon angefertigtes Präparat besteht aus einem einzigen grossen Mikroklin, mit ausgezeichneter Gitterstruktur. In demselben befinden sich als Einschlüsse Plagioklase (Oligoklas-Andesin) und mehrere Quarzkörner.

(No. 104.) *Granit.* Kosch im oberen Ullukam-Tale.

Ein kleinkörniger, gleichmässig gestreifter Granit, mit Feldspat und Quarzkörnern, sowie Biotit- und Muskovitblättchen; alle Gemengteile von ziemlich gleicher Grösse.

(No. 106.) *Granit.* Tal des Chotjutau-Gletschers, an der Südwestseite des Elbruss.

Ein ausgezeichnet frisches, mittelkörniges Gestein, mit zweierlei Glimmer, von denen jedoch der Muskovit der untergeordnetere ist.

Unter dem Mikroskop erkennen wir in diesem Gesteine Orthoklas in einzelnen Individuen und Karlsbader Zwillingen. In manchen derselben sieht man prächtig orientierte Muskovit-Ausscheidungen als jüngere Bildungen. Ein geringerer Teil des Kalifeldspates erscheint in der Form von Mikroklin. Plagioklas (Oligoklas) dicht gestreift und von beinahe gerader Auslöschung. Ferner allotriomorpher Quarz, hie und da mit Einschlüssen von feinen Rutilnadeln. Glimmer zweierlei; Biotit ($\mathfrak{a}$ = gelb, $\mathfrak{b}$ und $\mathfrak{c}$ = dunkel-rötlich-braun) und weniger Muskovit. Akzessorisch: Apatit und Zirkon.

Die Analyse dieses feldspatreichen Granites ergab folgende Zahlen:

SiO_2	67·2612
TiO_2	0·2867
Al_2O_3	21·6134
Fe_2O_3	0·7706
FeO	1·3203
MnO	—
CaO	1·6217
MgO	0·4490
Na_2O	3·7793
K_2O	3·2783
H_2O	0·0477
Zusammen	100·4292

(No. 10.) *Granit.* Von Utschkulan, westl. vom Elbruss. (Lgt. C. Papp.)

Der schwach fleischfarbene, mittelkörnige Granit bietet im allgemeinen die gewohnten Verhältnisse dar. Orthoklas und polysynthetischer Oligoklas sind die beiden Hauptgemengteile, deren roh umgrenzte Individuen dem ebenfalls vorhandenen Mikroklin gegenüber idiomorph sind. Ferner beteiligen sich an der Zusammensetzung des Gesteines noch ziemlich viel Quarz, brauner und weisser Glimmer, Quarz stellenweise myrmekytisch. Akzessorisch Zirkon und sekundär etwas grüner Chlorit auf Kosten des braunen Glimmers.

(No. 19.) *Granit.* Von der Höhe des Nachar-Passes, Grenze zwischen dem westlichen und Zentral-Kaukasus. (Lgt. C. Papp.)

Ein etwas an Protogyn erinnernder Granit von mittelgrobem Korne. Ausser Feldspat und Quarz sieht man makroskopisch den grünlichen Glimmer, welcher teils in der lagenförmig struierten Granitmasse selbst enthalten ist, teils in den, die fingerstarken Granitlagen voneinander trennenden, Glimmerschnüren angehäuft vorkommt.

Unter dem Mikroskop sind als Hauptgemengteile Orthoklas, Oligoklas, Quarz und Glimmer zu verzeichnen. Die grossen, häufig Karlsbader Zwillinge darstellenden Orthoklase sind meist serizitisiert, die dicht gestreiften Oligoklase dagegen klar und frisch. Als Einschlüsse in den Feldspaten findet man Biotitlamellen und winzige Zirkonkriställchen. Der ziemlich reichlich vorhandene Quarz ist meist zersprungen und zeigt eine undulöse Auslöschung. Zum Teil kommt Quarz auch myrmekitisch vor. Was den Glimmer anbelangt, so ist derselbe vorwiegend Biotit gewesen; Muskovit erkennen wir zwar besser makroskopisch im Handstücke, doch fehlt derselbe auch im Dünnschliffe nicht gänzlich. In Form von Serizit ist dieses Mineral allerdings vorwiegend auf Kosten des Orthoklases verbreitet. Der Biotit ist zu einem grünen Chlorite ($\mathfrak{a}$ = gelb, $\mathfrak{b}$ und $\mathfrak{c}$ = grün) umgewandelt, wobei zwischen seinen Lamellen langgezogene Linsen von Epidot oder aber auf seinen Blättchen das bekannte Sagenitgewebe (Rutil) zur Ausscheidung gelangt ist. Der Glimmer ist im allgemeinen geknickt und gebogen, ein Beweis für den Druck, dem dieses Gestein ausgesetzt gewesen ist. Sekundär ist auch wurmartig gekrümmter Ripidolith zu beobachten.

(No. 107.) *Granitit.* Aus dem Asau-Tale (Quellgebiet des Bakssan) an der Südseite des Elbruss.

Dieses in der Gegend des Asau-Gletschers als Grundgebirge auftretende Gestein stellt einen ebenmässig gleichkörnigen Granitit dar, welcher zufolge seines ziemlich reichen Biotitgehaltes eine dunklere Färbung annimmt. Muskovit in spärlichen, winzigen Blättchen bloss akzessorisch.

(No. 108.) *Granit.* Oberhalb Chursuk im Ullu-Chursuk-Tale.

Ein mittelkörniger, durch angehende Verwitterung gelblich angehauchter Zweiglimmergranit, mit vorwiegendem Quarz, Feldspatgehalt. Das gelbe Pigment wird von den in Zersetzung begriffenen Biotiten geliefert.

(No. 109.) Etwas weiter oben folgt nun ein mässig grobkörniger *Pegmatit,* bloss mit Muskovitglimmer.

(No. 113.) *Granit.* Stirnmoräne des Ullu-Tschiran-Gletschers, an der Nordseite des Elbruss.

In dem in der Stirnmoräne befindlichen glazialen Schutt gibt es viele Stücke von einem mittelkörnigen, normal, richtungslos struierten Zweiglimmergranit.

(No. 124.) *Granit.* Nordostseite des Elbruss, unterhalb des Aufstieges zur Kyrtyk-Passhöhe.

Ein durch seine Färbung ausgezeichneter, grobkörniger Granit, dessen Feldspate fleischrot sind, während die Quarzkörner ins Violette spielen.

Glimmer zweierlei, Muskovit und Biotit, von denen der letztere bereits etwas chloritisch verändert ist. Im ganzen besitzt das Gestein eine rote Farbe. An manchen Stellen wird dasselbe von daumenstarken Aplitadern durchzogen.

(No. 126.) *Granit.* Höhe des Kyrtyk-Passes, nordwestlich von Urussbieh.

Ein grobkörniger, beinahe pegmatitisch aussehender Muskovit-Biotit-Granit. Unter dem Mikroskop erkennen wir neben spärlich vorkommendem Biotit etwas mehr Muskovit. Ausserdem ist der Biotit teilweise zu Chlorit umgewandelt. Im übrigen besteht das sonst sehr frische Gestein aus Orthoklas, Plagioklas und Quarzkörnern, sämtlich allotriomorph. Die wenigen Plagioklase, welche die Zwillingsbildung sowohl nach dem Albit-, wie nach dem Periklingesetz in ausgezeichneter Weise zur Schau tragen, dürften im allgemeinen dem Oligoklas entsprechen. Die zahlreichen Quarzkörner besitzen stellenweise auffallend verzahnte Berührungsflächen und stark undulöse Auslöschung. Dass das Gestein dem Gebirgsdrucke ausgesetzt gewesen war, ergibt sich auch aus der hie und da zu beobachtenden Verquetschung der Plagioklas-Zwillingsstreifung, namentlich aber der Glimmer.

Die Analyse dieses Granites zeichnet sich durch einen höheren SiO_2-Gehalt aus, welcher aus dem reichlich vorhandenen Quarz erklärt werden kann.

SiO_2	74·7221
TiO_2	Spuren
Al_2O_3	15·5202
Fe_2O_3	0·1846
FeO	0·7754
MnO	—
CaO	0·6917
MgO	0·0440
Na_2O	4·2551
K_2O	3·8913
H_2O	0·0469
Zusammen	100·1313

(No. 129.) *Granitit.* Mittlerer Abschnitt des Kyrtyk-Tales bei Urussbieh.

Unter den riesigen Blöcken, welche infolge der Erosion aus dem Quellgebiete dieses Tales in seinen mittleren Abschnitt herabgelangten, befinden sich unter anderm grobkörnige, sehr biotitreiche, gequetschte und gepresste Granitite, die jedenfalls dem Grundgebirge des Elbruss angehören.

(No. 130.) *Pegmatit.* Unteres Ende der Kyrtyk-Schlucht, bei Urussbieh.

Ein gleichmässiges, richtungslos struiertes Gemenge von mittelgrossen Quarz- und Feldspat-Körnern, zwischen denen Muskovit-Ausscheidungen bloss untergeordnet und in winzigen Blättchen vorkommen.

(No. 133.) *Gneisgranit.* Von der linken Talwand des Schcheldy-Gletschers, Zentral-Kaukasus.

Ein kleinkörniger, durch annähernd lagenförmige Anordnung des schwarzen Glimmers gneisartig aussehender Granitit. Ein offenbar piëzokristallinisch erstarrtes Gestein.

Unter dem Mikroskop erkennen wir ein allotriomorphes Gemenge von annähernd gleich grossen Körnern von Orthoklas (Karlsbader Zwillinge), Mikroklin, ziemlich viel dicht gestreiftem Oligoklas, Quarz und viel braunem Glimmer. Quarz kommt in rundlichen Körnern in den Feldspaten poikilitisch und ausserdem in einzelnen Feldspatkörnern, selbst Oligoklasen, auch myrmekitisch vor. Der braune Glimmer ist mit Ausnahme einiger chloritisch veränderter Blättchen frisch. Muskovit bloss ausnahmsweise in 1—2 Individuen vorhanden. Akzessorisch einige Granatkörner und Apatit.

(No. 134.) *Granit.* Vom Rücken des Schcheldy-Gletschers.

Feinkörniger, etwas gestreckter Granitit im Verbande mit einer basischen, sehr biotitreichen Lage.

Ein Dünnschliff, angefertigt von der biotitreichen Lage, ergab noch zum Teil anhaftende Partien des Granites, in dem Orthoklas, Oligoklas, Quarz und zweierlei Glimmer die Gemengteile bilden. Die Quarze zeigen eine undulöse Auslöschung. Die Glimmer, namentlich die Individuen der Glimmerlage, sind mitunter stark gefältelt. Der Biotit (𝔞 = gelb, 𝔠 = rötlichbraun) ist titanhaltig, was auch daraus hervorgeht, dass manche gebleichte Individuen desselben von Sagenitgeweben erfüllt sind.

(No. 134.) *Granit.* Vom Rücken des Schcheldy-Gletschers.

Ein dunkler, sehr biotitreicher Granitit mit zollgrossen Orthoklasen, welche dem Gesteine einen granito-porphyrischen Habitus verleihen. Muskovit untergeordnet.

Die Untersuchung unter dem Mikroskop ergab ein grobkörniges Gemenge von Orthoklas, weniger Mikroklin, prächtig und dicht gestreiftem und teilweise auch nach dem Periklin verwachsenem Oligoklas und Quarz. Letzterer zeigt eine sehr undulöse Auslöschung und ist hie und da auch etwas zertrümmert. Quarz kommt ferner auch ausgezeichnet myrmekitisch in Feldspat vor. Glimmer zweierlei, brauner vorwiegend, ferner spärlich auch Muskovit. Beide häufig mit undulöser Auslöschung und mitunter auch verbogen. Letzterer als Serizit auch sekundär in den Feldspaten. Akzessorisch schöner Zirkon in einzelnen, lang gestreckten, bräunlichen Kristallen in Mikroklin.

Die Zusammensetzung dieses Granites ist folgende:

SiO_2	67·3417
TiO_2	0·3385
Al_2O_3	17·1113
Fe_2O_3	1·4095
FeO	2·2896
Mn_3O_4	—
CaO	2·4896
MgO	1·0730
Na_2O	4·3061
K_2O	3·6774
H_2O	0·0450
Zusammen	100·0817

(No. 134.) *Pegmatit* vom Rücken des Schcheldy-Gletschers.

Des weiteren haben wir unter dem am Gletscher oberflächlich befindlichen Gesteinschutt auch Pegmatitstücke mit radial stengeligen Tourmalingruppen gefunden.

(No. 137.) *Granite* aus dem glazialen Schutt des Asau-Gletschers, Südostseite des Elbruss.

Neben dem überwiegend andesitischen Gesteinschutt findet man am Asau-Gletscher auch echte Granite, welche dem Grundgebirge des Elbruss entstammen. Unter diesen befindet sich ein mehr oder weniger biotitreicher granito-porphyrischer Granitit mit bis zollgrossen Orthoklas-Zwillingen; ferner ein mässig grobkörniger Muskovit-Granit von pegmatitischem Habitus.

In den Zweiglimmer-Graniten ist der braune Glimmer vorherrschend. In einem aus demselben angefertigten Dünnschliffe erkennen wir an Feldspaten Orthoklas, Mikroklin und dicht gestreiften Oligoklas, mit ziemlich viel Quarz ein grobkörniges Gemenge bildend. Ausser den gewöhnlichen rissigen Quarzkörnern kommt dieser Gemengteil auch myrmekitisch in Feldspat vor.

An akzessorischen Gemengteilen sind zu erwähnen Apatit und Zirkon.

(No. 139.) *Granitit.* Grundgebirge am Tersskol-Gletscher, Südostseite des Elbruss.

Ein mässig grobkörniger, etwas gestreckt struierter Granitit in einem etwas angegriffenen Zustande, indem derselbe durch Eisenoxydhydrat eine gelbliche Färbung erhalten hat. Im übrigen sind die an der Bildung des Gesteines sich beteiligenden Gemengteile noch ziemlich frisch. Biotit vorwiegend, Muskovit sehr untergeordnet.

(No. 139.) *Granit.* Aus dem glazialen Schutte des Tersskol-Gletschers.

Dieses aus dem Grundgebirge herstammende Gestein stellt einen mittelkörnigen, bereits zum grobkörnigen neigenden Zweiglimmergranit dar. Von dem nur in mässiger Menge vorhandenen Glimmer ist der Biotit bereits etwas angegriffen, wodurch das Gestein rostfarben gescheckt erscheint.

(No. 140.) *Granitit.* Oberes Bakssan-Tal, oberhalb Urussbieh.

Das bei Favre's vermeintlicher Endmoräne (welche jedoch wahrscheinlich nur das Resultat eines Bergschlipfes zu sein scheint), anstehende Gestein ist ein dunkler, mittelkörniger Granitit, in welchem die gruppenweise angeordneten Biotite sich zu unregelmässig gestreckten Anhäufungen gruppieren. Die Gesteinstrümmer des Bergschlipfes bestehen meist aus ähnlichen granitischen bis gneis-granitischen Gesteinen. Eines derselben ist ein ziemlich glimmerarmer, mittelkörniger Granit, welcher sich bereits in einem vorgeschrittenen Stadium der Verwitterung befindet.

(No. 142.) *Granit.* Urussbieh, vom westlich vom Orte sich erhebenden Rücken.

Ein grobkörniges, granitisches Gestein, welches aus gleichmässig viel Feldspat und Quarz, ferner aus etwas gebleichtem Biotit und Muskovit besteht. Dieses Gestein bildet die Grundlage der daselbst aufgesetzten, säulenförmig abgesonderten Andesitkuppe.

(No. 143.) *Aplit.* Bei Urussbieh, unterer Abschnitt der Adyr-Ssu-Schlucht.

Unter den granitischen und kristallinischen Schiefer-Rollstücken dieses Baches fand sich auch ein ausgezeichneter mittelkörniger Aplit mit typischer Granatenführung vor. Ausser den im weissen Gesteine punktweise auftretenden Granaten findet man auch kleine Biotitschuppen.

Granitit. Aus dem Moränenschutt des Besingi-Gletschers, Zentral-Kaukasus. (Lgt. v. Déchy.)

Der mittelkörnige Granitit, welcher sich in einem scharfen Kontakte mit einem schwarzen, dichten, diabasartigen Gesteine befindet, ist einigermassen protogynähnlich, indem seine schwarzen Glimmer zu Chlorit umgewandelt sind. Ausserdem ist der Granit von zahlreichen eingesprengten Schwefelkieskörnern durchsetzt.

Gesteine der Diabas-Familie.

Die hierher gehörigen, durchwegs dunkeln Gesteine sind teils porphyrisch, teils körnig ausgebildete Gangarten. Häufig ist an denselben die sogenannte Intersertalstruktur zu bemerken. Die Gemengteile derselben sind mehr oder weniger basischer Plagioklas und in der Regel violetter, titanhaltiger Augit. Titaneisen wird ebenfalls vielfach bemerkt. Der Augit erweist sich als ein wenig beständiger Gemengteil und zeigt in vielen Fällen Neigung, sich zu einer grünen Hornblende umzusetzen. Es entstehen dadurch uralitisierende Diabase. Auf diesem Wege stehen die Diabase des Kaukasus im engsten Zusammenhange mit den Dioriten (s. diese).

(No. 7.) *Diabas-Porphyrit.* Im Liegenden der paläozoischen Tonschiefer, Ardontal, an der Strasse östlich von der Einmündung des Ssadon-Baches. Zentral-Kaukasus.

Ein grünliches Gestein mit dichter, felsitischer Grundmasse, in welcher einzelne längliche, schwärzlich-grüne, verwitterte Einsprenglinge sichtbar sind.

Unter dem Mikroskop erkennen wir in diesem aphanitischen Gestein einen feldspatreichen Porphyrit. Während die grösseren Feldspatausscheidungen einem Kalknatronplagioklas mit auf Labradorit hinweisender Extinktion angehören, erweisen sich die leistenförmigen Zwillinge der Grundmasse als zumeist oligoklasartig. Der farbige Gemengteil ist gegenwärtig gänzlich zu grünem Chlorit und schmutzig-weissem Kalkspat umgewandelt und dürfte einem Pyroxen angehört haben. Kalkkarbonat befindet sich in unregelmässigen Anhäufungen auch in der dichtkörnigen Grundmasse, doch bildet sich dasselbe augenscheinlich auch auf Kosten der porphyrisch ausgeschiedenen Labradorite. Als akzessorischer Gemengteil sind klare, ziemlich grosse Apatite zu verzeichnen.

(No. 45.) *Diabas.* Aus der rechten Seitenmoräne des Karagom-Gletschers. Zentral-Kaukasus.

In der braungrauen, dichten Grundmasse sind makroskopisch nur einzelne leistenförmige Feldspate zu erblicken.

Ein schönes, frisches Gestein, das sich bei der Untersuchung unter dem Mikroskop als aus Plagioklasleisten (Labr.), allotriomorphem, zwischengeklemmtem, etwas violettem (TiO_2 -haltigen) Augit und schwarzen opaken Titaneisenkörnern bestehend, erweist. Ausgezeichnete Intersertalstruktur.

Hie und da Anhäufungen einer lichten, wohl sekundär entstandenen Hornblende.

Auf dem einen dieser Stücke sind von der Gletschererosion herrührende, gekratzte Linien sichtbar. Es gehört dieser Diabas zu den wenigen Gesteinen im Kaukasus, die infolge ihrer Dichte derartige Kratzspuren auch zu erhalten vermochten.

(No. 82.) *Diabas-Porphyrit.* Im Teberda-Tale, südlich von der Stelle, wo verrucanoartige Gesteine auftreten. Westliches Ende des Zentral-Kaukasus.

In einer bräunlichen, dichten Grundmasse liegen zahlreiche leistenförmige, polysynthetische Plagioklas-Zwillinge. Einzelne dunkelgrüne Körner dürften wohl dem Augit angehören.

Unter dem Mikroskop weist der in Rede stehende Porphyrit eine typische Intersertalstruktur auf. Die Grundmasse besteht aus oligoklasartig auslöschenden Plagioklasleisten und einer einst wohl glasigen Zwischenklemmungsmasse, die in ihrem heutigen Zustande chloritisch devitrifiziert und ausserdem von zahlreichen opaken Körnern erfüllt ist. An der Zusammensetzung der Grundmasse beteiligt sich ausserdem Titaneisen in dünnen Lamellen resp. leistenförmigen Schnitten. Dasselbe wird vielfach von Leukoxen begleitet.

Die porphyrisch ausgeschiedenen Phanerokristalle werden von labradorit- bis bytownitartigen Plagioklasen gebildet. Dieselben sind durch sekundäre Ausscheidungen ziemlich getrübt. Augit oder sonst einen andern farbigen Gemengteil konnte ich mikroskopisch im Dünnschliffe in keiner der beiden Generationen nachweisen.

(No. 80.) *Diabas.* Oberer Abschnitt des Teberda-Tales.

Ein schwärzliches, dichtes Gestein, in dem nur spärlich wasserhelle, dünne Feldspatleisten zu erblicken sind. Ausserdem sind mikroskopisch noch einzelne Quarzkörner und schliesslich ein schwarzes Mineral, Augit, zu erblicken. Ferner ist noch zu bemerken, dass sich im Gesteine einzelne bis erbsengrosse, eckige Einschlüsse befinden, die aus einer grasgrünen, faserigen Hornblende zu bestehen scheinen. Hie und da ist auch ein schwarzes Erzkörnchen zu bemerken, welches in einem Falle die Umrisse eines Oktaeders erkennen lässt. Weisse Beschläge auf den Klüften des schwarzen Gesteines stammen höchstwahrscheinlich aus der Verwitterung der basischen Feldspate her.

Unter dem Mikroskop finden wir die makroskopischen Beobachtungen vollkommen bestätigt. Die Grundmasse des Gesteines ist ein Haufwerk von schmutziggrünen, feinen Fasern einer grünen Hornblende, zwischen denen hie und da ein unregelmässiges Augitkorn liegt. Einzelne Augite nehmen auch grössere Dimensionen an; dieselben gehören nach ihren ins rötliche spielenden Farben wohl titanhaltigen Augiten an. Die Feldspatleisten sind durchwegs Plagioklase von ziemlich schiefer Auslöschung, was auf basischere Glieder hinweist. Schliesslich sei als letzter wesentlicher Gemengteil das in grosser Menge vorkommende, blättrige (resp. leistenförmige) Titaneisen erwähnt.

Einzelne grössere, konkretionäre Einschüsse bestehen aus einem regellosen Haufwerk von grüner Hornblende.

Quarz ist im Dünnschliffe keiner vorhanden, so dass der makroskopisch beobachtete bloss als akzessorisch angesehen werden muss.

(No. 92.) *Diabas.* Oberes Teberda-Tal, von der ersten Talstufe beim Aufstieg zum Eissee unterhalb des Kluchor-Passes. Westgrenze des Zentral-Kaukasus.

Ein grünliches Gestein, in dessen feinkörniger, grünlich-grauer Grundmasse viel grünlich-weisser, matter, saussuritisch aussehender Feldspat ausgeschieden ist. Quarz höchst spärlich in einzelnen Körnern. Die zumeist sehr geringe Dimensionen aufweisenden dunkeln, bereits angegriffenen Gemengteile verlieren sich in der grünlich grauen Grundmasse.

Unter dem Mikroskop erweist sich dieses Gestein als ziemlich zersetzt. Die am körnigen Gemenge sich beteiligenden Plagioklase zeigen geringe Auslöschungsschiefen, dürften daher den saueren Gliedern der Plagioklasreihe angehören. Sie sind alle durch mikroskopische, sekundäre Ausscheidungen bedeutend getrübt. Die übrige Gesteinsmasse besteht der Hauptsache nach aus einem wirren Haufwerke zumeist chloritischer und epidotischer Ausscheidungen, in welchen Titaneisenblätter, titanhaltiges Magneteisenerz und Pyritkörner liegen. Die ersteren sind stets teilweise in Leukoxe umgewandelt. Der ursprüngliche farbige Gemengteil dürfte allgemein titanhaltiger Augit gewesen sein, worauf man aus einem in der Mitte noch frisch erhaltenen, äusserlich durch eine körnige Epidotzone umgebenen Augit schliessen darf. Quarz spärlich und wohl sekundär.

(No. 94.) *Diabas.* Oberes Teberda-Tal, beim Aufstieg vom Eissee auf die Platte des Firnfeldes, nördliche Seite des Kluchor-Passes.

Es treten hier an dieser Stelle im lichten Granite bis 2 m mächtige Dykes auf, mit einem Streichen von 7^h bis 19^h und einem Einfallen von 65^0 nach 1^h. Das dunkle Gestein stellt einen grünlich-schwarzen, sehr feinkörnig bis dicht struierten Diabas dar, in welchem sich ausser den sich hauptsächlich am Aufbau der Grundmasse beteiligenden Feldspatleisten auch einzelne grössere Plagioklase, sowie sporadisch auch einzelne bis haselnussgrosse schwarze Hornblendekristalle porphyrisch ausgeschieden befinden.

An dieser Stelle findet man mehrere parallele Gänge, von denen ein weiterer von lichter grüner Farbe sich durch ein gröberes Korn der Grundmasse auszeichnet. Makroskopisch wahrnehmbare Hornblendeeinschlüsse fehlen in demselben; als sulphidisches Erz ist Pyrit zu erwähnen.

In einem dritten, in Bezug auf die Strukturverhältnisse die Mitte zwischen den beiden ersterwähnten haltenden Gange befinden sich auch einige makroskopisch leicht zu erkennende, bis hirsegrosse, rauchgraue Quarzkörner, mit dem ihnen eigenen muscheligen Bruch.

Unter dem Mikroskop zeigen alle diese Gesteinsvarietäten darin eine Uebereinstimmung, dass ihr Hauptgemengteil ein sauerer Natrium-Calcium-Plagioklas ist, da die zumeist beobachteten Auslöschungswerte $\perp$ b $1-5^{\circ}$ auf Oligoklas-Andesin hindeuten. Neben diesen leistenförmigen Zwillingen ist auch das opake Erz konstant, dessen isometrische schwarze Körner sich häufig mit Leukoxenkrusten umgeben. Hingegen ergaben sich bei der Durchsicht der Dünnschliffe Abweichungen bezüglich des farbigen Gemengteiles und der Beschaffenheit der intersertalen Grundmasse. In einigen Fällen kann der einstige farbige Gemengteil überhaupt nicht mehr eruiert werden, da weder intakte Reste, noch typische Konturen desselben erhalten geblieben sind. An seiner Stelle finden wir unregelmässig durch die ganze Gesteinsmasse hindurch Anhäufungen von Epidot, Chlorit und stellenweise auch faseriger grüner Hornblende. Die offenbar sekundär entstandenen Gemengteile dürften auf Kosten eines einstig wohl vorhanden gewesenen Augites entstanden sein. Die Hauptmenge des Chlorites dagegen mag wohl zum guten Teil auch aus der Umwandlung einer einstigen glasigen Basis hervorgegangen sein.

Im Präparate eines andern Handstückes erkennen wir noch in dem ebenso beschaffenen und struierten Gestein Reste von einer braunen Hornblende, deren ziemlich grosse Kristalle jedoch mit Ausnahme einiger intakter Reste zu Epidot, Chlorit und Kalkspat aufgelöst erscheinen.

In dem an dritter Stelle angeführten Handstücke dagegen finden wir ausserdem noch einige gut erkennbare grössere Augitreste, daneben aber ziemlich viel kleinere, schilfige, braune bis grüne Hornblende, in manchen Fällen als Umhüllung von Augitkörnern, so dass man geneigt wäre, dieses Handstück für einen uralitisierten Diabas zu erklären. Bemerkenswert ist noch, dass zwischen den Oligoklas-Andesinleisten hie und da auch noch intersertal Quarzkörner eingezwängt sind. Die grösseren derselben verraten sich im Gestein auch bereits makroskopisch.

(No. 111.) *Diabas.* Nordwestseite des Elbruss.

Ein grünlich-schwarzer, dichter Grünschiefer mit zerknitterter Schieferung.

Unter dem Mikroskop erweist sich dieser Schiefer als ein chloritisierter Diabas. Die Hauptrolle unter seinen Gemengteilen fällt dem Plagioklase zu, welcher in unscharf ausgebildeten, leistenförmigen Zwillingen nach dem Albitgesetz und in nicht gestreiften, ebenfalls schlecht umrandeten Täfelchen nach der Fläche b die Hauptmasse des Gesteines bildet. Die Auslöschung der leistenförmigen Schnitte ist eine sehr geringe, an Oligoklas-Andesin gemahnende. Ausser dem Feldspat kommen bloss vereinzelt einige ganz winzige Augitkörnchen vor, so dass man eigentlich sagen möchte, dass dieser Gemengteil so gut wie gänzlich fehlt. Es scheint nämlich einstens eine reichliche Basis vorhanden gewesen zu sein, die aber gegenwärtig vollständig zu lichtgrünem Chlorit verändert ist.

An Erzen kann ziemlich viel Magnetit, wahrscheinlich titanhaltig, und ausserdem weniger Titaneisen in Form von dünnen Blättchen erwähnt werden.

(No. 116.) *Aphanitischer Diabas.* Nordseite des Elbruss. Nordöstlich vom Kajaeschik-Passe im obersten Malka-Tale.

Eine violett gefärbte, dichte Grundmasse ohne porphyrische Ausscheidungen.

Einzelne kleine Blasenräume werden von bläulichem Chalcedon, ferner von Eisenglimmer, sowie von einer andern, weissen, weichen, verwitterten zeolithischen Masse ausgefüllt.

Unter dem Mikroskop erweist sich dies Gestein als aus vorwiegenden Kalknatronplagioklasen mittlerer bis höchster Basizität bestehend. Zwischen denselben befinden sich Aggregate von grünem Chlorit, wahrscheinlich aus der Umsetzung einstiger Augite entstanden, was um so eher vermutet werden kann, da sich im Verbande mit Chlorit hin und wieder auch noch ein unzersetztes Augitkorn vorfindet. Opake Erzkörnchen sehr zahlreich, ein Teil derselben erscheint in auffallendem Lichte rostbraun, während die überwiegende Menge schwarz verbleibt. Quarz sekundär in einzelnen Hohlräumen, besonders aber körnig auf dünnen, das Gestein durchsetzenden Klüften.

(No. 119.) *Diabas-Porphyrit.* Nordseite des Elbruss, östlich vom Malka-Tale.

Ein dunkel braunrotes Gestein mit dichter felsitischer Grundmasse, aus welcher lichtgrüne Körper ausgeschieden sind.

Unter dem Mikroskop erweist sich das Gestein als aus einer ophitisch struierten Grundmasse und porphyrisch ausgeschiedenen Plagioklasen bestehend. Die schmalen Plagioklasleisten der Grundmasse zeigen durchwegs die geringen Auslöschungswerte von Oligoklas-Andesin; während die Phanerokristalle ungefähr mit Labradorit übereinstimmen dürften. Zwischen den Plagioklasleisten der Grundmasse kommen Anhäufungen von Chlorit und zahlreiche eingestreute Opacitkörnchen vor. Augit oder ein ihm verwandter Gemengteil ist im Präparat nicht aufzufinden. Chlorit kommt vielfach sekundär vor als Ausfüllungsmasse der im Gestein zahlreichen Geoden.

(No. 134.) *Diabas-Porphyrit.* Vom Rücken des Schcheldy-Gletschers.

Am Gletscherrücken findet man Stücke eines Porphyrites, in dessen dichter, grünlich-grauer Grundmasse ziemlich viel 4—8 mm grosse, weisse Feldspate ausgeschieden sind.

Unter dem Mikroskop erweist sich dieses Gestein aus einer körnigen Grundmasse und aus porphyrisch ausgeschiedenen grossen, weissen Feldspaten bestehend. Diese letzteren sind Plagioklase, jedoch bis zum beinahe völligen Verschwinden der Zwillingsstreifung zersetzt. Ihnen gegenüber ist die Grundmasse verhältnismässig frisch. Den Hauptgemengteil derselben bildet idiomorpher Plagioklas, vorwiegend Bytownit-Anorthit, dazwischen allotriomorpher, etwas ins Violette spielender titanhaltiger Augit und schliesslich Titaneisenblättchen. Sekundär etwas Uralit und Chlorit.

Diabas, im Kontakte mit Granitit. Aus dem glazialen Schutte vom Besingi-Gletscher. (Lgt. v. Déchy.)

Ein dunkles, aphanitisch dichtes Gestein, das sich unter dem Mikroskop als ein inniges, körniges Gemenge von idiomorphem leistenförmigen Plagioklas und allotriomorphem, graubraunem Augit erweist. Die Plagioklase löschen durchschnittlich oligoklas-andesinartig aus, der Augit dagegen bedeutend schief. Erze so gut wie gar keine.

Sekundär auf Spalten und in Hohlräumen Quarz, Chlorit und etwas Kalkkarbonat. Es dürfte dieses Gestein einem Gange der granitischen Hauptkette entstammen.

Augit-Porphyrit (?). Aus der rechtsseitigen Moräne des Orzferi-Gletschers; Zentral-Kaukasus. (Lgt. L. v. Lóczy.)

Ein schmutzig grünlich-graues, mittelgrobkörniges Gestein mit zahlreichen, kleineren, geodenförmigen Ausscheidungen von einer grünlichen, serpentinischen Masse und einem bläulich-weissen, radialfaserigen Zeolithen.

Unter dem Mikroskop fallen vor allem die grossen, grob und unregelmässig konturierten, polysynthetischen Plagioklase auf. Dieselben mögen sich rasch aus dem einstigen Magma ausgeschieden haben, da ihr Inneres entweder ganz oder wenigstens in einer breiten Zone erfüllt ist von Grundmassenpartikeln, wie Glas, Augitfetzen, Magnetitkörnchen; aussen sind sie jedoch wasserklar umrandet. Alle diese Feldspate, die mehr wie die Hälfte der ganzen Gesteinsmasse ausmachen, weisen die grössten, an die Anorthit-Bytownit-Reihe gemahnenden Auslöschungswerte auf. Neben denselben spielt als farbiger Gemengteil Augit eine hervorragende Rolle. Die zumeist ebenfalls grösseren Kristalle desselben zeigen die typische, stark schiefe Auslöschung an Schnitten nahe || 010.

Zwischen diesen Gemengteilen kommt die Grundmasse bloss zwischengeklemmt in engen Streifen vor. Trotzdem ist dieselbe als ziemlich grobkörnig und holokristallinisch zu bezeichnen. Plagioklas, Augit und ziemlich viel Magnetit setzen dieselbe zusammen. Eine glasige Basis dagegen fehlt gänzlich, die Kristallisation der Grundmassengemengteile hat dieselbe ganz aufgezehrt.

Als sekundäre Gebilde kommen in Form kleiner Geoden zunächst als Auskleidung der Hohlräume gelblich-grüner, radialfaseriger Serpentin und im Innern der Geoden zierliche, ebenfalls radial-faserige, im Querschnitt wie sphärolithisch aussehende, bläulich-weisse Zeolithe vor, die sich in der Bunsenschen Flamme thomsonithartig verhalten.

Obwohl die Zusammensetzung und Struktur des vorliegenden Gesteines mit jener deutlich porphyrisch ausgebildeter Augitandesite übereinstimmt, so ist doch der Erhaltungszustand desselben ein für andesitische Kaukasuslaven ganz ungewöhnlicher. Dieser Umstand veranlasste mich, das vorliegende Gestein, allerdings mit einer gewissen Reserve, als Augit-Porphyrit anzusprechen.

Diabas (uralitisiert). Vom Basardjusi-Gipfel, Daghestan. (Lgt. M. v. Déchy.) Ein glanzloses, grünlich-graues, kleinkörniges Gestein, das sich unter dem Mikroskop als vollkommen kristallinisch erkennen lässt. Anteil an der Zusammensetzung desselben nehmen idiomorphe Plagioklasleisten, durch Zersetzungsprodukte bereits sehr getrübt, die aber dennoch eine labradorit-, mitunter bytownitartige Auslöschung aufweisen (10—27°). Zwischen denselben allotriomorph in derben Körnern titanhaltiger, violetter Augit mit

Auslöschungen bis 38—41°. Derselbe ist in zahlreichen Fällen halb zu einer grünen, faserigen Hornblende umgewandelt, die unter 14—15·5° auslischt. Ausserdem kommt viel faserige Hornblende, wahrscheinlich auf Kosten kleinerer Augitindividuen und eventuell einer einstigen Grundmasse gebildet, auch allgemein und parasitisch sogar auf den Rissen im Innern der Plagioklase vor. Sekundärer Quarz auf feinen Spalten des Gesteins.

Diabas. Aus dem Ssamur-Tale, südlich von Lutschek, Daghestan. (Lgt. D. Laczkó.) Ein grünlich-graues, grobkörniges Gestein, in welchem man ausser dem matten, grünlich-weissen Plagioklas und dem ebenfalls glanzlosen dunkeln Pyroxen akzessorisch einige kleine, schlecht umrandete braune Glimmerblättchen und etliche winzige Pyritkörner erblickt.

Unter dem Mikroskop erweist sich der idiomorphe, breit-leistenförmige Plagioklas als der Hauptgemengteil des Gesteins; derselbe ist von sekundären Serizitausscheidungen schütter überschneit. Zwillingsbildung nach dem Albitgesetz, gegen dessen Zwillingsebene die breiten Lamellen durchschnittlich labradoritartig auslöschen. Eine zweite Zwillingsbildung nach dem Karlsbader Gesetz kann auch beobachtet werden, während die Verwachsung nach dem Periklingesetz nur hie und da angedeutet ist. Zwischen diesen derben Plagioklaskristallen erscheint der Augit in ebenso derben, jedoch allotriomorphen Körnern, die trotz ihres zerhackten Aussehens zumeist durch mehrere Nachbarkörner hindurch dieselbe optische Orientierung besitzen. Farbe licht-bräunlich, ohne Pleochroismus. In Schnitten || *c* ist die Spaltrichtung durch ziemlich unregelmässige Risse angedeutet, in Querschnitten jedoch ist sie ganz tadellos. Auslöschung || *c* stark schief.

Ein weiterer Gemengteil ist das ziemlich häufig auftretende Titaneisen, dessen opake Lamellen, mit Ausnahme einiger, auf den Flächen trigonal gestellten Balken, zu einem schmutzig-weissen Leukoxen umgewandelt sind. Gewöhnlich schliessen sich an diese veränderten Titaneisenblätter zumeist mit derselben Orientierung braune Glimmerlamellen an ($\mathfrak{a}$ = gelb, $\mathfrak{b}$ und $\mathfrak{c}$ = braun), und schliesslich sei noch als Uebergemengteil Apatit erwähnt in einigen nadelförmigen Kristallen.

Zwischen den Feldspaten wird nicht der ganze Raum von Augit erfüllt, sondern es verblieben in noch ziemlicher Anzahl und Grösse einstens wahrscheinlich reine Glasbasisreste, die jedoch gegenwärtig zu einem dichten Aggregat von radialfaserigem blättrigen Chlorit umgewandelt erscheinen. Die schwache Doppelbrechung und ihre indigoblaue, abnormale Polarisationsfarbe charakterisiert diese, im einfallenden Lichte leicht gelblich-grüne, farbige Masse.

Es verdient besonders hervorgehoben zu werden, dass der Augit ganz frisch ist und keine Neigung zur Chloritisierung zeigt.

Diabas-Porphyrit. Aus dem Schotter des Ssamur bei Lutschek und Anssar, Daghestan. (Lgt. D. Laczkó.)

Das vorliegende Gestein gehört einem feinkörnigen Diabas an, in welchem bis 5 mm weisse Plagioklase eine porphyrische Struktur verursachen. Unter dem Mikroskop sieht man, dass diese letzteren mächtige, aus breiten Lamellen aufgebaute, polysynthetische Zwillinge sind, und zwar nach dem Albit-, dem Karlsbader und dem Periklin-Gesetze. Die Auslöschungsrichtungen sind die extremsten, so dass man diese frischen Plagioklase als Anorthite deuten muss. Die kleinkörnige Hauptmasse des Gesteins ist ein frischer, leistenförmiger Plagioklas, in der Regel aus 3—6 Lamellen nach dem Albitgesetze verwachsen. Die Auslöschungsschiefen ergeben mittlere Werte, so dass auf Labradorit geschlossen werden kann. Dieser Gemengteil ist ausgezeichnet idiomorph. Dazwischen liegen nun die allotriomorphen Augite, die jedoch etwa zur Hälfte zu einem schmutzig-lichtgrünen Uralite umgewandelt sind. Die Auslöschung dieser Hornblende ist etwa 17°. Als Erzausscheidung ist Titaneisen zu erwähnen in Form von unregelmässigen putzigeren Körnern und Lamellen. Die Struktur dieser so beschaffenen Grundmasse ist die diabasisch-körnige oder die sogenannte ophitische.

Im ganzen stellt daher das vorliegende Gestein bloss eine in der Struktur etwas veränderte Abart des bereits erwähnten grobkörnigen Diabases dar.

Aus dem *westlichen Kaukasus* liegt eine Reihe von Diabasen und Augitporphyriten vor. Einige derselben sind als Augitporphyrite entwickelt, während andere einfach als Diabase (Diabas-Mandelstein, Diabastuff) oder Diabas-Porphyrite zu bezeichnen sind. Unter diesen befinden sich mehrere, die durch Uralitisierung, und andere, die durch eine intensive Zeolithisierung ausgezeichnet sind. Da mir über das geologische Vorkommen dieser Gesteine nichts näheres bekannt geworden ist, so bin ich, namentlich was die von Herrn D. Laczkó an verschiedenen Stellen des Bsyb-Tales an der südlichen Seite des West-Kaukasus gesammelten Augitporphyrite anbelangt, bezüglich ihrer Zuteilung zu den palaeozoischen Effusiv-Gesteinen nicht völlig sicher. Sollte sich mit der Zeit für dieselben ein jüngeres geologisches Alter herausstellen, so müsste man sie als Augit-Andesite ansprechen.

Diabas-Porphyrit (uralitisiert). Vom Nordabhang des Zagerker-Passes, Nordseite des westlichen Kaukasus. (Lgt. D. Laczkó.)

Ein dunkelgrüner, kleinkörniger Prophyrit mit zahlreichen bis zentimetergrossen, weissen Plagioklas-Einsprenglingen.

Unter dem Mikroskop erkennen wir in dem panidiomorph-körnigen Gemenge als den Hauptkonstituenten des Gesteines den breitleistigen oder nach b tafelförmigen Plagioklas, dessen Lamellen nach dem Albit- und Karlsbader und mitunter auch nach dem Periklin-Gesetze verwachsen sind. Die grossen Auslöschungswerte ⊥ b lassen im allgemeinen auf Bytownit-Anorthit schliessen. Dieser Plagioklas ist noch ziemlich frisch, jedoch nicht frei von der beginnenden Serizitisierung.

Der zweite Hauptgemengteil ist der Augit, resp. die aus ihm hervorgegangene Hornblende, in deren Innern sich frische Augitkörner noch in ziemlicher Menge erhalten haben. Die Auslöschungswerte dieser letzteren auf dem Klinopinakoid ist bedeutend über 30°. Die aus dem lichtbräunlichen Augit entstandene Hornblende besitzt einen ziemlich lebhaften Pleochroismus ($\mathfrak{a}$ = gelb, $\mathfrak{b}$ = grün, $\mathfrak{c}$ = bläulich-grün) und Auslöschungsschiefen |*c* von 16—18°.

Ausser den die Augitkristalle ersetzenden Hornblendekristallen kommt dies letztere Mineral auch in Form von faseriger Hornblende, als kleine Splitter allenthalben im Gesteine vor. Auf Kosten der Hornblende hat sich ferner hie und da bereits etwas Chlorit gebildet.

Diesen beiden Hauptbeteiligten an der Zusammensetzung des Gesteines schliessen sich noch als Erze Titaneisen in Form von opaken, teilweise zu Leukoxen umgewandelten Lamellen und endlich akzessorischer Pyrit an.

Das vorliegende Gestein kann daher nach diesem Befunde mit Recht als ein uralitisierter Diabas angesprochen werden.

Diabas-Porphyrit (Augit-Porphyrit), uralitisiert. Vom linken Ufer des Bsyb-Flusses, gegenüber von Pss-chu, Süd-Abhang des westlichen Kaukasus. (Lgt. D. Laczkó.)

Ein kleinkörniges, dunkel-grünlich-graues Gestein, in dem zahlreiche, schwärzliche, erbsen- bis bohnengrosse Augite ausgeschieden sind.

Unter dem Mikroskop sind es vor allem andern diese letzteren, die unsere Aufmerksamkeit in hohem Masse auf sich lenken. Die aussergewöhnlich grossen, lichtbräunlichen, nicht pleochroitischen Körner stellen teils einfache Kristalle, teils Zwillinge nach der Fläche *a* dar. Die prismatische Spaltbarkeit ist durch Risse parallel *c* gut angedeutet. Die Auslöschung ist in einigen nicht genau mit b||-Schnitten über 30°. Von den Rändern her bemerkt man eine typische Uralitisierung.

Die auf diese Weise entstehende, grüne Hornblende (𝔞 = gelb, 𝔟 = grün, 𝔠 = bläulich-grün) löscht ||c unter 17° aus.

Während die Verhältnisse in den erwähnten grossen Augitkristallen noch so recht anschaulich liegen, ist die kleinkörnige Grundmasse des Gesteins bereits der kräftigsten Uralitisierung und Saussuritisierung zum Opfer gefallen. Die idiomorphen Gemengteile derselben, die Plagioklase, sind zu einem filzigen Gemenge kleiner Glimmerblättchen (Serizit) umgewandelt, die in Schnitten ⊥ zur Spaltrichtung lebhafte Doppelbrechung und gerade Auslöschung zeigen. Ausnahmsweise erblickt man hie und da noch einen nicht völlig umgewandelten Plagioklasrest, und diese weisen zur Albitzwillingsebene Auslöschungswerte von 26—36° auf, woraus auf die sehr basische Bytownit-Anorthit-Reihe geschlossen werden darf.

Ausser den Plagioklasen ist alles andere, was etwa noch vorhanden gewesen sein mochte, namentlich kleinere Augite, total uralitisiert. Die grüne Hornblende erfüllt den noch übrigen Raum in Form kleiner Fasern oder radialfaseriger Büschel.

Als Erz gesellt sich den Komponenten dieses Gesteines opaker Magnetit in mehr oder weniger dicken, isometrischen Körnern zu, die wohl bedeutend titanhaltig sein dürften, da sie beinahe alle von schmutzig-weissem Leukoxen umhüllt sind.

Augit-Porphyrit. Pss-chu-Quellgebiet des Bsyb vom rechten Ufer des Bsyb-Flusses; Südseite des westlichen Kaukasus. (Lgt. D. Laczkó.)

Ein dunkelgraues, ausgezeichnet porphyrisch struiertes Gestein. Aus der dichten Grundmasse heben sich die ziemlich stark glänzenden, bis 1 cm grossen Augitkristalle und weniger kleinere, weissliche Feldspate ab.

Unter dem Mikroskop fallen zuerst die Augite auf, deren lichtgrüne, nicht pleochroitische Schnitte mitunter ganz beträchtliche Dimensionen erreichen. Dieser Gemengteil ist gewöhnlich mit zahlreichen einstigen Grundmassepartikeln erfüllt, die gegenwärtig bereits gänzlich zu grünem radialfaserigen Chlorit umgewandelt sind. Mitunter steckt in einem solchen chloritischen Einschlusse ein frisches Feldspatkorn. Die Masse des Wirtes ist auffallend frisch erhalten; keiner der im Gesteine befindlichen Augite ist auch nur im geringsten verändert. Spaltrisse nach (110) ausgezeichnet; Zwillingsbildung nach *a* wurde in einem Falle beobachtet. Ausser dem Augite kommt als weiterer porphyrisch ausgeschiedener Gemengteil Plagioklas vor. Derselbe bildet ebenfalls grosse Individuen, wenn dieselben auch nicht die Dimensionen der grössten Augite erreichen. Derselbe ist zumeist ganz erfüllt von serizitischen und teilweise chloritischen Ausscheidungen, so sehr, dass man seine Plagioklasnatur in den meisten Fällen nur schwer erkennen kann. Zumeist sind es nur wenige, sehr breite Lamellen, welche den Zwilling nach dem Albitgesetze aufbauen. Das Vorkommen des Periklin-Gesetzes beobachtete ich bloss ausnahmsweise. In vielen Fällen sieht man aber überhaupt nur einfache Individuen. Man beobachtet an Albit-Zwillingen, senkrecht zur Verwachsungsebene, zumeist labradoritartige, doch mitunter auch 18—20 gradige Auslöschungswerte.

Die Grundmasse ist ganz andesitisch, indem man in derselben zumeist ungestreifte Plagioklase, Augitmikrolithe und Magnetit in kleineren und grösseren Körnern entdeckt. Reste der einstigen Basis sind zu grünem radialstrahligen Chlorit umgewandelt; auch befindet sich an solchen geodenförmigen Stellen in der Mitte Serizit und Kalzit. Auffallend ist in diesem Gesteine die grosse Widerstandsfähigkeit des Augites, gegenüber der bedeutend geringeren des Plagioklases und der Basis.

Porphyrit. Von der linken Talseite des Bsyb, auf dem von Pss-chu zum Dou-Pass emporführenden Wege. Südliche Seite des westlichen Kaukasus. (Lgt. D. Laczkó.)

Ein schmutzig grünlich-graues, andesitisches Gestein mit 1—2 mm grossen, weissen Feldspaten.

Unter dem Mikroskop besteht dieses Gestein aus einer grünlichen, kleinkörnigen, fluidalen Grundmasse und ziemlich zahlreich porphyrisch ausgeschiedenen Plagioklasen. Die aus breiten Zwillingslamellen zusammengesetzten Plagioklase nach dem Albit-, ferner auch nach dem Karlsbader und dem Periklin-Gesetze lassen ⊥ zur b-Fläche mittlere (9—10°) Auslöschungswerte erkennen, infolgedessen man diese Plagioklase als zur Labradoritreihe gehörig zu betrachten hat. Weitere Phanerokristalle sind keine zu bemerken.

Die fluidale Grundmasse besteht vorwiegend aus zumeist von zwei bis drei Lamellen zusammengesetzten Plagioklasen mit oligoklas-andesinartiger Extinktion, ferner zwischen denselben ziemlich viel grünen Chloritblättchen, die jedenfalls sekundär entstanden sind. Bloss hin und wieder erkennt man, zwischen den Plagioklasen und dem Chlorit versteckt, winzige Augitkörnchen, die als solche im Gesteine so gut wie gar keine wesentliche Rolle spielen, wenn wir nicht annehmen wollen, dass sämtlicher Chlorit aus Augitmikrolithen hervorgegangen sein soll.

Opake Magneteisenkörner punktieren in ziemlicher Anzahl die Grundmasse.

Diabas-Mandelstein. Von der linken Seite des Bsyb-Flusses gegenüber von Pss-chu, Südseite des westl. Kaukasus. (Lgt. D. Laczkó.)

Ein dichtes, schwärzlich-grünes Gestein mit einigen porphyrisch ausgeschiedenen bouteillengrünen Augiten und ziemlich vielen hirsekorn- bis erbsengrossen, schmutzigweissen Zeolithmandeln. Die im Innern milchweissen, feinkörnigen bis dichten Mandeln ergaben in der farblosen Bunsenflamme eine mittelstarke Natriumfärbung, kein Kalium, und schmelzen in mohngrossen Körnchen unter schwachem Aufblähen leicht zur Kugel. Es ist dies ein Verhalten, wie es am besten dem Mesolith entspricht.

Unter dem Mikroskop erweist sich der Diabas als ein sehr feinkörniges, jedoch porphyrisches Gemenge von dünn leistenförmigem und oft bloss rahmenförmig ausgebildetem Plagioklas, mit oligoklasartig geringer Auslöschung, etwas weniger Augit und ziemlich viel Magnetitkörnern und Titaneisenblättchen. Diese, die Hauptmasse des Gesteines bildende Grundmasse besitzt eine fluidale Struktur. Zwischen den Mikrokristallen befinden sich gleichmässig lichtgrün gefärbte Stellen und Flächen, die der einstigen Glasbasis des Gesteines entsprechen. Zwischen gekreuzten Nikols erkennen wir in denselben ein äusserst zartes, faserig-kugeliges Aggregat von Chlorit, welches Mineral gegenwärtig das ganze Gestein dominierend durchsetzt.

Porphyrisch ausgebildet als Ausscheidungen einer früheren Generation kommen einige frische Augite und ebenso einige grössere Plagioklase vor. Die Auslöschungswerte dieser letzteren sind ebenfalls gering, oligoklas- bis labradoritartig.

Ferner sei erwähnt, dass sich im Dünnschliffe noch 1—2 Pseudomorphosen von zartem Chlorit und Kalzit befinden, jedoch in Umrissen von nicht charakteristischer Form, so dass auf die Beschaffenheit ihres einstigen Wirtes nicht mit Sicherheit geschlossen werden kann.

Akzessorisch einige Pyritkörner.

Diabastuff. Linkes Gehänge des Bsyb-Flusses, von dem gegenüber von Pss-chu hinaufführenden Wege zum Dou-Pass. Südseite des westlichen Kaukasus. (Lgt. D. Laczkó.)

Ein grünlich-dunkelgraues, dichtes Gestein, das sich unter dem Mikroskop als Tuff erweist. Es ist dasselbe ein Agglomerat von grösseren Feldspaten, Plagioklasen von zumeist labradoritartiger Auslöschung, ferner grösseren Magneteisenkörnern, Diabas-Rapilli und chloritisch veränderten Gesteinstrümmern. Chloritisch grüne Massen haben sich im Verein mit Kalkkarbonat auch vielfach in den Räumen zwischen den erwähnten Gesteinskomponenten entwickelt.

Die Diabas-Rapilli stellen ein dicht struiertes Gestein dar, in welchem einem dünn leistenförmigen, oligoklasähnlichen Plagioklas die Hauptrolle

14*

zufällt. Fluidale Anordnung desselben ist häufig zu erkennen. Daneben wenig und schlecht begrenzter Augit in kleinen Kriställchen und ziemlich viel Magnetit.

Als sekundäre Bildungen ist Chlorit und Kalzit zu verzeichnen, sowohl im Bereiche einzelner Rapillistückchen, noch vielmehr aber in der Zwischenmasse, die gleichsam das Zement dieses Tuffes bildet.

Diorit.

Dunkle, vorwiegend klein- bis feinkörnige, seltener grobkörnige Ganggesteine, die zumeist das granitische Grundgebirge durchsetzen. Dieselben stehen stofflich mit den Diabasen in engstem Zusammenhange, da die Entstehung ihrer Hornblende aus Augit in vielen Fällen erwiesen werden kann.

Mitunter sinkt die Korngrösse des Gesteines einzelner Gänge bis zum dichten, aphanitischen herab, und es ergeben sich dann aplitische (malchitische) Varietäten.

Vertreter des Quarz-Glimmer-Diorit-Typus kommen seltener vor.

(No. 14.) *Diorit (uralitisierter Diabas).* Aus der Stirnmoräne des Zei-Gletschers. Ein grobkörniges Gemenge von grünlicher, faseriger Hornblende und Plagioklas, akzessorisch Pyrit.

Unter dem Mikroskope erweist sich dieses Gestein zwar als ein körniges, jedoch mit intersertaler Struktur. Die durchwegs grössere Auslöschungsschiefen aufweisenden, überwiegend wasserhellen, leistenförmigen Zwillinge der Kalknatronfeldspate (Labradorite) sind alle idiomorph, während die Zwischenräume von einer uralitischen grünen, pleochroitischen ($\mathfrak{a}$ = lichtgelblich-grün, $\mathfrak{b}$ und $\mathfrak{c}$ = grün. Extinktion $\| c$ 15°) Hornblende eingenommen werden. Hie und da ist der etwas bräunliche, kaum pleochroitische Augit als noch nicht umgeänderter Körper in der faserigen Hornblende zu erblicken.

Als weiterer Gemengteil ist schliesslich noch das in zackigen, opaken Lappen vorkommende Titaneisenerz zu erwähnen, das zum Teil bereits zu schmutzig-weisslichem Leukoxen umgewandelt ist. Als sekundäres Produkt sei schliesslich noch das Kalkkarbonat erwähnt. Das vorliegende dioritische Gestein kann daher eigentlich als ein uralitisierter Diabas bezeichnet werden.

(No. 40.) *Diorit-Porphyrit.* Aus dem glazialen Schutt vom Rücken des Karagomgletschers. Ein grünlich-graues, dichtes Gestein aus dessen feinkörniger Grundmasse matte, weisse, mittelgrosse Feldspate ausgeschieden sind.

Die porphyrisch ausgeschiedenen Feldspate sind saussuritisiert und sind in ihrer grünlichen Masse zahllose Körnchen von Zoizit zu erkennen. Die aus allotriomorphen Körnchen bestehende Grundmasse weist teils ebenfalls saussuritische Stellen, teils auch einige frische Plagioklase auf. Die grünliche Hornblende ist deutlich pleochroitisch, unter 16—17° schief auslöschend und an den Enden schilfartig ausgefranzt. Ein weiterer Gemengteil ist Epidot und schliesslich Titaneisenblättchen, zum Teil in Leukoxen umgewandelt. Es hat den Anschein, als ob auch dieses Gestein durch Uralitisierung etwa aus einem Diabasporphyrit hervorgegangen wäre.

(No. 41.) *Quarz-Diorit* vom Karagom-Gletscher. Ein schwärzliches, mässig grobkörniges Gemenge von weissem Feldspat, wenig Quarz, ferner überaus viel Amphibol und etwas weniger schwarzer Glimmer. Besonders an den schwarzen Glimmeranhäufungen grünliche Epidotausscheidungen ziemlich häufig. Dieses Gestein stellt offenbar eine basische Ausscheidung der Granite dar.

Unter dem Mikroskop finden wir die makroskopische Beobachtung vollinhaltlich bestätigt.

Die Struktur erweist sich als eine panidiomorph körnige. In dem Gemenge ist neben der Hornblende der Plagioklas der vorherrschende Gemengteil. Die Individuen, die durchwegs dicht gestreifte Plagioklase gewesen sein dürften, sind stark saussuritisiert und in ein unentwirrbares Gemenge von Serizit, Epidot und Zoizit verwandelt. Bloss hie und da kann man noch kleine unzersetzte Partien des Feldspates erspähen, die ich zufolge ihrer sehr geringwertigen Extinktion als Oligoklas angesprochen habe. Doch dürften eventuell auch etwas basischere Reihen vertreten gewesen sein.

Der Amphibol kommt in typischen, ziemlich gut umrandeten Individuen und Zwillingen nach der (100) -Fläche vor. Der Pleochroismus desselben ist sehr kräftig ($\mathfrak{a}$ = gelb, $\mathfrak{b}$ = gelblich-grün, $\mathfrak{c}$ = grün).

Der Glimmer, weniger an Zahl, ist teils noch vollständig frisch und von brauner Farbe, teils aber auch muskovitartig gebleicht und in diesem Falle durch Rutilnadelausscheidungen gekennzeichnet und von Epidotkörnern und -aggregaten begleitet. Der gelbe und gerade auslöschende Epidot bildet mitunter ziemlich gut ausgebildete Kriställchen.

Die Reihe der Gemengteile wird durch den Quarz beschlossen, welcher in am wenigsten zahlreichen Körnern zwischen die übrigen Gemengteile eingeklemmt erscheint. Seine Form ist durchaus allotriomorph. Derselbe enthält viele Flüssigkeitseinschlüsse mit beweglichen Libellen.

Akzessorisch kommt schliesslich noch Apatit vor.

(No. 41.) *Kersantit* vom Rücken des Karagom-Gletschers.

Ein frisches, kleinkörniges, glimmerreiches Gestein in dem wir unter dem Mikroskope als Hauptkomponenten Plagioklas, Glimmer und Quarz erkennen. In dem allotriomorphen Gemenge erscheinen doch ihrer Form nach die Plagioklase neben Glimmer als die ersten Ausscheidungen.

Der Plagioklas stellt nach dem Albit- und zum Teil nach dem Periklingesetze verzwillingte Kristalle dar und gehört derselbe, den Extinktionswerten nach zu urteilen, der Labradorit bis Bytownit-Reihe an. Der braune Glimmer ist nächst dem Plagioklas das in grösster Menge anwesende Mineral. Seine Blättchen sind im allgemeinen frisch und besitzt derselbe eine tiefdunkle Farbe. Ueberdies dürfte der Biotit titanhaltig sein, da in einzelnen Blättchen Rutilnadeln zur Ausscheidung gelangt sind. Auch kommen hin und wieder Chloritstreifen im Biotit vor. Gern umschliesst dieser Gemengteil Apatitkristalle. Ausser dem Glimmer kommen untergeordnet bloss in vereinzelten Körnern Augit und braune Hornblende vor.

Der jüngste der Gemengteile ist Quarz in kleineren allotriomorphen Körnern zwischen den übrigen Gemengteilen. Doch kann man dessen Anwesenheit auch im Plagioklase in der bekannten Eierform bemerken.

(No. 42.) *Diorit.* Aus dem glazialen Schutt vom Rücken des Karagom-Gletschers.

Ein grünlich-graues, lichtes Gestein, makroskopisch scheinbar einem sehr feinkörnigen Diorit angehörig.

Unter dem Mikroskop stellen klare, bloss fleckenweise getrübte Plagioklase mit bedeutenden bytownitischen-anorthitischen Extinktionen von schmal-leistenförmigen Formen im grossen ganzen den idiomorphen Gemengteil des Gesteines dar. Zwischen ihnen eingeklemmt, den gesamten Raum zwischen ihnen ausfüllend, bemerkt man die licht-gelblich-grüne, allotriomorphe Hornblende, die stellenweise ein Haufwerk von splitterig auslaufenden Individuen und Zwillingen darstellt. Ausserdem sind hin und wieder einzelne Anhäufungen von Epidot und schliesslich ziemlich viele Körner und Leisten von Titaneisen zu erwähnen, welch letztere besonders infolge ihrer leukoxenischen Umrandung als solche zu erkennen sind.

Es will mich bedünken, dass auch dieser Diorit durch Uralitisierung aus einem Diabase hervorgegangen sein dürfte.

(No. 44.) *Malchit.* Aus dem Glazialschutt vom Rücken des Karagom-Gletschers.

Aus der dichten, braunen Grundmasse sieht man weisse, mattglänzende, 8—10 mm grosse Plagioklastafeln ausgeschieden, an welche sich hin und wieder zeisig-grüner Epidot angesiedelt hat. Die Zwillingsstreifung nach dem Albit-Gesetz ist in zahlreichen Fällen ganz entschieden zu beobachten. Das Wesen des hie und da sich zeigenden dunkeln Gemengteiles kann makroskopisch nicht entschieden werden.

Unter dem Mikroskop erkennt man als wahrscheinliche Umsetzung von Amphibol zahlreiche, lappenförmige Anhäufungen eines lichtbraunen Biotites, der ausserdem auch verstreut in der Grundmasse anzutreffen ist. Ebenso liegen in der Grundmasse Partikeln einer lichtgrünen Hornblende (Ext. 14—18 °) und als Neubildungen Epidotkörner.

Die porphyrisch ausgeschiedenen Feldspate dieses Gesteines sind zumeist Plagioklase, nach dem Albitgesetze verzwillingt und in der Regel mit labradoritartiger Auslöschung. Selten erblickt man einen Karlsbader Zwilling mit sehr kleiner Auslöschung, den man versucht wäre, für Orthoklas zu halten. Sämtliche Feldspate sind erfüllt von Serizitschüppchen und Zoizitkörnern. Magnetit in einzelnen Körnern.

Die Grundmasse erweist sich bei starker Vergrösserung vollkristallinisch und besteht aus Plagioklasleisten mit oligoklasartig geringer Auslöschung, hin und wieder aus als Orthoklas anzusehenden Einzelindividuen, während der zwischengeklemmte Rest in unregelmässig begrenzten Körnern eine feldspatartige Masse bildet. Akzessorisch tritt Apatit auf. Quarz sekundär in Form von kleineren Geoden.

Derselbe *Malchit* im Verbande mit Granit, denselben in scharfer Linie durchsetzend. Der Gang ist am Salband ganz dicht und ohne porphyrische Ausscheidungen, während dieselbe braune Grundmasse weiter einwärts bereits sehr reichlich porphyrisch ausgeschiedene Plagioklase aufweist.

In dem unter dem Mikroskop sich ausgezeichnet porphyrisch erweisenden Gesteine sind dieselben Gemengteile zu konstatieren, wie im vorigen. Vorherrschend Labradorit, Biotit in einigen Anhäufungen von kleinen braunen Schuppen, Magnetit, die scharf ausgebildet in einer sehr feinkörnigen, durch rundliche Feldspatausscheidungen wie variolitisch aussehenden Grundmasse eingesprengt vorkommen.

(No. 89.) *Diorit.* Teberda-Tal, unterhalb der Einmündung der sogenannten Kleinen Teberda.

Ein ziemlich grobkörniges Gemenge von Plagioklas und Hornblende. Pyrit akzessorisch. Farbe des ganzen Gesteines grünlich- bis schwärzlichgrau. In einem der Handstücke befindet sich eine Kluftausfüllung von weissem, körnigem Quarz, in der sich in einzelnen kleinen Nestern bräunlichgrüner, strahliger Epidot, mitunter mit wasserhellem Kalzit vergesellschaftet, angesiedelt hat.

In einer durchwegs körnigen, aus labradoritartigem Plagioklas und kleinen Hornblendekriställchen bestehenden Grundmasse liegen als porphyrische Ausscheidungen ziemlich grosse, idiomorphe Amphibole, welche den überwiegenden Teil des vorliegenden Gesteines ausmachen. Dieselben sind, ebenso wie auch die Grundmasse-Amphibole häufig nach *a* verzwillingt. Ext. $\parallel c$ bei 15^0; Pleochroismus ziemlich stark, $\mathfrak{a}$ licht bräunlich-gelb, $\mathfrak{b}$ und $\mathfrak{c}$ braun; bemerkenswert ist, dass zahlreiche Individuen von einem bis ins Grüne pleochroitischen Amphibolsaum umrandet werden, $\mathfrak{a}$ = gelb, $\mathfrak{b}$ und $\mathfrak{c}$ = grasgrün. Ext. $\parallel c = 15—16^0$.

Ausserdem ist zu erwähnen das Vorkommen eines grösseren Augitkristalles, welcher aber grösstenteils bereits zu einer grünen Hornblende von $16—18^0$ Auslöschung $\parallel c$ umgewandelt ist, wohingegen die noch dazwischenliegenden frischen Augitreste $\parallel c$ $37—39^0$ Auslöschung erkennen lassen. Auch ein zweiter Augit, Zwilling nach *a*, ist an seiner Peripherie zu grüner Hornblende und Kalkkarbonat umgeändert. Nachdem letzteres ausserdem auch noch an andern Stellen des Dünnschliffes auftritt, so kann wohl auf ein einstiges ausgiebigeres Vorhandensein des Augites geschlossen werden. Epidotanhäufungen und einzelne Körner desselben scheinen stets aus der Umsetzung der Oligoklase hervorgegangen zu sein. Akzessorisch einzelne Pyritkörner.

In dem Dünnschliffe eines zweiten Handstückes, welcher so ziemlich dieselbe Beschaffenheit des Gesteines erkennen lässt, tritt als Umwandlungsprodukt der Plagioklase Zoizit mit seiner charakteristisch niederen Interferenzfarbe hervor. Opake Gemengteile sind, sowie auch im vorigen, so gut wie gar keine vorhanden.

Die Analyse stimmt in allen Teilen mit derjenigen eines ziemlich basischen Diorites gut überein.

SiO_2	48·8881
TiO_2	Spuren
Al_2O_3	17·3097
Fe_2O_3	6·9036
FeO	2·1821
MnO	—
CaO	10·4388
MgO	9·0182

Na_2O	4·6607
K_2O	1·0653
H_2O	0·0939
Zusammen	100·5604

In der Nähe der soeben erwähnten Diorite habe ich ferner noch ein interessantes, dynamo-metamorphes Gestein gesammelt, das aller Wahrscheinlichkeit nach aus einem Diorit hervorgegangen sein dürfte. Die Grundgemengteile desselben sind die vorhin erwähnte, porphyrisch ausgeschiedene Hornblende und mehr die Grundmasse bildend, körniger Plagioklas, welcher in zahlreichen Fällen ⊥ der Albitzwillingsebene Auslöschungswerte von 8—10° erkennen lässt, daher einem sauereren Labrador angehören dürfte. Hin und wieder ist derselbe auch nach dem Periklingesetz verwachsen. Eigentümlich ist nun die Durchdringung dieser Feldspate durch Quarz in myrmekitischer Weise. Einzelne Feldspatkörner gewinnen dadurch ein förmlich blumenkohlartiges Aussehen. Des weiteren ist im Gesteine viel Zoizit zur Ausbildung gelangt, zumeist auf Kosten des Feldspates und teilweise wohl auch der Hornblende.

(No. 91.) *Diorit-Porphyrit.* Aus dem oberen Teberda-Tale.

Dieses Gestein, welches von einem mächtigen abgerollten Stücke abgeschlagen wurde, stellt einen typischen Diorit-Porphyrit dar, dessen feinkörnige, fast dichte Grundmasse aus Plagioklas- und Amphibol-Kriställchen besteht, in welche hierauf weisse, breit tafelförmige Plagioklase von beträchtlicher (bis 1 cm) Grösse eingebettet sind. Die Feldspate sind durch ausgezeichnete Zwillingsstreifung gekennzeichnet. Unter dem Mikroskop erweist sich dieses Gestein als ein ziemlich grobes Gemenge von basischem Plagioklas und grüner Hornblende. Ausserdem beteiligt sich an der Zusammensetzung der Hauptmasse des Gesteins auch ziemlich viel Titaneisen. Biotit in kleinen Blättchen bloss spärlich vorhanden. Die eigentlichen porphyrischen Gemengteile gehören einem stark basischen, dicht zwillingsgestreiften Plagioklas (Bytownit-Anorthit) an. An vielen Plagioklasen ist eine sauerere Umrandung wahrnehmbar.

(No. 94.) *Quarzglimmer-Diorit.* Vom nördlichen Rande der Firnplatte am Kluchor-Pass. Ein mittelkörniges, grünlich-graues Gestein, in welchem, porphyrisch eingesprengt, bis 1 cm grosse Plagioklase und einzelne schwarze, bis haselnussgrosse Amphibole vorkommen. Glimmer ist makroskopisch nicht zu bemerken. Unter dem Mikroskop stellt dieses Gestein ein allotriomorphes Gemenge von Plagioklas, Quarz, Biotit und Amphibol dar. Der Plagioklas, nach dem Albitgesetze verzwillingt, dürfte den bedeutenden

Extinktionswerten nach zu schliessen, der Bytownit-Anorthitreihe angehören. Der rötlich-braune Glimmer ist bloss teilweise zu Chlorit umgewandelt. Ausser diesem farbigen Gemengteil finden wir noch in ziemlicher Menge eine typische, grünliche Hornblende mit Extinktionswerten von 16—18°. Akzessorisch Apatit und Titanit. Dieses Gestein bildet Gänge im Granit. Die Analyse dieses sehr frischen Gesteines ergab trotz seines Quarzgehaltes eine ziemlich basische Zusammensetzung. Es dürfte dies in der zahlreich vorhandenen Menge der farbigen Gemengteile, Biotit und Amphibol sowie des Bytownit-Anorthites begründet sein, welche zusammengenommen den Quarz bedeutend überwiegen.

$Si O_2$	50·1309
$Ti O_2$	0·2476
$Al_2 O_3$	20·4402
$Fe_2 O_3$	5·2775
Fe O	4·6582
Mn O	—
Ca O	8·2356
Mg O	5·6772
$Na_2 O$	3·9439
$K_2 O$	1·4566
$H_2 O$	0·1371
Zusammen	100·2048

(No. 95.) *Diorit.* Firn-Plateau am Kluchor-Pass. Auf der Sattelhöhe dieses Firnfeldes befindet sich ein 2 m mächtiger, genau so wie No. 94 streichender Diabasgang den dortigen, durch Granit injizierten Schiefer durchsetzend. Das Streichen des Ganges geht nach St. 7—19, während sein Einfallen gegen St. 1 unter 65° gerichtet ist.

Das schwärzlich-grüne Gestein ist in den daselbst gesammelten Handstücken sehr feinkörnig, makroskopisch beinahe dicht zu nennen. Grössere porphyrische Ausscheidungen fehlen gänzlich. Sehr interessant erweist sich namentlich ein Handstück, an dem an der angewitterten Oberfläche grössere oder kleinere Quarzkörner und sogar Brocken und schliesslich auch ganze eingeschmolzene Granitstücke mit Feldspat zu beobachten sind.

Unter dem Mikroskop zeigt dieses Gestein ein panidiomorph körniges Gefüge. An der Zusammensetzung beteiligt sich in erster Reihe Plagioklas (Extinkt. ⊥ b = 8—10°, ca. Labradorit), braungelbe (𝔞) bis grünlich dunkelbraune (𝔟 und 𝔠) Hornblende kommt in länglichen Säulen in ziemlicher Menge vor. Dieselben sind häufig verzwillingt nach a. Auslöschung ‖ c 18°.

Ausserdem liegen im Dünnschliffe 1—2 Augitkristalle, die von Hornblende umrahmt sind. Erz ist keines vorhanden, ebenso ist im Präparate der Quarz abwesend. Sekundäre Bildungen Epidot und Chlorit nach Hornblende.

Nachstehende Analyse ist die eines normalen Diorites.

SiO_2	54·3437
TiO_2	Spuren
Al_2O_3	18·0792
Fe_2O_3	7·4493
FeO	0·2930
MnO	—
CaO	8·1680
MgO	6·0394
Na_2O	4·1523
K_2O	2·3094
H_2O	0·1119
Zusammen	100·9462

Ein ähnliches Gestein, gesammelt von Dr. Carl Papp, unterscheidet sich von dem soeben skizzierten Diorit bloss dadurch, dass dasselbe im Dünnschliffe hie und da ein allotriomorphes Quarzkorn aufweist. Ausserdem ist es mit Magneteisenkörnern angereichert.

(No. 95a.) *Dioritaplit* (Malchit) vom Kluchor-Pass. Ein licht grünlichgraues, dichtes Gestein aus dem $^1/_2$ m mächtigen Parallelgange.

Unter dem Mikroskop erweist es sich als ein panidiomorphes Gemenge von bei weitem vorherrschendem Plagioklas (Bytownit-Anorthit, teilweise auch Labradorit). Zwischen diesen Feldspatleisten, die mitunter fluidal angeordnet sind, befinden sich braun-grüne Amphibol-Mikrolithe, während Erze auch in diesem Falle fehlen. Aus der Umsetzung von Amphibol gingen Körner und Anhäufungen von Epidot hervor. Als sekundäre Bildung sei Kalzit erwähnt, welcher in unregelmässigen Flecken im Präparate sowohl, als auch makroskopisch in Form dünner Ueberzüge zu beobachten ist. Das in Rede stehende Gestein besitzt einen entschieden malchitischen Habitus.

(No. 120.) *Diorit.* Nordseite des Elbruss, östlich vom obersten Malka-Tale (Kysyl-Bach), am Wege, der nach Urussbieh führt.

Auf demselben Terrain, mit Quarzporphyren zusammen, kommen nahe zur Passhöhe, ein oberflächliches Trümmerfeld bildend, schwärzlichgrüne Diorite vor, deren Struktur von dem gleichmässig mittelkörnigen bis zum grobkörnig-pegmatitischen zunimmt. Es dürften die Trümmer von den das Grundgebirge durchsetzenden Gängen herstammen. In einzelnen

Stücken der schwärzlich-grünen Gesteine ist auch spärlich fein verteilter Pyrit vorhanden.

Unter dem Mikroskop zeigt sich der Feldspat dieses grobkörnigen Gesteins zumeist als idiomorph, wohingegen die bräunlich-grüne, derbe Hornblende allotriomorph ist. Der Plagioklas ist durch saussuritische Ausscheidungen, unter denen Epidot die Hauptrolle spielt, so sehr getrübt, dass in vielen Fällen selbst die Zwillingslamellierung verwischt wurde. Wo selbe noch erhalten ist, kann auf Grund der Auslöschung auf Labradorit geschlossen werden. Die Hornblende zeichnet sich durch einen starken, gelb, und dunkelgrünen Pleochroismus aus. In einem der Präparate gelang es mir ausserdem noch Körner von Augit (Ext. $\| c = 37^{0}$) anzutreffen. Sekundär ist nach Amphibol auch grüner Chlorit vorhanden. Erze im Präparate keine.

Die Zusammensetzung dieses Diorites ist die eines basischeren seiner Art.

$Si\,O_2$	50·6139
$Ti\,O_2$	—
$Al_2\,O_3$	17·5413
$Fe_2\,O_3$	5·7915
$Fe\,O$	1·3756
$Mn_3\,O_4$	0·0172
$Ca\,O$	10·1916
$Mg\,O$	10·0177
$Na_2\,O$	3·4740
$K_2\,O$	1·1491
$H_2\,O$	0·1509
Zusammen	100·3228

(No. 134.) *Dioritaplit* (Malchit). Aus dem glazialen Schutt vom Rücken des Schcheldy-Gletschers. Aus der dichten braunen Grundmasse, welche den überwiegenden Teil des Gesteines ausmacht, sieht man nur einzelne, 1—2 mm grosse, weisse Plagioklase ausgeschieden. Kleinere Körner eines dunkeln, in der Grundmasse versteckten Gemengteiles entziehen sich makroskopisch der näheren Bestimmung.

Unter dem Mikroskop erhalten wir dasselbe Bild, wie von dem als Dioritaplit bezeichneten Gesteine vom Kluchor. Auch hier bildet idiomorpher Plagioklas (Labr.-Anorthit) die Hauptmasse des Gesteins. Zwischen den Feldspaten liegt viel grüne Hornblende, und mit ihr verwachsen, teils auch für sich allein, tritt brauner Glimmer auf. In diesem Falle wird die braune Farbe des Gesteines hauptsächlich durch den ziemlich zahlreichen, lappenförmigen Glimmer bedingt. Wenig Magnetit in schwarzen opaken Körnern.

(No. 134.) *Biotit-Malchit.* Vom Rücken des Schcheldy-Gletschers.

Ein dichtes, dunkelbraunes Gestein, in dessen felsitischer Grundmasse porphyrisch einzelne wasserhelle, zwillingsgestreifte Plagioklase und spärlich einige Quarzkörner zu erblicken sind.

In diesem, Quarz nur äusserst sparsam aufweisenden Gestein finden wir als Phanerokristalle einzelne mittelgrosse, wasserhelle Feldspate ausgeschieden, die nach den Albit- und Periklingesetzen verwachsen sind und in der Regel auf Labradorit hindeutende Auslöschungen zeigen. Ausser diesen frischen Feldspaten kommen spärlicher auch mehrere andere vor, deren Inneres saussuritisch verändert ist, wohingegen die Umrandung klar und ungetrübt erscheint und in manchen Fällen Plagioklase (Labr.) erkennen lässt. An porphyrisch ausgeschiedenen farbigen Gemengteilen ist bloss Augit zu erwähnen in einigen schlecht umrandeten, teils sogar fragmentarischen Körnern und Anhäufungen von solchen.

Diesen porphyrisch ausgeschiedenen Gemengteilen gegenüber finden wir ohne jeden Uebergang eine feinkörnige, holokristallinische, fluidalstruierte Grundmasse, die aus teilweise weniger basischen Plagioklasleisten (bis Oligoklas) und allotriomorphen Körnern, ferner aus zahlreichen, winzigen, braunen Glimmerblättchen besteht. Diese letzteren weisen bei starker Vergrösserung teils die schmalleistenförmigen, stark absorbierenden Schnitte, teils unregelmässig begrenzte Lappen nach (001) mit isotropem Verhalten auf. An einer Stelle, zwischen porphyrisch ausgeschiedene Plagioklaskristalle eingeklemmt, findet sich auch eine Gruppe von grösseren Biotitblättern, die ganz das gleiche Verhalten wie die Glimmermikrolithe der Grundmasse aufweisen. Erze bloss spärlich in Form von ein bis zwei grösseren Körnern. Akzessorisch Apatit in einigen Kriställchen.

Das in vorstehendem charakterisierte Gestein scheint mir der von H. Rosenbusch gegebenen, auf den Glimmermalchit bezüglichen Beschreibung zu entsprechen. Eine Analyse des vorliegenden Gesteins wäre allerdings erwünscht und dürfte vielleicht bei einer nächsten Gelegenheit nachgetragen werden.

Diorit. Vom Nordabhange des Zagerker-Passes, Nordseite des westlichen Kaukasus. (Lgt. D. Laczkó.)

Ein mittelkörniger Diorit, mit von Epidot herrührender gelblichgrüner Farbe.

Unter dem Mikroskop erkennen wir als den idiomorphen Hauptgemengteil des Gesteines die ziemlich grossen Plagioklase, die aber total saussuritisiert sind. Anteil an der Umwandlung haben Glimmer, Chlorit, Epidot und Zoizit. An den meisten der Plagioklase ist infolge des sie ersetzenden Gemenges sogar die Zwillingsstreifung bis zur Unkenntlichkeit verwischt, wo sich aber noch einzelne besser erhaltene Spuren der einstigen Feldspatmassen zeigen, kann man kleinste Auslöschungswerte konstatieren. Man dürfte deshalb nicht fehlgehen, wenn man die Plagioklase des vorliegenden Gesteines für Oligoklas-Andesin hält.

Den farbigen Gemengteil bildet die sich wie eine Zwischenklemmungsmasse ausnehmende allotriomorphe Hornblende ($\mathfrak{a}$ = gelb, $\mathfrak{b}$ = grünlich-braun, $\mathfrak{c}$ = dunkel-olivgrün) mit einer Auslöschungsschiefe von 14—15°. Diese Hornblende dürfte wahrscheinlich aus einem einstigen Augite hervorgegangen sein, doch habe ich in zwei Präparaten keine sicheren Anhaltspunkte dafür gewinnen können. Sollte sich dies in Zukunft doch noch herausstellen, so wäre der vorliegende Diorit ebenfalls nichts anderes als ein uralitisierter Diabas, wie so manche andere ähnliche Gesteine des Kaukasus. Erze sind durch spärlich eingestreute Titaneisenblättchen vertreten, die zum guten Teil zu Leukoxen umgewandelt sind.

Quarz-Porphyr und Porphyr.

Die hierher gehörigen Gesteine sind zumeist quarzhaltige. Ihre Grundmasse ist gewöhnlich felsitisch oder in manchen Fällen felsosphärolitisch. Farbige Gemengteile treten nirgends recht in den Vordergrund, in der Regel ist die Felsitmasse überwiegend.

Die Quarz-Porphyre und Porphyre habe ich zumeist ausserhalb der Hauptkette angetroffen, sie scheinen nicht so sehr das Grundgebirge, als vielmehr die demselben aufgelagerten älteren Sedimente zu durchbrechen.

(No. 40.) *Quarz-Porphyr.* Aus dem glazialen Schutt vom Rücken des Karagom-Gletschers. Zentral-Kaukasus.

Ein lichtgraues Gestein, in dessen felsitischer Grundmasse zahlreiche rauchgraue Quarzkörner, sowie matte, weisse Feldspate ausgeschieden sind.

Unter dem Mikroskop lässt sich die Grundmasse als eine ziemlich grob felsitische, aus Quarz- und Feldspatindividuen von allotriomorphen Formen bestehende, erkennen. Porphyrisch ausgeschieden sieht man teils Orthoklase, teils zwillingsgestreifte Plagioklase. Das Innere der Feldspate ist bereits durch Serizitausscheidungen getrübt. Der einstige braune Glimmer ist in seiner Gesamtheit zu grünen, chloritischen Lappen umgewandelt. Einzelne, von leukoxenartigen Säumen umgebene, schwarze opake Körner im Bereiche der Chorite scheinen Titaneisen anzugehören. Ausgezeichnet ist schliesslich in seinem Vorkommen der Quarz in Form von porphyrisch ausgeschiedenen, magmatisch resorbierten, gerundeten und mit Einbuchtungen versehenen Kristallen.

(No. 80.) *Porphyr.* Teberda, unterhalb Aul Ssetinskii, südlich bei Chumara an der Strasse, befindet sich im Verbande mit roten, verrukanoartigen Konglomeraten ein roter Felsitporphyr mit rötlich violetter Grundmasse, in welcher als phanerokristalline Gemengteile 2—4 mm grosse, rötlich-gelbe Orthoklase, ferner hie und da sehr spärlich ein Quarzkörnchen, schliesslich in ziemlicher Menge glanzlose, braun verwitterte Amphibolkristalle ausgeschieden sind.

Unter dem Mikroskope erkennen wir eine ausgesprochen körnige Grundmasse, die sowohl aus isometrischen, als auch aus leistenförmigen, ja sogar mitunter rudimentären, an beiden Enden gabelig erscheinenden Feldspaten bestehen, die teils Einzelkristallen, teils aber auch einfachen Orthoklaszwillingen angehören. Die Struktur der Grundmasse ist demnach eine vom orthophyrischen ins trachytische übergehende.

Als scharf ausgebildete und sich von der Grundmasse gut abhebende Einsprenglinge sind zu erwähnen Orthoklas in einzelnen Individuen und Karlsbader Zwillingen, Plagioklas in Zwillingen nach dem Albit-, Karlsbader und teilweise auch nach dem Periklin-Gesetz mit oligoklas- bis andesinartiger Auslöschung. Die Feldspate sind durch zahlreiche, winzige ferritische Ausscheidungen und weniger Serizitschüppchen getrübt.

Als farbiger Gemengteil ist namentlich Amphibol in zahlreichen opazitisch veränderten Ausscheidungen anzuführen. Hin und wieder löst sich an den Rändern die opazitische Masse in rötlich-braune Häutchen auf. Ausserdem werden die Umrisse der Amphibolkristalle teilweise von Epidot und in einem Falle auch von etwas faserigem Chalzedon ausgefüllt. An Grösse stehen diese, infolge ihrer Umrisse sicher zu erkennenden Amphibole den Feldspatausscheidungen nach. Glimmer ist in dem Gesteine nicht zu erkennen.

Die chemische Zusammensetzung dieses Porphyrs ist eine ziemlich sauere.

SiO_2	69·2847
TiO_2	0·0398
Al_2O_3	18·5117
Fe_2O_3	3·9482
FeO	0·0170

Mn O	. . . . .	—
Ca O	. . . . .	0·6082
Mg O	. . . . .	0·4178
Na_2O	. . . . .	5·6472
K_2O	. . . . .	1·3325
H_2O	. . . . .	0·3900
	Zusammen	100·1971

(No. 117.) *Quarz-Porphyr.* Aus dem Seiten-Tale mit den Erdpyramiden im obersten Malka-Tale auf der Nordseite des Elbruss. Dunkelrotes Gestein mit einer dichten felsitischen Grundmasse von dunkler Färbung. Feldspate liegen in dieser Grundmasse nur in untergeordneter Menge, 3—5 mm grosse Rauchquarz-Einsprenglinge hingegen bilden den auffallendsten Gemengteil dieses Gesteines. Farbige Mineralien beteiligen sich nicht am Aufbaue desselben.

(No. 118.) *Quarz-Porphyr.* Nordseite des Elbruss, östlich vom obersten Malka-Tale, am Pfade, der nach Urussbieh führt.

Ein ausgezeichnet frisches Gestein, mit einer dunkeln, taubengrauen, dichten, felsitischen Grundmasse, in welcher neben selteneren Feldspat-Ausscheidungen ziemlich zahlreich rauchgraue, bis chalcedonblaue Quarz-Dihexaeder ausgeschieden sind. Sowohl die Feldspat-Rechtecke, wie auch die Quarzkristalle besitzen etwas gerundete Konturen — ein Zeichen der magmatischen Korrosion.

Unter dem Mikroskop erweisen sich diese Gesteinsexemplare ihrem Wesen nach mit dem vorigen übereinstimmend. Die Grundmasse besteht aus einem dichten Filze zumeist ungestreifter Feldspatleisten, die sich hie und da zu radialfaserigen Sphärolithen entwickelten. Ein feiner, opazitischer Staub übersät dieselben. Als Phanerokristalle sind zu erwähnen: Orthoklas in Karlsbader Zwillingen, Plagioklase (And.-Labr.) nach dem Albit-, dem Periklin- und dem Karlsbader Gesetze verzwillingt, ferner ziemlich viel und grosser Quarz in teilweise magmatisch korrodierten Körnern. Farbige Gemengteile fehlen. Sekundär ein licht-grüner Chlorit in zierlichen Blättchen, die sich stellenweise angehäuft haben und die namentlich auch in Hohlräumen die radial struierte Umrandung bilden, während die Mitte von Quarz ausgefüllt ist; körniger Quarz auch in einzelnen, das Gestein durchsetzenden Schnüren.

Folgende chemische Zusammensetzung ist eine normalen Quarzporphyren entsprechende:

SiO_2	72·4158
TiO_2	0·2911
Al_2O_3	12·5740
Fe_2O_3	5·6638
FeO	1·3876
MnO	Spuren
CaO	1·0773
MgO	0·3042
Na_2O	7·1253
K_2O	0·7702
H_2O	0·0724
Zusammen .	101·6817

(No. 120.) *Quarz-Porphyr.* Nordseite des Elbruss, östlich vom obersten Malka-Tale.

Weiterhin östlich stösst man beim Uebersetzen eines Nebenrückens auf ein ebenfalls porphyrisches Gestein, in dessen dichter Grundmasse fleischrote Feldspate und ziemlich angegriffene Glimmer Blättchen liegen, wohingegen phanerokristalline Quarz-Ausscheidungen spärlich vorkommen. Unter dem Mikroskop erweist sich dieses Gestein als ein Quarz-Porphyr, dessen farbiger Gemengteil, der braune Glimmer, grösstenteils bereits zu Chlorit umgewandelt erscheint.

(No. 123.) *Quarz-Porphyr.* Nordseite des Elbruss vom obersten östlichen Quellgebiete des Malkaflusses.

Nach Passierung des Diorit-Terrains stiessen wir auf äusserst feinkörnige, geradezu dicht zu nennende Gesteine, von violetter Farbe ohne porphyrische Ausscheidungen. Hin und wieder erblickt man darin ein Quarzkörnchen, ausserdem einige Quarzadern, welche das Gestein durchziehen. Auf dem Terrain dieses Gesteines fanden sich in einzelnen Adern rot und grün gefärbte jaspisartige Ausscheidungen, sowie hie und da zeisiggrüne Epidot-Ausfüllungen in Spalten und Hohlräumen des Gesteines.

Unter dem Mikroskop zeigt dieses Gestein eine panidiomorphe Grundmasse, die vorwiegend aus Sphärolithen besteht; dazwischen wenig ungestreifter Feldspat mit gerader Auslöschung und den Sphärolithen gegenüber ebenfalls untergeordnet Quarz in unregelmässigen Körnchen. Phanerokristalle, korrodierter Quarz und Feldspate: Orthoklase mit Zwillingsbildung nach dem Karlsbader Gesetz. Plagioklas so gut wie gar keiner. Farbige Gemengteile keine, mit Ausnahme von zersetztem Biotit auf einer dünnen aplitischen Ader.

B. Jüngere Massengesteine.

Dacit.

Die Dacite der Hauptkette des Kaukasus erweisen sich sämtlich als quarzarm, so sehr, dass manche Forscher, wie Loewinson-Lessing, die einschlägigen Gesteine lieber als Andesit-Dacite bezeichneten. Der typische Gemengteil der effusiven Periode ist der Hypersthen, während Amphibol und Biotit in der Regel die magmatischen Resorptionserscheinungen intratellurischer Gemengteile aufweisen.

(No. 40.) *Dacit.* Aus dem glazialen Schutt vom Rücken des Karagom-Gletschers.

In der dichten braunen Grundmasse bemerkt man als dominierende porphyrische Ausscheidung 4—8 mm grosse, weisse Plagioklase, sowie ausserdem viel spärlichen wasserhellen Quarz. Die farbigen Gemengteile hingegen treten in diesem Handstücke ganz in den Hintergrund.

Dieses Gestein dürfte allem Anscheine nach der andesitischen Hochregion des Kaukasus entstammen.

(No. 105.) *Hypersthen-Biotit-Amphibol-Dacit.* Chotjutau-Gletscher. Dieses, das granitische Grundgebirge überflossene Lavengestein ist besonders durch eine dunkle, matt schimmernde, dichte, glasige Grundmasse ausgezeichnet.

Dasselbe erweist sich unter dem Mikroskop als ein vitrophyrischer Hypersthen-Biotit-Amphibol-Dacit. Vielleicht die Hälfte der ganzen Gesteinsmasse wird aus einer braunen, isotropen Glasbasis gebildet, in der die zahlreichen, jedoch nicht zu dicht auftretenden Mikrolithe fluidal angeordnet sind. Als Gemengteile der Grundmasse sind zu erwähnen Plagioklasleisten, oft an den Enden rudimentär ausgebildet, mit den kleinsten Extinktionswerten, die auf Oligoklas schliessen lassen; ferner licht-grüner Hypersthen und wenig Magneteisenkörner. Die Phanerokristalle hingegen bestehen aus labradoritartigen Plagioklasen, aus Biotit- und Amphibol-Individuen, welch letztere aber stets resorbiert und mit magnetitischen resp. aus Hypersthenkörnchen bestehenden Kränzen umgeben sind. Quarz kommt im Präparate bloss ganz spärlich in 1—2 ebenfalls teilweise resorbierten Körnern vor.

Einschlüsse von braunen Glaskörpern in den porphyrisch ausgeschiedenen Plagioklasen häufig, und zwar am dichtesten in deren inneren Teilen, während die äusseren frei von demselben bleiben, woraus man auf eine anfänglich raschere Bildung der Plagioklase schliessen darf.

(No. 112.) *Hypersthen-Biotit-Amphibol-Dacit,* bloss wenig quarzhaltig. Nordseite des Elbruss, Gegend der Malka-Gletscher.

In der violetten, porös-löcherigen, ungemein rauhen Grundmasse erblickt man bis 1 cm grosse, mehrfach verzwillingte, glasig-rissige, mikrotinartige Plagioklase, mit genug häufig zu erkennender Zwillingsstreifung nach dem Albitgesetze. Quarz in einzelnen Phanerokristallen, jedoch im ganzen nur untergeordnet. Von farbigen Gemengteilen ist makroskopisch bloss brauner Glimmer zu verzeichnen, welcher spärlich eingesprengte, winzige, bis 1 mm im Durchmesser besitzende Blättchen darstellt. In Hohlräumen dieses Gesteins haben sich als sekundäres Produkt wasserhelle Hyalith-Inkrustationen ausgeschieden. Diese so beschaffenen Dacite besitzen teilweise eine gleichmässig graue Färbung, andere hingegen weisen eine ausgesprochen fluidale Struktur auf, indem die Masse des Gesteines abwechselnd aus dunkelgrauen und roten Streifen besteht, die mitunter wellenförmige Zeichnungen zeigen.

Unter dem Mikroskop erkennen wir eine farblose, glasige Basis, in welcher die Mikrolithe ausgezeichnet fluidal angeordnet sind. Als solche sind zu erwähnen: Feldspatzwillinge, polysynthetisch mit geringen Auslöschungen, daher oligoklas-andesinartig, doch kommen daneben ziemlich zahlreich solche Mikrokristalle vor, die ihren Auslöschungswerten nach zu urteilen ungefähr dem Labradorit entsprechen würden. Ziemlich geringe Werte aufweisende, ungestreifte Leisten findet man in geringerer Menge ebenfalls in der Grundmasse. Den Feldspatmikrolithen schliesst sich dann der Hypersthen ebenfalls in Mikrolithform an, sowie schliesslich noch Magnetit in spärlich eingesprengten Körnern.

Die Phanerokristalle werden gebildet aus frischen, scharf ausgebildeten Hypersthenen, ferner aus teilweise resorbiertem Biotit und Amphibol. Biotitzwilling nach (001.) Die porphyrisch ausgeschiedenen Plagioklase sind nach dem Albit- und teilweise auch nach dem Periklin-Gesetze verzwillingt. Dieselben tragen zwischen + Nikols ein im Mittel labradoritartiges Verhalten zur Schau. Zonale Struktur und Umrahmungen von sauererer Zusammensetzung ist an manchen von ihnen zu beobachten. Glaseinschüsse in den grösseren Feldspaten häufig. Quarz in wenigen und stark resorbierten Körnern Akzessorisch Zirkon in einigen Kriställchen.

15*

(No. 113.) *Hypersthen-Biotit-Amphibol-Dacit.* Aus dem glazialen Schutt der Stirnmoräne des Ullutschiran-Gletschers, an der Nordseite des Elbruss.

In der mehr oder weniger rauhen, porösen Grundmasse liegen bis 1 cm grosse, weisse, rissige Plagioklase, mit undeutlicher, doch sicher zu konstatierender Zwillingsstreifung. Ein eigentümliches Gepräge erhält dieses Gestein dadurch, dass Partien von verschieden gefärbter und verschieden dichter Grundmasse schlierenartig miteinander gemengt sind. An anderweitigen Gemengteilen findet man spärlich einzelne wasserhelle Quarzkörner, ferner kleine Biotit-Hexagone sowie einzelne, auch mit der Lupe zu erkennende Amphibol-Kristalle.

Unter dem Mikroskop erweist sich das vorliegende Gestein als ausgezeichnet fluidal struiert, teils infolge der typischen Anordnung der Mikrolithe der Grundmasse, teils aber zufolge der welligen, jedoch im ganzen parallelen Anordnung der roten und schwarzen Gesteinsschlieren. Das normale Gestein ist das schwarze, welches im Dünnschliffe lichtgrau erscheint. In der glasigen Grundmasse, die als hyalopilitisch bezeichnet werden muss, liegen in überwiegender Menge leistenförmige Kalknatronplagioklase, weniger hellgrüner Hypersthen und schwarze Magnetitkörner. Die roten Schlieren stellen eine andere, abgeänderte Varietät desselben Magmas dar, die dadurch entstanden ist, dass in ihrem Bereiche gewisse Erscheinungen, hervorgerufen durch Erhitzung und teilweise Resorption, auftreten. Es ist nämlich auffallend, dass in diesen Schlieren die Hypersthene mit einem eisenoxydreichen Opazitsaume umgeben sind, das Innere derselben mehr rötlich und stärker pleochroitisch geworden ist. An kleineren Individuen ergreifen diese Opazitränder von ganzen schmalen Kristallen Besitz, so dass dieselben als schmale, eisenrostfarbene Stäbchen erscheinen. Dieser Prozess setzt sich bis zu den Hypersthen-Mikrolithen der Grundmasse fort. Es ist dies das Bild, das von A. Dannenberg*) in trefflicher Weise an Elbrussgesteinen geschildert und als eutaxitische Agglomeratlava bezeichnet wurde. Dannenberg hält die schwarzen Partien für älter, die roten dagegen für jünger. (Vgl. auch den Andesit No. 114 und 139a.)

Die Phanerokristalle sind labradoritartiger Plagioklas, Biotit, Amphibol und wenig Hypersthen. Biotit und Amphibol stets resorbiert und opazitisch umrandet, Hypersthen dagegen nur in den roten Schlieren. Augit weder in der ersten, noch in der zweiten Generation. Quarz findet sich so

*) A. Dannenberg, Beiträge zur Petrographie der Kaukasusländer. Tschermaks Miner. u. petr. Mitteilungen, XIX. Band, p. 224–225 und p. 228–229.

spärlich im Gesteine vor, dass in vier Präparate keines der makroskopisch beobachteten Körner hineingeraten ist.

Ein zweites Handstück unterscheidet sich von dem soeben besprochenen bloss dadurch, dass dasselbe homogen aus der dunkeln Varietät besteht und sich unter dem Mikroskop an einer braunen Glasbasis sehr reich erweist. Dieselbe bildet ungefähr die Hälfte der ganzen Gesteinsmasse. Als Phanerokristalle bemerken wir auch in diesem Falle Plagioklas, Biotit, Amphibol (letztere opazitisch umrandet); in der Grundmasse Plagioklas, Hypersthen und Magnetit.

Eine interessante Zusammenstellung chemischer Analysen von Elbrussgesteinen verdanken wir A. Dannenberg,*) in welcher sich No. I auf eine von Abich mitgeteilte, No. II und III auf vom Verfasser selbst ausgeführte Analysen, und zwar auf die schwarz-roten Agglomerate, beziehen.

	I.	II. Schwarze Einschl.	III. Rote Lava.
SiO_2	69·37	67.80	65·75
Al_2O_3	14·44	16·92	18·38
Fe_2O_3	—	1·05	2·00
FeO	5·23	1·94	1·30
MnO	—	0·35	0·20
CaO	4·38	3·25	3·70
MgO	2·26	1·31	1·52
K_2O	3·82	3·35	4·11
Na_2O		4·36	4·04
Glühverlust	0·60	0·33	1·20
	100·10	100·66	102·20

(No. 137.) *Hypersthen-Biotit-Dacit.* Vom Asau-Gletscher. Dichtes, dunkelgraues Gestein mit porphyrischen Einsprenglingen von Plagioklas, Quarz und Biotithexagonen.

Unter dem Mikroskop muss dieses Gestein als Dacit angesprochen werden, da neben den grossen mikrotinartigen Plagioklasen (Labradorit) hie und da auch ein rissiges Quarzkorn verzeichnet werden kann. Diese Quarzkörner sind stark korrodiert und in eigentümlicher Weise mit einer schwammartig-löchrigen, mit dem Hauptkörper des korrodierten Quarzkornes in Verbindung stehenden und mit demselben einheitlich auslöschenden Quarzmasse, in deren Hohlräumen sich Grundmassepartikel mit Plagioklas- (Olig.-Labr.)

*) A. Dannenberg, Beiträge zur Petrographie der Kaukasusländer. Tschermaks Min. u. petr. Mitteilungen, XIX. Band, Wien 1900, p. 233.

Mikrokristallen befinden, umgeben. Doch sieht man auch an zahlreichen Stellen der Grundmasse, isoliert für sich auftretend, derartige schwammartig oder skelettartig verzweigte Quarzmassen. Dieselben erinnern sehr, ihrer Form nach, an den Pallasschen Meteoreisenschwamm. An farbigen Gemengteilen ist der gerade auslöschende Hypersthen in einzelnen grossen Ausscheidungen zu erwähnen. Dieselben sind an ihrer Umrandung, sowie auch auf ihren Spaltrissen teilweise zu Bastit umgesetzt.

Zu den porphyrischen Ausscheidungen gehört auch der Biotit in genug häufigen, jedoch stets korrodierten und mit Magnetit-Ausscheidungen umgebenen Individuen. Interessant sind schliesslich als akzessorischer Gemengteil einige korrodierte Kristalle von hoher Licht- und starker Doppelbrechung, welche eine spitzrhomboidische Form aufweisen. In konvex polarisiertem Lichte bemerkt man einige Ringsegmente von kräftiger Dispersion. Im durchfallenden Lichte sind dieselben bräunlich, beinahe farblos, ohne merklichen Pleochroismus. Im auffallenden Lichte zeigen dieselben eine rauhe Oberfläche. Allem Anscheine nach haben wir es in vorliegendem Falle mit Titanitkristallen zu tun, welche ringsherum von einem aus dicken, opaken, unregelmässig gestellten Lamellen bestehenden Kranz umsäumt sind, welcher für Titaneisen-Ausscheidungen gehalten werden kann. Es liegen ferner im Dünnschliffe noch einige ähnliche Haufwerke von solchen Titaneisenlamellen, ohne jedoch Reste von dem früheren Mineral aufzuweisen.

Betrachten wir nun die Grundmasse, so finden wir, dass dieselbe ausgezeichnet fluidal struiert und dabei vollkommen kristallinisch ist. Dieselbe besteht vorwiegend aus leistenförmigen Plagioklasen, die z. T. saurer zu sein scheinen (Labradorit-Oligoklas), ferner viel faseriger Bastit als Umwandlungsprodukt des einstig vorhanden gewesenen Hypersthens. Ferner kommen vor kleine, schwarze, opake Magnetitkörner und schliesslich in winzigen Lamellen von scharf hexagonaler resp. leistenförmiger Gestalt und leder- bis tiefbrauner Farbe, in der leistenförmigen Stellung jedoch von opaker Beschaffenheit. Angesichts der vom Magma eingeschmolzenen, zahlreichen Titanitkristalle wäre man geneigt, dieselben für Perowskitkriställchen zu halten, und zwar für nach der (111)-Fläche ausgebildete Lamellen.

(No. 142.) *Hypersthen-Biotit-Amphibol-Dacit.* Urussbieh, von dem westlich vom Orte sich erhebenden Rücken.

In der porösen bis dichten dunkelgrauen Grundmasse des stellenweise in scharfen Prismen abgesonderten Gesteines ist ziemlich viel 2—5 mm grosser, weisser Plagioklas ausgeschieden, ferner erblickt man in manchen

Gesteinspartien dieses Rückens vereinzelte Quarzkörner, sowie in andern kleine Biotitblättchen, respektive Amphibolnadeln. Von den farbigen Gemengteilen, Biotit und Amphibol, sind in zwei Präparate bloss einige Reste von resorbiertem braunen Amphibol gelangt. Ebenso ist der makroskopisch beobachtete, 2—3 mm grosse, gerundete, sporadisch vorkommende Quarz in keinem der Präparate vertreten.

Die in den Dünnschliffen beobachteten Phanerokristalle sind einige ganz grosse, von braunen Glasinterpositionen erfüllte, wohl intratellurische Plagioklase, ferner zahlreiche mittelgrosse, einschlussfreie Plagioklase, sämtlich labradoritartig, ferner ziemlich viel Hypersthen, häufig mit Magnetit oder auch Glaseinschlüssen mit unbeweglichen Libellen und einzelne grössere Magnetite. An den Hypersthenen kann man mitunter die Verwachsung zweier Individuen in sägebockartig gekreuzter Stellung beoachten, die wahrscheinlich eine Brachydomafläche zur Zwillingsebene hat. Die Grundmasse hingegen besteht aus einem hyalopilitischen, von bräunlichem bis farblosem, glasdurchtränktem Filz mit fluidaler Anlagerung von Hypersthen-Plagioklas-(Labr.-Olig.) mikrolithen und Magneteisenkörnchen.

Nehmen wir nun zu diesen mikroskopisch erkennbaren Gemengteilen noch die makroskopisch erkannten hinzu, so haben wir es in diesem Falle mit einem Hypersthen-Biotit-Amphibol-Dacit zu tun.

Die chemische Analyse stimmt mit der ähnlich quarzarmer Dacite gut überein.

SiO_2	64·6859
TiO_2	0·7265
Al_2O_3	18·6973
Fe_2O_3	3·7620
FeO	0·7750
Mn_3O_4	0·0895
CaO	3·9116
MgO	1·2266
Na_2O	4·6642
K_2O	2·5157
H_2O	0·2240
Zusammen	101·2783

Hypersthen-Biotit-Amphibol-Dacit. Gipfelgestein des Elbruss. (Lgt. M. v. Déchy.)

Ein dunkelgraues, unregelmässig polygonal abgesondertes Gestein, an den Absonderungsflächen mattglänzend und schmutzig braungrau; an der frischen Bruchfläche jedoch matt und taubengrau. In demselben befinden sich einige Millimeter- bis einen Zentimeter grosse, weisse Plagioklase, und neben denselben bloss hie und da ein halb resorbiertes Quarzkorn. Farbige Gemengteile sind durch schwarze Punkte und Flecken angedeutet, doch sind dieselben makroskopisch nicht sicher zu deuten.

Unter dem Mikroskop zeigen die grossen mikrotinartigen Feldspate labradoritartige und selbst auf basischere Reihen hindeutende Extinktionswerte. Doch dürfte die überwiegende Menge Labradorit angehören, wie dies bereits von A. Dannenberg*) angezeigt worden ist. Dieselben zeigen die regelmässig an den Plagioklasen der Elbrusslaven auftretenden Zwillingsverwachsungen nach dem Albit-, dem Karlsbader- und mitunter auch nach dem Periklingesetze. Glaseinschlüsse sind in demselben wenig enthalten, im Vergleiche zu den davon wie übersäten Plagioklasen anderer Elbrusslaven. Amphibol spärlich in kleineren Individuen und Zwillingen nach (100). Pleochroismus $\mathfrak{a}$ = gelb, $\mathfrak{b}$ = braun, $\mathfrak{c}$ = dunkelbraun. Opazitumrandung schwach angedeutet. Biotit ist ebenfalls bloss sporadisch anzutreffen in frischen, kaum etwas schwach umrandeten Individuen. Dieselben sind braun, $\mathfrak{a}$ = gelb, $\mathfrak{b}$ = tief (schwärzlich) braun, $\mathfrak{c}$ = tief rotbraun. Zwischen den Grundmassegemengteilen fehlen beide. Hypersthen kann in einzelnen grösseren Individuen beobachtet werden, obwohl dieser Gemengteil vorzugsweise die kleineren und kleinsten Ausscheidungen der Grundmasse bildet.

Die Grundmasse, welche ausgezeichnet hyalopilitisch beschaffen und fluidal struiert ist, besteht aus kleinen Plagioklasmikrokristallen ziemlich basischer und den Phanerokristallen ähnlicher Natur, ferner aus den dominierenden, leistenförmigen Mikrolithen, die in den meisten Fällen infolge ihrer kleinen Extinktionen zu der Oligoklas-Andesinreihe hinneigen. Der weitere wesentliche Gemengteil derselben sind Mikrokristalle und Mikrolithe von Hypersthen, die stets eine gerade Auslöschung erkennen lassen. Augite zu sehen, ist mir nicht gelungen. Schliesslich seien noch erwähnt kleinere opake Magnetitkörner zwischen den Grundmassemikrolithen, sowie auch spärlicher einige grössere Körner desselben Minerals, die Mikrolithe der Grundmasse übertreffend. Zwischen diesen Gemengteilen der Grundmasse befindet sich ziemlich viel farblose Glasbasis.

Bezüglich des Quarzes sei erwähnt, dass derselbe in keinem meiner Präparate sichtbar ist, doch habe ich denselben, obwohl sporadisch, unzweifelhaft makroskopisch im Gesteinshandstücke beobachtet.

*) A. Dannenberg. Beiträge zur Petrographie der Kaukasusländer. Tschermaks Min. u. Petr. Mitteilungen, Bd. XIX, p. 218 ff.

Hypersthen-Augit-Dacit-Andesit. Gipfelgestein des Kasbek. (Lgt. M. v. Déchy.)

Taubengraues Gestein mit Einsprenglingen von zwillingsgestreiftem Plagioklas, ausser denen noch licht-bräunlich-grüne, mit den Flächen der Prismenzone gut ausgebildete Kristalle des Hypersthens zu erkennen sind. Ferner bemerkt man im Handstücke äusserst sporadisch 1—2 korrodierte Quarzkörner. Ebenso sehe ich in diesem Gesteine noch ein vereinzeltes Blättchen braunen Glimmers.

Unter dem Mikroskop erkennen wir unter den phanerokristallinischen Ausscheidungen Plagioklase nach dem gewöhnlich auftretenden Albit-, Karlsbader und mitunter auch dem Periklin-Gesetz verzwillingt, die in Schnitten $\perp$ zu (010) gewöhnlich labradoritartige Auslöschungswerte erkennen lassen. An manchen Feldspaten fehlt die Zwillingsbildung, ein Umstand, der auch von A. Dannenberg*) bemerkt wurde. Die Feldspate sind klar und so ziemlich einschlussfrei; häufig sind sie jedoch zonal von etwas weniger basischen Plagioklasrahmen umgeben.

Als farbiger, porphyrisch ausgeschiedener Gemengteil ist in erster Linie Hypersthen zu erwähnen, welcher in mässig grossen Individuen anzutreffen ist, mit dem für dieses Mineral charakteristischen Pleochroismus. Mitunter enthält derselbe Magnetiteinschlüsse, was ebenfalls eine gewöhnliche Erscheinung ist. Hypersthen kommt auch als der vorherrschend Beteiligte in Anhäufungen mit weniger Plagioklas und Magnetit, oder auch als einheitliche Umrandung solcher Haufwerke, wohl als das Dissoziationsprodukt einstiger Hornblende-(?)Kristalle vor, von denen aber gegenwärtig keine Spur mehr vorhanden ist.

Neben diesem orthorhombischen Pyroxen treffen wir aber in dieser Lava zwar spärlich, jedoch in mit den Phanerokristallen des Hypersthens gleich grossen Kristallen auch monoklinen Augit an, welcher nicht nur an seiner bedeutenden Auslöschungsschiefe und seinen lebhaften Polarisationsfarben, sondern auch noch an der typischen Zwillingsbildung nach (100) sicher zu erkennen ist. In einem Falle ist Augit $\parallel c$ mit einem Hypersthenkristalle verwachsen, eine Erscheinung, die z. B. in ungarischen Pyroxenandesiten sehr gewöhnlich ist. Es ist dies der erste Fall, dass es mir gelungen ist, in den andesitischen Laven-Gesteinen des mittleren Kaukasus ausser Hypersthenen auch monoklinen Augit zu konstatieren. Doch ersehe

*) A. Dannenberg. Beiträge zur Petrographie der Kaukasusländer. Tschermaks Min. und petr. Mitt., XIX. Band, p. 237.

ich aus den »Petrographischen . . . Bemerkungen« L. v. Ammons,*) dass sich im Tschegem-Tale, am Gipfel Kum-tube, ebenfalls augithaltige Hypersthen-Andesite vorfinden.

Die fluidale Grundmasse des vorliegenden Gesteines ist hyalopilitisch und besteht aus einem Filz von Plagioklasmikrolithen, die von labradoritartigen Auslöschungswerten bis zu einem oligoklas-andesinartigen Verhalten hinneigen. Die unvollkommen begrenzten Plagioklase erscheinen an beiden Enden oft gabelförmig gespalten. Ausserdem zahlreiche, grünliche und gerade auslöschende Hypersthene (nie Augit) und schliesslich Magneteisenkörner. Zwischen diesen Mikrolithen der Grundmasse befindet sich, nicht sehr in den Vordergrund tretend, ein leicht bräunliches Glas. Quarz habe ich im Dünnschliffe nicht bemerkt. Olivin habe ich weder makro- noch mikroskopisch beobachtet. Schliesslich sei noch erwähnt, dass Loewinson-Lessing die vollständige Analyse eines Andesitodacites vom Kasbek mitteilt, und zwar wie folgt:

SiO_2	61·90
Al_2O_3	17·28
Fe_2O_3	1·70
FeO	5·76
CaO	4·68
MgO	2·76
K_2O	1·80
Na_2O	2·52
Glühverlust	1·30
Zusammen	99·70

Andesit.

In den der Hauptkette vorgelagerten sedimentären Zonen kommen mehrfach Andesite vor, so im Ardontale und in der mittleren Teberda.

Am Aufbau der gewaltigen Masse des Elbruss nehmen die Andesite einen ganz nahmhaften Anteil, ja sogar in so bedeutender Masse, dass es fast den Anschein gewinnt, als ob die Dacite bloss eine durch Anreicherung an Kieselsäure entstandene fazielle Ausbildung der ersteren wären, mit denen sie zweifellos durch mannigfache Uebergänge verbunden sind.

Die Andesite sind Hypersthen-Andesite, teils mit einem Gehalt von mehr oder weniger korrodiertem Biotit und Amphibol, teils ohne denselben, gerade so, wie auch die Dacite dieser höchsten Erhebung des Kaukasus.

*) In G. Merzbacher, Aus den Hochregionen des Kaukasus. Leipzig 1901.

(No. 39.) *Hypersthen-Andesit.* Von der Grusinischen Heerstrasse. (Lgt. J. v. Szádeczky.)*)

Ein lichtgrau und rötlich gefärbtes, kleinkörniges Lavengestein, dessen Grundmasse sich unter dem Mikroskop als hyalopilitisch, ausgezeichnet fluidal struiert erweist. Anteil an deren Zusammensetzung nehmen leistenförmige, labradoritartig auslöschende Plagioklase und lichtgraugrüne, in der Regel mehrere Magnetitkörner umschliessende Hypersthen-Mikrolithe, die in einer farblosen isotropen Glasbasis liegen. Die Hypersthen-Mikrolithe sind rostbraun umrandet oder auch ganz braun gefärbt, und dieser Umstand verursacht die rötliche Farbe des Gesteines. Diesen Gemengteilen schliessen sich noch winzige, nicht sehr zahlreiche, opake Magneteisenkörnchen an.

Die porphyrischen Ausscheidungen sind wasserheller Plagioklas mit labradoritartigem Verhalten, dessen breitleistenförmige und hin und wieder nach *b* auch tafelförmige Kristalle gerne wie angeschwemmtes Scheitholz sich zu unregelmässigen Haufen anstauen. Ausser ihnen gibt es noch grosse Hypersthenkristalle, von denen sich ebenfalls gewöhnlich mehrere zusammenscharen und aneinanderkleben. Diese letzteren, die an Zahl und Grösse den Plagioklasen nachstehen, tragen den gewöhnlich an kaukasischen Hypersthenen zu beobachtenden, lichtgrünlichen und bräunlich-rötlichen Pleochroismus zur Schau, enthalten in der Regel Magnetiteinschlüsse und sind äusserlich rostfarben umrandet.

(No. 37.) *Hypersthen-Amphibol-Andesit.* Südlich vom Kasbek, hinter der Station Kobi. Zentral-Kaukasus. (Lgt. J. v. Szádeczky.)

Ein taubengraues, trachytisch rauhes Lavengestein mit weisslichen Plagioklas- und dunkelfarbigen Einsprenglingen.

Unter dem Mikroskop erweist sich die sich von den Phanerokristallen scharf abscheidende Grundmasse als ein sehr dichter, hyalopilitischer, glasdurchtränkter Filz, welcher sich erst bei starken Vergrösserungen auflöst. Die Gemengteile desselben, labradoritartige, mitunter oligoklas-andesinartig auslöschende, leistenförmige, an den Enden oft unvollkommen ausgebildete Mikrolithe, ferner graugrüne dünne Hypersthen-Nadeln und feine Magneteisenpünktchen sind in der reichlichen farblosen Glasbasis fluidal angeordnet.

Die porphyrisch ausgeschiedenen Gemengteile einer früheren Generation sind spärlich. Plagioklas (Labradorit) nicht sehr viel, aber ebenso wie der Feldspat sehr frischer Hypersthen und schliesslich ziemlich zahl-

*) Die mir von Herrn Prof. v. Szádeczky übergebenen Handstücke wurden auf einer mit Unterstützung des Herrn M. v. Déchy 1897 ausgeführten Tour über die Grusinische Heerstrasse gesammelt.

reich korrodierter, schwarz umrandeter, brauner Amphibol. Letzterer zeigt mitunter Zwillingsverwachsung nach der Fläche (100). Dieser ersten Generation fehlt der Magnetit.

(No. 38.) *Hypersthen-Andesit.* Südlich vom Kasbek an der Grusinischen Heerstrasse zwischen Kobi und dem Kreuz. Zentral-Kaukasus. (Lgt. J. v. Szádeczky.)

Eine dichte, graue Lava mit bloss spärlichen, einzelnen kleineren Feldspaten und Pyroxenkörnern. Unter dem Mikroskop erhalten wir das Bild einer hyalopilitisch struierten, ausgezeichnet fluidalen Gesteinsmasse, die vorwiegend aus Plagioklasmikrolithen und Mikrokristallen besteht. Dieselben sind leistenförmig und nach dem Albitgesetze verzwillingt; das Periklin- und Karlsbader Gesetz kommt seltener zum Ausdrucke. Die Auslöschungsschiefen an verschiedenen Individuen deuten durchschnittlich auf eine labradoritartige Beschaffenheit hin, doch steigt die Extinktion der einigermassen grösseren Plagioklase bis zu den höchsten, an Bytownit-Anorthit deutenden Werten hinan. Anderseits befinden sich seltener unter den kleinsten Mikrolithen auch andesinartige. Hypersthen gelangte bloss in mässiger Menge und in meist kleineren Kriställchen zur Ausbildung; unter den schütteren Mikrolithen der Basis erkennt man auch solche von Hypersthen.

Magnetit wenig und in kleinen Körnchen.

Dagegen fällt der so ziemlich farblosen Glasbasis der Grundmasse quantitativ eine ziemlich bedeutende Rolle zu. Schliesslich sei noch erwähnt, dass sich in den Dünnschliffen noch mehrere total resorbierte und von schwarzen opaken Körnern angedeutete Massen (Reste einer einstigen Hornblende [?]), vorfinden.

(No. 1.) *Biotit-Andesit-Agglomerat.* Unterer Teil des Ardon-Tales.

Aus der rötlichen, porösen Grundmasse sehen wir zahlreiche glasige Plagioklase ausgeschieden, neben denen in untergeordneter Menge Biotit, sowie auch etwas Amphibol zu beobachten ist. Feste Stücke des so beschaffenen Gesteines bilden die Agglomerate der dortigen Tuffmassen.

(No. 14.) *Amphibolandesit.* Aus dem glazialen Schutt der Stirnmoräne des Zei-Gletschers.

In der dichten, felsitischen, braunen Grundmasse dieses Andesites bemerkt man zahlreiche, weisse, bis 1 cm grosse Plagioklase mit undeutlicher Spaltbarkeit, ferner in etwas geringerer Menge die länglichen Kristalle von Amphibol.

Unter dem Mikroskop gesellen sich diesen Gemengteilen, jedoch schon mehr der felsitisch körnigen Grundmasse angehörend, Anhäufungen von braunem Glimmer zu. Die porphyrisch ausgeschiedenen grossen Feldspate sind durchweg verwittert, bloss hie und da bemerkt man einen noch unveränderten klaren Kern mit Auslöschungsschiefen, die auf Labradorit-Bytownit hindeuten. In der Grundmasse dagegen befinden sich ziemlich reichlich kleine einfache Kriställchen oder aus einfachen Zwillingen bestehende Leisten mit ganz geringer Auslöschung. Dieselben sind vollkommen frisch und dürften dieselben saureren Gliedern der Plagioklasreihe angehören. An der Zusammensetzung der Grundmasse nehmen noch kleine Quarzkörnchen und winzige Biotitblättchen teil. Amphibol spärlich in porphyrisch ausgeschiedenen grünen Individuen. Akzessorisch sei noch ausser einigen opaken Erzkörnern schliesslich der Apatit in einzelnen, gar nicht so kleinen Säulen und hexagonalen Durchschnitten erwähnt.

(No. 72.) *Amphibol-Andesit,* propylitisch. Aus der mittleren Gegend des Teberda-Tales.

Ein dunkelgraues Gestein mit dichter felsitischer Grundmasse, aus welcher kleinere Plagioklase, sowie ein dunkler Gemengteil porphyrisch ausgeschieden sind. An der verwitterten Oberfläche erblickt man Vertiefungen, welche durch Verwitterung der porphyrisch entwickelten Feldspate entstanden.

Unter dem Mikroskop erweist sich dieses Gestein als mit ungarischem Amphibol-Andesit-Grünstein identisch. Porphyrisch ausgeschieden sind in demselben basische, zonenartig aufgebaute Plagioklase (etwa Labr.-Bytownit), die z. T. von Kalkkarbonatbildungen fleckenweise getrübt sind. Amphibol in opazitumrandeten Schnitten, jedoch gänzlich zu einem Gemenge von Chlorit und Kalzit umgewandelt. Daneben einzelne grössere Magnetite. Die Grundmasse des Gesteines ist durchweg körnig und aus Plagioklas-Mikrolithen bestehend. Viele von diesen kleinen Plagioklaskörnern zeigen bloss geringe, ja sogar kleinste Extinktionswerte, was auf saurere Mischglieder der Plagioklasreihe hinweist. In der Grundmasse, an der sich auch Magneteisenkörnchen beteiligen, ist ebenfalls viel Kalkkarbonat und auch Chlorit sekundär zur Ausbildung gelangt.

Akzessorisch Apatit und etwas Quarz.

(No. 73.) Etwas weiter oben im Tale stiessen wir auf ein ähnlich beschaffenes Gestein, jedoch mit einigermassen gröberer Struktur.

(No. 114.) *Hypersthen-Biotit-Amphibol-Andesit.* Am rechten Ufer des obersten Malka-Tales, nord-nord-östlich vom Elbruss-Massiv findet man ähnliche rot und grau gestriemte, die Fluktuation der Lava im grossen veranschaulichende Blöcke, die weder makroskopisch, noch mikroskopisch einen Gehalt an Quarz erkennen lassen. Man wird daher diese Varietäten der Elbrusslaven besser als Andesite bezeichnen können. Im übrigen ist die Zusammensetzung derselben den vorigen Daciten (vgl. No. 113) sehr ähnlich. Ueberwiegend ist die hyalopilitische, aus Plagioklasleisten, Hypersthen und Magnetit, sowie reichlichem braunen Glase bestehende Grundmasse. Aus derselben porphyrisch ausgeschieden sieht man die polysynthetischen Zwillinge, deren Extinktionswerte mitunter selbst über Labradorit hinaus bis zu Bytownit-Anorthit reichen. Glaseinschlüsse in den Plagioklasen sehr zahlreich. Unter den farbigen Gemengteilen ist Hypersthen über die sehr spärlich eingestreuten und Resorptionserscheinungen zur Schau tragenden Biotit- und Amphibol-Einsprenglinge überwiegend.

Ein von einem weiteren Handstücke angefertigtes Präparat zeigt rote und graue Schlieren, deren Verschiedenheit in der Farbe in erster Linie auf eine braune und farblose Glasbasis zurückgeführt werden kann. Es zeigt sich hierbei, dass es sich tatsächlich um mitgerissene und eingeschmolzene Gesteinsstückchen handelt, zwischen denen, trotz der im übrigen gleichen petrographischen Beschaffenheit, zumeist eine scharfe Grenze besteht, die ausser der verschiedenen Farbe auch noch durch die verschiedene Orientierung der Fluidalstruktur gegeben ist.

(No. 137.) *Andesite.* Aus dem glazialen Schutt des Asau-Gletschers, Südostseite des Elbruss.

Die Gemengteile des mit sehr wechselnder Struktur vorliegenden Gesteines sind mehr oder weniger glasig-rissiger Plagioklas, ferner spärlich hin und wieder Quarz, und ebenso spärlich, nur auf gewisse Varietäten beschränkt, brauner Glimmer. Die Farbe der Grundmasse wechselt von hell ziegelrot bis pechschwarz, zahlreiche Stücke weisen ein geflecktes, breccienartiges Aeussere auf, in dem Trümmer von der schwarzen, dichten Varietät unregelmässig in die lichtrote, poröse eingesprengt vorkommen. Namentlich sind es die dichten, schwarzen Varietäten, die unsere Aufmerksamkeit auf sich lenken, indem sie die zumeist glasig, pechstein-ähnlich erstarrten Varietäten der Elbruss-Laven abgeben. Nachdem in denselben viel Feldspat und auch Biotit ausgeschieden sind, kann man sie füglich als Pechsteinporphyrite bezeichnen. Andere Stücke dagegen weisen eine dünn lamellare Struktur auf, hervorgerufen durch glasige und weniger glasige Gesteins-Streifen, wodurch sie gewissermassen das Aussehen von Lithoiditen erlangen. Wieder andere Stücke, die durchaus porös-schwammig sind und parallel ausgezogene Hohlräume aufweisen, dürften von den durch Wasserdämpfe durchtränkten Teilen der Lavaströme herstammen.

Schliesslich findet man noch am Rücken des Gletschers ziemlich viel lose Rapilli, die von höher gelegenen Tuffpartien des Elbrusskegels herstammen dürften.

(No. 137a.) *Hypersthen-Andesit.* Vom Rücken des Asau-Gletschers.

Ein ziegelrotes, schlieriges, durch eingeschlossene Trümmer einer schwarzen dichten Lava breccienartig struiertes Gestein. (Vergl. auch den Dacit No. 113, den Andesit No. 114, sowie auch den Andesit No. 139a.) In diesem Falle ist es zweifellos die schwarze Lava, die zertrümmert und von der roten aufgenommen worden ist. Unter dem Mikroskop wird dieses Verhältnis der beiden zueinander vollkommen bestätigt. Die schwarzen Partikel, die einen an braunem Glase reichen, mikrolithischen, ausgezeichnet fluidal struierten Hypersthen-Andesit bilden, sind von der roten, eine mehr rauhe Grundmasse besitzenden Masse ringsum mit scharfen Konturen eingeschlossen. Diese letztere ist ebenfalls ihrer Zusammensetzung nach ein Hypersthen-Andesit, doch ist ihre zwar gleich glasreiche hyalopilitische Grundmasse (makroskopisch) glanzlos und fein porös. Die rote Farbe derselben wird bedingt durch limonitische und haematitische Pünktchen und durch die braunrote, eisenreiche Umrandung sämtlicher in ihr befindlichen Hypersthene. Dem gegenüber enthält das Innere der dichten schwarzen Einschlüsse bloss frische, nicht umrandete Hypersthene. Die Feldspate sind in beiden Fällen die nämlichen labradoritartigen Plagioklase, wohingegen die Grundmassenmikrolithe auch kleinere Auslöschungswerte erkennen lassen. Alle porphyrischen Plagioklase sind reich an Einschlüssen von braunen Glaskörperchen.

Akzessorisch beobachtete ich in der Grundmasse der roten Lava ein kräftig pleochroitisches Amphibolfragment, umgeben von sich gleichsam herandrängenden Hypersthenkristallen, ferner ein kleines leistenförmiges Biotitkriställchen. Da diese letzterwähnten Gemengteile äusserst spärlich vorhanden sind, möchte ich denselben bezüglich der Benennung des vorliegenden Gesteines keine Rolle zuerkennen. Magnetit und Quarz fehlen dieser schlierigen Lava vollständig.

(No. 137b.) *Hypersthen-Biotit-Amphibol-Andesit.* Vom Rücken des Asau-Gletschers.

Dichte, schwarze, mattglänzende, mit feinen roten Linien gestreifte Lava, in der man makroskopisch bloss einzelne, bis 5 mm grosse, glasglänzende, weissliche Plagioklase und hie und da ein Biotithexagon erblickt.

Unter dem Mikroskop erweist sich die dichte Grundmasse hyalopilitisch und fluidal. An derselben beteiligen sich ausser dem amorphen Glase Plagioklasmikrolithe von labradoritähnlicher und geringerer Auslöschung, ferner Hypersthenkriställchen und Magnetit. Die gekräuselt fluidale Struktur steigert sich bis zur Bänderung dadurch, dass die Basis lagenweise eine bräunliche Färbung annimmt, wodurch die überwiegende graue Gesteinsmasse rötlich gestreift erscheint.

An Phanerokristallen sind vor allem andern zu erwähnen die Plagioklase, die durchschnittlich der Labradoritreihe nahe kommen, in ziemlich grossen polysynthetischen Zwillingen. Die zahlreichen braunen Glaseinschlüsse in deren Mitte deuten auf ein rasches Wachstum derselben hin, während die Ränder in einzelnen Fällen mit der gleichen einheitlichen Extinktion wie das Innere wasserklar sind. Der Hypersthen besitzt dieselben Kennzeichen wie in den übrigen Elbrusslaven. Die Kristalle desselben sind bedeutend kleiner als die Feldspate und ziemlich schlank, prismatisch. In einem derselben beobachtete ich einen, die verkleinerte negative Form des Wirtes ausfüllenden Glaseinschluss mit unbeweglicher Libelle. Biotit in einzelnen grösseren, magmatisch korrodierten Kristallen; einiger Amphibol ebenfalls magmatisch korrodiert und schwarz umrandet. Schliesslich ergänzen spärlich eingestreute grössere Erzpartikel die Reihe der porphyrischen Ausscheidungen.

Quarz befindet sich auch in diesem Gesteinsvorkommen nicht.

(No. 137c.) *Hypersthen-Andesit.* Vom Rücken des Asau-Gletschers. Dunkelgraue, matte, poröse, rauhe, jedoch fluidal struierte Lava, deren 1—3 mm grosse Hohlräume ausgezogen und parallel angeordnet erscheinen.

Makroskopisch beobachtet man in derselben bloss einige Plagioklase, die sich unter dem Mikroskope mitunter als derartig von braunen Glasinterpositionen überfüllt erweisen, dass dieselben vielleicht mehr als die Hälfte der Masse des Kristalles ausmachen. Ringsum befindet sich dann ein aus 2—3 schmalen, wasserhellen Zonen bestehender Rand, als das Produkt des ruhigeren Weiterwachsens und der Vollendung des Feldspatindividuums, mit abstufungsweise kleineren Auslöschungswerten, als dessen Inneres. Mittelgrosse Hypersthen und einzelne grössere Magneteisenkörner ergänzen das Ensemble der porphyrischen Gemengteile. Die Grundmasse ist ein sehr glasreicher, hyalopilitischer, ausgezeichnet fluidal angeordneter Filz von Plagioklas- (Labr.-Olig.) Hypersthenmikrolithen und kleinen Magneteisenkörnchen.

Anderweitige Gemengteile fehlen.

(No. 137d.) *Hypersthen- (Amphibol-) Andesit.* Vom Rücken des Asau-Gletschers.

Ein dichtes, braunschwarzes, pechsteinartig fettglänzendes Gestein, mit spärlichen kleineren Gesteinsporen. In diesem noch wenig differenzierten Magma erblickt man mässig zahlreiche, eingesprengte, mittelgrosse glasige Plagioklase. Unter dem Mikroskop stellt sich diese Lava als ausgezeichnet glasig dar. Die tiefbraune Glasbasis bildet den überwiegenden Teil derselben, und es ist dieselbe von einem bloss schütter zu nennenden Mikrolithenfilz mit ausgezeichneter Fluidalstruktur durchwachsen. Anteil an ihrer Zusammensetzung nehmen Plagioklasmikrolithe von labradorit- bis oligoklasartiger Beschaffenheit, Hypersthenkriställchen und Magnetitkörnlein. Porphyrisch ausgeschieden befinden sich in der Lava von dem Mikrolithenfilz sich bloss mässig abhebende, ausgezeichnet begrenzte Hypersthene, grössere Magneteisenkristalle und bedeutend grössere Plagioklase, die in einigen Fällen selbst an die Bytownit-Anorthitreihe erinnernde Extinktionen erkennen lassen. Dieselben sind zumeist zonal struiert und in ihrem Innern von dichten Schwärmen ausgezeichneter, brauner Glasinterpositionen erfüllt. Amphibol kann bloss in Gestalt von 1—2 korrodierten, braunen Kristallfragmenten beobachtet werden.

Quarz ist in dieser Lava keiner.

Die Analyse des vorstehend beschriebenen Hypersthen-Andesites ergab folgende Resultate:

SiO_2	65·8481
TiO_2	0·6358
Al_2O_3	15·8513
Fe_2O_3	4·2363
FeO	0·3468
Mn_2O_4	Spuren
CaO	3·5707
MgO	1·2127
Na_2O	4·9590
K_2O	2·2434
H_2O	0·0228
C	0·3908
Zusammen	99·3177

(No. 137 e.) *Hypersthen-(Biotit-Amphibol-) Andesit.* Vom Rücken des Asau-Gletschers. Dunkelgraue, dichte Lava mit mässig (1—3 mm) grossen, weissen Plagioklas-Einsprenglingen.

Unter dem Mikroskop erkennt man eine äusserst feinfilzige, fluidal struierte, hyalopilitische Grundmasse, die aus Plagioklasleisten (Labr.-Olig.), Hypersthen-Mikrolithen und Magnetitkörnern zusammengesetzt ist. Zwischen denselben eine farblose Glasbasis. Plagioklas, sowie auch Hypersthen-Mikrokristalle besitzen häufig eine an den Enden noch nicht wohlbegrenzte Form. Erstere sind häufig stiefelknechtförmig, letztere spiessig. Als Phanerokristalle erscheinen noch als klein zu bezeichnende Hypersthene in mässiger Zahl. Die eigentlichen grossen Ausscheidungen liefert der Plagioklas in polysynthetischen Zwillingen nach dem Albitgesetz. Dieselben entsprechen ihren Auslöschungen nach durchschnittlich der Labradoritreihe, obwohl hie und da auch Werte vorkommen, die auf noch basischere Zusammensetzung hinweisen. Ein bis zwei korrodierte Amphibole, ein korrodierter Glimmerkristall, sowie einige grössere Magnetitkristalle ergänzen und erschöpfen zugleich die Reihe der Gemengteile.

(No. 138.) *Hypersthen-(Biotit-Amphibol-) Andesit.* Südost-Seite des Elbruss, im oberen Bakssan-Tale, aus der Nähe des Asau-Gletschers.

Das in einer Höhe von vier- bis fünfhundert Metern und darüber an der linken Talwand des oberen Bakssan-Tales anstehende andesitische Lavengestein besitzt eine ausgezeichnete säulenförmige Absonderung. Die auf verschiedene Abkühlungsflächen orientierten Säulenschäfte sind drei- bis achtseitig, dünn prismatisch, jedoch auch bis zu einem Durchmesser von einem Meter. Was nun das Gestein dieser Prismen anbelangt, so ist es als Andesit zu bezeichnen. In der schwärzlich-grauen, dichten, matt schimmernden, halbglasigen Grundmasse befindet sich so ziemlich als einziger porphyrisch ausgeschiedener Gemengteil ein weisser Plagioklas in 1 bis 10 mm grossen Ausscheidungen. Das Vorkommen von weiteren Gemengteilen ist makroskopisch nicht konstatierbar. Unter dem Mikroskop bietet dieses Gestein in keiner Richtung etwas Neues. Die Grundmasse desselben stellt sich als ein von einem feinen Mikrolithenfilz durchsetztes, ziemlich farbloses Glas dar. Unter den Mikrolithen sind die an ihren beiden Enden noch unvollkommen ausgebildeten Plagioklase zu erwähnen, die zufolge ihrer meist kleinen Auslöschungswerte sich der Oligoklasreihe nahestehend erweisen. Besonders sind es diese Plagioklasleistchen, die durch ihre regelmässige Anordnung die fluidale Struktur der Grundmasse zum Ausdruck bringen. Ausserdem zahlreiche kleinere Hypersthennadeln und schliesslich winzige Magnetitkörnchen.

An Phanerokristallen sind zu verzeichnen mässig grosse, die Mikrolithen etwa bloss zehn bis zwanzigfach übertreffende Plagioklase, die klar und einschlussfrei sind und sich durchschnittlich als Labradorite erweisen. Ferner so ziemlich ebenso grosse oder bloss wenig grössere Hypersthene und einzelne gedrungenere Magneteisenkörner. Schliesslich liegen dann in dieser so beschaffenen Grundmasse die intratellurischen Ausscheidungen, grosse Plagioklase (Labr.), mit Ausnahme schmaler Umrahmungen ganz erfüllt von Glasinterpositionen mit unbeweglichen Libellen. Dieselben sind zumeist nach dem Albit- und bloss ausnahmsweise auch nach dem Periklingesetz verwachsen. Ausser ihnen erblicken wir noch ziemlich viel braunen Amphibol in schwarz umrandeten Resten oder bloss auch bereits nur noch durch schwarze magnetitische Flecken angedeutet; ferner einige ebenfalls resorbierte Biotitindividuen, auf deren Kosten sich ein aus Hypersthennadeln und Magnetitkörnern und dazwischen eingezwängten Plagioklasen bestehendes Haufwerk angesiedelt hat.

(No. 139.) *Hypersthen-Biotit-Amphibol-Andesit* (vitrophyrisch) aus dem glazialen Schutt vom Rücken des Tersskol-Gletschers.

Ein ausgezeichnet vitrophyrisches Gestein mit einer überwiegenden, hellgrauen, glasigen Grundmasse, in welcher zahlreiche gelbliche, 6 bis 8 mm grosse Plagioklas-Kristalle, ferner weniger zahlreich und in kleineren Individuen Biotit und Amphibol liegen.

Unter dem Mikroskop stellt sich diese Lava als ein Vitrophyr von idealer Beschaffenheit dar. Die Grundmasse wird von einem farblosen und absolut mikrolithenfreien Glase gebildet. Dasselbe ist auch so ziemlich frei von Rissen und Brüchen, etwa perlitische, sphaeroidale Risse kamen nicht zur Entwicklung. Hie und da wird die Glasmasse von einzelnen unregelmässig verlaufenden Rissen durchsetzt. Zwischen gekreuzten Nikols erscheint das Gesichtsfeld wie ein mit Kristallen schütter bestreutes Objektglas. Auch bei Anwendung des Gipsblättchens erscheint die Glasmasse ziemlich homogen und bloss von wenig Rissen durchsetzt. In einer geschlossenen Glasröhre erhitzt, gibt dieses Glas bloss wenig Wasser ab.

Als Phanerokristalle spielen in diesem farblosen Glas die polysynthetischen Plagioklase die Hauptrolle. Dieselben zeigen labradoritartige, doch mitunter auch bytownit-anorthitähnliche Auslöschungen. Verwachsungen nach dem Albit- und dem Periklingesetze sind häufig. Dieselben sind von lichtgrauen Glaspartikelchen erfüllt, die oft die negativen Umrisse des Wirtes zur Schau tragen. Glimmer ($\mathfrak{a}$ = bräunlich-gelb, $\mathfrak{b}$ = schwärzlich-braun, $\mathfrak{c}$ = sattbraun), sowie auch der Amphibol ($\mathfrak{a}$ = licht grünlich-gelb, $\mathfrak{b}$ = gelblichbraun, $\mathfrak{c}$ = grünlich-braun) in unversehrten, nicht korrodierten Individuen, die bedeutend kleiner als die grossen Plagioklase sind. Die Amphibole sind mitunter nach (100) verzwillingt; Extinktion $\parallel c$ 12 bis 17°. Die Hypersthene

16*

sind in der Reihe der farbigen Gemengteile die zuletzt gebildeten. Sie sind in bezug auf die Form die kleinsten porphyrischen Ausscheidungen. Mit ihnen zugleich haben sich später auch kleinere Labradorit-Zwillinge gebildet. Zu einer Mikrolithen-Bildung und der magmatischen Korrosion der Amphibole und Biotite ist es in diesem Falle nicht gekommen. Als Erz ist der Magnetit in einzelnen grösseren Körnern zu verzeichnen. Ein ganz ähnliches Gestein fand auch F. Loewinson-Lessing im Bereiche des Kasbek. Es ist dies die hyaloplasmatische Lava von Chrety,*) und ebenso beschreiben A. Hague und J. Iddings**) einen Amphibolandesit mit ähnlicher glasiger Grundmasse.

(No. 139 a.) *Hypersthen-Andesit.* Aus dem glazialen Schutt vom Rücken des Tersskol-Gletschers an der Südostseite des Elbruss.

Eine ausgezeichnet parallel dünnlagenförmig struierte Lava, in deren schwarzer, mattglänzender, glasiger Grundmasse zahlreiche weisse, bis 5 mm messende Plagiosklase und ausserdem winzige Blättchen des braunen Glimmers liegen. Die fluidale Schichtung dieses Gesteines gewinnt ferner noch dadurch an Deutlichkeit, dass die Grenzflächen der parallelen schwarzen, vitrophyrischen Lagen durch auffallend ziegelrote, glanzlose Streifen und Linien voneinander getrennt sind.

Unter dem Mikroskop beobachtet man eine prächtig fluidale hyalopilitische Grundmasse, deren überwiegend graue Masse von dünnen Streifen der roten parallel unterbrochen wird. An der Zusammensetzung derselben beteiligen sich ziemlich grosse Plagioklas-(Labr.) Mikrolithe, ferner winzige Hypersthene und opake Magnetitmikrolithe. Das Bild der grauen und roten Gesteinslagen ist dasselbe, nur dass letztere reich an rotbraunem und rötlichem, von Eisenverbindungen herrührendem Pigment erfüllt sind. Die fluidale Struktur des Gesteines ist eine einheitliche, ohne von den farbigen Streifen abgeschnitten zu werden. Gasschlieren mögen die Oxydation in den rötlichen Streifen verursacht haben. Die grauen und roten Streifen dürften in diesem Falle gleichalterig und nur in verschiedenem Masse mit Gasen durchtränkt gewesen sein.

Phanerokristallinisch entwickelt erblicken wir die grossen Plagioklase mit Extinktionswerten zwischen der Labradorit- und Anorthitreihe; dieselben erscheinen oft im Innern von Schwärmen brauner Glasinterpositionen erfüllt

*) F. Loewinson-Lessing, Geologisch-petrographische Untersuchungen im Bereiche des Massivs und der Ausläufer des Kasbek im Jahre 1899. St. Petersburg 1901; p. 110.

**) A. Hague und J. Iddings, Notes on the volcanoes of northern California, Oregon and Washoe Territory. Am. Jour. 1883. XXVI, p. 222.

und von einer schmalen klaren Zone umrahmt, wobei zu bemerken ist, dass diese letztangewachsene Zone optisch gleich dem Innern orientiert ist. Die jüngere Feldspatgeneration, die aus Mikrokristallen besteht, weist meist scharfe Formen und labradoritartige Auslöschungswerte auf. Ebenfalls dieser mittleren Generation gehören die porphyrisch ausgeschiedenen Hypersthene an, die in den schwarzen Lagen vollkommen frisch, in den roten dagegen braun umrandet sind. Das Magneteisenerz bildet schliesslich ebenfalls einzelne grössere Körner. Von den makroskopisch beobachteten Glimmern gelangte keiner in das Präparat.

(No. 144.) *Hypersthen-Amphibol-Andesit.* Von den linksseitigen Anhöhen unterhalb Urussbieh.

Beim talabwärts erfolgten Ausmarsche aus Urussbieh beobachtete ich am linken Bachufer Gneisgranit, der in der Höhe von Hypersthen-Andesit überdeckt wird. Das von oben herabgekollerte dichte, schwarze Gestein erweist sich unter dem Mikroskope als ein hyalopilitischer Andesit, in welchem sich noch die Reste von resorbierten Amphibolkristallen befinden.

Olivin-Andesit.

Unter den mir vorliegenden Aufsammlungen befinden sich einige Handstücke von Kasbeklaven aus der Umgebung von Gudaur und Mlety. Es sind dichte oder feinkörnige, olivinhaltige, basische Gesteine, die man auf die erste Betrachtung hin als Basalte bezeichnen möchte. Die Verhältnisse dieser Laven sind mir an Ort und Stelle nicht bekannt, da unsere im Jahre 1886 unternommene Reise uns nicht über die Grusinische Heerstrasse führte. Auch aus den Mitteilungen der beiden Herren Professoren, Dr. L. v. Lóczy und Dr. J. v. Szádeczky, denen wir die vorliegenden Handstücke verdanken, konnten über die Art und Weise des Auftretens dieser Laven, namentlich ihres Verhältnisses zu den übrigen Laven des Kasbek, keine bestimmten Anhaltspunkte gewonnen werden. Da mir die neuere Literatur über dieses Gebiet nicht zur Verfügung stand, wandte ich mich an Herrn Prof. Loewinson-Lessing, der die besondere Güte hatte, mir die Ergebnisse seiner diesbezüglichen Untersuchungen mitzuteilen, wofür ich ihm auch an dieser Stelle meinen besten Dank ausspreche. Nach dem genannten Forscher sind die Laven der Mletisch-Gudaurischen Vulkane nicht selbständige Basalte, sondern als Andesite aufzufassen, die dem basaltischen Zweig der Andesit-Familie angehören, in denen der Olivin öfter als akzessorischer Gemengteil auftritt.*)

*) F. Loewinson-Lessing: Geologisch-petrographische Untersuchungen im Bereiche des Massivs und der Ausläufer des Kasbek im Jahre 1899. St. Petersburg 1901; p. 113.

Der Kieselsäuregehalt dieser Gesteine, die von Loewinson-Lessing als Olivin-Andesite bezeichnet werden, beläuft sich auf 55—57%.

Es erinnern mich diese Gesteine an manche ungarische olivinführende Andesite, wie z. B. an die von mir beschriebenen, olivinführenden (basaltischen) Pyroxen-Andesitlaven des Cserhát.*)

(No. 42.) *Olivin-Andesit.* Vom Plateau zwischen Mlety und Gudaur an der Südseite des östlichen Zentral-Kaukasus. (Lgt. 1897 J. v. Szádeczky und 1902 L. v. Lóczy.)

Ein dichtes, dunkelgraues Gestein, in dem einige gelblich-grüne Olivinkörner liegen.

Unter dem Mikroskop erblicken wir eine ziemlich grob-mikrolithische Grundmasse, deren kurze, leistenförmige, scharf rektangulär ausgebildete Plagioklasmikrolithe zumeist labradorit- bis andesinartige Auslöschungswerte aufweisen. Sie bestehen gewöhnlich aus 2—3 Zwillingslamellen. Dieselben sind ausgezeichnet fluidal angeordnet und drängen sich hierbei madenförmig in dichtere Gruppen und Züge zusammen, zwischen denen lagunenartig lichte, glasige, mikrolithenarme Partien erscheinen. Zwischen den Plagioklasmikrolithen steckt ferner eine ziemliche Anzahl gerade auslöschender, rhombischer Pyroxene, die von Prof. Dr. J. v. Szádeczky, der die vorliegenden Dünnschliffe ebenfalls besichtigte, als Enstatit erkannt wurden.

Zahlreiche kleinere, sowie einzelne kräftigere Magnetitkörner ergänzen die Reihe der Grundmassengemengteile. Zwischen den Mikrolithen eingeklemmt sieht man eine bräunliche, bestäubte, isotrope Glasbasis.

Dieser Grundmasse gegenüber spielen die Augite, die zwar nicht viel, durchschnittlich bloss um das vier- bis zehnfache die Grundmassenmikrolithe übertreffen, die Rolle der älteren Generation. Die bräunlichen, säulenförmigen, mitunter nach (100) verzwillingten Kristalle weisen bedeutende Auslöschungsschiefen und starke Doppelbrechung auf.

Ein weiterer Gemengteil ist nun noch der Olivin. Derselbe nimmt an der Zusammensetzung der Grundmasse keinen Anteil, sondern ist bloss auf einzelne grosse, porphyrisch ausgeschiedene Individuen beschränkt, die nur selten in das Präparat hineingelangen. Makroskopisch jedoch überzeugen wir uns von seiner relativen Häufigkeit, indem wir von den licht bouteillengrünen, 1—2 mm grossen Körnern so ziemlich auf jedem Quadratzentimeter der Gesteinsfläche etliche antreffen.

---

*) Fr. Schafarzik, Die Pyroxen-Andesite des Cserhát. Mitt. a. d. Jahrb. d. königl. ung. geol. Anstalt. Bd. IX, p. 230, 231, 239—240, 246—247.

Akzessorisch erblicken wir im Handstücke noch ein etwa erbsengrosses gefrittetes Quarzkorn.

(No. 40.) *Olivin-Andesit.* Südlich vom Kreuze auf der Passhöhe der Grusinischen Heerstrasse, oberhalb der Station Mlety, östl. Ende des Zentral-Kaukasus. (Lgt. J. v. Szádeczky.)

Eine grobporöse, dunkeltaubengraue Lava, in der wir makroskopisch gar keinen der Gemengteile zu erkennen vermögen.

Unter dem Mikroskop ist dieses Gestein ebenfalls als ein Olivin-Andesit zu erkennen; jedoch zeigt derselbe gegen den sub No. 42 beschriebenen einige Abweichungen. Vor allem sei erwähnt, dass die Mikrokristalle der Grundmasse, die Plagioklase, bedeutend grösser sind, als im vorigen Falle. Neben dem Albitgesetze kommt an denselben hie und da auch das Periklingesetz zur Geltung. Labradoritische oder gar an Andesin-Oligoklas gemahnende Auslöschungen lassen sich bloss an den kleinsten Individuen beobachten, während die grösseren alle Auslöschungswerte von 18—38° aufweisen, so dass wir geneigt sind, in ihnen basischere Plagioklasreihen zu vermuten. Zwischen den Feldspaten kommen an Zahl bei weitem weniger gerade auslöschende rhombische Pyroxene vor, mit ihrem gewöhnlichen Habitus und ihren wohl selten fehlenden Magneteiseneinschlüssen. Prof. J. v. Szádeczky sprach dieselben als Bronzite an. Magnetit ist hierauf das dritte Mineral der Grundmassen-Generation, zwischen welchem man eine bräunliche, bestäubte, isotrope Glasbasis konstatieren kann.

Sonderbarerweise fehlt diesem Gesteine der Augit gänzlich und ist in dieser Hinsicht mit dem augitreichen basaltischen Andesite (No. 42) nicht zu vergleichen.

Porphyrisch in Form meist grösserer Kristallindividuen ausgeschieden, finden wir schliesslich den Olivin, und zwar in ziemlicher Anzahl. Seine beinahe wasserhellen, mitunter aber rostbraun umrandeten und einzelne Picotite einschliessenden Formen sind geradezu als typisch zu bezeichnen.

(No. 41.) *Olivin-Andesit.* Südlich vom Kreuze auf der Passhöhe der Grusinischen Heerstrasse, von einem Punkte unterhalb der Station Mlety. (Lgt. J. v. Szádeczky.)

Makroskopisch ein ähnliches poröses Lavengestein, das sich unter dem Mikroskop ebenfalls als basaltischer Andesit erweist. Die Plagioklasmikrolithe sind ungefähr von derselben Grösse wie in No. 40, doch befindet sich zwischen denselben mehr bräunliche, bestäubte Glasbasis. Die Beschaffenheit der Plagioklase ist die gleiche, wie im vorhergehenden Falle; während nämlich die grösseren Individuen der Bytownitreihe zuneigen, bieten die Auslöschungswerte der kleineren Individuen Anhaltspunkte für Labradorit und sogar für Andesin — grössere Individuen sind mitunter saurer umrandet, was aus der ungleichen Auslöschung hervorgeht; z. B. beobachtete ich die Auslöschung zur Albitzwillingsebene für das Innere eines polysynthetischen Zwillings 24—25°, für die schmale Umrandung desselben Kristalls jedoch 7°. Neben dem Plagioklas finden wir viel weniger Hypersthen und gar keinen Augit.

Olivin bemerken wir in diesem Handstücke weniger wie in No. 40, aber mehr wie in No. 42.

Olivin-Andesit. Gudaur, an der Grusinischen Heerstrasse. Oestlicher Zentral-Kaukasus. (Lgt. L. v. Lóczy.)

Eine dunkelgraue, poröse Lava mit einzelnen, 2—5 mm grossen Blasenhohlräumen.

Unter dem Mikroskop erhalten wir abermals das Bild eines basalischen Andesites. Die leistenförmigen, frischen, einschlussfreien Plagioklasmikrokriställchen neigen in ihren grösseren Individuen den basischsten Plagioklasreihen zu, während labradorit-andesinartige bloss unter den zuletzt gebildeten, kleinen anzutreffen sind. Die Glasbasis ist ebenfalls schwach bräunlich, bestäubt und ziemlich reichlich vorhanden. An Zahl bei weitem geringer wie der Plagioklas tritt Hypersthen auf; ausserdem ziemlich viel Magnetit und hin und wieder leistenförmiges Titaneisen.

Augit ist so gut wie gar keiner vorhanden, da ich bloss in einem zusammengeballten Haufwerke von Hypersthen auch ein Augitkorn erblickte.

Olivin in hinreichend genügender Menge, häufig in typischen Schnitten

Augit-Andesit. Bakurian, vom Sskra-Nsskaro Uebergange, zwischen dem Badeorte Borschom und dem See Tabiss-churi in Russisch-Armenien. (Lgt. D. Laczkó.)

Ein dunkelgraues, doleritisch struiertes Gestein. In der makroskopisch dicht feinkörnig zu bezeichnenden Grundmasse erblicken wir ziemlich zahlreich einen nach M (010) tafelförmigen, auf dieser Fläche fett-, auf der P (001) -Fläche dagegen glasglänzenden Plagioklas, dessen Individuen 5—7 mm lang und breit und an 2—3 mm dick sind. Dieselben lassen klar eine dichte Zwillingsstreifung nach dem Albitgesetz und ausserdem die Verwachsung nach dem Karlsbader Gesetze erkennen. Ausser diesen Plagioklasen kommen 2—4 mm grosse, an Zahl jedoch bedeutend den Feldspaten nachstehende, mattschwarze Augite eingestreut vor, und schliesslich sei noch als akzessorischer Gemengteil sehr spärlich hie und da in einzelnen kleinen, braunschwarzen Blättchen der Biotit erwähnt.

Unter dem Mikroskop fällt vor allem die ziemlich panidiomorphe grobkörnige Grundmasse auf, zwischen deren Komponenten nur selten noch ein intersertal zwischengeklemmter Rest eines farblosen Glases zu bemerken ist. Dieselben sind isotrop und zumeist ganz, mitunter bloss von den Rändern an zu einem vermiculitartigen Chlorit umgewandelt. Derselbe weist gewundene und sphärolithische Aggregate auf. Die eigentlichen Gemengteile der Grundmasse sind nun folgende: Plagioklas in leistenförmigen, einfachen und polysynthetischen Zwillingen mit zumeist labradoritartigen Auslöschungswerten; dazwischen kommen jedoch auch noch anscheinend ungestreifte Feldspate mit sehr geringer, sogar gerade zu nennender Auslöschung vor. Ferner graugrüner Augit in im allgemeinen wohlentwickelten kleinen Individuen, mit stark schiefer Auslöschung parallel der Hauptachse. Der dritte wichtige Hauptgemengteil der Grundmasse ist der Magnetit in schwarzen, opaken, putzigen, isometrischen Körnern. Und schliesslich nimmt an der Zusammensetzung derselben in ziemlicher Anzahl in Form dünner, meist quer gegliederter Nadeln auch noch Apatit teil.

Dieser Grundmasse gegenüber zeichnen sich die Einsprenglinge durch ihre bereits erwähnten bedeutenden Dimensionen aus. Die Feldspate, vielfache polysynthetische Zwillinge nach dem Albit-, Periklin- und Karlsbader Gesetze, weisen mitunter sehr breite Zwillingslamellen auf, wie es im allgemeinen bei sehr basischen Plagioklasen der Fall zu sein pflegt. Die Auslöschungswerte ⊥ zu (010) belaufen sich von 32^{0} bis über 40^{0}, deuten also entschieden auf Bytownit-Anorthit hin. Der Bau dieser Plagioklase ist ausser der Verzwillingung ausgezeichnet zonal; kleinere Glaseinschlüsse sind in demselben ziemlich häufig. Vom Augit ist nicht viel zu sagen; seine graugrünen, nicht pleochroitischen, einfachen Individuen zeigen parallel zur Hauptachse Auslöschungswerte von 37—39^{0} und sogar darüber. Ein bis zwei dunkelbraune Glimmer müssen für akzessorisch gehalten werden.

Im ganzen erinnert das vorliegende Gestein ausserordentlich an den doleritischen Augitandesit, welcher die tieferen gangartigen Partien der einstigen Vulkanschlote bildet, wie sie typisch im Cserhátgebirge nördlich von Budapest vorkommen.

Liparit.

Ausser den bekannten, in letzter Zeit von Vera de Derwies eingehend beschriebenen Gesteinen der lakkolithischen Massen bei Pjätigorsk ist es mir gelungen, noch an zwei Punkten lichtfarbige, poröse, effusive Liparite von entschieden rhyolitischem Habitus zu entdecken, und zwar westlich von Urussbieh, im oberen Kyrtyk-Tale und dann in der Nähe von Ataschukin (unteres Bakssan-Tal), an welch letzterer Stelle ich auch Perlitbrocken gefunden habe.

(No. 56.) *Liparit.* Vom südlichen Fusse des Beschtau.

Die lichtgraue, poröse Grundmasse dieses in der Literatur genügend bekannten Vorkommens enthält als porphyrisch ausgeschiedene Gemengteile glasigen Orthoklas, rauchgrauen Quarz, ferner an verschiedenen Stellen abwechselnd Biotit, Amphibol, sowie auch Pyroxen. Hin und wieder findet sich als akzessorischer Gemengteil auch Titanit in kleinen Kriställchen.

Unter dem Mikroskop dominiert in unsern Schliffen unter den porphyrisch ausgeschiedenen Gemengteilen Orthoklas, daneben treffen wir aber auch kleinere Plagioklase, nach dem Albitgesetze verzwillingt, mit geringerer andesin- bis oligoklasartiger Auslöschung an. Quarz gelangte bloss in einzelnen, teilweise resorbierten Individuen zur Ausbildung. An farbigen Gemengteilen sind in den Dünnschliffen dieses Liparites sehr spärlich Biotit und Amphibol zu erkennen. Die Grundmasse ist total körnig und besteht aus Orthoklas, teilweise Plagioklas und Quarzkörnchen. Akzessorisch kommen einige Zirkonkriställchen vor.

Die Analyse dieses Gesteines ergab folgende Resultate:

$Si O_2$	71·9622
$Ti O_2$	0·5013
$Al_2 O_3$	14·8313
$Fe_2 O_3$	1·6046
$Fe O$	0·1694
$Mn O$	—
$Ca O$	1·7180
$Mg O$	0·2228
$Na_2 O$	4·9566
$K_2 O$	3·9906
$H_2 O$	0·1414
Zusammen	100·1082

Die vorstehende Analyse kommt zweien der von Frl. **Vera de Derwies***) ausgeführten sehr nahe. Die Gesteine der Lakkolithe der Umgebung von Pjätigorsk wurden auf Grund einer eingehenden Untersuchung als Trachy-Liparite bezeichnet.

*) Vera de Derwies, Recherches géol. et petr. sur les laccolithes des environs de Pjätigorsk. Genève 1905; pag. 36—37.

(No. 127.) *Liparit (Rhyolith).* Beim Abstiege vom Kyrtyk-Pass bei Urussbieh in das Kyrtyk-Tal.

In der hell rötlich-grauen, porösen Grundmasse liegen zahlreiche grosse Körner von lichtgrauem bis lichtviolettblauem Quarz, ferner ebenso zahlreich sanidinartige Feldspate, von denen der eine Teil zwillingsgestreift ist, während andere Individuen einfache Karlsbader Zwillinge darstellen, ohne jede Spur einer weiteren Zwillingsverwachsung. Es erscheint daher schon makroskopisch die Annahme berechtigt, dass wir es in diesem Falle mit zweierlei Feldspaten zu tun haben. Als farbiger Gemengteil tritt pechschwarzer, stark glänzender Biotit in kleinen, hexagonalen Täfelchen, teils in der Grundmasse ausgeschieden, teils aber in den grösseren Feldspaten eingeschlossen, auf.

Die lichte Grundmasse besteht unter dem Mikroskop aus überwiegend ungestreiften, so ziemlich isometrischen Feldspaten, spärlichen Biotitlamellen und wenig eingestreutem Opacit. Dieselbe dürfte nicht ganz glasfrei sein. An Phanerokristallen sind in erster Reihe Kalknatronfeldspate zu erwähnen, die in zahlreichen Fällen nach dem Albit- und Periklingesetze Zwillinge bilden und die ihren vorherrschenden Auslöschungswerten nach ungefähr der Labradoritreihe (bis Labradorit-Bytownit) angehören. Daneben kommen in geringerer Zahl ebenfalls grössere Orthoklase, zumeist Karlsbader Zwillinge, vor. Beide Feldspatarten sind glasig, von sanidin- resp. mikrotinartigem Charakter. Quarz in zahlreichen korrodierten Körnern. Biotit sowohl in Gestalt von porphyrischen Ausscheidungen, als auch spärlich in der Grundmasse. Ausgesprochene Erze keine.

Die Analyse bestätigt den im Vorstehenden mitgeteilten mikroskopischen Befund. Ausserdem ist die nahe stoffliche Verwandtschaft dieses Vorkommens mit dem Liparit von Beschtau (No. 56) auffallend.

$Si O_2$	71·4629
$Ti O_2$	Spuren
$Al_2 O_3$	16·5816
$Fe_2 O_3$	1·1273
$Fe O$	0·9126
$Mn O$	—
$Ca O$	1·9100
$Mg O$	0·2224
$Na_2 O$	3·6040
$K_2 O$	4·3842
$H_2 O$	0·318
Zusammen	100·5230

(No. 149.) *Liparit (Rhyolith).* Vom rechten Steilufer des Bakssan-Baches, in der Nähe von Ataschukin. (Unteres Bakssan-Tal.)

Dieses wahrscheinlich die dortige Kreideformation durchbrechende Gestein lieferte an dieser Stelle eine rhyolithische Bimsstein-Breccie. Ausser dunkeln, glasigen Schlieren und bimssteinartig aufgeblähter, weisser Grundmasse bemerkt man im Gesteine eine Menge der herrlichsten Quarz-Dihexaeder, ausserdem untergeordnet kleine Sanidin-Körner, ferner kleine schwarze Biotit-Hexagone. Stellenweise nimmt dieses Gestein einen breccienartigen Habitus an. Was speziell die Quarzeinsprenglinge dieses Gesteins betrifft, kann bemerkt werden, dass diese teilweise von rauchgrauer, teilweise von hellvioletter Farbe sind und dass an ihren Kristallen die Prismen-Flächen gar nicht so untergeordnet ausgebildet erscheinen.

Unter dem Mikroskop erkennen wir eine bimssteinartige, breccienförmige, brockenweise von schmal ausgezogenen Blasen erfüllte, gekräuselt fluidale, glasige Grundmasse, in welcher am zahlreichsten grosse, rissige Quarzkörner, hie und da mit den bekannten Resorptionserscheinungen und mehr oder weniger tief gehenden Einsackungen liegen. Daneben kommt wasserheller, sanidinartiger, ungestreifter, sowie ebenso klar beschaffener Plagioklas vor; letzterer von einem labradoritartigen Verhalten. Die Feldspate stehen der Menge des Quarzes entschieden nach. Ausserdem erblicken wir noch einige kleinere Schuppen braunen Glimmers. Schliesslich seien noch erwähnt einige grössere Magneteisenkörner, sowie einige deformierte, eingeschmolzene, opazitische Reste eines nicht mehr zu erkennenden Gemengteiles. Als fremde Einschlüsse müssen noch einige dichte psammitische, sowie auch einige kristallinische Gesteinsbruchstücke angeführt werden, die jedenfalls dem von diesem Liparit durchbrochenen Grundgebirge angehören.

(No. 150.) Zurückgekehrt auf das anstossende Plateau, fand ich unter den umherliegenden Gesteinstücken auch solche, in welchen die glasige Grundmasse die Ueberhand gewinnt, so dass dieselben mitunter als lichtgraue *Perlite* zu bezeichnen wären. In diesem Gesteine liegen in der taubengrauen perlitischen Glasmasse wasserheller Quarz, Feldspate und ziemlich zahlreich schwarze, glänzende Biotit-Hexagone.

Basalt.

Echten Basalt habe ich auf unsern Kreuz- und Querzügen an der Nordseite des Zentralen Kaukasus bloss einmal bei Ataschukin angetroffen, und auch hier in der unmittelbaren Nähe unserer Weglinie nur in losen

Stücken, so dass ich über dessen geologisches Vorkommen nichts näheres in Erfahrung bringen konnte.

(No. 150.) *Olivin-Basalt.* Lose Trümmer am Plateau gegen Ataschukin (unteres Bakssan-Tal). Ein poröses, löcheriges Gestein mit lang ausgezogenen Blasenräumen. In der dichten, lichttaubengrauen Masse sind bis mohngrosse Olivine ziemlich häufig eingestreut. Die übrigen Gemengteile sind makroskopisch nicht wahrzunehmen.

Unter dem Mikroskop bietet dieses Gestein das Bild eines typischen Olivinbasaltes. Die porphyrisch ausgeschiedenen grösseren, nicht sehr zahlreich vorkommenden Olivine sind beinahe farblos, von rauher Oberfläche, an den Rändern und Sprüngen aber gelblich-braun umrandet. In keinem derselben fehlen die für diesen Gemengteil so typischen Picotiteinschlüsse. Kleinere Olivine, schon halb der Grundmasse angehörend, sind häufiger und bereits total braungelb umgewandelt, doch lassen sie alle noch ihre lebhaften Polarisationsfarben und gerade Auslöschung erkennen.

Die Grundmasse ist geradezu holokristallinisch. Zwischen den Mikrolithen derselben kommt nur wenig farbloses, bestäubtes Glas vor. Die Gemengteile derselben sind ausser den bereits erwähnten kleineren Olivinen ziemlich viel und fluidal angeordneter Plagioklas, dessen Leisten durchschnittlich oligoklas-andesinartige Auslöschungswerte ergeben, ferner in unvollkommen ausgebildeten Kriställchen ein licht grasgrüner Augit mit bedeutender Auslöschungsschiefe. Ziemlich viel Magnetit und ausserdem noch Titaneisen in opaken, schwarzen Blättchen und Fäden ergänzen schliesslich die an der Grundmasse beteiligten Konstituenten.

C. Kristallinische Schiefergesteine.

In dieser Gruppe werden mehrere Orthogneise, Glimmerschiefer, ferner je ein Dioritschiefer und Serpentin beschrieben.

Eine Reihe der hier angeführten Schiefer konnte als Kontaktschiefer ausgeschieden werden; in einigen Fällen sind es epidot-zoizitführende Amphibolite, während in andern Albitphyllite vorliegen.

Wenn die kristallinischen Schiefer in manchen Gegenden des Kaukasus, wie z. B. entlang der Grusinischen Heerstrasse, gänzlich zu fehlen scheinen und dies herrliche Gebirge im Vergleiche zu den Alpen sehr arm an solchen ist, wie dies insbesondere A. Heim hervorgehoben hat,*) so können wir ihm dieselben denn doch nicht gänzlich absprechen. Besonders von der Nordseite des Elbruss sowie aus dem westlichen Kaukasus liegen mir teils selbst, teils von Herrn v. Déchy und seinen Begleitern gesammelte Schiefergesteine vor, unter denen sowohl die Gruppe der Ortho- als auch der Paragneise und Schiefer durch verschiedene Typen vertreten ist. Deren Verbreitung wird wohl erst die einstens durchzuführende geologische Detail-Aufnahme ergeben.

(No. 87.) *Orthogneis.* Oberes Teberda-Tal. Im südwestlichen Abschnitte des Flusslaufes treten neben den Granititen (No. 86) auch feinkörnige Gneise auf. Das vorliegende Gestein besteht aus einer bandartig angeordneten, feinkörnigen, granitischen Masse, zwischen welcher starke Glimmerlagen ausgeschieden sind. In denselben erblicken wir bloss kleinschuppigen Biotit, während der Muskovit auch grössere Flatschen bildet. Die granitische, aus Feldspat und Quarz bestehende Hauptmasse des Gesteines enthält bloss kleine Biotitschüppchen.

(No. 130.) *Orthogneis.* Unteres Ende der Kyrtyk-Schlucht bei Urussbieh. — Ausser granitischen und pegmatitischen Gesteinen befinden sich in diesem Teil der Kyrtyk-Schlucht auch echte kristallinische Schiefer. Das uns vorliegende Handstück stellt nämlich einen mittelkörnigen, biotitreichen Gneis dar, welcher offenbar als Orthogneis anzusprechen ist.

(No. 138.) *Biotit-Gneis.* Urussbieh (Bakssan-Tal), als Unterlage des säulenförmigen Andesites, in der Nähe des Asau-Gletschers.

Ein sehr biotitreiches, dunkles, äusserst feinkörniges Gestein, mit ausgezeichneter Schieferstruktur.

Ein piëzokristallines Gestein, das vornehmlich aus lagenförmig angeordneten, isometrischen, allotriomorphen Quarzkörnern besteht, die voneinander durch gestreckte Züge braunen Glimmers getrennt werden. Dynamische Veränderungen (Kataklase) bemerkt man weder am Quarz noch am Biotit. In den Quarzlagen kommen dann noch allotriomorphe Körner von ungestreiftem Feldspat und auch Plagioklase vor. Erstere enthalten oft Quarz in myrmekitischen Einwachsungen. Akzessorisch Apatit in Längs- und Querschnitten, ferner beobachtete ich in einer Glimmerlage einen mässig grossen Granat, und schliesslich auch noch ein Pyritkorn.

---

*) A. Heim, Querprofil durch den Zentral-Kaukasus, längs der Grusinischen Heerstrasse, verglichen mit den Alpen. Vierteljahrsheft der naturforsch. Ges. in Zürich, 43. Jahrg. 1898, I. Heft, pag. 30.

(No. 21.) *Orthogneis.* Aus dem Klytsch-Tale, von der Wegserpentine der Strasse über den Kluchor-Pass an der Oeffnung des Nachar-Tales. Westlicher Teil des Zentral-Kaukasus. (Lgt. K. Papp.)

Ein dunkler, gebänderter bis feingestreifter Schiefer, dessen dunkle Linien durch einen sehr feinblätterigen Biotit hervorgerufen werden.

Unter dem Mikroskop erkennen wir sämtliche Gemengteile, wie sie einem Orthogneise zukommen. Orthoklase, Plagioklase, Quarz und zwischen diese Gemengteile hineingezwängt Aggregate von braunem Glimmer. Auffallend ist, dass die drei ersteren Gemengteile in bezug auf ihre Masse nicht bedeutend voneinander abweichen, doch sind sie, besonders der Quarz, gegeneinander verzahnt. Eigentliche grössere Glimmerindividuen gibt es keine, selbst die Glimmerlagen bestehen aus zahlreichen kleinen Schüppchen, zwischen denen Granatkörner und schwarze, opake, nicht immer isometrische Erzpartikel sichtbar sind.

Die Glimmer scheinen durch Druck gar nicht alteriert worden zu sein; hingegen sind an den übrigen Gemengteilen, namentlich am Quarz, undulöse Auslöschung und Kataklase ziemlich häufig.

(No. 26.) *Orthogneis.* Gondarai-Pass. (Westgrenze des Zentralen Kaukasus.) (Lgt. M. v. Déchy.)

Das vorliegende Gestein ist ein stark chloritisch und serizitisch umgewandelter Orthogneis, den man auch als Protogyngneis bezeichnen kann. Unter dem Mikroskop bildet die Hauptmasse desselben bis zur Unkenntlichkeit serizitisierter Orthoklas, weniger gestreifter, ebenfalls, jedoch nicht so bedeutend serizitisierter Plagioklas, von teils oligoklas-andesin-, teils labradoritartiger Natur. Quarz befindet sich auffallend wenig im Gemenge. Derselbe kommt teils vereinzelt hin und wieder zwischengestreut, teils mit mehr Vorliebe in linsenförmigen Anhäufungen vor. Als dritter Gemengteil tritt der teils gebleichte, grösstenteils jedoch chloritisierte Biotit auf, dessen schmale, unauffällige Lamellen sich zwischen den übrigen Gemengteilen hindurchwinden. Weitere Gemengteile sind, abgesehen von einigen akzessorischen Apatitindividuen und Zirkon, nicht vorhanden. Letzterer kommt zumeist in abgerundeten Körnchen nesterweise angehäuft vor.

(No. 27.) *Orthogneis.* Vom Eissee am Kluchor-Passe. (Lgt. K. Papp.)

Ein äusserst frischer Biotitgneis. Unter dem Mikroskop erkennen wir neben Orthoklas ziemlich viel gestreiften Plagioklas von zumeist oligoklas andesinartigem Verhalten. Mitunter kommen jedoch auch labradoritartige Auslöschungen vor. Quarz ziemlich viel in ziemlich grossen Körnern mit ungestörter, gleichmässiger Auslöschung. Hie und da erblicken wir den

Quarz auch in Form von Augen in Feldspat. Glimmer bloss einerlei, und zwar der kräftig pleochroitische, tief rötlich-braune Biotit. Die Blättchen desselben sind intakt und mechanisch nicht deformiert. Zwischen seinen, mitunter zu förmlichen Zügen angeordneten Individuen sehen wir auch einige Strähne von Sillimanitnadeln sich durch das Gestein hindurchwinden. In der Nachbarschaft dieses Sillimanitzuges liegen einige rötliche Granatkörner. Sonst kann akzessorisch nur noch Zirkon konstatiert werden.

(No. 20.) *Chloritischer Glimmerschiefer.* Wassergebiet des Ardon, Aul-Zei, von den zwischen den Häusern anstehenden Felsen.

Ein schmutziggrünes, leicht zerklüftendes Schiefergestein, mit vorwaltendem grünlich-weissen, beinahe serizitischem Glimmer. Einzelne weisse Quarzadern durchziehen parallell die Schiefermasse.

Unter dem Mikroskop erweist sich dieser Schiefer als ein lagenweise gröber oder feiner struierter serizitischer Quarzit, welcher von zahlreichen Schnüren eines grobblätterigen Chlorites durchwoben ist. Die Quarzkörner sind zumeist gestreckt und verzahnt, zeigen aber kaum eine geringe Spur von einer undulösen Auslöschung.

(No. 33.) *Glimmerschiefer.* Vom Zusammenflusse des Ssonguta-Don und des Uruch.

Ein feinkörniges, uneben spaltendes, dünnschieferiges Gestein, mit kleinschuppigem, beinahe serizitischem Glimmer.

Unter dem Mikroskop erkennt man ausser Glimmer und Quarz keinen weiteren wesentlichen Gemengteil. Die oft Kataklaserscheinungen aufweisenden grösseren oder kleineren Quarzkörner liegen in einem dichten Glimmerfilz, an welchem vorherrschend Muskovit, ferner Biotit und aus diesem hervorgegangener grüner Chlorit sich beteiligt. Der Quarz bildet linsenförmige Lagen im Gesteine.

(No. 35.) *Glimmerschiefer.* Aus dem Quellgebiet des Uruch, oberhalb Styr-Digor, linkes Ufer des Tana-Gletscherbaches. (Abbildung 2.)

Ein aus kleinschuppigem Glimmer und Quarzzwischenlagen bestehendes, gefälteltes, grünlich-graues, schimmerndes Schiefergestein.

Unter dem Mikroskop erkennen wir als das Hauptgerüst des Schiefers einen gröber struierten, gestreckt und verzahnt körnigen Quarzit, dessen einzelne Körner schon eine bedeutend besser wahrnehmbare undulöse Auslöschung zeigen. Doch kommen mitunter im Kerne der ausgezogenen Quarzlinsen klare, selten auch Spaltrichtungen oder Zwillingsstreifen zur Schau tragende Albite vor, die keine Spur von einer undulösen Auslöschung verraten. Dicht und in der Richtung der Schieferung wird das Gestein von viel weissem Glimmer durchsetzt, von teils serizitischer, teils aber blätteriger Struktur. Daneben kommen auch grüne Chloritschuppen vor, oft parallel mit Muskovit verwachsen. Hie und da nimmt der Chlorit die vermikulitartige Penninform an, deren zierliche, radialfaserige Kugeln und wurmartig gekrümmte Bänder besonders in die Albite hineinragen, daher mit diesen als jüngst entstanden betrachtet werden können.

(No. 36.) *Glimmerschiefer*. Wassergebiet des Uruch, westlich von Styr-Digor, linkes Bachufer unterhalb des Tana-Gletschers.

Ein unebenschichtiges, glimmerschieferartiges Gestein mit zahlreichen körnigen Quarzzwischenlagen. Eventuell wäre dieses Gestein als injizierter Schiefer anzusprechen.

(No. 128.) *Glimmerschiefer*. Kyrtyk-Tal, bei Urussbieh.

Ein aus Muskovitblättchen und vorwiegend Quarzlagen bestehender Glimmerschiefer.

Unter dem Mikroskop heben sich die Quarzlagen ziemlich scharf von den Glimmerstreifen ab. Die Quarzlagen bestehen aus mittelkörnigen, eckig ineinander eingreifenden Quarzkörnern. Die glimmerigen Partien dagegen enthalten Quarz, Biotit und Muskovit. Die beiden Glimmerarten kommen auch in Quarz eingeschlossen vor. Ein grosser Teil des braunen Glimmers ist bereits zu Chlorit umgewandelt.

(No. 18.) *Dioritschiefer* (Amphibolit). Quellgebiet des Ardon, linke Seitenmoräne des Zei-Gletschers, in der Nähe des untersten Séracs.

Ein dichter, dunkler, durch graulich-grüne Epidotlagen ausgezeichneter, überaus stark gefalteter Dioritschiefer. Unter dem Mikroskop erweist sich dieses Gestein als ein dichter Amphibolit, dessen Hauptgemengteil aus grünlicher Hornblende ($\mathfrak{a}$ = gelb, $\mathfrak{b}$ und $\mathfrak{c}$ = grün) besteht. Daneben kommt noch etwas Zoizit und ausserdem viel Epidot vor. Die bloss in untergeordneter Menge auftretenden farblosen Gemengteile sind Quarz und selten Plagioklas. Opake Titaneisenkörner, zumeist umgeben von Titanit, sowie unregelmässige Titanitkörner auch selbständig im Gestein. Schliesslich sei noch erwähnt, dass sich ein breites Band von körnigem Epidot durch den Gesteinsdünnschliff hinzieht. Als Verwitterungsprodukte zeigen sich die Titaneisen- und Titanitkörner begleitend weisse Wolken von Leukoxen.

Ein zweiter Dünnschliff von einer andern Stelle des Gesteins zeigt viel mehr Zoizit als der vorige und fällt in demselben ceteris paribus der vorhin erwähnte Quarz und Plagioklasgehalt ganz aus.

Serpentin. Quellgebiet der Grossen Laba (1750 m), Nordseite des westlichen Kaukasus. (Lgt. D. Laczkó.)

Ein gelblich-braunes, dichtes, mildes Gestein, in dem man makroskopisch bloss einzelne weisse Kalkspatadern das Gestein durchziehen sieht.

Unter dem Mikroskope erscheint die Gesteinsmasse total serpentinisiert. Dichter, feinfaseriger, gelblicher, schwach doppelbrechender Serpentin bildet die Hauptmasse, in welcher dann etwas grössere farblose Fasern und Blättchen liegen, die gerade Auslöschung besitzen und im polarisierten Lichte eine abnorme, tief indigoblaue Interferenzfarbe aufweisen. Dieselben dürften wahrscheinlich einem eisenarmen Chlorit angehören. In der Verteilung dieser Blättchen lässt sich keine bestimmte Anordnung erkennen. Eine Maschenstruktur ist nicht zu entdecken, eher wird man hin und wieder an eine amphibolitische erinnert. Opake Erzausscheidungen kommen vorwiegend auf den Gesteinsrissen vor, doch fehlt dasselbe in Form von einzelnen Körnern auch in der Serpentinmasse selbst nicht. Schliesslich erkennt man im Dünnschliffe noch einige dünnere Kalkkarbonatadern. Es stellt sich daher der vorliegende Serpentin als eine mit eisenarmen Chloritschüppchen angereicherte Masse dar, in bezug deren Abstammung man aber keinerlei sichere Anhaltspunkte, etwa noch vorhandene unzersetzte Mineralreste, aufzufinden imstande ist.

(No. 17.) *Kontaktschiefer.* Quellgebiet des Ardon, linke Talwand des Zei-Gletschers, in der Höhe der untersten Sérac-Bildungen.

Ein mässig serizitischer, dunkler, dichter Kontaktschiefer.

Unter dem Mikroskop sieht man in einem Dünnschliffe quer zur Schieferung, dass dieses Gestein äusserst fein gefältelt ist. Die Hauptmasse der Bänder besteht aus ziemlich groben Quarzkörnern. Die dunkeln Zonen dagegen werden von schwarzen, undurchsichtigen, kohligen Partikelchen und von braunen Biotitblättchen gebildet. Schliesslich seien noch Schnüre und Bündel von wasserhellem Serizit genannt, die sich noch zwischen den einzelnen Zonen befinden.

(No. 84.) *Aplitisch injizierter Schiefer.* Teberda-Tal, Tumanly Gel. Westlicher Kaukasus.

In der Nähe des unter No. 85 erwähnten Granites kommen auch gebänderte, mitunter stark gefaltete Gneise vor. Das vorliegende Handstück ist ein derartig lagenförmig struiertes Gestein, zwischen dessen bis fingerstarken, weissen, aplitischen Bändern dünnere Schnüre von schwarzem Glimmer eingeschaltet sind.

Unter dem Mikroskop erweisen sich die aplitischen Lagen als ein glimmerloses Gemenge von grobem Quarz und spärlichen Mikroklinkörnern. Die Quarzkörner greifen mitunter landkartenartig ineinander; sie sind nicht gequetscht und zeigen im polarisierten Licht eine ziemlich ungestörte Auslöschung. Sie erscheinen im gewöhnlichen Lichte getrübt durch ganze Schwärme von Punkten, die sich bei starker Vergrösserung als bräunliche Interpositionen mit unbeweglichen Libellen erweisen. Akzessorisch Zirkon in Quarz. Was nun die Glimmerlagen des Gesteins anbelangt, so sind dieselben vornehmlich als ein annähernd parallel gelagertes Haufwerk von braunen Biotitblättern zu betrachten. Ihr Pleochroismus (𝔞 = gelb, 𝔟 und 𝔠=tiefbraun) ist ausserordentlich kräftig. Ein guter Teil derselben ist bereits zu Chlorit umgewandelt. Bemerkenswert ist, dass diese Glimmer, selbst in einzelnen quer zur allgemeinen Schichtung gestellten Blättern nicht geknickt oder verbogen sind, ferner dass sich im Innern der Biotit-Chloritlagen beinahe ausschliesslich Oligoklas-Albit vorfindet. Im Ganzen erhalten wir den Eindruck eines durch Aplit injizierten Schiefers.

(No. 91.) *Epidot-Schiefer.* Aus dem oberen Teberda-Tale. Ein dunkles, reichlich von Biotitschüppchen durchwobenes, dinamometamorphes Schiefergestein mit auffallender Kataklas-Struktur.

Unter dem Mikroskop bemerken wir vor allem andern in dem gefältelt schichtigen Gestein braunen Biotit, teilweise bereits zu grünem Chlorit umgewandelt, in feinschuppigen Schlieren zwischen ausgezogenen, aus körnigem Quarz bestehenden Linsen. In dem derart struierten Gestein erblickt man augenförmig Anhäufungen von Epidot. Doch kommt dieses durch lebhafte Polarisationsfarben ausgezeichnete Mineral auch in einzelnen Körnern durch das ganze Gestein versprengt vor. Neben Epidot erblicken wir auch noch ziemlich viel Zoizit mit seinen charakteristisch blauen Interferenzfarben. Als weitere Gemengteile sind zu nennen einige gedrungene Apatitkriställchen, hin und wieder ein Zirkon und schliesslich ein opakes, schwarzes Erz, dessen grössere Körner von Leukoxen umrandet sind und daher auf Titaneisenerz schliessen lassen.

(No. 135.) *Kontakt-Glimmerschiefer.* Urussbieh, aufwärts am Wege zum Asau-Gletscher, von der linken Wand des Bakssan-Tales.

Ein ziemlich dünnplattiges, unebenflächiges Schiefergestein. Dasselbe wird makroskopisch durch linsenförmig ausgezogene Quarzausscheidungen gekennzeichnet, während die Glimmerzwischenlagen beide Glimmerarten aufweisen. Unter dem Mikroskop erblicken wir die einem kristallinisch körnigen Quarzite vergleichbaren Quarzlinsen, die in ihrer Zusammensetzung keinerlei Abwechslung darbieten. Die zwischen ihnen befindlichen Glimmerlagen stellen einen blätterigen Filz der beiden Glimmergattungen dar, von denen der eine dem rotbraunen, titanhaltigen Biotit (𝔞 = gelb, 𝔟 und 𝔠 = rotbraun), der andere dem silberweissen Muskovit angehört. Ein Teil des Biotites ist zu

17*

Chlorit umgewandelt. In die Glimmermasse eingebettet finden wir nun mehrere wasserhelle Oligoklas-Albite und ziemlich viel Granat in blassrötlichen Kristallen. Akzessorisch etwas Pyrit.

(No. 136.) *Kontaktschiefer.* Oberes Bakssan-Tal, auf der Strecke zwischen Asau-Kosch und dem Asau-Gletscher.

Ein dunkler, an den Spaltflächen vorwiegend mit feinem Biotit überzogener Schiefer, in welchem der in einzelnen dünneren Lagen vorkommende filzige Aktinolith, sowie die in einzelnen Schichten quer zur Schieferung gestellten grösseren Biotit-Blättchen einen durch Injektion entstandenen Kontaktschiefer vermuten lassen.

(No. 145.) *Kalk-Chloritschiefer.* Unterhalb Urussbieh im Bakssan-Tale.

Ein mehr oder weniger stark gefälteltes Schiefergestein mit serizitisch-chloritischem Glimmer an den Schicht- und Spaltflächen. Dieser Schiefer bildet die unmittelbare Unterlage der Jura-Ablagerungen.

Unter dem Mikroskop erkennen wir in den linsenförmig ausgezogenen Streifen ein Gemenge von Quarz und ziemlich viel wasserhellem Albit, mit dem charakteristischen Erscheinen einer Hyperbel zwischen gekreuzten Nikols in konvergentem Lichte. Glimmer befindet sich nicht viel in dem vorliegenden Gesteine. Seine Blättchen, die zumeist einem grünen Chlorit und bloss untergeordnet dem Muskovit angehören, bilden keine zusammenhängenden Lagen, sondern in der Richtung der Schichtung verstreute kleinere Gruppen. Der Pleochroismus dieses Chlorits ist ziemlich stark (𝔞 = gelb, 𝔟 und 𝔠 = dunkelgrün).

Ausser den Quarz-Albitlagen kommen ferner Einlagerungen von kristallinischem Kalke im Schiefer vor. Unter dem Mikroskop erkennt man auch in diesen Linsen zahlreiche Albitkörner. Akzessorisch Pyrit, sowie auch noch etwas Hämatit, im Verbande mit einzelnen Pyritkörnern.

(No. 8.) *Granatgneis; injizierter Schiefer.* Utschkulan, westlich vom Utschkulan-Bache (Quellgebiet des Kuban). (Lgt. K. Papp.)

Das kleinkörnige, weissliche, von braunen Glimmerschlieren durchsetzte Gestein ist dem unter No. 14 angeführten von Tschirykol sehr ähnlich. Die glimmerlosen Partien enthalten viel Quarz, ferner Oligoklas-Albit, während das Vorhandensein von Orthoklas in diesem Dünnschliffe fraglich erscheint. Die Glimmerzonen enthalten bloss Biotit, eventuell etwas aus ihm hervorgegangenen Chlorit. Muskovit ist nicht anwesend. Auch in diesem Falle kommt dagegen in den Glimmerzonen fein nadelförmiger, filzig ineinander verwobener, häufig deutliche Querabsonderungen aufweisender Sillimanit vor. Derselbe wird begleitet von mässig zahlreichen rötlichen Granatkörnern und Pyrit. Akzessorisch ziemlich viel Zirkon.

(No. 14.) *Granat-Gneis.* Tschirykol (Seitental des Ullukam) bei Chursuk, westlich vom Elbruss. (Lgt. K. Papp.)

Dieses etwas über kleinkörnige, durch reichliche Biotitausscheidungen gestreift erscheinende Gestein stellt sich bei näherer Untersuchung als ein injizierter Schiefer heraus. Unter dem Mikroskop unterscheidet man die wasserhellen Lagen von den glimmerreichen sehr deutlich. Erstere bilden ein körniges Gemenge von Quarz, Orthoklaskörnern, von denen einige davon von Quarz myrmekitisch durchwachsen sind, ferner Oligoklas-Albit. Von letzteren gibt es manche ganz klare, ungestreifte. Hie und da erkennen wir zwischen diesen Gemengteilen ein stark lichtbrechendes, jedoch bloss schwache Doppelbrechung aufweisendes Zoizitkorn. In der Nähe der Glimmerzonen treten dann rötliche, isotrope Granatkörner auf. Die Glimmerzone enthält vorwiegend braunen Glimmer mit ungemein kräftigem Pleochroismus ($\mathfrak{a}$ = gelb, $\mathfrak{b}$ = schwärzlich-braun, $\mathfrak{c}$ = rotbraun), ferner untergeordnet auch Muskovit. Der braune Glimmer ist meistens von tadelloser Frische, selten erblicken wir ein etwas gebleichtes Blättchen und dann das charakteristische Sagenitgewebe in demselben. Die Glimmer sind sämtlich ungebogen und im Gesteine verschieden orientiert; viele stehen völlig ungeknickt senkrecht zur Schieferung. Zwischen den Glimmern erblicken wir ferner einen dichten Filz von feinen, dünnen, oft quer abgesonderten Nadeln, welche in der Nachbarschaft der Glimmerzonen auch die Quarzkörner durchspicken. Ihr eigenes opt. Verhalten ist nicht recht zu beobachten, da der Gang des Lichtes durch die unter- und übergelagerten Quarz- und Glimmer-Individuen gestört wird. Doch dürften diese wahrscheinlich gerade auslöschenden Nadeln dem Sillimanit anzugehören. Akzessorisch Zirkon. Dieser Gneis scheint ein echter injizierter Schiefer aus der Kontaktzone des Granites zu sein.

(No. 16.) *Granatgneis,* Tschirykol-Tal bei Chursuk, westlich vom Elbruss. (Lgt. R. Papp.) (Abbildung 1.)

Ein ziemlich grobkörniges, kinzigitartiges Gestein mit viel lebhaft glänzendem, schwarzbraunem Glimmer und hellrosaroten Granaten.

Unter dem Mikroskop bemerken wir ausser viel Quarz, dessen Körner keinerlei Druckerscheinungen aufweisen, Feldspate, und zwar spärlich einen ungestreiften und keine Spaltungsrisse zeigenden, von Quarz myrmekitisch durchwachsenen Orthoklas, ferner bedeutend mehr Oligoklas-Andesin. Letztere sind polysynthetisch nach dem Albit- und dem Periklingesetze verwachsen und zeigen zur Albitzwillingsebene durchaus die charakteristische, geringwertige Auslöschung. Glimmer finden wir zweierlei ausgebildet, den braunen

Biotit und den wasserhellen Muskovit. Dazwischen strähnenähnliche Anhäufungen von Sillimanitnadeln, die häufig rötliche, isotrope Granatkristalldurchschnitte umgeben, aber auch in diese, wie auch in die Quarze und Feldspate hineinragen. In den beiden letzteren ist das opt. Verhalten der Sillimanitnadeln nicht gut zu beobachten, an die Granaten durchspickenden, oft quer abgesonderten Nadeln jedoch kann die gerade Auslöschung unzweifelhaft konstatiert werden. Akzessorisch finden wir auch Zirkon. Es scheint mir auch dieser Granatgneis ein injiziertes Kontaktgestein zu sein.

Epidot-Amphibolit. Sakan-Pass (zwischen Umpir und Sakan), Laba-Flusssystem, Nordseite des westlichen Kaukasus. (Lgt. D. Laczkó.) (Abb. 5.)

Ein kleinkörniger, schwärzlicher, wenig gestreckter Amphibolit.

Unter dem Mikroskop bilden die unregelmässigen Anhäufungen einer grünen Hornblende die Hauptmasse des Dünnschliffes. Die an den Enden schlecht umrandeten, spiessig-splitterigen Hornblende-Individuen zeigen die typischen Spaltrisse ‖ (110) sehr gut; dieselben sind stark pleochroitisch $\mathfrak{a}$ = gelb, $\mathfrak{b}$ = dunkelgrün, $\mathfrak{c}$ = bläulich-grün; Extinktion 17°. Im allgemeinen sind dies die Merkmale, die für die von G. Tschermak *Karinthin* genannte Hornblende charakteristisch sind. Die Räume zwischen den Hornblendeindividuen werden von allotriomorphem wasserhellen Albit erfüllt. Die meisten dieser in Amphibolitgesteinen des kristallinischen Gebirges wohlbekannten Feldspate lassen sich vom Quarz nur durch die Untersuchung im konvergent polarisierten Lichte unterscheiden. Es fehlt ihnen absolut jede Spur von Spaltung oder Zwillingsverwachsung, und nur ein Korn liegt im Dünnschliffe, das eine Verzwilligung nach dem Albitgesetz erkennen lässt und dessen Auslöschungsschiefe zur Zwillingsebene 8° beträgt. Dieses Korn wäre demnach ein sich der Labradoritreihe nähernder Natronplagioklas. Sämtliche »Albite« enthalten ziemlich viele Einschlüsse von kleinen Hornblendekristallen, Epidot und Rutil. Ausser in Einschlüssen kommt Epidot auch in grösseren, ziemlich wohl umrandeten Kristallen vor, in farblosen, gelblichen, bis zitronengelben Schnitten. Im polarisierten Lichte zeigen die leistenförmigen gerade Auslöschung und sämtliche Schnitte eine lebhafte, aus Gelb und Rot bestehende Interferenzfarbe; alle gerade auslöschenden Schnitte zeigen ausserdem den Austritt einer Achse und sind dabei negativ. Zoitit untergeordnet.

Als Uebergemengteil ist das massenhafte Auftreten von dunkelgelben Rutilkristallen und rostbraunen, grösseren Körnern, sowie schliesslich in einigen wenigeren Fällen noch der Apatit zu verzeichnen. Dunkle, opake Erzpartikel sehr spärlich.

Epidot-Amphibolit. Südlicher Abhang des Sakan-Passes, zwischen Umpyr und Sakan, Nordseite des westlichen Kaukasus. (Lgt. D. Laczkó.)

Ein kleinkörniger, grünlich-schwärzlicher, wenig gestreckter Amphibolit.

Unter dem Mikroskop erweist sich dieses Gestein mit dem unter No. 2 beschriebenen von der Sakan-Passhöhe übereinstimmend, nur dass sich in demselben viel mehr Epidot als in jenem befindet. Die Hornblende ist dieselbe karinthinartige, und in einem Kristalle ist deutlich zu sehen, dass dieselbe in Epidot übergehen kann, indem das eine Ende eines einheitlichen Kristalles noch aus Karinthin, das entgegengesetzte jedoch bereits aus Epidot besteht. Der Feldspat bildet auch in diesem Falle allotriomorphe Ausscheidungen zwischen den farbigen Gemengteilen. Besonders zu bemerken ist aber, dass sich an ihren wasserhellen und einschlussreichen (Hornblende, Epidot, Rutil) Individuen, wenn auch bloss schüchtern, doch schon ganz entschieden eine Zwillingsbildung nach dem Albit- und in einigen Fällen sogar auch nach dem Periklingesetz verrät. Auch sind hin und wieder Spaltungsrisse nach (001) zu verzeichnen. Die Auslöschungsschiefen an derartig gekennzeichneten Individuen schwankt ⊥ der Fläche b zwischen 6—8°, so dass man es eigentlich mit einem bereits zum Labradorit hinneigenden Natronfeldspat zu tun hätte. Rutil ist auch in diesem Falle ein sehr auffallender und häufiger Uebergemengteil, und schliesslich sei noch als akzessorisches Mineral der Pyrit erwähnt, dessen Körner mitunter von blutrotem Hämatit umrandet sind.

Zoizit-Amphibolit. Aus dem Ssamur-Schotter bei Lutschek, Daghestan. (Lgt. D. Laczkó.) (Abbildung 6.)

Makroskopisch scheint das mittelkörnige Gestein aus einem weisslichen Gemengteil und einer lichtgrünen Hornblende zu bestehen.

Unter dem Mikroskop ist es das erstere Mineral, welches dominiert und das sich als Zoizit erweist. Es ist dies ein Umwandlungsprodukt nach Labradorit, wie dies einige noch hin und wieder erhalten gebliebene Plagioklaskörner erkennen lassen. Der in seinen Längsschnitten gerade auslöschende Zoizit ist fleckenweise mit Epidot gesprenkelt. Letzterer ist besonders in polarisiertem Lichte sicher von ersterem zu unterscheiden. Die neu entstandenen Zoizit-Epidotkörner haben den idiomorphen Charakter der einstigen Plagioklase gut bewahrt. Zwischen denselben findet man die allotriomorphen Körner einer schmutzig-lichtgrünen, faserigen Hornblende mit ziemlich starkem Pleochroismus (𝔞 = gelb, 𝔟 = lichtgrün, 𝔠 = lichtgrün.) Reste des einstigen Muttterminerals dieser uralitischen Hornblende sind nicht erhalten geblieben, doch dürfte man kaum fehl gehen, wenn man in demselben Augit vermutet, so dass wir es eigentlich mit einem zoizitisch-uralitisch veränderten Diabas zu tun hätten. Schliesslich sei noch erwähnt, dass zum grössten Teil zu Leukoxen umgewandeltes Titaneisen in derselben Ausbildung und Menge in dem vorliegenden umgewandelten Gesteine vorhanden ist, wie in einem frischen Diabase.

(No. 96.) *Albit-Phyllit.* Uebergang aus dem Teberda-Tale nach Dout (Eptschik-Pass). — Ein weisslich-grauer, serizitischer, dünnschieferiger, phyllitartiger Kontakt-Schiefer.

Unter dem Mikroskop erblicken wir verzahnte Quarzkörner, dazwischen jedoch aber auch manch einen wasserhellen einschlussreichen Albit. Die Sippe des Glimmers besteht aus Serizit, Muskovit und grünlichem Chlorit. Zwischen diese Gemengteile eingebettet, befindet sich scharenweise in grösseren und kleineren, rissigen, isotropen Körnern rötlicher Granat.

Dieser Gemengteil ist trotz seines zahlreichen Auftretens makroskopisch nicht zu bemerken, da die kleinen Knötchen in Glimmer eingehüllt sind. Schliesslich muss noch erwähnt werden, dass sich schwarze Kohlesubstanz in einzelnen Körnern, jedoch auch wolkenartig durch das Gestein hindurchzieht. Alles in allem genommen ist das vorliegende Gestein ein entschiedener Kontaktschiefer.

(No. 103.) *Albit-Phyllit.* Beim Abstieg von der Dout-Passhöhe (Eptschik-Pass) in das Utschkulan-Tal.

Ein grünlich-schwärzliches Schiefergestein, in welchem serizitische Häutchen nur untergeordnet und streifenweise sichtbar sind.

In der flaserigen, serizitisch-chloritischen Masse dieses Schiefers sind in grosser Menge Albite eingebettet. Dieselben sind teils kleinere, teils grössere Körner, jedoch stets ohne Zwillingsstreifung. Unter den kleineren befinden sich einige, die, wie die Karlsbader Zwillinge, aus zwei Hälften bestehen. Mit Quarz können dieselben nicht verwechselt werden, da im konvergenten Lichte charakteristische Achsenbilder zum Vorschein kommen. Die Albite sind bloss zum Teil wasserhell, zum grössten Teil sind sie durch Kohlesubstanz mehr oder weniger getrübt. Als Einschlüsse kommen in demselben hin und wieder auch Zirkonkriställchen vor. Quarz ist bloss sekundär vorhanden. Auch wäre noch Titanit in ein bis zwei unregelmässigen Körnern zu erwähnen. Kohlesubstanz, Körner und Staub sind über alle Gemengteile des Schiefers hin verbreitet. Der vorliegende Schiefer ist jedenfalls ein typisches Kontaktgestein vom Rande der Granitzone.

Auf der Passhöhe selbst dagegen kommen Quarzite vor, welche reich sind an phanerokristallinischem Muskovit.

(No. 125.) *Albit-Phyllit.* Nordseite des Elbruss. (Abbildung 4.)

Ein grünlich-grauer, serizitisch schimmernder, injizierter Schiefer.

Unter dem Mikroskop erkennt man dieses Gestein als einen typischen Albitschiefer. Feldspatkörner bilden die Hauptmasse der lang ausgezogenen Linsen. Die ziemlich grossen Körner desselben tragen häufig eine Verwachsung von zwei Individuen nach dem Karlsbader Gesetz zur Schau; seltener gibt es auch feine Zwillingsstreifung nach der (010)-Fläche. Die Auslöschung ist in allen diesen Fällen eine derartig geringwertige, dass sie mit Albit und Oligoklas-Albit recht gut vereinbar ist. Die meisten zeigen in konvergent polarisiertem Lichte die eine Hyperbole. Alle Feldspate sind durch »Kohlesubstanz« wie durch Staub getrübt, und es muss bemerkt werden, dass diese Staubstreifen und gezogenen Wolken die Linien einer einstigen Faltung verraten, die mit der Intaktheit und der homogenen Interferenzfarbe ihrer Wirte in Widerspruch steht. Letztere müssen eben in diesem Kontaktschiefer nachträglich gebildet worden sein. Quarz kommt in Form kleinkörniger Schnüre und Linsen zwischen den Feldspatschlieren vor. Dieselben zeigen gewöhnlich keine Kataklase. Um so mehr sind die Glimmerzüge zwischen den beiden vorhin erwähnten Komponenten gequetscht. In diesen Zonen finden wir feinschuppigen Serizit, sowie auch grosse Blätter von Muskovit und einen grünen, zwischen gekreuzten Nikols tief indigoblauen Chlorit. Akzessorisch einige Zirkone in Albit und sekundär limonitisch erfüllte Risse im Gestein.

(No. 6.) *Albit-Phyllit.* Utschkulan, von der rechten Talseite des Kuban. Westlich vom Elbruss. (Lgt. K. Papp.) (Abbildung 3.)

Makroskopisch gewinnen wir den Eindruck eines sehr feinschuppigen Chloritschiefers. Unter dem Mikroskop besteht die Hauptmasse aus wasserklarem Albit, weniger Quarz, den man bloss auf Grund seines Axenkreuzes im konvergent polarisierten Lichte vom Albite unterscheiden kann. Zwischen diesen Gemengteilen zieht sich dann der feinschuppige grüne Chlorit hindurch. Die breiten Züge desselben werden ferner von ganzen Schwärmen von gelblichem Epidot begleitet, und als Verwitterungsprodukt tritt in unregelmässigen Flecken noch Kalkkarbonat auf. Schliesslich durchziehen als flatternde Bänder das Gestein seiner Schieferung nach dichte Aggregate von schwarzer, opaker Kohlesubstanz.

Das vorliegende Gestein entstammt aller Wahrscheinlichkeit nach der Kontaktzone des Granites.

(No. 99.) *Quarzit.* Passhöhe zwischen der Teberda und Dout (Eptschik-Pass).

Ein dichtes, stark zerklüftetes, stellenweise rostbraun gefärbtes, quarzitisches Gestein, welches auf der Passhöhe aus den anstehenden, stark verwitterten Glimmerschiefern und an Quarzlagen reichen, serizitischen Phylliten pfahlartig emporragt.

(No. 130.) *Quarzitschiefer.* Unteres Ende der Kyrtyk-Schlucht bei Urussbieh.

Ein weisser, durch Quetschung geschieferter, serizitischer Quarzitsandstein, mit Einsprenglingen von rauchgrauem Quarz. Struktur ausgezeichnet flaserig. Neben diesen kommen aber auch ungequetschte, serizitische Sandsteine vor, die aus einer vorwiegend feinkörnigen Grundmasse bestehen, in welcher einzelne grössere Rauchquarzkörner wie porphyrisch eingesprengt liegen.

Unter dem Mikroskop bietet das Präparat den Anblick einer durchgreifenden Kataklase. Sämtliche Quarzkörner sind zertrümmert und zeigen wellige Auslöschungen. Hie und da liegt auch ein Korn oder auch ein zu mehreren Teilen zerbrochenes Korn eines an Mikroklin erinnernden Feldspates. Eines dieser Körnchen ist von Quarz myrmekitisch durchwachsen. Zwischen diesen Trümmern hat sich recht viel Serizit eingenistet. Infolge des Feldspatgehaltes kommen wir in die Lage, diesen beinahe porphyroidisch aussehenden Schiefer als einen Arkosenquarzit-Schiefer anzusprechen.

Quarzit. Vom Südhange des Zagerker-Passes, Quellgebiet des Bsyb, Südseite des westlichen Kaukasus. (Lgt. D. Laczkó.)

Ein feinkörniger, weisser Quarzit, welcher von grünlich-gelben Epidotschnüren durchzogen ist.

Unter dem Mikroskop erkennen wir in der aus verzahnten Quarzkörnern und lagenweise feiner und gröber struierten Masse des Gesteines auch etwas getrübten, ungestreiften Feldspat (Orthoklas) und ziemlich viel polysynthetisch nach dem Albit- und hie und da auch nach dem Periklingesetze verwachsenen Labradorit. Es hat also den Anschein, als ob ein sehr quarzreicher Aplit vorläge. Dieses Gestein war jedenfalls dynamischen Einwirkungen ausgesetzt, wie es die zumeist undulöse Auslöschung der Quarzkörner erkennen lässt. Ein weiterer, wohl nachträglich entstandener Gemengteil des Gesteines ist der bräunlich-gelbe bis schwefelgelbe Epidot, dessen derbe Aggregate zonenartig das Gestein durchziehen. Die nach b gestreckten Individuen desselben löschen gerade aus.

Tafel nebst Erklärung

zu

Schafarzik, Petrographische Ergebnisse.

Erklärung zur Tafel.

1. **Granatgneis,** Kontaktgestein. Tschirykol-Tal bei Chursuk, westlich vom Elbruss. (No. 16, Seite 261).
Links oben, ungefähr die Hälfte des Bildes einnehmend, ein *Granat*korn mit unregelmässigen Rissen und rauher Oberfläche. Darunter die braunen Partien *Biotit,* annähernd || 001. Links von denselben ein farbloses *Quarz*korn und unten am Fusse des Bildes ein Bündel von *Sillimanit*-Nadeln.

2. **Glimmerschiefer,** injiziert. Aus dem Quellgebiete des Uruch, oberhalb Styr-Digor, linkes Ufer des Tanagletscherbaches. (No. 35, Seite 256).
In der Mitte *Vermiculit, Quarz* und *Albit:* rechts und links davon aus *weissem Glimmer* (Muskovit) und *Chlorit* bestehende Strähne.

3. **Albitphyllit,** Kontaktschiefer. Utschkulan, von der rechten Talseite des Kuban, westlich vom Elbruss. (No. 6, Seite 265).
Die drei schwarzen Streifen rühren von *Kohle*substanz her. Die Lage zwischen dem obersten und dem mittleren Kohlestreifen ist mit faserigem *Strahlstein* erfüllt. Die mittlere Lage besteht aus *Albit*körnern und rechts aus sekundärem *Kalkspat;* die untere lichte Lage dagegen aus *Albit, Chlorit* und *Epidot* (die halbdunkeln Partien).

4. **Albitphyllit,** Kontaktschiefer. Nordseite des Elbruss. (No. 125, Seite 265).
Wie staubig aussehende *Albite, Muskovit* und *Chlorit,* sowie fein verteilte und stellenweise auch grössere Körner bildende opake *Kohle*substanz.

5. **Epidotamphibolit,** Kontaktschiefer. Sakan Pass (zwischen Umpir und Sakan) Laba-Flusssystem, Nordseite des westlichen Kaukasus. (Seite 262).
Die scharfen Kristalle mit den Spaltrissen (z. B. in der Mitte) *Epidot;* ausserdem hie und da Partien von *Zoizit.* Die dunkeln, dicht gestreiften Partien grüne, pleochroitische *Hornblende,* und rechts unten die lichten Stellen allotriomorphe *Albit*massen.

6. **Zoizitamphibolit,** Kontaktschiefer Aus dem Ssamur-Schotter bei Lutschek, Daghestan. (Seite 263).
In der Mitte die halbdunkeln und rechts unten die dunkeln Partien verschieden orientierte Schnitte von grüner *Hornblende,* alles übrige, dazwischenliegende, eine körnige *Zoizit*masse, mit weniger *Epidot,* dessen letztere Körner bei + Nikols gut vom Zoizit zu unterscheiden sind.

Sämtliche Dünnschliffabbildungen wurden von Herrn Dr. Zoltán Toborffy, Assistent im mineralogisch-petrographischen Institute der Kgl. Universität zu Budapest, aufgenommen und ca. 30fach lin. vergrössert.

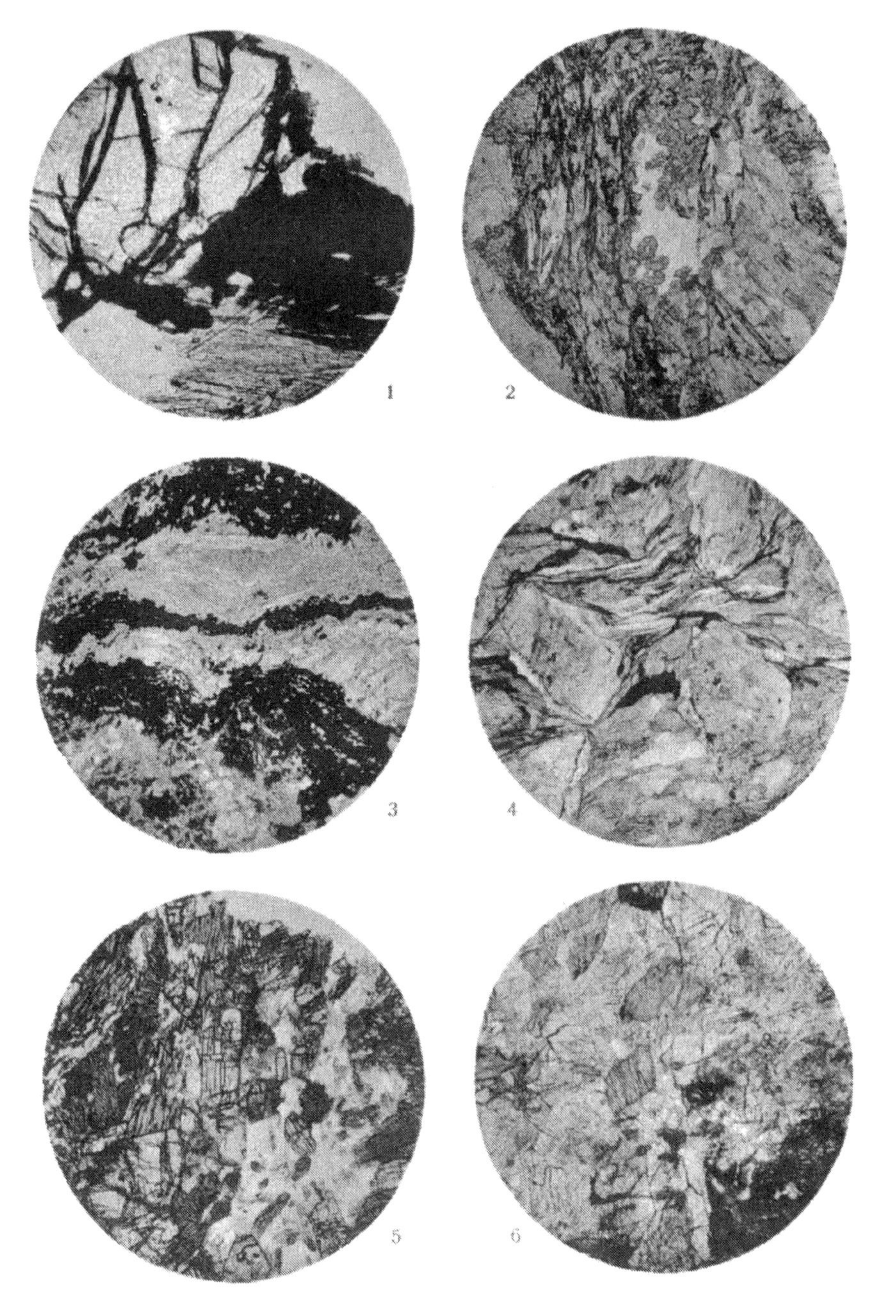

Dr. Zoltán Toborffy phot. Lichtdruck von C. Divald, Budapest.

Kristallinische Schiefergesteine.

M. v. DÉCHY

Beiträge zur Kenntnis des Baues und der Oberflächengestaltun des Kaukasus

I. ABSCHNITT.

Zur Einführung.

Orogenie.*)

Das Entstehen des Kaukasus wurde, wie auch das anderer Gebirgsketten, durch die grossen Bildungserscheinungen bedingt, welche unsern Planeten beherrschten. Die Spannungen, welche in einer der ersten Schöpfungsepochen des Erdkörpers auftraten und durch die Zusammenziehung seiner äusseren Teile entstanden, haben durch tangentiale Bewegung die Faltenzüge der mächtigsten Gebirgszüge erzeugt und auch den Kaukasus geschaffen.

Die zuerst aufgetauchten archäischen Massen des kaukasischen Festlandes sind zum Teil in der paläozoischen Epoche wieder unter den Fluten des Meeres versunken und erst während langer geologischer Zeiträume, zwischen dieser und dem Miocän, haben in wiederholten Phasen jene Pressungen der Erdrinde, welchen vom Atlantischen Ozean bis an das Ende des asiatischen Kontinents die Gebirgsketten ihr Entstehen verdanken, auch den Kaukasus emporgehoben.**) Das neugeborene Gebirge, welches hoch

*) Die folgenden Ausführungen, welche als Einleitung zu den anschliessenden Abschnitten dienen sollen, wiederholen die kurze Darstellung der physischen Geschichte des Kaukasus, welche ich im Schlusskapitel des zweiten Bandes dieses Werkes gegeben habe; sie sind hier zum Teil erweitert und ergänzt durch Anmerkungen, welche auf die Arbeiten geologischer Forscher hinweisen. Noch immer stützen sich aber diese mehr oder weniger hypothetischen Schlüsse auf ein unzulängliches Beobachtungsmaterial, noch immer sind Teile des Hochgebirges in grosser Ausdehnung unerforscht, und weite Gebiete, insbesondere im Westlichen Kaukasus, wurden nie vom Fusse eines Geologen betreten. »Das Entstehen der Gebirge ist und wird wahrscheinlich der Gegenstand widerstreitender Meinungen bleiben, aber das Studium der Erscheinungen und Veränderungen im Bau der Gebirge — jener grossen Züge im Antlitz der Erde — wird immer mehr Klarheit in die richtige Auffassung ihrer Entstehungsgeschichte bringen.« (Bd. II. S. 350.)

**) Abich hat den Kaukasus für eine ungeheure Antiklinale gehalten und das isoklinale Fallen nach Norden und Nord-Osten als das Grundgesetz der Erhebungen angesehen. (H. Abich, Vergleichende Grundzüge der Geologie des Kaukasus, St. Petersburg 1858.)

Nach Inostranzew wurde der archäische Kern des Kaukasus in der paläozoischen Epoche emporgehoben und in einer Serie von Isoklinalen gefaltet. (Inostranzew, Durch die kaukasische Hauptkette, St. Petersburg 1896.)

über dem umgebenden Meeresgürtel aufragte, wurde dann während der Pliocänzeit weiter ausgestaltet und die gebirgsbildenden Kräfte haben es während der jüngsten Tertiärepoche zu neuen Auffaltungen veranlasst.*) Am Ende des Paläozoikum war zwischen den parallel streichenden südrussischen und armenischen Gebirgen eine vertiefte, von gleich alten Schichten wenig oder gar nicht ausgefüllte Zone verblieben, der heutige Kaukasus.**) Mächtige Kalk- und Sandsteinmassen, Jura, Kreide und Eocänformation füllten allmählich diese sich immer vertiefende Riesenmulde aus, und erst dieser Sedimentanhäufung folgte, wie überall in den Hochgebirgen, eine Aufwölbung und Faltung in den jüngeren Abschnitten des Tertiär.***)

Diskordanzen, welche mehrfach im Innern der verschiedenen Systeme auftreten und die auf Denudation oder Abrasion mit nachfolgenden Transgressionen über weit ausgedehnte Flächengebiete zurückzuführen sind, beweisen, dass das Gebirge nicht ein Produkt von Bewegungen der Erdrinde in der Tertiärperiode allein sein kann, sondern vielmehr ein Resultat von gebirgsbildenden Prozessen, deren Anfang schon in die Juraperiode fällt.†) Am Ende der Tertiärzeit oder am Anfange der Posttertiärzeit fanden dann

---

*) Bonney führt aus, dass die kristallinischen Zentralmassen durch lange geologische Perioden in einem niedrigen Niveau verblieben und erst in der Epoche zwischen den eocänen und miocänen Sedimentablagerungen die Ausgestaltung des Kaukasus zu einem hohen Kettensystem durch allmähliches Emportauchen aus dem Meere begann und sich während der Pliocänzeit fortsetzte. (T. G. Bonney in Freshfield, The exploration of the Caucasus. London 1896.) Fournier nimmt drei grosse Faltungsperioden an: eine vortithonische, eine postoligocäne und eine postsarmatische. (E. Fournier, Description géologique du Caucase central, Marseille 1896.) Nach Löwinson-Lessing begann die Erhebung der Kette nach dem Lias. Die hauptsächlichsten orogenischen Bewegungen gehören der jurassischen Epoche an, der Kreide und dem Miocän. Die orogenischen Bewegungen dauern bis in unsere Tage und äussern sich durch wiederholte seismische Stösse. (Löwinson-Lessing, De Wladikawkaz à Tiflis. St. Petersburg 1897.) Merzbacher weist auf eine nach seiner Meinung unumstössliche Tatsache hin: »dass nämlich nirgends im Kaukasus, sogar nicht innerhalb der kretazeischen Zone irgendein Rest von Ablagerungen des Tertiärs zu finden sei, dass demnach zur Zeit des Niederschlags der tertiären Sedimente die älteren schon aus der See gehoben gewesen sein müssen.« (Merzbacher, Aus den Hochregionen des Kaukasus, Leipzig 1901.)

**) Nach A. de Lapparent bildete das paläozoische Massiv in der Juraepoche eine Barriere zwischen zwei scharf voneinander getrennten Becken von Sedimentärbildungen. Die Anwesenheit von Lignit am Nordabhange verrät die Nachbarschaft einer Küste, und nirgends trifft man an den Kreide- und Tertiär-Ablagerungen, sei es im Norden oder im Süden, jüngere Bildungen als das Paläozoikum. Das alte Festland wurde vor der Ablagerung des Jura als isoklinale Falte nach Süden überstürzt. (A. de Lapparent, Traité de géologie. 5. ed. Paris 1906.)

***) Frech, »Ueber die Gebirgsbildung im paläozoischen Zeitalter« in Geogr. Zeitschrift, V. Jahrg., Leipzig 1899. Dagegen kann nach Bogdanowitsch die Idee der Geosynklinalen im Kaukasus kaum Anwendung finden. (Bogdanowitsch, Memoires du Comité géologique, St. Petersburg 1902, S. 208.)

†) Sjögren, Uebersicht der Geologie Daghestans, Jahrb. der k. k. geol. Reichsanstalt, Bd. 39, Wien 1889.

grosse vulkanische Eruptionen längs der ganzen Kette statt, welche über dem Fundamente des kristallinischen Kernes die Andesitvulkane als der Erhebung des Gebirges nachgefolgte Bildungen auftürmten. Die Wirkungen der Vulkanität und der in verschiedenen Intervallen auftretenden Eiszeiten haben die geologische Modellierung des Gebirges fortgesetzt.*)

Dies waren die Kräfte, welche in chronologischer Reihenfolge das mächtige Faltengebirge des Kaukasus aufrichteten. Die ältesten Eruptivgesteine des Kaukasus sind die Granite die jedoch nur eine einzige Zentralmasse bilden, die sich als kristallinischer Kern des Gebirges vom östlichen Quellgebiete des Kuban bis zur Durchbruchsschlucht des Terek erstreckt. Durch diese Tatsache erscheint der Aufbau des Kaukasus tektonisch unvergleichlich einfacher als die Struktur der Alpen, welche zahlreiche, in Längszonen angeordnete Zentralmassive besitzen, die meist als komplizierte, fächerförmige Faltensysteme auftreten und aus kristallinischen Schiefern, alten Eruptivgesteinen und metamorphosirten Sedimenten bestehen.**) Dieser aus granitischen Gesteinen und kristallinischen Schiefern bestehenden Zentralachse folgen im Autbau des Kaukasus die Zonen des paläozoischen Schiefers, jurassische und kretaceische Gebirgszüge.***)

Die paläozoischen Bildungen zeigen am Nordabhange des zentralen Teiles des Gebirges nur eine geringe Ausdehnung, während sie im Süden eine mächtige Entwicklung erlangen und im Gegensatze zur Nordseite mit nördlicher Neigung unter den Granit einfallen.

Im Westlichen Kaukasus erscheint als Basis des Gebirges eine schmale, von Eruptivgesteinen unterbrochene kristallinische Zone, die Kämme bestehen aus Gneisen und metamorphen Schiefern. Der Oestliche Kaukasus zeigt die Herrschaft der alten Tonschiefer, und in dem regelmässig sich aufbauenden Faltengebiete des Daghestanischen Berglandes besitzen die paläozoischen Schiefer ihre grösste Entfaltung und decken überall das kristallinische

*) Wird nun so der Kaukasus als das Produkt einer Reihe von gebirgsbildenden Prozessen die in verschiedene geologische Perioden zurückreichen, aufgefasst und nur die Hauptfaltungsperiode in die Tertiärepoche verlegt, so will Prof. Heim im Kaukasus eine einzige Auffaltung sehen, welche ohne Wiederholungen, also nicht in verschiedenen Perioden, sondern in einem Male, wenn auch langsam, in der Pliocänzeit aufgestaut worden ist. (Heim. Querprofil durch den Kaukasus Zeitschrift der Naturforsch. Gesellschaft in Zürich. Bd. XLIII, 1898.)

**) Heim. loc. cit. S. 38.

***) Die paläozoischen und liasischen Schichten bilden die grosse Haupt-Antiklinale; sie ist überstürzt, in Fächerform zusammengepresst und schliesst den granitischen Kern ein, mit Gneisen, Glimmerschiefern und einem System basischer Gesteine (Diabase, Porphyre, Diorite). Das Ganze ist durchbrochen und überlagert von ungeheuren Strömen andesitischer Laven und mehr oder weniger gut erhaltener Vulkane. (Loewinson-Lessing loc. cit. S. 2.)

Grundgebirge. Ob diese paläozoischen Schiefer, welche die primäre Gruppe des Kaukasus bilden, wirklich in einer jeden Zweifel beseitigenden Weise zum Paläozoikum zu rechnen sind, kann auf Grund der bis jetzt in ihr gefundenen, unbedeutenden und nicht sicher klassifizierbaren Versteinerungen nicht beantwortet werden. Auch eine genaue Grenze zwischen den für paläozoisch gehaltenen Schiefern und dem Jura konnte bis jetzt nicht angegeben werden.*)

Im Anschlusse an die archäischen Felsarten und die paläozoischen Bildungen tritt der Jura auf.**) Am Nordabhange erreichen liasische Schiefer und Sandsteine, sowie die hauptsächlich aus Kalken und Dolomiten bestehenden Ablagerungen des mittleren und oberen Jura eine grosse Verbreitung. Bedeutend ist die liasische Zone im Norden des Elbruss entwickelt, und in grosser Ausdehnung zieht parallel mit der Hauptkette eine aus jurassischen Kalksteinen bestehende Gebirgskette gegen Osten. In diesen Sedimentbildungen herrscht im allgemeinen ein Streichen in der Richtung der Zentralachse und ein Einfallen der Schichten gegen Norden und Nordosten vor. Im Osten (im Daghestan) bildet der Jura keine zusammenhängende Kette, sondern mit Kreidekalksteinen schwach synklinal aufgebaute, plateauartige Erhebungen. Die ganze gefaltete Zone steigt gegen Süden zu immer grösseren Höhen an und kehrt die steilen Schichtenköpfe in langen Reihen gegen Süd. »Die Faltung des Daghestan ist durch nordwärts gerichteten Seitendruck hervorgebracht.«***) In der südöstlichen Ecke spielt der Jura in den aus Kalksteinen der Jura- und Kreideformationen aufgebauten Massiven die gebirgsbildende Rolle. Am Südabhange der westlichen Hälfte des Kaukasus erreicht die Jurazone eine bedeutende Ausdehnung und bildet zumeist aus unteren Juraablagerungen bestehende Bergketten.

Die Kaukasische Juraformation schliesst sich, was die fazielle Entwicklung ihrer Sedimente, sowie auch die Reihenfolge ihrer Etagen betrifft, hauptsächlich der mitteleuropäischen Juraprovinz an. Es ist jedoch hierbei hervorzuheben, wie es aus den Aufsammlungen meiner wiederholten Reisen ersichtlich ist, dass sich in der Kaukasischen Jurafauna auch Beziehungen zu der mediterraneen oder alpinen Juraprovinz erkennen

---

*) Siehe Paläontologische Ergebnisse: Paläozoikum S. 143/144.

**) Triadische Ablagerungen fehlen im Kaukasus vollständig.

***) Suess, Das Antlitz der Erde. Prag 1885, S. 608.

lassen.*) Die Callovien Fauna enthält in erster Linie mediterrane und erst in zweiter Reihe auch mitteleuropäische Elemente; ebenso auch der Malm, dessen Korallen- und Nerineen Kalke mit den alpinen Vorkommen beinahe vollkommen identisch sind.

Die Kreideablagerungen nehmen im Norden eine mit der kristallinischen Hauptachse parallel laufende, breite Zone ein, welche den oberen Jura überlagert. Im Süden sind sie über den unteren Jura, ja selbst über die Granite geschoben und wurden von zahlreichen Eruptivgesteinen durchbrochen, deren Auftreten grosse tektonische Störungen hervorrief.

Die Absätze der unteren Kreide besitzen im Kaukasus einen mediterranen Charakter. Die obere Kreide dagegen enthält neben den mediterranen, auch eine Anzahl von Formen, die sonst in der nordeuropäischen Provinz heimisch sind. In meinen Aufsammlungen sind beinahe alle Glieder der Kreideformation vertreten, und es befinden sich darunter auch die ersten sicheren palaeontologischen Nachweise für die Turon-Stufe, sowohl aus dem Bereiche des östlichen als auch des westlichen Kaukasus. Dem erstgenannten Gebiete entstammt die Art Inoceramus Broguiarti, vom Westen dagegen kam Panopaea regularis zum Vorschein.

Die Tertiärablagerungen breiten sich auf der Nordseite zwischen den nördlichen Abhängen der kretaceischen Gebirgszüge und dem vorliegenden Steppenterrain in einer ausgedehnten Zone von plateauartigen Erhebungen am Fusse des Gebirges aus. Auf der Südseite sind die eocänen und miocänen Ablagerungen mächtig entwickelt, sie drangen weit ins Gebirge (Bassins von Letschchum und Radscha) und erstrecken sich bis zur südöstlichen Ecke, wo sie bis 2200 m emporgetragen wurden und sogar die letzten Ausläufer der Kaukasus-Kette bilden. In der Tertiärepoche war der Kaukasische Isthmus grossen tektonischen Bewegungen unterworfen. Das Sarmatische Meer bedeckte beide Abhänge des Kaukasus, welcher in der Mitte eine langgestreckte Insel bildete; aber die Verwerfungen, welche diese Schichten am Südabhange der Kette erfuhren, und die Höhe, zu welcher sie an einigen Punkten emporgetragen wurden, zeigen, dass die letzte Erhebung der Kette nach diesen Bildungen erfolgte und dass das miocäne Meer sich vor dieser neuen Auffaltung zurückzog.**)

*) Es ist auffallend, dass der kaukasische Lias nach den Beobachtungen meines Reisegefährten, Herrn Dr. Carl Papp, mit den im südungarischen Mecsek-Gebirge befindlichen und reiche Kohlenflötze enthaltenden liasischen Ablagerungen kaum einige Aehnlichkeit aufweist, während die Dogger-Serie des Kaukasus mit jener des Mecsek-Gebirges eine vollkommene Uebereinstimmung zeigt.

**) E. Favre, Recherches géologiques; Genève 1875, S. 98.

Der Tertiärepoche schlossen sich die jungen Erscheinungen der Vulkanität an, welche am Ende derselben und im Anfange der Posttertiärzeit die Vulkankegel mit ihren Lavaströmen und eine Reihe von Eruptionszentren mit der Mannigfaltigkeit ihrer Ergussgesteine hervorbrachten und damit einen der auffallendsten Züge in der Tektonik des Kaukasus bilden, welchen die physische Geschichte der Alpen nicht kennt.*) In die posttertiäre Epoche fielen die bedeutende Entwicklung der Gletscher, die Kaukasischen Eiszeiten, welche mit eisigem Griffel ihre Anwesenheit auch in das Antlitz des Kaukasischen Hochgebirges zeichneten.

Die Bildungen der quartären Periode sind zumeist in den Niederungen am Fusse des Gebirges abgelagert und haben, wo sie höher hinaufreichen, wie es die Verteilung der Gerölle- und Konglomerat-Ablagerungen in den verschiedenen Kaukasus-Tälern beweist, die heutigen Talsysteme in ihren Grundzügen bereits vorgefunden. Auch die mächtigen Lavaströme, welche aus den Kammregionen des Gebirges in die Täler des Kuban, der Malka, des Bakssan und des Terek auf der Nord- und in die der Aragwa und der Liachwa auf der Südseite gedrungen sind und mit ihren Massen die diluvialen Schotterablagerungen und Konglomerate bedecken, zeigen den hohen Grad von Ausbildung, den das Gebirge mit seinen Tälern bereits gehabt haben muss.**) »Alle Eruptivgesteine der Alpen«, schreibt Heim, »sind älter als die Faltung, älter als die Talbildung, älter als die Vergletscherung. Die Andesite vom Elbruss und Kasbek sind jünger als die Talbildung, zum Teil sogar jünger als die Vergletscherung.« ***)

Die Verschiedenheit der Wirkungen, mit welcher die tektonischen Bewegungen im Norden und Süden des Kaukasus auftraten, haben einen durchgreifenden Unterschied in der orographischen und geologischen Struktur der beiden Abhänge, der Nord- und der Südseite, hervorgebracht. Auf der Nordseite erscheinen die mesozoischen und tertiären Ablagerungen in regelmässiger Aufeinanderfolge mit gegen Norden gerichteten Schichten und in stufenförmiger Verteilung. Hier schliessen sich an die kristallinische Zentralachse, von den älteren zu den jüngeren Formationen übergehend, die Zonen der jurassischen Ablagerungen, des unteren und oberen Neokom,

*) Schon Abich l. c. S. 519 hat hervorgehoben, dass so kolossal und umfangreich aber auch die Produkte dieser vulkanischen Aktion erscheinen, sie die Erhebung der fundamentalen Grundmassen, welchen die Vulkane des Kasbek und Elbruss aufgesetzt sind, nicht bewirkt haben und ihre Einflüsse lokale geblieben sind.

**) Abich, Grundzüge S. 518.

***) Heim, loc. cit. S. 36. Siehe auch Bd. II dieses Werkes S. 113.

der Sandsteine, der Kreide und der Tertiärschichten. Auf der Südseite hingegen haben intensive tektonische Bewegungen und gewaltige Eruptionen, die dort auftraten, die Regelmässigkeit in der Reihenfolge der Sedimentablagerungen gestört und durch ihre Eingriffe, im Gegensatze zum einfacheren Bau der Nordseite, viel verwickeltere tektonische Verhältnisse geschaffen. Grosse Dislokationen verursachten, dass die der Kreide vorangegangenen Ablagerungen mit ihren Schichten gegen Norden, gegen die Kammregion, daher widersinnig, einfallen und haben in einzelnen Gebieten die kristallinischen Schiefer nahezu gänzlich verschwinden lassen (Quellgebiet des Rion). Sollte es sich angesichts der neuesten Erfahrungen auf dem Gebiete der Tektonik in den Alpen und Karpaten nicht auch hier etwa um gewaltige Ueberschiebungen handeln? — Jedenfalls wird dies auch eine der in der Zukunft im Kaukasus zu lösenden Fragen sein. Anderseits haben ungeheure Brüche an vielen Stellen das Auftreten grosser Falten und das Fehlen der Kalksteine (Täler der Aragwa, Ksan, Liachwa, Kwirila) zur Folge gehabt.

Diese tektonischen Störungen und die mit denselben verbundenen metamorphischen Veränderungen der Sedimentgesteine treten auf der Südseite des Oestlichen Kaukasus in geringerem Masse auf. Dort fehlt die kristallinische Zentralmasse, und der granitische Kern liegt jedenfalls in grösserer Tiefe, in Verbindung mit der injizierten und kontaktmetamorphen Hülle. Die Durchbrüche von Eruptivgesteinen waren seltener und die Tektonik des Gebirgsbaus ist eine einfachere, bis dann in der südöstlichen Ecke wieder ein komplizierteres Schichtensystem zum Durchbruch gelangt.*)

Im Vergleiche zu den Alpen ist der Aufbau des Kaukasus einfacher, er zeigt einen viel geringeren Wechsel und keine Wiederholungen der von verschiedenartigen Sedimentablagerungen erfüllten Zonen.**) In einfachen grossen Faltenzügen wurde der Kaukasus aufgestaut; bis in die geologisch junge Zeit der Tertiärepoche währten die Auffaltungen; noch später traten die Eruptionen mit ihren Vulkankegeln und Lavaströmen und die Vergletscherung der posttertiaren und quartären Eiszeiten auf, und in die geologisch jüngste Periode fällt die weitere morphologische Ausgestaltung seines Reliefs.

*) Abich, loc. cit. S. 460.
**) Heim, loc. cit. S. 38.

II. ABSCHNITT.

Gliederung des Kaukasus.

(Orographisches, Hydrographisches, Geologisches.)

Der jenseits des Durchbruches der Strasse von Kertsch anhebende mächtige Faltenzug des Kaukasischen Gebirgssystems ist die Fortsetzung der die Halbinsel der Krim durchziehenden Bergkette;*) im Osten tauchen seine Ausläufer (am Kap Schachowa-kossa) unter das Kaspische Meer, am jenseitigen Gestade tritt jedoch das Gebirge wieder auf (Ak-Ssyngyr), und gliedert sich am Hindukusch an die grossen zentralasiatischen Gebirgsketten.**)

Das kaukasische Gebirgssystem liegt zwischen 40 und 45° 15' n. Br. und 54 und 68° ö. L. v. Ferro. Von der in das Schwarze Meer hineinragenden Halbinsel Taman im Westen bis zur Uferregion des Kaspischen Meeres im Osten, in einer Längenausdehnung von über 1100 km streicht der Kaukasus in der allgemeinen Richtung von West-Nord-West gegen Ost-Süd-Ost.***) — Das Gebirge, im Norden und Süden begrenzt von den Tiefenlinien der es umgebenden Ländergebiete (Ziskaukasien und Transkaukasien), erreicht in der westlichen Hälfte mit dem Zuge gegen Osten sich immer mehr verbreiternd eine Ausdehnung von 130 bis 150 km, wird in der Mitte

*) »In jedem Falle stellen die Faltungen von Taman und Kertsch eine Verbindung von Krim und Kaukasus her.« Suess Antlitz der Erde. 1885 Bd. I S. 611.

**) Ein unterseeischer Rücken des grossen Balchan bildet die Verbindung des Kaukasus mit den langen, zum Paropamisus sich streckenden Zügen. Suess loc. cit. S. 606.

***) Die Längenausdehnung übertrifft die der Alpen, die Breite ist jedoch viel geringer, so dass der gesamte, vom Gebirge eingenommene Raum doch nur etwa halb so gross ist, wie die Fläche, welche die Alpen bedecken.

auf 60 bis 80 km eingeschnürt und wächst dann im Osten wieder zu einer Breite von 135 bis 140 km.*)

Im Süden scheiden die Täler des Rion und des Kur das kaukasische Gebirgssystem von den Hochebenen und Gebirgen Armeniens. Den gegen Süden abdachenden Fuss des westlichen Flügels des Gebirges bespülen die Fluten des Schwarzen Meeres, und im Osten reicht der Kaukasus bis an die Steppenzone, welche die Ufer des Kaspischen Meeres bildet. Eine von Nord-Ost nach Süd-West streichende Kette, die Meskischen Berge, ist hier ein Bindeglied zwischen Kaukasus und den armenischen Gebirgen, trennt zugleich Rion und Kur und bildet so die Wasserscheide zwischen dem Schwarzen und dem Kaspischen Meere. Dieses aus granitischen Felsarten aufgebaute Gebirge bildet in der Tektonik der kaukasischen Ländergebiete eine kristallinische Zentralmasse von hoher Bedeutung, und auch sein Einfluss als klimatische Scheide auf die morphologische Ausgestaltung und die biologischen Verhältnisse der im Westen und im Osten sich ausdehnenden Ländergebiete ist ein durchgreifender. Es zeigt sich an der Südseite des Kaukasus ein auffallender Unterschied zwischen den vegetationsreichen Landschaften der pontischen Küste und des kolchischen Bassins und dem wüsten Steppengürtel, der den Fuss des Gebirges in der östlichen Hälfte umgibt. Tiefe Landsenken breiten sich hier aus; die Schiraki-Adschinour-Turnt-Steppen sind von Verwitterungsschutt und subäerisch abgelagerten Sand- und Staubmassen erfüllt, und die aus tertiären Ablagerungen bestehende, strauch- und baumlose Niederung und der von Flugsand bedeckte Küstensaum des Kaspischen Meeres bilden eine ununterbrochene Wüsten- und Steppenregion.

Im Norden sinkt der Kaukasus in die Hochflächen, durch welche sich die ihm entspringenden Ströme des Kuban und des Terek winden, um

---

*) Den Angaben über die Dimensionen des Kaukasus, welchen man in den geographischen Handbüchern und in den Publikationen über den Kaukasus begegnet, scheinen die Ausmasse zu Grunde zu liegen, welche in einer alteren Arbeit Ssalatzkis (Tiflis 1866) enthalten sind. Es wäre wichtig, die Endpunkte zu kennen, welche den abgemessenen Linien zu Grunde liegen, und die Grundsätze, die bei der Wahl der Punkte leiteten, nach welchen Anfang und Ende des Gebirges im Norden und Suden angenommen wurde. Indem ich gleichfalls diese Zahlen, allerdings mit einigen Veränderungen, wiederholte, wollte ich nur das allgemeine Gesetz ihnen entnehmen, dass nämlich die Breite des Kaukasus in seinem Verlaufe von Westen gegen Osten zunimmt und beiläufig im Meridiane des Elbruss seine grösste Breite erreicht, in der Mitte im Gebiete der Grusinischen Strasse, am schmälsten wird, gegen Osten aber insbesondere im Daghestan, sich wieder verbreitert. Abmessungen von bekannten Punkten und von West nach Ost vorschreitend werden dies gleichfalls erläutern. Es beträgt die Linie von Maikop bis Pizunda 160 km, von Batalpaschinsk bis Sugdidi 185 km, von Pjatigorsk bis Kutais 200 km von Wladikavkas bis Tiflis 145 km (Wladikavkas-Mzcheti 128 km), von Temir-Chan-Schura bis Nucha 180 km.

sich, der erstere in das Schwarze, der letztere in das Kaspische Meer zu ergiessen. Im Meridiane des Elbruss-Massivs streicht gegen Norden der wasserscheidende Rücken zwischen Kuban und Terek, Schwarzem und Kaspischen Meere. Die Wasserscheide wird zugleich eine wichtige klimatische Grenze, die an der Nordseite zwischen der West- und Osthälfte des Kaukasus eine bedeutsame Verschiedenheit entstehen lässt, die in der morphologischen Ausgestaltung des Gebirges um so mehr zum Ausdruck kommt, je mehr es gegen Osten den kontinentalen asiatischen Klimaeinflüssen unterworfen wird. Den bewaldeten Vorlagen des Kubangebietes im Nordwesten, steht der steinige Nordfuss des Daghestan im Nordosten gegenüber, und im Nordosten und Osten der sarmatischen Tafel von Stawropol gewinnt das Steppen- und Sandterrain zwischen Terek und Kuma bis an die Ufer des Kaspischen Meeres immer mehr an Ausdehnung.*)

*) Schon Strabo hat die Frage aufgeworfen, ob der Kaukasus zu Europa oder zu Asien zu rechnen ist. Im Laufe der Zeiten schwankte die Bestimmung der Grenze zwischen Europa und Asien je nach den ethnographischen und politischen Verhältnissen, welche in diesen Ländergebieten jeweilig die herrschenden waren. Pallas hat gegen Ende des 18. Jahrhunderts die Grenze zwischen Europa und Asien vom Ural zur Wolga absteigend und sie querend längs der Manytsch-Niederung bis zum Don und Asowschen Meere gezogen. Das Gebirgssystem des Kaukasus blieb somit im Süden der von Pallas als Grenzscheide zwischen Europa und Asien angenommenen Linie. (Pallas, Reise in die nördlichen und »Reise in die südlichen Statthalterschaften des Russischen Reiches«, St. Petersburg.) Aber Klaproth bezeichnete im Anfang des 19. Jahrhunderts den Kaukasus als »mit seinem langen, schneebedeckten Rücken Asien von Europa trennend, der als Grenzscheide beider Weltteile dasteht«. (Klaproth, Reise in den Kaukasus und nach Georgien, Halle und Berlin 1812.) Mit der Verlegung der Grenze zwischen Europa und Asien auf die Kammhöhe eines Gebirges, musste sich jedoch eine Trennung in der Behandlung des nördlichen und südlichen Abhanges dieses Gebirgsystems ergeben, die schon aus dieser Ursache mit Recht auf Widerstand stiess. Nun verlegte eine dritte Auffassung die Grenze zwischen den beiden Erdteilen in eine Linie, welche vom Schwarzen Meere längs der Tiefenlinien des Rion und des Kur zum Kaspischen Meere führt und so den Kaukasus in seiner Gänze zu Europa schlägt. Mit noch grösserem Recht wurde wieder diese Grenzenbestimmung von denjenigen abgelehnt, welche obgleich der Kaukasus als ein Uebergangssystem, ein Bindeglied zwischen den europäischen und asiatischen Gebirgen zu betrachten ist, dennoch sowohl in seinem geologischen Bau als in seiner Oberflächengestaltung und seinen biologischen Verhältnissen das starke Ueberwiegen asiatischen Gepräges erkennen. Ganz abgesehen von den südlichen Abhängen, trägt auch die Nordseite, insbesondere der östliche Teil mit den klimatischen Verhältnissen und seinen Vegetationsformen im Relief des Gebirgsaufbaus asiatischen Charakter, und auch ethnologisch gehört der Norden des Kaukasus durch die ihn bewohnenden, überwiegend asiatischen Volkerschaften zu Asien. Mit Recht schreibt Reclus in seiner »Geographie universelle«, dass auf Grund der Forschungen, die das wirkliche Relief des Kaukasus enthüllt haben, es nicht mehr erlaubt sei zu zweifeln, dass der Kaukasus zu Asien gehört. (Reclus, Nouvelle geographie universelle, Tome VI, p. 60, Paris 1881.) In den letzten Jahren scheint dieser Standpunkt in den Fachkreisen immer mehr Anhänger gefunden zu haben, und auch ich halte die tiefe Senke der Manytsch-Niederung, welche zugleich geologisch die Scheide zwischen Quartar im Suden und dem nördlich folgenden Tertiär ist, für die entsprechendste Grenzscheide zwischen Europa und Asien, eine Linie, welche vom Ural bis zum Asowschen Meere längs der Manytschflüsse und über die sie trennenden Ergenihügel lauft.

Der bestimmende Grundzug im Aufbau des Kaukasus ist der eines Kettengebirges mit vielfach gebogener Kammlinie, dessen einzelne Züge vorwaltend in der schon angegebenen Richtung von Nordwest nach Südost angeordnet sind. Entgegen der früher herrschenden Auffassung zeigt jedoch dieses Gebirgssystem nicht das orographische Bild einer einfachen Bergkette, sondern besitzt ein mannigfach gegliedertes Gefüge. Zahlreiche Parallelzüge sind sowohl im Norden als auch im Süden der wasserscheidenden Hauptkette entwickelt, und Querjöcher mit einer scharf gegensätzlichen Streichrichtung von Nord nach Süd haben sich angegliedert. Die in der Einleitung kurz skizzierten Gebirgsfaltungen, tektonische Brüche und Versenkungen bestimmten die orographische Gestaltung des Gebirges, und ein kompliziertes System der verschiedensten Erhebungsrichtungen und der Dislokationen hat seinem orographischen Relief die charakteristischen Züge verliehen. Als eine Folge dieser für die Entwicklung des Gebirges massgebenden orogenischen Bewegungen ist die nördliche Abdachung viel sanfter und daher von grösserer Ausdehnung, als der im allgemeinen steilere Abfall des Südgehänges.

Gegen Norden senkt sich das Gebirge terrassenförmig mit scharfrandiger Kante zu den Ebenen. Im Süden zeigt sich die unvermittelte Abstufung gegen das Schwarze Meer und im Oestlichen Kaukasus die Vertiefung der Flusstäler, welche seinem Fuss entlang ziehen. Die orogenischen Bewegungen haben den Flüssen ihren Lauf vorgezeichnet, welche das Gebirge im Norden überwiegend durch Quertäler entwässern, während sie sich im Süden zum grossen Teile auch durch Längstäler ihre Bahn brechen.

Die geotektonischen Verhältnisse und das orographische Relief des Kaukasus bieten die Anhaltspunkte für eine Einteilung des kaukasischen Gebirgssystems. Es ist dies eine Aufgabe, die in Anbetracht der noch immer beschränkten Zahl von Einzelkenntnissen über die geologische Struktur und die Oroplastik dieses Gebirges eine schwierig zu lösende ist und nur als ein Versuch hingenommen werden muss, der auf Grund des Studiums der einschlägigen Literatur und kartographischen Darstellung, sowie der durch die Bereisung der bedeutendsten Gruppen des Hochgebirges gewonnenen Autopsie unternommen werden soll.*) — Die Aufgabe wird um so schwieriger, weil der Kaukasus im Gegensatze zu den Alpen ein wenig gegliederter Wall ist, der nicht wie dort durch tief eingeschnittene

*) S. Merzbacher, l. c. S. 86 u. ff.

Kammscharten, durch in das Gebirge eingreifende grosse Flusstäler, durch breite Verwerfungsspalten und zahlreiche Wasserscheiden schon in seiner äusseren Physiognomie sich geltend machende Merkmale für eine solche Einteilung bietet. Allerdings wird jeder Einteiluug von Gebirgssystemen etwas Persönliches, vielleicht sogar Willkürliches anhaften. Solche Gruppierungen und Einteilungen entsprechen nur einem rein äusserlichen Bedürfnisse der Wissenschaft, denn der Natur selbst liegt eine derartige gruppierende Tätigkeit fern.*) Natürliche Grenzen im strengsten Sinne des Wortes gibt es nirgends, weil die Natur als solche eben keine Gruppen schafft.**) Jede Einteilung dient nur als Hilfsmittel der Wissenschaft, mit der Bestimmung, den Ueberblick über das Ganze zu erleichtern und die übersichtliche Anordnung des Stoffes zu ermöglichen. Jede solche Einteilung wird daher auch Einwänden offen stehen, insbesondere, je nachdem man bei der Gruppierung des Gebirges orographische, geologische und oroplastische Gesichtspunkte zu vereinen, dem einen oder dem andern derselben mehr Gewicht beizulegen geneigt sein wird. Bei dieser klassifizierenden Tätigkeit werden ferner das Studium der topographischen und der geologischen Karten nicht allein ausschlaggebend sein können. Ausgedehnte Wanderungen durch die verschiedenen Teile eines Gebirges, die Ueberschreitung der die Wasserscheiden bildenden Kammzüge und der Querjöcher sind nötig, um die Physiognomie der Oberflächengestaltung der einzelnen Gruppen in ihren Hauptzügen kennen zu lernen, ihre Oroplastik zu erfassen. Die Vorstellungen, welche man vom Fusse des Gebirges, von der engumschlossenen Tiefe der Täler gewinnt, sind ungenügend, um den oroplastischen Aufbau eines Hochgebirges kennen zu lernen. Ein richtiger Einblick in die Gliederung eines Gebirges und die Anordnung seiner Massen wird sich nur von den Höhen des Gebirges selbst erschliessen.***) Erst dann wird es möglich, mit Zuhilfenahme unserer Kenntnisse von der Orogenie und Geologie des Gebirges und seiner kartographischen Darstellung auf dem Wege der Reflexion ein Gebirgssystem in naturgemässer Weise in Gruppen einzuteilen.

Schon in der vorstehenden, die Orogenie des Kaukasus behandelnden Einführung hat sich wiederholt eine Zweiteilung des Gebirges in eine west-

*) Wurde doch eben in jüngster Zeit den Phisiogeographen nahegelegt, die alte, zwischen West- und Ostalpen gezogene Scheidelinie des Rheintales infolge der neuesten zur Geltung gekommenen tektonischen Anschauungen fallen zu lassen und für die gesamten Alpen einen einheitlichen gebirgsbildenden Prozess anzunehmen, dessen Wirkungen sich bis zum Kaukasus, Hindukusch und Himalaya erstrecken dürften.

**) Dr. August Bohm, Einteilung der Ostalpen in »Geographische Abhandlungen«. Bd. I, Heft 3. Wien 1887.

***) Böhm, l. c. S. 328.

liche und östliche Hälfte nahegelegt, die in einer Linie liegt, welche von der Durchbruchsschlucht des Terek über die tiefe Einsenkung des Kreuz-Passes (Krestowoi-Pass 2379 m, unter 62° 7′ 20″ östlicher Länge) und durch das Aragwa-Tal zieht. Hier — oder doch nur um kaum einen Grad weiter nach Osten, wo die kristallinischen Erhebungen zersplittert ausklingen — endigt die kristallinische Zentralmasse des Kaukasus. Das Gebirge ist im Osten von sedimentären Massen, den in mächtigster Entfaltung auftretenden Tonschiefern, aufgebaut, die seiner Physiognomie einen eingreifenden Unterschied im Gegensatze zu den westlichen Bergketten verleihen. — Nachdem im Westen das Gebirge auf einer Längenausdehnung von 200 km, von den Pässen des Kluchor (2816 m) und des ihm benachbarten Nachar (2869 m) bis zum Mamisson-Pass (2825 m), keinen unter 3000 m sinkenden Einschnitt zeigt, ist auch östlich von letzterem der Kreuzpass die tiefste Einschartung. Die orographischen Verhältnisse brachten es mit sich, dass diese, zugleich annähernd in der Mitte des Hochgebirgswalles liegende Einsenkung und die zu beiden Seiten desselben liegenden tiefen Talfurchen schon seit alten Zeiten den Völkerschaften den Weg von Norden nach Süden wiesen und über sie auch jetzt noch die einzige grosse Verkehrsstrasse (die Grusinische Heerstrasse) über den Kaukasus führt.*)

Aber auch in der westlichen Hälfte gelangen Unterschiede im Aufbau und in der Oberflächengestaltung in die Erscheinung, welche zu einer enger begrenzenden Abteilung veranlassten. Im Westen bildet bis zum Massiv des Elbruss der Kalk das Hauptelement des Gebirgsbaues, die Kämme bestehen aus Gneisen und metamorphen Schiefern, und nur eine schmale kristallinische Zone erscheint als Basis des Gebirges. Weiter im Osten, im Gebiete der Westflanken des Elbruss, im östlichen Quellgebiete des Kuban gelangen hinwieder die Urgesteine, kristallinische Schiefer, immer mehr zur Herrschaft und das Auftreten von jüngeren Eruptivgesteinen kommt in der Oroplastik des Gebirges zum charakterisierenden Ausdruck. Klimatische Einwirkungen bedingen weiter Unterschiede zwischen Westen und Osten. Diese Verhältnisse sind es, welche eine Abgrenzung durch Aufteilung der westlichen Hälfte des Gebirges bedingen, die ich in die tiefe Senke des Kluchor-Passes verlege, als Scheide zwischen Westlichem und Zentralem Kaukasus. Die in der wasserscheidenden Hauptkette liegende Einsattelung des Kluchor-Passes, von welcher gegen Norden die Quellwasser der Teberda dem Kuban zufliessen und im Süden die Talfurche des Klytsch sich auf das Tal des Kodor öffnet, war schon von alters her eine wichtige Ver-

*) Siehe Bd. I, S. 237.

bindungslinie zwischen den nördlichen Kubanlandschaften und den Ufergebieten des Schwarzen Meeres, und seiner Bedeutung entsprechend, führt auch jetzt eine im Norden bis oberhalb der Vereinigung der Teberda mit dem Kuban und auch in ihrer südlichen Endstrecke fahrbare, sonst aber nur als Saumpfad benutzbare Strasse, die Imeritinische Heerstrasse, von Batalpaschinsk nach Ssuchum-kale.*)

Diese drei grossen Abschnitte des kaukasischen Gebirgssystems lassen sich in die folgenden Unterabteilungen zerlegen.

I. Die Gruppen des Westlichen Kaukasus.

1. Der Pontische Zug, von der Taman-Halbinsel bis zum Pschecha-Pass (etwa 1800 m). Das Gebirge beginnt am Schwarzen Meere bei Anapa sich zu erheben und zieht als hügelige Bergkette in östlicher Richtung nahe seiner Küste, von welcher es nur eine Entfernung von etwa 15 bis 40 km trennt. Am Aufbau sind Kreide- und Juraformationen beteiligt, zwischen welchen Eruptivgesteine auftreten. Am nordwestlichen Ende des Kaukasus dehnt sich ein flach gewölbtes Plateauland aus, das von breiten Taleinsenkungen mit vorherrschendem Quertalcharakter durchzogen wird. Der Küstenstrich bietet das Bild einer gegen das Meer hin sich senkenden Terrassen-Landschaft, welche von zahlreichen Wasseradern durchfurcht ist.**) In seiner südöstlichen Fortsetzung gewinnt das Gebirge an Höhe, an orographischer Gliederung des Aufbaues und die anfangs äusserst monotonen Bergformen werden mannigfaltiger, wenn auch steilere Gipfelbildungen fehlen. Die erste bedeutendere Erhebung ist die Kuppe des Idokopas, im Nordosten der Bucht von Gelendschik, mit einer Höhe von 735 m. Sich gegen Südosten wendend, erreicht das Gebirge oberhalb Tuapsse im Berge Lyssaja nahezu 1000 m Höhe, sinkt aber in der Scharte des Goitch-Passes, der von der Küste von Tuapsse nach Maikop in das Kubangebiet führt, wieder bis zu 500 m. Das Südgehänge entwässern zahlreiche Bäche, die sich nach kurzem Laufe in das Schwarze Meer ergiessen. Tief schneiden die Zemes-Bucht bei Noworossisk und die Gelendschik-Bucht in die Abhänge der Gebirgsausläufer. Wo die Erosion des

*) Siehe Bd. II S. 159. Herr Dr. Merzbacher hat die kaum 5 km lange, östlich liegende, schwierig begehbare Scharte des Nachar-Passes, die um 53 m höher als der Kluchor-Pass ist, als Grenze zwischen Westlichem und Zentralem Kaukasus angenommen. Es erscheint mir jedoch die tiefere Senke des Kluchor-Passes, über den jetzt die Imeritinische Heerstrasse führt, geeigneter, den Charakter einer Grenzlinie zu tragen (loc. cit. S. 9).

**) Der hier häufig auftretende Nordost-Sturm (eine Bora) ist von orkanartiger Heftigkeit und eines der grossartigsten meteorologischen Phänomene.

Meeres schon vorgeschritten ist, die rascher als die Talbildung vor sich geht, zeigen sich unter den bewaldeten Bergseiten Klippen, kahle Felsanrisse, mit welchen sie in die Fluten sinken. Im Norden sind die Flüsse, die weit hinaus durch die Steppenebene ziehen, dem Kuban tributär.

Das Gebirge entfernt sich mit seiner Streichrichtung gegen Osten immer mehr von dem südöstlich ziehenden Küstensaum, und von weit ausgreifenden Querjöchern umschlossen, beginnen die Flüsse durch die in das Gebirge dringenden Talfurchen ihre Gewässer dem Meere zuzuführen. Dort, wo im Süden das Quellgebiet des Schache-Flusses liegt und im Norden des Hauptkammes, in einem schon weit verzweigten Bassin, die Quellwasser der Pschecha, eines westlichen Nebenflusses der Bjelaja sich sammeln, steigt das Gebirge zu Höhen von 2000 m und darüber, es beginnt das Gepräge des Hochgebirges zu tragen, es schwingt sich in die Schneeregion empor.

2. Die Abchasischen Alpen, vom Pschecha-Pass bis zum Maruch-Pass (2769 m). Oestlich vom Pschecha-Pass erhebt sich das Gebirge im Gipfel des Fischt zur Höhe von 2854 m, und im langen, gegen Südosten streichenden Zuge bis zum Maruch-Pass wächst seine Höhe mit dem Vorschreiten gegen Osten, und zahlreiche Gipfel erreichen Höhen von 3400 bis nahezu 3800 m. Alpiner Formentypus tritt auf. Mit der wachsenden Höhe ragen immer grössere Teile des Gebirges in die Schneeregion, die Firnlager werden immer zahlreicher, und Gletscher entwickeln sich, wenn auch ihre Grössenverhältnisse vorerst unbedeutende bleiben. Gneis und metamorphische Schiefer bilden die Kämme der Hauptkette. Weiter gegen Osten erscheint dann als schmale Zone die Granitbasis des Gebirges, auf welcher die kristallinischen Schiefer ruhen. Zu beiden Seiten des wasserscheidenden Hauptkammes bilden die Ablagerungen des Jura-, Kreide- und Tertiärsystems parallel verlaufende Ketten.

Im Norden durchbrechen Bjelaja, Kleine und Grosse Laba in tiefen Engschluchten — Chamyschkind, Schachgirei und Tamow — die Jurakette. Im Süden treten die Anzeichen der von der Nordseite verschiedenen Struktur des Gebirges auf, welche als Folge der tektonischen, gebirgsbildenden Bewegungen hier seinem Aufbau ein ausserordentlich kompliziertes Gefüge geliehen haben. In längstalförmigen Becken sammeln Schache, Msymta, Bsyb ihre Quellbäche, um dann vor der Einmündung in das Meer in Quertalfurchen die letzten Vorlagen zu durchbrechen. Obgleich die Hauptkette sich immer mehr von der Küste des Schwarzen Meeres entfernt, ist der Abstand von ihr doch viel geringer, — er beträgt nur 40 bis 50 km, — als an der Nordseite von der Kuban-Ebene, die in einer Entfernung von 80 bis

100 km liegt. Die Abdachung des Gebirges ist daher im Norden eine viel sanftere als im Süden. Als gewellte Fläche zieht die im Norden des Gebirges liegende Steppe bis an den Fuss der Vorberge, welche, scharfrandig von ihr abgeschnitten, mit dichten Wäldern bedeckt, terrassenförmig ansteigen. Diese Urwalddickichte sind ein charakteristischer Zug in der Physiognomie dieser Berglandschaften.*) Der südliche Küstenstrich wird hier schon den Wirkungen der Nordoststürme mehr oder weniger entrückt, nachdem er insbesondere von Ssotschi bis Ssuchum-kale durch den im Norden aufsteigenden hohen Hauptkamm und die ihm vorgelagerten Bergketten einen wirkungsvollen Schutz geniesst. Bei einer hohen Jahrestemperatur und reichlichen Niederschlägen entwickelt sich eine üppige Vegetation, die unter den Florengebieten des Kaukasus eine selbständige, charakteristische Stellung einnimmt, und dichte Waldung bedeckt die Abhänge der Vorberge bis zur Kammhöhe.

Die Abchasischen Alpen lassen sich orographisch in drei Unterabteilungen zerlegen.

a) **Die Fischt-Gruppe** vom Pschecha-Pass bis zum Dsitaku-Gipfel (2645 m) nördlich des Psseaschcha-Passes (2004 m). Die schlanke Felspyramide des Fischt-Gipfels springt vom Hauptkamme, vom Mawri-Koschcha genannten Höhenpunkte etwas gegen Norden vor, und in der Fortsetzung dieses Zuges liegt die breite Masse des kuppelförmigen Oschten (2807 m). Der Hauptkamm zieht vom Fischt über den Schitlib-Pass (auch Bjeloretschensky-Pass, 1848 m) gegen Süd-Süd-Ost, biegt gegen Osten um und erreicht in dem gleichfalls nach Norden vorspringenden Gipfel des Schuguss die Höhe von 3240 m. Der Hauptkamm setzt sich gegen Osten bis zum Dsitaku-Gipfel fort und sinkt in geringer Entfernung südlich desselben zur tiefen Einsattelung des Psseaschcha-Passes (2097 m, nach neueren Messungen 2004 m).

Die vom Schuguss und Dsitaku gegen Norden ziehenden, sich zersplitternden Kammzüge, sowie kleinere Ausstrahlungen des Hauptkammes schliessen die Quertalfurchen ein, durch welche die östlichen Quellbäche der Bjelaja ihren Lauf nehmen. Mit dem Hauptkamm parallel ziehende Bergketten schliessen das Längstal ein, welches der Schache-Fluss von Osten nach Westen durchläuft, bevor er kurz vor seiner Mündung die Richtung Nord-Ost-Nord nach Süd-Ost-Süd einschlägt. Der Hauptkamm und eine südlicher gelegene Kette, die sich mit einem Querjoche an ihn angliedert, umfangen das längstalförmige Quellgebiet des Ssotschi-Flusses,

*) Siehe Bd. II, S. 317 u. ff. und 366.

weiter östlich liegt das Längental der Msymta. Von den Hängen eines dritten, nur lose zusammenhängenden und an vielen Stellen durchschnittenen Bergzuges rinnen zahlreiche Bäche dem Meere zu.

Im Süden haben sich in drei, in geringer Entfernung einander folgenden Terrassen die Sedimente des Tertiär, der Kreide und des Jura abgelagert.

b) **Die Laba-Gruppe.** Vom Psseaschcha-Pass bis zum Zagerker-Pass (2270 m). Von der tiefen Einsattelung des Psseaschcha-Passes, in dessen Nähe im Nord-Osten etwas vorspringend die doppelgipflige Psseaschcha (Süd-Gipfel 3250 m, Nord-Gipfel 3254 m) sich erhebt, verläuft die Hauptkette gegen Südosten. Sie sinkt am Aischcha-Pass bis zu 2492 m, (nach neueren Messungen 2530 m,) und die den Pass umstehenden Gipfel erreichen Höhen von 2850—2860 m. Weiter östlich ist der Hauptkamm auf einer langen Strecke wenig gegliedert und trägt mehrere Gipfel, die Höhen von 2900 bis 3050 m erreichen (Lojub 3000 m), bis dann die mittlere Kammhöhe der Kette wieder sinkt und eine Reihe tief eingeschnittener Pässe einander folgen: Tschimachura- oder Adsapsch-Pass (2492 m), Ssantschara-Pass (2597 m), Laschtrachu-Pass (2728 m) und Zagerker-Pass (2325 m, nach neueren Messungen 2270 m, höchster Gipfel zwischen Laschtrachu-Pass und Zagerker-Pass 3005 m).

Am Nordabhange liegt im westlichen Teile das Quellgebiet der Kleinen Laba, deren Bäche in engen Quertalfurchen die durch hohe Kammzüge voneinander getrennt sind gegen Norden fliessen. Im Osten strömt die Grosse Laba in ihrem oberen Laufe durch ein Längstal, in das von der Hauptkette, welche die Schiefer in sehr steil stehenden Falten aufbauen, durch eine Reihe kurzer Quellschluchten die Bergbäche stürzen. Im Hintergrunde dieser Quellschluchten liegen die früher erwähnten tiefen Kammscharten der wasserscheidenden Hauptkette. Die im Norden das Sagdan genannte obere Längstal der Grossen Laba begleitende Parallelkette erreicht hier bedeutende Höhen (Tschilik 3289 m). Am Nordabhange des westlichen Abschnittes dieser Kette liegt das Quellgebiet des Urup. Am Südgehänge des Hauptkammes breitet sich das östliche Quellgebiet der Msymta aus, das durch ein am Hauptkamme vom Lojub-Gebirge sich ablösendes Querjoch von den westlichen Quellflüssen des Bsyb getrennt wird. Dieses Querjoch gliedert sich an die gegen Westen und parallel mit dem Hauptkamme scheidende Kette, welche das oberste Becken des Pssou-Flusses von dem nördlich liegenden Msymta-Quelltale trennt. Diese Kette ist höher als der wasserscheidende Hauptkamm und erreicht im Agepsta-

Gipfel 3255 m. Weiter im Osten trennt ein gleichfalls vom Hauptkamme ausgehendes Querjoch die Juitschara, den westlichen Quellfluss des Bsyb vom Hauptflusse, welcher aus seinem Längentale von Nordosten niederströmt. Hier sind kurze Parallelzüge dem Hauptkamme vorgelagert, welche die längstalförmigen Becken der nördlichen Quellflüsse des Bsyb umranden, bis dann weiter gegen Osten ihm die Gewässer der Hauptkette durch kurze Querschluchten zuströmen. Auch der Bsyb wendet sich wie die Msymta kurz vor seiner Mündung aus der Ost-West-Richtung in eine nord-südliche und eilt, die letzte Parallelkette durchbrechend, dem Meere zu.

c) **Die Pssyrs-Gruppe**, vom Zagerker-Pass bis zum Maruch-Pass. Der Zug der Hauptkette gegen Osten erhebt sich in dieser Gruppe zu bedeutenden Höhen, welche in einzelnen Punkten 3500 m weit übersteigen. Vom Zagerker-Pass steigt die Kammlinie rasch an und biegt nach einer Scharte von 2631 m gegen Norden um, wo sie in einem Höhenpunkte von 3458 m gipfelt. Ein Gratzug wendet sich hier gegen Norden, der die obersten Quellwasser der Grossen Laba und des Grossen Selentschuk scheidet. Ein anderer kurzer Kamm löst sich gegen Norden ab, in dem der Pssyrs-Gipfel sich bis zu 3788 m erhebt, der höchste Gipfel der Abchasischen Alpen bis zum Maruch-Pass. Wieder senkt sich das Gebirge bis zum Naur-Pass, 2865 m, um dann als geschlossene Mauer über den 3503 m hohen Psysch-Gipfel und über Höhenpunkte von 3450 m, 3514 m und 3437 m zum Maruch-Pass zu streichen.

Im Norden entströmen der Hauptkette die Quellwasser des Grossen Selentschuk. Nahe der östlichen Grenze der Gruppe trennt ein westlich des Maruch-Passes vom Höhenpunkte 3230 m sich ablösendes, weit nach Norden hinausziehendes Querjoch die Quellgebiete des Grossen und des Kleinen Selentschuk. Die dem Hauptkamm parallel laufende Jurakette streicht bei der Annäherung an das Tal des Grossen Selentschuk vom Chistscherzachi (3188 m) an eine Strecke lang von Süd gegen Nord, bis sie sich dann wieder gegen Osten wendet. Im Süden der Hauptkette liegt das östliche Quellgebiet des Bsyb. Sein Längstal wird von der, mit dem Hauptkamm parallel laufenden Kette begrenzt, die, aus Juragesteinen aufgebaut, sich im Tschedym-Gebirge zu 2852 m und im Chymsa-Gipfel zu 3026 m erhebt. Von der Hauptkette fliessen in kurzen Quellschluchten die Gebirgsbäche dem Bsyb zu. Im Osten umfängt sein Quellbassin ein gegen Süden streichendes Querjoch, das sich am Höhenpunkte 3457 m vom Hauptkamm ablöst und sich südlich des Adange-Passes mit der Parallel-Kette verbindet. Von der Südseite der letzteren strahlen Meridionalzüge aus, welche die Flussläufe der Apssta, Gumista, des Kelassuri und der westlichen Nebenquellwasser des Kodor voneinander trennen. Bevor diese Flüsse das Meer erreichen, durchbrechen auch sie die südlichen Vorlagen, die aus Kreide und Tertiär bestehenden Sedimentablagerungen.

3. Die Kluchor-Maruch-Gruppe. Vom Maruch-Pass bis zum Kluchor-Pass (2816 m). Das Ansteigen der Hauptkette, welches man seit Beginn ihres Auftretens, je weiter sie gegen Osten zieht, beobachten konnte, nimmt vom Maruch-Pass an grössere Dimensionen an, indem mehrere Gipfel sich der Höhe von 4000 m nähern und der Kulminationspunkt der Gruppe sie sogar um ein Geringes überragt. Vom Maruch-Pass zieht der Hauptkamm in einem weit nach Süden ausbuchtenden Bogen gegen Osten. Südlich des Maruch-Passes zweigt ein kurzer Gratzug gegen Osten ab, in welchem sich die Karakaja bis 3893 m erhebt. Im Hauptkamme folgen Maruch-Baschi, 3800 m, und die Erzog-Kette mit einer Reihe von Gipfeln, die Höhen von 3700 bis nahezu 3900 m erreichen. Ein Gratzug streicht nach Norden, die Scheide zwischen den Tälern des Akssaut und des Amanaus Vom Erzog-Gipfel zieht der Hauptkamm, das Amanaus-Tal und seine Seitenschluchten im Süden umragend, bis zur steilwandigen Felspyramide des Dombai-Ulgen, dem höchsten Gipfel der Gruppe, 4040 m. In diesem Kammstück lösen sich zwei Gratzüge gegen Norden ab, die westlich und östlich das oberste, gletschererfüllte Amanausbecken umschliessen. Dem westlichen Zuge entsteigt die Westliche Belalakaja, ein kühnes Schieferfelshorn, mit Bändern weissen Quarzes umgürtet, 3850 m hoch, der östliche trägt die 3922 m hohe Oestliche Belalakaja. Das Quelltal der Teberda, welches der Kluchor-Bach durchrauscht, zieht als Längstal gegen Nordwesten und ist im Südwesten von der Hauptkette umragt, der dort der 3913 m hohe Buulgen-Gipfel entragt.

Der orographische Aufbau zeigt am Nordabhange der Hauptkette regelmässig einander folgende, von Süd nach Nord streichende Kammzüge. Zwischen ihnen strömen in tief eingeschnittenen Talfurchen Maruch und Akssaut, die vereinigt den Kleinen Selentschuk bilden, sowie die Teberda und durchbrechen die vorliegenden, aus Sedimentablagerungen bestehenden Ketten. Längs des Hauptkammes erheben sich im Norden gleichfalls aus kristallinischen Gesteinen aufgebaute, kurze Parallelzüge, welche mit ihm Becken einschliessen, denen die Quellbäche dieser Flüsse entrinnen. Diese orographische Anordnung, sowie die bedeutende, die Schneegrenze weit übersteigende Massenerhebung lässt an der Nordseite dieser Gruppe die Schneebedeckung und die Grössenverhältnisse der Gletscher zu bedeutender

Entwicklung gelangen. Im Süden liegt das weit verzweigte Quellgebiet des Kodor. Sein östlicher Quellfluss, die Tschchalta (Azgara) durchströmt ein von Nordwesten nach Südosten ziehendes Längental. Vom Südabhange des steil aufgerichteten Hauptkammes kommen zahlreiche Gebirgsbäche. Als südliche Talwandung begleitet die Tschchalta in gleicher Erhebungsrichtung wie der Hauptkamm die Fortsetzung der ihm vorgelagerten Jurakette, die sich im nördlichen Abschnitte, im Stocke der Schchapisga (Teimass-Kette) bis zu 3030 m erhebt. Nahe und oberhalb der Einmündung des Tschchalta-Tales in den Kodor, strömen ihm aus Osten und vom Norden aus den am Hauptkamme wurzelnden Quelltälern bedeutende Zuflüsse zu, von welchen das Hauptquelltal des Klytsch vom Kluchor-Pass niederzieht.

Die Hauptkette besteht aus kristallinischen und metamorphischen Schiefern und aus massigen, eruptiven und kristallinischen Gesteinen. Die kristallinischen Schichtgesteine, zumeist typische Gneise, bauen zusammen mit den Eruptivgesteinen die höchsten Gipfel der Hauptkette auf. Die Sedimentärgesteine bestehen aus Ablagerungen des Jura-Kreide- und des Tertiärsystems. Sie bilden zu beiden Seiten der Hauptkette die Vorlagen, und zwar lagern die Jura-, Kreide- und Tertiärablagerungen konkordant geschichtet, jedoch diskordant auf den paläozoischen Schiefern. Wie längs des Südabhanges überhaupt, sind dort auch in dieser Gruppe die Dislokationen, im Gegensatze zur Nordseite, viel stärker, und die paläozoischen Schiefer bilden steile, von Verwerfungen zerrissene Falten. Die posttertiären Gebilde sind durch fluviatile und glaziale Ablagerungen vertreten.

Den gebirgsbildenden Felsarten entsprechend, haben die aus kristallinischen Schiefern aufgebauten Hochgipfel der Gruppe die Form kühn aufstrebender Felshörner, steilwandiger Pyramiden. Dieser Formentypus, zusammen mit den in bedeutenden Grössenverhältnissen auftretenden Gletschererscheinungen, leihen der Gruppe das Gepräge hochalpiner Gebirgslandschaften. Der Einfluss des feuchten pontischen Klimas, der auch auf die Nordseite übergreift, lässt sowohl am Süd- als am Nordabhange eine üppige Vegetation und dichte Waldbestände sich entwickeln, welche im Norden bis an die dort tief herabreichende Gletscherzone ansteigen.

II. Die Gruppen des Zentralen Kaukasus.

1. Die Karatschai-Gruppe mit dem **Elbruss-Massiv,** vom Kluchor-Pass bis zum Dschiper-Asau-Pass (3267 m). Vom Kluchor-Pass zieht der Hauptkamm mit einer hohen, aber vielfach gescharteten Kammlinie gegen Osten bis zu dem Punkte, an welchem sich nördlich vom Einschnitte des Dschiper-Asau-Passes der Verbindungsgrat loslöst, welcher das weit nach Norden vorgeschobene Eruptivmassiv des Elbruss mit der wasserscheidenden Hauptkette verbindet. Der Elbruss-Zug trennt das östliche Quellgebiet des Kuban vom Bakssan. Im Meridiane des Elbruss zieht die Taschlisyrt-Kette (höchster Gipfel Tschischgur-Achtschat 3467 m), gegen Norden. Es ist dies jener Zug, der die Wasserscheide zwischen Kuban und Terek, zwischen dem Schwarzen und dem Kaspischen Meere bildet und sich nicht nur als eine wichtige orographische Grenze sondern auch als eine bedeutsame klimatische Scheide darstellt, die in ihren Wirkungen das Gebirge je weiter gegen Osten immer mehr asiatischen Einflüssen öffnet. Im Süden entströmen der Hauptkette die östlichen Quellflüsse des Kodor, Gwandra und Sseken. Das Quertal der Nenskra öffnet sich auf das Tal des Ingur, das hier die Richtung des Längstales, mit welcher es längs der Hauptkette durch Swanetien sich erstreckt, schon verlassen hat und als Quertal von Nordost nach Südwest verläuft, die Sedimentär-Kette in der Schlucht von Ssuntari durchbricht, um sich in das Schwarze Meer zu ergiessen.

Die Kammlinie der Hauptkette ist vielfach geschartet; von Westen nach Osten folgen sich die Passeinschnitte des Nachar 2869 m, Gondarei 3025 m, Tschirykol 3331 m, Dschiper-Karatschai 3293 m und Dschiper-Asau 3267 m. Zwischen ihnen liegen Höhenpunkte von 3700 bis 4150 m, es ist also gegenüber der westlich angrenzenden Kluchor-Gruppe ein weiteres Ansteigen des Hauptkammes zu beobachten. Im Norden ziehen durch Quertäler die Zuflüsse des Kuban, das obere Quelltal des Ullukam nimmt jedoch die Richtung eines Längstales an, eine Folge von tektonischen Bewegungen im Umkreise des Elbruss. Hohe Querjöcher lösen sich an der Südseite von der Hauptkette ab, welche die Kodorzuflüsse Gwandra und Sseken, sowie das Nenskra-Tal voneinander trennen. Von diesen erhebt sich in der Kette zwischen Sseken und Nenskra der Gipfel des Maguaschircha bis zu 3847 m.

Die südliche Parallel-Kette erreicht in ihrem höchsten Punkte, im Chodschal-Gipfel, 3310 m. Die Gletscherbedeckung ist geringer als in der Kluchor-Gruppe und erlangt nur am Nordabhange grössere Dimensionen. An der Südseite lässt der Steilabfall der Hauptkette eine nennenswerte Entwicklung der Gletscherbedeckung nicht zu, dagegen gelangt die Vegetation in den Tälern der Gwandra, des Sseken und der Nenskra zu grossartiger, üppiger Entfaltung.

a) An die Hauptkette schliesst sich **der Elbruss-Stock** an. Das Elbruss-Massiv hängt nordwestlich vom Dschiper-Asau-Passe mit dem Hauptkamm zusammen, mit der es durch einen verhältnismässig niedrigen, 3800 m nicht übersteigenden Kammrücken verbunden ist. Im Westen liegen die Quellflüsse des Kuban (Ullukam, Ulluchursuk und Chudess-Ssu) im Osten das Quellgebiet des Bakssan. Im Norden entströmen dem Massive die Quellen der Malka, die, durch eine von tiefen Cañons durchschnittene Plateaulandschaft (Betschessan-Plateau) strömend, die nördlichen Sedimentärvorlagen des Gebirges durchbricht.

In einer breiten Zone tritt das granitische Grundgebirge auf, von den Eruptiv-Massen des Elbruss bedeckt. Kristallinische und paläozoische Schiefer schliessen sich an. Die Folgen der vulkanischen Tätigkeit zeigen sich schon im östlichen Quellgebiete des Kuban im Auftreten der Andesitgesteine, die östlich des Dschiper-Passes seltener werden und dann ganz verschwinden.

Auf dem granitischen Fundamente des Gebirges haben vulkanische Eruptionen ihre andesitischen Laven ausgegossen und als junge Gebilde ihm die Kegel der Elbruss-Gipfel (5629 m nordwestlicher und 5593 m südöstlicher Gipfel) aufgesetzt. An dem sich allseitig abdachenden, konvexen, jetzt unter Eis begrabenen Plateau des Elbruss-Massivs liegen zumeist an seiner Peripherie einzelne Punkte in Höhen von 4200 bis 4800 m, überragen jedoch nur wenig die allgemeine Erhebung. Am granitischen Fundamente, an welchem die dieser Firnhülle entströmenden Gletscher niederziehen, sind bis tief herab Schlackenmassen und Laven ausgegossen. Die scharfen Ränder eingebrochener Krater und die säulenförmige Absonderung der auf granitischer Grundlage ruhenden Trachyte sind Merkmale der einst hier tätigen Vulkanität.*) Das Relief der Elbruss-Gipfel zeigt die den jungen vulkanischen Bildungen eigenen konischen Gipfelformen, mit den ruhigen Linien ihrer Abhänge, im scharfen Gegensatze zu den durch Verwitterung und Erosion scharf und zackig gemeisselten Spitzen der alten Granitberge, die sie umgeben. Seit historischen Zeiten waren die kaukasischen Vulkane nicht tätig, und Schnee und Eis, nur selten durchbrochen vom dunkeln Andesitgestein, bedecken jetzt das erkaltete Magma.

2. Die Swanetisch-Tatarischen Alpen vom Dschiper-Asau-Pass bis zum Passiss-Mta (3786 m), Knotenpunkt zwischen Schariwzik-Pass (3525 m) und Gesevcek-Pass (3435 m). Diese Gruppe ist von grosser

---

*) Ueber diese säulenförmige Absonderung der Trachyte, Bd. I, S. 298.

Ausdehnung, und in ihr gelangt die Hochgebirgsnatur des Kaukasus zur mächtigsten Entfaltung. Sowohl im Hauptkamme als in den nach Norden streichenden Nebenketten liegen nach dem Elbruss die höchsten Gipfel, und der grossartigen Massenerhebung und den günstigen klimatischen Verhältnissen entsprechend, ist hier sowohl im Norden als im Süden das Gletscherphänomen in den bedeutendsten Dimensionen entwickelt. Die granitische Zentralmasse tritt als mächtige Zone auf, durchbrochen von kristallinischen Schiefern (Gneis, Glimmerschiefer), die sich im Norden als breiteres, im Süden als schmales Band anschmiegen. Um so mächtiger sind im Süden, im Gegensatze zum Nordabhange, die paläozoischen Schiefer entwickelt, die hier sogar die mit dem Hauptkamm parallel laufende Leila-Kette mit Erhebungen von über 4000 m aufbauen. Auffallend ist der scharfe physiognomische Unterschied zwischen diesem in schönem Linienschwung hinziehenden, schneebedeckten Schiefergebirge und der granitischen Zentralzone.

Das Gebirge wird im Norden durch die Quertäler des Bakssan, des Tschegem und des Tscherek (Besingi-Tscherek und Balkar-Tscherek) entwässert. Nach dem Durchbrechen der Sedimentärvorlagen, strömen diese Gewässer — schon im Alluvialgebiete — der Malka zu, die bald darauf in den Terek mündet. Im Süden dehnt sich das Längenhochtal des Ingur aus. Die vom Hauptkamme niederziehenden Querschluchten, die auf das Haupttal sich öffnen, bilden von diesem und von kurzen Parallelkämmen umschlossene Becken, das Sammelgebiet der die mächtigen Gletscherströme nährenden Firne. Parallel und südlich vom Ingur zieht in der Zone der paläozoischen Schiefer das Längstal des Zchenis-zchali. Der Fluss verlässt dann diese Richtung, indem sein Tal mit einer scharfen Wendung von Nord nach Süd streicht, und durchbricht die hier in verwirrender Mannigfaltigkeit auftretenden Sedimentablagerungen.

In den nördlichen Quertälern weisen die mittleren, waldlosen, steinigen Talstufen schon auf die Wirkung veränderter klimatischer Verhältnisse, im Gegensatze zur reichen Vegetation und den Urwäldern der westlichen Gruppen. Dagegen steht das swanetische Ingur-Hochtal unter dem Einflusse des feuchten pontischen Klimas, welches mit seinen hohen Temperaturen und grossen Niederschlagsmengen eine üppige Vegetation erzeugt und die Entwicklung einer tief herabreichenden Schnee- und Gletscherbedeckung fördert.

Es ist schwierig, das grosse Kettengebirge der Swanetisch-Tatarischen Alpen mit Heranziehung von geologischen und orographischen Gesichtspunkten in Unterabteilungen zu zergliedern. Dieser stratigraphische Komplex ist tektonisch und orographisch mehr oder weniger eine Einheit, und man wird sich bei einer Einteilung in kleinere Gruppen hauptsächlich mit orographischen Grenzen behelfen müssen.

a) **Die Dongusorun-Gruppe** vom Dschiper-Asau-Pass bis zum Betscho-Pass (3375 m). Dem Hauptkamm entragen mehrere hohe Gipfel, von welchen der Dongussorun-Hauptgipfel, 4468 m erreicht; im Westen ist er im Dongussorun-Pass bis zu grosser Tiefe — 3199 m — eingeschnitten, die tiefste Einsattelung bis zum Mamisson-Pass. Im Norden fliessen durch das Dongusorun-Tal und durch das Jussengi-Tal die Gletscherbäche dem Bakssan zu. Im Süden münden die Quertäler der Nakra und der Dolra-tschala (Betscho) auf das Längenhochtal des Ingur. In dem zwischen den Tälern der Nenskra und Nakra gegen Süden streichenden vergletscherten Querjoche ist der höchste Gipfel, der Schtawler, 3995 m, eine kühn aufstrebende Firnpyramide. Der vom Dongusorun gegen Süden streichende, das Nakra-Tal vom Dolra-tschala (Betscho-Tal) trennende Bergzug trägt eine Reihe scharf geschnittener Gipfel. Die Gesteine sind Gneise und porphyrische Schiefer, die allmälich durch Lager von Tonschiefern unterbrochen werden. Im Süden, wo die Kette nach Osten umbiegt, liegt der höchste Gipfel, Zalmyl, 3992 m. Durch diese Streichrichtung werden im Hintergrund des Dolra-(Betscho-)Tales im Zusammenhange mit den an der Ostseite der Kette sich ablösenden kurzen Kammzügen weite Becken geschaffen — eine orographische Anordnung, der wir im Osten, in den nördlichen Quertälern des Ingur in grösserem Massstabe begegnen werden, und welche die Ansammlung grosser Schneemassen und die Entwicklung der Gletscher sehr begünstigt. — Das mittlere und untere Nakra-Tal ist durch eine üppig aufschiessende Riesenstaudenflora und durch dichte Waldungen ausgezeichnet.

b) **Uschba-Gruppe,** vom Betscho-Pass bis zum Adyr-Mestia-Pass (3661 m). Die Gruppe verdankt ihren Namen dem granitischen Felsgerüste des doppelgipfligen Uschba (4698 m), der von der Hauptkette zwischen Schcheldy-Tau (4320 m) und Tschatyn-Tau (4363 m) gegen Süden vorspringt und durch seine herrliche Felsarchitektur berühmt wurde. Vom Tschatyn-Tau streicht der Hauptkamm nördlich zum Bscheduch-Tau (4271 m) und zieht dann in gerader Linie gegen Osten zur Einsattelung des Adyl-Passes (3472 m) und über eine Reihe von 4000 m übersteigenden Gipfeln (u. a. Ullukara, 4302 m, Ullutautschana, 4203 m) zum Adyr-Mestia-Pass. Von dieser Einsattelung zieht eine im Adyrssu-Basch und im Dschailik-Basch Höhen von 4370 m bzw. 4532 m erreichende, stark vergletscherte, granitische Kette im rechten Winkel zum Hauptkamm und bildet den Scheiderücken zwischen dem Bakssan-Tale und dem Tschegem-Tale. Auch zwischen den Quelltälern des Bakssan, Adyl-ssu und Adyr-ssu erheben sich von der Hauptkette ausstrahlende, kurze granitische Züge. An der Südseite streichen von den Gletscherbächen des Dolra-tschala und Mestia-Tjuibri durchbrochene hohe Parallelketten dem Hauptkamme entlang, von welchen die Dalla-Kora-Kette und die einander folgenden Sswjetgar- und die südlichere Gwalda-Kette mit hohen Gipfelpunkten (u. a. Sswjetgar 4109 m) die firnerfüllten Becken der grossen swanetischen Gletscher umschliessen.

c) **Die Tichtengen-Gruppe** vom Adyr-Mestia-Pass bis zum Zanner-Pass (3960 m). Die Gruppe gleicht in der orographischen Anordnung und im geologischen Aufbau der vorhergehenden und hat ihren Namen von der im Hauptkamme sich erhebenden, 4614 m hohen Firnpyramide des Tichtengen, die als hohe Wacht etwa in der Mitte zwischen den am Südabhange zu ihren Füssen sich ausdehnenden weiten Firn- und Gletschergefilden aufragt. Vom Adyr-Mestia-Pass zieht der Hauptkamm gegen Süd-Südosten, ist am Twiber-Pass bis zu 3601 m eingeschnitten, steigt zum Tichtengen-Gipfel und senkt sich wieder zum Zanner-Pass. Die östliche Grenzlinie unserer Gruppe bildet noch ein Teilstück des Hauptkammes, der streng gegen Süden zur Gestola (4869 m) zieht und von diesem Punkte einen kurzen Nebenkamm entsendet, der, gleichfalls südlich streichend, im 4853 m hohen Tetnuld gipfelt. Der Tetnuld-Zug ändert mit zwei gegen Westen ausstrahlenden Parallelketten (Pcharasch- und Laktschidar-Kette) seine Erhebungsrichtung, anderseits streicht ein langer Kammzug vom Tichtengen gegen Süden, die Gwalda-Kette setzt sich wieder östlich fort, und alle diese Querjöcher und Parallelketten, die sich orographisch dem Hauptkamme angliedern, bilden die weiten Becken, welche die Ansammlung von Schneemassen und die Entwicklung grosser Gletscherströme an der Südseite des Hauptkammes begünstigen. Am Nordabhange zieht von einem nördlich des Zanner-Passes liegenden Knotenpunkte ein hoher Kammzug gegen Nordosten, der sich an seiner Westseite und im Norden in zahlreiche Grate zersplittert und an seinem Ostabhange steil abfällt (Saluinan-Kette, höchster Gipfel 4348 m).

d) **Die zentralkaukasische Hauptgruppe** vom Zanner-Pass bis zum Passiss-Mta. Das kurze Kammstück vom Zanner-Pass zur Gestola bildet die Grenzlinie zwischen dieser und der westlich liegenden Gruppe. Von der Gestola zieht der Hauptkamm als mächtiger eisbedeckter Wall, kaum geschartet, zu den Gipfeln des Katyn-Tau, 4968 m, der Dschanga, 5031 m und 5038 m und zur mächtigen Schchara, 5184 m. Hier löst sich eine in ihren Erhebungen gleich grossartige Kette gegen Nordost ab, welcher die Granitriesen des Dych-Tau, 5198 m, und Koschtan-Tau, 5145 m, entragen. Im Zirkus, welchen die westliche Saluinan-Kette, der Hauptkamm und die Dych-Tau-Kette bilden, liegt das Firngebiet des grössten kaukasischen Gletschers (Besingi-Gletscher). Die Kette des Dych-Tau ist Scheiderücken zwischen den beiden Armen des Tscherek (Besingi- und Balkar-Tscherek), welche durch gegen Nordost sich öffnende Quertäler strömen und in ihrem Laufe die Sedimentärketten am nördlichen Abhange des Zentralen Kaukasus durchbrechen. Vom Schchara-Gipfel zieht die Hauptkette, sich allmählich abdachend, zum Gipfel des Nuamquam, 4281 m; sie erhebt sich noch einmal im Ailama-Tau bis zu 4525 m, verliert aber dann immer mehr an Höhe und bildet einen geschlossenen, wenig geschartеten Kamm, der ohne bedeutendere Gipfelbildungen zum Einschnitt des 3525 m hohen Schariwzik-Passes sinkt, den der Passiss-Mta, ein wichtiger Knotenpunkt in der orographischen Gliederung des Gebirges, mit 3786 m nur um ein Geringes überragt.

Im Süden ist der Abfall des Hauptkammes ein ausserordentlich steiler; unter ihm liegt das östliche Quellgebiet des Ingur: eine Reihe gletschererfüllter, von Querjöchern getrennter Schluchttäler, die je weiter gegen Osten immer kürzer werden. Die Gletscher verlieren an Grösse, überraschen jedoch durch die Eisstürze, mit welchen sie über ihr steiles Bett niedergleiten, und werden weiter gegen Osten infolge des schroffen Aufbaus des Gebirges unbedeutend. Vom Nuamquam streicht ein hoher Gratzug gegen Süden, die Scheide zwischen Ingur und den östlich desselben am Hauptkamme entspringenden Quellen des Zchenis-zchali.

In der zentralkaukasischen Gruppe bietet der Kaukasus die grossartigsten Bilder eisiger Hochgebirgslandschaften; der Granit baut Gipfel von ausserordentlicher Wildheit, mit scharfkantigen Firngraten und abstürzenden, eisbepanzerten Wänden, die über weite Schneewüsten aufragen und deren Fuss von tief bis in die Kulturregion hinabreichenden Gletschern umgürtet ist. Diese Granitriesen des Kaukasus — seine höchsten Gipfel nach dem Elbruss — übersteigen 5000 Meter, und nicht nur durch diese absolute, sondern auch durch die grosse relative Höhe, mit welcher sie sich über die tief eingeschnittenen Täler erheben, ist ihr Anblick von überwältigender Wirkung.

3. Die digorischen Alpen vom Passiss-Mta bis zum Mamisson-Pass (2825 m). Die Hauptkette zieht gegen Südost, vielfach geschartet und ohne in ihren Höhenpunkten 4400 m zu übersteigen, und bildet erst im östlichen Abschnitte eine durch hohe Gipfel und weitverzweigte Kammausläufer, die grosse Gletscher einschliessen, ausgezeichnete Gruppe. Die granitische Zentralmasse wird hier immer mehr eingeschnürt und erweitert sich nur noch vorübergehend im östlichen Abschnitte. Das schmale Band der paläozoischen Schiefer, welches den Zentralen Kaukasus im Nordabhang östlich vom Elbruss begleitet, durchbricht den Granit und schiebt sich als weit nach Westen in unser Gebiet hineinreichende Zunge über denselben.

An der Nordseite der Hauptkette liegen durch einen Gratzug, über den der Schtulivcek-Pass (3348 m) führt, voneinander getrennt, das östliche Quellgebiet des Tscherek und das westliche des Uruch, beide in Form von Längentälern längs des Hauptkammes hinziehend. Im Osten fliessen die Gewässer dem Ardon zu, der hier das granitische Grundgebirge durchbricht und seine obersten Quellen in der Tonschieferkette sammelt, welche von hier weiter gegen Osten die Rolle der Wasserscheide übernimmt. Uruch und Ardon ziehen als Quertäler, die der Reihe nach folgenden Sedimentärketten durchschneidend, gegen Norden. Zu bedeutender Entwicklung gelangt hier die Jurakalk-Kette, welche im Kion-Choch 3423 m erreicht. Im Süden trennt ein vom Passiss-Mta auslaufendes Querjoch die Quellgebiete des Zchenis-zchali und des Rion. In zwei Längstälern, einem westlichen und einem östlichen, sammelt der Rion die ihm von der Hauptkette durch zahlreiche kürzere und längere Querschluchten zuströmenden Bäche, ändert nach der Vereinigung dieser Quelltäler seinen Lauf und durchbricht die gegen Osten sich immer mehr entwickelnde Tonschieferkette, zwischen den Höhenpunkten des Schoda-Gipfels (3609 m) und des Dolomis-zferi (3267 m).

In dieser Gruppe lassen sich folgende Unterabteilungen abgrenzen:

a) **Die Laboda-Gruppe,** vom Passis-Mta bis zum Godivcek-Pass (3498 m). In dem zwischen diesen zwei Punkten streichenden Hauptkamm sind Laboda-Tau mit 4320 m und der unfern im Südosten sich erhebende Ziteli-Gipfel mit 4277 m die höchsten Punkte. Die vergletscherte Kammlinie ist von tiefen Einsattelungen geschartet. Im Süden ist der Abfall der Kette auch hier ein steiler. Der geologische Aufbau ist der gleiche wie in der westlich angrenzenden Gruppe, er besteht gleichfalls aus Graniten, umgürtet von kristallinischen Gesteinen, denen sich aber, wie schon in der Beschreibung der Hauptgruppe erwähnt, im Norden ein Band weit in das Gebirge hineinreichender paläozoischer Schiefer anschliesst.

b) **Die Ssugan-Kette,** die im Norden des Hauptkammes und mit diesem parallel vom Tscherek im Westen bis zum Uruch im Osten streicht. Die Kette bildet eigentlich die Fortsetzung der Dychtau-Kette, von der sie am

Koschtan-Tau gegen Osten abzweigt; sie erhebt sich jenseits des Tscherek in einer Reihe von Gipfeln, die, wie Gjultschi (4475 m), Ssugan (4490 m), Nachaschbita (4447 m) u. a., die Hauptkette an Höhe übertreffen. Mit dem Kammrücken, der vom Ssugan zum Gese-Tau streicht und über den der Schtulivcek-Pass führt, hängt die Kette mit dem Hauptkamm zusammen. Steil fällt ihr Südabhang in die Quelltäler des Tscherek (Schtulu) und Uruch (Charwess). Gegen Norden ist ihre Abdachung eine sanftere, sie bietet Raum zur Ausbreitung grosser Firnbassins und Gletscher, von denen die Gewässer durch lange Quertäler gegen Norden eilen. Die Ssugan-Kette ist von den gleichen granitischen Gesteinen aufgebaut wie die Hauptkette, schmale Bänder kristallinischer Schiefer umranden sie, und die Sohle des Charwess-Tales, welche zwischen ihr und der Hauptkette zieht, ist in schwarze Tonschiefer gesenkt.

c) **Die Adai-Choch-Gruppe,** vom Godivcek-Pass bis zum Durchbruchstal des Ardon. Die Hauptkette streicht vom Godivcek-Pass gegen Süd-Südost, ihre Kammlinie erhebt sich im Zichwarga-Gipfel zu 4138 m und sinkt am Gurdsievcek-Pass wieder bis 3340 m. Weiter gegen Osten bildet jedoch der Hauptkamm einen geschlossenen, hohen Wall, dessen Gipfel nicht unter 4200 m sinken: Burdschula 4358 m, Bubiss-Choch 4419 m, Tschantschachi-Choch 4286 m. Gegen Norden strahlt vom Hauptkamm der Granitzug aus, dem der Kulminationspunkt der Gruppe, der 4647 m hohe Adai-Choch, entragt. Dieser hohe Kamm zersplittert sich in einen westlichen Grat mit dem 4519 m hohen Skattikom-Choch und einen östlichen Zug, der den Ssonguta-Choch (4460 m) trägt und der als Zeja-Kamm weit hinaus gegen Nordosten zieht. Vom Tschan-tschachi-Choch streicht der Hauptkamm über den Gipfel des Mamisson-Choch (4048 m) und sinkt zur Einsattelung des Mamisson-Passes. Ein anderer Zweig (Kaltber-Kette) verläuft parallel mit dem Zeja-Kamm gegen Nordosten zum Ardon-Tale.

Die von der Hauptkette gegen Norden und Nordosten streichenden Querjöcher und die mit ihr parallel verlaufenden Kammzüge umschliessen weite Becken, die Geburtsstätte grosser Gletscherströme, die weit hinab in die Kulturregion dringen. Ihre Bäche fliessen dem Uruch und dem Ardon zu. Der Ardon durchbricht hier das Granitgebirge in der grossartigen Kassara-Schlucht und verlegt damit die Wasserscheide in die im Süden sich erhebende, am Mamisson-Zug sich angliedernde Tonschiefer-Kette. Die am Südabhang ausstrahlenden Grate trennen eine Reihe von gletschererfüllten Querschluchten, deren Wasser dem östlichen Quellgebiete des Rion zufliessen.

Der geologische Aufbau der Gruppe ist der gleiche wie in den andern Unterabteilungen der Digorischen Alpen, nur verschwinden im Süden die kristallinischen Schiefer immer mehr, und vom Mamisson-Pass an gelangen die Tonschiefer, welche die wasserscheidende Hauptkette bilden, zu bedeutender Entwicklung.

4. Die Ossetischen Alpen, vom Mamisson-Pass bis zum Kreuz-Pass, vom Durchbruchstale des Ardon bis zum Durchbruchstale des Terek. Die Tektonik des Gebirges gibt dieser Gruppe das charakteristische Gepräge. Die granitische Kette im Norden wird oroplastisch durch ihre bedeutende Erhebung, die grossartigen Gipfelbildungen, die ausgedehnte Vergletscherung ausgezeichnet, im Gegensatze zu dem im Vergleiche nur unbedeutenden wasserscheidenden Tonschieferkamm. Im geologischen Aufbau erscheint die granitische Zentralachse nur als schmale, immer mehr nach der Nordseite des Kammes zurückgedrängte Zone, die kristallinischen Gesteine verschwinden im östlichen Abschnitte der Gruppe gänzlich, und dort treten als gebirgsbildende Faktoren junge Eruptivgesteine auf. Aeltere Diabase und die jungen Andesite bilden die Gipfel, Produkte jener Eruptionen, welche mit ihren Lavamassen auch das Grundgebirge und die Schiefer durchdrangen und bedeckten. Die granitische Nebenkette wird im Norden durch die Bäche des Fiagdon und Giseldon entwässert, welche durch quertalförmig auf ihre Erhebungsrichtung stossende Talfurchen strömen. Im Süden der Nebenkette liegen in längstalartiger Anordnung das östliche Quellgebiet des Ardon und das westliche des Terek. Sie sind durch ein Querjoch voneinander getrennt, mit welchem die Nebenkette sich der südlich dieser Quellgebiete hinziehenden Hauptkette angliedert. Am Südabhange der wasserscheidenden Hauptkette nehmen die Täler der Liachwa und der Aragwa ihren Ursprung.

Die Ossetischen Alpen zerfallen in folgende drei Unterabteilungen:

a) **Die Tepli-Gruppe,** vom Durchbruche des Ardon bis zum Kolota-Pass (3241 m), Quellgebiet des Fiagdon. Der Kamm der Kette streicht vom Zmiakom-Choch (4136 m) zum Archon-Gipfel (4255 m), ist wenig geschartet und trägt nahezu in der Mitte den Kulminationspunkt, den Diabas-Gipfel des Tepli (4423 m). Die Gletscherbedeckung ist nur im Norden und an der von kurzen Gratzügen reich gegliederten Ostseite bedeutend. Die Zone der paläozoischen Tonschiefer reicht im Süden hoch in das Gebirge hinauf. Die Bäche des Südabhanges fliessen dem Ardon zu, ebenso die der Westseite und eines Teiles des Nordabhanges. Gegen Norden streicht ein Grat, welcher östlich vom Tepli abzweigt und der sich der Jura-Kette angliedert, die hier sehr entwickelt ist und im Kriu-Choch 3405 m erreicht. Im Osten dieses Grates und an der östlichen Abdachung der Gruppe entspringen die Quellbäche des Fiagdon.

b) **Die Kasbek-Gruppe,** vom Kolota-Pass (Quellgebiet des Fiagdon) bis zum Durchbruchstal des Terek. Die Kammlinie dieser Gruppe ist sehr gebrochen; sie zieht zuerst gegen Nordosten zum Ziti-Choch, 3907 m, während ein hoher Kammzug gegen Nordwest ausstrahlt und im Ssyrchu-Gipfel 4156 m erreicht. Im Kamme folgen weiter gegen Osten Midagrabin-Choch, 4040 m, und Gimarai-Choch, 4778 m. Wieder löst sich ein im Schau-Choch (4371 m) gipfelnder Grat nordwärts ab. Der Kamm selbst zieht jetzt als ein hoher, plateauförmiger, unter Firn und Eis begrabener Rücken gegen Osten. Hohe Gratzüge strahlen an seinem Ende gegen Norden, Osten und Süden aus, und dort haben in einer der jüngsten Epochen der Bildungsgeschichte des Kaukasus Andesite den Gipfel des Kasbek 5043 m hoch aufgetürmt. Nur noch im Norden erscheint die granitische Zentralachse als ein schmales Band; die kristallinischen Schiefer sind an beiden Abhängen verschwunden. Die Zone des Paläozoikum hat sich verbreitert, und sie umgrenzt und unterlagert die Bildungen der Vulkanität. Bis in die Tiefe der Täler, nach Südosten, Nordosten und Osten, haben sich die Lavaströme ergossen, und ihre aus Andesiten und Daciten bestehenden Massen, Aschen- und Schlackenkonglomerate, sowie Geröll und Blöcke von Andesitgesteinen lagern an den Abhängen des Gebirges. Parallelzüge und Querjöcher umranden ausgedehnte Firnbecken und lassen in dieser Gruppe das Gletscherphänomen zu bedeutender Entwicklung gelangen. Mehrere der grossen Gletscher des Gebietes sind durch ihre Ausbrüche berüchtigt. Hydrographisch ist die Nordseite dem Fiagdon und Giseldon tributär; die Bäche des Ost- und Südgehänges fliessen dem Terek selbst, seinem längstalförmigen westlichen Quellgebiete und seinem Durchbruchstale zu. Hier durchschneidet der Terek in den grossartigen Dariel-Schluchten das granitische Gebirge. Die ununterbrochene Schneedecke, welche die hohen Regionen bedeckt, in welchen sich in scharfen Gegensätzen die Kuppenform der vulkanischen Gebilde und die Dachfirste der Diabase zu grossen Höhen erheben, die mächtigen Gletscherströme mit den Rändern der sie umgebenden Felsrippen rötlichschwarzer Eruptivgesteine, schaffen Hochgebirgslandschaften von eindrucksvoller Schönheit.

c) **Die Ossetische Hauptkette,** vom Mamisson-Pass bis zum Kreuz-Pass (2379 m). Vom Kossi-Choch (3685 m) südlich des Mamisson-Passes streicht die wasserscheidende, aus Tonschiefern aufgebaute und dem granitischen Nebenkamm an Höhe weit nachstehende Hauptkette gegen Südosten und bildet die Massive des Chalatsa (3937 m), Sikara (3529 m) und Brudsawseli (3678 m). Nun beschreibt die an Höhe verlierende Kammlinie einen Bogen gegen Norden, um sich dann gegen Südosten fortzusetzen; sie erhebt sich im Silga-Choch wieder zu 3854 m, im Kalasan zu 3833 m und sinkt dann, sich allmählich abdachend, zum Kreuz-Pass. In ihrem letzten Abschnitte streift die Tonschieferkette das vulkanische Kel-Plateau mit seinen Kraterseen.

III. Die Gruppen des Oestlichen Kaukasus.

1. Die Chewssurischen Alpen vom Kreuz-Pass bis zum Andaki-Pass (2736 m), westlich des Grossen Barbalo (3290 m). Vom Kreuz-Pass setzt sich die wasserscheidende Hauptkette in vielfach gekrümmter Linie gegen Osten und dann gegen Südosten bis zur tiefen Scharte des Andaki-Passes fort, ohne zu bedeutenden Höhen sich zu erheben. Ueber dem Andaki-Pass ragt der Grosse Barbalo auf, ein wichtiger Knotenpunkt an der östlichen Grenze der Gruppe. Im Süden liegt das weit verzweigte Quellsystem der Aragwa. Im Norden streichen die Hauptkette an Höhe bedeutend übertreffende Meridionalzüge von Süd gegen Nord und Nordwest, welche von Nebenflüssen des Terek entwässert werden. Das Gebirge besteht aus Tonschiefern, die jedoch von kristallinischen Gesteinen und älteren Eruptivmassen (Diabase, Diorite, Porphyre, Dacite) mehrfach durchbrochen werden. Die granitische Kernmasse tritt nur noch im westlichen Anfange der Gruppe in wenigen Aufbrüchen zu Tage, auch die Verbreitung der erwähnten kristallinischen und älteren Eruptivgesteine ist auf den Abschnitt westlich der Assa und der Chewssurischen Aragwa beschränkt; weiter östlich sind die alten Tonschiefer das im Gebirgsbau ausschliesslich dominierende Gestein.

Die im Norden den Chewssurischen Alpen vorgelagerten Ketten bestehen aus Sedimenten des posttertiären, tertiären, des Kreide- und Jurasystems und der paläozoischen Schiefer. Die Ablagerungen der Kreide (bestehend aus vier Stufen, den Kalkgesteinen der Senonstufe, der Albienstufe, dem Aptien und Neocom [Hauterivien]) werden im Norden von den darüber liegenden tertiären und im Süden von den Jura-Ablagerungen begrenzt. Die Jurakette zeigt die dolomitischen Kalkgesteine des oberen und die sandsteinhaltigen Schiefer des unteren Jura. Die Sedimentärketten setzen sich in gleichem geologischen Aufbau mit steilem Abfall gegen Süden und einer sanfteren Abdachung gegen Norden von Westen nach Osten durch die weiter östlich folgenden Gebirgsgruppen fort. Den unteren Jura-Ablagerungen folgen dann die aus schwarzen, tonhaltigen, glimmerigen Schiefergebilden bestehenden paläozoischen Schiefer.

Die Schnee- und Gletscherbedeckung ist in der Hauptkette, infolge der die Schneegrenze nur an einzelnen Punkten überragenden Höhe, gering und erreicht auch in den nordwärts streichenden Meridionalzügen, infolge des schroffen Aufbaues des Gebirges, keine bedeutende Entwicklung.

Diese Gruppe zerfällt in zwei Abteilungen:

a) **Die Chewssurische Hauptkette** zieht vom Kreuzpass über mehrere, 3000 m nur wenig überragende Tonschiefergipfel zum Eruptivmassiv (Diabasformationen) des Tschauchi (3854 m). In der Fortsetzung wendet sich die Kammlinie gegen Norden zum Ssoguntano (3280 m), zieht eine Strecke weit streng östlich zum Tanis-Tawi (3435 m) und dann wieder gegen Süd-Süd-Ost. Die Eruptivgesteine durchbrechen noch im Anfange stellenweise diese Tonschieferkette, die östlich vom Tanis nur noch unbedeutende, die Schneegrenze nicht übersteigende Gipfelpunkte besitzt. Auch am Südhange finden wir nach den paläozoischen Ablagerungen Jura, Kreide, Tertiär und die anschliessenden Geröll- und alten Alluvialsedimente. Die Schichtung ist eine höchst unregelmässige, die Schichten sind umgestürzt, und auch hier ist die Tektonik im Süden eine komplizierte. Nur das gletschertragende Tschauchi-Massiv zeigt einen Formentypus, welcher an die nördlichen Schieferberge der Ostalpen erinnert.

b) **Die nördlichen Chewssurischen Alpenketten** im Norden der Chewssurischen Hauptkette, zwischen dem Durchbruchstale des Terek und den östlichen Quelltälern (Andakis-zchali und Kchonis-zchali) des Tschanti-Argun. Durch die Quelltalfurchen der Kistinka, des Armochi, der Assa und des Tschanti-Argun wird dieses Gebirge in eine Reihe von Parallelzügen, von Süden gegen Nordwesten und Norden streichende Meridionalzüge, zerlegt. Der westliche Abschnitt wird im Süden von der Hauptkette durch das Längstal des Dschutabaches und der nördlichen Schwarzen Aragwa (eines Nebenflusses des Terek) getrennt. In den drei westlichen Ketten sind Kuru-Tawi, 4090 m, Schan-Tawi, der Kulminationspunkt der Gruppe, 4430 m, und Kidenais-magali, 4219 m, die je höchsten Gipfel. In den andern, östlichen Ketten erreicht die Kammhöhe nirgends 4000 m, und nur im Zuge zwischen den beiden Quellflüssen des Tschanti-Argun (Schatil-Argun und Kchonis-zchali) erhebt sich der Felsgipfel des Ardotis-Tawi bis zu 3929 m. Die Chewssurischen Alpenketten sind durch ihren schroffen Aufbau ausgezeichnet, die Gipfel bilden zumeist felsige Hörner, die Kämme sind kaum geschartet, die Breitseiten zeigen steile Wände eines plattig-schiefrigen, wenig gegliederten Gesteins. Die Täler sind infolge der Zusammenschiebung der Gebirgsmasse schmale steinige Furchen mit wenig Wald, die höheren Abschnitte sind mit riesigen Trümmermassen bedeckt, die Gletscherbedeckung, obgleich grösser als früher angenommen wurde, ist von keiner bedeutenden Ausdehnung. Die Hauptgesteine der Chewssurischen Alpen sind die schwarzen paläozoischen Tonschiefer, nur selten an einzelnen Stellen von alten Tiefengesteinen durchbrochen. Im Norden zieht die Jurakalk-Kette von Westen nach Osten, mit 3000 m übersteigenden Höhen (Mat-Lam 3005 m, Zei-Lam 3184 m, Muntakija 3029 m), und wird von der aus ihrem kesselförmigen Quellgebiete gegen Norden strömenden Assa durchschnitten.

2. Die Tuschinisch-tschetschenischen Alpen vom Andaki-Pass bis zum Kodor-Pass (2392 m), vom Quellgebiet des Tschanti-Argun bis zu den Quellflüssen des Andischen Koissu. In diesem bedeutenden Abschnitte des Oestlichen Kaukasus besteht das Grundgebirge gleichfalls aus Schiefern und zieht als wasserscheidende Hauptkette gegen Südosten Wieder sind es die gegen Norden von ihr sich ablösenden Gebirgsgruppen, welche sie an absoluter Höhe, in der bedeutenden Entwicklung der Gletscherbedeckung übertreffen und im Gegensatz zu ihr das alpine Relief des Hochgebirges besitzen. Am Nordabhange sammelt der Argun in den Quellgebieten seiner zwei Arme, dem Tschanti-Argun und dem Scharo-Argun die Gewässer. Im Süden liegen die Quellsysteme der Jora und des Alasan, die ihre Längentalbecken in übereinander folgenden Stufen durchströmen. Das Terrain der Jura- und Kreidefalten, dem dann die tertiären Sedimente folgen, schliesst sich auch hier dem Schiefergebirge im Norden und Süden an und wird von den Argunflüssen und den Quellbächen der Jora und des Alasan durchschnitten. Die Gruppe zerfällt in den Hauptkamm und zwei nördliche Nebenketten.

a) **Die Alasan-Kette**, die Fortsetzung des wasserscheidenden Hauptkammes, eine Tonschieferkette, welche vom Grossen Barbalo über eine Reihe 3500 m übersteigender Gipfel, (u. a. Ssamkires-zferi 3259 m, Didgwerdi 3551 m, Schawikilde 3581 m,) gegen Südosten zieht. Grössere Schneeansammlungen und Gletscher fehlen. Die Quellen der Jora liegen nicht unmittelbar am Südabhang der Kette, sondern an den Gehängen eines vom Barbalo südlich streichenden Gratzuges, der sich gabelt und die Quelltalfurche der Jora einschliesst. Die Quertäler, welche längs der Kette gegen Süden ziehen, werden von den Quellflüssen des Kachetischen Alasan durchströmt. Im Norden fliesst der Tuschinische Alasan durch sein längstalförmiges oberes Quellgebiet und empfängt von den Abhängen des nach Süden ausbuchtenden Teilstückes der Kette zwischen Ssamkires-zferi und Schawikilde Zuflüsse. Vom Schawikilde-Gipfel zieht ein hoher Kamm gegen Nordosten, die Scheide zwischen Alasan und dem Quellgebiet des dem Andischen Koissu tributären Sabakunis-chevi.

b) **Die Tebulos-Gruppe**, eine vom Grossen Barbalo abzweigende, von Süd nach Nord ziehende Kette, ist durch grosse absolute Erhebung und ziemlich bedeutende Gletscherbedeckung ausgezeichnet. Der Kamm erhebt sich in den Gipfeln des Naruan-Tawi, 3522 m, Amugo-Tawi, 3965 m, Partschitas-Tawi, 3899 m, und Machkos-Mta, 3809 m, rasch zu bedeutenden Höhen. Die Kammlinie fällt dann zur Scharte des Azunta-Passes (3570 m), welcher die Gruppe in zwei Hälften teilt. Nordwärts folgen Uroschewi-Mta, 4035 m, und Tebulos-Mta mit 4507 m, der Kulminationspunkt der Gruppe und der höchste Gipfel östlich vom Kasbek. In diesem nördlichen Abschnitte ist die absolute Erhebung eine bedeutende, und die auslaufenden Gratzüge, in welche sich der Kamm gegen Norden zersplittert, tragen 4000 m übersteigende Gipfel (Maistis-Mta, 4099 m, Tugo-Mta, 4206 m). Auch die Vergletscherung ist hier im nördlichen Abschnitte, begünstigt durch hoch hinauf ziehende, zu Schneeansammlungen geeignete Schluchtbildungen, eine bedeutendere. Im Norden und Westen fliessen die Gewässer dem Tschanti-Argun, beziehungsweise seinen Quellflüssen zu. Im Süden vom Teilstücke Naruan-Tawi und Amugo-Tawi streichen Gratzüge gegen Osten und zwingen die beiden Quellflüsse des Pirikitelischen Alasan und den Tuschinischen Alasan, ihren Lauf in mit der wasserscheidenden Alasan-Kette parallel ziehenden Längstälern zu nehmen. Das Hauptelement im Gebirgsbau der Tebulos-Gruppe ist gleichfalls der alte Tonschiefer.

c) **Die Pirikitelische Kette** vom Tebulo-Pass bis zur Chindoi-Lam-Kette und dem südlich derselben sich erhebenden Godoberi-Lam, dem nördlichsten Endpunkte in der Wasserscheide zwischen dem Scharo-Argun und dem Andischen Koissu. Diese Kette, eine Fortsetzung der vorhergehenden Tebulos-Gruppe, mit der sie am Kammzuge des Tebulo-Passes zusammenhängt, zieht als ein mächtiges longitudinales Gebirge von Westen nach Osten und Nordosten, zwischen den Längentalfurchen des Pirikitelischen Alasan, des Scharo-Argun und des mittleren Laufes des Andischen Koissu. Zusammen mit der Tebulos-Gruppe erscheint dieser grossartige Gebirgszug im Norden der Hauptkette als ein Ringgebirge, welches den Kessel des Argunsystemes umschliesst. Oestlich vom Tebulo-

Pass erreicht die Kette vorerst keine bedeutenden Erhebungen und wird durch tiefe Scharten gegliedert. Erst mit dem Katschu-Gipfel, 3909 m, und nach der Einsattelung des Katschu-Passes, 3505 m, beginnt die Kette als ein geschlossener, im Norden stark vergletscherter Wall sich zu erheben, dem die Gipfel des Datach-Kort (Komito) mit 4272 m, der Kulminationspunkt der Kette, Donos-Mta, 4135 m, Diklos-Mta, 4189 m, entragen. Zahlreiche gegen Norden ausstrahlende hohe Kammzüge umschliessen weite, mit Firn erfüllte Becken. Nordöstlich vom Diklos-Mta spaltet sich der Kamm, ein Gratzug streicht gegen Osten (Gako-Sahani-Beter, 3621 m), während die Fortsetzung der Kette gegen Nord-Nordost ausläuft.

Im Norden der Kette bildet das parallel mit ihr ziehende Tal des Scharo-Argun ein durch die nördlich vorlagernden Gebirge klimatisch geschütztes Becken, welches durch Wasserreichtum, Wald und Vegetation ausgezeichnet ist. Aus dem Hintergrunde der Querschluchten dringen Gletscherströme herab, und über den firnerfüllten Mulden erheben sich die dachförmigen Grate und Firste, welche die schwarzen Tonschiefer und die schiefrigen Sandsteine aufbauen. Es sind hochalpine Landschaften, in welchen sich mit den begrünten, waldreichen Tiefen der bachdurchrauschten Täler die eisige Pracht der gletscherumgürteten, kühn geformten Hochgipfel verbindet. Am Südabhange ziehen von Querjöchern getrennte kurze Seitentäler zum Pirikitelischen Alasan, der seine Wasser durch eine Reihe von schluchtigen Engen gegen Osten rollt.

3. Das Daghestanische Gebirge, vom Kodor-Pass bis zu der im Osten des Baba-Dagh (3640 m), unterhalb des Dibrar-Gipfels (2210 m) gelegenen, tiefen Einschartung (etwa 2000 m). Das Bergland, welches dieses Gebiet einschliesst, ist im Norden das Becken der vier Koissu-Ströme, die vereinigt den Ssulak bilden, und gehört im Süden dem Systeme des Ssamur an. Ein sich von der Hauptkette loslösender, von West nach Ost streichender Nebenkamm trennt den nördlichen vom südlichen Abschnitte, die Flusssysteme des Ssulak vom Ssamur.*) Der Daghestan stellt sich als ein im orographischen Aufbau des Kaukasus selbständig individualisiertes Bergland dar, das von Quellfurchen, Klusen und Schluchten zerrissen ist, die im mittleren Teile die oft tafelbergähnlichen Erhebungen voneinander trennen. Die am Barbalo beginnende andische Wasserscheide, die bis zum Durch-

*) So sehr das hydrographische System, das ja zugleich der Ausfluss der orographischen Gestaltung ist, eine Abgrenzung des nördlichen Daghestan vom Ssamur-Gebiete nahelegt, scheint es mir doch im Hinblick auf die geologische Zusammengehörigkeit schwierig, die Linie der Abgrenzung zu ziehen.

bruche des Ssulak zieht, ist zugleich die Grenzlinie, jenseits welcher in der Physiognomie des Gebirges das europäisch-alpine Gepräge immer mehr schwindet und der Kaukasus als ein in seinen äusseren Reliefformen asiatische Charakterzüge aufweisendes Gebirge erscheint. Das geologische Fundament des Daghestan bilden die paläozoischen Tonschiefer, denen sich Jura, Kreide, Tertiär und Quartär anreihen. Der Jura bildet im Daghestan keine zusammenhängende Kette, sondern mit Kreidekalksteinen schwach synklinal aufgebaute, plateauartige Erhebungen.*) Der obere Daghestan besteht aus einer mächtigen, von liasischen Sandsteinen durchbrochenen Schieferzone. Der untere Daghestan wird von den nach Norden gefalteten Kalksteinen der Jura- und Kreideformation gebildet. Das jenseits des Durchbruches des Ssulak liegende Gebirge, der Aeussere Daghestan, dacht sich mit hauptsächlich aus Tertiärbildungen bestehenden Hügelwellen und flach terrassierten Höhenzügen zu der ihn im Norden begrenzenden Steppe und zum Kaspischen Meeresufer ab.

Das Hochland des Inneren Daghestan wird von den vier Koissu-Strömen in tiefen Erosionstälern durchzogen, bis sie sich vereinigen und als Ssulak den einzigen Abfluss der Gewässer von Inner-Daghestan — eines Flächenraumes von nahezu 13000 qkm — bilden. Die vier Koissu-Ströme erodierten im Oberlaufe weiche und widerstandslose Liasschichten und ältere Formationen, traten dann in eine Region gefalteter jurassischer Schichten und Kreideablagerungen, in welchen ihre Bette bis etwa 600 m einschnitten, indes die mittlere Höhe der synklinalen Charakter tragenden Plateaus, deren tafelbergähnliche Höhen sie voneinander trennen, 1900 m beträgt. Noch weiter unterhalb Gimri vereinigen sich die vier Ströme in einer Höhe von etwa 340 m und brechen dann als Ssulak durch die am Nordabhange des Kaukasus hinziehende Kreidekette, die sich hier zu einer mittleren Höhe von 2000 m erhebt. In einer Reihe von Katarakten stürzen die Wasser durch einen riesigen Spalt, welcher, etwa 24 km lang, die Bergkette fast im rechten Winkel zu ihrer Achse durchschneidet.**)

Ein hervorstechender Zug des durch die tief eingeschnittenen Gefällstäler gespaltenen Berglandes ist der Mangel von Wald, der xerophile Charakter der Vegetation und die steinige Physiognomie dieser engschluchtigen Tallandschaften. In den oberen Abschnitten, die sich der

*) Diese in parallele Sättel und Mulden gefaltete Zone, erinnert in ihrem geologischen Aufbau in mancher Beziehung an das Juragebirge der Alpen. (Suess l. c. S. 608.)

**) Die hypothetische Erklärung dieser Talbildungen siehe Bd. II, S. 368 u. ff. und im folgenden Abschnitte: Geomorphologie.

Schieferregion der Hauptkette nähern, gewinnt die Landschaft in einigen dieser Täler den Schmuck ausgedehnter Waldungen. Im südlichen Daghestan ziehen die Längstalfurchen des Ssamur und seiner Quellflüsse zwischen der Hauptkette im Südwesten und den mit ihr parallel laufenden Ketten im Nordosten. Diese Ketten erheben sich nicht in die Schneeregion, und erst wo sich mit den Gipfeln des Tekin-Dagh (2411 m) und Gemin-Kil (2919 m) die Ssarfun-Jal-Kette gegen Nord-Ost-Ost wendet und das Tal des Ssamur dieser Krümmung folgt, bildet die Hauptkette am Basardjusi mit den nördlich vorgelagerten Massiven eine orographisch scharf sich absondernde Gruppe, die in die Schneeregion reicht und die letzten dauernden Schneeansammlungen im Kaukasus trägt.

Folgende Unterabteilungen lassen sich im daghestanischen Berglande abgrenzen:

a) **Die Bogos-Gruppe,** zwischen den Flusstälern des Andischen und Awarischen Koissu. Dieses Gebirge löst sich am Nikoss-ziche (3125 m) vom Hauptkamme ab und streicht als Wasserscheide zwischen den genannten Flüssen in einer allgemeinen Erhebungsrichtung von Süd-Süd-West nach Nord-Nord-Ost. Eine Reihe von kurzen, zueinander parallel laufenden Bergketten und Gratzügen löst sich gegen Westen und Osten ab. Der Kamm (Mitschitl-Kette) zieht nordöstlich zum Baliakuri-Gipfel (3734 m), dringt in die Schneeregion empor, und streicht weiter streng nördlich zum Dschidschija-Kintli (3712 m). Nun beginnt mit einer östlichen Wendung die Erhebung des zentralen Stockes, dem eine Reihe von 4000 m übersteigenden Gipfeln entragen: u. a. Tschimis, 4098 m, Botschoch, 4120 m, und Addala, der Kulminationspunkt der Gruppe, 4140 m. Auf seinen plateauförmig abgestuften Kammhöhen und in Mulden sammeln sich die Firnmassen, welche Gletscher nähren, die in den Hintergrund der gegen Nordwesten sich öffnenden Talschluchten herabdringen. Hier, in der Gletscherregion zeigt die Gruppe hochalpinen Formentypus, die Schiefer bauen scharfgeschnittene Gipfelfirste, und mit den Firnplateaus, welchen sie entsteigen, erinnert dieses Hochgebirge an die Adamello-Gruppe in Tirol.

b) **Die Djulty-Dagh-Kette** löst sich am Guton (auch Ssari-Dagh 3660 m) vom Hauptkamm ab und zieht in einem nach Norden ausbiegenden Bogen ostwärts bis zum Alachun-Dagh (3857 m), wo sie sich an die Ssarfun-Jal-Kette angliedert. Wie schon früher erwähnt, ist es diese Kette, welche den nördlichen Teil des Daghestan vom Ssamur-Gebiete im Süden trennt. Vom Guton streicht der Kamm nordwärts zum Chalachur-Pass (3119 m) und weiter zur Gruppe der Chatcharwa-Gipfel (3988 m). Südwestlich des

Chalachur-Passes löst sich ein Nebenkamm in gewundenem Laufe gegen Westen, Nordwesten und Norden ab, der im Gipfel des Butnumizer 3925 m erreicht und zwischen den Quellflüssen des Awarischen Koissu und des Kara-Koissu streicht. Ein anderer gegen Norden verlaufender Gratzug löst sich im Kamme östlich des Chalachur-Passes ab, streicht zwischen Tleisseruch- und Chatar-Bach (Quellflüsse des Kara-Koissu) und gipfelt im 4107 m hohen Bitinei. Die bedeutende Höhe dieser nördlichen Querzüge bringt es mit sich, dass sie eine, wenn auch geringe, Vergletscherung besitzen. Von den vergletscherten Chatcharwa-Gipfeln sinkt der Kamm zum Artschi-Chudun-Pass (3361 m) und streicht dann wieder zum Lakasan-Pass (3462 m). Zwischen beiden nimmt ein nach Norden ziehender Kamm seinen Anfang, der sofort bedeutend ansteigt und im 4122 m hohen Nukur-Dagh, dem Kulminationspunkte der Gruppe, gipfelt. Vom Lakasan-Pass streicht die eigentliche Djulty-Dagh-Kette mit mehreren Gipfeln, von denen Walial 4050 m erreicht, streng gegen Osten, wendet sich am Babaka-Dagh (3993 m) gegen Südosten und zieht als ein hoher Schieferwall (Buralju 3844 m, Nussa-Dagh 3740 m), dessen Scharten nicht unter 3500 m sinken (Tschulty-Pass 3542 m, Nussa-Pass 3574 m), zum Alachun-Dagh.

Im Süden entspringen in zirkusförmigen Talschlüssen die Quellen der westlichen Ssamur-Bäche (Ssamur-tschai, Chalachur-tschai, Tschaan-tschai), des Djulty-tschai und des doppelarmigen Kara-Ssamur (Chultai-tschai und Chiriwalju). Ein gegen Süden streichendes, hohes, vergletschertes Querjoch (Zaitsch-Gipfel 3824 m) trennt den westlichen Ssamurfluss vom Djulty-tschai. Gegen Süden und Südosten ziehende Querjöcher scheiden die andern Quelltäler des Ssamur voneinander.

Am Alachun-Dagh gliedert sich der Kalkwall an, der im Norden den Aeusseren vom Inneren Daghestan trennt und dann, an Höhe abnehmend, den östlichsten Koissuzufluss umkreisend, gegen Süden zieht. In seiner südlichen Fortsetzung umschliesst er, parallel mit der Hauptkette streichend, den Kessel der Ssamurflüsse. Den alten Tonschiefern des Quellgebietes des Ssamur folgen tiefer unten die Ablagerungen der jüngeren Perioden. Die Kreideserie ist in nahezu allen fossilführenden Stufen vertreten, während der Jura nur als Dogger erscheint. Die tektonische Bildung der Längentalfurche des Ssamur wird durch die Skulptur seiner breiten Talsohle charakterisiert, die nahezu geradlinig gegen die auf beiden Seiten ansteigenden Gehänge der Talwandungen abgeschnitten ist.

c) **Die Daghestanische Hauptkette**, die Wasserscheide zwischen Kur und Ssulak, vom Kodor-Pass bis zur Dibrar-Scharte östlich vom

Baba-Dagh. Auf der bedeutenden Längenausdehnung des in Zickzacks verlaufenden Hauptkammes ist die allgemeine Streichrichtung Nordwesten—Südosten. Die Höhen der Gipfel wechseln zwischen 3000 bis 3400 m, und nur einige Punkte nähern sich oder übersteigen um ein Geringes 3600 m. In der südlichen Umrandung des Quellgebietes der Koissu-Flüsse folgen dem Kodor-Pass u. a. Nikossziche 3125 m, Chotschal-Dagh 3486 m, Muraw-Dagh 3388 m, Tochotl 3550 m und Ssari-Dagh (Guton) 3660 m. In der Fortsetzung der Hauptkette, die den Längentalfurchen des Ssamur und seiner Quellflüsse entlang zieht, wird die Höhe der Kette erniedrigt und von tiefen Scharten (Dindidagh-Pass 2277 m) eingeschnitten. Unter den Gipfeln erreichen Gudur-Dagh 3380 m, Dadian 3404 m, Achwai 3488 m, Karakaja 3472 m, bis die Kette am Ssalawat-Pass wieder bis zu 2829 m sinkt, der eine wichtige Verbindung zwischen dem Tale des Achty-tschai, einem Nebenflusse des Ssamur, und dem südlichen Schin-Tale und Nucha herstellt. Vom Kodor-Pass bis zum Ssalawat-Pass erhebt sich demnach die Hauptkette nirgends über die hier im Osten hochliegende Schneegrenze. Der Gipfel der Karakaja ist ein wichtiger Knotenpunkt, denn von ihm löst sich ein kurzes, aber orographisch bedeutsames Querjoch, in einem Bogen von Süd nach Nord streichend, ab, die Kjabjak-Kette, die, in die Quellregion des Ssamur eingreifend, zwei seiner Zuflüsse trennt. Dieses Querjoch gliedert sich am Zimirzy-Gipfel (3889 m) an eine hohe Kette an (Magi-Dagh, nach neueren Messungen 4016 m, Kelwdu-kul 3756 m), welche längs des Achty-tschai parallel mit der Hauptkette streicht und in Verbindung mit den weiter im Osten sich erhebenden und dem Hauptkamm nördlich vorgelagerten Massiven steht.

Die Hauptkette selbst beginnt östlich vom Ssalawat-Pass sich zu immer grösseren Höhen zu erheben und bildet mit den ihr im Norden angegliederten hohen Massiven bis zum Baba-Dagh eine orographisch gut abzugrenzende Unterabteilung, die **Basardjusi-Schachdagh-Gruppe**. Im Hauptkamme folgen Sseit-jurt, 3688 m, Nour, 3653 m, Metschid-Dagh, 3570 m, Malkamud, 3875 m, Nessen-Dagh, 4085 m, und im etwas gegen Norden vorspringenden Basardjusi, dem Monarchen des östlichen Kaukasus, erreicht die Hauptkette die bedeutende Höhe von 4484 m. Vom Basardjusi-Gipfel streicht der Hauptkamm über Basar-jort zum Tfan-Gipfel, 4198 m, und, sich gegen Süden zum Ssalawat-Passe II (2936 m) senkend, weiter gegen Südost zum Baba-Dagh. Zwischen Nessen-Dagh und Basardjusi steigt das Gebirge als ein hoher, kaum gescharteter Schieferwall in die Höhe, der an seiner Nordseite vergletschert ist und am Tfan-Gipfel Hänge-Gletscher und die

20*

letzte dauernde Schneebedeckung im Osten des Kaukasus trägt. Der Basardjusi-Gruppe sind im Norden die Massive des Schalbus-Dagh (4170 m) und des Schach-Dagh (4255 m) vorgelagert.

In der Basardjusi-Gruppe strömen die Bäche östlich des Achtytschai, der hier sein längentalförmiges Quelltal verlässt und vor seiner Mündung in den Ssamur von Süd nach Nord sich wendet, durch Querschluchten. Auch das Ssamur-Tal folgt einer Krümmung zwischen den Ausläufern des Schalbus-Dagh und dem Abschnitte der Ssarfun-Jal-Kette, welchem Tekin-Dagh und Gemin-Kil entragen. Die tektonischen Verhältnisse sind hier komplizierte, und statt der kolossalen Antiklinalfalte Abichs könnte man vielmehr das Vorhandensein mehrerer, sowohl nach Südwesten als auch nach Nordosten überkippter Falten vermuten.

Im Süden fällt der Hauptkamm steil ab und wird in zahlreichen, mit grosser Regelmässigkeit einander folgenden Quertälern entwässert, die ihre Bäche dem Längentale des Kachetinischen Alasan zuführen.*)

Die Hauptkette ist auch östlich des Kodor-Passes aus schwarzen Tonschiefern aufgebaut, mit Zwischenschichten von dunkeln, teils quarzhaltigen, teils kalkigen Sandsteinen. Im Gebiete des Basardjusi besteht das Gebirge aus einem Komplex von Schiefern und Sandstein, der nach neueren Forschungen nicht dem Lias, sondern dem Dogger angehören dürfte.**)

Das Massiv des Schach-Dagh stellt sich als eine orographisch selbstständige auf jurassischer Grundlage aufgebaute, gewaltige dolomitische Massenerhebung dar. Eine konkordante Serie von Schiefern mit Eisensteinoolithen und Sandsteinen, die dem mittleren Jura angehören, sind von den Kalken und Dolomiten des weissen Jura überlagert. Ueber dem Jura erscheint konkordant die untere Kreide. Auch am Schalbus-Dagh bildet die Grundlage eine Serie von Tonschiefern und geschieferten Sandsteinen, auf welcher die Kalk- und Dolomitstufen ruhen. Die Lagerung der Schichten ist auch

*) Wie steil dieser Abfall im Vergleich zur allmählichen Abdachung der Nordseite ist, erweisen folgende Höhendifferenzen, die sich in kurzen Abständen von der Hauptkette im Süden ergeben: zwischen Kodor-Pass (2392 m) und Ssabui im Inzoba-Tale (562 m) auf eine Entfernung von 15 km beträgt die Höhendifferenz 1830 m, zwischen Gudur-Dagh (3380 m) und Sakatali (543 m), 2837 m auf eine Entfernung von 18 km, zwischen Nour-Gipfel (3653 m) und Nucha (760 m), 2893 m auf eine Entfernung von 16 km, während an der Nordseite man vom Kodor-Pass die Preobraschensky-Brücke unterhalb Bottlich (670 m), bei einer Höhendifferenz von 1722 m, erst nach 69 km Luftlinie erreicht, vom Gudur-Dagh der 661 m hohe Punkt Gergebil im Tale des Kasikumuch-Koissu mit einem Höhenunterschiede von 2719 m in einer Entfernung von 86 km liegt und endlich vom Nour, das Dorf Rutul 1781 m im Ssamur-Tal, 26 km entfernt, nur einen Höhenunterschied von 1872 m ergibt.

**) Bogdanowitsch, Memoires du Comité géologique de St. Petersbourg, 1902 (S. 191).

hier eine reguläre, konkordante. In der Tektonik des Schalbus-Dagh und Schach-Dagh ist, wie schon erwähnt, der synklinale Charakter vorwiegend, die Antiklinalfalten sind der Hauptsynklinale untergeordnet, und darin findet das Eigentümliche ihres orographischen Aufbaus ihre Erklärung.

Es zeigt sich auch in diesem Gebiete ein grosser Unterschied im tektonischen Bau der beiden Abhänge, und es erscheint an der Südseite der Hauptkette eine Serie von Gesteinen, die an der Nordflanke keine Vertreter haben.

Der Charakter der Landschaft im östlichen Abschnitte der Hauptkette wird durch die sie aufbauenden Gesteine bedingt, welche den schwarzen Schieferwänden des Basardjusi die dolomitische Zackenkrone des Schalbus-Dagh und die aus geschichteten Kalken und Dolomiten bestehenden massigen Formen des Schach-Dagh-Massivs mit seinen Kalkhochflächen gegenüberstellen. Noch einmal zeigt der Kaukasus hier ein alpines Relief, welches an die Dolomiten Tirols erinnert, obgleich die Gipfelformen noch nicht jene durch chemische und mechanische Verwitterung erzeugte Modellierung erlangt haben, mit welchen ihre fernen europäischen Rivalen zur Bewunderung herausfordern. Die Täler sind zumeist baumlos, zwischen dem steinigen Gehänge bieten weite Strecken grünes Weideland, aber dennoch wird in der Vegetation, und in der trotz der grossen Erhebungen nur unbedeutenden Gletscherbedeckung die Einwirkung des kontinentalen, niederschlagsarmen Klimas kund und das Gebirge trägt ein asiatisches Gepräge.

4. Der Kaspische Zug, vom Passeinschnitte östlich des Baba-Dagh bis zum Ilchi-Dagh (327 m), in der Uferregion des Kaspischen Meeres (südöstlich von Baku, nahe der Mündung des Ssumgan-tschai in das Kaspische Meer). Die Hauptkette verliert in ihrer südöstlichen Fortsetzung immer mehr an Höhe und zersplittert sich in eine Reihe radial auslaufender Züge, bis auf der Halbinsel Apscheron die letzten Falten ausklingen. Die Schieferhülle des Gebirges wird gegen Südosten von kretazeischen Kalken überlagert, bis es sich mit tertiären sich immer mehr abstufenden Hügelwellen im eocänen Ufersaum des Kaspischen Meeres auflöst.

III. ABSCHNITT.

Das Glazialphänomen im Kaukasus.

Einleitung.

Unter den Erscheinungen, welche die Erdoberfläche unserer Betrachtung bietet, ist die der Gletscher geeignet, das lebhafteste Interesse zu erwecken und bildet ein wichtiges Objekt der Forschungen des Physiogeographen. Das Eis der Gletscher trägt die Niederschläge ihres Ursprungsgebietes in Form von gefrorenen Flüssigkeitsmengen auf geneigter Unterlage in tiefere Regionen, wo sie unter veränderten klimatischen Wirkungen sich wieder verflüchtigen. Dieser Prozess wird Gegenstand physikalischer Untersuchungen. Unter welchen Formen und in welchem Umfange aber das Gletscherphänomen an verschiedenen Punkten der Erdoberfläche auftritt und durch welche an denselben herrschende klimatische Verhältnisse und durch welche orographische Terrainbildungen dies bedingt wird, hängt mit der Erforschung der Erdoberfläche eng zusammen. Während meiner Reisen im Kaukasus gehörten Aufnahmen, Messungen und Beobachtungen über das Auftreten und die Entwicklung des Gletscherphänomens und über den ursächlichen Zusammenhang seines Erscheinens im Kaukasischen Hochgebirge mit den dort herrschenden, seine Existenz bedingenden Verhältnissen in den Kreis meiner Arbeiten. Auf Grund meiner sich auf die Bereisung der wichtigsten vergletscherten Gruppen des Kaukasischen Hochgebirges stützenden Beobachtungen und als Ergebnis dieser Forschungen sowie des Studiums des zur Verfügung stehenden Materials, will ich es versuchen, eine Darstellung der Vergletscherung des Kaukasus zu geben.

Das Phänomen der Gletscher, deren Existenz in erster Reihe an die in die Region des ewigen Schnees reichenden Bodenerhebungen gebunden ist, tritt uns auch im Kaukasischen Gebirgssystem, dort, wo es bis zu dieser Höhe aufragt, entgegen. Der Kaukasus, welcher mit niedrigen Hügelreihen in der Halbinsel Taman anhebt, steigt mit der Küste des Schwarzen Meeres parallel gegen Osten streichend, zu immer grösserer Höhe an, bis er sich in der Berggruppe des Fischt-Gipfels (unter 43° 55′ n. Br., 57° 5′ ö. L. v. Ferro) mit 2854 m in die Schneeregion aufschwingt. Erst im fernen Osten, bevor der Kaukasus sich mit den Ausläufern der Basardjusi-Gruppe (Baba-Dagh 41° 1′ 16″ n. Br., 65° 58′ 9″ ö. L.) zur Uferregion des Kaspischen Meeres abdacht, sinkt er unter diese Grenze. Beinahe auf der ganzen Ausdehnung dieses mächtigen Gebirgswalles und seiner Verzweigungen, auf einer Länge von nahezu 700 km, die etwa derjenigen der Alpen vom Semmering bis zum Monte Viso gleichkommt, sind die Bedingungen gegeben, welche die Existenz von Gletschern ermöglichen.

Historischer Rückblick auf die Glazialforschung im Kaukasus. Unsere Kenntnisse über das Vorkommen und den Umfang der Gletschererscheinungen im Kaukasus waren bis in die jüngste Zeit lückenhafte, zumeist irrige, und die Angaben in den wissenschaftlichen erkundlichen Werken gaben ein entweder ganz falsches oder nur wenig zutreffendes Bild derselben. Die Hochregionen des Kaukasus waren in den Kartenwerken mangelhaft und insbesondere die Schnee- und Gletscherbedeckung unrichtig dargestellt. Es hatten sich infolgedessen eine Menge irriger Begriffe über die orographischen Verhältnisse dieses Hochgebirges in seine Darstellungen eingeschlichen, und es gelang auch den älteren Forschungsreisenden im Kaukasus nicht, dieselben, insbesondere die Vorstellungen über die Schneebedeckung und die Entwicklung des Gletscherphänomens, richtig zu stellen, weil sie nicht in die hohen Schneeregionen des Gebirges drangen, um von denselben auf Autopsie beruhende Wahrnehmungen herabzubringen. So war es möglich, dass lange Zeit die Existenz von Gletschern ersten Ranges — Talgletschern — im Kaukasischen Hochgebirge ganz angezweifelt wurde und auch noch später, selbst bis in die allerjüngste Zeit, ihre Grösse und die Häufigkeit ihres Vorkommens, die Ausdehnung des schnee- und eistragenden Gebirges weit unterschätzt wurden.

Aggasiz hatte 1847 in seinen »Etudes et éxperiences sur les glaciers« die Meinung ausgesprochen, dass man im Prinzip annehmen könne, dass die Alpen die einzige Gebirgskette in der gemässigten Zone sind, welche Gletscher erster Ordnung besitzen. In Keith Johnstons Dictionary of Geography finden wir noch in der Ausgabe vom Jahre 1860 die folgenden Angaben: »Die Berge des Kaukasus sind entweder flach oder kuppenförmig; die Existenz von Gletschern ist ungewiss.«*)

Elisée Reclus, der Gelehrte, der die Ergebnisse der Forschungen auf dem Gebiete der Erdkunde in wissenschaftlicher, den Gegenstand beherrschender Weise zu verwerten wusste, gibt 1881 in seiner monumentalen »Géographie universelle« folgende Darstellung von der Schnee- und Gletscherbedeckung des Kaukasus: »Obwohl die Gipfel des Kaukasus höher sind als die der Alpen, sind sie verhältnismässig wenig mit Schnee und Eis bedeckt, nicht allein wegen ihrer südlicheren Breite und andern klimatischen Ursachen, sondern auch wegen der Schmalheit der hohen Kämme und wegen des Mangels an Kesseln, wo die Schneemassen sich ausbreiten und Firnreservoire für Gletscher bilden können. Die Armut der Firne hat die Seltenheit der Gletscher zur Folge.«**) Mit Ausnahme der Bemerkung von der grösseren absoluten Erhebung und der südlicheren Lage des Kaukasischen Hochgebirges im Gegenhalte zu den Alpen, sind diese Behauptungen und der aus denselben gezogene Schluss falsch, denn die klimatischen Verhältnisse eines bedeutenden Abschnittes des Kaukasischen Gebirgssystems sind für die Entwicklung von Gletschern ausserordentlich günstige, und der orographische Aufbau desselben ermöglicht die Ansammlung grosser Schnee- und Eismassen und damit die Bildung von die Gletscher nährenden, ausgedehnten Firnreservoirs. Die Angaben über die Entwicklung der kaukasischen Gletscher in dem 1885 erschienenen »Handbuch der Gletscherkunde« des berühmten Geologen und Gletscherforschers A. Heim sind gleichfalls irrige.***) In diesem ausgezeichneten Werke über die Physik und das Vorkommen von Gletschern auf der Erdoberfläche wird die gesamte Schnee- und Eisbedeckung im Kaukasischen Hochgebirge auf 120 qkm veranschlagt, von welchen die Hälfte auf das Elbrussmassiv entfallen soll.†) Beides ist unrichtig; die Schnee- und Eisbedeckung des Elbrussgebietes beträgt allein schon beiläufig 200 qkm, und die des ganzen

*) »The mountains of the Caucasus are not peaked, as in the Alps, but are either flat or cup-shaped; the existence of glaciers is uncertain.«

**) »Quoique plus hauts en moyenne que ceux des Alpes, les pics du Caucase sont proportionellement beaucoup plus dépourvus de neige et de glace, non seulement à cause de leur latitude plus méridionale et d'autres conditions du climat, mais aussi à cause de l'étroitesse des crêtes supérieures et du manque de cirques où les neiges puissent s'étaler en vastes névés, réservoirs de glaciers . . . La pauvreté des névés fait la rareté des glaciers.« (Elisée Reclus, Nouvelle géographie universelle. Tom. VI. L'asie russe. Paris 1881).

***) Heim, Handbuch der Gletscherkunde, Stuttgart 1885.

†) Heim, loc. cit. S. 218.

Gebirgssystems ist eine vielfach grössere. Ebenso irrig ist die Angabe, dass im Kaukasus Gletscher von den Dimensionen der grossen Alpengletscher fehlen, sowie dass die meisten kaukasischen Gletscher zur Klasse der Hängegletscher gehören.*)

Der berühmte Geologe Muschketow veröffentlichte 1882, zwei Jahre vor meiner ersten Reise, die Ergebnisse einer im Jahre 1881 im zentralen Teile des Kaukasus zu geologischen Zwecken und, wie der Autor hervorhebt, zur Erforschung der Gletscher unternommenen Reise und gelangt zu folgenden Schlüssen: »die Masse des Eises auf dem Elbruss ist gleich der Summe aller Eismassen der Kaukasischen Kette, und die Oberfläche, welche die kaukasischen Gletscher bedecken, ist kleiner, als die der Mont-Blanc-Gruppe allein.«**) Diese Angaben welcher sich noch folgende Schlussfolgerung anschliesst: »Was die von den kaukasischen Gletschern eingenommene Fläche betrifft, so ist sie — mit dem Areale der Alpengletscher verglichen — geringfügig«,***) enthalten eine ganz enorme Unterschätzung der Entwicklung des Gletscherphänomens im Kaukasus. In Wirklichkeit beträgt der Flächeninhalt der Firn- und Eismassen des Elbruss-Massivs rund nahezu 200 qkm, während allein das Areal der Firnmassen und Gletscher im zentralen Teile des Gebirges mit 1900 bis 2000 qkm angenommen werden kann, dagegen ist anderseits in der Mont-Blanc-Gruppe nur eine Fläche von rund 280 qkm von Gletschern bedeckt. — Es ist zu bedauern, dass diese irrigen Angaben von einem so berühmten Gelehrten wie Muschketow noch im Jahre 1882 gemacht wurden und in den geographischen Werken ihre Verbreitung fanden; sie beweisen, wie sehr die Erforschung der Hochgebirge der Erde nicht nur den durch das Studium der gleichen Erscheinungen in den europäischen Hochalpen geschulten Blick, sondern auch das Eindringen in die mit Schnee und Eis bedeckten Hochregionen und jene Fähigkeiten erfordert, welche dies ermöglichen.

*) Heim, loc. cit. S. 419.

**) Muschketow: Geologische Reise in den Kaukasus im Jahre 1881. (Iswestija der K. Russ. Geogr. Gesellschaft, 1882, Bd. 18, S. 111, 113, 118).

***) Muschketow fügt folgende Berechnung hinzu: »Wenn die von den Elbruss-Gletschern eingenommene Fläche nach Abich 60 qkm nicht übersteigt, und wenn die Gletscher am Elbruss nach den Berechnungen von Statkowsky die Hälfte aller Gletscher des Kaukasus ausmachen, so wird folgerichtig die Fläche sämtlicher kaukasischer Gletscher rund 120 qkm betragen; angenommen, dass es noch viele unbekannte, unentdeckte Gletscher im Kaukasus gibt, so wird die Gesamtfläche der kaukasischen Gletscher 240 qkm sein . . . . An dem einen Montblanc nehmen die Gletscher 282 qkm ein; daraus wird ersichtlich, wie unbedeutend die Verbreitung der Gletscher im Kaukasus ist, wo sie, alle insgesamt, nur eine Fläche einnehmen, welche sogar geringer ist, als die Gletscher des einen Berges Montblanc.« Muschketow loc. cit. S. 118.

Der Kaukasusreisende Dinnik, ein höchst verdienstvoller und auf seinen wiederholten Reisen aufmerksamer Beobachter der Bergwelt bis zur Schneegrenze, schreibt in einer Abhandlung über die Gletscher des Kaukasus,*) dass: »an Zahl und Grösse der Gletscher der Kaukasus bedeutend hinter den Alpen zurückbleibt«, dass ferner: »das Hochgebirge östlich vom Kreuzpasse auf einer Länge von 300 Werst seine Bedeckung mit Schnee verliert«, und endlich dass: »die Kaukasuskette mit einer Länge von 1420 Werst nur auf einer Strecke von 360 Werst mit ewigem Schnee bedeckt ist.« Diese Schlüsse, welche Dinnik aus seinem und dem gesamten russischen Beobachtungsmaterial noch im Jahre 1893 zog, müssen als nach jeder Richtung irrige bezeichnet werden. — Die Gletscher des zentralen Kaukasus können an Zahl und Grösse mit den am stärksten vergletscherten Gebieten der Alpen wetteifern; es ist unrichtig, dass das Hochgebirge östlich vom Kreuzpasse auf einer Länge von 300 Werst seine Bedeckung mit Schnee verliert, wie es die weiter unten folgende Beschreibung der Gletscher in den Chewssurischen Alpen, im Tebulos-Zuge, in der Perikitelischen Kette und in der Bogos-Gruppe erweisen werden, und die Längenausdehnung des eine dauernde Schnee- und Eisdecke tragenden Gebirges ist eine vielfach grössere als die von Dinnik angegebene.**)

D. W. Freshfield hat 1869 in dem Schlusskapitel des Werkes, welches seine im Jahre 1868 unternommene Reise behandelt, seine Ansichten über die Gletscher des Kaukasus in folgenden Worten zusammengefasst: »Wir erforschten die Gletscher nicht genügend, um fähig zu sein, uns ein entscheidendes Urteil über ihre Ausdehnung zu bilden, und obgleich nur ein kleiner oder gar kein Zweifel bestehen kann, dass die Zahl der Quadratmeilen, welche von Schnee und Eis bedeckt sind, kleiner als in den Alpen ist, gibt es trotzdem dort viele Gletscher, welche des Vergleiches mit ihren Schweizer Rivalen wert sind.« ***) Als Ergebnis meiner zwei ersten Reisen habe ich schon 1886 auf die grossartige Entwicklung des Gletscherphänomens im Kaukasus hingewiesen und in bestimmter Form erklärt:

*) Dinnik, Sapiski der kauk. Abt. der K. Russ. Geogr. Gesellschaft, Bd. XIV, Tiflis 1893. S. 284, 415 u. 416.

**) Auch der Geologe Favre hat die Längenausdehnung der ständig mit Eis und Schnee bedeckten Region des Gebirges mit 315 km bedeutend unterschätzt, eine Angabe, die übrigens mit der von Dinnik mitgeteilten übereinstimmt. (E. Favre, Recherches géologiques, Genève 1875, S. 102.)

***) »We did not sufficiently explore the glaciers, to be able to form a conclusive judgment as to their extent; but there can be little or no doubt that the number of sqare miles covered by snow and ice is less than in the Alps, though there are many glaciers worthy of comparison with any Swiss rivals.« D. W. Freshfield: Travels in the Central Caucasus and Bashan. London 1869.

»dass die Karte (5 Werst) nur eine unrichtige Darstellung dieser Gletscher und Schneelandschaften gebe . . ., dass sich dort am Fusse der wasserscheidenden Hauptkette mächtige Gletscher entwickeln und weite Reservoire von Firn und Eis sich ausdehnen. Nicht am Kasbek und nicht am Elbruss — wie man es geglaubt hat — begegnet man den ausgedehntesten Firnfeldern und der grössten Entwicklung der Gletscher, sondern in der Hauptkette selbst, welche sich vom Dongusorun bis zum Adai-Choch hinzieht.« *) Als Beweisdokumente für diese Behauptungen, welche den damals im Gange befindlichen Vorstellungen widersprachen, sollten die schon auf meinen ersten Reisen in der Gletscherwelt des zentralen Kaukasus aufgenommenen Photographien dienen, welche ich den geographischen Gesellschaften zusandte, die in Sitzungen vorgelegt wurden und von denen mehrere s. Z. auch in Reproduktion erschienen sind. Es waren dies nach den Worten des späteren verdienstvollen Erforschers und Kenners des Kaukasus, Dr. Gottfried Merzbacher, »die ersten photographischen Aufnahmen der Kaukasischen Hochalpen, welche nach Europa gelangt sind und dort zum ersten Male eine richtige Vorstellung von dem Aufbau jenes Hochgebirges und seiner bis dahin unbekannten gewaltigen Vergletscherung erweckt haben.« **) Nach unserer 1887 zum Teil gemeinsam ausgeführten Reise, hat auch D. W. Freshfield in einer Abhandlung auf die bedeutende Ausdehnung der vergletscherten Fläche und auf die Zahl und Grösse der Gletscher im zentralen Kaukasus hingewiesen. ***) — Mittlerweile hatte das militär-topographische Bureau in Tiflis eine Neuaufnahme des Kaukasus im Massstabe von 1 Zoll gleich 1 Werst (1 : 42 000) in Angriff genommen. Während der letzten Jahre stetig fortschreitend geben sie jetzt vom grössten Teile des Kaukasischen Hochgebirges ein mathematisch richtiges Bild, und damit ist die

*) . . . la carte ne donne qu'une idée trouble de ces glaciers et de ces contrées neigeuses . . . de grands glaciers se developpent ici à la base de la chaine principale, où s'étendent de vastes réservoirs de névé et de glace. Ce n'est ni au Mt. Kasbek, ni à l'Elbrous que se trouve — comme on l'a cru — le plus grand développement des glaciers et que les champs de névé ont le plus d'étendue, mais dans l'arrète principale elle-même, qui s'allonge entre le Dongoussoroun et l'Adai-Khokh.« (M. de Déchy: La Svanetie libre, la haute vallée longitudinale de l'Ingour. Abrégé en langue française des »Földrajzi Közlemények«. Budapest 1886. S. 14 u. 18.) Siehe auch des Verfassers »Recherches sur l'orographie et la glaciologie du Caucase Central« (Compte reudu du Congrès intern. de geographie Paris 1889), in welchen diese Anschauungen weiter ausgeführt sind und die grossartige Entwicklung des Gletscherphänomens festgestellt wird.

**) Merzbacher: Aus den Hochregionen des Kaukasus. Leipzig 1901. Bd. I, S. 230.

***) D. W. Freshfield: »The peaks, passes and glaciers of the Caucasus« in Proceedings of the Roy. Geographical Society, 1888, S. 694.

kartographische Grundlage für das Studium der Gletscher im Kaukasus geschaffen.*)

Trotz dieser Arbeiten und Forschungen haben sich jedoch die veralteten, falschen Anschauungen über die Gletscher des Kaukasus und infolgedessen die falschen Schlüsse über alle mit diesen Tatsachen in Verbindung stehenden physiogeographischen Fragen selbst in geographischen Fachwerken mit wenigen Ausnahmen mit einer seltenen Hartnäckigkeit bis in die letzte Zeit erhalten, und man muss Michailowsky, dem Verfasser einer wertvollen Arbeit über die Gletscher des zentralen Kaukasus**) zustimmen, wenn er ausruft: »Nicht darüber muss man staunen, dass sich im Kaukasus so viele Gletscher zeigten, sondern darüber, dass es zur schrittweisen Aufklärung dieser Wahrheit eines ganzen halben Jahrhunderts bedurfte«.

Klimatische Verhältnisse.

Die dauernde Schneebedeckung eines Gebirges und die damit zusammenhängende Entwicklung der Gletscher werden durch die klimatischen Verhältnisse, welche sowohl tiefe Temperaturen, als auch genügende Mengen von festen Niederschlägen ergeben müssen, um die Existenz von Gletschern zu ermöglichen bedingt und durch die orographische Gestaltung des Gebirges beeinflusst. Diese Bedingungen zusammen, der entsprechend gestaltete orographische Aufbau des Gebirges und die gleichfalls entsprechenden klimatischen Verhältnisse, regeln auch im Kaukasus das Auftreten und die Entwicklung des Gletscherphänomens.

Eine Betrachtung des Klimas des von Gletschern bedeckten Gebietes ergibt in dem weit ausgedehnten Gebirgssysteme des Kaukasus bedeutende Unterschiede. Die Ländergebiete, welche die kaukasischen Gebirgsketten durchziehen, liegen zwischen weit von einander abstehenden Breiten- und Längengraden und unter Jsothermen, welche zwischen 10° und 16° C. wechseln. Im Norden machen sich die Wirkungen des kontinentalen russischen Steppenklimas geltend, und der östliche Teil des Gebirges liegt, je mehr er sich der Kaspischen See nähert, unter dem Einflusse des austrocknenden, heissen, zentralasiatischen Klimas. Der Südabhang hingegen steht im Westen unter

*) Die Aufnahmen in 1 : 42 000 sind nicht veröffentlicht. Auf Grund der Messtischblätter soll die 5 Werst-Karte reambuliert werden und sind die Arbeiten von zwei Blättern schon in Angriff genommen. Das dem russischen Generalstabe angehörende militär-topographische Bureau in Tiflis steht seit Jahren unter der verdienstvollen Leitung des auch die Interessen der Wissenschaft wahrnehmenden General-Leutnants P. Kulberg.

**) M. G. Michailowsky: Berggruppen und Gletscher im zentralen Kaukasus in »Semlewedenjie« Moskau 1894, S. 155.

der Herrschaft des niederschlagsreichen mediterraneen Seeklimas, dessen Einwirkung sich noch weit bis auf den zentralen Kaukasus erstreckt; jenseits der eine Wetterscheide bildenden Meskischen Berge jedoch wird der klimatische Charakter, dem Einflusse des Pontus entrückt, immer regenärmer, und je weiter gegen Osten, desto mehr kommt die trockene Hitze der kaspischen Uferzone und der Steppengebiete im Süden zur Geltung.

Im Bereiche dieser verschiedenen Klimate sind es die Schwankungen der Temperaturen während der Jahreszeiten und der Niederschlagsmengen mit ihrer Zu- und Abnahme nach Jahreszeit und Höhe, die Formen, in welchen sie fallen, die herrschende Richtung der Winde, welche von einschneidendem Einflusse auf die dauernde Ansammlung von Schneemassen und die Bildung von Gletschern sind. Allein unsere Kenntnisse von den klimatischen Verhältnissen der Hochregionen des Kaukasus sind noch lückenhafte, und die Messungen der Niederschlagsmengen erstrecken sich nicht auf die Gletschergebiete.

Aus dem zur Verfügung stehenden Beobachtungsmaterial über die Verteilung der Niederschläge möchte ich nur folgende Hauptmomente hervorheben, die für die Gletschererscheinungen im Hochgebirge von ausschlaggebender Bedeutung sind. Die grössten Niederschlagsmengen fallen am Ufer des Schwarzen Meeres, und am Südabhange des zentralen Kaukasus, die jedoch mit der Annäherung an das Gebirge abnehmen.*) An der südlichen Abdachung der östlichen Hälfte des Gebirges zeigt sich je entfernter vom Hauptkamme, und je mehr man sich dem transkaukasischen Talbecken nähert, eine Abnahme des Regenfalles. Dagegen tritt an der Nordseite eine Zunahme der Niederschlagsmengen mit der Annäherung an das Gebirge auf.**) Regenreiche Gebiete sind die linken Zuflüsse des Kuban, wo insbesondere in den Monaten Mai bis August die grössten Mengen Niederschläge fallen. Ueberhaupt überwiegen im Norden der kaukasischen Kette die Sommerregen, im Gegensatze zu der Trockenheit der nördlichen Steppengebiete. Auch im Osten, im Daghestan, zeigt Chunsach dieses Vorwalten der Sommerregen über die Winterniederschläge am stärksten (Winter 37 mm, Sommer 281 mm).

*) Bei Kutais (204 m) 1452 mm Niederschläge. Bei Oni (838 m) 957 mm Niederschläge.

**)

Ort	Seehöhe	Entfernung vom Hauptkamm	Niederschläge (1902)
Grosny	125 m	110 km	432 mm
Wladikawkas	684 „	52 „	677 „
Kobi	2005 „	6 „	738 „
Gudaur	2022 „	4 „	931 „
Gori	594 „	80 „	489 „
Tiflis	468 „	90 „	389 „

Schneegrenzhöhe.

Bei dem Studium der Gletschererscheinungen waren die Naturforscher immer bestrebt, jene Linie zu fixieren, an welche die Existenz dieser Gebilde geknüpft ist, die Linie, jenseits welcher die Schneemassen nicht mehr zum Schmelzen gebracht werden, sondern sich zu dauernden Ansammlungen häufen, in Firn übergehen und die Nährquelle der tiefer niederziehenden Gletscherströme werden. Bekanntlich blieb aber diese Linie — die Schneegrenze — ein sehr schwankender Begriff, und auch die verschiedenen Methoden zur Bestimmung der klimatischen Schneegrenzhöhe begegneten den grössten Schwierigkeiten und Anfechtungen schon aus dem Grunde, weil alle diese Begrenzung verursachenden Kräfte nicht in einer einzigen, scharf zu bestimmenden Linie zur Wirkung gelangen.

So wenig zuverlässig und einwandfrei auch die Bestimmungen der Schneegrenze in den allermeisten Fällen sein dürften, so bieten sie doch annähernde Vergleichswerte, und ich hatte auf meinen Reisen den Verhältnissen, welche ihre Festlegung ermöglichen sollten, Aufmerksamkeit geschenkt und insbesondere während meiner zweiten und dritten Reise im zentralen Kaukasus darauf hinzielende Messungen ausgeführt. Doch erfordern alle diese Beobachtungen, sofern sie zu sicheren Schlüssen führen sollen, eine grosse Anzahl von Daten auf räumlich beschränkten Gebieten und eine auch zeitlich fortgesetzte Reihe an den gleichen Punkten und insbesondere zur Zeit der höchsten Lage der Schneegrenze, wie solche bei Reisen in noch unerforschten Hochgebirgen ausgeschlossen sind. Der Forschungsreisende wird hier nur in grossen Zügen beobachten können, um wenigstens annähernd richtige Werte zu erhalten und die Sammlung genauer und zahlreicher Daten der späteren Detailforschung überlassen müssen. *)

*) Durch das momentane, eben angetroffene Verhältnis von Schneebedeckung und Schneefreiheit wird zunächst wenig erreicht. Denn durch Neuschnee oder aussergewöhnlich lang dauerndes schönes Wetter können momentan abnorme Verhältnisse geschaffen werden, deren Fixierung durch Beobachtung der Reisenden nur Täuschungen hervorzurufen geeignet ist, welche wegen Mangel an Berichtigungen durch weitere Beobachtungen oft zu Erbfehlern werden. Dagegen erschienen mir Höhenmessungen an jenen Punkten wertvoll, wo die Trennung der Firnfelder und der Eiszunge sich zeigt, oder wo zuerst an den Gletscherstrom grössere eis- und schneefreie Hänge von geringer Neigung herantreten, also Flächen, welche sicher mit Schnee bedeckt wären, wenn sie oberhalb der Schneegrenze lägen. Steile Hänge, welche sich durch Lawinen zu reinigen vermögen, beweisen natürlich nichts. Hierbei ist der Exposition nach der Schatten- oder Sonnenseite immer Aufmerksamkeit zu schenken.

Die Bestimmung der Schneegrenze auf dem Gletscher in ihrer höchsten Lage (Hugis Firngrenze) dürfte annähernd die Höhenlage der klimatischen Schneegrenze anzeigen und wird infolgedessen auch oft zu ihrer Bestimmung herangezogen. Allerdings ist von verschiedenen Seiten

Unsere Kenntnis von der Höhenlage der Schneegrenze beruht auf den Angaben älterer Beobachter. Abich bestimmte sie im Westen am Fischt für die Nordseite mit 2744 m und für die Südseite mit 2601 m.*) Am Elbruss wurde sie am Nordhang mit 3425 m, auf der Ostseite mit 3200 m und auf der Westseite mit 3329 m angegeben. Am Kasbek soll die Schneegrenze nach Kolenati und Chatissjan auf der Ostseite 3105, auf der Südseite 3628 m erreichen. Am Schach-Dagh im äussersten Osten des Hochgebirges fand Abich die Schneegrenze an der Nordseite bei 3630 m, an der Südseite bei 3820 m.

Stebnitzky**) gibt als Mittelwerte für die Schneegrenzhöhe im westlichen Kaukasus 2926 m, im zentralen 3231 m und im östlichen 3719 m an.***) Im Durchschnitt nimmt Dinnik†) für die westliche Hälfte an der Nordseite 3300 m und an der Südseite 2900 m, für die östliche Hälfte an der Nordseite 3900 m und an der Südseite 3500 m als Grenzhöhen der Schneelinie an.

Wir sehen, dass Daten nur von wenigen Punkten, vom Fischt, Elbruss, Kasbek und Schach-Dagh vorliegen, die, mit Ausnahme des Kasbek, von Abich stammen, und dass Beobachtungspunkte aus den einzelnen Ab-

---

dagegen Einspruch erhoben worden, obgleich die Firngrenze seitdem von Glaziologen vielfach zur Bestimmung der Schneegrenze benutzt wurde, und dort, wo die Karten der Gletschergebiete, wie in den Alpenländern, einen hohen Grad von Genauigkeit besitzen, an Stelle der Beobachtung und der Höhenbestimmung in der Natur, aus diesen Karten ermittelt wurde.

Der Reisende, der allerdings geübten Blick haben muss, ist zumeist in der Lage, bei der Ueberschreitung eines Gletschers der Länge nach, sei es von oben nach unten, oder umgekehrt, die Isohypse ziemlich genau herauszufühlen, bei der man aus dem Sammelgebiet des Gletschers, dem Firnfeld, in das Abzugsgebiet, die Zunge, übertritt. Die Höhenlage dieser Linie ist nun durch Messung festzustellen. Der momentanen Schneebedeckung oder Schneefreiheit der Gehänge schreibe ich weniger Beweiskraft zu, da sie von zu vielen Zufälligkeiten abhängig ist. Häufig liess sich die Höhe der Schneelinie leichter aus den Verhältnissen kleiner Hängegletscher oder steiler Berglehnen, die am Kamme hin eine Reihe von kleinen Firnflecken und Firnmulden trugen, beurteilen, als wie aus den grossen Gletschern. Von grosser Wichtigkeit halte ich bei den Untersuchungen über die Höhenbestimmung der Schneegrenze den Umstand, ob Pässe von bekannter Höhe (wie z. B. der Stulivcek-Pass mit 3348 m, der Mamisson-Pass mit 2825 m, der Azunta-Pass mit 3570 m), die ihren Raumverhältnissen nach zur Ansammlung dauernder Schneemengen geeignet sind, schneefrei sind oder nicht.

*) Ich entnehme diese Angaben Merzbachers »Hochregionen des Kaukasus« Bd. I, S. 36, wo für die Südseite die Höhenzahl 8536' (2601 m) angegeben erscheint, während Muschketow in »Geologische Reise im Kaukasus« (Iswestija der K. Russ. Geogr. Ges., Bd. XVIII. 1882. S. 115) nach der gleichen Quelle (Abich) die Ziffer 8899' (2711 m) anführt.

**) Stebnitzky, in Iswestija Schr. der K. Russ. Geogr. Ges., Bd. IX.

***) Die angegebenen Zahlen sind Mittelwerte für beide Abdachungen und nicht, wie Merzbacher »Hochregionen«, Bd. I. S. 37, annimmt, nur für den Südabhang geltende Werte. Siehe auch Muschketow loc. cit. S. 115.

†) Dinnik, in Sapiski d. Kauk. Abt. d. K. Russ. Geogr. Ges., Bd. XIV.

schnitten des langgedehnten Gebirgssystems und aus den Zentren der grössten Vergletscherung fehlen. Die Mittelwerte, die für die grossen Abteilungen des Gebirges gegeben werden, rühren von Stebnitzky her, dem Dinnik mehr oder weniger folgte. — Es ist merkwürdig, dass in Bezug auf die Schneelinie trotz weitläufiger Besprechungen über die theoretische Seite der Frage, denen wir öfters begegnen, der Kaukasus das Schicksal mit den andern aussereuropäischen Gebirgen teilt, für welche aus Mangel an neueren Beobachtungen immer wieder ganz veraltete Daten wiederholt werden.

Eine ausserordentlich verdienstvolle Arbeit hat Prof. Dr. H. Hess geleistet, indem er aus den für den zentralen Kaukasus zur Verfügung stehenden Kopien der Messtischblätter der neuen Aufnahmen in 1 : 42 000 des russischen Generalstabes im Gebiete zwischen Dschiper-Pass und Mamisson-Pass die Höhe der Firnlinie berechnete.*) Aus diesen Berechnungen ergibt sich nach Dr. Hess, »dass in der Tat der Südabhang durchweg eine viel niedrigere Schneegrenzhöhe zeigt als der Nordabhang.« **) Eine Betrachtung der beiliegenden Karte der Schneegrenzhöhen zeigt jedoch, dass diese Erscheinung im Bereiche der Hauptkette nur an einzelnen Punkten (Besingi- und Karagom-Gebiet), in grösserem Masse auftritt. An den andern Stellen zeigt die Karte entweder gleiche Schneegrenzhöhen oder doch nur ganz geringe Differenzen. Grössere Unterschiede zu Gunsten einer tieferen Lage der Schneegrenze am Südabhange, etwa von 300 m, ergeben sich nur im Massiv des Elbruss und vielleicht noch in der Ssugan-Kette. Aber sowohl das Elbruss-Massiv als die Ssugan-Kette sind der Hauptkette im Norden vorgelagerte Gebirgsmassen, in welchen lokale meteorologische Einwirkungen Geltung erlangen, verschieden von den an der Südseite der Hauptkette herrschenden klimatischen Verhältnissen, die demnach auch bei Untersuchung jener Einflüsse, welche hier ein Hinabrücken der Schneegrenzhöhen zur Folge haben soll, nicht gut mit herbeigezogen werden können.

Betrachten wir die obigen Mittelwerte für die grossen Abteilungen des Gebirges (westlicher, zentraler, östlicher Kaukasus oder westlicher und östlicher Teil) so ergibt sich, dass die Höhenlage der Schneegrenze von West nach Ost ansteigt, und dass die Schneegrenze an der Südseite im Durchschnitt um 400 m tiefer liegt als an der Nordseite. Bevor wir zur Betrachtung der Schneegrenzhöhen in den einzelnen Abschnitten des Ge-

*) Hess, Die Gletscher, Braunschweig 1904.

**) Hess, loc. cit. S. 76.

birgsystems übergehen, möchte ich schon jetzt hervorheben, dass auf Grund meiner Beobachtungen und des Studiums der einschlägigen Verhältnisse in den einzelnen Abschnitten des Gebirges die erste dieser Annahmen ihre Bestätigung findet, dass nämlich die Schneegrenzhöhe, wenn auch mit grösseren und kleineren Schwankungen im Kaukasus von Westen nach Osten ansteigt, dass jedoch die zweite, die tiefere Lage der Schneegrenzhöhe an der Südseite im allgemeinen und die Unterschiede in ihrer Höhenlage zwischen Nord- und Südabhang, nur in einzelnen Gruppen und da mit bedeutender Einschränkung der gegebenen Ausmasse, den tatsächlichen Verhältnissen entspricht. Nur in einzelnen Abschnitten des westlichen und des zentralen Kaukasus drückt der Einfluss des pontischen niederschlagsreichen Klimas dort, wo dies orographische Verhältnisse und lokale meteorologische Vorgänge begünstigen, die Schneegrenze im Süden tiefer herab als im Norden, wobei die Differenzen aber unter den angenommenen 400 m bleiben, nirgends jedoch ist dies in der östlichen Hälfte des Gebirges der Fall.

Mit Zugrundelegung dieser Beobachtungen ergeben sich als Mittelwerte in runden Zahlen:

	Schneegrenzhöhe in Metern	
	Nordabhang	Südabhang
Westlicher Kaukasus:	2900	2700
Zentraler Kaukasus:	3200	3100
Oestlicher Kaukasus:	3450	3800

Formen der Gletscher.

Die Gletscher des Kaukasus entsprechen dem alpinen Vergletscherungstypus, welcher sich in allen Hochgebirgen der Erde, welche in gleicher Weise wie die Alpen aufgebaut sind, mit nur unwesentlichen Abweichungen wiederfindet. Dem Bau des Kaukasus, welcher das Gebirge überwiegend in Quertäler gliedert und sowohl in den Talschlüssen weite, muldenförmige Becken, als auch an den Berggehängen Höhlungen und Vertiefungen besitzt, die als Sammelstellen für die den Gletscher nährenden Schneemassen dienen, verdanken die Gletscher ihre Formen, unter welchen sie entweder als Talgletscher (primär) oder als Kargletscher, Gehängegletscher, Plateaugletscher, Gipfelgletscher (sekundär) in die Erscheinung treten.

Der Einfluss orographischer Verhältnisse bringt nur in der Vergletscherung des Elbruss-Massivs eine Uebergangsform zwischen dem Inlandeis Skandinaviens, der arktischen Gebiete und dem alpinen Vergletscherungstypus hervor. Eine mächtige Eisdecke umhüllt die konvexen Plateauoberflächen des Elbruss-Stockes, dessen geologischer Aufbau durch die späteren vulkanischen Eruptionen tektonisch ausgestaltet wurde und eine diesen entsprechende Form angenommen hat. Dieses weit ausgedehnte, allseitig die Vulkankegel umgebende Firnplateau ist das Nährgebiet der Gletscherströme, welche ihm entfliessen. Erst wo die Firnmassen den Rand der Plateauhöhen überfluten, bilden sich am felsigen Gehänge des mächtigen Sockels die Begrenzungen, welche die einzelnen Gletscherströme überragen und voneinander trennen. Statt der Muldenform der Firnbecken, die sonst das Nährgebiet eines einzelnen Gletscherindividuums bilden, statt der schon in der Firnregion sie überragenden trennenden Felsgrate, ist das Firnplateau am Elbruss das gemeinsame Sammelgebiet der Schneemassen, welche die nach allen Richtungen abfliessenden Gletscher ernähren. Auch im Kasbek-Massive prägt sich ein Uebergang von alpiner Vergletscherung zum nordischen Typus aus, wenn auch in viel geringerem Masse als am Elbruss. Stufenförmig sich erhebenden, unter einer mächtigen Firndecke begrabenen Terrassen entsteigt der Vulkandom des Kasbek. Dieses terrassierte Hochplateau bildet aber in der Höhe einen verhältnismässig schmalen Rücken und unterscheidet sich hierin vom Aufbau des Elbruss-Stockes, dessen Höhe ein konvexes, nach allen Seiten gleichmässig abfallendes Firnplateau darstellt. Die Firnmassen am Kasbek schmiegen sich den Unebenheiten des Berggerüstes an, und dadurch werden die Nährgebiete der einzelnen Gletscher, wenn auch nur durch hügelförmige, kaum vom Fels durchbrochene Firnrücken voneinander getrennt, mehr oder weniger umrandet.

In den Mittelpunkten starker Vergletscherung setzen sich viele Talgletscher aus mehreren Gletschern, ja auch aus solchen, welche selbst nach Form und Grösse ihres talförmigen Beckens zu Talgletschern zu rechnen sind, zusammen und bilden dann vereinigt Eisströme von bedeutender Länge. Auch die Sammelmulden schliessen sich oft aneinander, und wenn man in den Alpen es nur selten findet, dass einer Sammelmulde zwei oder mehr Gletscher entfliessen, so trifft man im Kaukasus diese Erscheinung öfter, weil die Kammhöhe eine grössere und damit die Verfirnung in den höchsten Regionen eine stärkere und zusammenhängendere ist.

Die Gletscher des Kaukasus bieten sowohl in der Struktur des Eises, welche gleichen Gesetzen folgt, als in ihren Oberflächenformen die gleichen Erscheinungen wie die der Alpen. Die Schichtung im Firngebiete, die Bänderung am Gletscherende, Gletschertische, Gletschermühlen, sind Erscheinungen, welche auch den Gletschern des Kaukasus zu eigen sind.

Die scheinbar starren Eisströme sind hier wie dort in beständiger Bewegung begriffen. Als Auslösung der Spannungen, die infolgedessen im Innern der Eismassen sich ergeben, entstehen Spalten, und als weitere Folge ihrer Bewegung helfen die Gletscher an der Zertrümmerung und Abtragung der anstossenden Gesteine mit, bilden und transportieren die mit dem Gletscher in einem ursächlichen oder bloss örtlichen Zusammenhang stehenden Trümmermassen, Moränen und Schuttanhäufungen. Der Abschmelzungsprozess vollzieht sich unter den gleichen äusseren Erscheinungen und wird durch die gleichen Agentien bewirkt, wie bei den Alpengletschern. An den grossen Gletschern sind oft mächtig gewölbte Gletschertore anzutreffen, aus welchen der Gletscherbach hervorbricht, der den Grundschutt und Schlamm, den seine Wasser mit sich führen, ablagert und auch das vom Eise herabgebrachte Geschiebe weit mit sich führt.

Haben die in den vorhergehenden Bänden dieses Werkes enthaltenen Darstellungen erwiesen, dass, entgegen früheren Annahmen sowohl die orographischen wie die klimatischen Verhältnisse in gewissen Gebieten des Kaukasischen Hochgebirges für die Ansammlung von Schnee- und Firnmassen und für die Bildung von Gletschern ausserordentlich günstige sind und insbesondere die Gletscher des zentralen Kaukasus, was die Ausdehnung der Eis- und Firn bedeckten Fläche, als die Länge der Eisströme betrifft, den gleichartigen Erscheinungen der Alpen nicht nur nicht nachstehen, sondern, mit Ausnahme des Aletschgletschers, sie zum Teil sogar übertreffen, so treten auch die kaukasischen Gletscher mit einem Formenreichtum von oft überwältigender Grossartigkeit in die Erscheinung. Insbesondere die Firnregion des zentralen Kaukasus stellt sich infolge der bedeutenden absoluten Höhe dieses Hochgebirges und der zum Teil dadurch bedingten meteorologischen Einflüsse, infolge der klimatischen Verhältnisse, die in dem unter andern Breitegraden liegenden und andern Einwirkungen unterworfenen Kaukasus herrschen, in einer die gleichartigen Erscheinungen der Alpen übertreffenden Formengrösse dar. In den firnerfüllten Zirkustälern der Dychssu-, Zei-, Besingi-, Karagom- und Schcheldy-Gletscher im Norden, der Zanner-, Twiber- und Leksyr-Gletscher im Süden — um nur einige zu nennen — haben die Ausdehnung und Zerrissenheit der Firnmassen, die an den steil abstürzenden Felsklippen hängenden Eispanzer und Firnbrüche,

21*

einen in seiner Wildheit und Grossartigkeit überwältigenden Formenwechsel der Schneebildungen geschaffen. Die Eisfälle am Karagom-, Zei- und Adisch-Gletscher sind in jäher Steilung niederstürzende Gletscherkaskaden, die in den Alpen kaum ihnen gleichende Bildungen finden, und an zahlreichen, langgestreckten Gletscherströmen des Kaukasus kann der Wanderer die herrliche Reinheit des Eises, sein prächtiges Farbenspiel bewundern. In solchen Szenerien, der Eiswelt des zentralen Kaukasus, welche zugleich durch ihre wilde Schönheit, durch die Grossartigkeit ihrer Erscheinungen die Hochregionen der Alpen übertreffen, liegt das Charakteristische desselben.

Verbreitung und Grössenverhältnisse der Gletscher.

Nach den vorstehenden Bemerkungen über die klimatischen Verhältnisse und die Höhenlage der Schneegrenze ist die Ermittlung des von ihnen und von den orographischen Verhältnissen abhängigen Ausmasses des räumlichen Umfanges der kaukasischen Gletscher und ihre topographische Verteilung Gegenstand unserer Untersuchungen. In der Darstellung der Verbreitung und der Grössenverhältnisse der Vergletscherung, welche das Resultat von Forschungsreisen in einem wenig bekannten, zum Teil unbetretenen Hochgebirge ist, und bei welcher zum Teil nur ein noch lückenhaftes und nicht an allen Punkten gleichwertiges kartographisches Material zur Verfügung stand, ist eine erschöpfende Aufzählung aller Gletscherindividuen und die eingehende Beschreibung und Bemessung ihrer topographischen Verhältnisse im vorhinein ausgeschlossen. Eine solche Arbeit würde auch den zur Verfügung stehenden Raum dieses Reisewerkes überschreiten, und es muss späterer Detailforschung überlassen bleiben, sie in Angriff zu nehmen.

Es soll hier nur das Charakteristische und Bedeutsame in der Vergletscherung der einzelnen Hochgebirgsgruppen hervorgehoben werden. Es sollen nicht allein das durch absolut bedeutende Grössenverhältnisse Hervorragende, sondern alle Abschnitte des Gebirges, welche vergletschert sind, mit ihren relativ bedeutenden Erscheinungen behandelt werden. In diesem Sinne werden Gletscher, welche durch ihre Grössenverhältnisse in andern Abschnitten des Gebirges bedeutend erscheinen würden, unerwähnt bleiben, während im Gegenhalte zu ihnen unbedeutende Gletschergebilde in andern Gebirgsgruppen angeführt sind. — Etwas eingehender will ich mich mit der Vergletscherung und den sie begleitenden ursächlichen Nebenerscheinungen in den weniger bekannten Gebieten des westlichen und östlichen Kaukasus beschäftigen. Durch Vergleiche mit den Gletscherverhältnissen der europäischen Alpen soll dann ein in die Augen springender Massstab für die Grössenverhältnisse der kaukasischen Gletscher gegeben werden.

I. Westlicher Kaukasus.

Schon in der Einleitung wurde erwähnt, dass das kaukasische Gebirgssystem mit niedrigen Hügelreihen in der Halbinsel Taman anhebt und, gegen Osten streichend, zu immer grösserer Höhe ansteigt, bis es sich in der Berggruppe des Fischt, dessen Gipfel 2854 m erreicht, in die Schneeregion aufschwingt. Hier, an dem karförmigen Gehänge der Nordseite des Piedestales, dem der spitze Fischt-Gipfel entragt, finden wir zuerst eine bedeutendere Firnansammlung; ihr verdankt ein Gletscher sein Entstehen, dessen Zungenansatz in eine schmale, zuerst gegen Norden gerichtete, dann gegen Nord-Nord-West sich öffnende, im Osten und Westen von hohen Felswänden umstandene Schlucht dringt. In der obersten Quellschlucht der Bjelaja zwischen Fischt und dem nordöstlich gelegenen Oschten (2807 m), in den Karen der östlichen Breitseite des letzteren, haben kleine Firngletscher eine Stätte gefunden. Die Kammlinie der Hauptkette sinkt zum Schitlib-Pass (1848 m) und erhebt sich in langsamem Steigen erst im Gipfel des gegen Norden vortretenden Schuguss mit 3240 m zu bedeutender Höhe. Firn und Gletscher füllen die Kare und Schluchten im Norden und am Ostgehänge. Die Bäche der Nordseite fliessen zum Tschessu in das westliche, die des Südostgehänges zum Kischa (Kyschi, auch Tschegs oder Tschescha) in das östliche der obersten Quellgebiete der Bjelaja. Zwischen den Quellschluchten dieses Flusses streichen vom Schuguss, gegen Norden ausstrahlend und sich wieder verzweigend, hohe Gratzüge (Dschemaruk 3164 m zwischen den obersten Quellen des Tschessu und der Kischa), die an begünstigten Stellen kleine Firngletscher tragen. Die in der Fischt-Gruppe beobachtete Gletscherbedeckung ist unbedeutend und ist auch noch in den letzten Dezennien sehr zurückgegangen. Die Reste dieser, früher ausgedehnten Gletscherbedeckung erhalten sich durch orographische Begünstigung, infolge schattiger Lage und wahrscheinlich auch durch Lawinenzufuhr. Es sind Kargletscher, und dort, wo das Gehänge die Eiszungenbildung befördert, Schluchtgletscher, welche hoch endigen.

Dem Quellgebiet der Bjelaja folgen die Bassins der Kleinen und Grossen Laba (Laba-Gruppe). Die Hauptkette ist im Psseaschcha-Pass bis

2097 m (nach neueren Messungen 2003 m) eingeschnitten, aber westlich desselben erheben sich die beiden Psseaschcha-Gipfel wieder bis zu 3217 bzw. 3218 m und bilden mit den Graten der Hauptkette einen von Firn erfüllten Zirkus, aus dem der 1,5 2 km lange Eisstrom des Abago- (besser Uruschten-) Gletschers bis etwa 2030 m herabdringt. Ihm entströmen die Quellen des Uruschten, eines Nebenflusses der Kleinen Laba. Es ist der erste Gletscher, dem wir im Westen begegnen, der sowohl in seinem Firnfelde als in der Gletscherzunge grössere Dimensionen erreicht und auch seinen topographischen Verhältnissen nach als kleiner Talgletscher zu den primären Gletschern zu rechnen ist.

In den Talschlüssen der Hauptquellen der Kleinen Laba und ihres Nebenflusses Zachewa (auch Zachwoa), wo die Hauptkette im Aischcha-Gegebirge 2858 m und im Hintergrunde des Zachewa-Tales bis nahezu 3000 m ansteigt, liegen kleinere Kargletscher, die in Höhen von 2150 bis 2300 m endigen. In den gegen Norden ziehenden Nebenketten und Querjochen lagern zerstreut unbedeutende Firnflecken und Eisgebilde.

Im Bassin der Grossen Laba, welche aus einer Reihe von Querschluchten ihre Zuflüsse vom Hauptkamm empfängt, dessen Höhe gegen Osten nur wenig ansteigt (höchste Punkte westlich vom Zagerker-Pass sind 2931 m und 3105 m) und dessen Kammlinie im Hintergrunde dieser Schluchtentäler von tiefen Passscharten (2492, 2597, 2270 m) eingeschnitten ist, zeigt sich eine nur unbedeutende Gletscherentwicklung.

Vom tief eingeschnittenen Zagerker-Pass erhebt sich die Pssyrs-Gruppe rasch zu grösseren Höhen, im Psysch-Gipfel bis zu 3503 m und nordwestlich von ihm, in einem gegen Norden vorspringenden Grate im Gipfel des Psyrs bis zu 3788 m. Die Kammlinie ist wenig geschartet und sinkt am Maruch-Pass bis zu 2769 m. Dieser Teil des Hauptkammes wird im Norden durch die dem Grossen Selentschuk zuströmenden Quellbäche entwässert. Im Hintergrunde der Schluchten seines westlichen Hauptquellflusses lagern eine Reihe von Gehänge- und Schluchtgletschern. Auch die diese Quellschluchten trennenden Bergzüge sind stellenweise verfirnt. Ein an der nördlichen Abdachung liegender grösserer Schluchtgletscher endigt bei 2500 m. Im Talzweige, der zum Psysch emporzieht, sind Hängegletscher sichtbar. Weiter im Osten, im Gebiete des östlichen Quellflusses — Kysgitsch — nimmt die Vergletscherung grössere Dimensionen an, und im zirkusförmigen Abschlusse des östlichen Talastes zeigt die Abdachung des Hauptkammes eine bedeutende, schon zusammenhängende Vergletscherung. Einem weiten Firnreservoir entströmt ein auffallend tief herabreichender Talgletscher, der Kysgitsch-Gletscher, der einen Flächenraum von 6 qkm einnimmt und dessen Doppelzunge bei 2085 bzw. 1904 m endigt.

An der südlichen Abdachung der Abchasischen Alpen liegen die Quellgebiete der Msymta und des Bsyb, die in ihrem Oberlaufe dort Längentäler durchströmen. Vom Fischt bis zum Psysch-Gipfel trägt die südliche Abdachung des Hauptkammes keine dauernde Schneedecke, und nur im östlichsten Quellaste der Msymta sollen kleinere Firnansammlungen sich erhalten. Dagegen stösst man, am weitesten gegen Süden und Westen vorgeschoben, auf eine nennenswerte Vergletscherung in der parallel, und im Süden dem Hauptkamm vorgelagerten Kette, welche zwischen den obersten Flussläufen der Msymta und des Psou einerseits und den westlichen Quellflüssen (Tega und Jupitera) des Bsyb anderseits streicht. Diese Kette ist an ihrer nördlichen Abdachung durch kurze Felsrippen in eine Reihe von muldenförmigen Karen zerlegt, und im Gebiete ihrer höchsten Erhebung, wo der 3255 m erreichende Agepsta-Gipfel aufragt, ist das unter seinen Abhängen liegende Kar mit Firn und Gletschern erfüllt, dessen unterer Rand bei etwa 2550 m liegt. Oestlich anschliessend dehnt sich eine von Westen nach Osten etwa 4 bis 5 km breite Firnmulde aus, gleichfalls die Geburtsstätte zweier Kargletscher mit Zungenansatz.

In der Hauptkette selbst finden wir östlich vom Psysch-Gipfel in den karförmigen Räumen ihrer südlichen Wandung einige kleine Kargletscher, deren Enden zwischen 2650 und 2800 m liegen. Hier im obersten Quellgebiete des Bsyb zieht im Süden, parallel mit dem Hauptkamm die Bergkette, die im Tschedym-Gebirge 2852 m erreicht und weiter östlich und unweit des Chimsa-Passes (2454 m) mit Höhenpunkten von 3026 und 3157 m aufragt. Schneeschrammen sind in geschützten Lagen an der Nordseite des Tschedym-Gebirges sichtbar, aber erst dort, wo die Talschlucht des Ubusch-Baches, eines Zuflusses des Bsyb, emporzieht und in der Höhe, unter den Mauern der Chimsa-Gipfel eine langgestreckte, auch im Westen und Osten umschlossene und nur gegen Norden offene Karmulde bildet, haben sich wieder bedeutende Firnmassen ansammeln können, denen der 3 km lange und bei 2362 m endigende Ubusch-Gletscher entströmt. Die von Firn und Gletscher bedeckte Fläche beträgt 2,5 qkm.

Während demnach die südliche Abdachung der Hauptkette in der Ausdehnung vom Fischt bis zum Maruch-Pass ausser einigen Firnfeldern im obersten Quellrayon der Msymta nur im letzten östlichen Abschnitte mehrere gleichfalls unbedeutende Kargletscher trägt, sehen wir, dass am Nordgehänge der dem Hauptkamme südlich vorgelagerten Ketten, die ihn hier an Höhe überragen, einige Gletschergebilde sich ausbreiten, die obwohl von geringen Grössenverhältnissen, immerhin die der Hauptkette übertreffen. Im Gegenhalte zum Steilabfall der Hauptkette, ist die Nordabdachung dieser Nebenketten in karförmige Mulden gegliedert, die jedenfalls einst alle von Gletschern erfüllt waren und zusammenhängende Gletscherströme bildeten. Dieser orographischen Begünstigung, sowie der nordschattigen Exposition verdanken diese Gletscher ihr Bestehen.

Die Entwicklung des Gletscherphänomens, die Ausdehnung der dauernden Schneeansammlungen ist demnach in den Abchasischen Alpen eine geringe, insbesondere im Hinblick auf das niederschlagsreiche pontische Klima, dessen Einwirkung dieses Gebiet unterworfen ist. Das südwestliche Transkaukasien hat die grösste Quantität Niederschläge,*) und wenn auch diese Niederschlagsmengen mit der Annäherung an das Gebirge, wie erwähnt, abnehmen, so ist die dort fallende Quantität noch immer eine sehr grosse. Allein der Einfluss dieser klimatischen Bedingungen ist kein so günstiger als man anzunehmen geneigt ist. Die feuchten Luftströme, die vom Pontus wehen, ziehen über die relativ niedrige Kammhöhe der Hauptkette und durch die tiefen Scharten derselben nach Norden, ohne aber in fester Form niederzufallen und bedeutende und dauernde Schneeansammlungen zu bilden. Die Nordseite hinwieder, insbesondere die Quellsysteme der Kleinen und Grossen Laba, gehören einem Gebiete reicher Niederschläge an, die in Gestalt von Sommerregen niederfallen. Diese Sommerregen schmelzen die Firn- und Schneemassen in den Karen und Schluchten des Gebirges, die auch infolgedessen keine grosse Ausdehnung behalten können und deren dauerndes Verbleiben dadurch verkürzt wird. Die hohen Temperaturverhältnisse und starke Insolation der Südseite sind für grössere dauernde Schneeansammlungen gleichfalls nicht günstig. Wir sehen also, dass die Niederschläge im Süden und im Norden weniger in fester Form niederfallen und dass an beiden Seiten der Abschmelzungsprozess ein rascher ist. Reichliche Niederschläge und hohe Temperaturen im Sommer sind im allgemeinen der Entwicklung von Gletschern nicht günstig. Der orographische Aufbau an der Nordseite, wo die Hauptkette steil zu hochliegenden, waldbestandenen Talflächen abfällt, bietet keine grösseren Räume für die Ansammlung von Schneemassen, und an der Südseite strebt das Gebirge gleichfalls steilwandig in die Höhe. Das Gebirge ragt ferner nur wenig über die Schnee-

*) Nach Wosnessenkij: Die Niederschläge des Kaukasus (Sapiski d. Kauk. Sekt. der R. G. G. Bd. XVII.), Ssotschi im Jahre 2072 mm, Winter 660 mm, Sommer 431 mm; Ssuchum-Kale im Jahre 1231 mm, Winter 278 mm, Sommer 325 mm.

grenze, und das Fehlen von grösseren Massenerhebungen übt ohne Zweifel auf eine bedeutende Entwicklung der Vergletscherung einen ungünstigen Einfluss aus.

Die von Abich für die Nordseite am Fischt mit 2744 m und für die Südseite mit 2601 m angegebene Schneegrenze rückt weiter im Osten höher hinauf; sie liegt im Norden, im Gebiete der Kleinen und Grossen Laba, etwa bei 2900 m, und im Süden zwischen 2700—2800 m.

Die Hauptkette wird vom Maruch-Pass an bis zum Kluchor-Pass im Norden von den Quellflüssen des Kleinen Selentschuk und der Teberda entwässert, indes im Süden die Tschchalta, der westliche Quellarm des Kodor, ihr parallel mit dem Hauptkamme ziehendes, längentalartiges Talbecken durchfliesst. Das Gebirge erreicht hier Höhen von 3800 bis 4000 m (Dombai-Ulgen 4038 m). An der nördlichen Abdachung strahlen hohe Gratzüge aus, welche weite, bis an die Kammlinie der Hauptkette emporziehende Becken einschliessen und so die Firnreservoire für tief hinabziehende Gletscherströme bilden.

Eine Reihe von grösseren Talgletschern senkt sich in die obersten Talzweige des Kleinen Selentschuk und der Teberda. An der Nordseite des Maruch-Passes dringt aus einem langgezogenen Becken, welches dort der Hauptkamm mit einem westlich ausstrahlenden Felszuge bildet, der Maruch-Gletscher. Der mit seinem Einzugsgebiete 4 km lange Gletscher endigt bei 2515 m und bedeckt eine Fläche von 4,3 qkm. Im obersten Akssaut- (auch Chassaut-)Tale breitet sich im westlichen Quellarm der Akssaut-Gletscher aus mit einem Flächenareale von 11 qkm. Aus drei Hauptzuflüssen entwickelt sich unter allmählicher Verengung des Bettes die langgestreckte Zunge, die bei 2025 m endigt. Der Gletscher erreicht eine Länge von über 5 km, wenn wir die gebrochene Linie seines Laufes vom Firnanfang des mittleren Gletscherstromes messen; die Länge des östlichen Hauptstromes beträgt 4,25 km. Im östlichen Talzweige enströmt einem halbkreisförmig gerundeten Firnbecken, welches die zu Höhen von 3600 bis 3800 m sich erhebende Erzogkette umragt, der Dschalowtschat-Gletscher, der eine Fläche von 11,7 qkm bedeckt, bis 2065 m herabreicht und eine Länge von nahezu 7,5 km (Eisstrom und Firngebiet zusammengerechnet) besitzt. Ausser diesen grossen Talgletschern sind in Karen und am Gehänge der Talwände zahlreiche kleinere Gletscher sichtbar, und auch in den Seitenschluchten, welche sich auf die Täler des Maruch und Akssaut öffnen, finden wir am Gehänge der Nebenketten und in den Hintergründen dieser Talschluchten grössere und kleinere Firnansammlungen und Gletschergebilde.

Eine gleichbedeutende Vergletscherung zeigt der Hintergrund der beiden Talarme der Teberda, das Hauptquelltal des Kluchor und das Amanaus-Tal. In das letztere dringt aus weiten, von Felsriffen getrennten und zirkusförmig umschlossenen Firnreservoiren der langgestreckte Eisstrom des Amanaus-Gletschers bei einem Flächeninhalte von 16 qkm und mit einer Länge von $5^1/_2$ km bis zu 1790 m herab, das tiefste Zungenende der Gletscher in der Maruch-Kluchor-Gruppe. Im westlichen Seitentale des Amanaus, im Alibek-Tale, sind die einem gemeinsamen Firnbecken entstammenden Alibek-Gletscher (mit einem Gesamt-Flächeninhalte von 22 qkm)*) die bedeutendsten. Der östliche, 4,5 km lange Alibek-Gletscher mit einem Flächeninhalte von 9 qkm reicht bis zu 2130 m herab, der westliche, mit einer Länge von 4,25 km, und einem Flächeninhalte von 8,5 qkm bis zu 2004 m. Noch nördlicher liegt, zum grössten Teil schon von den Firnen genährt, welche unter einem vom Hauptkamm gegen Norden streichenden Felsgrat sich ausbreiten, ein dritter Gletscher. Ein Felsbollwerk umflutend, dringt er, in zwei Gletscherzungen geteilt, bis zu 2650 m bzw. 2700 m herab und bedeckt eine Fläche von 5 qkm. Im östlichen Talzweige des Amanaus, im Dombai-Ulgen-Tale, liegen in hochgelegenen Karen, welche der Hauptkamm und von ihm gegen Norden ausstrahlende Gräte bilden, teils am ausgebauchten Gehänge selbst grosse Firnansammlungen, welche über den Talwänden abbrechende Gletscher bilden. Der Hauptquellbach des Dombai-Ulgen-Tales kommt aus einer streng nach Süden ziehenden Schlucht, wo unter den Wänden der hier eine niedrige Kammhöhe besitzenden Hauptkette (Dombai-Ulgen-Pass 3006 m) ein grosses, firngefülltes Becken sich weitet, dem der 2,7 km lange Dombai-Gletscher entfliesst. Das Zungenende liegt bei 2240 m.

Im östlichen Quellgebiete der Teberda — im Kluchor-Tale — liegt im Hintergrunde des Buulgen-Seitentälchens der einem karförmigen Firnreservoir entströmende Buulgen-Gletscher, dessen langgestreckter, schmaler Eisstrom durch eine von steilen Felswänden umstandene Schlucht mit einer Länge von 4,3 km und einem Flächenareale von 6,5 qkm bis zu 2036 m herabdringt. Beide Quelläste, in welche sich das oberste Kluchor-Tal gabelt, sind von Gletschern erster Ordnung erfüllt: der westliche birgt in seinem Hintergrunde den Chokel-Gletscher (Länge 2,2 km, Flächeninhalt 2,5 qkm Zungenende etwa 2300 m), der rechts und links von ansehnlichen Gehänge-

*) Es könnte der südöstliche Alibek-Gletscher, weil unter den Felsklippen des Gipfels der Belalakaja gelegen, nach dem Vorgange des Herrn v. Mekk, auch Belalakaja-Gletscher genannt werden.

gletschern flankiert ist; aus dem östlichen dringt, der Krümmung der engen Talschlucht folgend, der Kluchor-Gletscher mit einer Länge von 3,7 km und einem Flächenareale von 6,4 qkm bis zu 2330 m, nahe an den Saumpfad der zum Kluchor-Pass führt.

An der südlichen Abdachung der scharf nach Südosten streichenden Hauptkette sind an den zum Längentale der Tschchalta (Azgara) abfallenden Wänden in einer fortlaufenden Linie eine Reihe von Karen und Mulden mit Firneis und Gletschern besetzt. Grössere Gletschergebilde sind der unterhalb des Maruch-Passes liegende Tschchalta-Gletscher (auch Südlicher Maruch-Gletscher) und der Dschessara-Gletscher. Der Tschchalta-Gletscher erfüllt ein durch den Hauptkamm und einen mit ihm parallel streichenden Felszug geschaffenes, gegen Osten ziehendes Becken in einer Länge von 3 km und endigt bei 2500 m. Der Dschessara-Gletscher dringt nahezu 4 km lang aus einem weiten Firnkar in die gleichnamige Seitenschlucht der Tschchalta bis zu 2084 m. Im Hintergrunde des aus dem untersten Abschnitte des Tschchalta-Tales weit hinaufziehenden Ptysch-Tales liegt in einem Kessel unter den Wänden des Dombai-Ulgen der Ptysch-Gletscher (Zungenende bei 2306 m).

Im Süden des Tschchalta-Tales zieht parallel mit der Hauptkette die Teimass-Kette, die im Schchapisga-Gipfel sich bis zu 3030 m erhebt und, gegen Norden vielfach verzweigt, enge Schluchten und längs der Gratabdachungen karförmige Mulden bildet, die mit kleinen Firngletschern erfüllt sind.

Vom Kluchor-Pass zieht das enge Tal des Klytsch zum Kodor. Sein oberster Abschnitt und auch die Seitentäler, welche östlich zum Nachar-Pass, westlich zum Hauptkamme unter dem Chokel-Gipfel ziehen, bilden kesselförmige Talschlüsse. In den Schluchten, in den Mulden der Wände, welche sie umstehen, breitet sich eine Reihe von Kar- und Gehängegletschern aus. Der bedeutendste, der Klytsch-Gletscher, dringt aus hoch in das Gebirge einschneidenden firnerfüllten Schluchten herab, und seine sich fächerförmig ausbreitende Zunge erreicht bei 2400 m fast den Boden des zirkusförmigen Abschlusses des Klytsch-Tales.

Der unbedeutenden Vergletscherung, der wir in den Abchasischen Alpen, vom Quellgebiet der Bjelaja am Fischt bis zum Quellgebiet des Grossen Selentschuk begegneten, folgte nach der Steigerung, die sie schon in den östlichen Quelltälern des letzteren erfuhr, eine grossartige Entwicklung des Gletscherphänomens an der Nordseite der Maruch-Kluchor-Gruppe. — Lokalen meteorologischen Einflüssen und dem günstigen orographischen

Aufbau verdankt diese umfangreiche Vergletscherung ihr Entstehen. Dort haben die grossen Niederschlagsmengen, die im Westen in Form von Sommerregen fallen und schon östlich der Urwälder der Labagebiete etwas abnehmen, eine weitere Verminderung erfahren; der grösseren absoluten Höhe des Gebirges entsprechend, erhält es in den Firnregionen die Niederschläge zumeist in fester Form, und sie finden dort entsprechende Lagerstätten. Die Massenerhebung, der orographische Aufbau begünstigen sowohl die Schneeansammlungen, als auch die bedeutende Entwicklung der Gletscher. Die Gipfelbauten sind allerdings schroff und zeigen steilabstürzende Felswände, sie entragen aber zum Teil den die einzelnen Talschluchten scheidenden Kämmen, welche selbst eine breite Terrassenentwicklung besitzen, oder zum Teil dem Hauptkamme, dessen Abdachung schon unweit der höchsten Kammlinie oft auffallend flache Winkel zeigt und weit ausgedehnte Becken bildet. Alle diese Terrassenflächen, diese Becken sind stark verfirnt. Die Schneegrenze im Norden der Gruppe dürfte bei 3000 m liegen. An der Südseite steht die Vergletscherung weit hinter jener im Norden zurück, aber sie ist doch viel grösser als im Gebiete der westlich anschliessenden Längentäler des Bsyb und der Msymta. Die zum Tschchalta-Tale fallende Abdachung der Hauptkette ist sehr steil. Die Folge ist, dass nur in den muldenförmigen Vertiefungen der Wände die Firnmassen sich halten können. Eine Ausnahme macht der Dschessara-Gletscher, welcher orographisch ganz ausserordentlich begünstigt erscheint. Die Schneegrenze dürfte etwa in der Höhenlinie von 2900 m liegen; sie sinkt aber bedeutend in der westlich sich erhebenden Teimass-Kette (Schchapisga) und noch mehr im Gebiete des Klytsch-Tales, wo die Zone dauernder Schneebedeckung schon bis 2800 m herabreicht. Es scheinen dies hier auch reichliche Winterniederschläge zu bewirken, wie die im unteren Teile des Klytsch-Tales in bedeutender Tiefenlage noch zur Sommerzeit lagernden Schneefelder und Lawinenreste beweisen. Die enge Talbildung mit ihrer starken Beschattung und die schluchtige Zerrissenheit des Gebirges dürften diese Verhältnisse gleichfalls beeinflussen.

II. Zentraler Kaukasus.

Vom Kluchor-Pass bis zum Dschiper-Pass in der Karatschai-Gruppe umschliesst die Hauptkette mit dem nach Norden streichenden Gratzuge, der das Elbruss-Massiv trägt, das östliche Quellgebiet des Kuban. Im Süden wird dieser Abschnitt durch Gwandra und Sseken, Quellflüsse des Kodor, entwässert.

Betrachten wir zuerst die Vergletscherung des Dout-Tales, welches seine Wässer dem Kuban zuführt, mit seiner Wurzel jedoch nicht bis an den Hauptkamm reicht, sondern von diesem durch Gratzüge geschieden wird, welche teils vom Kluchor-Pass, teils von der nördlichen Umwallung des obersten Kluchor-Tales gegen Norden ausstrahlen. Die Ansammlung von Firn und Eis in den Hintergründen des Dout-Tales, seiner obersten Quelläste und seiner Nebentäler ist trotz der grossen Höhe des Gebirges nicht bedeutend. Das ganze, vegetationsarme, steinige Talgebiet macht den Eindruck, als ob es unter dem Einflusse eines besonders niederschlagsarmen, trockenen Klimas stehen würde. Der Dout-Gletscher, ein Talgletscher von etwa 2 km Länge erfüllt den östlichen Talzweig und endigt bei 2680 m; die andern Talschlüsse sind von kleineren und grösseren Kargletschern erfüllt.

Im Gebiete der Quelltäler des Utschkulan, wo der Hauptkamm im höchsten Punkte (Gwandra-Gipfel) 3984 m erreicht, begegnen wir einer bedeutenden Vergletscherung. Im Hintergrunde des Gondarai-Tales, im Dschalpakkol-Tal, in beiden Zweigen des Indrukoi-Tales liegen grössere Talgletscher. Der bedeutendste — Aktjube-Gletscher — liegt im rechten Arme des Indrukoi-Tales, ist 5,5 bis 6 km lang und endigt bei 2500 m. Die andern — Gondarai-, Dschalpak- und Indrukoi-Gletscher — erreichen nur Längen von 2 bis 2,5 km und endigen zwischen 2700 und 2900 m. Grössere Kar- und Gehänge-Gletscher sind in allen diesen Tälern und ihren Seitenschluchten im Gondarai-, Nachar-, Kitschkinekol- und Indrukoi-Tal sichtbar.

Vom Osten, aus dem Rechteck, welches die Hauptkette im Gebiete des Dschiper-Passes mit dem Verbindungskamme, der zum Elbruss-Massive gegen Norden zieht, beschreibt, fliesst der Ullukam, der, sich mit dem Utschkulan vereinigend, den Kuban bildet. Von der Hauptkette, die hier in einzelnen Punkten zu Höhen von 3900 m bis 4150 m sich erhebt und bis zum Dschiper-Pass eine zusammenhängende Firndecke trägt, senkt sich eine Reihe gletschererfüllter Nebentäler zum Ullukam. In allen diesen, im Usunkol-, Tschirykol-, Kitschkinekol- und Ulluosen-Tale, breiten sich bedeutende Talgletscher und zahlreiche Kar- und Gehängegletscher aus. Dieser Reihenfolge — von West nach Ost — entsprechend, führen wir die folgenden Talgletscher an. In den Quellästen des Usunkol-Tales liegen: Der Myrdy-Gletscher und der Usunkol-Gletscher, mit Längen von 3—4 km; ersterer endigt bei 2680 m, der letztere bei 2350 m. Die beiden Tschirykol-Gletscher entspringen weit ausgedehnten Firnfeldern, die im Hintergrunde der beiden Arme des Tschirykol-Tales lagern. Der in den westlichen Talzweig dringende Tschungur-Dschar-Gletscher, der seine Eismassen aus einem nahezu kreisrunden Firnzirkus sammelt und einen breiten Gletscherstrom bildet, bedeckt eine Fläche von 6,7 qkm, erreicht eine Länge von 4,25 km und endigt bei 2645 m. Im östlichen Talzweige liegt der aus mehreren Zuflüssen zusammengesetzte, 3,7 km lange Taly-tschchan-Gletscher, der bis zu 2530 m herabdringt und eine Fläche von 10,4 qkm einnimmt. Der Talgletscher im sich östlich anreihenden Kitschkinekol-Tale ist ein langgestreckter Eisstrom, der mit einem weit ausgedehnten Firngebiete eine Länge von 3 km besitzt und bei 2640 m endigt. Nun folgen die Hauptquellen des Kuban, das oberste Talgebiet des Ullukam, das sich in zwei Aeste gabelt, die von den Bächen des Ulluosen und des Chotju durchrauscht werden. An den Hauptkamm schliesst hier die nordwärts streichende Kette, welche ihn mit dem Elbruss-Massive verbindet und die, im rechten Winkel zu ihm stossend, hier eine Ecke bildet, in welche das Ulluosen-Tal emporzieht. Von weitausgedehnten, firnbedeckten Plateauflächen und Mulden senken sich Gletscher in das nahezu eben emporziehende Talbecken. Der aus zwei Zuflüssen gebildete Eisstrom des Ulluosen-Gletschers dringt bis 2714 m herab. Im zirkusförmigen Abschlusse des gestuft aufsteigenden Chotjutau-Tälchens, schon unter den Wänden des Elbruss-Massivs, liegen die Firn- und Eismassen des in der Länge kaum viel mehr als 1 km messenden Chotjutau-Gletschers (auch Ullukam-Gletscher genannt), der schon in der Höhe von 2965 m endigt.

Die Westseite des Elbruss-Massivs wird durch die Bäche Kjükurtlü und Bitjuk-tjube entwässert, die vereint den Ulluchursuk bilden. In das Tal des Kjükurtlü dringt der Kjükurtlü-Gletscher bis zu 2775 m herab. Der Gletscherstrom, ohne Firngebiet, erreicht eine Länge von etwa 2 km; misst man vom entferntesten, höchsten Punkt der Plateauflächen des Elbruss bis zum Ende der Gletscherzunge, so ergibt sich eine Länge von 7,6 km. Der bedeutend kürzere Bitjuk-tjube-Gletscher endigt mit einem breiten Eisfelde schon bei 3277 m. Die firnbedeckten Plateauhöhen des Elbruss-Massivs sind das Nährgebiet beider Gletscher. Die Nordseite des Scheiderückens zwischen dem obersten Ullukam-Tale und dem Kjükurtlü-Tale ist mit einer Reihe von Kar- und Gehänge-Gletschern bedeckt.

Die Südseite der Karatschai-Gruppe vom Kluchor-Pass bis zum Dschiper-Pass, zeigt eine auffallend geringe Vergletscherung. Der Gletscherbedeckung an der südlichen Abdachung des Nachar-Passes wurde schon oben bei Erwähnung des Klytsch-Tales gedacht. Sie ist bedeutend geringer als an der Nordseite des Passes und besteht nur aus kleinen Kar- und Gehänge-Gletschern. Noch geringer ist die Vergletscherung im Talschlusse des Gwandra-Tales. Nur wenige Schneefelder liegen dort, und nirgends kommt es zu einer zusammenhängenden Firndecke. Am Scheiderücken zwischen den Tälern der Gwandra und des Sseken finden kleine Kar- und Gehänge-Gletscher eine Stätte. Als am weitesten nach Süden hinausgeschoben erwähne ich noch die Panawische Kette (höchster Gipfel Chodschal 3309 m), welche parallel mit der Hauptkette streicht und auf ihren nach Norden gewendeten Hängen, in orographisch begünstigten Lagen, Firnansammlungen und kleinere Gehängegletscher trägt.

Vom Kluchor-Pass bis zum Dschiper-Pass hat die Vergletscherung im Gegensatze zur Kluchor-Maruch-Gruppe, eine geringere Entwicklung, und die einzelnen Gletscher, auch an der Nordseite, erreichen nicht die Grössenverhältnisse der westlich angrenzenden Gruppe. Das herrschende Klima ist niederschlagsärmer als im Westen, und der Unterschied mit den angrenzenden vegetations- und waldreichen Talgründen der Teberda ist oft, wie z. B. im Dout-Tale, geradezu überraschend. Die Schneegrenzhöhe ist im westlichen Abschnitte bis zu 3200 m hinaufgerückt und liegt im Gebiete des Ullukam wieder etwas tiefer, etwa bei 3100 m. Die Vergletscherung an der Südseite ist unbedeutend und lässt sich nur zum Teil mit dem steilen Abfall der südlichen Abdachung des Hauptkammes erklären. Die Schneegrenzhöhe dürfte hier die Zone von 3000 m schneiden.

Vom Dschiper-Pass und dem dort im Norden an die Hauptkette sich anschliessenden Elbruss-Massiv bis zum Kasbek gelangt die Hochgebirgsnatur des Kaukasus zur mächtigsten Entfaltung; in diesem Gebiete liegen nach den Elbruss-Gipfeln seine höchsten Erhebungen, und hier erreichen die Schneebedeckung und die Gletschererscheinungen ihre grösste Ausdehnung und bedeutendste Entwicklung. Vom Dschiper-Pass bis zum Mamisson-Pass (im Süden der Adai-Choch-Gruppe), auf einer Länge von 150 km, besitzt der Hauptkamm keine Scharte, die nicht 3000 m überstiege und nicht unter Firn und Eis begraben wäre.

Der massige Stock des Elbruss (5629 m) ist der Träger mächtiger Firnmassen, die ihn umhüllen. Vom Rande der Plateauflächen, die sich gewellt und gestuft nach allen Seiten senken, dringen Gletscherzungen in die das Massiv umgürtenden Schluchten und Täler.*) Die an der Westseite liegenden Gletscher haben wir, als dem Kuban tributär, schon früher

*) Ueber den Typus dieser Vergletscherung siehe unter »Formen der Gletscher« S. 322.

aufgezählt. Die gegen Norden sich senkenden Gletscherströme senden ihre Bäche zur Malka, einem bedeutenden Nebenflusse des Terek. Vom eisigen Plateau des Elbruss dringen dort die Eiszungen von fünf Gletschern herab, von welchen der Eisstrom im Westen, der Ullutschiran-Gletscher, die grösste Längenausdehnung hat. Die Länge der Gletscherzunge selbst, gemessen von dem Punkte, an welchem das Eis die Plateauhöhen des Elbruss-Massivs verlässt, beträgt 3,5 km. Misst man die Luftlinie vom Ende der Gletscherzunge bis zu den obersten Firnhängen unterhalb des Elbruss-Gipfels, so erhält man eine Längenausdehnung von 8 km. Die Gletscherzunge endigt hoch, schon bei 2914 m. Die gegen Osten folgenden vier Gletscher besitzen etwas kürzere Gletscherzungen und endigen in Höhen von 3050 bis 3200 m. Im Osten fliesst aus weiten Firnreservoiren eine breite Eismasse nieder, welche über zerklüfteten Felswänden abbricht, der Kyngir-Ssyrt-Gletscher, dessen rechts und links sich entwickelnde kurze Zungenansätze 3060 und 3010 m hoch liegen. Sein Nährgebiet bildet im Süden, von abstürzenden Kraterrändern begrenzt, eine sich ausbuchtende riesige Firnmulde, die als »Schneetal Dschika-ugen-kes« bezeichnet wird.

Die bedeutendsten Gletscher des Elbruss-Massivs im Quellgebiet des Bakssan, an seiner östlichen und südlichen Abdachung, sind der Irik- und der Asau-Gletscher. Der Irik-Gletscher bildet von dem Punkte, an welchem er dem Firn-Plateau des Elbruss entfliesst, einen Gletscherstrom von 5 km Länge; misst man die Längenausdehnung bis zum obersten Rande der gegen Südosten sich abdachenden Firnreviere, so ergibt sich eine Länge von 10 km. Die Gletscherzunge endigt bei 2540 m. Der Asau-Gletscher, der seine Zuflüsse nicht nur vom Elbruss-Plateau, sondern auch vom Verbindungszuge zwischen dem Elbruss-Stock und dem Hauptkamm und auch noch von letzterem erhält, gehört zu den grössten Gletschern des Kaukasus. Er bedeckt mit seinem Firngebiete eine Fläche von 27 qkm und besitzt eine Länge von nahezu 13 km. Der Zunge des Asau-Gletschers, die bei 2330 m endigt, entrinnen die Hauptquellen des Bakssan. Zwischen diesen beiden Gletschern dringen vom Elbruss-Plateau der Tersskol-Gletscher in die gleichnamige Talschlucht bis zu 2625 m, indes der westlicher gelegene, zu den Gehänge-Gletschern zu zählende Gara-Gletscher schon bei 2878 m über Felsstaffeln abbricht.

Von der Hauptkette her, vom Süden, mündet eine Reihe von grösseren Seitentälern und kleineren Schluchten auf das Bakssan-Tal. Alle bergen eine reiche Vergletscherung. In dem südlich zum Dongusorun-Pass ziehenden ersten Seitentale des Bakssan sammeln sich die Quellbäche, welche den Gletschern entströmen, die sich hier in den Schluchten des Kammes ausbreiten, der vom Dschiper-Pass in einem Halbbogen über eine Reihe von Gipfeln zum Dongusorun-Pass zieht und, wieder ansteigend, im Dongusorun-Gipfel 4468 m erreicht. Ein von letzterem gegen Norden streichender Gratzug bildet die östliche Talwandung des Dongusorun-Tales. Drei Talgletscher, die jedoch keine bedeutenden Dimensionen erreichen, dringen in eine gegen Westen und in zwei gegen Norden ziehende Schluchten. Im Jussengi-Tal liegt der aus drei Zuflüssen gebildete Jussengi-Gletscher, der eine Fläche von nahezu 14 qkm bedeckt, eine Länge von 6 km erreicht und bei 2430 m endigt. Es folgt das Seitental des Adyl-Ssu, das sich höher oben gabelt; der Hauptbach fliesst aus dem sich gegen Osten hinziehenden Tale und vereinigt sich mit dem von Süden kommenden Schcheldy-Bach. Der Schcheldy-Gletscher zählt zu den grössten des Kaukasus; er bedeckt eine Fläche von 27,5 qkm, hat eine Länge von 7 km und endigt bei 2208 m. Von dem bedeutenden Flächeninhalt kommen etwa 22 qkm auf das Einzugsgebiet und nur 5,5 qkm auf die Zunge. Das Charakteristische des Nährgebietes ist die Steilheit der von Firnfeldern und Eisströmen bedeckten, Hauptkette, welche es umrahmt und im Schcheldy-Tau 4320 m, im Tschatyn-Tau 4363 m und im Uschba, der allerdings einem kurzen, gegen Süden losgelösten Sporn entragt, 4698 m erreicht, während der Gletscher selbst einen flachen, schwach geneigten Eisstrom bildet. Dies erweist der verhältnismässig geringe Höhenunterschied zwischen der obersten Terrasse des Gletschers, wo bei 2700 m die Firngrenze schon nahe liegt, und dem auf eine Längenentfernung von etwa 5 km nur 500 m tiefer liegenden Endpunkte seiner Zunge. In dem gegen Osten sich wendenden Talzweige, aus welchem der Hauptquellbach tritt, senken sich zwei grosse Gletscherströme in den Talgrund: der Kajacha- und der Baschkara-Gletscher. Mit einem Flächeninhalte von 8 bis 10 qkm erreichen sie Längen von 6 bis 6,5 km und endigen bei 2340 bzw. 2367 m. Ein kleinerer Gletscher, der sich einst mit dem Baschkara-Gletscher vereinte, der Dschankuat- (auch Dschantugan-) Gletscher liegt weiter östlich und sein Zungenende erreicht nur 2720 m.

Das folgende Seitental des Bakssan, das Adyrssu-Tal, ist gleichfalls von grossen Talgletschern erfüllt. Der Adyrssu-Gletscher dringt aus der ausgedehnten Firnregion des Talhintergrundes herab, schwingt sich, in zwei Arme geteilt, um ein mächtiges Felsbollwerk und zieht, nach seiner Vereinigung, mit einer kurzen, steil geneigten Eiszunge bis zu 2488 m. Seine Länge vom Firnbeginn bis zum Zungenende beträgt 7 km, das gesamte Flächenareale 23,5 qkm. Ullu-tau-tschana, ein 4203 m hoher, breiter Gipfelbau der Hauptkette, steht im Hintergrunde des Firngebietes des Adyrssu-Gletschers.

Die östliche Talwandung des Adyrssu-Tales bildet eine sich vom Hauptkamm nordwärts abzweigende Kette (Adyr-Kette); ihr entragen Adyrssu-Basch (4370 m) und Dschailik-Basch (4532 m) und in den Aesten, in welche sie sich in ihrem Verlaufe zersplittert, im Nordwesten Tjutju-Basch (4392 m) und Ssulukol-Basch (4250 m), im Nordosten Kentschat-Basch (4171 m), und Kajarta-Basch (4250 m). Dieser reich gegliederte Gebirgszug ist von einer zusammenhängenden Firn- und Eisdecke umhüllt. Die westliche Abdachung der Adyr-Kette vom Adyrssu-Basch bis zum Tjutju-Basch ist stark vergletschert, aber keine längeren Gletscherzungen entfliessen der ununterbrochenen Eisdecke, die hoch oben an den Steilwänden des Tales endigt. Nach allen Richtungen strömen vom Grate zwischen Tjutju-Basch und Ssulukol-Basch Gletscher in die von diesem Bergmassive niederziehenden Talschluchten, von welchen der Ssulukol-Gletscher, im Westen in die Ssulukol-Schlucht des Adyrssu dringend, und der Tjutju-Gletscher, der im Norden den Talschluss der in das Bakssan-Tal mündenden Tjutju-Schlucht erfüllt, die bedeutendsten sind. Das ausgedehnte Firngebiet des Tjutju-Gletschers liegt unter den Wänden der in einem Halbkreise sich aufbauenden Gipfel des Ssulukol-Basch, Ttjutju-Basch, Dschailik-Basch und Kajarta Basch. Nördlich von letzterem liegt im Hintergrunde der Kajarta-Schlucht, die in den Bakssan mündet, der Kajarta-Gletscher.

Zwischen dem Adyl- und dem Adyr-Tale zieht ein vom Hauptkamme sich ablösender kurzer Nebenkamm, der in Höhen von 3900 bis 4050 m gipfelt und stark vergletschert ist.

Die mit einer hohen, wenig gescharteten Kammlinie verlaufende Hauptkette ist auch in der Fortsetzung, welche zum Tschegem-Tal abdacht, die Sammelstätte mächtiger Firnmassen und das Nährgebiet grosser Gletscherströme. In den westlichen Talzweig des Tschegem, in den Talschluss des Baschil-Ssu dringt der Baschil-Gletscher. Sein weit ausgedehntes Firngebiet liegt an der einen Halbkreis bildenden südöstlichen Abdachung der Adyrkette, zwischen Adyrssu-Basch, Baschil-Tau und dem Hauptkamm, von dem es aus Westen und Süden Zuflüsse erhält. Im Verhältnis zur Grösse seiner Firnregion und seines 21 qkm betragenden Flächenareales erreicht der Baschil-Gletscher kaum eine Länge von 5 km und endigt bei 2172 m. Vom Dschailik-Basch dringt ein langgezogener Gletscher herab, der einst sich mit dem Baschil-Gletscher vereinigt haben mag, jetzt aber schon hoch oben über den Felswänden bei 3100 m sein Ende findet. In die Dschailik-Quellschlucht des Baschil-Ssu dringen auch die Gletscher am Ostgehänge der Adyr-Kette: der bei 2850 m endigende Dschailik-Gletscher mit einer Länge von nahezu 7 km und der etwas höher liegende, 5,5 km lange Kentschat-Gletscher. Die Gletscher an der westlichen Abdachung der Adyr-Kette haben wie im Norden und Osten kurze Gletscherzungen, die weit ausgedehnten Firnrevieren entstammen.

Einem der grossen Talgletscher des Kaukasus, dem Kulak- (auch Tschegem-) Gletscher, entspringen die Quellen des Kara-Ssu (auch Gara-Ssu), der Bach des andern, östlicher gelegenen Talzweiges des Tschegem. Der Kulak-Gletscher breitet sich mit seinem Firngebiete über eine Fläche von 20,5 qkm aus, erreicht eine Länge von 7,2 km und endigt bei 2415 m. Ebendort, in eine Schlucht im obersten Talschlusse des Kara-Ssu, dringt ein anderer grosser Talgletscher, der Schaurtu-Gletscher. Er empfängt seine Zuflüsse vom Gehänge des Hauptkammes, der hier im Tichtengen-Gipfel bis zu 4616 m aufsteigt, und zum Teil liegt sein Firngebiet schon in der Ssaluinan-Kette, im Scheiderücken zwischen Kara-Ssu und Besingi. Die vom Schaurtu-Gletscher bedeckte Fläche beträgt 19 qkm, seine Länge 8,5 km, und die langgestreckte Eiszunge endigt bei 2150 m. Nordöstlich dringt in die gleiche Talschlucht von der Ssaluinan-Kette der kleinere, eine Fläche von 6,7 qkm bedeckende Tjutjurgu-Gletscher, mit dem Firngebiete des Schaurtu-Gletschers zusammenstossend, der wahrscheinlich einst sich mit ihm auch zu einem Gletscherstrome vereinigte. An der nördlichen Abdachung des erwähnten Scheiderückens liegen die Firn- und Eismassen des Bulungu- (auch Koru-) Gletschers, die in das Bulungu-Seitental des Tschegem herabdringen und verhältnismässig hoch, bei 2975 m, endigen.

Der Hauptkamm zieht von dem Punkte, von welchem die Ssaluinankette gegen Norden sich ablöst, scharf gegen Süden. Einem mächtigen Eiswalle entragt hier eine Reihe der höchsten kaukasischen Gipfel, Gestola 4860 m, Katyn-Tau 4968 m, Dschanga 5051 m und endlich Schchara 5182 m, an welche sich eine gleichfalls unter Schnee und Eis begrabene, gegen Norden streichende Kette mit den Gipfeln des 5145 m hohen Koschtan-Tau und des 5198 m hohen Dych-Tau anschliesst. Das Gebiet dieser Massenerhebung ist das am grossartigsten vergletscherte Zentrum im Kaukasus. Der Bogen von den nördlichen Ausläufern der Gestola bis zum Dych-Tau umrandet ein riesig ausgedehntes, ununterbrochenes Ganzes bildendes Becken und wird die Geburtsstätte des grössten kaukasischen Gletschers, des Besingi-Gletschers. Die Fläche, welche der mächtige Gletscher bedeckt, Einzugsgebiet und Zunge zusammen, beträgt 63,8 qkm, seine Länge 18 km, die Breite der Gletscherzunge 1 km, das Gletscherende liegt bei

22*

1993 m. Ebenso reich vergletschert ist die nach Norden streichende Kette, welcher Dych-Tau und Koschtan-Tau entragen. Eine auf den Eisstrom des Besingi-Gletschers sich öffnende Schlucht, die hoch hinauf bis an den Halbkreis dringt, den dort Dych-Tau, Midschirgi-Tau und Koschtan-Tau bilden ist vom Midschirgi-Gletscher erfüllt, der mit seinem Firngebiet eine Fläche von 21 qkm bedeckt, eine Länge von 9,2 km besitzt und bei 2240 m endigt. In das Dumala-Tal, ein südliches Nebental des Besingi-Tales, dringt der Dumala- (auch Ullu-aùs-) Gletscher bis zu 2470 m herab ein Gletscherstrom, der aus Südost vom Koschtan-Kamm eine Reihe von Gletscherzuflüssen aufnimmt und bei einem Flächeninhalte von 15,2 qkm eine Länge von 7,6 km erreicht. Eine sich auf den unteren Teil des Dumala-Tales öffnende Seitenschlucht ist vom 4,25 km langen Ukiu-Gletscher erfüllt, dessen Zunge jedoch schon bei 3076 m endigt. An der Ostseite der nach dem Tscherek-Tale sich senkenden Abdachung dieser nördlichen Meridionalkette ist die Vergletscherung weniger reich, da hier die zum Tscherek fallenden Kämme kürzer und steiler sind als an der Westseite und keine so ausgedehnten, hoch hinauf ziehenden Becken bilden wie dort. Von Nord nach Süd folgen einander, ausser zahlreichen Gehängegletschern, Gerty-Tjutjun und Chrumkoll-Gletscher, alle mehr oder weniger steil niederziehende Gletscher mit langen schmalen Gletscherzungen, die bei 2565 m, 2588 m bzw. 2620 m endigen. Südlicher, wo die Koschtan-Tau-Kette sich dem Hauptkamme angliedert, in der auf diese Weise gebildeten Ecke, liegen firnerfüllte Mulden, und mit ihnen hängt ein ausgedehntes Becken zusammen, welches im Süden von der Hauptkette, von Schchara bis zum Fytnargin (4184 m) begrenzt wird. Diese weit ausgedehnten Firnreservoire sind die Geburtsstätte des Dychssu-Gletschers, der zu den grössten Talgletschern des Kaukasus gehört. Ailama-Gletscher vom Süden, Baschcha-aùs-Gletscher vom Norden vereinigen sich mit dem mächtigen Gletscherstrome, dem wahrscheinlich in nicht zu entfernter Zeit auch der Chrumkoll-Gletscher sich anschloss. Das von Firn- und Gletschereis bedeckte Areal umfasst 56,2 qkm, die Luftlinie vom höchsten Punkte des Firngebietes unter den Wänden der Schchara beträgt 12 km, und das Ende der Gletscherzunge, welcher die Bäche des Dych-Ssu, der westlichen Quellen des Tscherek entströmen, endigt in der Höhenzone von 2050 m.

Im oberen Teile des sich scharf nach Osten wendenden und als Längental verlaufenden Tscherek-Tales, lagern unter den Kämmen der Hauptkette bedeutende Firnansammlungen. Trotzdem die Höhe der Hauptkette eine niedrigere wurde, ist der Gebirgsbau der Bildung zusammenhängender Räume über der Schneelinie günstig, und den sie erfüllenden Firnmassen entfliesst der Fytnargin- (auch Agaschtan-) Gletscher, der eine Fläche von 24,6 qkm bedeckt. Der Gletscher besitzt eine Länge von 11,8 km, und die Zunge endigt als breiter Eisfall bei 2160 m. Weiter östlich, im obersten Quellrayon des Tscherek, im Längental des Schtulu-Baches, senken sich vom Hauptkamm in die Schlucht des Lykesy-Baches der Lykesy-Gletscher,*) und in das Schtulu-Tal selbst der Schtulu-Gletscher, dem der Schtulu-Bach, die östlichen Quellen des Tscherek, entrinnen. Das Firnrevier beider Gletscher hängt in der Höhe zusammen, sie erreichen Längen von 3,5 bis 4 km, und endigen bei 2462 m bzw. 2554 m.

Die vom Dschiper-Pass bis zum Fytnargin-Gipfel, vom Quellgebiet des Bakssan bis zu den westlichen Quellen des Tscherek sich erstreckende Hauptkette, deren grossartige Vergletscherung im Norden wir soeben behandelten, umfängt an ihrer südlichen Abdachung das Längental des Ingur. Hier im Süden sehen wir gleichfalls eine in der Richtung von Westen nach Osten sich immer mächtiger entwickelnde Vergletscherung ausgebreitet. Der erste bedeutende Quellfluss des Ingur im Westen ist die Nenskra. Ein hoher Scheiderücken, der, sich vom Hauptkamme gegen Süden loslösend, im Gipfel Maguaschircha 3847 m erreicht, trennt das Nenskra-Tal von dem westlich gelegenen, dem Kodor tributären Sseken-Tal. Kargletscher liegen hier insbesondere im Hintergrunde der an der Ostseite auf das Nenskra-Tal sich öffnenden Seitenschluchten. Dort, wo der erwähnte Scheiderücken mit dem Hauptkamm zusammenstösst, und in einem gegen Osten streichenden Querjoche, welches die Südwände der Dalar-Schlucht bildet, kommt es zur Bildung von Kar- und Gehängegletschern. Die meisten dieser Kargletscher haben Zungenansätze, Längen von 2 bis 3 km und endigen in Höhen von 2500 bis 2800 m. Dagegen ist hier die südliche Abdachung des Hauptkammes (die mit den stark vergletscherten Seitentälern des Ullukam im Norden korrespondiert), welche zum Dalar-Tal steil abfällt und weiterhin die nördliche Talwandung des oberen Nenskra-Tales bildet, nur stellenweise von Firnflecken und kleinen Firn- und Gehängegletschern besetzt.

Das sich vom Hauptkamme loslösende Querjoch, welches das Nenskra- vom Nakra-Tal scheidet, erhebt sich in seinem höchsten Punkte, dem

*) Dieser Gletscher wird auch als Schtulu-Gletscher bezeichnet, doch gebührt dieser Name eher dem weiter östlich im Talschlusse des Schtulu-Tales liegendem Gletscher, dem auch die Hauptquellen des Schtulu-Baches entrinnen, und erscheint für diesen Gletscher die Bezeichnung Lykesy-Gletscher, nach der Bachschlucht, in die er dringt, zweckmässiger.

Schtawler-Gipfel, bis zu 3995 m und zeigt eine belangreichere Vergletscherung als die westliche, mit ihm parallel verlaufende Maguaschircha-Kette. Von seiner nördlichen Abdachung ziehen zwei grössere Kargletscher gegen Norden und Nordwesten, kleinere liegen an seinem dem Nakra-Tale zugewendeten Gehänge. Der nördliche ist mit einer Länge von 3,7 km das grösste dieser Gletschergebilde und reicht unter ihnen auch am tiefsten, bis zu 2628 m, herab. Die dem Nenskra-Tale zugekehrte Abdachung dieser Kette wird in ihrer Fortsetzung gegen Norden immer stärker vergletschert, und im Kammbogen, den sie mit dem Hauptkamme bis zum Dschiper-Pass bildet, breitet sich der bis zu 2569 m herabdringende Nenskra-Gletscher aus.

Das dem Nenskra-Tale folgende, zum Hauptkamm emporziehende Nebental des Ingur ist das Nakra-Tal. Vom Dongusorun-Pass steigt die Hauptkette zum Dongusorun-Gipfel, und dort löst sich gegen Süden eine das Nakra-Tal von dem im Osten folgenden Betscho-Tale (auch Dolra-Tal) trennende Querkette ab. Der orographische Aufbau dieser Querkette ist reich gegliedert, und an der westlichen, in noch grösserem Masse an der östlichen Seite schliessen Felsriffe und Gratzüge beckenförmige Mulden ein, welche geeignete Räume für Schneeansammlungen bilden. Wir sehen schon hier, dass sowohl der untere Teil der Nakra-Kette, welcher sich, die Nord-Süd-Richtung verlassend, rechtwinklig gegen Osten umbiegt, als auch die von ihr ostwärts ausstrahlenden Gratzüge parallel mit dem Hauptkamm verlaufen und weit in das Gebirge hinaufziehende ausgedehnte Becken begrenzen, die sowohl orographisch begünstigend, als auch klimatisch schützend auf die Vergletscherung einwirken, eine Erscheinung, der wir auch weiter gegen Osten im Aufbau der Reliefverhältnisse der Quelltäler des Ingur begegnen. Im Gegensatze zur stark vergletscherten Westseite des Schtawlerzuges, ist sein dem Nakra-Tale zugewandtes Ostgehänge viel weniger verfirnt. Ein grösserer Talgletscher liegt im Talschlusse, über den der Weg zum Dongusorun-Pass führt, der, wie erwähnt, tiefsten Scharte im Hauptkamm bis zum Mamisson-Pass. An der Westseite der Nakra-Kette entfliesst den Firnfeldern, welche sich teils auf ihrem Gehänge, teils unterhalb des Dongusorun-Gipfels lagern, der bei 2620 m endigende Nakra-Gletscher. An der stark vergletscherten Ostseite dringen aus firnerfüllten Becken zwei grosse Talgletscher in das Betscho-Tal. Der Kwisch-Gletscher liegt in der Ecke der sich gegen Osten umbiegenden Nakra-Kette und setzt sich aus einer Reihe von Zuflüssen zusammen, mit welchen er eine Fläche von 28 qkm bedeckt und eine Länge von 9 km erreicht. Die langgestreckte Gletscherzunge endigt bei 2310 m. Nördlich vom Kwisch-

Gletscher, gleichfalls von den Firnlagern der Nakra-Kette genährt, dringt der Dolra-Gletscher in das Betscho-Tal. Sein Flächeninhalt mit dem schon bis zu den Flanken des Dongusorun sich erstreckenden Firnbecken beträgt 8,8 qkm, seine Länge 6,7 km, die Gletscherzunge reicht bis zu 2417 m. Im Talhintergrunde liegen der von den Firnfeldern des Betscho-Passes niederziehende Betscho-Gletscher und südöstlich ein anderer bis zu 2695 m herabdringender grösserer Gletscher. Tiefer unten, dort, wo das Betscho-Tal eine scharfe Biegung gegen Osten macht, zieht der Uschba-Gletscher aus seinen Firnreservoiren, welche unter den Westflanken des Uschba (4698 m), des Tschatyn-Tau und den südlichen Felsabstürzen der im Schcheldy-Tau gipfelnden Hauptkette liegen; er nimmt eine Fläche von 17,7 qkm ein, seine Länge beträgt 6,8 km und die Gletscherzunge endigt bei 2110 m. Unter den Südostwänden des Uschbagerüstes sammeln sich Firnmassen, die zwei kleine Gletscher nähren. Der Gul-Gletscher zieht südwestlich in der auf das Betscho-Tal mündenden Schlucht des Gul-Baches bis zu 2743 m, während gegen Süden, in das enge Puschkueri-Tälchen, der Puschkueri-Gletscher dringt, dessen kurze und breite Zunge schon in der Seehöhe von 3405 m ihr Ende findet.

Das folgende, nördlich zum Hauptkamm ansteigende Quertal des Mestia-Baches wird von einem Halbkreise, 4000 m weit übersteigender, Hochgipfel umstanden. Die enge Talschlucht öffnet sich in ihrem obersten Abschnitte auf ein Becken von grosser Ausdehnung, das sich am Fusse des Hauptkammes hinzieht und von nach Westen und Osten parallel mit ihm streichenden Kammzügen umschlossen wird. Die Breite dieses Beckens in der Richtung von West nach Ost beträgt nahezu 12 km. Mit Firn und Eis erfüllt, ist es das Nährgebiet des Leksyr-Gletschers, der mit seinen Dimensionen, einem Flächeninhalte von 59,5 qkm und einer Länge von 14,3 km, zu den grössten Talgletschern des Kaukasus gehört und bis zu 1734 m weit in die Kulturregion hinabreicht. Westlich vom Leksyr-Gletscher dringt aus seiner bis an den Südfuss des Bscheduch-Tau (4271 m) hinaufreichenden Firnregion der Tschalaat-Gletscher, auf einer Länge von 9,5 km, durch ein schmales, langgezogenes Bett bis zu 1628 m, also noch tiefer als der Leksyr-Gletscher, mit dem er sich früher, in nicht zu ferner Zeit vereinigt hatte. Der Tschalaat-Gletscher ist der nicht nur an der Südseite, sondern überhaupt im Kaukasus am tiefsten herabreichende Gletscher.

Auch das folgende Seitental des Twiber-Baches ist die Stätte mächtiger Gletscherströme. Im Westen begleitet es der reich gegliederte und auf beiden Seiten eine Reihe von Kargletschern tragende Scheiderücken zwischen den

Mestia- und Twiber-Querschluchten, im Norden erhebt sich der Hauptkamm, der als hoher Eiswall bis zum Tichtengen-Gipfel (4614 m), streicht und im Osten zieht ein von diesem Gipfel südlich verlaufendes Querjoch. Von diesen Bergkämmen eingeschlossen, liegen die ausgedehnten Firnreservoire, senken sich die ihnen entstammenden Eisströme und vereinigen sich im Twiber-Gletscher. Aus dem Westen kommen Assmaschi- und Sseri-Gletscher, aus Nordosten fliesst der die nördlichen Zweige (Tott- Lasskhedar- und Litschat-Gletscher) aufnehmende Dsinal-Gletscher, und vom Osten strömt der grosse Kitlod-Gletscher. Der Twiber-Gletscher ist ein prächtiges Beispiel eines vielfach zusammengesetzten Talgletschers, in dem sich die von allen Seiten zufliessenden Gletscherarme zu einem Eisstrom von imposanter Grösse und Länge vereinigen. Diese weit ausgedehnten Firn- und Eisreservoire, diese mächtigen Gletscherströme umfassen eine Fläche von 62 qkm. Die grösste Länge beträgt in der Luftlinie 11 km, und das Zungende liegt in einer Höhe von 2030 m.

Wir sind in die Ecke des nördlichen Quelltales des Ingur gelangt, dessen Gewässer dort dem Zanner-Gletscher entspringen. Im Hintergrund des Quellrayons der Mulchara erhebt sich der eisbedeckte Hauptkamm, vom Tichtengen und der Gestola (4860 m) flankiert, über dem Firngebiete des Zanner-Gletschers, das im Süden und Südosten die Tschchildar-Kette, Tetnuld (4855 m) und sein an die Hauptkette anschliessender Kammverlauf begrenzen. Aus zwei Hauptzuflüssen, einem aus Nordosten und einem aus Südosten kommenden, setzt sich der Zanner-Gletscher zusammen und vereinigt sich nahe seinem Ende mit dem grossen, von Osten niederfliessenden Nageb-Gletscher. Zwischen diese grossen Eisströme dringen von allen Seiten kleinere, zumeist steil abbrechende Gehängegletscher, deren Eis sich entweder mit den grossen Eisströmen vereinigt oder die ihnen ihre Schnee- und Eislawinen zusenden. Eine Abmessung der Kammlinie, welche das Firngebiet vom Tichtengen bis zum Tetnuld (also mit Ausschluss der seitlichen Umrahmung) überragt, ergibt eine Länge von 17 km. Diese Firn- und Eismassen bedecken eine Fläche von 55,6 qkm, die Länge des Zanner-Gletschers beträgt 12,2 km, das Zungenende erreicht 2077 m.

Verfolgt man den Ingur in sein südliches Quellgebiet, so sind es drei Seitentäler, die dort in der Reihenfolge von Nord nach Süd vom Hauptkamm niederziehen: das Adisch-Tal, das Chalde-Tal und die Quellschlucht des Ingur selbst. Tetnuld und der mächtige Bogen des Hauptkammes vom Katyn-Tau (4958 m) bis zur Schchara umspannen dieses Quellrevier. Grosse Talgletscher dringen in die obersten Schluchten dieser Täler. Der Adisch-

Gletscher mit seinem grossartigen, von Spalten zerrissenen Abschwung, bedeckt eine Fläche von 12,2 qkm, und mit einer Länge von 8,3 km senkt er sich bis zur Seehöhe von 2280 m. Im Tale der Chaldetschala fliesst der gewundene, langgezogene Eisstrom des Chalde-Gletschers bis zu 2460 m. Die Fläche, welche das Firngebiet und die Gletscherzunge einnehmen, beträgt 18,9 qkm, die Länge vom höchsten Punkte der Firnmassen bis an das Ende 6,5 km. In das östlichste, sich im obersten Teile gabelnde Quelltal des Ingur ziehen zwei Talgletscher, in die westliche Schlucht der unter den Eiswänden der Schchara liegende Schchara-Gletscher, in die östliche der Ingur- (auch Nuamquam-) Gletscher, dessen Firnreservoir der Gipfel des Nuamquam (4280 m) überragt. Infolge der steilen Abstürze der Schchara besitzt der Schchara-Gletscher kein ausgedehntes Firnbecken und setzt sich eigentlich aus drei Zuflüssen zusammen, welche voneinander durch Steilwände und Felsrippen getrennten, schmalen Firnmulden entfliessen. Es ist jedoch zweifellos, dass die von Firn und Eis bedeckten Steilabstürze der Schchara durch ihre Lawinen zur Ernährung des Gletschers beitragen. Die Länge des Schchara-Gletschers beträgt 5,3 km, sein Ende liegt bei 2388 m. Der Ingur-Gletscher erreicht eine Länge von nahezu 5 km, und der breite Eisstrom endigt mit einer kurzen Gletscherzunge in der Höhe von 2614 m.

Im Quellgebiete der Zchenis-zchali nimmt die Gletscherbedeckung infolge des steilen Abfalles des Hauptkammes immer mehr ab. Im kesselförmigen Hintergrunde des Koreldasch-Tales sammeln sich Firnmassen, welche den eine Fläche von 5 qkm bedeckenden Koreldasch-Gletscher nähren. Dem 4,2 km langen Gletscher, dessen Gletschertor bei etwa 2320 m liegt, entströmt der gleichnamige Quellbach des Zchenis-zchali. Die Gletscherzunge ist schmal und für die Grösse des Firnkessels ausserordentlich lang, denn von der Gesamtlänge des Gletschers entfallen auf sie 3 km. Längs der ganzen Ausdehnung des nun folgenden Abschnittes des Hauptkammes bis zum Passiss-Mta sind nur unbedeutende Kar- und Gehängegletscher zu verzeichnen.

Die im Süden der Hauptkette und mit dieser parallel, zwischen dem Längentale des Ingur und jenem des Zchenis-zchali streichende Leilakette birgt insbesondere auf ihrer nördlichen Abdachung grosse Firnansammlungen, die eine Reihe von Gletschern, darunter mehrere Talgletscher, nähren. Zu den bedeutendsten derselben gehören die im westlichen Abschnitte der Kette unterhalb der Leila-Gipfel (4410 m), im Hintergrunde des Leila-Tales und des Chumprera-Tales gelegenen. Am weitesten nach Süden vorgeschoben, wo die Kette nach Südwesten umbiegt und sich in eine

Reihe von Querjochen auflöst, die zwischen den Seitentälern des Zchenis-zchali und Ingur streichen, tritt uns eine allerdings geringe Vergletscherung in den obersten Quellschluchten des Chopi, eines Seitentales des Zchenis-zchali und der östlichen Seitentäler des Ingur, Magan und Tcheischa, entgegen, dort, wo das Gebirge in einem Knotenpunkte, Lakamuris-Dudy, wieder bis zu 3264 m aufsteigt.

In den Swanetisch-tatarischen Alpen im Gebiete der gewaltigsten Massenerhebungen des Kaukasus begegnen wir einer Vergletscherung grössten Massstabes, welche durch den orographischen Aufbau des Gebirges und die klimatischen Verhältnisse begünstigt wird. Die Linie der Schneegrenzhöhen ist eine sehr schwankende. In dem der Hauptkette vorgelagerten Elbruss-Massiv dürften die von Abich gegebenen Werte für die Schneegrenze zutreffen, der dieselbe für die Nordseite mit 3425 m, auf der Westseite mit 3330 m und im Osten mit 3200 m bezifferte. Nehmen wir die Schneegrenze auf der Nordseite mit 3500 m an, was der Wirklichkeit noch näher kommen dürfte, und am Südabhange mit 3200 m, so finden wir auf der Südseite des Elbruss-Massivs eine um 300 m tiefer liegende Schneegrenzhöhe. Das Hinaufrücken der Schneegrenzhöhe am nördlichen Gehänge des Elbruss-Massivs ist in erster Reihe auf lokale meteorologische Einflüsse und auf den orographischen Aufbau des Massivs zurückzuführen. Im Norden finden die von den unter Firn begrabenen Plateauhöhen des Elbruss niederfliessenden Eisströme keine orographisch günstigen Betten, wie am Südgehänge, und die ganze Firn- und Eisbedeckung im Norden ist ohne hohe Vorlagen unvermittelt den austrocknenden Steppenwinden ausgesetzt, indes sich im Süden dem Elbrussmassive die beckenförmigen Abschlüsse des Bakssan-Tales und der reich vergletscherte Hauptkamm angliedern und er dort günstigeren Luftströmungen ausgesetzt ist. Im Bakssan-Gebiete hat der Nordabhang 3000 m Schneegrenzhöhe, im Tschegem-Gebiete steigt sie auf 3100 bis 3200 m, erreicht im Besingi-Gebiet 3200 bis 3400 m, und an der Nebenkette des Dych-Tau wird man die Schneegrenze etwa mit 3500 m bemessen können. Im Bassin des Tscherek zwischen Schchara und Passis-mta sinkt die Schneegruppe wieder auf 3200 m. An der südlichen Abdachung finden wir die Höhe der Schneegrenze im westlichen Abschnitte des Ingur-Tales bei 2900 m, im Gebiete der mächtigsten Vergletscherung, dem Quellrayon der Mulchara, dürfte sie im Höhengürtel von 3000 bis 3100 m liegen und an dem mit dem Besingi-Sammelbecken im Norden korrespondierenden Südabhange bei 3200 m.

Die Hauptkette erreicht am Knotenpunkte des Passiss-mta (oder Lapury), nur 3786 m; ihre östliche Fortsetzung (Digorische Alpen) dacht zu den westlichen Quellen des Uruch ab, zum Charwess-Tale, das parallel mit ihr als Längental gegen Osten zieht. Im Kammstücke zwischen Gese-Tau (3988 m) und Laboda (4320 m) lagern am ziemlich steil abfallenden Gehänge mehrere grosse Kargletscher. Im Mossota-Gletscher, dem der Charwess-Bach entspringt, bildet die Vereinigung mehrerer Eisströme einen Talgletscher von 4 bis 4,2 km Länge, der eine Fläche von 5 bis 7 qkm bedeckt und bei 2511 m endigt. Vom Laboda-Tau zieht ein verfirnter Bergrücken in einem kurzen Bogen streng nach Osten, während der Hauptkamm zuerst bis zum Ziteli (4245 m) nach Süden abbiegt, dann aber parallel mit dem Nebenkamme bis zum Taimasivcek-Gipfel verläuft. Zwischen der Hauptkette und dem Nebenkamme wird nun ein Becken von bedeutender Ausdehnung eingeschlossen, der Raum zur Ansammlung von grossen Schneemassen bietet, und dem der Tana-Gletscher sein Entstehen verdankt. Firn und Gletschereis bedecken eine Fläche von 20 qkm, der Gletscher erreicht eine Länge von 10 km, und das Zungenende dringt bis zu 2119 m. Der Tana-Gletscher ist ein glänzendes Beispiel dafür, dass bei sonst gleichen klimatischen Verhältnissen der orographische Aufbau des Gebirges das entscheidende Moment für die Entwicklung der Vergletscherung und für die Grössenverhältnisse ist, welche sie erreicht.

Eine besondere Beachtung verdient die bedeutende Vergletscherung der zwischen dem Tscherek- und Uruch-Tale nördlich des Hauptkammes und parallel mit ihm streichenden Ssugan-Kette. In einzelnen Gipfelpunkten erreicht die Kette Höhen von über 4000 m (Ssugan-Tau 4490 m), gegen Süden fällt sie steil ab, indes ihre nördliche Abdachung ein sanfteres Gefälle hat. Diesem Aufbau entspricht auch die Vergletscherung. Die Südwände stürzen teils schneefrei ab, teils zeigen sie eine Reihenfolge von Karen, die mit Gletschern erfüllt sind. Oestlich vom Schtulivcek-Pass liegt der grösste dieser Gletscher, der Doppach-Gletscher, mit einer Länge von 3,5 km und einem bei etwa 3200 m endigenden Gletscherende. Westlich vom Schtulivcek-Pass wendet sich die Kette gegen Nordwest und trägt auch hier nur kleinere Schlucht- und Kargletscher. Um so bedeutender ist die Vergletscherung an der Nordseite. Gegen Nordwesten dringt der Gjultschi-Gletscher in ein kurzes Seitental des Tscherek, ein Eisstrom von 5,5 km Länge und einem Flächenareale von 8,3 qkm, dessen Gletscherzunge bei 2519 m endigt. In das folgende, weit hinaus gegen Norden ziehende, in den Tscherek mündende Rzywaschka-Tal dringen aus mehr oder weniger zusammenhängenden Firnrevieren, die Rzywaschka-Gletscher, die zusammen eine Fläche von 12 qkm bedecken, der westliche 4,5 km, der östliche 5,3 km lang, deren Enden etwa bei 2650 bzw. 2720 m liegen. Unter dem mittleren Kammstück der Kette, zwischen dem Ssugan- und Nachaschbita-Gipfel, liegen ausgedehnte Firnreviere; ihnen entstammen die bedeutendsten Gletscher der Kette, der westliche, der Ssugan-, der östliche, der Nachaschbita-Gletscher. Ihre Bäche durchströmen das Tal des Pssygan-Ssu, das weit hinaus bis an den Fuss der Vorberge zieht und dort in das Tscherek-(Urwan-)Tal mündet. Der Ssugan-Gletscher bedeckt eine Fläche von 7,6 qkm und endigt mit einer Länge von 6,5 km bei 2750 m. Der Nachaschbita-Gletscher umfasst ein Areal von 11,3 qkm, bei einer Länge von 6,2 km, und die über 3,5 km lange Gletscherzunge dringt bis 2520 m herab. Gletscher geringerer Ausdehnung, mit kesselförmigen Firnreservoiren und kurzen Gletscherzungen, die jedoch auch zu den primären Gletschern zu zählen sind, breiten sich im Hintergrunde des gegen Norden ziehenden Chysny-don-Tales und des östlich verlaufenden Beljagu-Kom-Tales aus, beide Seitentäler des Uruch. Die anschliessende, im Norden sich erhebende Jurakalk-Kette zeigt insbesondere an der Nordseite, an den Abhängen des Wasa-Choch mehrere kleine Firngletscher.

Vom Taimasiveek-Gipfel, der in der östlichen Ecke des grossen Tana-Gletschers steht, zieht der Hauptkamm gegen Südosten und trägt vorerst nur kleinere Kar- und Gehängegletscher, von welchen die in den zirkusförmigen Talschluss einer kurzen Seitenschlucht des Uruch ziehenden die bedeutenderen sind. Es sind zwei, einem gemeinsamen Firnreservoir entfliessende Gehängegletscher, die sich einst zu einem Gletscherstrome vereinigten und durch die schöne Landschaftsszenerie, welche ihre Ansicht vom Wege zum Schtulivcek-Pass eröffnet, die Aufmerksamkeit auf sich ziehen. In dem streng südlich auf den Hauptkamm stossenden Quelltale des Uruch tritt uns wieder eine Vergletscherung von mächtigen Grössenverhältnissen entgegen. In einem nach Südost gerichteten Bogen umragt hier die Hauptkette, die sich wieder zu grösseren Höhen aufschwingt, das sich im Hintergrunde weitende und von hohen, verfirnten Kammzügen gegliederte Quellrevier des Uruch. Diese gegen Norden streichenden Querjöcher zersplittern sich in kurze Grate, die parallel mit der Hauptkette ziehen und mit ihr ausgedehnte Becken umfangen, die von mächtigen Firnmassen erfüllt sind. In eine gegen Südwest emporziehende Seitenschlucht dringt der Bartui-Gletscher herab. Seine Firnfelder überragt die Hauptkette, welcher dort der Zichwarga-Gipfel (4138 m) entsteigt. Es ist ein sich aus mehreren Gletscherzuflüssen zusammensetzender Talgletscher, der eine Fläche von 12 qkm bedeckt und eine Länge von 8 km besitzt. Im Verhältnisse zum Firnreservoir ist die Länge der Gletscherzunge, die bis zu 2351 m herabdringt, eine bedeutende. In die Hauptquellschlucht des Uruch zieht in der Richtung von Süd nach Nord einer der grössten Gletscher des Kaukasus, der Karagom-Gletscher. Sein Firngebiet umsteht ein Halbkreis eisiger Gipfel, alle über 4000 m hoch. Vom Burdschula (4358 m) zieht der Hauptkamm zum Bubiss-Choch (4419 m) und zu dem in einem nördlich streichenden Seitenkamme sich erhebenden, 4647 m hohen Adai-Choch. Von der nördlichen Abdachung der Hauptkette und den Westflanken des Adai-Choch fluten die Firnmassen in den weiten Kessel, aus dem der mächtige Gletscherstrom hervordringt. Vom Adai-Choch zieht die Kammlinie noch eine kurze Streke nordöstlich zum Ssonguta-Choch (4458 m) und, scharf gegen Westen umbiegend, zum Skattikom-Choch (4513 m), um dann als östliche Wandung des vom Gletscherstrome des Karagom erfüllten Karagom-Tales gegen Norden zu verlaufen. Der aus dem weiten, in der Breite 10 km messenden, Firnbecken niederströmende Gletscher wird bei seinem Austritte von den westlichen und östlichen Felsgraten, welche die nördliche Begrenzung des Firnbeckens bilden, eingeengt und es entsteht einer der grossartigsten Gletscherstürze im Kaukasus. Drei Eisströme ziehen zum Hauptgletscher, die dann vereint die Gletscherzunge zusammensetzen, die bis 1765 m in die Kulturregion der Taltiefe dringt. Einzugsgebiet und Gletscherstrom bedecken eine Fläche von 40 qkm und erreichen eine Länge von 14 km. Der Karagom-Gletscher ist der im Norden am tiefsten heräbreichende Gletscher des Kaukasus.

Oestlich vom Karagom-Gletscher grenzt an ihn das Firngebiet des Zei-Gletschers, eines andern grossen Talgletschers, dem die Zei-Quellen entrinnen, ein Nebenfluss des Ardon. Unter den Wänden des Hauptkammes vom Bubiss-Choch bis zum Mamisson-Choch, und umschlossen von seiner Fortsetzung in der Kaltber-Kette, sowie von den Osthängen des nördlichen Kammzuges, in dem Adai-Choch aufragt, sammeln sich die Schneemassen in einem ausgedehnten Becken, das durch einen tief hinabziehenden Felsgrat in zwei Teile geteilt wird. Der Gletscherstrom wird beim Abschwunge unterhalb dieses Felsgrates durch die seitlich zusammenrückenden Talwände eingeengt und bildet einen grossartigen Gletscherfall. Der Gletscher nimmt eine Fläche von 20,7 qkm ein und besitzt eine Länge von 10 km. Die Gletscherzunge hat eine Länge von 4,5 km und endigt bei 2060 m. Die südliche Talwandung des oberen Zeja-Tales, die Kaltber-Kette, birgt mehrere

Kar- und Gehänge-Gletscher. Der grösste, der Rekom-Gletscher (auch Skass- oder Kaltber-Gletscher genannt), kann den primären Gletschern zugezählt werden, er reicht bis 2400 m herab und seine Länge beträgt 3,5 km.

Die an den Kaltber-Kamm anschliessenden Gratzüge dachen zum Quellgebiet des Ardon ab. Zwei grössere Kargletscher liegen in der obersten Quellschlucht des Mamisson-Baches. Eine etwas bedeutendere Ausdehnung erreicht der in ein nordwestliches Nebental des Ardon ziehende, 3,5 km lange, eine Fläche von 6,5 qkm bedeckende Saramag-Gletscher. Die kurze Gletscherzunge entfliesst einem weiten Firngebiete und endigt bei 2689 m. Die dem Ardon-Tale zugewandte Abdachung der Kaltber-Kette trägt eine Reihe von Kar- und Gehänge-Gletschern.

Eine Reihe von Talgletschern breitet sich an der nördlichen Abdachung jener Kammzüge aus, welche nördlich vom Adai-Choch, vom Ssonguta-Choch gegen Osten und Nordwesten ausstrahlen. Diese Gletscher dringen in die Quellschluchten des Aigamugi-don, eines östlichen Nebenflusses des Uruch. Einem gemeinsamen Firnreservoir entspringend dringt in die westliche, Ssaudor-Quellschlucht des Ssardi-Baches der aus zwei Eisströmen sich zusammensetzende Ssaudor-Gletscher (Ende bei 2964 m), während in das Skattikom-Tal, das östliche Quelltal, der Kadur-choschchin-Gletscher zieht. Oestlich von ihm durch den Grat des Woolagaty getrennt, und früher jedenfalls sich mit ihm vereinigend, senkt sich der Skattikom-Gletscher herab, der eine Fläche von 8 qkm einnimmt, eine Länge von 3,25 km erreicht und bei 2720 m endigt. Im Hintergrunde des Ssonguta-Tales, unter den Kämmen, die vom Ssonguta-Choch bis zum Zeja-Choch streichen, liegen ausgedehnte Firnmulden, denen die zwei durch einen Felsgrat getrennten, langen Ssonguta-Gletscher entströmen, die mit ihrem Einzugsgebiete eine Gesamtfläche von 18 qkm bedecken. Der westliche Gletscherarm hat eine Länge von 6 km und endigt bei 2130 m. In der östlichsten dieser Quellschluchten, Dargon-Kom, liegt der 4 km lange, etwa bei 2450 m endigende Dargon-Gletscher.

Auch die im Norden zwischen Ardon und Uruch streichende Jurakalk-Kette (Kulminationspunkt der 3423 m hohe Kion-Choch) ist sowohl an der Nordseite wie am Südabhang vergletschert, und in steilwandig umschlossenen Karen liegen Firnansammlungen und kleinere Gletschergebilde.

Die südliche Abdachung der digorischen Alpen ist dem Quellrayon des Rion tributär. Die Gletscherentwicklung steht hier auf der ganzen Ausdehnung des Gebirges weit hinter jener im Norden zurück. Der Abfall des Gebirges im Süden ist ein steiler; nur wo ausstrahlende Kämme grössere Becken einschliessen, oder am Gehänge Muldenformen sich bilden, tritt sofort eine reichere Vergletscherung auf. Im Scheiderücken zwischen Zchenis-zchali und Rion weit im Süden sind kleine Firngletscher anzutreffen: in einem Nordkare am 3389 m hohen Lapizkar und noch weiter südlich an den Nordhängen des Kammes zwischen Ssamerzchle (3588 m) und Karetta (3078 m). In den Tälern, welchen die aus Nordwesten kommenden Quellen des Rion entströmen, begegnen wir grösseren Talgletschern. Im Gese-Tau, 3988 m hoch, gipfelt hier die Hauptkette; von ihm zieht gegen Süden und Südosten ein mächtiger, sich in mehrere Aeste zersplitternder Felskamm. Dort liegt der Edena-Gletscher, der mit seinem breiten Firnreservoir und der Eiszunge über eine Fläche von 6 qkm sich ausbreitet, eine Länge von 4,2 km erreicht und bei etwa 2500 m endigt. Der gegen Südosten ziehende Gesekamm und der Zug der Hauptkette umschliessen ein schmales, langgestrecktes, 4,5 km langes, im Südosten offenes Becken, das von einem Eisstrom erfüllt ist, der bei seinem Verlassen dieses Beckens sich mit einem andern, von den Abhängen des Laboda-Zitelikammes niederfliessenden Talglestcher vereinigt und so den 5,5 km langen Zopchito-Gletscher bildet, der bei 2189 m endigt; zusammen nehmen diese Gletscher eine Fläche von 11,5 qkm ein, von welcher auf den westlichen Eisstrom 6,6 qkm, auf den östlichen 4,8 qkm entfallen. Vom Ziteli und seinen Ausläufern ziehen gegen Süden mehrere Gehänge- und Firn-Gletscher, von welchen in die westliche Quellschlucht des Tschoschuri-Tales ein 3 km langer Talgletscher, der Tschoschuri-Gletscher, bis zu 2488 m herabdringt. Die östliche Quellschlucht des als Quertal von Süden gegen Norden emporziehenden Tschoschuri-Tales bildet an ihrem Ursprunge ein längentalförmiges Becken, das im Norden von der Hauptkette und im Süden von einem westlich vom Zichwarga-Gipfel sich ablösenden und mit ihr parallel laufenden Kammzuge umrandet wird. Damit sind die orographischen Bedingungen für die Ansammlung bedeutender Firnmassen und für die Entwicklung eines 6,5 km langen Talgletschers, des Kirtischo-Gletschers, gegeben, der, eine Fläche von 9 qkm bedeckt und seinem nach Westen gerichteten Sammelbecken folgend, bei 2323 m endigt. Die Firnansammlungen am Südgehänge der Hauptkette vom Zichwarga-Gipfel bis zum Burdschula werden wieder geringer; die ihnen entströmenden grösseren und kleineren Kargletscher, mit und ohne Zungenansatz, ja, auch solche, die ihren topographischen Verhältnissen, Formen und Grösse nach schon zu den primären Gletschern gerechnet werden können, sind im Verhältnis zur mächtigen Vergletscherung und den Grössenverhältnissen der Talgletscher im Norden unbedeutende zu nennen. Der grösste ist der unter den Abhängen des Zichwarga-Gipfels in die gleichnamige Talschlucht ziehende Zichwarga-Gletscher.

Wir sind in das östliche Quellgebiet des Rion gelangt. Wo im Norden die weiten Firnreservoire grosser Talgletscher, des Karagom- und Zei-Gletschers, sich ausbreiten liegt an der steilen Abdachung der Südseite eine Reihe von kleineren Gletschern, welchen die zum Tschantschachi-Quellfluss des Rion durch kurze Querschluchten ziehenden Zuflüsse entströmen. Der westlichste dieser Gletscher ist der Bokoss-Gletscher; einem Firnbecken das von Nordwest nach Südost eine Ausdehnung von 4 km hat entströmt der langgestreckte, schmale Eisstrom. Die Länge des Gletschers beträgt 4,25 km, sein Flächenareale 5,5 qkm; die Gletscherzunge selbst ist etwa 2,5 bis 3 km lang und endigt bei 2330 m. Die folgenden, Bubiss-, Tbilissa- und Tschantschachi-Gletscher, besitzen Längen von 2,5 bis 3,5 km breiten sich auf Flächen von 5,6 gkm, 4,5 gkm und 2,9 gkm aus und endigen in Höhen von 2300 bis 2700 m; ihre karförmigen Firnreservoire sind von Felsriffen, die vom Hauptkamm niederziehen, getrennt. Vom Mamisson-Choch (4048 m) zieht, die östliche Talwandung des Tschantschachi-Gletschers bildend, ein Gratzug zum Mamisson-Pass (2825 m), zur Wasserscheide zwischen Rion und Ardon. Vom Mamisson-Pass wieder ansteigend, biegt sich die Kette am Kossi-Choch (3685 m) scharf nach Osten um und übernimmt die Rolle der Wasserscheide. Im Westen hängt sie mit den südlich des Rion-Tales streichenden Gebirgszügen zusammen, und hier sind Firnflecken und an den höchsten Knotenpunkten derselben, insbesondere am Nordabhange des Schoda-Gipfels (3609 m) und in zirkusförmigen Abschlüssen der südlichen Quellschluchten des Tschantschachi-Tales, von Dolomiszferi (3267 m), Dsuar-barson (3425 m) und dem Geske-Gipfel (3856 m) umragt, Kar- und Schluchtgletscher ausgebreitet.

In den Digorischen Alpen bemerkten wir im Norden zuerst eine Abnahme der Vergletscherung und der Grössenverhältnisse der einzelnen Gletscher, bis wir dann wieder in der Adai-Choch-Gruppe einer bedeutenden Entwicklung des Gletscherphänomens begegneten. Geringer erscheint die Vergletscherung an der Südseite dieses Gebietes, insbesondere im Gegenhalte zu ihrer grossartigen Entwicklung im westlich angrenzenden Ingurhochtale. Die Schneegrenze sinkt im Abschnitte zwischen Passiss-Mta-, Scharifzik-Tau — Laboda — Zichwarga auf 2900 m. In der Adai-Choch-Gruppe rückt sie zu grösserer Höhe empor und erreicht im Becken des Karagom-

Gletschers und des angrenzenden Gebietes 3400 m.*) An der südlichen Abdachung dieses Gebietes erreicht die Schneegrenze annähernd die gleichen Werte wie an der Nordseite des Hauptkammes; sie fällt zuerst von etwa 3100 m auf 2900 und steigt am Südabhange der Adai-Choch-Gruppe wieder auf 3200 m, ohne jedoch so hoch wie im Norden an den korrespondierenden Stellen des Karagom-Gebietes emporzurücken.

In der parallel mit dem Hauptkamm laufenden Ssugan-Kette liegt die Schneegrenze an ihrem Südabhange bei 3200 m, steigt jedoch im Norden, im Gebiete ihrer höchsten Erhebungen, auf mehr als 3400 m.

In den Ossetischen Alpen zieht die granitische Fortsetzung der Hauptkette gegen Osten, ohne jedoch die Wasserscheide zu bilden. Sowohl in bezug auf Massenerhebung, absolute Höhe, als der hiermit zusammenhängenden Grösse der Vergletscherung übertrifft den wasserscheidenden Hauptkamm die im Norden mit ihm parallel streichende Nebenkette.

In der Tepli-Gruppe ist der Hintergrund der radialförmig auslaufenden, in den Ardon und sein östliches Quellgebiet mündenden Seitentäler, sowie die dem Fiag-don tributäre Abdachung stark vergletschert. In der Höhe sind die Firnreviere ausgedehnt; die ihnen entströmenden Eismassen zersplittern sich jedoch, hängen wenig zusammen und erreichen keine bedeutenden Dimensionen. Im Westen bildet der Gipfel des Zmiakom-Choch (4136 m) einen Knotenpunkt, von dem gegen Südwesten in eine Seitenschlucht des Ardon-Tales der Galwan-Gletscher, gegen Norden in das Bat-Tal, gleichfalls ein Seitental des Ardon, die bedeutenderen, mit zwei getrennten Gletscherzungen endigenden Zmiakom-Gletscher ziehen, die eine Fläche von nahezu 11 qkm bedecken. Der Kulminationspunkt der Gruppe, Tau Tepli (4423 m), ist gleichfalls ein Knotenpunkt, von dem die Gletscherströme radialförmig nach allen Richtungen sich senken. Auch hier ist die Vergletscherung im Norden die bedeutendere. In das Archon-Tal dringen aus einem gemeinsamen, in der Ausdehnung von Südwesten nach Nordosten 4,5 km messenden Firnbassin die 2 bis 2,5 km langen Eisströme des Tepli-Gletschers, die mehrere Gletscherzungen bilden, eine Fläche von 8 qkm einnehmen und etwa bei

*) H. Hess führt loc. cit. S. 78 unter den Gründen für dieses Ansteigen der Schneegrenze im Becken des Karagom-Gletschers an: »dass die Umrahmung des Karagomfirns, gleich wie die des Besingifirns, viele Punkte enthält, welche über 5000 m liegen.« Dies beruht in bezug auf das Gebiet des Karagom auf einem Irrtum. Es gibt dort keine Punkte von 5000 m. Die höchsten Gipfel der Adai-Choch-Gruppe, welche die Umrahmung des Karagomfirns bilden, liegen weit unter 5000 m. (Burdschula 4358 m, Bubiss-Choch 4419 m, Skattikom-Choch 4513 m und Adai-Choch 4647 m.)

2350 bis 2500 m endigen. Gegen Nordosten, in die schon dem Fiag-don tributäre Zasgu-Schlucht, zieht der Zasgu-Gletscher mit einer Länge von etwa 3 km bis 2800 m. Ein anderer Gletscher liegt im Hintergrunde einer, bei Kolota auf das Tal des Fiag-don sich öffnenden, engen Schlucht, der langgestreckte Kolota-Gletscher (auch Chardotin-Gletscher), dessen Gletscherzunge bei 3100 m endigt. An ihn stösst südwestlich das Firnrevier, welches sich unter dem Tepli-Gipfel und den von ihm südlich und nordöstlich ausstrahlenden Graten ausbreitet und mehr oder weniger zusammenhängende Kargletscher bildet. Diese südlichen Tepli-Gletscher, besser Ssuargom-Gletscher, haben nur kurze Zungen, die mit dem Firngebiete sich über ein Flächenareal von 8,2 qkm ausbreiten und bei 2980 m endigen; ihre Bäche strömen durch das Ssuar-Tal (auch Schuar-don) dem Fiag-don zu. An der westlichen Abdachung des vom Tepli-Gipfel südlich verlaufenden Kammzuges im Tale des Nardon, des östlichen Quellflusses des Ardon, liegt in Karen eine Reihe von Gletschern.

Oestlich des — gleich wie der Ardon – die Granitkette durchbrechenden Fiag-don hebt die Kasbek-Gruppe an, ein in seiner Ausdehnung von Westen nach Osten 30 km langer, unter Schnee und Eis begrabener Wall. Nur die bedeutendsten der alle seine Abdachungen bedeckenden, zahlreichen Gletscher sollen angeführt werden. Im Westen zersplittert sich die Kette in zwei nach Südwesten und Nordwesten streichende Kammzüge. Beide sind, insbesondere an der Nordseite, vergletschert. Im südlichen Zuge (Sikoi-Choch auch Siweraut-Choch) ist die Vergletscherung weniger bedeutend, dagegen liegen am Nordgehänge des im Ssyrchu-borson 4156 m und im Zariit-Choch 4062 m erreichenden Nordkammes grössere Talgletscher. In das Zariit-Tal dringt mit kurzer Zunge der Kassandur- oder Ziti-Gletscher bis zu 2700 m. Der Kamm zieht mit nach Süden ausbiegender Linie, über den Gipfel des Ziti-Choch zum 4778 m hohen Gimarai-Choch und umragt ein weit ausgedehntes Firngebiet. Diesem entströmt im Hintergrund des Gisel-don-Tales, dessen Bach in seinem obersten Abschnitte Midagrabin- (auch Midagrawin-) don genannt wird, ein mächtiger Talgletscher, der Midagrabin- (auch Dschimaranski-) Gletscher. Das Firnbecken wird durch, mit dem wasserscheidenden Kamm im Norden parallel laufenden Gratzügen eingeschlossen, welche, einerseits vom Zariit-Choch gegen Osten, anderseits vom Gimarai-Choch zum nördlich liegenden Schau-Choch streichend, umbiegen und gegen Westen verlaufen. Zwischen diesen Gratzügen öffnet sich der Weg für die bis zu 2540 m herabreichende, lange Gletscherzunge. Das Firnbecken erstreckt sich von Westen nach Osten auf etwa 9 km, hat jedoch in der Breite von Süden nach Norden nur 2 bis 2,5 km. Vom Ziti-Choch im Hintergrunde des Firnbeckens bis zum Zungenende, in gerader Linie von Süden nach Norden gemessen, beträgt die Länge des Gletschers 4,5 km. Das Flächenareal kann mit 21 qkm angenommen werden. Der erwähnte nördliche Parallelzug, in dem Schau-Choch (4371 m) aufragt, ist im Hintergrunde der westlichen Quellschluchten des Gisel-don und der östlichen des Genal-don stark vergletschert. Oestlich vom Gimarai Choch, dehnen sich die weiten Firnreviere des in den Hintergrund des Genal-don ziehenden Tjumenkau- oder Genal-don-Gletschers aus (auch Maili- oder Kerma-don-Gletscher genannt). Noch mehr als im Osten des Gimarai-Choch kommt hier die Terrassenbildung in den höchsten Firnkämmen zum Ausdruck, die nicht als scharfe Grate scheiden, sondern in stufenförmig nach Norden und Süden fallende Plateaus sich gliedern. Nur die Gipfel erheben sich über diese oft kaum bemerkbar verlaufende Kammlinie. Der Tjumenkau- oder Genal-don-Gletscher bedeckt eine Fläche von etwa 21 qkm seine Länge beträgt 5.8 km; zwei Hauptströme vereinigen sich und dringen bis zu 2330 m herab. Der Gletscher wurde durch seinen Ausbruch im Jahre 1902 berühmt, der grosse Verwüstungen anrichtete und dem zahlreiche Menschenleben zum Opfer fielen.

Im Osten ist der mächtige Eiswall der Kasbek-Gruppe durch nördlich, östlich und südlich streichende Gratzüge zerlegt und durch den vulkanischen Andesitgipfel des Kasbek (5043 m) begrenzt. Zwischen ihnen liegen die gletscherfüllten Quellschluchten, die alle dem Terek tributär sind. Der Reihe nach breiten sich hier folgende Gletscher aus: der Tschatsch-Gletscher (Ende bei 2983 m), der, durch seine wiederholten Ausbrüche bekannte Devdoraki-Gletscher, der bis 2296 m dringt, der Abanoti-Gletscher (Ende bei etwa 2940 m) und der langgewundene Eisstrom des bis etwa 2700 m herabreichenden Orzferi-Gletschers. Der Tschatsch-Gletscher bedeckt eine Fläche von nahezu 6 qkm, der Devdoraki-Gletscher von 8,5 und der Orzferi-Gletscher von 9,5 qkm. Die Längen betragen 4,5, 5,6 und 6,5 km. Am Fusse des Bartkort-Grates, welcher Tschatsch- und Devdoraki-Gletscher voneinander trennt, vereinigen sich ihre Gletscherbäche im Kadachi-Tälchen, das zwischen der Tamara-Burg und dem Aul Gwileti in das Terek-Tal mündet. Die Wasser des Orzferi- und Abanoti-Gletschers fliessen als Orzferi-Bach etwas nördlich der Station Kasbek in den Terek. Das Firngebiet des Orzferi-Gletschers liegt schon an den Westgehängen des Kasbek und im Süden der westlich von ihm hinziehenden Firnwälle.

Die südliche Abdachung der Kasbek-Gruppe sendet ihre Gewässer durch eine Reihe von Schluchten dem Haupt-Quelltal des Terek zu, das, vor Kobi gegen Nordwesten umbiegend, parallel mit ihr streicht. Hier sind zuerst die Denkara (auch Mna- oder Mnaissi-) Gletscher zu erwähnen, die in das westlich vom Orzferi-Gletscher liegende Mnaissi- oder Denkara-Tal ziehen, eine Fläche von 12 qkm bedecken und bei 2689 m endigen. Zwischen Orzferi- und Denkara-Gletscher, sowie im Hintergrunde des Mnaissi-Tales liegt eine Reihe von grösseren Kargletschern mit Zungenansatz. Grosse Dimensionen erreicht wieder der im Hintergrunde des Ssuatissi-Tales liegende Ssuatissi-Gletscher, eigentlich drei mächtige Eisströme, deren gemeinsames Firngebiet unter dem Gipfel des Gimarai-Choch und den westlich und östlich ziehenden Eiswällen und Firnterrassen sich ausbreitet. Sie endigen mit mehreren Gletscherzungen in Höhen von 2600 bis 3100 m. Die von diesen Gletschern und ihrem Firngebiete eingenommene Fläche dürfte annähernd 26 qkm betragen, die Länge der Eisströme, vom Gimarai-Choch bis an das Ende der Zunge gemessen, beträgt 5 km. Die im Westen des Ssuatissi-Gletschers südlich ausstrahlenden Nebenkämme sind vergletschert, und auch in den Hintergründen dieser einander folgenden Quellschluchten liegen kleinere Talgletscher.

Die am Mamisson-Pass die Rolle der Wasserscheide übernehmende Kette, welche im Süden der zuletzt behandelten Berggruppen, der Tepli-Gruppe und Kasbek-Kette gegen Osten zieht, entsendet ihre Gewässer im Norden zum Ardon und Terek und an der Südseite zum Rion, zur Liachwa und zur Aragwa. Diese Hauptkette erreicht, wie erwähnt, weit geringere Höhen als die im Norden sich erhebenden Nebenketten, ihre Kammlinie ist vielfach und tief geschartet, sie bildet schmale Grate, die insbesondere gegen Süden steil abfallen, und kein einziger Gipfel erreicht 4000 m, obgleich mehrere 3800 m und sogar 3900 m übersteigen. Wo sich die Kette zu solchen grösseren Höhen erhebt und sich für Schneeansammlungen günstige Räume bieten, tritt eine, wenn auch nicht bedeutende Vergletscherung auf, die jedoch immer wieder auf längere Strecken unterbrochen wird. Im südlichen Quellgebiet des Mamisson-don trägt die Nordseite der Kette vom Kossi-Choch (3685 m) bis zur Chalatsa (3937 m) Kar- und Gehänge-Gletscher mit Längen von 1 bis 3 km. Der Chalatsa-Gipfel sowie östlich der Sikara-Gipfel (3829 m) sind Knotenpunkte, die auch an ihren südlichen Abhängen Firnansammlungen und Gletscher zweiter Ordnung besitzen. Insbesondere die westliche Abdachung des vom Sikara-Gipfel südlich abzweigenden Gratzuges ist vergletschert, und gegen Norden zieht vom Sikara-Pass ein grösserer Kargletscher, mit Zungenansatz bis zu 2770 m. Vergletschert ist wieder das Kammstück zwischen Silga-Choch (3854 m) und dem Kalassan-Gipfel (3833 m), insbesondere dort, wo der Kamm zwischen beiden Gipfeln nach Süden ausbiegt und ein Reservoir für Firnansammlung bildet. Nur wenige Firnlager und kleine Firngletscher breiten sich dann zumeist auf der Nordseite der Kette, in ihrer Fortsetzung (Lags-ziti 3693 m, Chorissar 3772 m) bis zum Krestowoi-Pass, der Ostgrenze des zentralen Kaukasus aus.

Oestlich vom Mamisson-Pass steht demnach die den wasserscheidenden Hauptkamm bildende Kette nicht nur an absoluter Höhe bedeutend hinter der granitischen Nebenkette zurück, sondern im Gegenhalte zur grossartigen Entwicklung der Gletschererscheinungen der Tepli-Gruppe und Kasbek-Kette ist die Vergletscherung des Hauptkammes geradezu geringfügig zu nennen. Für die Schneegrenzhöhe am Kasbek besitzen wir Angaben von Kolenati und Chatissjan, die sie an der Ostseite mit 3105 m, an der Südseite mit 3628 m bestimmt hatten. Allein diese Bestimmungen beziehen sich jedenfalls nur auf die dem Durchbruchstale des Terek zugewandte Abdachung des Kasbek-Massivs allein, nicht aber auf die bis zum Durchbruche des Fiag-don reichende Kasbek-Kette oder auf ihre westliche Fortsetzung, die Tepli-Gruppe. Die Schneegrenze läuft im Norden der Tepli-Kasbek-Gruppe, von West gegen Ost ansteigend, in der Linie von 3200 bis 3300 m, liegt jedoch am Südgehänge höher und dürfte dort nicht unter 3300 bis 3400 m herabreichen. Zwischen der Tepli-Gruppe und Kasbek-Kette führt der Kolota-Pass, besser Sakkinski-Pass, aus dem Tale des Fiag-don nach dem Sakki-Tale (östliches Quellgebiet des Ardon) und ist mit seiner Höhe von 3241 m schneefrei. Für das im Süden dieser Bergketten ziehende, wasserscheidende Gebirge — die ossetische Hauptkette — fehlen Angaben für die Schneegrenzhöhe, sie dürfte dort jedoch im allgemeinen tiefer als in den nördlichen Nebenketten liegen. Eine Reihe von Pässen, die über die wasserscheidende Hauptkette führen, Dsedo-Pass 3005 m, Roki-Pass 2992 m, sind schneefrei, dagegen ist die Nordseite des Sikara-Passes, 3196 m, vergletschert.

III. Oestlicher Kaukasus.

Im Osten des Durchbruchtales des Terek erheben sich die Chewssurischen Alpen. Es sind Meridionalzüge, die sich von der wasserscheidenden Hauptkette gegen Norden loslösen und im Westen und Norden von der Kistinka, dem Armochi und der Assa entwässert werden, indes im Westen die Bäche dem Quellgebiete des Argun tributär sind. Diese

Gebirgszüge erheben sich hoch in die Schneeregion, einzelne ihrer Gipfel erreichen, ja, zum Teil übersteigen die Höhe von 4000 m. Trotzdem bietet das steilwandige, mit schmalkantigen und wenig gescharteten Kämmen aufragende Gebirge grossen Schneeansammlungen und einer intensiven Vergletscherung keinen günstigen Boden. Die Vergletscherung ist keine zusammenhängende, sondern beschränkt sich auf Einzelvorkommnisse, dabei fehlen die weiten hochgelegenen Becken des zentralen Kaukasus, grössere Hochflächen, auf welchen sich Gletscher von beträchtlicher Ausdehnung ausbreiten könnten. Immerhin ist aber die Vergletscherung der Chewssurischen Alpen eine bedeutendere als bis jetzt angenommen wurde.*)

Zwischen den Meridionalzügen, in welche sich die Chewssurischen Alpen zersplittern, zieht zuerst von Nord-Westen das Kistinka-Tal zum Terek. Im Westen streicht die Kette, welche im Schuro-Tawi (3928 m) und Kuro-Tawi (4091 m) gipfelt, im Osten die den höchsten Gipfel der Chewssurischen Alpen, den Schan-Tawi (4430 m), tragende Kette. Ein halbkreisförmiger Bogen, welcher beide Gratzüge verbindet, umragt den zirkusförmigen Hintergrund des Kistinka-Tales. Ein ausgedehntes, firnerfülltes Becken liegt unter ihm, dem der bis 3100 m hinabreichende Kibischa-Gletscher entströmt. Es ist ein Talgletscher, dessen ansehnliche Gletscherzunge, wie bei den meisten chewssurischen Gletschern, durch die sie bedeckenden Unmassen von Schutt und Geröll eine Strecke weit hinauf unsichtbar gemacht wird. Die Fläche, welche der Gletscher, Einzugsgebiet mitgerechnet, bedeckt, beträgt 6 bis 7 qkm, die Länge vom Punkte 3668 m im Hintergrunde des Firnbeckens bis zum Gletscherende 2,5 km, das Firnbecken selbst misst in der Ausdehnung von Südwest nach Nordost 4,5 km. Der Kibischa-Gletscher ist der grösste Gletscher der Chewssurischen Alpen. An den Nordabhängen des Schino-Tau und Kuru-Tau lagern steile Gehängegletscher. Die Südseite des das Kibischa-Firnbecken umfangenden Kammes ist gleichfalls nur unbedeutend vergletschert. An der westlichen Talwandung des Kistinka-Tales, an den Steilwänden des Schan-Zuges sind mehrere Gehängegletscher sichtbar.

Die lange und schmale Quellschlucht des Armochi-Tales zieht, vom Schan-tschatsch durchrauscht, streng von Süden nach Norden und ist im

*) Siehe S. 314 und Dinnik über die Gletscherbedeckung östlich vom Kreuzpass (Sapiski K. Sekt. R. G. G. Bd. XIV). Michailowskij loc. cit. S. 132, erwähnt in bezug auf die Chewssurischen Alpen: »Schnee liegt nicht viel auf ihnen und grosse Gletscher gibt es überhaupt nicht.«

Westen vom Schan-Zuge, im Osten von einem andern, parallel mit letzteren streichenden Meridionalzuge, in dem sich Kidenais-Magali bis zu 4219 m erhebt, begrenzt. An den schwarzen Schieferabstürzen des Schan-Zuges haften wenige Firnflecken und Eisfelder, und nur wo am Kitschtschoch-Kort (4134 m) die Kette zersplittert, sind die westlichen und nördlichen Gehänge von Gehängegletschern besetzt.

Auch die dem Schan-Tale zugewandte Abdachung der Kidenais-Kette trägt nur unbedeutende Firngletscher, dagegen ist der Hintergrund des Tales, wo in einem gegen Osten ausbiegenden Kammbogen sich der 3875 m hohe Gwelis-Mta erhebt, stärker vergletschert. Von diesem Gipfel zieht gegen Westen, in eine Schlucht des Schan-Tales ein grösserer Talgletscher, der Gwelis-Gletscher, und im Talschlusse liegt unterhalb des Inkwari-Passes der Schan-Gletscher. Die östliche Seite der Kidenais-Kette ist stärker vergletschert als ihre westliche Abdachung. In den kesselförmigen Abschlüssen des Tschimgis-Tales und des Achielis-Tales, Quelltäler der Assa, liegen Firnmassen, denen kleinere Talgletscher entströmen. Der Schibu-Gletscher im Tale des Tschimgis-zchali besitzt eine Länge von 2,5 km, die langgestreckte Zunge ist bis hoch hinauf von Moränengeröll und Schuttmassen bedeckt und endigt etwa bei 3000 m. Der südliche Quellzweig des Tschimgis-Tales birgt zwei Kargletscher (Tschimgis-Gletscher), und die das Tal im Südosten begleitenden Gratzüge sind gleichfalls stellenweise vergletschert. Die beiden Quellschluchten des Achielis-Tales sind von grösseren Kargletschern (Achiel-Gletscher) erfüllt. Dort, wo nördlich vom Kidenais-magali diese Kette sich in mehrere gegen Norden streichende Grate auflöst, liegt zum Teil unter den Wänden des Tschimgis-magali (3760 m) ein ausgedehntes, firnerfülltes Becken, dem ein Gletscher entströmt, der mit einer langen Gletscherzunge in eine weit hinaus nach Norden zum Armochi ziehende Quellschlucht dringt. Die Länge dieses Gletschers (Armochi-Gletscher) kann mit 2,5 km, die Höhenlage der Enden seiner gleichfalls bis hoch hinauf unter Schutt begrabenen Gletscherzunge mit 2900 m angenommen werden. Im Süden der Kidenais-Kette nehmen Quellbäche der Dschuta, eines Nebenflusses der Schwarzen Aragwa, ihren Ursprung. Am Gehänge des Gwelis-mta und des von ihm gegen Süden sich ablösenden Kammes breiten sich Firnmassen aus, die sich im Inkwari-Gletscher vereinigen, und angrenzend, in dem Kessel, welchen die Abhänge des Gwelis-mta und der von ihm gegen Osten streichende Kamm bilden, liegt ein 1,7 km langer Gletscher, den ich Dschuta-Gletscher nennen würde.

Die folgenden, zwischen den Quellschluchten der Assa, zwischen dem Zirzlownis-zchali, dem Kalotanis-zchali und dem Tanis-zchali gegen Norden ziehenden, kürzeren und niedrigeren Meridionalzüge tragen keine nennenswerten, dauernden Schneeansammlungen. Erst westlich vom Tanis-zchali zeigt die von der Hauptkette sich gegen Norden loslösende Nebenkette am Tanis-Tawi (3435 m) und in den zwei Knotenpunkten, am Komgis Magali (3617 m) und am Machis-Magali (3928 m) wieder eine aus kleinen Kar- und Gehängegletschern bestehende Vereisung. An der östlichen Abdachung des Tanisgipfels liegen zwei Kargletscher, deren Bäche dem Guro-zchali im südwestlichen Quellgebiete des Argun zufliessen. Am Ostgehänge des Komgis-Magali und an der Nordseite eines von ihm gegen Osten ausstrahlenden Grates breiten sich im Hintergrunde von gleichfalls auf den Argun sich öffnenden Talschluchten zwei bedeutendere Kargletscher aus, indes am Machis-Magali, dem höchsten Punkte dieses östlichen Meridionalzuges der Chewssurischen Alpen, an seinen gegen Osten, Westen und Norden gerichteten Abdachungen grössere Gehänge- und Kargletscher eine Stätte gefunden haben.

Verfolgen wir im Süden dieser Meridionalzüge die Hauptkette in ihrem Verlaufe von Westen nach Osten, so finden wir östlich vom Terek-Tale, vom Krestowoi-Pass, erst in einer Entfernung von 26 km im Tschauchi-zuge Firnansammlungen und Gletschergebilde. Der Eruptivstock des Tschauchi besitzt insbesondere an seinem gegen Westen und Norden sich abdachenden Gehänge für Firnansammlungen und die Entstehung von Kargletschern geeignete Räume. Der bedeutendste dieser Gletscher liegt unter dem 3854 m hohen Kulminationspunkte des Massivs, in einem von zwei hohen Kammrücken eingeschlossenen, gegen Osten offenen Becken. Der Tschauchi-Gletscher, dessen Bäche in das westliche Quellgebiet der Chewssurischen Aragwa rinnen, ist ein Talgletscher von 3 km Länge. Die Hauptkette zieht vom Tschauchi-Massiv eine kurze Strecke weit streng nördlich. An der Westseite des Roschka-chorchi (3557 m) ist eine geringe Vergletscherung bemerkbar, und unbedeutende Kargletscher liegen an der Nordseite des Ssoguntano (3280 m). Vom Ssoguntano zieht die Kette in einer geraden Linie gegen Osten und trägt bis zum Tanisgipfel (3435 m) keine dauernde Firnbedeckung, und auch die Pässe, welche über ihre zahlreichen Scharten in Höhen von 2750 bis nahezu 3150 m führen, sind schneefrei. Vom Tanis-Tawi verläuft der Hauptkamm gegen Südosten bis zum Knotenpunkte des Grossen Barbalo (3290 m). Auf dieser 25 km langen Strecke erreicht das Gebirge nur in einem Punkte nahezu 3100 m, sonst fällt die Kammlinie zumeist unter 3000 m und ihre Scharten bis zu 2600 m, es reicht nicht in die Schneeregion und birgt keine dauernden Schneeansammlungen und keine Gletschergebilde.*)

Vom Hauptkamme, am Barbalo, löst sich ein gegen Norden streichender Meridionalzug ab, die Tebulos-Gruppe, in welchem nahe seinem Endpunkte der 4507 m hohe Gipfel des Tebulos-Mta sich erhebt, und hier finden wir wieder grössere Firnansammlungen und eine damit zusammenhängende, bedeutendere Vergletscherung. Die 3570 m hohe Scharte des Azunta-Passes teilt die Tebulos-Kette in zwei Hälften. Der südliche Abschnitt, in welchem Amugo-Tawi sich bis zu 3965 m erhebt, wird an der Ostseite durch Bäche, welche dem Quellgebiete des Argun zufliessen, im Norden und Osten durch Zuflüsse des Pirikitelischen Alasan entwässert. Die Gletscherbedeckung entwickelt sich nur an der dem Norden und Osten zugewandten Abdachung, und aus den Firnansammlungen unter dem Kammzuge Amugo-Tawi und Partschitas-Tawi bildet sich ein grösserer Kargletscher mit Zungenansatz. Entfernter gegen Südosten ist auch der Gebirgsstock des Samtromis-Mta noch vergletschert In der nördlichen Hälfte ist die Vereisung eine bedeutendere. Der Tebulos-Mta und der südlich davon sich erhebende Uroschewi-Mta (4035 m) sind vereiste Gipfel, und insbesondere an der Nordseite des Tebulos selbst sammeln sich bedeutende Firnmengen, denen Talgletscher ihr Entstehen verdanken. Der Tebuloskamm verzweigt sich, und zwischen seinen nördlich streichenden Gratzügen liegen der westliche und der östliche Tebulos-Gletscher, mit Längen von 3,2 bzw. 3,7 km und einem Flächenareale von 3 bzw. 3,5 qkm. Die Gletscherzungen reichen bis 2621 m bez. 2810 m. Die sich bei etwa 2000 m vereinigenden Gletscherbäche durchströmen die Quellschluchten des Tugo-Tales um sich in den Argun zu ergiessen. Ein anderer, am Südostgehänge des Tebulos sich ausbreitender Gletscher dringt in eine auf das westliche Quellgebiet des Pirikitelischen Alasan sich öffnende Talschlucht und reicht mit einer langgestreckten Gletscherzunge bis zu 3220 m.

An die Tebulos-Gruppe schliesst im Osten die Pirikitelische Kette. Entgegen früheren Anschauungen können wir darauf hinweisen, dass sich an ihrem Nordgehänge die bedeutendste Vergletscherung im östlichen Kaukasus

*) Merzbacher bemerkt, dass auch das Barbalo-Gebirge keine Vergletscherung, sondern nur Felder vereisten Schnees trägt, und bezeichnet die gegenteilige Annahme als irrig (Merzbacher: loc. cit. Bd. II, S. 140).

entwickelt.*) Der westliche Flügel der Kette erreicht vorerst keine grossen Höhen, und auch die Vereisung ist eine geringfügige. Wo sich das Gebirge zu Höhen von 3500 bis nahe zu 3900 m aufschwingt, trägt es kleinere Gehänge- und Kargletscher, zwischen Inkerigo-Pass (3007 m) bis zu Punkt 3681 m, östlich vom Kerigo-Pass (3272 m) ist jedoch weder das Nordgehänge, noch die Südseite vergletschert Vom Kerigo-Pass an nimmt die Höhe der Pirikitelischen Kette bedeutend zu und erreicht in ihrem weiteren Verlaufe in einzelnen Gipfeln über 4000 m. (Datach-Kort 4272 m, Donos-mta 4135 m, Diklos-mta 4189.) Mit diesem Ansteigen der absoluten Höhe des Gebirges wachsen auch die Grössenverhältnisse der Vergletscherung. Die Gewässer der nördlichen Abdachung der Pirikitelischen Kette strömen dem Scharo-Argunflusse zu.

Vom Katschu-Gipfel (3909 m) löst sich ein vergletscherter Gratzug (Kitertschia-Tawi 3944 m) gegen Norden ab und schliesst mit der wasserscheidenden Kette und dem gegen Norden abzweigenden Schaich-Kamm ein ausgedehntes Becken ein, das von Firn erfüllt ist und dem der bis zu 2864 m herabreichende Katschu-Gletscher entströmt. Seine Länge beträgt 3,5 km das Flächenareale nahezu 7 qkm. Durch den Gratzug des Schaich-Kort (3941 m) vom Katschu-Gletscher getrennt, liegt der wild zerrissene Firnkessel des Tscheschoi-Gletschers, der in ein südliches Seitental des Scharo-Argun bis zu 2796 m herabdringt. An der Nordseite des Schaich-Kort sind in den Karen zweier Talschluchten die beiden Schaich-Gletscher gebettet. Der Kammbogen, der als steiler, eisbehangener Wall vom Datach-Kort (4272 m) südlich und dann östlich zum Kwawlos-mta (3988 m) streicht, und ein mit diesem parallel verlaufender Gratzug umschliessen das Firnreservoir, aus welchem der 5 km lange Eisstrom des Datach-Gletschers in scharfer Wendung gegen Nordosten zieht. Die von Firn und Eis bedeckte Fläche beträgt 5,5 bis 6 qkm. Die Gletscherzunge wirft sich über eine steile Talstufe und endigt bei 2315 m. Das Kammstück zwischen Kwawlos-mta und Donos-mta birgt an seinem Nordgehänge die Firnmassen, welche das gemeinsame Nährgebiet der beiden Donos-Gletscher bilden. Felsausläufer des Motschech-zferi (4007 m) trennen die Zungen dieser Gletscher, von welchen der westliche bei 2806 m endigt und der östliche wohl noch etwas tiefer herabdringt. Der westliche Donos-Gletscher bedeckt eine Fläche von 5 qkm, der östliche von 5,2 qkm. Trotz des steilen Aufbaues der Kette, welche den Firnrayon der Datach- und Donos-Gletscher umragt, ist derselbe schnee- und eisbeladen. Diese Massen

*) Dinnik loc. cit. S. 289 stellt die Existenz grosser Gletscher im Pirikitelischen Gebirge in Abrede, allerdings zumeist in bezug auf die von ihm besuchte Südseite (siehe auch Dinniks Bericht in Sapiski d. kauk. Sekt. R. G. G., Bd. XV, 1893, S. 123, 125 und 130).

werden zweifellos durch Lawinen dem Nährgebiete der Gletscher zugeführt und sein Inhalt auf diese Weise vermehrt. Die Gletscherwässer durchströmen das in den Scharo-Argun mündende Tal des Donoi-achk.

Im östlichen Abschnitte der Pirikitelischen Kette, im Hintergrunde des weit nach Süden aufsteigenden Chargabe-Tales begegneh wir gleichfalls einer bedeutenden Vergletscherung. Der obere Teil des Tales bildet eine enge Schlucht, die sich erst unterhalb der Kammhöhe des Gebirges erweitert. In den Mulden und Karen des Gebirges liegen die Firnmassen und Gletscherströme. Diese Vergletscherung ist wenig zusammenhängend, und es kommt zu keiner bedeutenden Zungenbildung. Die von den einzelnen Gletschern bedeckten Flächen betragen 3,7, 4,6, 2,7 und 2 qkm. Der im Talschluss liegende Chargabe-Gletscher endigt etwa bei 2800 m. Vom Massive des Diklos-mta ziehen in die Schluchten des bei Chulandoi im Osten sich öffnenden Tales zwei, einem gemeinsamen Firnreviere entströmende Gletscher, die Flächen von 3,8 bzw. 4,2 qkm bedecken und deren langgestreckte Zungen bei 2420 m bzw. 2580 m endigen.

Das Südgehänge der Pirikitelischen Kette zeigt eine viel geringere Gletscherbedeckung, obgleich, entgegen früherer Annahme, welche das Vorhandensein von Gletschern am Südfusse der Kette in Abrede stellte, immerhin eine solche konstatiert werden konnte.*) Der Südhang unterhalb des Katschu-Passes ist trotz der reichen Vergletscherung an seiner Nordseite nahezu ganz schneefrei. Nur im Nordwesten unterhalb der Grate des Katschu-Gipfels liegt ein Firngletscher. Die Schneebedeckung wird erst in den östlicher gelegenen Seitentälern des Pirikitelischen Alasan bedeutender. Ein etwa 2 km langer Talgletscher dringt von den Südhängeu des Donos-Mta in den Schluss des Motschech-chewi-Tales und endigt bei 2810 m. Im Zirkus, den an der Wurzel des Awgos-chewi-Tales die Südwände des Kammbogens zwischen Galawanas-Zferi (4034 m) und Diklos-Mta (4189 m) bilden, breiten sich die Firnmassen aus, denen der südliche Diklos-Gletscher (Awgos-Gletscher) entströmt, dessen Zunge bis 2742 m dringt. Auch der Hintergrund des gegen Osten in den Andischen Koissu mündenden Gako-Tales ist stark vergletschert, und sowohl von dem gegen Süden streichenden Gratzuge des Diklos-Mta (4174 m, 3920 m, 3713 m) als auch von der östlichen Fortsetzung der Kette (4175 m, 3948 m) dringen mehrere Gletscher herab.

*) Wir verdanken Herrn Dr. Merzbacher eine eingehende Erforschung dieser Südtäler der Pirikitelischen Kette und ihrer Gletscherbedeckung (Merzbacher: loc. cit. Bd. I, S 49, Bd. II, S. 291).

die zu den grösseren Kar-Gletschern mit entwickelten Zungenansätzen gehören. Die Enden dieser Gletscher liegen bei 2900 bis 3000 m.

In dem vom Terek-Tale bis zum Daghestan sich ausdehnenden Gebiete des östlichen Kaukasus erreicht der die Wasserscheide bildende Hauptkamm nur im westlichen Abschnitte, an drei Punkten, in der Tschauchi-Gruppe, am Ssoguntano und am Tanis (Knotenpunkte, von welchen sich die gegen Norden streichenden Meridionalzüge der Chewssurischen Alpen ablösen) Höhen, welche sich in die Schneeregion aufschwingen und eine, wenn auch verhältnismässig geringe, Vergletscherung, zumeist auf ihrer Nordseite, zeigen. Ausser diesen Punkten kommt es in der Hauptkette, abgesehen von einzelnen durch Exposition begünstigten Firnflecken, zu keiner Vergletscherung. Ebenso sind die im Süden der Hauptkette ziehenden Parallelketten und Querjöcher frei von dauernden Schneeansammlungen. Dagegen begegneten wir in den im Norden der Hauptkette liegenden Gebirgsgruppen einer intensiven Vergletscherung. Die klimatischen Verhältnisse, welche diese Nebenketten beherrschen, sind wohl die gleichen, und die ziemlich bedeutenden Unterschiede der Vergletscherung sind ausser den lokalen meteorologischen Einflüssen im orographischen Aufbau des Gebirges begründet. Hierbei ist zu bemerken, dass ihre absolute Höhe annähernd gleich ist, demnach nicht diese entscheidend wirkt, sondern die Konfiguration des Terrains, auf dem die Schneemassen ruhen, auf dem die Gletscherentwicklung vor sich geht. Der Aufbau des Gebirges in den Chewssurischen Alpen, schmale Kammzüge, mit ihren nach beiden Seiten in enge Schluchtentäler steil abfallenden Abdachungen, bringt es mit sich, dass grössere, zusammenhängende Gletscherreviere sich hier nicht vorfinden. Im Hintergrunde der Quellschluchten, welche auf die zwischen den Meridionalzügen eingetieften Täler münden, oder in den Karen, welche die an ihrem Ende sich zersplitternden Kammzüge bilden, liegen die Firnmassen und Gletscher. Eine Eigentümlichkeit der meisten dieser chewssurischen Gletscher ist es, dass ihre Zungen bis hoch hinauf von Schuttmassen bedeckt sind, wie ich es in solchem Masse im Kaukasus nicht gesehen habe, so dass die Gletscherzungen zum Teil unkenntlich werden und die Mappierung dieser Gletscher infolgedessen oft kein richtiges Bild ihrer Ausdehnung gibt. Die Exposition, ob gegen Westen oder Osten, scheint von geringem Einflusse zu sein; an der Schan-Kette ist die westliche Abdachung stärker vergletschert als das steiler abstürzende Ostgehänge; im Kidenaiszuge bietet wieder die Ostseite der Firnansammlung günstigere Karräume.

Fehlten bis jetzt verlässliche Angaben über die Gletscherbedeckung in den Chewssurischen Alpen überhaupt, so ist auch die Höhe der Schneegrenze unbekannt geblieben. Es ist in diesem Gebiete, wo das Vorkommen von Firn und Gletscher in erster Reihe durch den orographischen Bau geregelt wird, schwierig, einen Schluss auf die klimatische Schneegrenze zu ziehen. Die Pässe in der Hauptkette, wo die Chewssurischen Meridionalzüge an sie anschliessen, vom Archotis-tanis-gele bis zum Chortanisgele, also bis zu Höhen von 3130 m, sind schneefrei, ebenso Kämme bis 3400 m und ihre Abdachungen. Auf Grund dieser Daten und meiner Beobachtungen scheint die Annahme gerechtfertigt, dass die Schneegrenzhöhe in den Chewssurischen Alpen bei 3400 m verläuft, ja, vielleicht wäre sogar eine etwas höhere Zahl für die Verhältnisse dort charakteristischer.

Im Meridionalzuge der Tebulos-Kette ist die nördliche Hälfte stärker als die südliche vergletschert. In letzterer ist die Westseite fast nicht verfirnt, indes die nördliche Abdachung unter den höchsten Punkten Kar- und Gehänge-Gletscher trägt. In der nördlichen Hälfte bilden die beiden zu grösseren absoluten Höhen sich erhebenden Gipfel des Tebulos-Mta und des Uroschewi-Mta einen in der Kammhöhe stark vereisten Wall. Der Adzunta-Pass ist hier bei 3570 m schneefrei. Die Schneegrenze dürfte kaum unter 3500 m verlaufen.

Günstigere Bedingungen für die Ansammlung von Firnmassen und die Entwicklung von Gletschern bietet die Pirikitelische Kette, insbesondere auf der Nordseite. Hier scheinen sowohl lokale meteorologische Verhältnisse als auch orographische Begünstigung mitzuwirken. Die Nordseite der Kette liegt jedenfalls in einem niederschlagsreicheren Gebiete als die Chewssurischen Alpen, und im Gegensatz zu diesen finden wir hier grösseren Wasserreichtum und grösseren Waldbestand. Durch die der Pirikitelischen Kette im Norden vorgelagerten Parallelzüge wird sie vor den austrocknenden Steppenwinden geschützt; die feuchten Luftströmungen werden in dem tief eingeschnittenen Längentale des Scharo-Argun festgehalten. Zahlreiche kurze, gegen Norden ausstrahlende Grate umschliessen mit dem Hauptkamme hochgelegene Becken, Räume für Schneeansammlungen. Die Schneegrenze dürfte hier wieder bedeutend niedriger verlaufen und bis zu 3300 m herabreichen. Die Südseite der Pirikitelischen Kette ist, wie wir gesehen haben, viel weniger vergletschert, wobei klimatische und orographische Ursachen mitwirken. Die Schneegrenzhöhe kann am Südgehänge mit 3500 m geschätzt werden.

Die Fortsetzung der wasserscheidenden Hauptkette, östlich vom Grossen Barbalo bis zum tiefen Einschnitte des Kodor-Passes (2392 m), trägt wohl bei günstiger Exposition vereinzelte Schneeflecke, die den Sommer überdauern, ohne aber dass es, trotz einzelner, weit über 3000 m sich erhebender Höhenpunkte (Did-gwerdi 3515 m, Schawikilde 3581 m), zu grösseren Firnansammlungen und zur Bildung von Gletschern kommt.

Im Norden des Kodor-Passes liegt das Quellgebiet des Andischen Koissu, dessen Tal die Grenzlinie bildet, jenseits welcher im Osten der Berggau des Daghestan sich ausbreitet. Die Intensivität der Vergletscherung nimmt hier je weiter gegen Osten, bedeutend ab, teils zufolge der geringeren absoluten Erhebung des Gebirges, insbesondere aber unter dem Einflusse des trockenen asiatischen Klimas. Nur in den im Norden der wasserscheidenden Hauptkette vorgelagerten Gruppen und Ketten ist eine nennenswerte Vergletscherung zu konstatieren, die jedoch gleichfalls gegen Osten abnimmt, bis dann wieder in der Hauptkette selbst, dort, wo sie sich zu grösseren Höhen aufschwingt, die letzten schwachen Spuren einer Vergletscherung auftreten.

Oestlich vom Kodor-Pass löst sich von dem 3125 m hohen Nikosszìche ein mächtiger Gebirgszug ab, der zwischen den Flussläufen des Andischen und Awarischen Koissu zuerst gegen Norden streicht und dann in seinem Verlaufe gegen Nordosten und Osten seine grösste Höhenentwicklung und damit eine bedeutende Vergletscherung erreicht. Es ist dies die Bogos-Gruppe, deren Kulminationspunkt — Addala — bis zur Höhe von 4140 m sich erhebt und von einer Gruppe von 4000 m übersteigenden, nahe zueinander liegenden Gipfeln umgeben ist. Die Firnmassen liegen auf den Kammplateaus, sie gleiten in kesselförmige Mulden, wo sie zerklüftete Terrassen bilden.*)

An der Nordseite der Gruppe senken sich mehrere Talgletscher aus diesen Firnrevieren in die obersten Schluchten des Kilia- und Icho-Tales, deren Gewässer dem Andischen Koissu zuströmen. Der bedeutendste dieser Gletscher ist der B e l i n k i - Gletscher. Sein Firngebiet umragt im Nordosten der Addala-Gipfel, von dem ein eisbedeckter Kamm im Bogen gegen Südwesten und Nordwesten zum Kossaraku- (auch Belinki-Meer 3991 m) zieht. Die vom Gletscher und seinem Firnreservoir bedeckte Fläche umfasst etwa 6,5 qkm. Die Länge beträgt 4 km, gemessen vom höchsten Firnkamme

*) Schon Merzbacher, dem wir zuerst eine Beschreibung der Hochregionen und Gletscherreviere der Bogos-Gruppe verdanken, hat mit Recht die Aehnlichkeit dieser Vergletscherung mit dem Typus der Adamello-Gletscher hervorgehoben.

bis an das Ende der Zunge, welche, am tiefsten unter allen Bogos-Gletschern, bis zu 2520 m herabreicht. Aus dem Firngebiete zwischen Addala und dem nordöstlich von ihm bis zu 3982 m aufragenden Saaratl-meer dringt der Saaratl- (auch Kilia-) Gletscher mit einer Länge von 3,5 km bis zu 2954 m herab und bedeckt eine Fläche von nahezu 5 qkm. Die Bäche des Belinki- und des Saaratl-Gletschers vereinigen sich im obersten Kilia-Tale. Vom Kossaraku-meer streicht gegen Nordwesten, als Scheiderücken zwischen den Tälern des Kilia und des Icho, ein Kammzug, der am Beginne 4000 m hohe Gipfel trägt (Antschowala [auch Antschobala] 4098 m, Osuka 4007 m) und noch weiter Höhen von 3500 bis 3600 m erreicht. An seiner östlichen Abdachung ziehen enge, steile Quellschluchten des Kilia-Baches empor, die der Reihe nach in ihrem Hintergrunde von Firn und Gletschern erfüllte Kare bilden. Von Süden nach Norden gerechnet, sind die ersten drei dieser Kargletscher die bedeutendsten; sie haben eine Länge von 1,5 km bis 2 km und endigen bei 2750 bis 3000 m. Die westliche, dem Icho-Tale zugewandte, steilere Seite dieses Scheiderückens ist nahezu schneefrei.

Im Hintergrunde des östlichen Quellarmes des Icho-Tales, das ein vom Antschowala im Norden über Kossaraku, Botschoch-meer (4120 m), Tschimis-meer (4089 m) bis zum Tinal-tschegelatl im Südwesten streichender Kammbogen umschliesst, ist gleichfalls ein in der Höhe mehr oder weniger zusammenhängendes Firnrevier ausgebreitet, dem zwei grössere Gletscher entströmen. Es sind dies der Botschoch-Gletscher und der Tschimis-Gletscher. Zwischen beiden zieht ein hoch oben am Felsrande abbrechender, kleinerer Gletscher. Man wird beim Anblick der Botschoch- und Tschimis-Gletscher wohl eher geneigt sein, sie zu den grossen Kargletschern mit Zungenansatz als zu Talgletschern zu zählen, aber in Anbetracht der bedeutenden Ausdehnung ihres Firngebietes und bei dem Umstande, dass sie (insbesondere der Tschimis-Gletscher) den Hintergrund von Quelltälern erfüllen, dürfte vielleicht das letztere berechtigter sein. Botschoch- und Tschimis-Gletscher bedecken Flächen von 2 bis 2,8 qkm (dehnt man den Umfang des zusammenhängenden Firngebietes weiter aus, entsprechend mehr, etwa 2,5 bis 3 qkm) und endigen bei 3000 bzw. 3150 m. Das südliche Kammstück der Bogos-Gruppe (Lecha-Zug mit Dschidschija-kintli 3712 m bis zum Baliakuri 3734 m) trägt insbesondere an der Westseite eine Reihe von Kar- und Gehängegletschern. Auch die vom Dschidschija-kintli abzweigenden, zuerst gegen Westen und dann gegen Norden und Nordwesten ziehenden Gratzüge zeigen im Bereiche einzelner bedeutenderer Erhebungen (vom Keme-meer bis zum

Tschirir-meer, Höhen von 3550 bis 3750 m) an der dem Norden zugewendeten Abdachung kleinere Firnansammlungen und Gletschergebilde.

Am Nordostende der Bogos-Gruppe ziehen, von Gratzügen geschieden, Talschluchten gegen Norden, Osten und Südosten in das Gebiet des Awarischen Koissu; in ihrem Hintergrunde liegen grössere Kargletscher. Von den hohen Plateaus der Bogos-Gruppe fliessen die Firnmassen auch über die südliche Abdachung, doch ist dort die Gletscherentwicklung eine weit geringere als an der Nordseite. Der bedeutendste dieser Gletscher ist der im östlichen Quellarm des Gliraor-Tales liegende, mit einem Flächenareale von 2,6 qkm; sonst sind dort nur kleinere Kar- und Gehänge-Gletscher ausgebreitet, deren Enden bis zu 3200 bis 3500 m herabreichen. Auch die Nordseite des vom Addala gegen Süden bis zum Tlim (3585 m) und Tschero-meer (3683 m) ziehenden Kammzuges ist stellenweise verfirnt und die Lagerstätte mehrerer Kargletscher.

Verfolgt man wieder die wasserscheidende Hauptkette vom Nikossziche an in ihrem südöstlichen Verlaufe, so findet man auch hier trotz der nicht so unbedeutenden Gesammterhebung (Chotschal-Dagh 3486 m, Tochotl 3550 m, Guton 3660 m) keine grösseren Firnansammlungen und dementsprechend keine Vergletscherung. Und wieder sind es auch hier die nach Norden sich abzweigenden Bergketten, die nicht nur grössere absolute Höhen erreichen als die wasserscheidende Hauptkette, sondern auch vergletschert sind. Allerdings ist diese Vergletscherung nicht bedeutend und es fehlen dem Gebirge bis an sein östliches Ende die ausgedehnten Firnbecken, die ihnen entströmenden grossen Talgletscher.

Vom Guton (Ssari-Dagh) zweigt sich die Djulty-Dagh-Kette ab, die in einem zuerst gegen Norden ausbiegenden Bogen ostwärts streicht und im Norden von den Koissuflüssen, im Süden vom Ssamur und seinen Quellläufen entwässert wird. Lange Kammzüge lösen sich von ihr gegen Norden und Süden ab. Vom Guton streicht zuerst ein Gratzug eine kurze Strecke gegen Nordosten, wo der Chatcharwa-Gipfel (3988 m) einen Knotenpunkt bildet. Hier liegen an der Nordseite in muldenförmigen Karen zwei Gletscher, die bis etwa 3200 m herabreichen. Ihre Bäche fliessen in das oberste Chatar-Tal, ein Seitental des Kara-Koissu. Vom Chatcharwa löst sich ein Gratzug ab, der gegen Nordwesten zwischen den obersten Quelltälern des Kara-Koissu, dem Chatar- und Tleisseruch-Tale zieht. An seiner gegen Nordost gerichteten Abdachung sind in Mulden kleine Kargletscher eingesenkt, und in einer gegen Norden sich öffnenden Schlucht, die in der Höhe vom Gipfel des Bitinei (4107 m) und von ihm ausstrahlenden Graten umschlossen wird, liegt ein grösserer Kargletscher, der bei 3375 m endigt. Westlich vom Tleisseruch-Tale, in der sich in einem Halbrund um die dem Awarischen Koissu tributäre Talschlucht des Pedschiassab-Baches erhebenden Bergkette, deren höchster Gipfel, Butnumizer, 3925 m erreicht, haben insbesondere in den Karen und Schluchten dieses Gipfels, aber auch am Gehänge des südlichen Abschnittes Firnansammlungen und kleinere Gletscher ihre Lagerstätte gefunden. Der vom Chatcharwa nördlich ziehende Bitinei-Zug findet südlich seine Fortsetzung, die zwischen den obersten Quellschluchten des Ssamur, dem Djulty-tschai und den westlich von ihm entspringenden Ssamurquellen, streicht. Im oberen Abschnitte dieser Gratzüge, in dem der Zaitsch-Gipfel sich zur Höhe von 3824 m erhebt, liegen am nördlichen und am gegen Osten gewendeten Gehänge in Mulden und Karen Firne und Kargletscher.

Die Hauptkette der Djulty-Dagh-Gruppe zieht streng gegen Osten; von der Scharte des Artschi-chudun-Passes, löst sich zwischen dem obersten Chatartale und dem von zahlreichen kurzen Schluchten zerrissenen Quellgebiete des Kasikumuch-Koissu, ein Kammzug ab, der im Nukur-Dagh mit 4122 m den Kulminationspunkt der Djulty-Dagh-Kette trägt. Am Nukur-Dagh spaltet sich der Kamm in zwei Gratzüge, von welchen der eine gegen Norden weiterzieht, der andere, kürzere, gegen Westen verläuft. In der durch diese beiden Kämme und die nördlichen Abhänge des Nukur-Dagh-Gipfels eingeschlossenen Schlucht, die sich gegen Nordwesten auf das Chatar-Tal öffnet, liegt der grösste Gletscher der Gruppe, der Jatmitschaar-Gletscher. Es ist ein langgestreckter Schluchtgletscher, der eine Fläche von 1,4 qkm bedeckt, eine Länge von 2,25 km. erreicht und etwa bei 3200 m endigt. Die Djulty-Dagh-Kette ist in ihrem östlichen Verlaufe vorerst nur an einzelnen Punkten ihrer Nordseite ganz unbedeutend verfirnt, und erst in dem Kammstücke zwischen den Gipfeln des 4050 m hohen Babaka-Dagh kommt es an der nördlichen Abdachung im Quellgebiete des Kasikumuch-Koissu zur Bildung von mehreren grösseren Kargletschern. Am Nordwestgehänge des Walial-Gipfels liegt ein Kargletscher von 1,5 km Länge. Der Talhintergrund des östlichen Quellarmes Arzalinech weitet sich und bildet in der Höhe unter dem Kammbogen zwischen Walial und Babaka-Dagh muldenförmige Becken. Im Westen liegt unter dem Walialgipfel ein Kargletscher, und an diesen schliesst sich weiter östlich ein aus drei Firnkaren zusammenfliessender Gletscher, der, vom Hintergrund des mittleren Kares gemessen, 1,6 km Länge erreicht. Die Gesamtfläche welche diese Gletscher einnehmen, beträgt 2 qkm. Die Südseite der Kette ist von dauernden Schnee-ansammlungen vollkommen entblösst, ebenso ihre südöstliche Fortsetzung, die noch im Alachun-Dagh 3857 m erreicht.

Im Zuge der Hauptkette selbst, vom Guton-Dagh (Ssari-Dagh) gegen Südosten, bleibt die Kammhöhe bis zur Gruppe des Basardjusi unter der Schneegrenze. Kein Gipfel erreicht 3500 m, und die Kammlinie ist tief geschartet (Dindiduch-Pass 2277 m). Weiter im Osten steigt die Hauptkette zu grösseren Höhen an (Sseit-jurt 3688 m, Nour 3653, Malkalud 3875 m), aber erst in der Basardjusi-Gruppe erreicht sie Höhen, welche 4000 m überragen: Nessen-Dagh 4085 m, Basardjusi 4484 m, Tfan 4198 m, und erst hier sind wieder die Bedingungen gegeben, welche eine dauernde Schneebedeckung und die Bildung von Gletschern ermöglichen.*) Allein sie erreichen keine bedeutenden Dimensionen, und nur an der nördlichen Abdachung liegen Firn und kleine Eisgebilde, bis hoch hinauf schuttbedeckt und oft im Relief des Gebirges kaum kenntlich. Das Massiv des Basardjusi, dessen mächtiges Schiefergerüst gegen Osten vorspringt, trägt sowohl im Norden wie in den Karen der Ostseite und am Südgehänge Firn und Eis. Am Nordgehänge ist der Tichizar-Gletscher der einzige nennenswerte Gletscher der Gruppe. In einer Schlucht, welche am Gehänge des Berges zum Sseldis-Bache herabzieht, liegt das Gletschergebilde, welches von den Firnmassen genährt wird, die von der Kammhöhe des Basardjusi niederfliessen. Die Gesamtlänge des Gletschers, von den obersten Firnhängen an gemessen, beträgt etwa 2 km, sein Flächenareal umfasst 1 qkm. Die Gletscherzunge endigt etwa bei 3150 m. Die Kammhöhen des Basardjusi sind mit von klaffenden Spalten zerrissenen Firnmassen bedeckt und der Gipfel selbst vom Eise eines Plateaugletschers umhüllt. Am Ostgehänge liegen in einem Kare Firn- und Eismassen, weit hinauf mit Schutt bedeckt. Der von der höchsten Spitze gegen Osten ziehende Gipfelgrat und der südlich und dann südöstlich streichende Hauptkamm mit dem nördlich sich abzweigenden Basar-jurt-Zuge (höchster Punkt 4163 m) bilden einen Bergzirkus, in welchem, sowohl am Gehänge des Basardjusi als in Karen und Nischen der Hauptkette und des Basar-jurt-Zuges mehrere

*) Eine Kette, die in ihren Gipfeln Höhen von 3800 bis 3900 m und in einem derselben, im Magi-Dagh, sogar 4016 m erreicht, streicht zwischen Ssamur und seinem mit ihm parallel laufenden Nebenflusse Achty-tschai, ist aber trotz ihrer bedeutenden Höhe nicht vergletschert. Wenigstens konnte ich während einer Wanderung längs ihrer gegen Nordost gewandten Abdachung keine Vergletscherung bemerken, und weder Karte noch andere Quellen melden eine solche. Die angeführten Höhen sind den Messtischblättern entnommen, die älteren Karten (5 und 10 Werst) hatten geringere Werte (Magi-Dagh 3794 m).

Firn- und Kargletscher — zum Teil vergraben unter mächtigen Schuttmassen — lagern. Im Westen ist das Quellgebiet des Ussun-tschai, eines Nebenflusses des Ssamur, von den Wänden des Chaput-Utschuran und Nessen-Dagh umstanden, und hier liegt gleichfalls in den Karen und Nischen ihrer Gehänge Firn und Eis.

Der Hauptkette sind im Norden die Massive des Schalbus-Dagh und des Schach-Dagh vorgelagert; beide sind vergletschert. In einem Kessel an der Nordseite des Schalbus-Dagh (4150 m), der gegen Nordost sich öffnet, liegt ein grösserer Kargletscher, der etwa 1,5 km lang ist. Im Massive des Schach-Dagh (4252 m) ist an der Nordseite eine grössere Plateaumulde von Firn erfüllt, und dort liegt ein Gletscher mit Zungenansatz, der eine Fläche von 1,2 qkm bedeckt, bis zu 3870 m herabreicht, und eine Länge von etwa 1,5 km besitzt. In den Schluchten der Südfassade des Schach-Dagh finden kleine Firn- und Eisfelder eine Lagerstätte, wirkliche Gletscher habe ich dort nicht bemerken können. Der Gipfel des Tfan ist im äussersten Osten des Kaukasus, im wasserscheidenden Hauptkamme, der letzte gletschertragende Punkt. Vom Firngipfel dringt ein etwa 2 km langer, schmaler Eisstrom am schluchtigen Nordgehänge des Berges herab. Die Vergletscherung des ganzen Gebietes ist in einem raschen und bedeutenden Rückzuge begriffen. Die den Gletschern im Osten im Gratzuge Basardjusi-Basar-jurt-Tfan entfliessenden Gewässer strömen durch das Schachnabad-Tal dem Kussar-tschai, und die Gletscherbäche von der Nordseite des Basardjusi und dem Zirkus im Hintergrunde des Ussun-tschai-Tales dem Ssamur zu, die sich beide in das Kaspische Meer ergiessen.

In den daghestanischen Alpen, fehlt in der Hauptkette zuerst eine dauernde Schneebedeckung, und nur die ihr im Norden vorgelagerten Gebirgsgruppen sind vergletschert, bis am östlichen Ende des Gebirges die Hauptkette selbst hoch in die Schneeregion aufragt und wieder dauernden Firn und Gletscher trägt. Unter den in diesem Abschnitte des Kaukasus der Hauptkette im Norden vorgelagerten Gebirgszügen zeigt die Bogos-Gruppe nicht nur die relativ bedeutendste, sondern überhaupt eine für die weit nach Südosten vorgeschobene Lage des Gebirges intensive Vergletscherung, die um so auffallender erscheint, nachdem östlich der Andischen Wasserscheide, in den Gebirgen des Daghestans überall der Einfluss des asiatischen, niederschlagsarmen Klimas immer mehr zur Geltung kommt, wie dies auch Oberflächenformen sowie Vegetation eindringlich vor Augen führen. Die verhältnismässig bedeutende Entwicklung der Gletscher und insbesondere die ausgedehnten Firnreviere verdankt die Bogos-Gruppe ausser lokalen meteorologischen Einflüssen, die einen reichen Schneefall zur Folge haben, den für die Ansammlung von Schneemassen hier günstigen orographischen Formen der Schiefergerüste mit ihren Plateaubildungen und den muldenförmigen Nischen unter den obersten Kämmen.

Im Vergleiche zu der im Westen sich erhebenden Pirikitelischen Kette liegen die Gletscherenden in der Bogos-Gruppe im Durchschnitte höher, und an den sie begleitenden Hängen verläuft die Grenze der dauernden Schneebedeckung an der Nordseite sicher höher als dort, so dass wir die Schneegrenze für die Nordseite der Bogos-Gruppe vielleicht im Höhengürtel zwischen 3300 und 3400 m, an der Südseite bei 3500 m annehmen dürfen.

Oestlich der Bogos-Gruppe ist es nur noch die Djulty-Dagh-Kette mit ihren Ausläufern, welche eine nennenswerte Vergletscherung zeigen. Ausgedehnte Firnfelder fehlen hier schon, die Gletscher zeigen zumeist die typische Form der Kargletscher, und keiner unter ihnen erreicht die Grösse oder das Charakteristische der Talgletscher. Die Gletscherenden dringen nicht unter 3200 m herab und liegen meist viel höher. Die Schneelinie ist wieder bedeutend hinaufgerückt. In der Djulty-Dagh-Gruppe sind die Einschartungen der Kammlinie, über welche Pässe in der Höhe von 3350 bis 3550 m führen, schneefrei. Bei genauer Beachtung aller in die Erscheinung tretenden Umstände kann man annehmen, dass die Schneegrenze an der Nordseite etwa bei 3600 m liegt und an den nach Süd schauenden Gehängen bis auf 3800 m steigt. Die Hauptkette ragt, wie erwähnt, östlich vom Kodor-Pass nicht in die Schneeregion, und erst dort, wo wieder in der zu bedeutender Höhe aufsteigenden Basardjusi-Gruppe eine Massenerhebung des Gebirges auftritt, erscheint in deren Gefolge eine, wenn auch unbedeutende Vergletscherung. Die Firnmassen liegen in Schluchten, unter orographischer Begünstigung des Schattens und die das Eis bedeckenden Schuttmengen üben eine konservierende Wirkung aus. Die Schneegrenze liegt im Höhengürtel von 3600 bis 3700 m und im Süden wohl nicht unter 3900 m. Die Südseite der Hauptkette zeigt keine Vergletscherung, sondern nur an besonders günstigen Stellen, in hochgelegenen Nischen, Firnflecken und kleinere dauernde Schneefelder; das Gehänge fällt sehr steil ab, wie dies die zahlreichen Quellschluchten, die dort nach kurzem Laufe tief gelegene Talpunkte erreichen, beweisen, und ist dem Einflusse des transkaukasischen, trockenen Steppenklimas ausgesetzt. Oestlich vom Tfan sinkt dann die Kammhöhe des Kaukasus (Baba-Dagh 3640 m) unter jene Linie, jenseits welcher das Reich des »ewigen Schnees« beginnt.

Zusammenfassung und Vergleiche mit Alpengletschern.

Die Kaukasischen Gletscher erlangen ihre grösste Entwicklung im zentralen Kaukasus, insbesondere im Elbruss-Massiv, in den Swanetisch-Tatarischen Alpen, in der Adai-Choch-Gruppe und in der Kasbek-Gruppe. Vom Dschiper-Pass bis zum Mamisson-Pass, auf einer Strecke von 145 km, ist der Hauptkamm unter einer zusammenhängenden Firn- und Eisdecke begraben. Ein bedeutend entwickeltes Gletscherzentrum finden wir noch im westlichen Kaukasus in der Maruch-Kluchor-Gruppe. Die Vergletscherung in den andern Teilen des Gebirgssystems, in den westlich der Kluchor-Gruppe gelegenen Abschnitten und im östlichen Kaukasus ist im Vergleiche zu den genannten Gebieten, zur Zahl ihrer Talgletscher, dem Ausmasse der von ihnen bedeckten Flächen und der Länge der Gletscherzungen, eine bedeutend geringere.

Die Intensivität der Vergletscherung, sowohl in bezug auf die Ausdehnung der von Schnee und Eis bedeckten Fläche, als der Anzahl und Grösse der einzelnen Gletscherindividuen, steht in den erwähnten, am stärksten vergletscherten Gebieten den gleichartigen Erscheinungen in den Berner und Penninischen Alpen und der Montblanc-Gruppe, wo sie ihre grösste Entwicklung im Alpensystem erreichen, nicht nach. Wie schon früher bemerkt, übertrifft nur der eine Aletschgletscher, durch die Vereinigung eines weit ausgedehnten Firngebietes mit einer langgestreckten, schwach geneigten Abflussrinne, an Grösse die Kaukasischen Gletscher.

Vergleichen wir die Kaukasischen Gletscher in bezug auf die von ihnen bedeckte Fläche (Einzugsgebiet und Zunge gerechnet) und ihre grösste Längenausdehnung unter sich und im Vergleiche mit den Alpengletschern, so ergeben sich folgende Resultate:

Unter den Gletschern des Kaukasus steht der Besingi-Gletscher, am Nordgehänge der Kette, mit seinem Flächeninhalte von 63,8 qkm und einer Länge von 18 km an erster Stelle. An zweiter und dritter Stelle folgen zwei Gletscher am Südabhange, im swanetischen Ingur-Hochtale, der Twiber- und der Leksyr-Gletscher, ersterer mit 61,8 qkm Fläche und 11 km Länge, während der letztere mit einer Flächenausdehnung von 59,5 qkm ihm nachsteht, an Länge jedoch ihn mit 14,3 km übertrifft. Der viertgrösste Kaukasische Gletscher ist der Dychssu-Gletscher im Norden der Kette; er bedeckt eine Fläche von 56,2 km und besitzt eine Länge von 12 km. Als fünfter in der Reihe folgt der Zanner-Gletscher, am Südabhange, im Ingur-Hochtale, der mit einer Längenausdehnung von nahezu 12 km eine Fläche von 55,6 qkm bedeckt. Die sechste Stelle nimmt der Karagom-

Gletscher im Norden mit einer Fläche von 40 qkm ein, der jedoch mit seiner Länge von 14 km sich schon dem Leksyr-Gletscher anreiht.

Von den Alpengletschern kann — vom Aletschgletscher abgesehen — sich mit dem Besingi-Gletscher nur der Gorner-Gletscher messen, dessen Flächeninhalt, 67 qkm, etwas grösser ist, der aber mit einer Längenausdehnung von 15 km seinem kaukasischen Rivalen nachsteht. Sonst erreicht kein Alpengletscher die Dimensionen des kaukasischen Besingi-Gletschers.

Den dem Besingi-Gletscher folgenden nächstgrössten fünf kaukasischen Gletschern — Twiber-, Leksyr-, Dychssu-, Zanner- und Karagom-Gletscher — lassen sich von den dem Gorner-Gletscher folgenden Alpengletschern nur drei — Mer de glace (55 qkm Flächenareal und 15 km Länge), Fiescher-Gletscher (40 qkm und 16 km) und Unteraar-Gletscher (39 qkm und 16 km) gegenüberstellen, die jedoch in bezug auf die von ihnen bedeckte Gesamtfläche weit zurückstehen, wenn ihre Länge auch etwas grösser als die ihrer kaukasischen Rivalen ist. Die den erwähnten drei Alpengletschern folgenden bedeutendsten Gletscher der Berner und Penninischen Alpen erreichen nicht die Grössenverhältnisse der kaukasischen Gletscher, und kein Gletscher der Ostalpen kann sich mit ihnen an Flächeninhalt oder an Ausdehnung messen.

Kaukasische Gletscher:			Alpengletscher:		
Gletscher	Fläche qkm	Länge km	Gletscher	Fläche qkm	Länge km
Besingi	63,8	18	Gorner	67	15
Twiber	61,8	11	Mer de glace	55	15
Leksyr	59,5	14,3	Fiescher	40	16
Dychssu	56,2	12	Unteraar	39	16
Zanner	55,6	12	Unter-Grindelwald	29	10
Karagom	40	14	d'Otemma	25	8,1

Im ganzen umfassen 20 Gletscher des Kaukasus mehr als 20 qkm, indes die Westalpen 17, die Ostalpen nur 2 Gletscher mit mehr als 20 qkm Fläche zählen.

Die Grösse der vergletscherten Fläche im zentralen Kaukasus, vom Dschiper-Pass (Elbruss) bis zum Kasbek, kann mit 1840 qkm angenommen werden,*) ist also nahezu gleich dem Flächenausmasse der Vergletscherung in den Schweizer Alpen, welche 1838 qkm beträgt. Betrachtet man die Verteilung der Schnee- und Eisbedeckung an der Nord- und Südseite des zentralen Kaukasus, so finden wir, dass die Ausdehnung der vergletscherten

*) Hess loc. cit. S. 80.

Fläche im Durchschnitt an der Nordseite eine bedeutendere ist als an der Südseite. Vom Ausmass der vergletscherten Fläche entfallen 1068 qkm auf die Nordseite und 773 qkm auf die Südseite. Allein die Differenz ergibt sich in den Gebieten geringerer Vergletscherung, während in dem am stärksten vergletscherten Zentrum, in den Swanetisch-Tatarischen Alpen und auch in der Kasbek-Gruppe die Vergletscherung des Südgehänges der Nordseite kaum nachsteht. Dagegen wird die von Firn und Eis eingenommene Fläche westlich vom Elbruss und östlich vom Kasbek zusammengenommen erheblich kleiner sein, als das vergletscherte Flächenareal der östlichen Alpen und der ausserhalb der Schweiz liegenden westlichen Gletschergruppen.

Betrachten wir die Seehöhe, in welcher die Gletscher des Kaukasus endigen, so sehen wir, dass die Zungen der Eisströme in den am stärksten vergletscherten und die ausgedehntesten Schnee- und Eisansammlungen bergenden Gebieten auch am tiefsten herabreichen, und zwar im zentralen Kaukasus und der an diesen im Westen angrenzenden Kluchor-Gruppe.

Zentraler und Westlicher Kaukasus.

Gletscher	Gruppe	Süd- oder Nordseite	Höhe d. Gletscherendes in m
Tschalaat	Z.K. Swanet.-Tatar. Alp.	Süd	1628
Leksyr	,, ,,	,,	1734
Karagom	,, Digorische Alp.	Nord	1765
Amanaus	W.K. Kluchor-Gr.	,,	1792
Besingi	Z.K. Swanet.-Tatar. Alp.	,,	1993
Alibek	W.K. Kluchor-Gr.	,,	2004
Zei	Z.K. Digor. Alp.	,,	2020
Akssaut	W.K. Kluchor-Gr.	,,	2025
Twiber	Z.K. Swanet.-Tatar. Alp.	Süd	2030
Buulgen	W.K. Kluchor-Gr.	Nord	2036
Dychssu	Z.K. Swanet.-Tatar. Alp.	,,	2050
Dschalowtschat	W.K. Kluchor-Gr.	,,	2065
Zanner	Z.K. Swanet.-Tatar. Alp.	Süd	2077*)

Am tiefsten reichen die Zungen von zwei grossen Gletschern in den Swanetisch-Tatarischen Alpen an der Südseite herab, eine Folge der mächtigen Vergletscherung, die sich dort entwickelt; es sind dies Tschalaat- und Leksyr-

*) In diese Tabelle wurden Kysgitsch-Gletscher und Uruschten-Gletscher, beide an der Nordseite des westlichen Kaukasus, deren Gletscherenden bei 1904 m beziehungsweise bei 1930 m liegen, nicht aufgenommen, da die Höhenmessung der Enden ihrer Gletscherzungen noch der Kontrolle bedarf.

Gletscher. Als dritter unter den am tiefsten herabsteigenden Gletschern folgt an der Nordseite der Karagom-Gletscher (Ossetische Alpen), als vierter ein Gletscher im Norden der durch tiefe Gletscherenden ausgezeichneten Kluchor-Gruppe, der Amanaus-Gletscher, und erst an fünfter Stelle steht im Norden der grösste kaukasische Gletscher, der Besingi-Gletscher. Im Mittel kann man die Höhe der Gletscherenden im zentralen Kaukasus mit 2550 m annehmen. Die Gletscherenden liegen an der Nordseite im Durchschnitt 100—150 m tiefer als an der Südseite.

Die im Vergleiche mit dem Zentralen Kaukasus und der Kluchor-Gruppe bedeutend geringere Vergletscherung im östlichen Kaukasus bringt im Zusammenhange mit der hohen Lage der Schneegrenze eine entsprechend hohe Lage der Gletscherenden mit sich. Es endigen die Gletscherzungen in den einzelnen Gruppen des östlichen Kaukasus am tiefsten:

Gruppe	Süd- oder Nordseite	Gletscher	Höhe d. Gletscherendes in m
Chewssurische Alpen	Nordwest	Kibischa	3130
Tebulos-Massiv	Nord	Nördl. Tebulos	2620
Pirikitelische-Kette	„	Datach	2315
Bogos-Gruppe	„	Belinki	2520
Djulty-Dagh-Kette	„	Jatmitschaar	3200
Basardjusi-Gruppe	„	Tichizar	3100 (?)

Wir sehen auch hier, dass der Grösse der Vergletscherung die Höhenlage der Gletscherenden entspricht. Bedeutenden Firnansammlungen entstammen zu Talgletschern entwickelte Ströme, die bis in tiefe Höhenzonen herabreichen, wie die kleineren Gletscher einem Rayon geringerer Verfirnung. So reichen denn auch im östlichen Kaukasus, dem Grade der Vergletscherung entsprechend, die Gletscher der Pirikitelischen Kette am tiefsten herab; ihnen folgen die Bogos-Gletscher, die Gletscher im Meridionalzuge des Tebulos, der Chewssurischen Alpen und der Djulty-Dagh-Kette. Noch höher steigt im Basardjusi-Schach-Dagh-Gebiete mit der hohen Lage der Schneegrenze und der unbedeutenden Schnee- und Eisdecke im allgemeinen auch die Seehöhe, bis zu welcher dort die Firn- und Gletschergebilde herabreichen und nur der eine Tichizar-Gletscher macht hiervon eine Ausnahme, wohl eine Folge seiner Lage am Fusse der firnbedeckten Massenerhebung des Basardjusi und seiner Exposition in schattiger Schlucht.

Unter den Alpengletschern endigt der Unter-Grindelwald-Gletscher in den Berner Alpen bei 1080 m am tiefsten; ihm folgen die Gletscherenden des Bossons-Gletschers bei 1100 m und des Mer de glace bei 1150 m, beide in der Montblanc-Gruppe. Von den grossen Alpengletschern sind es dann nur noch Triftgletscher (Ende der Gletscherzunge 1350 m) und Aletsch-Gletscher (1360 m) in den Berner Alpen, die tiefer als die grossen kaukasischen Gletscher endigen.

Kaukasische Gletscher		Alpen-Gletscher	
Gletscher	Höhe der Zunge in m	Gletscher	Höhe der Zunge in m
Tschalaat	1628	Unt.-Grindelw.	1080
Leksyr	1734	Bossons	1100
Karagom	1765	Mer de glace	1150
Amanaus	1792	Trift	1350
Besingi	1993	Aletsch	1360
Alibek	2004	Fiescher	1500
Zei	2020	Mandron	1665
Akssaut	2025	Rhone	1700
Twiber	2030	Gorner	1840
Buulgen	2036	Gepatsch	1900
Dychssu	2050	Morteratsch	1920
Dschalowtschat	2065	Pasterze	1950
Zanner	2077	Suldenferner	2220

Kein kaukasischer Gletscher erreicht also ein so tiefes Niveau wie die fünf zuerst angeführten Alpengletscher; aber in der Höhenzone von 1600 bis 2200 m endigen, gleichwie in den Alpen, so auch im Kaukasus, eine Anzahl grosser Talgletscher.

Betrachten wir das Herabdringen der grossen Kaukasischen Talgletscher unter die Schneegrenze, so ergibt sich bei Berücksichtigung der für die betreffende Gebirgsgruppe angenommenen Höhe der Schneelinie dass von den fünf am tiefsten herabreichenden Gletschern die Zungenenden des Karagom-Gletschers 1635 m, des Besingi-Gletschers 1507 m unter der Schneegrenze liegen. Diesen Gletschern der Nordseite folgen dann an der Südseite Tschalaat-Gletscher, der 1372 m, und Leksyr-Gletscher, der 1266 m unter der Schneegrenze endigt. Das Ende des Amanaus-Gletschers (Nordseite, westlicher Kaukasus) liegt 1208 m unter der Schneegrenze. Im allgemeinen jedoch reicht die Gletscherzone im Norden tiefer herab als an der Südseite, was seinen Grund zumeist im orographischen Bau des Gebirges haben dürfte. In den Alpen dringen die Zungenenden der Gletscher in der Montblanc-Gruppe, die durch tief herabdringende Gletscher ausgezeichnet ist, am Glacier des Bossons 1900 m und am Mer de glace 1850 m unter die Schneegrenze. Aber der tief herabreichende Unt.-Grindelwald-Gletscher in den Berner Alpen liegt an seinem Ende nur 1520 m, der Aletsch-Gletscher 1440 m, der Fiescher-Gletscher 1410 m, der Gorner-Gletscher nur noch 1160 m unter der Schneegrenze. Der Karagom-Gletscher im Kaukasus erstreckt sich demnach tiefer in die Kulturregion herab als die grossen Talgletscher der Penninischen Alpen.

Liegen auch im Durchschnitt die Enden der Alpengletscher etwas tiefer, so muss doch das nunmehr konstatierte tiefe Herabsteigen der grossen kaukasischen Talgletscher im allgemeinen, als auch unter die Schneegrenze, entgegen früherer Annahmen, besonders hervorgehoben werden.

Gletscherschwankungen.

Die vorstehend angegebenen Ausmasse über die Ausdehnung der kaukasischen Gletscher und über ihre topographische Verbreitung beziehen sich auf die Gegenwart, sie sind nicht feststehende, sondern unterliegen — wie die der Gletscher in andern Gebieten — in verschiedenen Zeiträumen mehr oder weniger bedeutenden Veränderungen. Die Abhängigkeit dieser Veränderungen der kaukasischen Gletscher von klimatischen Faktoren und den orographischen Verhältnissen ihrer Betten und ihrer Umgebungen wurde gleichfalls konstatiert. Die Bewegungserscheinungen des Gletschers, welche an seiner Zunge gemessen werden, ergeben in kürzeren oder längeren Zeiträumen einen Vorstoss oder einen Rückzug der Eismassen. Erstrecken sich diese Schwankungen auf grössere Zeiträume, so wird ihre Messung, sowohl nach der Richtung der Bewegung, Vorstoss oder Rückzug, als dem Ausmass derselben nach, die langperiodische Veränderung des Gletschers ergeben.

Sichere Nachrichten über die Schwankungen der Kaukasischen Gletscher oder doch einzelner Gletscherindividuen dieses Hochgebirges reichen nur bis in das Jahr 1849 des vorigen Jahrhunderts zurück, in welcher Zeit sie sich im Stadium einer intensiven Vorwärtsbewegung befanden.*) Dieses Vorschreiten der kaukasischen Gletscher hielt nach dem allerdings nicht reichlichen Beobachtungsmaterial bis zum Beginn der sechziger Jahre an, worauf dann eine Rückzugsperiode eintrat, welche mit unbedeutenden Schwankungen

*) Abich, Études sur les glaciers, Tiflis 1870. Derselbe: Geologische Beobachtungen, Bull. Soc. des Naturalistes, Moscou 1874. Derselbe: Ueber die Lage der Schneegrenze und die Gletscher. Bull. Académie des Sciences, St. Petersbourg 1878.

und lokalen Verschiebungen bis heute anhält. Es fiele daher der Hochstand der kaukasischen Gletscher mit jenem in den Alpen zusammen, und auch die Zeit der Rückwärtsbewegung entspricht derjenigen, die in den Alpen beobachtet wurde. Nach den auf eine Reihe eigener Beobachtungen sich stützenden Mitteilungen Abichs scheint diese Rückzugsperiode vom Beginn der sechziger bis Ende der siebziger Jahre, also durch zwei Dezennien hindurch, eine allgemeine und dem Umfange nach bedeutende gewesen zu sein.

Während meiner zweiten, dritten und vierten Reise, um die Mitte der achtziger Jahre, hatte ich im zentralen Kaukasus an mehreren Gletschern, in Gebieten, wohin nach einiger Zeit oder im Laufe der nächsten Jahre eine Rückkehr in Aussicht genommen war, Messungen ausgeführt, die, zusammengehalten mit photographischen Aufnahmen, im Zungengebiete Unterschiede in den Bewegungserscheinungen innerhalb einzelner Gruppen, ja selbst bei benachbarten Gletschern ergaben, so dass ich bald einen geringen Vorstoss oder ein stationäres Verhalten, bald wieder ein Rückschreiten konstatieren konnte.*)

Auch in betreff dieser Schwankungen bestand eine Analogie mit dem Verhalten der Alpengletscher. Aber während dann gegen Ende des 19. Jahrhunderts in den Alpen eine Vorstossperiode eintrat, die allerdings nur einen Teil der grösseren Gletscher beeinflusste, indes die übrigen sich teils weiter verkürzten, teils im Volumen abnahmen, hält im Kaukasus in den letzten Jahren im allgemeinen die Rückzugsbewegung an.**) Nach den vorliegenden Daten wurde am Karagom-Gletscher im Dezennium 1884—1894 ein Rückgang von 192 m beobachtet und eine Volumenabnahme von 18 m, während in den darauf folgenden zehn Jahren das Ausmass des Rückschreitens ein geringeres war. Am Zei-Gletscher wurde in der Periode von 1885—1895 ein Rückzug von 175 m konstatiert und eine Volumenabnahme von 10 m, zugleich mit einem Zurückgehen der Breitenausdehnung von 70 m an der Zunge und von 50 m am Fusse des ersten Eisfalles. Im Dezennium 1895—1904 zog sich der Zei-Gletscher um weitere 125 m zurück und verlor wieder 12—15 m im Niveau. Nur

*) Auf die erhaltenen ziffermässigen Resultate, die seinerzeit wertvoll waren, gehe ich hier nicht näher ein. Siehe mehrere dieser Angaben in Bd. I und II, sowie in M. de Déchy: Recherches sur l'Orographie et la Glaciologie du Caucase Central. Compte-Rendu du Congrès intern. des sciences géographiques à Paris 1889. Ferner M. de Déchy: On observations of glacier movements. Proceedings of the R. Geogr. Society, Vol. XIV, London 1892.

**) Les variations périodiques des glaciers. Rapports de la Commission internationale des glaciers. Genève 1894—1906.

die Gletscher des Kasbek-Massivs zeigten im Jahre 1902 Zeichen eines stationären Verhaltens. Dagegen konnte ich im gleichen Jahre im östlichen Kaukasus, in der Djulty-Dagh-Kette, insbesondere aber im Basardjusi-Schach-Dagh-Gebiete, ein ganz ausserordentliches Schwinden der Schnee- und Eisdecke an einer Reihe von Anzeichen beobachten, was mir auch von seiten der Eingeborenen bestätigt wurde. Die Fortdauer der Rückgangsperiode hatte ich auch bei meinen Reisen in den Jahren 1897 und 1898 bei nahezu allen Gletschern im östlichen Kaukasus, insbesondere in den Chewssurischen Alpen und in der Bogos-Gruppe beobachtet, und zwar viel ausgesprochener als im westlichen Kaukasus, den ich gleichfalls auf meinen drei letzten Reisen besucht hatte.

Die kaukasischen Gletscher sind nunmehr seit dem Beginn der sechziger Jahre im allgemeinen in einer stark akzentuierten Rückzugsperiode, während welcher die von mir Mitte der achtziger Jahre an einigen Gletschern beobachtete kurze Unterbrechung dieses Rückzuges nur eine vorübergehende Schwankung bedeutet. Diese lange Dauer von 45 Jahren einer Rückzugsperiode scheint den Parallelismus zwischen den Gletscherschwankungen im Kaukasus und den 35jährigen Klimaschwankungen Brückners*) in Frage zu stellen und sich eher den Cyclen von 50 bis 100 Jahren in der glazialen Chronologie Rabots anzupassen, in welcher Periode die erwähnten Oszillationen um die Mitte der achtziger Jahre sich als sekundäre Veränderungen darstellen würden.**)

Gletscherausbrüche. Das periodenweise eintretende Vorschreiten der Gletscherzungen hat in einzelnen Fällen Anlass zu Abstürzen grosser Eismassen, sowie zu Seeanstauungen und Ausbrüchen solcher Stauseen gegeben, welche durch Verwüstungen von Kulturland und durch Verluste an Menschenleben und Vieh einzelne Orte der Hochgebirge zum Schauplatz schrecklicher Katastrophen gemacht haben.***) Im Kaukasus sind es die Vorstösse des Dewdorak-Gletschers in der Kasbek-Gruppe, welche wiederholt die unterhalb seines Endes liegende Grusinische Heerstrasse gefährdeten. Den Katastrophen ging immer ein rasches Anwachsen des Gletschers voran, welches Abbrüche der Eismassen als Folge der orographischen Gestaltung seines Bettes verursachte. Solche Gletscherlawinen,

*) Dr. E. Brückner: Klimaschwankungen. Wien 1890.

**) Charles Rabot: Essai de chronologie des variations glaciaires, in Bull. de Géographie historique No. 2, 1902, und in: Archives des sciences physiques et naturelles, IV. Genève 1902.

***) Charles Rabot: Glacial Reservoirs and their Outburst (The Geographical Journal, Vol. XXV, pag. 534, 1905). Les débâcles glaciaires. (Bulletin de géographie historique, 1905).

Abbrüche grosser Eismassen, führten in den Jahren 1808, 1817 und 1832 zu Stauungen des Terekflusses, welche, durchbrechend, grosse Verwüstungen im Tale hervorriefen.*) In ihren Verheerungen am grössten war die Gletscherkatastrophe im Genaldon-Tale (nördliches Quertal in der Kasbek-Gruppe), welche gleichfalls durch den Absturz mächtiger Eislawinen von den Firnhöhen des Tjumenkau-Gletschers (auch Maili-Gletscher) am 16. und 19. Juli 1902 entstand. Am Fusse des Gletschers, in der Höhe von 2330 m entspringen heisse Quellen von 40°. Ohne frühere Vorboten oder irgendwelche Anzeichen einer herannahenden Katastrophe, wurde eine furchtbare Detonation hörbar und riesige Massen von Eisblöcken und Felstrümmern, in eine Wolke von Staub gehüllt, stürzten von den Höhen im Hintergrunde des Gletschers nieder, durchzogen das Tal in einigen Minuten, alles vor sich her verwüstend, Menschenleben und Vieh vernichtend, und gelangten erst in einer Entfernung von 12 km vom Gletscher, vor dem Dorfe Tjumenkau zur Ruhe. Drei Tage später fand ein neuerlicher Abbruch einer Eislawine statt. Es drängt sich die Frage auf, ob dieses Sturzphänomen nicht in einem gewissen ursächlichen Zusammenhange mit durch innere Vorgänge in diesem vulkanischen Gebiete verursachte Dislokationen stand.

Eiszeit.

Die Schwankungen der kaukasischen Gletscher innerhalb gewisser Perioden der Jetztzeit erscheinen jedoch als verschwindende, gegenüber der Ausdehnung, welche sie in jener Epoche besassen, die in der geologischen Chronologie als Quartärzeit bezeichnet wird. Jene Ursachen, welche am Ende der Tertiärperiode, während des Quartär und auch noch in seinem jüngeren Abschnitte über grosse Gebiete der Erde eine mehr oder weniger zusammenhängende, mehr oder weniger ausgedehnte Eisdecke warfen und so in der Entwicklungsgeschichte der Erde einen in seinen Wirkungen bedeutungsvollen Abschnitt schufen, haben auch im Kaukasus, gleichwie in den Alpen und andern Gebirgen eine Eiszeit hervorgerufen. Zahllose und sichere Merkmale für eine solche Eiszeit sind auch im Kaukasus gefunden worden.*) Die Spuren der Eiszeit im Innern des kaukasischen Gebirgs-

---

*) Die Eisabbrüche am Dewdorak-Gletscher werden auf die gleichen Ursachen wie die Katastrophen des Gietrozgletschers im Val de Bagne zurückgeführt.

**) Angaben über die Verbreitung des quartären Glazialphänomens, über Spuren der Eiszeit und über Glazialablagerungen im Kaukasus finden sich vor allem in den Werken des grossen Kaukasusforschers Abich, an welche sich die Beobachtungen von Favre, Dinnik, Muschketow, Merzbacher u. a. anschliessen. S. auch Band I, S. 11, 215, 274. Bd. II, S. 113, 350, 364.

systems und die diluvialen Aufschüttungen an seinem Rande bilden die Kennzeichen und zugleich auch die Anhaltspunkte für die Beurteilung der Mächtigkeit des eiszeitlichen Vergletscherungsphänomens im Kaukasus. Nach den hierauf bezüglichen Beobachtungen kann auch für den Kaukasus eine Gliederung der Eiszeitepoche in Perioden wiederholten Auftretens intensiver Vergletscherung mit dazwischen liegenden Interglazialzeiten und einer Postglazialzeit angenommen werden. Systematische Beobachtungen über die Verbreitung und die Natur des Glazialdiluviums im Kaukasus, insbesondere an seinen Rändern, über die Grenzen, bis zu welchen sich die eiszeitlichen Gletscherströme durch die Gebirgstäler und noch weiter bis in das Vorland ergossen haben, über die Kennzeichen mehrfacher Vergletscherungen — fehlen noch, um in diesen Fragen zu mehr oder weniger abschliessenden Ergebnissen zu gelangen; sie bleiben der Detailforschung vorbehalten, die hier einsetzen muss.*)

In unumstösslicher Weise sind sowohl eiszeitliche Aufschüttungen im Vorlande, als auch reichliche Spuren der Eiszeit im Innern des Kaukasus nachgewiesen worden.

Die Spuren der Eiszeit im Innern des Gebirges werden bis hinauf in die gegenwärtige Gletscherregion angetroffen, und sie treten uns in mehr oder weniger intensiver Form in nahezu allen Regionen des Kaukasischen Gebirgssystems entgegen. Die eiszeitlichen Gletscher haben die Spuren ihrer einstigen grossen Ausdehnung und damit ihrer bodengestaltenden, formengebenden Wirkung hinterlassen. Wir finden mächtige Glazialablagerungen, erratische Blöcke,**) glaziales Diluvium und fluvioglaziale Schuttmassen.***) — Reihen alter Endmoränen bis weit hinaus an die Mündung der Täler zeigen die Ruhepunkte der eiszeitlichen Gletscher.†) Wir sehen die Uebertiefung der Haupttäler, Trogformen,††) und an den Talwänden die

*) Es gehört jedenfalls ein durch das Studium der gleichartigen Erscheinungen in bekannten Gebieten trainiertes Auge dazu, um in noch unerforschten Regionen mit Bestimmtheit ein Urteil über glaziale oder nichtglaziale Entstehung der Geländeform zu geben. Man wird im Kaukasus in der Feststellung von glazialen und pseudoglazialen Formen noch vorsichtiger vorgehen müssen, als in andern Gebieten, besonders in dem klassischen Forschungsterrain der Alpen, wo wir die Merkmale quartärer Vereisung, ihren Einfluss auf die Geländeform des Gebirges, von Schritt zu Schritt, ich möchte sagen, geklärt vom Geiste grosser Forscher, wahrnehmen und beurteilen gelernt haben. Es müssen daher auch die spärlichen, in der Literatur zerstreuten Angaben über Eiszeitspuren im Kaukasus mit einer gewissen Vorsicht aufgenommen werden.

**) Band I, S. 11, 165, 214.

***) Band I, S. 27, 54, 264, 283.

†) Band I, S. 54, 81, 103, 165, 167, 214, 215, 247, 251, 264, 274. Band II, S. 143, 177, 216, 259, 265.

††) Band I, S. 265, 276. Band II, S. 12, 52, 259.

Glazialterrassen.*) Ausserhalb des jetzigen Niveaus der Gletscher erblicken wir Rundhöcker, Schliffkehlen, Gletscherschliffe,**) und an den Abhängen der Gebirgskämme angeordnete Karbildungen.***)

Im zentralen Kaukasus, in den nördlichen Quertälern vom Elbruss bis zum Kasbek, im grössten Verbreitungsbezirke der gegenwärtigen und auch der eiszeitlichen Vergletscherung, zeigen sich die Glazialerscheinungen in reichstem Masse. Weiter im Westen ist die Kluchor-Gruppe, die Talgebiete des Kuban, der Teberda und ihrer Nebenflüsse ein Glazialgebiet, in welchem die Eiszeit zahlreiche Spuren hinterlassen hat. In den Tälern der Südseite des zentralen Kaukasus treten uns die Anzeichen eiszeitlicher Vergletscherung gleichfalls in grossartigster Weise entgegen. Auch im östlichen Kaukasus treffen wir auf Zeugen der einstigen grösseren Ausdehnung der Gletscher, obgleich in viel geringerem Massstabe als im zentralen und westlichen Kaukasus.

Aufschüttungen im Vorlande lagern im Norden längs des zentralen Teiles.†) Insbesondere im Gebiete des Austrittes des Terek aus seinem Quertale bei Wladikawkas hat schon Abich mächtige Glazialablagerungen konstatiert.††) Im Ssundscha-Tale (östlicher Nebenfluss des Terek), in den Argun-Niederungen sind glaziale Ablagerungen beobachtet worden.††† — In einer Mächtigkeit von mehr als 25 m bedeckt Glazialschutt den Boden des weiten Faltungsbeckens bei Wladikawkas. Die eiszeitlichen Gletscher haben in der Terekebene 25 bis 30 km weit nach Norden ihre erratischen Blöcke zerstreut. Grosse Moränenanhäufungen sind unmittelbar im Süden vor Naltschik (etwa bei 900 m) sichtbar. Es ist in der Terekebene der niedrigste und der am weitesten von der Hauptkette liegende Horizont, in welchem Glazialablagerungen sich befinden. Westlich der Teberda wurden Spuren der eiszeitlichen Vergletscherung tiefer als 1200 m nicht beobachtet.

An der Südseite des zentralen Kaukasus drangen die grossen eiszeitlichen Gletscher des Ingur- und Rion-Tales weit hinaus, ohne jedoch die letzten Vorgebirgsketten überschritten und im Vorlande Glazialablagerungen

---

*) Band I, S. 54, 165, 192, 208, 261, 276. Bd. II, S. 12, 52, 158.

**) Band I, S. 246, 329. Band II, S. 177.

***) Band I, S. 195. Bd. II, S. 160, 263, 299.

†) S. Diluvium bei Wladikawkas, Bd. I, S. 11, 18. In der Teréksteppe, Bd. I, S. 176. Bei Pjätigorsk, Bd. I, S. 257.

††) Abich, Ueber Geröll- und Trümmerablagerungen, S. 257.

†††) S. Diluvium in der Argun-Niederung, Bd. II, S. 183, und Karakasch, Geol. Skizze des Ardon-Tales, St. Petersburg 1897, S. 4.

zurückgelassen zu haben.*) An der, kontinentalen Klimaeinflüssen unterworfenen Osthälfte des Kaukasus war auch die eiszeitliche Gletscherbedeckung relativ eine unbedeutende und Aufschüttungen im Vorlande fehlen.

Der Versuch, einige der grossen eiszeitlichen Gletscher im Norden des zentralen Kaukasus zu konstruieren, ergab für den Bakssan-Gletscher vom Dschiper-Pass bis zum Aul Ataschukin am Unterlaufe des Bakssan eine Länge von 62 km, für den Ardon-Gletscher vom Quellgebiete des Mamisson-don bis nach Alagir 60 km und für den Terek-Gletscher vom Kreuz-Pass bis in die Nähe von Wladikawkas (Redant) 56 km. Nimmt man an, dass der eiszeitliche Ingur-Gletscher sich bis jenseits (südl.) des Ingur-Durchbruches, bis in die Nähe von Dschwari erstreckte, so ergibt dies einen Gletscherstrom von 98 km Länge. Eine kaum geringere Länge hatte der jedenfalls weit über Oni hinausreichende eiszeitliche Rion-Gletscher.

Am Auftreten von Moränen unterlagerter und zugleich überlagerter Glazialbildungen lassen sich Schlüsse auf eine periodische Wiederholung der Vergletscherungen mit eingeschalteten Interglazialzeiten im Kaukasus ziehen. Aber es fehlen noch systematische Beobachtungen an den Moränengürteln, des Alters der glazialen Serien und Komplexe und der fluvioglazialen Schotterablagerungen, um mit gleicher Sicherheit wie für andere Gletschergebiete eine Gliederung der glazialen Ablagerungen zu ermöglichen. Aus den Profilen des Bakssan-Tales, welche Hess nach den neuesten 1 Werst-Aufnahmen konstruierte, entnimmt er die Erscheinung von vier ineinander geschalteten Trogformen, schliesst demnach auf eine viermalige Vergletscherung.**) Merzbacher nimmt mindestens zwei grosse kaukasische Eisperioden als erwiesen an.***) Die vulkanische Tätigkeit begann im Kaukasus in der Tertiärzeit und dauerte bis in die Quartärepoche, sie wechselte mit den Eiszeiten, denn in einer frühen Periode derselben waren am Kasbek Moränen abgelagert, die von Andesitströmen übergossen wurden, und anderseits sind dann wieder Laven von Moränen überdeckt worden.†)

*) Ein Hinausreichen des eiszeitlichen Rion-Gletschers in das grosse Flusstal bis in die Nähe von Kutais, oder des Ingur-Gletschers bis Sugdidi, kann durch die nicht einwandfreie Konstatierung von Aufschüttungen und erratischen Blöcken nicht angenommen werden. Nach Krassnow (Reise im Kaukasus 1890, Iswestija der Russ. Geogr. Gesell., Bd. XXVI) hätte der Rion-Gletscher bis in die Nähe von Kutais gereicht, was vom Tschantschachi-Quellgebiet einer Länge von 107 km und vom Passis-Mta gerechnet von 125 km gleichkäme. Dagegen Favre loc. cit. »Des dépots glaciaires se trouvent au cours supérieur de la Rion et de l'Ingour, mais on ne voit aucune trace à une distance plus considerable de la chaine centrale.«

**) Hess, loc. cit. S 392.

***) Merzbacher, loc. cit. Bd. I, S. 822.

†) S. Bd. II, S. 113.

Verglichen mit den Eiszeiten der Alpen, scheint die Vergletscherung des Kaukasus in der Quartärperiode von geringerer Intensität gewesen zu sein. Die Merkmale für eine mehrfache Vergletscherung dürften nur verschiedene Perioden des Stillstandes während des Rückzuges der Gletscher auf ihre gegenwärtige Grösse darstellen. Zur Aufhellung dieser Fragen werden Untersuchungen über die klimatischen Verhältnisse während der Quartärzeit und in ihrem Zusammenhange mit der Höhenlage der Schneegrenze sowie der Glazialablagerungen von entscheidender Wichtigkeit sein.

Wir sehen im Kaukasus einen klar ausgeprägten Parallelismus zwischen der Entwicklung des Glazialphänomens in der Eiszeitepoche und der gegenwärtigen Ausdehnung der Eismassen in seinen Gletschergebieten. Das gegenwärtige Zentrum der mächtigsten Vergletscherung, der zentrale Kaukasus, war auch in der Quartärepoche die Stätte der grössten Verbreitung des Eiszeitphänomens. Sowohl gegen Westen, insbesondere aber gegen Osten, verminderte sich seine Mächtigkeit. Westlich der Teberda scheint die Verminderung der Vereisung wie gegenwärtig durch orographische Faktoren beeinflusst worden zu sein; in der stetigen Abnahme der Ausdehnung eiszeitlicher Erscheinungen in der östlichen Hälfte des Gebirges tritt zugleich die interessante und offene Frage auf, inwieweit hierauf in jenen geologischen Perioden Unterschiede zur Geltung kamen, wie solche gegenwärtig zwischen dem feuchten mediterraneen Klima Europas und dem im Osten zur Herrschaft gelangenden, bedeutend trockeneren kontinentalen Klima Asiens bestehen. Die eiszeitlichen Gletscher des Kaukasus bildeten keine so riesigen, zusammenhängenden Eisdecken wie die eiszeitlichen Alpengletscher, sie erreichten keine so tiefen Horizonte wie in Europa, aber sie drangen im zentralen Kaukasus tiefer hinab wie im zentralasiatischen Tian-Schan, dem der östliche Kaukasus als Verbindungsglied in den Erscheinungen seiner Eiszeit sich nähert. »Der europäisch-asiatische Charakter des Kaukasus, mit welchem er sich als Uebergangsgebirge zwischen den zentralasiatischen Gebirgsketten und den europäischen Gebirgszügen darstellt«,*) kam auch in der Eiszeitepoche zur Geltung.

*) Siehe Band II, S. 365.

IV. ABSCHNITT.

Morphologische Grundzüge.

(Das Bild des Kaukasus.)

In der orogenetischen Einführung wurde in kurzen Strichen das Entstehen und das Emporwachsen des kaukasischen Gebirgssystems gezeichnet, sie zeigten in chronologischer Reihenfolge die Arbeit der tektonischen, gebirgsbildenden Kräfte, welche bis in die geologisch junge Zeit der tertiären und posttertiären Epoche tätig waren und den mächtigen Gebirgsblock aufrichteten, dessen weitere morphologische Ausgestaltung in die geologisch jüngste Periode, in die Quartärzeit fällt und bis in die Gegenwart hinein fortdauert.

Waren es die tektonischen Vorgänge in fernen geologischen Epochen, welche im Kaukasus den grundsteinlegenden Einfluss auf die Oberflächengestaltung ausübten, so haben sich dann andere morphologisch ausgestaltende Faktoren beigesellt, welche die äussere Reliefform, die Physiognomie des kaukasischen Hochgebirges schufen. Die Schilderung dieser seiner äusseren Reliefformen, des Antlitzes des Kaukasus in Wort und Bild, sie unserm Verständnis, unserer Kenntnis zu erschliessen, war das Ziel der ersten beiden Bände dieses Werkes. In einer am Schlusse des zweiten Bandes gegebenen zusammenfassenden Darstellung war ich bestrebt, durch Vergleiche mit der uns vertrauten Formenwelt der Alpen die morphologischen Züge des Kaukasus unserm Erfassen näher zu bringen.*)

Die orographischen und hydrographischen Grundzüge, wie sie im Abschnitt über die Gliederung des Kaukasus dargestellt wurden, geben einen Ueberblick über die Entwässerung des Gebirges und seine Talanlagen. Die tektonische Struktur übte auf die Talanlagen jedenfalls den grundlegenden,

*) Kaukasus und Alpen. Rückblick und Schlusswort. Bd. II, S. 349 u. ff.

der Entwässerung ihre Bahnen weisenden Einfluss aus. Die Intensität der Kaukasusfaltung mit den zwischen den Falten zusammengepressten Mulden war im Norden der Bildung von tektonischen Längstälern nicht günstig, und die Richtung der Entwässerung folgt vorwiegend quer verlaufenden Talstrecken. Die Abhängigkeit des Talnetzes vom Systeme der Faltung drückt sich aber noch darin aus, dass die obersten Flussläufe zumeist den Strukturlinien des Gebirgsbaues folgen und dann erst der Durchbruch der Quertäler beginnt, welche, unabhängig von der Erhebungsrichtung der Sedimentärketten, diese mit den Mitteln der Erosion durchschnitten haben. Diese orographische Zerstückelung der sedimentären Parallelketten ist ein charakteristischer Zug, der dem Kaukasus mit dem Relief aller Faltengebirge gemeinsam ist.*)

Wird nun im Norden das Gebirge nahezu ausschliesslich durch Quertäler entwässert, so hat an der südlichen Abdachung, als Folge der schon früher erwähnten Verschiedenheit, mit welcher die tektonischen Bewegungen am Nord- und am Südabhange auftraten und einen durchgreifenden Unterschied in der geologischen Struktur der beiden Abhänge hervorbrachten, sich eine Reihe von tektonischen Längstälern gebildet. Mächtige Ueberschiebungen der Formationen und durch antiklinale Faltungen entstandene gewaltige Dislokationen haben im Süden, im Gegensatze zu den erosiven Quertälern des Nordabhanges, diese Talanlagen geschaffen. Aber auch hier nehmen die Flüsse ihren Weg in mehrfacher Abwechslung durch längstal- und quertalförmige Furchen, jüngere transversale Erosionsschluchten zerschneiden die tektonischen Längstäler, und mit der Entfernung von der wasserscheidenden Hauptkette zwingen sie ihre Wasser zum Ausbruche durch Quertäler.

Das Talsystem des Kaukasus ist sehr tief in die Schichtenkomplexe eingeschnitten, und die anfängliche Talbildung wird nur noch durch die Linie angedeutet, in deren Richtung die Erosion des fliessenden Wassers und des quartären Gletschereises den gegenwärtigen Verlauf der kaukasischen Täler gegraben hat. Das Talsystem in seinen Grundzügen war jedoch schon vor dem Eintritt der ersten Eiszeitperiode vollendet, der Kaukasus war durchtalt, als die erste Vergletscherung eintrat.**) Die Verbreiterung, die Vertiefung der Täler erfolgte später, sie wechselte mit Ruhepausen, und an ihr wirkten fliessendes Wasser, Gletscher und ihre Schmelzwasser mit.***)

*) Ferd. Löwl, »Die Entstehung der Durchbruchstäler«, Petermanns Geogr. Mitt., Bd. 28, S. 405, Gotha 1882.

**) Siehe S. 274.

***) W. Kilian, »L'érosion glaciaire«, La Geographie, vol. XIV, Paris 1906.

In den Tälern, welche der Passage eiszeitlicher Gletscher dienten, treten auch ihre Folgeerscheinungen auf: die U-förmige Uebertiefung, die eingesenkten Tröge, die Abrundung der Felsen, an den beiden Talflanken die miteinander korrespondierenden Terrassen, Moränen und fluvioglaziale Ablagerungen.

Wo die Grösse der eiszeitlichen Vergletscherung eine geringe war, ist auch das morphologische Bild der Täler weniger auf die modellierende Wirkung dieser Periode zurückzuführen. In diesen Gebieten sind es zumeist der Oberlauf der Haupttäler und die in diese mündenden Seitentäler, welche die Gletscher der Eiszeitperiode erfüllten, die demgemäss auch trogartiges Relief besitzen, indes die mittleren oder unteren Talabschnitte schluchtig dahinziehen. Im Daghestan sieht man diese Erscheinung zumeist in überzeugenden Beispielen: soweit in den Tälern die Anzeichen eiszeitlicher Vergletscherung reichen, zeigt sich ein wohl grösstenteils ihren Wirkungen entsprechendes Relief, Trogformen, Talstufen, an ihrem Ende breite, oft entleerten Seebecken gleichende Talböden — weiterhin dagegen schluchtige, typische, V-förmige Erosionstäler. Die steilen Stufenmündungen der Seitentäler — nach Penck das Resultat verstärkter glazialer Erosion — sind auch im Kaukasus in Gebieten, wo die eiszeitliche Vergletscherung eine bedeutende war, am zahlreichsten anzutreffen.*)

Eine rückwärtige Talverlängerung, welche zu einer vollständigen Durchsägung der früher die Wasserscheide bildenden kristallinischen Zentralachse führte, haben wir im Ardon-Tale und in den östlichen Transversaltälern bis zum Kasbek kennen gelernt.**)

Das aus den der unteren Kreide angehörenden Sandsteinformationen bestehende Tafelland, welches sich im Norden des Elbruss-Massivs ausdehnt, erscheint von cañonartigen Gräben und Erosionsfurchen durchschnitten. Diese Zone weiter Hochflächen neigt sich gegen Nordosten, und die cañonförmigen Erosionsfurchen sind junge senkrechte Einschnitte in die horizontalen Plateauhöhen eines älteren Talsystems.***)

Kein anderes Gebirge dürfte ein dankbareres Objekt für das Studium der Talbildungen bieten, als das daghestanische Bergland.†) Das Relief der daghestanischen Täler verdankt sein Entstehen in erster Reihe der Erosion. Das innere Daghestan tauchte am Beginne der Tertiärperiode

*) Siehe Bd. II, S. 364.
**) Bd. I, S. 165.
***) Bd. I, S. 259 und 285.
†) Bd. II, S. 181/182 und 233.

aus der See — und das Werk der Erosion begann. In dieser Periode dürfte das Talsystem entstanden sein, welchem die Koissuströme folgen. Das Bett der Koissuströme befand sich zuerst in einer so hohen Lage, dass das Wasser über die Bergmassive floss, ohne sie zu durchbrechen, und die transversalen Täler, welche jetzt existieren, wurden später bis zu ihrer gegenwärtigen Tiefe erodiert.*) Die vier Koissuströme erodierten im Oberlaufe weiche und widerstandslose Liasschichten und ältere Formationen, traten dann in eine Region gefalteter jurassischer Formationen und Kreideablagerungen, in welche sie ihre Betten bis etwa 600 m einschnitten, indes die mittlere Höhe der synklinalen Charakter tragenden Plateaus, deren tafelbergähnliche Höhen sie voneinander trennen, 1900 m beträgt.**) Die vereinigten vier Ströme brechen dann in einer Höhe von etwa 340 m durch eine Gebirgskette, die sich zu einer mittleren Höhe von 2000 m erhebt. Während der langen geologischen Perioden, welche seit dem Beginn der Erosion dieser Täler verstrichen sind, war diese Region verschiedenen und grossen Veränderungen unterworfen; aber trotz allen diesen haben die Koissuströme ihren anfänglichen Lauf beibehalten, und die Erosion ihrer Kanäle hat mit jenen Verhältnissen Schritt gehalten. Doch darf man angesichts dieser Erklärung nicht ganz ausser acht lassen, dass enge, tief im Kalk eingerissene und mitunter selbst quer zur Richtung der Ketten verlaufende Täler — wie dies hier der Fall ist — auch durch einstige unterirdische Wasserläufe vor- und durch erst hierauf erfolgte Dolineneinbrüche ausgebildet werden konnten. Es pflegt dies das Resultat von Hand in Hand gehenden Karsterscheinungen zu sein, die erst dann ihren Abschluss finden, wenn der Flusslauf im Liegenden der Kalkformationen ein wasserdurchlässiges Gestein erreicht hat.***)

Der Abfall der kaukasischen Täler ist im allgemeinen ziemlich gleichmässig und weniger durch Steilstufen unterbrochen als in den Alpen. Auch bei der Mündung der Seitentäler, obgleich eine grosse Anzahl mit stufenförmigem Gefälle auf das Haupttal sich öffnen, begegnen wir nur selten eigentlichen Steilabstürzen. Diese Verhältnisse scheinen darauf hinzuweisen, dass die kaukasischen Täler in erster Reihe das Produkt der Wassererosion sind, denn diese schafft Täler mit regelmässigem Gefälle. Im Verlaufe der kaukasischen Täler ist ferner das Vorkommen von Seen eine seltene Er-

*) Sjögren H., »Transverse valleys«, Geological Magazine 1891.

**) Ueber den Einfluss kristallinischer Gesteine und liasischer und jurassischer Terrains auf die Talbildung siehe Mauriace Lugeon, »Origine des vallées des Alpes occidentales« in Annales de géographie, vol. X, S. 421, Paris 1901.

***) Siehe Bd. II, S. 370.

scheinung, und im Gegensatze zu den Alpen besitzt der Kaukasus überhaupt keine Talseen grösseren Umfanges, und auch im Vorlande fehlen die grossen Randseen. In dieser Tatsache liegt nicht nur für das geomorphologische Bild dieses Gebirges ein bedeutsamer Zug, sondern sie ist von hohem Interesse im Hinblick auf das Problem über die Entstehungsursache der grossen Alpenseen und die Theorie, welche, insbesondere auf Grund der bewunderungswürdigen Arbeiten und Forschungen von Penck und Brückner, ihren Ursprung auf glaziale Erosion zurückführt. Die grossen Alpenseen bezeichnen nach Penck das Ende der glazialen Talübertiefung; sie erfüllten die Zungenbecken der eiszeitlichen Gletscher. Ihre Wannenform wird auf das Nachlassen der glazialen Erosion am Ende dieser Gletscher zurückgeführt, und dort, wo diese Erosionswirkung aufhörte, trat Akkumulation ein, indem die Enden der Randseen von grossen Schottermassen und Endmoränenwällen umsäumt wurden.*)

Das Fehlen von Randseen und grossen Talseen, die Seenarmut des Kaukasus überhaupt, galt eine Zeitlang als ein Argument gegen die Annahme einer Eiszeit in diesem Gebirge. Nachdem jedoch durch zahllose Beobachtungen das Gegenteil, und in einzelnen Gebieten eine bedeutende eiszeitliche Vergletscherung, erwiesen wurde, muss die Frage so gestellt werden, warum trotz der bedeutenden eiszeitlichen Vergletscherung der Kaukasus keine Randseen und keine grosse Talseen besitzt.

Beschäftigen wir uns zuerst mit den Randseen. Im Abschnitte über die Eiszeit wurde ausgeführt, dass die eiszeitliche Vergletscherung des Kaukasus nicht jene Dimensionen erreichte, wie in andern Gebieten, z. B. in den Alpen. Es ist nun fraglich, ob die eiszeitlichen Gletscher, selbst in den Gebieten der mächtigsten Vergletscherung dieser Epoche, bis über den Rand der Gebirge, bis in das Vorland hinausgedrungen sind. Allerdings wurden im Norden des zentralen Kaukasus in den Vorgebirgsketten die untrüglichen Anzeichen einer Passage der eiszeitlichen Gletscher nachgewiesen, und im Vorlande, in der Terekebene, trifft man auf glaziale Aufschüttungen und erratische Blöcke. Insbesondere im Umkreise von Wladikawkas, wo Gebirge und Ebene aneinander stossen, erscheint das ganze weite Talbecken von Schutt und Gerölle überschüttet, sehen wir ein Abtragungsgebiet dicht an ein Aufschüttungsgebiet grenzen. Gletscher haben zweifellos die nördlichen Quertäler des zentralen Kaukasus bis oder nahe bis an den Rand der Gebirge erfüllt; ihr Eis hat den Transport der Schuttmassen

*) Albrecht Penck, »Die grossen Alpenseen« Hettners geogr. Zeitschrift 1905, S. 381. Penck und Brückner, »Die Alpen im Eiszeitalter«, Leipzig 1901—1907.

aus dem Innern der Gebirge besorgt, aber es ist nicht als zweifellos erwiesen, ob die Zungenenden der Gletscher selbst bis hinaus in das Vorland drangen.

Anderseits kann das Fehlen grosser Vorlandseen nur als eine zurzeit bestehende Tatsache hingestellt werden. Lakustre Ablagerungen erweisen, dass die Talebene bei Wladikawkas einst von einem See erfüllt war, dessen Wasser sich später entleerten und dessen Becken von Schuttmassen, welche die aus dem Gebirge hervorbrechenden Gletscherbäche mit sich führten, ausgefüllt wurde.*)

Im flachen Faltungsbecken, durch welches der Kuban nördlich von Batalpaschinsk fliesst, wurden gleichfalls lakustre Ablagerungen beobachtet, aber auch dort weist nichts auf eine bis in das Vorland reichende eiszeitliche Vergletscherung und damit auf den glazialen Ursprung des Sees hin.

Untrügliche Anzeichen einer bis über den Rand des Gebirges reichenden Vorlandsvereisung, die regelmässigen Reihen von Moränenhügeln, die Gürtel der Endmoränen, das charakteristische Landschaftsbild des Moränen-Amphitheaters im Vorlande scheint mir doch zu fehlen.**) Vielmehr hat die Annahme viel Wahrscheinlichkeit für sich, dass die erratischen Blöcke und fluvioglazialen Ablagerungen in der Terekebene ihren Transport nicht dem Eise selbst, sondern den Gletscherwässern verdanken. Diese stürzten aus den engen Terekschluchten und den andern auf die Terekebene mündenden Quertälern nieder, und ihnen hatten sich die Wasserfluten und Schlammströme, welche den Eisabbrüchen an den Gletschern der Kasbek-Gruppe folgten und mit ausserordentlicher Gewalt hervorbrachen, als transportierende Faktoren beigesellt. — Diese Gletscherausbrüche, welche bis in die allerjüngste Zeit erfolgten,***) traten wahrscheinlich in jenen fernen geologischen Epochen mit elementarer Macht auf, und die vulkanischen Eruptionen sowie seismische Vorgänge in diesem Gebiete mögen hierbei mitgewirkt haben. Gletscherausbrüche und die durch sie hervorgerufenen Wasserfluten waren jedenfalls in Perioden mächtiger Vergletscherung, wie

*) Während Abich (in »Trümmer- und Geröllablagerungen«) die Existenz dieses Sees in den Beginn der Quartärzeit, in die Periode der vulkanischen Eruptionen und der eiszeitlichen Vergletscherung verlegt, glaubt Favre (loc. cit. S. 101), dass der See eine, der grossen eiszeitlichen Ausdehnung der Gletscher nachgefolgte Bildung gewesen sei.

**) Die Frage erfordert dringend das eingehende Studium des Gletscherdiluviums in der Terekebene und in den angrenzenden Vorbergen. E. Favre folgert aus der transversalen Lagerung der erratischen Blöcke, aus ihrer Grösse und aus der weiten Distanz, in welcher sie in das Vorland bei Wladikawkas zerstreut wurden, dass ihr Transport keinem andern Agens als den eiszeitlichen Gletschern zugeschrieben werden könne. (E. Favre, loc. cit. S. 68 und 102.)

***) Siehe Gletscherausbrüche S. 380.

in der Eiszeit, öfter wiederkehrende und in ihren zerstörenden Wirkungen bedeutsame Erscheinungen.

Am Südabhange erfüllte zur Quartärzeit ein See die Ebene bei Gori, zwischen den Hügeln, welche die nördlichen Ufer des Kur begleiten, und den letzten Ausläufern der Kaukasischen Kette. Die Ebene ist jetzt von Sand, Ton und abgerundeten Kieseln überschüttet. Auch dieser See war nicht glazialen Ursprunges, die eiszeitlichen Gletscher drangen am Südabhange nicht über die Vorketten des Gebirges hinaus, und auch jene Alluvialböden in den unteren Teilen der Südtäler, welche einst von Seen erfüllt waren, sind frei von glazialen Ablagerungen.

Mit der Annahme, dass die eiszeitlichen Gletscher nicht bis in das Vorland des Kaukasus drangen und die glazialen Ablagerungen in der Terekebene ihren Transport Wasserfluten und glazialen Schlammströmen verdanken, war den kaukasischen eiszeitlichen Gletschern auch nicht die Möglichkeit einer solchen bodengestaltenden Wirksamkeit am Rande des Gebirges gegeben, wie dies bei den eiszeitlichen Alpengletschern der Fall war. — Es wäre demnach das Fehlen der Randseen im Kaukasus nicht im Widerspruche mit jener Annahme, welche die Entstehungsursache der grossen Wasserbecken am südlichen und nördlichen Rande der Alpen in allererster Reihe auf die erodierende Arbeit der eiszeitlichen Gletscher in ihrem Zungenbecken zurückführt.

Schwieriger wird jedoch die Erklärung für das Fehlen der grossen Talseen im Kaukasus, wie solche die Alpentäler in ihrem Verlaufe aufweisen, sofern ihr Entstehen der Gletschererosion zugeschrieben wird, im Hinblick auf die Tatsache, dass auch im Kaukasus die bedeutende Ausdehnung der eiszeitlichen Gletscher erwiesen ist, welche die grossen nördlichen Quertäler des Zentralen und der angrenzenden Teile des westlichen Kaukasus bis nahe ihrem Ausgange erfüllten und auch an seiner Südseite bis in das untere Gebiet der grossen Längstäler reichten. Allerdings sind sowohl im Norden als im Süden im Gebiete der mittleren und unteren Flussläufe in Talweitungen lakustre Ablagerungen beobachtet worden, und wir sahen Talböden, deren Physiognomie auf entleerte Seebecken hinwies.*) Aber kein einziger grosser Talsee blieb dem Kaukasus erhalten! Sind nun diese Talweitungen einst von Seen erfüllt gewesen, sind alle einst im Talverlaufe bestandenen Seebecken entleert und zugefüllt worden, dann scheint die Tätigkeit der grossen eiszeitlichen Gletscher im Kaukasus, insbesondere in den auf Rückzugsphasen folgenden Stadien ihres Stillstandes, eher eine ausfüllende,

*) Siehe Bd. I, S. 60, 194, Bd. II, S. 227, 266, 364, 365.

ausgleichende gewesen zu sein, indem sie die, etwa vorhandenen, tektonischen Ursachen oder Aufstauung ihr Entstehen verdankenden Seen mit ihrem Moränengerölle, mit den Schutt- und Schlammmassen der Gletscherbäche erfüllten — als eine aushöhlende, ausschaufelnde. Hätten die eiszeitlichen Gletscher des Kaukasus die mächtige erodierende Arbeit, welche ihnen von vielen Glaziologen in den Alpen und in andern Gebirgen zugeschrieben wird, auch hier verrichtet und ihre Zungenbecken zu tiefen Wannen ausgeschliffen, so wären die Seen im jungen kaukasischen Gebirge noch nicht der Vernichtung anheimgefallen, wie sie in den Alpen, einem gleich alten oder besser gleich jungen Gebirge, bei dem mehr oder weniger gleichzeitigen Auftreten der Eiszeiten und der Aehnlichkeit der Gesteine, noch immer bestehen.*)

Der Kaukasus besitzt auch nur in verhältnismässig geringer Anzahl Bergseen, und diese wenigen sind zumeist von unbedeutendem Umfange. Ein Teil — insbesondere die in den Vorbergen gelegenen — sind abgedämmte Wasserläufe, der andere, in den höheren Regionen des Gebirges, verdankt sein Entstehen jedoch zweifellos mehr oder weniger der erosiven Tätigkeit der grossen eiszeitlichen Vergletscherungen. Kleine Nischen, Kare im Felsgehänge wurden eingeschliffen und zu Seewannen. Oft hat der wechselnde Stand der Gletscher solche treppenartig übereinander liegende Kare (Kartreppen) geschaffen.**) Hinter dem Walle der Endmoränen bildeten sich Stauseen, Moränendamm-Wannen oder es birgt die mit Moränenschutt bedeckte Fläche von Wasser erfüllte Vertiefungen. Am seltensten finden wir gegenwärtig Seen in den unteren und mittleren Abschnitten der Täler. In den höher gelegenen Teilen des Gebirges, insbesondere an der Einmündung von Seitentälern, weisen flache Talböden auf manches entleerte Seebecken, obgleich die breiten Alluvialböden, wie sie in den Alpen tief ins Gebirge hineinreichen und dort an den wilden Stromschnellen abstossen, selten sind.***) Am zalhreichsten sind noch Hochseen im Gürtel der Schneegrenze erhalten, ein Beweis für die Richtigkeit der Annahme, dass das Erlöschen der Seebecken vom Fusse des Gebirges nach seiner Höhe hin vorschreitet.†)

*) Heim (loc. cit. S. 45) will im Fehlen der Randseen im Kaukasus direkt einen Beweis dafür sehen, dass Gletscher nicht Seebecken bilden. Nach ihm sind die Alpen während des Diluviums (in der ersten Interglazialzeit) etwas nachgesunken und dadurch sind ihre Talböden zu Seen ertrunken; im Kaukasus hingegen brachen zu eben dieser Zeit die Andesitvulkane aus. »Dort Seebildung, hier Vulkane!«

**) Siehe Bd. II, S. 158, Die Seen am Nordgehänge des Nachar-Passes.

***) Siehe Heim, loc. cit. S. 29, und Bd. II, S. 364.

†) Zu den bedeutenderen Seen der Gebirgsregion (die Steppen- und Dünenseen im Norden und die Seen im südlichen Steppengebiete liegen ausserhalb des Rahmens unserer Betrachtungen) gehören im Norden: die Seen an der Nordseite des Kluchor-Passes und in der Teberda, die Karseen unterhalb

Während der letzten 35 bis 40 Jahre wurde nahezu bei allen Bergseen des Kaukasus ein Fallen des Wasserspiegels und eine Einschränkung ihres Umfanges beobachtet, viele sind ausgetrocknet oder doch dem Austrocknen nahe. Es dürfte diese Senkung der kaukasischen Seen mit dem Rückzuge der Gletscher korrespondieren und auf die allgemeine Zunahme der Trockenheit als Folge der Klimaschwankung in dieser Zeitperiode zurückzuführen sein.

Im Kaukasus sind auch bedeutende Wasserfälle selten, und grosse Wasserfälle fehlen gänzlich. Dieser Mangel an grossen Wasserfällen in den kaukasischen Tälern kann zum Teil durch ihren gleichförmigen Abfall, durch das Fehlen der abstürzenden Abschnitte zwischen den einzelnen Talstufen erklärt werden. Wir begegnen jedoch auch Seitentälern, welche bei ihrer Mündung eine Stufe bedeutender Niveaudifferenz in kurzer Entfernung vom Haupttale trennt, welche aber der Bach in tief ausgenagter Kluse überwindet. Es mussten also bei der Gleichheit der hierbei in Betracht kommenden Gesteine die Bergwasser im Kaukasus mehr Zeit zu erodierender Arbeit gehabt haben, als in den Alpen.

Wir vermissen demnach in den kaukasischen Tälern die herrliche Rolle, welche in der Tallandschaft der Alpen dem Wasser zufällt: Wasserfälle und Seen. Die kaukasische Tallandschaft belebt nur selten ein Wasserfall, ein über die Talwände niederflatternder Bergbach; grosse Wasserfälle, wie die inmitten pittoresker Szenerie niederstürzenden Fälle des Giessbaches, des Reichenbaches, die mächtigen Fälle der Krimmler-Ache oder der Tosa in den Alpen, fehlen gänzlich. Der Kaukasus entbehrt nicht nur der grossen Wasserbecken, wie sie am Rande der Alpen im Norden und Süden sich ausdehnen, und die grossen Talseen, sondern selbst die höher gelegenen Bergseen gehören zu den Seltenheiten, und die wenigen vorkommenden sind von verhältnismässig geringer Ausdehnung. Die kaukasischen Täler bieten nicht die ebenso lieblichen wie grossartigen Landschaften, wie sie die Seen des Salzkammergutes, der Königs-See, der Vierwaldstätter See, Thuner

des Nachar-Passes, die Eisseen am Ostgehänge des Elbruss-Massivs, der See am Ziti-Gletscher, die Tba-Seen am Nordostgehänge des Kasbek-Massivs; im Süden: der Riza-See im Jupitara-Tal (Quellfluss des Bsyb, Südabhang der Agepsta-Kette), die Seen im obersten Quellgebiete der Tschchalta, am Nordabhange der Chodschal-Kette, die Kraterseen auf der vulkanischen Hochebene von Kel, im Quellgebiete des Orzchali (Andischer Koissu). In den nördlichen Sedimentärketten liegen im Westen die Seengruppe in der Abischa-Achuba-Kette (Tschilik-See) und im Norden des Daghestan der grösste kaukasische Bergsee, Esen-am (auch Kesenoi- oder Retlo-See), ein Dislokations-See mit einer Fläche von 9—10 qkm. (Siehe Bd. II, S. 196 und ff.; der Damm an seinem Südende wurde für eine Moränenanhäufung gehalten, es fehlen jedoch die Spuren einer früheren Vereisung in diesem Gebiete.) Der Umfang der Bergseen (mit Ausnahme des Esen-am) erreicht selten mehr als 2—3 qkm, und die meisten sind nur kleine Teiche oder Wassertümpel.

und Brienzer See, die Seen des Engadins oder die oberitalienischen Seen vor das entzückte Auge des Alpenwanderers zaubern.

Die Oberflächengestaltung des kaukasischen Hochgebirges birgt eine Reihe hochinteressanter Probleme, und wenn das grundlegende Studium der geomorphologischen Wirkungen der quartären Vereisung in den Alpen eine Fülle von Beobachtungen und Schlüssen gezeitigt hat, die zwar nicht ganz ohne Widerspruch geblieben sind, so wird ihre vergleichende Anwendung in einem Gebiete wie der Kaukasus, der in vieler Beziehung das gleiche morphologische Bild zeigt, aber auch in manchen Punkten verschieden in die Erscheinung tritt, gewiss nicht ohne tiefes Interesse sein. Mit der Annahme, dass seit der Pliocänzeit die Bewegungen der Erdkruste sich nicht nur in den Alpen, sondern auch im Kaukasus erschöpft haben, muss auch in diesem Gebirge die formgebende Gestaltung in erster Reihe der Wirkung der zerstörenden Kräfte des Wassers und des Eises zugeschrieben werden; in welcher Form sich nun ihre morphologische Arbeit abspielte, die Grösse des Anteils, welche diese Faktoren an ihr hatten, zu bestimmen, bleibt eine dankbare Aufgabe physiogeographischer Forschung.

* *
*

In der mächtigen Ausdehnung, in welcher das kaukasische Hochgebirge zwischen zwei Meeren streicht, sind die das Gebirge bildenden und die es morphologisch weiter ausgestaltenden Faktoren in verschiedener Weise tätig gewesen und haben Gebirgslandschaften geschaffen, die in ihrer äusseren Physiognomie eine grossartige Mannigfaltigkeit, eine Reihe voneinander verschiedener Reliefformen zeigen. Es kann nicht genug betont werden, dass, um das morphologische Bild des Kaukasus zu erfassen, es nötig ist, die voneinander in vielen Zügen unterschiedenen Berglandschaften des ganzen kaukasischen Hochgebirges vom Westen bis zum Osten in der Mannigfaltigkeit ihrer Erscheinungsformen kennen zu lernen, und dass dies eine notwendige Voraussetzung für das Verständnis des Charakteristischen der Oberflächengestaltung in ihren örtlichen Verschiedenheiten ist.

Der Kaukasus liegt in einem Gebiete, das den verschiedenartigsten Klimaregionen angehört. Im Westen ist der Einfluss des europäischen, des feuchten pontischen Klimas vorherrschend, während, je weiter gegen Osten, das trockene, kontinentale Klima Asiens seine Einwirkung ausübt. Eine Linie, welche, von Stawropol im Norden ausgehend, über die Wasserscheide zwischen Kuban und Terek, im Meridiane des Elbruss läuft, dem wasserscheidenden Hauptkamm bis zum Mamisson-Pass folgt und gegen Süden zum Meskischen Gebirge sinkt, bildet eine klimatische Scheide zwischen West und Ost.*) An der Nordseite reicht der Einfluss des Klimas der südrussischen Steppe mit seinen kontinentalen Extremen bis in das Hochgebirge. An der Südseite ist die Küste längs des Schwarzen Meeres eine klimatische Enklave mit geringen jährlichen Temperaturschwankungen, subtropisch warmem Winter und grosser Luftfeuchtigkeit, die höher oben im Gebirge gleichfalls reichliche Niederschläge im Gefolge hat. Die ganze, vom Flusslaufe des Rion umsäumte Region steht unter dem Einflusse dieses feuchten pontischen Klimas. Jenseits der Meskischen Berge wird im Kurgebiet der Südostfuss des Kaukasus, je weiter gegen Osten, immer regenärmer, und das Klima nimmt immer mehr einen kontinentalen Charakter an. Der europäisch-asiatische Charakter des Kaukasus, mit welchem er sich als Uebergangsgebirge zwischen den zentralasiatischen Gebirgsketten und den europäischen Gebirgszügen darstellt, wird durch diese Einflüsse gleichfalls bestimmt und kommt auch in seiner morphologischen Erscheinungsform zum prägnantesten Ausdruck.

Die klimatischen Einflüsse erstrecken sich in erster Reihe auf die Vegetation und die Schneebedeckung des Gebirges und bringen nach beiden Richtungen scharfe Unterschiede hervor.

In botanischer Beziehung sind grosse Gebiete des Kaukasus genetisch mit Asien verbunden und nur ein geringer Teil mit Europa. Die oben angeführte klimatische Scheidelinie vom Elbruss bis zu den Meskischen Bergen kennzeichnet auch eingreifende Unterschiede in den Floragebieten. Die kolchische Flora nimmt innerhalb dieser Gebiete eine selbständige, charakteristische Stellung ein, in welcher sich nur ein Teil der charakteristischen Formen der Mittelmeerflora findet, ohne aber ausschliesslich der sonstigen kaukasischen Flora anzugehören. Die Pflanzenwelt, insbesondere, wo sie sich als Urwald, als hoch aufgeschossene Staudenvegetation oder als pontische Flora darstellt, mit ihren alpinen und hochalpinen, oft prächtig entwickelten Arten, und selbst dort, wo sie den Charakter xerophiler Steppenflora annimmt, bestimmt durch das Botanisch-Physiognomische eingreifend das Bild der kaukasischen Landschaft.

Die Schneebedeckung ist gleichfalls von den Klimaverhältnissen abhängig, welche, zusammen mit dem orographischen Aufbau, auch die Entwicklung des Gletscherphänomens beeinflussen. Die Verschiedenheit zwischen den Klimaverhältnissen in der westlichen und östlichen Hälfte des Gebirges brachte, wie es im Abschnitte über das Glazialphänomen dargestellt wurde,

---

*) Siehe Bd. II, S. 365 u. 371.

auch in der Vergletscherung bedeutende Unterschiede hervor, welche gleichfalls das morphologische Bild des Kaukasus charakterisieren. Soweit die eiszeitlichen Gletscher ihre Decke über das Gebirge breiteten, haben sie es geschützt oder abgerundet, stellenweise abgeschliffen, die Physiognomie jener Teile aber, welche über sie emporragte, ist von der Erosion des Wassers in seinen verschiedenen Aggregatformen, von den Agentien der Atmosphärilien bei wechselnden Temperatureinflüssen, durch mechanische und chemische Verwitterung modelliert worden. Der Zusammenhang zwischen den morphologischen Wirkungen der Eiszeit und den Hochgebirgsformen, wie er in den andren Hochgebirgen der Erde besteht, tritt auch im Kaukasus unzweifelhaft hervor.

Im Bereiche der oberen Regionen der Eisströme trafen wir die charakteristischen Gehängezirken, die Kare, tiefer unten folgen die Uebertiefungen, welche den Tälern ihre Kennzeichen als einstige Gletscherbetten aufdrücken. Auch im Kaukasus ist die Schliffgrenze eine für die Oberflächenform bedeutsame Linie, zwischen den vom Eise geschaffenen Rundformen und den zugeschärften Graten, den steilwandigen, schroffen Gipfelformen. Die ungleiche Zusammensetzung, der verschiedene Schichtenverlauf, die wechselnde Resistenz der den Kaukasus aufbauenden Gesteine haben der modellierenden Arbeit dieser Kräfte grösseren oder geringeren Wiederstand entgegensetzt.

Im zentralen Kaukasus erlangen die kristallinischen Zentralmassen ihre ausgebildetste typische Entwicklung, und die Granite bilden dort jene kühn geformten Gipfelgestalten von ausserordentlicher Steile und Wildheit der Formen, welche wir im Uschba und Koschtan-Tau, im Dych-Tau und Adai-Choch und in einer Reihe von andern Granitriesen des Kaukasus kennen gelernt haben. Es ist der mächtige Bergwall, der sich vom Kasbek bis zum Elbruss zieht, in welchem die Hochgebirgsnatur des Kaukasus zur grossartigsten Entfaltung gelangt. Alle diese Gipfel treten im Zusammentreffen der hohen Kämme auf, es sind breit aufgebaute Massive, die sich mit weit ausgreifenden Piedestalen über die sie umgebenden Täler erheben.

Die Gebirgsmassen, welche innere Kräfte emporhoben, wurden durch die Arbeit der Eiszeiten in längst vergangenen geologischen Perioden, durch atmosphärische Einflüsse, Hitze und Kälte, durch die Agentien des Wassers, Regen und Schnee, modelliert, und ihnen verdanken die Gipfel und Grate des Zentralen Kaukasus ihr gezacktes, gezähntes Aeussere, ihre spitzigen, schroffen, steil abfallenden Formen. In der grösseren absoluten und in der, die tief eingesenkten Täler bedeutend überragenden, relativen

Höhe der Gipfel des zentralen Kaukasus, in ihrem steil schroffen Aufbau übertreffen sie die Alpengipfel.

Den kühn geformten Granitriesen des zentralen Kaukasus stehen die massig aufgebauten Andesitdome gegenüber, diese Bildungen der Vulkanität, welche die Alpen nicht kennen, deren Rolle jedoch von durchgreifender Bedeutung für den Gebirgsbau des Kaukasus gewesen ist.

Die kaukasischen Gipfel übertreffen an absoluter Höhe bedeutend die Alpengipfel, und selbst wenn wir den Kulminationspunkt des Kaukasus, den mächtigen, sich bis zur Höhe von 5629 m erhebenden Vulkandom des Elbruss auf der einen Seite und den höchsten Alpengipfel, das sich breit aufbauende Massiv des Mont-Blanc mit 4814 m auf der andern Seite ausschalten, so erreichen eine Reihe der den zentralen Kaukasus krönenden Gipfel Höhen, welche diejenigen der höchsten Alpengipfel weit überragen. Von den kaukasischen Gipfeln übersteigen Schchara, Dych-Tau, Koschtan-Tau, Kasbek und Dschanga 5000 m, während die höchsten Gipfel der Alpen, der Monte Rosa 4638 m, das Weisshorn 4572 m, der Dom 4554 m, das Matterhorn 4482 m, die Dent-Blanche 4364 m erreichen*) und noch immer vom Tetnuld mit 4853 m, vom Uschba mit 4698 m, vom Adai-Choch mit 4647 m übertroffen werden.

Der mächtige Eindruck, den der Eiswall des zentralen Kaukasus, seine über tief eingeschartete Kämme sich zu grossen Höhen steil aufschwingenden Gipfel auf den Beschauer ausüben, wird auch durch die relative Höhe bedingt, mit welcher sie sich über den tief eingesenkten Tälern erheben. Wenn in den Alpen der Mont-Blanc 3760 m über Chamonix, der Monte Rosa 3311 m über Macugnaga, die Jungfrau 3361 m über Lauterbrunnen und das Matterhorn 2862 m über Zermatt sich erheben, um nur die grössten Höhenunterschiede zwischen den Alpengipfeln und den ihnen zunächst liegenden Talpunkten anzuführen, so beträgt der Höhenunterschied zwischen dem Elbruss und dem an seinem Südostfusse im Bakssan-Tale liegenden Aul Urussbieh 4123 m, erhebt sich Koschtan-Tau 3690 m über Besingi, Dych-Tau 3604 m über den Wachtposten Karaul im Tscherek-Tale, Adai-Choch 3505 m über St. Nikolai im Ardon-Tale und Uschba 3374 m über Betscho. Diese bedeutende absolute und relative Höhe der Kaukasusgipfel, im Gegensatz zu den Alpengipfeln dieses Hineinragen in höhere Luftschichten, die ausserordentliche Schroffheit, mit

*) Finsteraarhorn 4275 m, Ortler 3902 m.

welcher der kaukasische Bergwall sich auftürmt, wird zu einem Charakteristikum der kaukasischen Hochregion.*)

Im zentralen Kaukasus ist es auch, wo die orographischen wie die klimatischen Verhältnisse für die Ansammlung von Schnee- und Firnmassen und für die Bildung von Gletschern ausserordentlich günstige sind und die Glazialerscheinungen ihre bedeutendste Entwicklung erreichen. In den von parallelen Ketten, welche Querjöcher mit dem Hauptkamm verbinden, eingeschlossenen Becken, wie solche insbesondere an der südlichen Abdachung sich ausdehnen, liegen die Firnreservoire der in die Tiefe dringenden Gletscherströme. An der Nordseite gewähren vom Hauptkamm sich ablösende, hohe und durch steilen Aufbau ausgezeichnete Bergzüge in weiten Kesseln Raum den Firnmassen, welche die in bedeutenden Grössenverhältnissen entwickelten Eisströme nähren. In der Gletscherregion des zentralen Kaukasus haben die Ausdehnung und Zerrissenheit der Eismassen, die an steil abstürzenden Felsklippen hängenden Eispanzer und Firnbrüche, einen in seiner Wildheit und Grossartigkeit überwältigenden Formenwechsel der Schneebildungen geschaffen. In solchen Szenerien der Eiswelt, in der Wildheit und Grossartigkeit, im Formenreichtum, mit welchem diese Erscheinungen auftreten, liegt ein hervorstechender Zug im morphologischen Bilde des zentralen Kaukasus.

Von durchgreifender Wirkung für das physiognomische Bild des zentralen Kaukasus ist die Pflanzenwelt, und insbesondere für die Hochregionen, die Grenzen ihrer vertikalen Entwicklung. Die Höhengrenze der Pflanzen- und Baumvegetation liegt hier höher als in den Alpen, und viele Kaukasusgletscher dringen, wie insbesondere im swanetischen Ingur-Tale, weit hinab in grüne Gefilde und schaffen so wirksame Gegensätze im Landschaftsbilde des zentralen kaukasischen Hochgebirges. Auch fehlt im Kaukasus der breite Gürtel einer absterbenden Vegetation, wie solchen die trockene, braune Legföhre, das Knieholz der Alpen bildet, an dessen Stelle im Kaukasus das dunkelgrüne, oft blütenreiche Rhododendron steht, das auch die weit

*) Auch die relative Höhe der Kulminations-Punkte im Westen und Osten ist eine bedeutende. Im westlichen Kaukasus erhebt sich der 4040 m hohe Gipfel des Dombai-ulgen 2611 m über den Vereinigungspunkt des Amanaus-Baches mit der Teberda, im östlichen Kaukasus Datach-Kort (4272 m, Pirikitelische Kette) 2584 m über Ssantchoi, Addala (4140 m, Bogos-Gruppe) 2490 m über Aknada, Nukur-Dagh (4122 m, Djulty-Dagh-Kette) 2068 m über Artschi, und der 4487 m hohe Basardjusi in der Daghestanischen Hauptkette 1995 m über Kurusch (mit 2492 m das höchste, ständig bewohnte Dorf des Kaukasus). -- Dagegen erhebt sich der Grossglockner 2393 m über Heiligenblut, der Piz Bernina 2280 m über Pontresina, der Ortler nur 2057 m über Sulden.

ausgedehnte Zone schmückt, welche sich in den Alpen zwischen Gletscherende und begrüntes Terrain schiebt.

Tritt man an der nördlichen Abdachung des zentralen Kaukasus aus dem von monotonen, waldigen Vorketten umschlossenen unteren Talabschnitte in die mittleren, zumeist in kristallinische Schiefer geschnittenen Talstufen, so blickt man auf eine kahle, baumlose, von kümmerlichem Graswuchs bedeckte Landschaft. Es sind schmale Hochtäler, von schluchtigen Abschnitten unterbrochen, die in grosser Einförmigkeit emporziehen. Tief schneiden sie in das Gebirge ein und weiten sich kesselförmig an ihrem Ursprunge. Einige dieser Quertäler tragen in ihren obersten, von granitischen Gesteinen gebildeten Stufen oder in Seitenschluchten den Schmuck von zumeist aus Koniferen bestehenden Wäldern, die andern ziehen als baumlose Mattengründe bis an das Eis der Gletscher.

In den an der südlichen Abdachung sich hinziehenden Längstälern des Rion, Zchenis-zchali und des Ingur bildet die schneeige Kaukasuskette mit ihren abstürzenden, eisbepanzerten Flanken und den schroff aufsteigenden Gipfelbauten den Hintergrund für reich gegliederte, blühende Tallandschaften, in welchen sich bis hoch hinauf in den Seitentälern die Flora in ihren einzelnen Repräsentanten zu einer überraschenden Höhe und Grösse entwickelt, ungekannt in den europäischen Alpen. In dem orographisch merkwürdigen Becken des swanetischen Ingur-Hochtales eröffnet sich von den es durchziehenden Hügelreihen der Anblick der eisigen Hauptkette und schafft, vereint mit dem Formenreichtum der im Süden liegenden Bergzüge, mit einer üppig entwickelten Vegetation und den herrlichen Waldbeständen des Talgrundes, eine Landschaft von berückender Pracht. Nur wenige Partien in den Südtälern der Alpen lassen sich vielleicht mit ihr vergleichen, immer aber wird das Bild, welches das swanetische Hochtal bietet, mit seinen pittoresken, turmbewachten Dörfergruppen in der herrlich grünenden Tallandschaft, umschlossen vom schneebedeckten Hochgebirge, ein durch seine fremdartige Schönheit fesselndes bleiben.

Ein anderes physiognomisches Gepräge tragen die Hochregionen des Kaukasus, je mehr wir uns vom zentralen Teile, sei es gegen Osten oder gegen Westen, wenden. Im westlichen Kaukasus sehen wir die Einflüsse des Klimas vor allem sich in der an der nördlichen Abdachung noch immer mächtigen Schneebedeckung und den grossen Gletscherströmen geltend machen, welche trotz der niedriger werdenden absoluten Höhe des Gebirges sich in der Kluchor-Gruppe ausbreiten, aber auch auf die kräftig entwickelte, hoch hinauf reichende Vegetation einwirken. Dieser gegenwärtigen, noch immer ansehnlichen Vergletscherung entsprach auch die eiszeitliche Vereisung mit ihrer modellierenden Einwirkung auf die Talausgestaltung und die Bergformen. Weiter gegen Westen nimmt mit der Höhe des Gebirges auch die Schnee- und Gletscherbedeckung ab, zugleich aber haben günstige Bedingungen dort in den Quellgebieten der Laba und der Bjelaja Urwalddickichte von überraschender Pracht geschaffen. Auf der zum Schwarzen Meer und zur Kolchischen Niederung fallenden Abdachung stehen südliche Wälder, und tiefer unten prangt eine üppige Flora. In den Tälern fehlen, je weiter man sich gegen Westen wendet, die baumlosen, oft steinigen, nur mit kümmerlichem Graswuchs bedeckten, landschaftlich einförmigen, mittleren Abschnitte, wie solche die nördlichen Quertäler des zentralen Kaukasus zeigen. Die im Norden des Gebirges liegende Steppe zieht im Westen in grösserer Ausdehnung wie im zentralen Teile als ansteigende, gewellte Fläche bis an den Fuss der Vorberge. Ein Gürtel undurchdringlicher Waldungen legt sich vor die Oeffnung der Täler, und während die Ketten und Gruppen der Vorberge an Höhe zunehmen, sinkt der die Wasserscheide bildende Hauptkamm immer mehr hinter dieselben.

Ein ganz verschiedenes Bild bietet der östliche Kaukasus. Je mehr wir gegen Osten vorschreiten, desto mehr nimmt unter dem Einflusse des trockenen Klimas die dauernde Schneebedeckung ab, desto höher steigt die Schneegrenze, desto geringer wird die Ausdehnung der Gletscher; Erscheinungen, welche nur stellenweise Verschiebungen erleiden, wenn lokale, meteorologische Einflüsse und die orographischen Verhältnisse des Gebirgsbaus auf sie einwirken. Noch schärfer wird der Unterschied, den die Reliefformen des östlichen Kaukasus im Gegensatz zum westlichen bieten, durch das Aeussere der Pflanzendecke. Je weiter gegen Osten, um so dürftiger wird die Vegetation, und immer mehr erlangt eine xerophilrupestre Flora die Vorherrschaft. Während ihre Arten im ganzen westlichen Kaukasus an der Nordseite nur höchst selten vorkommen, im Süden, in Kolchis, überhaupt fehlen, dringen ihre Vegetationsformen sporadisch noch bis in den zentralen Kaukasus, wo sie sich in die andern Pflanzenformationen einschieben, während sie östlich der Grusinischen Heerstrasse, entsprechend ihrem südöstlichen Ursprunge, immer mehr zur Herrschaft gelangen.

Die Chewssurischen Alpen und die Ketten des Pirikitelischen Gebirges, welche dem zentralen Kaukasus folgen, sind in ihrer äusseren Physiognomie Uebergänge zum eigentlichen Osten des Kaukasus. Noch ist der landschaftliche Charakter von Berg und Tal dem zentralen Kaukasus gleich, kaum bemerkbar und nur allmählich macht sich die veränderte geognostische

Beschaffenheit des Gebirges in den äusseren Reliefformen geltend. Die tief eingeschnittenen, nördlichen Chewssurentäler werden von steil aufgetürmten, schmalkämmigen Meridionalzügen getrennt, und trotz bedeutender absoluter Höhe gestattet der orographische Aufbau im Gegensatz zu andern Teilen des Kaukasus nur viel geringere Schneeansammlungen. An der Südseite der Chewssurischen Hauptkette schaffen waldreiche Regionen und höher oben herrliche, blütenreiche Alpenwiesen farbenprächtige Tallandschaften.

In der an die Chewssurischen Alpen anschliessenden Pirikitelischen Kette erreichen kühn aufstrebende Firnpyramiden, die durch Erosion und Verwitterung zugeschärften Dachfirste der alten Tonschiefer, bedeutende Höhen. Aus weiten Firnreservoiren dringen an der Nordseite Gletscherströme in die grünen Täler. Die für dieses Gebirge charakteristischen, langen, gezähnten Kammgrate, oft scharfe Firnschneiden bildend, stürzen steilwandig, in plattigen schwarzen Mauern oder mit glänzendem Firnschnee bekleidet, ab. Es fehlen an der Nordabdachung der Pirikitelischen Kette die kahlen, einförmigen Quertalstufen des zentralen Kaukasus, es eröffnet sich in diesen Bergen, wenn man ihren, den Steppencharakter wahrenden Nordfuss durchschritten hat, ein Reichtum an ungeahnter, anziehendster landschaftlicher Schönheit, wie sie die Verbindung der in der Tiefe von Vegetation bedeckten, reich gegliederten Schieferberge mit der Eispracht der schön geformten Höhen hervorbringt. Die Südseite der Pirikitelischen Kette ist rauher, ernster. Die Vegetation ist ärmer geworden, die Wälder sind aus dem Tale des Pirikitelischen Alasan verschwunden, und durch herrliche Felsschluchten bahnt sich der Strom im mittleren Abschnitte seine Bahn.

Die am Barbalo beginnende Andische Wasserscheide, die bis zum Durchbruche des Ssulak zieht, ist die Linie, jenseits welcher das europäisch-alpine Bild des Kaukasus immer mehr schwindet und er in seinen äusseren Reliefformen sich als asiatische Charakterzüge aufweisendes Gebirge darstellt. Dort beginnt der Daghestan, der schon früher als ein im orographischen Aufbau des Kaukasus selbständig individualisiertes, höchst merkwürdiges Bergland, mit seinen Erosionstälern, im mittleren Teile von Klusen und Schluchten zerrissen, welche die tafelbergförmigen Erhebungen voneinander trennen, geschildert wurde.

Die Rundsicht, wie sie das von weissen Kalksteinen durchbrochene Sandsteinplateau bei Chunsach bietet, ist typisch für die Bergwelt des nördlichen Daghestan. In langgedehnten Linien umschliessen auf allen Seiten Reihen von Bergketten das Aussichtsbild. Spitze Hörner, viereckige, oben etwas abgerundete Tafelberge, abstürzende Felswände treten hervor, und in der südlichen Ferne schauen zwischen den Lücken der vorliegenden Bergketten schneetragende Gipfel herein. Kahl und nackt erhebt sich überall der Fels, es fehlt der Schmuck des Waldes, es fehlt die blühende Welt der Tiefe, das Tal im grünen Pflanzenkleide, und weder das spärliche Grün auf den Plateauflächen, noch die fernen, vereinzelten Schneeflecke können das Gesamtbild dieser öden Steinwelt beeinflussen. Diese Landschaften aus den vegetationsarmen Berggebieten des fernen Ostens, unähnlich den Bildern aus den Alpen, tragen das Gepräge einer starren, ernsten Grösse. Nur die gletscherreiche Bogos-Gruppe mit ihren schön geformten Hochgipfeln, den begrünten Talstufen an ihrem Fusse und einer früheren, viel bedeutenderen Vergletscherung, welche im Relief der Täler ihre Spuren hinterlassen hat, zeigt alpine Charakterzüge. Dagegen tragen weiter im Osten die unter Schieferschutt begrabenen Kammzüge der nur eine unbedeutende Vergletscherung aufweisenden Djulty-Dagh-Kette, mit ihren auf lange Strecken vegetationslosen, engen Hochtälern, die, wie das im Süden hinziehende Längstal des Ssamur, streckenweise wüstenhaften Charakter annehmen, wieder ein fremdartiges, nichtalpines Gepräge.

Im Süden des Ssamur-Tales erhebt sich die Kaukasische Hauptkette in der Basardjusi-Gruppe und in den gegen Norden sich ablösenden Massiven des Schalbus-Dagh und des Schach-Dagh noch einmal zu grossen Höhen, bevor sie sich im Osten in den Steppen der Uferregion des Kaspischen Meeres und im Süden mit gewaltigen Staffelbrüchen in der Kur-Niederung verliert. Die Schneegrenze liegt hier im äussersten Osten des Gebirgssystems sehr hoch, und die Schneebedeckung sowie die damit im Zusammenhang stehende Entwicklung der Gletscher ist trotz der bedeutenden Höhe des Gebirges gering.

In den Massiven des Schalbus-Dagh und des Schach-Dagh prägen sich die charakteristischen Formen der dolomitischen Kalkgesteine in der Steilheit und der wilden Zerklüftung ihrer Wände aus.*) In diesen Dolomitstöcken des südöstlichen Kaukasus erinnern manche Züge an die aus gleichen Gesteinen erbauten Gebirge des südlichen Tirol, aber es fehlen die ruinenähnlichen Felsnadeln und Hörner ihrer Tiroler Rivalen, und statt der feinen Linien, der edeln Formen, der reizvollen Umrahmung der europäischen Berge, hat hier die Natur das Gebirge roher, wie aus einem Block herausgehauen und ihre Schöpfung ohne Rücksicht auf Schönheit der Details, nur in erhabener Grösse vollendet. In den oberen Tälern fehlt der Baumwuchs, nur grüne Matten mildern die Kahlheit dieser Steinlandschaften. Es sind Gebirge, die vorherrschend asiatisches Gepräge tragen. Aber gerade diese fremdartigen Züge in der Landschaft, ihre ernste Grösse, das Massige, die

*) Siehe S. 308/309.

erdrückende Grossartigkeit im Aufbau dieser schwarzen Schieferberge, wie solche in der Kette des Basardjusi auftreten, die Zackenkrone des Schalbus-Dagh, das mächtige Kalkplateau des Schach-Dagh mit den es umrandenden, abstürzenden lichten Klippen, bieten Bilder einer eindrucksvollen Hochgebirgsnatur.

Dies wäre in grossen Zügen das Bild der Formenwelt des Kaukasus, wie es als Ergebnis seiner morphologischen Ausgestaltung sich gegenwärtig darstellt. Wirft man unwillkürlich nochmals einen vergleichenden Rückblick auf die unserm Verständnis vertrauten Alpen, so erscheinen diese schöner, mannigfaltiger im Aufbau, reicher in den Attributen, welche dort die uns bekannten, stimmungsvollen, lieblichen Berglandschaften schaffen. Dagegen sind die Bilder im kaukasischen Hochgebirge ernster, grösser, und in dem gewaltigen, verschiedenen Klimazonen angehörenden Gebirgssysteme treten jene durchgreifenden Unterschiede im morphologischen Bilde auf, welche in seinen verschiedenen Abschnitten vom Westen bis zum Osten zur Geltung kommen. Ein unermesslicher Reichtum, ein überraschender Wechsel der Erscheinungen offenbart sich in der Natur des kaukasischen Berglandes, in seiner mächtigen Ausdehnung von den urwaldbestandenen Kämmen, an deren Fuss die Wogen des Pontus Euxinus sich brechen, bis in die weite östliche Ferne, wo die Eiskuppe des Basardjusi hinabschaut auf die ewigen Feuer am Ufer der Kaspischen See.

Doch das Relief des Kaukasus, wie es gegenwärtig in die Erscheinung tritt, bedeutet nur eine scheinbare Ruhepause in der Arbeit der es modellierenden Kräfte. Ueberall treffen wir auf Zeichen der stetig tätigen Formung durch Erosion und Verwitterung. Fluss- und Gletscherwasser bringen unaufhörlich Schuttmassen herab, die dem Berggerüste entstammen. Wildbäche und Muren überschütten die Talrinnen und Gehänge mit ihrem Geröll und ihren Alluvionen. Ueberall treffen wir an der Mündung der Seitentäler Schuttkegel, sehen wir die Bahnen verwüstender Schneelawinen, die Trümmeranhäufungen der Bergstürze. Unablässig arbeitet die chemische, mechanische und aerische Erosion an der Verwitterung, der Zerstörung des Gesteins; die frei gewordenen Massen werden weitergeschafft und wieder abgelagert. Es vollziehen sich so durch Zerstörung, Abfuhr und Ablagerung Veränderungen der Gebirgskruste, welche langsam, aber sicher auch die gegenwärtigen morphologischen Formen des Kaukasus verändern werden, bis das mächtige stolze Gebirge in fernen geologischen Zeiträumen vielleicht nur mehr eine unbedeutende Welle auf der die beiden Meere verbindenden, von grossen Flüssen durchschnittenen Hochfläche sein wird.

Verzeichnis
der Druckfehler, Berichtigungen und Zusätze.

(Siehe auch das erste Verzeichnis der Druckfehler, Berichtigungen und Zusätze am Schlusse des II. Bandes.)

Band I.

Seite XI, Zeile 14 v. o. lies: Louis statt Felix.

Seite XXIV. Zum Verzeichnis der Textillustrationen. Die Illustrationen auf Seite 90 und auf Seite 130 wurden irrtümlich Herrn V. Sella zugeschrieben, sie sind jedoch nach Photographien von weil. Prof. Donkin reproduziert, dagegen verdanke ich die photographischen Unterlagen zu den Illustrationen auf Seite 33, 69 und 232 der Güte des Herrn Sella.

Seite 5, Zeile 5 v. u. lies: Ssotschi statt Sotschi.

Seite 6, Zeile 4 v. u. lies: 2816 m statt 2813 m.

Seite 101, Zeile 13 v. o. lies: der statt er.

Seite 107, Zeile 7 v. o.: »wo ich — gerückt war« bleibt fort.

Seite 192, Zeile 15 v. u. lies: Sseken statt Seken.

Seite 220, Zeile 7 v. o. lies: Nordosten statt Nordwesten.

Seite 222, Unterschrift der Textillustration lies: Osten statt Westen.

Seite 224, Zeile 4 v. u.: die Zunge des Kulak-Gletschers endigt bei 2415 m.

Seite 248, Zeile 2 v. u. lies: welche statt welches.

Seite 294, Zeile 6 v. o.: : statt ;.

Seite 297, Zeile 8 v. o. lies: aufbauendes Bergrund statt aufbauender Berggrund.

Seite 303, zur vierten Reise: Der Schilderung der mit Herrn D. W. Freshfield gemeinsam ausgeführten Ueberschreitungen des Adyr- und des Zanner-Passes liegt — wie dies schon im Vorworte hervorgehoben wurde — Freshfields im »Alpine Journal« Vol. XIII und Vol. XIV, erschienene Artikelserie zugrunde, die mit mehreren Veränderungen und Zusätzen wiedergegeben wurde.

Seite 304, Zeile 4 v. u. lies: Nachmittag statt Vormittag.

Seite 311, Zeile 5 v. u.: Die Höhenkote 3751 m für den Adyrssu-Mestia-Pass habe ich als Höhenkote der Messtischblätter der neuen Aufnahmen des topographischen Bureaus in Tiflis dem Werke und der Karte Merzbachers entnommen. Eine Umrechnung der dort mit 1716 Ssaschen angegebenen Höhe ergibt jedoch nur 3661 m. Ich bestimmte die Höhe mittels Quecksilber-Barometers mit 3733 m.

Seite 312, Zeile 2 v. o. lies: Glace statt Glaçe.

Seite 345, Anmerkung: Zu den bedeutenden der erstiegenen Gipfel gehört auch die Gestola, welche schon 1886 von Dent und Donkin bezwungen wurde.

Band II.

Seite 46, Zeile 16 v. u. lies: durchbrochen statt durchbrechen.

Seite 89: Die infolge einer Verwechslung der Klischees auf Seite 98 abgebildete Pflanze ist das Cerastium chewsuricum und gehört auf Seite 89.

Verzeichnis der Druckfehler, Berichtigungen und Zusätze.

Seite 98: Die Illustration von Seite 89 stellt die Artemisia chewsurica dar und gehört auf Seite 98.

Seite 104, Zeile 4 v. u.: das Wort »unglaublich« entfällt.

Seite 155, Zeile 12 v. o. lies: die Wässer brausen und toben statt der Fluss braust und tobt.

Seite 178, Zeile 2 v. o.: die Höhe des Maruch-Passes beträgt 2769 m.

Seite 178: für die Grössenverhältnisse der Gletscher in der Kluchor-Maruch-Gruppe habe ich auf Grund neuer Abmessungen etwas abweichende Zahlen erhalten: siehe Band III, Seite 329 und ff.

Seite 181, Zeile 4 v. o.: »und Süden« entfällt.

Seite 182, Zeile 4 v. u.: »folgenden« entfällt.

Seite 182, Zeile 8 v. u. lies: Grosny statt Grosnoy.

Seite 203, Zeile 5 v. u. lies: auch statt schon.

Seite 226: für die Grössenverhältnisse der Gletscher in der Bogos-Gruppe habe ich auf Grund neuer Abmessungen etwas abweichende Zahlen erhalten: siehe Band III, Seite 366 und ff.

Seite 240, Zeile 2 v. u. lies: ihrem statt seinem.

Seite 251, Zeile 8 v. o.: »wieder« entfällt.

Seite 263, Zeile 4 v. u.: der höchste Gipfel der Chatcharwa-Kette erhebt sich bis zu 3987 m.

Seite 264, Zeile 1 v. o.: die Höhenkote 3988 m entfällt.

Seite 267, Zeile 9 v. o. lies: Rekognoszierung statt Rekognozierung.

Seite 304, Zeile 7 v. u.: »die« bleibt fort.

Seite 312, Zeile 7 v. o.: fehlt vor »Bjelaja« das Wort »der«.

Seite 322, Zeile 3 v. o. lies: Ausblick statt Anblick.

Seite 324, Zeile 2 v. u.: fehlt vor »hohen« das Wort »und«.

Seite 334, Zeile 1 v. u.: Die Höhe des Zagerker-Passes beträgt nach neueren Messungen 2270 m.

Seite 344, Zeile 17 v. o. der Uebergang heisst Dou-Pass.

Seite 344, Zeile 19 v. o. nach »Ueberganges« einfügen: »(Dou-Pass)«.

Seite 353. Im geologischen Profile zwischen Psebai und Ssuchum-Kale gehört die überwiegende Liegendpartie der am NNO.-lichen Ende des Profiles bloss als Kreide (Kr.) bezeichneten Schichtenserie noch dem Jura an.

Seite 387, 3. Kolumne Zeile 6 v. o. ist einzufügen: Maruch-Gruppe II S. 168, Maruch-Pass II S. 178.

Seite 388, 1. Kolumne Zeile 10 v. o. lies: Mkinwari statt Mkinkwari.

Band III.

Seite 8: Bei **Trichia ovalispora** »Peridiis . . .« statt »Peridio . . .«.

Seite 9: *Melampsora Salicis capreae* statt . . . *caprae.*

Seite 11: **Phyllosticta Alyssi** statt . . . **Alyssae.**

Seite 31, Zeile 19 v. u.: evanescens . . . statt eganescens . . .

Seite 73: *Corydalis alpestris* C. A. M. (*Corydalis glareosa* Somm. et Lev. . . .) statt *Corydalis glareosa* Somm. et Lev.

Seite 74: *Draba Ossetica* (Rupr.) . . . statt **Draba Ossetica* (Rupr.) . . .

Seite 79: *Sibbaldia parviflora* Willd. statt **Sibbaldia* . .

Seite 89: *Tommasinia* statt *Tomasinia.*

Seite 94: *Marrubium* überall statt *Marubium.*

Seite 97, Zeile 18 v. u.: *Suwarowianam* statt *Suwarowianum.*

Seite 97: *Euphrasia stricta* Host statt . . . Hort.

Seite 99, Zeile 1 v. u.: subulatas statt subulatus.

Seite 105: b. **glabratus** statt *glabratus.*

Seite 112: *Taraxacum tenuisectum* statt . . . *tenuisetum.*

Seite 113: *var. *ochroleucus* statt *ochroleucus*

Erklärung zu Tafel III, Figur D und E: Perithecien statt Apothecien.

Verzeichnis der Druckfehler, Berichtigungen und Zusätze.

Tafel VI: C. var. stenantha statt stenanta.

Tafel IX: var. macranthum statt macrantum.

Tafel XIII fehlt: C. Oxytropis Samurensis Bunge var. subsericea Somm. et Lev. f. brevifolia Somm. et Lev.

Tafel XXIII: Aetheopappus statt Altheopappus und DC. statt Dc.

Seite 274, Zeile 7 v. o. nach posttertiäre einschalten: und quartäre.

Seite 280. Anmerkung Zeile 1 lies: Physiogeographen statt Phisiogeographen.

Seite 289, Zeile 17 v. u. nach 4150 m einfügen: (Gwandra-Gipfel 3984 m).

Seite 293, Zeile 1 v. u. lies: 5051 m statt 5031 m.

Seite 294, Zeile 3 v. o. entfällt: westliche.

Seite 295, Zeile 5 v. o. lies: am statt im.

Seite 300, Zeile 1 v. o. entfällt: von Westen nach Osten.

Seite 304, Zeile 13 v. u. lies: welchen sie ihre Betten statt welchen ihre Bette.

Seite 321, Zeile 3 v. u. nach Kargletscher einfügen: Schluchtgletscher.

Seite 326, Zeile 2 v. o. lies: 3250 statt 3217.

Seite 326, Zeile 3 v. o. lies: 3254 statt 3218.

Seite 326, Zeile 13 v. o. nach Gebirge einfügen: bis.

Seite 329, Zeile 13 v. o. lies; 4040 m statt 4038 m.

Seite 338, Zeile 5 v. o. lies: 4418 statt 4392 und 4259 statt 4250.

Seite 346, Zeile 7 v. u. lies: Schneegrenze statt Schneegruppe.

Seite 347, Zeile 8 v. o. lies: 6 statt 5.

Seite 370, Zeile 7 v. o. lies: Dindidach statt Dindiduch.

Seite 391, Zeile 17 v. o. lies: scheinen statt scheint.

Seite 392, Zeile 18 v. o. nach »Annahme« einschalten: — die ich jetzt nicht zum Gegenstande einer Erörterung mache —.

Seite 396, Zeile 15 v. u. lies: Vegetationsgebiete statt Floragebiete.

Zur Karte

Während meiner Reisen, insbesondere 1884—1887, gehörte die Sammlung von Daten zur kartographischen Darstellung der Hochregionen des zentralen Kaukasus zu den mir gestellten Aufgaben, und zu diesem Behufe wurde auch eine grosse Anzahl von barometrischen Höhenmessungen ausgeführt. Zur Bestimmung der Höhen dienten Quecksilber-Barometer, Aneroide (Holosteriques und Goldschmied-Aneroide grosser und kleiner Konstruktion) sowie Siedethermometer. Immer wurden mehrere dieser Instrumente, die vor und nach der Reise mit Standinstrumenten verglichen wurden, mitgenommen und abwechselnd oder gleichzeitig abgelesen. Beobachtungen am prismatischen Kompass und die Ergebnisse der photographischen Kamera, insbesondere bei panoramatischen Aufnahmen in Verbindung mit Ablesungen am prismatischen Kompass, wurden für die Konstruktion von Karten verwendet. Besondere Aufmerksamkeit wurde der Darstellung der Schnee- und Gletscherbedeckung geschenkt. Die Ergebnisse wurden in Schriften und Karten verwertet, welche in jener Zeit (1885—1890) eine von den vorhandenen Karten vielfach abweichende Darstellung der Hochregionen gaben. Diese Karten erschienen u. a. in den »Mitteilungen der ung. geogr. Gesellschaft«, 1886 (Uebersichtskarte des zentralen Kaukasus vom Elbruss bis zum Koschtan-Tau), im »Alpine Journal«, vol. XII (The glaciers of Adai-Choch), in den »Proceedings of the Royal Geogr. Society«, vol. X, 1888 (The Central Group of the Caucasus, based on photographs, drawings and observations by M. de Déchy, D. W. Freshfield and W. F. Donkin), in »Petermanns geogr. Mitteilungen«, Bd. 35, 1889 (Karte der Adai-Choch-Gruppe).

In diese Zeit fällt auch der Beginn der neuen Aufnahmen des topographischen Bureaus in Tiflis im Massstabe von 1 Werst = 1 Zoll. 1 : 42000. (Siehe M. v. Déchy: Neue Aufnahmen des russischen Generalstabes im kaukasischen Hochgebirge, Petermanns Geogr. Mitteilungen, Jahrgang 1890). Die mir, wie schon im Vorworte dankend hervorgehoben, von Generalleutnant

Verzeichnis der Druckfehler, Berichtigungen und Zusätze

v. Kulberg zur Verfügung gestellten Messtischblätter wurden bei der Konstruktion der Karten verwendet. In das nach den Blättern der 10 Werst- und der 5 Werst-Karte auf den Massstab von 1 : 400 000 gebrachte Netz wurden die Messtischblätter, soweit solche vorlagen, auf den gleichen Massstab reduziert, eingetragen. Hierbei wurde das von mir gesammelte kartographische Material, insbesondere in der Gletscherregion, verwertet und die Lücken der Neuaufnahme ausgefüllt. Ein Teil der von mir ausgeführten Höhenmessungen fand gleichfalls Verwendung.

Besondere Aufmerksamkeit wurde der Nomenklatur geschenkt. In noch erhöhtem Masse als in andern Bergländern begegnet die Feststellung einer Nomenklatur im vielsprachigen Kaukasus Schwierigkeiten, insbesondere in jenen Teilen des Gebirges, welche über der Kulturzone liegen, — in den Hochregionen und in den jetzt unbewohnten Gebieten des westlichen Kaukasus, oft schon deshalb, weil überhaupt keine Bezeichnungen existieren. Ich befolgte das Prinzip, wo nur immer möglich, der schon eingebürgerten Nomenklatur zu folgen, auch dort, wo ich vielleicht mehr oder weniger Anlass gehabt hätte, eine solche durch neue Benennungen, die vielleicht berechtigter gewesen wären, zu substituieren. In allererster Reihe war ich bestrebt, mich der Nomenklatur der Messtischblätter anzuschliessen, denn ich halte es für schlecht angebracht, wenn, wie gerade in letzter Zeit, und zwar von russischer Seite, die von einem Reisenden jeweilig erkundete und von ihm als allein fur richtig angenommene Nomenklatur, zumeist ohne dass ein überzeugendes Beweismaterial erbracht wird, in Widerspruch mit derjenigen der militär-topographischen Aufnahmen gestellt wird.

Blatt I. In der zwischen Msymta und Pssou streichenden Kette ist die Höhenkote des höchsten Gipfels Agepsta (statt Agensta) 3255 m (statt 3781 m).

Die Höhe des Psseaschcha-Passes beträgt nach neueren Messungen 2004 m, die der gleichnamigen Doppelgipfel im Osten des Passes 3250 und 3254 m.

Die Höhe des Aischcha-Passes beträgt 2530 m.

Die Höhe des Zagerker-Passes beträgt nach neueren Messungen 2270 m.

Der Psyrs-Gipfel liegt in einem kurzen, vom Hauptkamme gegen Norden sich ablösenden Grate.

Die Höhe des Maruch-Passes beträgt 2769 m.

Der südliche Maruch-Gletscher wird besser als Tschchalta-Gletscher bezeichnet, zum Unterschiede vom (nördlichen) Maruch-Gletscher im Norden des Hauptkammes.

Die Höhenkote des Dombai-Ulgen-Gipfels, des Kulminationspunktes der Kluchor-Gruppe soll 4040 m lauten (statt 4025 m).

Die Bezeichnung des Bergwerkes im oberen Kuban-Tal (oberhalb Chumara, zwischen den Seitentälern des Mara und des Murduch) sollte Indisch statt Iadisch heissen.

Die Höhe des Tschirykol-Passes beträgt 3331 m.

Die Höhe des Adyr-Mestia-Passes beträgt 3661 m (statt 3751 m).

Die Höhe des Dschailik-Basch beträgt 4532 m statt 4501 m.

Die Höhe des Kamunta-Sattels beträgt 2439 m.

Der Gipfel des Ssonguta-Choch erhebt sich um ein ganz geringes westlicher vom Gipfelzeichen der Karte.

Die Höhe des Mamisson-Passes beträgt 2816 m (statt 2825 m).

Die südlichen Tepli-Gletscher werden besser als Ssuargom-Gletscher bezeichnet.

Die Höhe von Weden beträgt 750 m (statt 150 m).

Blatt II. Der Bach, welcher das vom Kodor-Pass gegen Süden ziehende, in den Alasan mündende Quertal durchströmt, heisst Inzoba.

Die Höhenzahl 4025 m nördlich vom Chatcharwa-Gebirge entfällt.